EMBLEMATA

EMBLEMATA

HANDBUCH
ZUR SINNBILDKUNST
DES XVI. UND XVII. JAHRHUNDERTS

HERAUSGEGEBEN
VON ARTHUR HENKEL UND
ALBRECHT SCHÖNE

SUPPLEMENT
DER ERSTAUSGABE

J. B. METZLERSCHE VERLAGSBUCHHANDLUNG
STUTTGART

CIP-Kurztitelaufnahme der Deutschen Bibliothek

Emblemata : Handbuch zur Sinnbildkunst d. XVI. u. XVII. Jh. /
hrsg. von Arthur Henkel u. Albrecht Schöne. – Stuttgart :
Metzler.
  Hauptbd. hrsg. im Auftr. d. Göttinger Akad. d. Wiss.

NE: Henkel, Arthur [Hrsg.]; Akademie der Wissenschaften
⟨Göttingen⟩
Suppl. d. Erstausg. – 1. Aufl. – 1976. –
  ISBN 3-476-00326-4

ISBN 3 476 00326 4

©

J. B. METZLERSCHE VERLAGSBUCHHANDLUNG
UND CARL ERNST POESCHEL VERLAG GMBH IN STUTTGART 1967
SEPARATUM DER ERGÄNZTEN NEUAUSGABE 1976
PRINTED IN GERMANY

DIS MANIBUS

WOLFGANG KAYSER

MCMVI · MCMLX

PATRONO ATQUE AMICO SUO

HOC OPUS

CUIUS INITIA ET INCREMENTA FOVIT ATQUE ADIUVIT

CONSECRAVERUNT EDITORES

LIBENTES · BENE MERENTI

INHALT

VORBEMERKUNGEN DER HERAUSGEBER IX
VORWORT ZUR NEUAUSGABE XXIX
BIBLIOGRAPHIE ZUR EMBLEMFORSCHUNG XXXIII
BESCHREIBUNG DER BENUTZTEN EMBLEMBÜCHER
UND STELLENVERZEICHNISSE CLXXVII
ABKÜRZUNGSVERZEICHNIS CCIII
ERRATAVERZEICHNIS CCXV

EMBLEMATA

I. MAKROKOSMOS 1

II. DIE VIER ELEMENTE 53
    ERDE 57
    WASSER 97
    FEUER 117
    LUFT 137

III. PFLANZENWELT 141
    BÄUME 145
    RANKENDE GEWÄCHSE 259
    BLÜHENDE PFLANZEN 283
    FELDFRÜCHTE 319
    STRÄUCHER UND KRÄUTER 335
    WASSERPFLANZEN 357

IV. TIERWELT 365
    LANDTIERE 369
    WASSERTIERE 667
    TIERE IM FEUER 739
    TIERE DER LUFT 743
    INSEKTEN 903

V. MENSCHENWELT	949
MENSCH	953
KÖRPER	1003
STÄNDE UND TÄTIGKEITEN	1039
HISTORISCHE PERSONEN	1139
STÄTTEN UND BAUWERKE	1197
INSIGNIEN UND KOSTBARKEITEN	1251
KUNST- UND SPIELGERÄT	1287
SPEISE UND KLEIDUNG	1321
HAUSRAT	1333
HANDWERKSGERÄT	1405
SCHIFF UND SCHIFFSGERÄT	1453
KRIEGSGERÄT	1485
VI. PERSONIFIKATIONEN	1529
VII. MYTHOLOGIE	1585
MENSCHEN	1589
HEROEN	1633
GÖTTER	1711
VIII. BIBLISCHES	1837

REGISTER

MOTTO-REGISTER	1873
BILD-REGISTER	1941
BEDEUTUNGS-REGISTER	2029

ANHANG

INDEX RERUM NOTABILIUM ZUM ›PHYSIOLOGUS GRAECUS‹	2085
INDEX RERUM NOTABILIUM ZU DEN ›HIEROGLYPHICA‹ DES HORAPOLLO	2097
INDEX RERUM NOTABILIUM ZUM ›MUNDUS SYMBOLICUS‹ DES PICINELLUS	2113

VORBEMERKUNGEN DER HERAUSGEBER

[1967]

›DAS UNTERNEHMEN WIRD ENTSCHULDIGT‹

Was in dem hier vorliegenden Band unternommen wird, hat Winckelmann, als er 1756 seine ‚Gedanken von der Nachahmung der griechischen Werke in der Malerey und Bildhauerkunst' erläuterte und über die allegorischen Bilder neuerer Zeiten sprach, mit vernichtender Kritik bedacht. „Es erschien aber eine Zeit in der Welt," schrieb er, „wo ein großer Haufe der Gelehrten gleichsam zur Ausrottung des guten Geschmacks sich mit einer wahrhaften Raserey empörete. Sie fanden in dem, was Natur heißt, nichts als kindische Einfalt, und man hielt sich verbunden, dieselbe witziger zu machen. Junge und Alte fingen an Devisen und Sinnbilder zu malen, nicht allein für Künstler, sondern auch für Weltweise und Gottesgelehrte; und es konnte kaum ferner ein Gruß, ohne ein Emblema anzubringen, bestellet werden. Man suchte dergleichen lehrreicher zu machen durch eine Umschrift desjenigen, was sie bedeuteten, und was sie nicht bedeuteten. Dieses sind die Schätze, nach denen man noch itzo gräbet."

Daß die „neuern Allegoristen" ihre Sinnbilder nicht aus der reinen Quelle der antiken Kunst und Poesie ableiteten, sondern sie, dünkelhaft und willkürlich, aus der eigenen Phantasie zu schöpfen schienen, konnte der große Neuentdecker und Liebhaber des klassischen Altertums in der Tat nur als heillosen Irrweg begreifen. Daß sie, statt jene „edle Einfalt" griechischer Werke nachzuahmen, welche eine schöne, vollkommene Natur vor Augen führten, dieser Natur offenbar eine „kindische Einfalt" unterstellten und ihr mit geistreich-spitzfindigen Operationen zu höherer Bedeutung aufzuhelfen trachteten, mußte er als barbarische Geschmacksverderbnis verstehen. Sinnbilder, die aus solchem Grund der Erklärung durch beigefügte Texte bedurften, erschienen ihm deshalb „von niedrigem Range in ihrer Art"; in seinem ‚Versuch einer Allegorie' stellte er 1766 den Lehrsatz auf, es solle die Allegorie „durch sich selbst verständlich seyn, und keiner Beyschrift vonnöthen haben"[1].

In der Nachfolge Winckelmanns hat auch Herder erklärt, daß man „den Geist der reinen griechischen Allegorie vom emblematischen Schatten späterer Zeiten näher zu unterscheiden" habe. Sein Urteil beruhte auf der Vorstellung, daß das Kunstwerk ein in sich geschlossenes, organisches Ganze zu offenbarer Anschauung bringe. Die Emblematiker, meinte er deshalb, die sich „an einzelne Theile, oft außer dem Zusammenhange des Ganzen" wandten und mit „geheimen Winken" vorgingen, verfehlten die „grosse, offene Poesie". „Die Kunst", schrieb er, „verbarg sich in Embleme." Aber für Herder war die Emblematik damit keineswegs abgetan. Über seiner Beschäftigung mit dem barocken Poeten und Pansophen Johann Valentin Andreae notierte er 1793 in den ‚Zerstreuten Blättern', was seiner witternden Belesenheit nicht entgangen war: „Eine große Menge symbolisch-emblematischer Bücher und Verzeichniße erschien zu Ende des sechzehnden und im Anfange des siebenzehnden Jahrhunderts. – Warum? Die Geschichte dieser Zeit und dieses Geschmacks liegt noch sehr im Dunkeln." Warum? – mit dieser Frage erhebt sich gegen die normativen Urteile des klassizistischen Kunsterziehers Winckelmann das historische Denken. Und dieser Geist einer rückwärts gewandten Prophetie wird im gleichen Jahr auch aus Herders Briefen zum ‚Andenken an einige ältere Deutsche Dichter' vernehmbar: „Noch ist eine Gattung von Sprüchen in dieser Zeit merkwürdig, die Bildersprüche, die emblematische Poesie der

---

[1] Fernow, I, S. 183 f.; II, S. 441.

Deutschen. Von jeher liebte unsre ruhig-sinnliche Nation das Anschauen; und wie sie einst ihre Schilde bemahlte, ihre Wapen und Helme emblematisirte: so ließ sie sich Bilder und Embleme auch gern interpretiren. Mochten es gemahlte Fensterscheiben, Holzschnitte oder Kupferstiche seyn; man legte sie aus und erfand gern etwas, was man auslegen könnte. Dies half der Deutschen Kunst auf; und die alte Poesie gieng langsam und lehrhaft an ihrer Seite. Ich wollte, daß wir eine Geschichte dieser Deutschen Bildersprüche, mit ihren merkwürdigsten Producten hätten; ohne Zweifel haben mehrere stille Liebhaber dazu gesammlet, und Meusels nützliche Journale dörften der beste Versammlungsplatz dazu werden."[2] Auf diese denkwürdige Fürsprache darf sich berufen, wer trotz Winckelmanns Verdict nach den Schätzen der Emblematiker „noch itzo gräbet" und nachzuholen beginnt, was Meusels nützliche Journale versäumten.

Freilich hat die spätere gelehrte Beschäftigung mit den Bildersprüchen nicht nur Winckelmanns Vorurteile aufheben, sondern auch Herders nationale Befangenheit im Umkreis „deutscher Art und Kunst" überwinden müssen. Man erkannte, daß die „emblematische Poesie der Deutschen" im Zusammenhang einer über ganz Europa verbreiteten Kunstübung stand, und sah, daß deren Wurzeln tief in das europäische Mittelalter, in die griechische und römische Antike, in das ägyptische Altertum führen. Der schmale Oktavband, von dem sich die Verwendung des Begriffs Emblem als Bezeichnung für eine neue Gattung herleitet, der ‚Emblematum liber', wurde 1531 zwar in Augsburg gedruckt, der Augsburger Zeichner Jörg Breu hat ihn illustriert, dem Augsburger Stadtschreiber und kaiserlichen Rat Konrad Peutinger ist er gewidmet. Aber sein Verfasser war ein Italiener, der Mailänder Rechtsgelehrte Andreas Alciatus, und die Epigramme, die unter den kleinen Holzschnitten dieses Buches stehen, waren in der gemeineuropäischen lateinischen Sprache der Humanisten geschrieben.

Die neue Gattung der Embleme hat eine weitverzweigte Vorgeschichte und entfaltet sich aus einer langen Reihe von Prototypen. Dabei kam ein unmittelbarer Anstoß aus der Beschäftigung insbesondere der Florentiner Humanisten mit den ägyptischen Hieroglyphen. Ihre Versuche, die geheimnisvollen Schriftzeichen zu entziffern, von denen man bei Herodot, Plato, Diodor, Plutarch und anderen antiken Schriftstellern las und die man auf den ägyptischen Obelisken, Sphinxen oder Löwen erblickte, sind vor allem durch die ‚Hieroglyphica' des Horapollo angeregt worden. Vermutlich in der zweiten Hälfte des 5. Jahrhunderts n. Chr. entstanden, ist dieses merkwürdige Erzeugnis alexandrinischer Gelehrsamkeit 1419 in einer griechischen Fassung nach Italien gebracht und dort zu Anfang des 16. Jahrhunderts im Druck verbreitet worden, seit 1517 auch in lateinischer Übersetzung. Hier schien der Schlüssel zur Entzifferung der Hieroglyphen gefunden, der Zugang eröffnet zur Urweisheit des frühen Menschengeschlechts, zu den Geheimnissen der göttlichen Weltordnung, die man in den Rätselbildern der Ägypter überliefert glaubte. Freilich, was der Horapollo in seinem lexikalisch-exegetischen Bilderverzeichnis darbot, war eine aus hellenistischer Zeit stammende Geheimschrift, in der jede dieser änigmatischen Hieroglyphen für einen bestimmten Begriff oder Sachverhalt eingesetzt war: eine reine Bilderschrift, die keineswegs zum Verständnis der eigentlichen ägyptischen Hieroglyphenschriften führen konnte. Die Ägyptologie ist 1799 durch den dreisprachigen Stein von Rosette eines Besseren belehrt worden. Aber so unzureichend das wissenschaftliche Ergebnis der humanistischen Entzifferungsspekulationen seitdem genannt werden muß, so fruchtbar wurde dieses Mißverständnis doch im Bereich der Kunstgeschichte. Die Künstler-Gelehrten der Renaissance wollten das Altertum ja keineswegs nur erforschen und verstehen, sondern es zugleich von neuem lebendig machen: Medaillen und Schaumünzen, Säulen und Ehrenpforten – von denen die für Kaiser Maximilian das bedeutendste Zeugnis der Renaissance-Hieroglyphik auf deutschem Boden ist –, Kunstwerke und Gebrauchsgegenstände wurden nach vermeintlich ägyptischer Manier mit einer nur den Eingeweihten verständlichen hieroglyphischen Bilderschrift geschmückt. Da man auch die pythagoreischen Symbola den Hieroglyphen gleichstellte, die Metaphern und Allegorien der Alten, die

[2] Suphan, XVI, S. 161 f.; S. 229.

Erkenntnisse der griechischen Philosophie aus ägyptischer Priesterweisheit ableitete und die Darstellungen auf den antiken Münzen hieroglyphisch deutete, da man in gleicher Weise biblische Sinnbilder als Hieroglyphen auffaßte und überdies die mittelalterlichen Tier- und Pflanzenbücher in diesen Zusammenhang einbezog, stellt sich auch die angewandte Hieroglyphik der Renaissance als eine reizvoll-verworrene Mischung aus ägyptischer Bilderschrift und pythagoreischer Symbolik, antiker Mythologie und kabbalistischer Zahlenmystik, alttestamentlichen Motiven und mittelalterlicher Allegorese dar. Ihr Haupt- und Grundbuch ist die 1499 in Venedig erschienene ‚Hypnerotomachia Poliphili‘ des Francesco Colonna. Eine Fülle von Bildmotiven aus dieser Hieroglyphenkunst haben Alciatus und die späteren Verfasser von Emblembüchern übernommen, und der hermetische Charakter der hieroglyphischen Geheimschrift hat in einem Zeitalter, das rätselhaft Dunkles, geheimnisvoll Absonderliches und gelehrt Entlegenes schätzte, die Bildung der Emblemata, ihre Aufnahme und Verwendung entschieden bestimmt und gefördert. So zeigt auch der Emblematiker eigentlich nicht das Selbstverständliche und für jedermann Offensichtliche, sondern öffnet erst die Augen, enthüllt die im Bild verborgene Bedeutung. Darin unterscheidet sich das Emblem vom bloßen Exempel, darin bleibt es der Hieroglyphe verwandt. Aber wenn diese Bestandteil einer Chiffrensprache ist, die nur dem eingeweihten Besitzer des geheimen Code lesbar wird, so macht das Emblem mit seinen deutenden, auslegenden Textteilen jedem Betrachter die Sprache des Bildes vernehmbar. Deshalb haben die zeitgenössischen Theoretiker der Sinnbildkunst zwischen der bloßen Bildersprache der Hieroglyphen einerseits, den aus Bildern und „beygeschriebenen Worten" zusammengesetzten Emblemen andererseits nachdrücklich unterschieden.[3] Erst wenn Alciatus unter die Chiffren der hieroglyphischen Bilder seine dechiffrierenden Epigramme rückt, entsteht sein ‚Emblematum liber‘.

Dessen Texte nun sind etwa zur Hälfte nichts anderes als lateinische Übersetzungen oder Bearbeitungen von Epigrammen aus der ‚Anthologia Graeca‘, die Alciatus überdies schon früher und ganz unabhängig von emblematischer Behandlung in gleichem Wortlaut hatte drucken lassen. Es war kein Zufall, wenn er diese vorgegebenen Texte hier verwendete. Aus der Epigrammatik kam vielmehr eine der entscheidenden Anregungen für die Ausbildung der Emblemkunst. Das griechische Bildepigramm, das häufig noch den ursprünglichen Gebrauch dieser Gedichte widerspiegelt, als Inschrift nämlich auf einem Grabstein oder Weihgeschenk sich ausgibt, enthält nicht selten eine Beschreibung dieses Bildwerks und unternimmt eine lehrhaft-allegorische Auslegung des zuvor Beschriebenen, oft ganz in der Art, die dann der Autor des emblematischen Textes übt. Freilich, wie das Emblem sich von den Hieroglyphen durch den beigefügten Text unterscheidet, der das vom Bild wortlos Bedeutete nun ausspricht, so von diesen Epigrammen durch den beigefügten Holzschnitt, der das in Versen nur Beschriebene nun sichtbar macht. Was aus einer solchen Verbindung von Renaissance-Hieroglyphe und griechischem Epigramm aber entsteht, ist mehr als die bloße Summe seiner Teile: mit dem Emblem gesellt sich eine neue Gattung zu den älteren Formen und Vorbildern einer Verbindung von Bild und Schrift, den mit Tituli versehenen frühchristlichen und mittelalterlichen Wandmalereien etwa, den Heilsspiegeln, Totentänzen, Armenbibeln, bebilderten Fabelsammlungen, Spruchbändervorlagen oder Sprichwortillustrationen und Lehrbildern nach Art des Brant'schen ‚Narrenschiffs‘ und der Murner'schen ‚Schelmenzunft‘, den aus Bildern und Wahl- oder Wappensprüchen zusammengesetzten Darstellungen der Heraldik, der Devisen- und Impresenkunst.

Formale und motivische Anregungen hat die Emblematik vor allem von der ritterlichen Abzeichenmode der Impresen empfangen, die sich gegen Ende des 14. Jahrhunderts in Burgund und Frankreich entwickelt und seit der französischen Besetzung Mailands (1499) in Italien Fuß gefaßt hatte, vom Adel bald auch auf Patrizier und Gelehrte übergegangen war. Diese am Hut oder Gewand getragenen Medaillen zeigen bildliche Darstellungen mit einem knappen Text, der anspielt auf den Namen des Trägers,

---

[3] Vgl. Harsdörffer, Gespraechspiele IV, 1644, S. 178.

auch auf eine Unternehmung, die er sich vorgesetzt hat (Imprese d'armi, Imprese d'amore), oder einen bildbezogenen Wahlspruch gibt. Wohl erscheint die Imprese in solcher Weise als Ausdruck persönlicher Zielsetzung und esoterischer Stilisierung, während das Emblem entschiedener ausgreift ins Allgemeingültige und überpersönlich Verbindliche. Wenn aber die Emblematiker mehr geben als eine bloße Erläuterung der Bildbedeutung, diese Bedeutung nämlich in einen Appell überführen, aus ihr bestimmte Forderungen an das menschliche Verhalten ableiten, so steht dieser imperativische Maximencharakter emblematischer Texte offensichtlich auch unter dem Einfluß der Impresentendenz. Die zeitgenössische Theorie der Emblematik beruht weitgehend auf den Traktaten zur Theorie der Imprese, insbesondere auf den Bestimmungen, die Paolo Giovio ihr 1555 gegeben hat. Impresensammlungen, die Bild und Text der Originale im Druck reproduzieren und erläutern, gehen neben den Emblembüchern her, und zwischen beiden findet ein vielfältiger Austausch statt: Impresen, denen man ein Epigramm hinzufügt, werden zu Emblemen, Emblemata hingegen, durch entsprechende Verkürzung, zu Impresen umgebildet. Denn in der äußeren Form unterscheidet sich das Emblem von der Imprese durch eine dreiteilige Anlage.

Sein Bild zunächst, die Pictura (Icon, Imago, auch Symbolon), ein kleiner Holzschnitt oder Kupferstich, zeigt beispielsweise eine Pflanze oder ein Tier, Geräte, Tätigkeiten oder Vorgänge des menschlichen Lebens, eine historische, mythologische, biblische Figur oder Szene. Aus vielen Quellen wird diese Motivik gespeist. Ägyptische Hieroglyphen, Gemmen und Skulpturen des Altertums, römische Münzen und Medaillen, zahllose antike Bildstoffe auch, die durch das Mittelalter überliefert und umgedeutet worden sind, Bestiarien und Herbarien, der ‚Physiologus' insbesondere, auch Werke der Renaissancemaler und bebilderte wissenschaftliche Werke der neueren Zeit haben dazu beigetragen, die Bibel natürlich und die antike Mythologie, Dichtung, Geschichtsdarstellung und Naturbeschreibung, Fabeln, Anekdoten und Sprichwortsammlungen, aber ebenso die eigene Beobachtung der Natur und des menschlichen Lebens. „Nulla res est sub Sole," formulierte 1687 Bohuslaus Balbinus, „qvae materiam Emblemati dare non possit".[4] Über dieser Pictura, bisweilen noch in ihr Bildfeld einbezogen, erscheint eine kurzgefaßte Überschrift, die lateinische, mitunter auch griechische oder volkssprachliche Inscriptio (Motto, Lemma), die nicht selten antike Autoren, Bibelverse oder Sprichwörter zitiert. Sie gibt in manchen Fällen nur eine Bezeichnung des Abgebildeten, häufiger eine aus dem Bilde abgeleitete Devise oder knappe Sentenz, eine sprichwortartige Feststellung oder ein lakonisches Postulat. Unter der Pictura schließlich steht die Subscriptio, die das im Bilde Dargestellte erklärt und auslegt und aus dieser Bildbedeutung häufig eine allgemeine Lebensweisheit oder Verhaltensregel zieht: zumeist ein Epigramm von unterschiedlicher Länge, an dessen Stelle aber in manchen Emblembüchern auch ein Prosatext von größerem Umfange tritt. Mit der in Prosa gefaßten Subscriptio freilich ist schon die Auflösung der emblematischen Grundform vorgebildet, die am Ende etwa dazu führt, daß die Inscriptio zur Kapitelüberschrift, die Pictura zum Initialbild, die Subscriptio zum Predigttext ausartet. Wie vor oder nach der Inscriptio gelegentlich eine Widmung über dem Bilde erscheint, so kann dem Bild und der Subscriptio noch ein Prosakommentar mit Erläuterungen und Quellenangaben folgen, doch bleiben beide als Zusätze außerhalb des eigentlichen, in sich abgeschlossenen Emblems. Noch nicht in der ersten Ausgabe des Alciatus, wohl aber in den späteren Emblembüchern wird durch gleiche Bildformate und einheitlichen Umfang der Epigramme, auch dadurch, daß meist jeweils ein Emblem auf einer Buchseite erscheint, die Einheit dieses dreigeteilten Gebildes sichtbar.

Miteinander übernehmen Inscriptio, Pictura und Subscriptio des Emblems die Doppelfunktion des Darstellens und Deutens, des Abbildens und Auslegens. Von Theoretikern der Impresenkunst ist zwar gefordert worden, daß in den Texten nichts von dem genannt werde, was in den Abbildungen sichtbar

---

[4] Verisimilia, 1710, S. 234.

sei. Aber in der Emblematik hat sich diese Regel nicht durchgesetzt. An der abbildenden Leistung der Pictura kann sich sowohl die Inscriptio beteiligen, sofern sie als gegenstandsbezeichnende Bildüberschrift erscheint, wie auch die Subscriptio – dann, wenn ein Teil des Epigramms bloße Bildbeschreibung gibt. Andererseits vermag an der auslegenden Leistung der Subscriptio (oder jedenfalls ihres der eigentlichen Deutung zugewandten Teils) auch die Inscriptio teilzunehmen; ihre sentenzhafte Kurzfassung der Bildbedeutung kann dabei so dunkel und rätselhaft anmuten, daß es gleichsam einer Auflösung durch die Subscriptio bedarf, die nämlich erst verständlich macht, wie Bild und Sentenz zusammenhängen. Schließlich beteiligt sich an der Deutung des Dargestellten durch die Textteile in manchen Fällen schon die Pictura selbst, wenn etwa ein im Bildhintergrund dargestellter, gleichbedeutender Vorgang den Sinn des Vordergrundgeschehens erklären hilft. Damit ist schon in der Grundform des Emblems eine Möglichkeit der angewandten Emblematik angelegt, von der insbesondere die bildende Kunst des 18. Jahrhunderts dann reichen Gebrauch machen wird, indem sie anstelle der auslegenden Subscriptio dem Hauptbild exegetische Bildteile beifügt.

Die Doppelfunktion des Darstellens und Deutens, welche die dreiteilige Bauform des Emblems übernimmt, beruht darauf, daß das Abgebildete mehr bedeutet, als es darstellt. Die Res picta des Emblems besitzt verweisende Kraft, ist Res significans. Den Sachverhalt aber, auf den die Pictura hindeuten und den die das Bild auslegende Subscriptio in Worte fassen will, diese Significatio nannte Harsdörffer „die Seele des Sinnbildes / dessen Dolmetscher die Obschrift / und der Leib ist das Bild oder die Figur an sich selbsten".[5] Seine Formulierung, die auf Giovios Bestimmungen der Imprese beruht, legt es nahe, Res significans und Significatio des Emblems in jener festen Beziehung zueinander zu denken, die zwischen Leib und Seele herrscht, alle Deutung durch Inscriptio und Subscriptio also als Erfassung eines vorgegebenen, unauswechselbaren Sinngehaltes zu verstehen. Tatsächlich finden sich in der Emblematik durchaus auch einheitliche Auslegungen einer bestimmten Res picta; denn man greift vielfach auf dieselben Quellen zurück, und häufig lehnen spätere Emblematiker sich eng an ihre Vorgänger an. Zwar geben die Subscriptiones verschiedener Autoren in solchen Fällen unterschiedliche Formulierungen der gleichen Significatio, aber sie haben doch einen einigermaßen festen Kanon emblematischer Bedeutungen ausgebildet und vermittelt. Schon im 16. Jahrhundert freilich treten zahlreiche Abweichungen auf, und sie mehren sich in der späteren Emblematik. Der Ehrgeiz barocker Autoren, sich mit der sinnreichen Erfindung neuer Auslegungen auch des überlieferten Bildbestandes hervorzutun, und überdies die zunehmende thematische Spezialisierung der Emblembücher, etwa auf den religiösen, erotischen, politischen Bereich, die häufig zur Umdeutung überkommener Res pictae im Sinne des speziellen Themas führt, bilden um viele Emblembilder ein ganzes Feld emblematischer Bedeutungen. In jedem Einzelfall jedoch stellt der sinnaufschließende Text des Emblems zwischen der Res significans und ihrer jeweiligen Significatio eine feste, eindeutige Beziehung her. Während nach der Auffassung der Klassik und Romantik im Symbol das Zeichen und ein von ihm Bezeichnetes zusammenfallen, die Idee, der Sinn, die Bedeutung des Bildes dort von der Hand der Wahrheit durch den Schleier der Poesie verhüllt scheint, wirksam und unfaßlich zugleich, wahrhaft unaussprechlich, wird im Emblem eine außerhalb des Dargestellten liegende Bedeutung fixiert und aufs jeweils Eindeutige beschränkt.

Insofern das Emblem nun als ein bildhaftes Zeichen kraft seiner Bedeutung auf ein bestimmtes, prinzipiell erkennbares Bezeichnetes weist, mit eindeutigem Sinnbezug über den gegenständlichen Befund des jeweiligen Besonderen hinausführt ins Allgemeine und Grundsätzliche, muß man die Emblematik als eine Spielart der Allegorie verstehen. Faßt man den Allegoriebegriff, um seine Bezeichnungskraft zu schärfen, aber genauer und also enger, dann zeigt diese emblematische Varietät doch deutliche Abweichungen. In seiner ‚Allgemeinen Theorie der Schönen Künste' (1771/1774) hat Johann George Sulzer

---

[5] Gespraechspiele I, 1644, S. 59.

mit jenem definitorischen Ordnungsbedürfnis, das sich dem Blick auf zuendegehende Epochen verschwistert, erklärt: „Viel Sinnbilder sind allegorisch; aber sie sind es nicht nothwendig, und deswegen muß das Sinnbild überhaupt nicht mit dem allegorischen Bilde verwechselt werden" – denn: „Sehen wir auf den Unterschied in der Materie der Allegorie, so ist sie auch von zwey Arten. Die eine nimmt ihre Bilder ganz aus der Natur, indem sie z.B. die Arbeitsamkeit durch eine Biene vorstellt; die andere erdichtet die Bilder ganz oder zum Theil. Jener sollte man den Namen des Sinnbildes geben, dieser aber den Namen der eigentlichen Allegorie".[6] Das hatte 70 Jahre früher schon Jacob Friedrich Reimmann, Schulinspektor im Fürstentum Halberstadt und Domprediger zu Magdeburg, in seinem Lehrbuch über die ‚Bekandte und Unbekandte Poesie der Teutschen' ausführlich dargelegt. Zwischen dem Emblem und der allegorischen Darstellung, so schrieb er, bestehe „ein solcher Unterscheid als zwischen einem Conterfai und einem Bilde / das der Mahler nur bloß nach seiner Phantasie gekünstelt hat. Gestalt denn in jenem nicht das geringste Pünctgen und Strichelgen umsonst darff gezogen seyn / wenn hie gantze Bilder und Landschafften aus Utopia gedultet werden. ... In einem Emblemate muß man mit keinem Gemählde aufgezogen kommen / daß nicht ex historia naturali vel artificiali genommen sey. Denn ein Emblema ist ein Gemählde / darinnen ein Orator denen Zuhörern zu erkennen giebet / wie die Moralia auch in der Natur und Kunst gegründet sind".[7] Während das konkrete Zeichen des allegorischen Bildes im strengen Sinne allein der Absicht dient, jenen abstrakten Begriff sinnfällig zu machen, auf den es verweist, also ganz und gar aufgeht in dieser Funktion, allererst lebensfähig wird durch die Bedeutung, für die es einsteht, zeigt sich die Res picta des Emblems existent vor aller Bedeutungsentdeckung, lebensfähig auch ohne den Sinnbezug, den die Subscriptio namhaft macht. Grundlage dafür ist der Wirklichkeitscharakter des im emblematischen Bilde Dargestellten, den Reimmann und Sulzer betonen. Zwar haben die Emblematiker ihre Res pictae keineswegs „ganz aus der Natur" gewonnen. Aber was die Bibel oder die antiken Autoritäten überlieferten, wurde von ihnen und ihren Zeitgenossen durchaus als glaubwürdiges Zeugnis hingenommen und eigener Naturbeobachtung gleichgesetzt auch dort, wo solche Berichte das Fabelhafte streifen mochten. Selbst die hieroglyphischen Rätselbilder haben die Humanisten ja nicht als willkürliche, freie Erfindung angesehen. Man glaubte sicher, daß in diesen seltsamen Zeichen geheime Naturerkenntnis und Weltweisheit sich verberge, und hielt es mit dem großen Erasmus, der in seinen ‚Adagien' den Weg zum Verständnis der Hieroglyphen einerseits im Studium antiker Naturbeschreibung, andererseits aber allen Ernstes in der Experientia, der eigenen Beobachtung der wirklichen Natur gesehen hat. So stellen die Pictura und die an ihrer abbildenden Leistung mitwirkenden Textteile des Emblems dar, was tatsächlich oder doch der Möglichkeit nach existiert, was zwar nicht immer, noch nicht oder nicht mehr vor Augen stehen muß, aber jederzeit doch in den Gesichts- oder Erfahrungskreis des Menschen treten könnte: eine potentielle Faktizität seines Bildinhaltes begründet das Emblem. Das freilich bedeutet keineswegs eine Beschränkung auf den Bereich der Natur. „In einem Emblemate muß man mit keinem Gemählde aufgezogen kommen / daß nicht ex historia naturali vel artificiali genommen sey", hieß es bei Reimmann, und ganz ähnlich hatte schon Alciatus an Franciscus Calvus geschrieben, er habe in seinen Emblemata dargestellt, „quod ex historia, vel ex rebus naturalibus aliquid elegans significet".[8] Er meinte mit „historia" literarische Quellen, die nicht Naturbeschreibungen geben, sondern geschichtliche, ja mythologische Vorwürfe für die Res pictae des ‚Emblematum liber'. Wie das emblematische Bild, welches ein Stück Natur, einen Ausschnitt aus dem menschlichen Leben oder der Geschichte wiedergibt, wirklich Geschehenes, Seiendes oder Mögliches vor Augen stellt, so bilden auch diejenigen Darstellungen, welche ihre Inhalte aus der Kunst oder der Mythologie beziehen, Dinge ab, die in Büchern

[6] Sinnbild-Artikel, S. 668; Allegorie-Artikel, S. 47.
[7] Poesis Germanorum Canonica & Apocrypha, 1703, S. 85f.
[8] Vgl. Marquard Gudius, Epistolae, 1697, S. 96.

und Bildwerken jederzeit vor Augen treten können und innerhalb dieses Bereichs der menschlichen Setzungen jenen Wirklichkeitsbezug intendieren, auf dem das Emblem beruht.

Wo Zweifel aufsteigen an der Glaubwürdigkeit des Dargestellten, wo die Frage des Emblematikers oder seines Lesers nach dem faktischen Wahrheitsgehalt der Pictura auf den Tatbestand des bloß Ausgedachten und Erfundenen stößt, wird das Emblem in seiner strengen Form aufgehoben und ein allegorisches Sinnbild im engeren Sinne dieses Begriffes ausgebildet. „Viel Sinnbilder sind allegorisch": wie die hieroglyphische Spielart des Emblems, wie das emblematisch aufgemachte Exempel oder die in emblematischer Manier illustrierte Bibelstelle, Fabel und Anekdote, so findet sich auch die allegorische Variante häufig in den Büchern der Emblematiker. Angesichts der vielfältigen Spielarten des Emblems kann sich eine Definition, welche all diese Erscheinungen umgreifen will, nur in der oben skizzierten Weise auf die rein formalen Sachverhalte beziehen, oder sie muß so weiträumig werden, daß sie jede abgrenzende und gliedernde Bezeichnungsschärfe verliert. Sinnvoll scheint deshalb am ehesten eine Bestimmung des Zentrums durch die Konstruktion einer idealtypischen emblematischen Grundform, von der aus die Fülle der Sonderformen erfaßbar und systemfähig wird. Für diesen Idealtypus entspräche der potentiellen Faktizität der Res picta eine ideelle Priorität der Pictura gegenüber der Subscriptio in dem Sinne, daß die Bedeutung des Emblems, die Lebensweisheit, Verhaltensregel, Morallehre, die es enthält, nicht willkürlich erfunden, sondern – sei sie auch vorgegeben – als eine der Res significans innewohnende aufgefunden und entdeckt wird. Über die tatsächliche Entstehungsgeschichte ist damit nichts entschieden. Gleichgültig, ob Alciatus von den Epigrammen der griechischen Anthologie ausgeht und ihnen die Bilder nachträglich hinzufügen läßt, oder ob spätere Emblematiker, wie man im Einzelfalle weiß, ihre Anregung vom Bilde, von der Beobachtung eines Sachverhaltes empfingen, dessen verweisende Kraft und Bedeutsamkeit ihnen bewußt wurde: das Emblem setzt die Pictura als ein auszulegendes Stück Wirklichkeit der Deutung durch die Subscriptio voran und nötigt den Betrachter und Leser, die Priorität des Bildes anzunehmen.

Das emblematische Verfahren gründet sich auf die Vorstellung, daß die Welt in all ihren Erscheinungen von heimlichen Verweisungen und verborgenen Bedeutungen, von verdeckten, also entdeckungsfähigen Sinnbezügen erfüllt sei. Das weist auf einen Zusammenhang der Emblematik mit dem Symboldenken des Mittelalters, dessen Herbarien und Bestiarien den Emblembüchern eine Fülle von Motiven geliefert haben. Vor allem gilt dies für den griechischen ‚Physiologus', der im 2. nachchristlichen Jahrhundert vermutlich in Alexandrien zusammengestellt worden ist und dessen Abschriften, Bearbeitungen, Übersetzungen ins Lateinische und in die Nationalsprachen durch das ganze Mittelalter gehen. Aus Beschreibungen von Tieren und ihren Eigenschaften, auch von einzelnen Bäumen oder Steinen entwickelt diese populartheologische Schrift in allegorischer Deutung Lehrsätze der christlichen Dogmatik und mahnende oder abschreckende Lehren für das Verhalten des Menschen. Reihenfolge und Anzahl der einzelnen Artikel, ihr Umfang und Wortlaut wechseln in den verschiedenen Fassungen des Werkes. Gleich bleibt die Grundform des Ganzen, die Parataxe in sich abgeschlossener Artikel, die nummernweise einander folgen; fast immer auch verbinden sich Tierbeschreibung, Sachdarstellung und darauf gründende typologische Auslegung, so daß die emblematische Form hier schon deutlich vorgebildet scheint. Viele Res pictae der Emblembücher finden sich bereits im ‚Physiologus'. Aber nicht in allen Fällen hat er wirklich als Quelle gedient. Mitunter gehen eine Tierbeschreibung dieses Werkes und das ihr entsprechende Emblembild auch unabhängig voneinander auf die Bibel oder auf antikes Schrifttum zurück; oder der griechische Autor, den der Emblematiker benutzte, verweist seinerseits auf eine unbekannte ältere Quelle, aus der offenbar auch der ‚Physiologus' geschöpft hat. Über solche Motivparallelen hinaus aber deutet sich hier ein innerer Zusammenhang zwischen der Emblematik und der Symboltheologie des Mittelalters an, und man darf vermuten, daß für die Konzeption des Emblems die Nachwirkung mittelalterlicher Vorstellungen bedeutsamer war als selbst die durch das humanistische, archäologisierende Interesse belebten ägyptisch-antiken Vorbilder. Denn wenn für den Idealtypus gilt, daß das emblematische Bild eine potentielle Faktizität besitzt und eine ideelle Priorität gegenüber dem auslegenden Text, der einen höheren Sinn in ihm entdeckt, eine in der Res picta gleichsam angelegte Bedeutung aufschließt, so wird man das zurückbeziehen müssen auf die typologische Exegese und das allegorische Verfahren der mittelalterlichen Theologie, die alles Geschaffene als Hinweis auf den Schöpfer verstand und die von Gott in die Dinge gelegte Bedeutung, ihren auf die göttliche Sinnmitte hingeordneten heilsgeschichtlichen Bezug aufzudecken suchte. „Omnis mundi creatura, | Quasi liber, et pictura | Nobis est, et speculum", schrieb im 12. Jahrhundert Alanus ab Insulis.[9] Luther, dessen christologische Exegese den wörtlichen Sinn der heiligen Schrift als identisch mit ihrer geistlichen Bedeutung erfaßte, hat die allegorische Auslegung als Grundlage dogmatischer Beweisführung zwar entschieden abgelehnt, sie im Bereich der Schriftmeditation aber durchaus geübt und für zulässig erklärt. So hat diese Deutungsweise über die Reformation hinaus nicht nur im Katholizismus, sondern auch im protestantischen Bereich fortgewirkt und sich mit neuplatonisch-pansophischen Bestrebungen verbunden in dem Versuch, die Bibel, die Natur, die Geschichte, die Kunst als einen Kosmos von Signaturen, die Welt als Mundus symbolicus zu begreifen. Zwar verstand sich die mittelalterliche Allegorese in ihrem eigentlichen Sinn als inspirierte, von daher objektiv verbindliche Darlegung der den Dingen innewohnenden gottgewirkten Verweise. Diesen Anspruch hat die zum concettistischen Kombinationsspiel säkularisierte Symboltheologie, die Picta poesis der emblematischen Kunstform, keineswegs aufrechterhalten. Hier wie dort aber sieht man das Existierende höherer Verweisung mächtig, mit spiritueller Bedeutung begabt. Nach der patristisch-scholastischen Lehre vom vierfachen Sinn der Schrift hatte die mittelalterliche Exegese eine buchstäbliche, wörtliche und eine geistliche Bedeutung: einen Sensus litteralis seu historicus und einen Sensus spiritualis unterschieden, den spirituellen Schriftsinn dabei in einen Sensus allegoricus, einen Sensus tropologicus und einen Sensus anagogicus untergliedert. Vor allem das Interesse am Sensus tropologicus scheint in der Weltauffassung und Weltauslegung der Emblematiker fortzuwirken. Er meint die Bedeutung der Realien für den einzelnen Menschen und seine Bestimmung, für seinen Weg zum Heil und sein Verhalten in der Welt. In solchem Sinne versteht die Emblematik noch immer das Seiende als ein zugleich Bedeutendes. Alles in der „historia naturalis vel artificialis" Existierende, das die riesenhafte Bilderenzyklopädie der emblematischen Bücher aufnimmt und widerspiegelt in den Res pictae, weist so als Res significans über sich hinaus und wird in dieser verweisenden Bedeutung, in seinem tropologischen Sinn durch die Subscriptio bestimmt. Bis dorthin, wo sie in den späten, verspielten Ausläufern der emblematischen Mode endet, ihre Form sich auflöst und ihr Sinn sich verliert, zehrt die Emblematik noch vom Erbe patristischer Figuraldeutung und mittelalterlichen Symboldenkens, wirkt in dieser populären Signaturenlehre der pansophische Trieb. Das Gewebe von Verweisungen und Bezügen, das sie über die Welt breitet, setzt sich freilich aus einzelnen Knüpfungen zusammen und stellt sich als Ganzes erst dem Blick dessen dar, der imstande ist, die Verbindungen zu erkennen, welche über die gleichartige Bedeutung verschiedener Dinge oder die verschiedenartigen Bedeutungen der gleichen Dinge laufen. Diesem Beschauer der emblematischen Bilder und Leser ihrer Epigramme aber setzt sich die Wirrnis des Seienden in ein Gefüge von Sinnfiguren um; ihm zeigt sich noch einmal ein von Bedeutungszusammenhängen und ewigen, wahren Bestimmungen durchwirktes Universum, in dem das Vereinzelte bezogen, die Wirklichkeit sinnvoll, der Lauf der Welt begreifbar erscheint und die in Analogien gedeutete Welt so zum Regulativ des menschlichen Verhaltens werden kann. Diese emblematische Verweisungs-, Entsprechungs- und Lebenslehre ist wohl nicht mehr Zeugnis eines unangefochtenen Vertrauens in die

[9] PL CCX 579.

kosmische Ordnung, sondern eher ein Ausdruck des menschlichen Versuchs am Beginn der Neuzeit, sich zu behaupten gegen eine undurchschaubar werdende, chaotische Welt. In solchem Bemühen, scheint es, ruft die Emblematik noch einmal das Ordnungsdenken des Mittelalters und seine Erkenntnismittel zu Hilfe: leistet Widerstand, hegt Hoffnung, trägt utopische Züge.

„Emblematum Pater & Princeps est Alciatus."[10] Wenige Bücher haben in der europäischen Geistesgeschichte so außerordentliche Wirkungen gehabt, wie sein schmaler ‚Emblematum liber' von 1531. Der Augsburger Editio princeps folgen an anderen Orten gedruckte erweiterte, auch kommentierte Ausgaben und zahlreiche Übersetzungen in die europäischen Nationalsprachen; mehr als 150 Auflagen sind bekannt. Sie haben eine kaum übersehbare Zahl von Nachfolgern in ganz Europa angeregt, die aus den älteren Werken bekannte Embleme übernehmen oder abwandeln und umdeuten und aus den oben genannten Quellen oder eigenen Beobachtungen immer neue hinzuholen. Dabei griff die hieroglyphisch-esoterische Emblemkunst der gelehrten Humanistenzirkel rasch in die gebildeten Stände aus und entwickelte sich in die Richtung eines moralisierend-didaktischen Volksbilderbuches, dessen weite Verbreitung durch nationalsprachliche Fassungen der Subscriptiones unterstützt wurde. Während die früheren Werke ihre Embleme zumeist noch in bunter Mischung der Bildmotive und Bedeutungen darbieten, nur gelegentlich auf bestimmte Bildbereiche oder Sinnbezirke beschränkt und nach ihnen geordnet, bilden sich mit der Zeit zahlreiche thematische Spielarten aus: geistliche, biblische, christologische und mariologische Emblembücher, die besonders von den Jesuiten vertretene Ordensemblematik, emblematisch-heraldische Wappen- und Stammbücher oder Fürstenspiegel, erotische, höfisch-politische, gar alchimistische Emblematik. Mario Praz hat in seiner für alle Emblemforschung grundlegenden ‚Bibliography of Emblem Books' neben einer großen Zahl anonym erschienener Emblembücher mehr als 600 Verfasser emblematischer Werke genannt, von denen viele mit mehreren, verschiedenen Büchern, sehr viele mit mehreren Auflagen und Übersetzungen derselben Emblemsammlung angeführt werden. Zwar kennt man die Höhe der einzelnen Auflagen nicht genau. Eine auch nur ungefähre Schätzung, mit welcher Stückzahl die emblematische Literatur vom zweiten Drittel des 16. Jahrhunderts bis ins 18. Jahrhundert hinein den europäischen Büchermarkt überflutet hat, ist deshalb schwierig. Aber mit einer siebenstelligen Zahl wird man wahrscheinlich rechnen müssen. Was dabei die Streuungsdichte, die nationale Verbreitung betrifft, so wäre anzumerken, daß etwa ein Drittel aller Emblembücher deutschen Ursprungs ist. Doch wiegen lokale und nationale Besonderheiten hier gering. Oft sind der Autor, der Zeichner, der Holzschneider oder Kupferstecher und der Drucker ohnehin von verschiedener Nationalität. Vorherrschender Gebrauch des Lateinischen vor allem in ihrer früheren, polyglotte Texte in ihrer späteren Zeit tragen dazu bei, der Emblematik den Charakter einer gemeineuropäischen Erscheinung zu geben. Sie hat zwischen den Buchdeckeln der Emblembücher keineswegs haltgemacht. Auch darauf hatte schon Herder hingewiesen, als er über der Beobachtung jener „großen Menge symbolisch-emblematischer Bücher und Verzeichniße" bemerkte: „Dies half der Deutschen Kunst auf; und die alte Poesie gieng langsam und lehrhaft an ihrer Seite." Wie man inzwischen weiß, gilt das durchaus nicht nur für deutsche Kunst und Poesie. Die Emblematik hat in alle Ausdrucksbereiche der europäischen Kultur des 16. und 17. Jahrhunderts hineingewirkt, noch im 18. Jahrhundert werden ihre Spuren sichtbar. Immer deutlicher tritt sie in der Forschung hervor als eine der wesentlichen formgebenden und sinnbestimmenden Kräfte jenes Zeitalters, das Herder „beinahe das emblematische nennen möchte".[11]

---

[10] Balbinus aaO. S. 232.
[11] aaO. S. 230.

VORBEMERKUNGEN DER HERAUSGEBER

›DIE ABSICHT EINGELEITET‹

Mit dem ‚Emblematum liber' des Alciatus wird die Bezeichnung Emblem ein kunst- und literarhistorischer Gattungsbegriff. Justus-Georg Schottel hat 1663 in seiner ‚Ausführlichen Arbeit von der Teutschen HaubtSprache' vermerkt: „Das Wort Emblema ist hernach also gebraucht / daß dadurch angedeutet worden ein Sinnbild / das ist ein Bild / samt dessen Deut-Spruche und auslegenden Versen".[12] Griechisch ἔμβλημα und emblema im klassischen Latein meinten freilich das Angesetzte oder Eingesetzte, Mosaik- und Intarsienwerk. So, als Bezeichnung für verzierende Einlegearbeit, für abnehmbaren Metallschmuck an Gefäßen hatte noch Alciatus es aufgefaßt; auch die metallenen Schilde und Plaketten der Impresen, mit denen man Hüte und Gewänder schmückte, hat er wahrscheinlich darunter verstanden, vielleicht die in Bücher eingeklebten Bibliothekszeichen, die Verlegersignets, möglicherweise sogar den Schmuck der Rede durch „loci communes", die schon Quintilian mit den Emblemata verglichen hatte[13]. Nebeneinander nennt noch Mathias Holtzwart diese ursprüngliche und die abgeleitete Bedeutung des Begriffs, wenn er 1581 auf dem Titelblatt seiner Sammlung die Embleme als „Eingeblümete Zierwerck / oder Gemälpoesy" bezeichnet. Die abgeleitete Wortbedeutung setzte als Gattungsbestimmung sich durch, im Sinne der ursprünglichen Wortbedeutung aber hat die Emblematik ihre Wirkungen ausgeübt. Dem praktischen Gebrauch der angewandten Renaissance-Hieroglyphik und der Impresenkunst folgend, hatte Alciatus seinen ‚Emblematum liber' ganz ausdrücklich als Mustersammlung verzierender Einlegearbeit, seine Sinnbilder als Vorlagen für Künstler und Kunsthandwerker bestimmt. Spätere Emblematiker und Impresensammler haben sich in ähnlicher Weise erklärt und ihre Bücher dabei auch den Dichtern, Predigern und Rednern empfohlen; Emblemata, sagte Gracián, sind die kostbaren Steine in der goldenen Fassung kunstvoller Rede[14], und Harsdörffer erklärte in seinem ‚Poetischen Trichter': die „Sinnbild-Kunst dienet nicht nur dem Redner zu beweglicher Darstellung seiner Sachen / sondern auch dem Poëten / wann er solche Gemähle seinen Versen schicklich beybringen / und von dergleichen Erfindungen seinen Inhalt absehen kan".[15]

Tatsächlich erscheinen die Emblemata in allen Bereichen der bildenden Kunst. Als Einzelstücke, in ganzen Reihen oder Bildprogrammen und als erläuternde, sinndeutende Beigaben auch zu größeren Darstellungen finden sie sich in profaner und kirchlicher Malerei, häufig als Wand- und Deckenschmuck in Kirchen und Klöstern etwa oder auf Schlössern und Herrensitzen, in Rathäusern und Bibliotheken. In der Graphik, der Stuckplastik, bei Festdekorationen oder Bühneneinrichtungen spielt die angewandte Emblematik eine bedeutende Rolle. Im Kunstgewerbe reicht ihre Verwendung vom Möbelschmuck, von Majoliken und Kachelofenverzierungen bis zu Druckermarken, Verlegersignets und Exlibris, von Münzen und Medaillen bis zu Spielkarten oder Schießscheiben. In den wortausdeutenden Tonbildern der Musik haben sie Spuren hinterlassen. Predigt und Redekunst, Andachts- und Erbauungsliteratur, Unterrichtswerke und Lehrbücher, nicht zuletzt die Poesie des ‚emblematischen Zeitalters' zeigen auf vielfältige Weise ihren Einfluß. Für die Bildlichkeit der dichterischen Sprache liegen in der Emblematik ohne Zweifel entscheidende Voraussetzungen. Das gilt vor allem für die Barockepoche, im Sinne einer Vermittlung und Überlieferung der Sinnbilder aber bis weit ins 18. Jahrhundert hinein.

Freilich stößt der Versuch zuverlässiger und eindeutiger Bestimmungen der Zusammenhänge zwischen den Res pictae der Emblembücher und der Bildlichkeit angewandter Emblematik auf Schwierigkeiten, die sich aus dem Vermittlungscharakter dieser Sinnbildkunst ergeben. Es bleibt nicht selten ungewiß, ob

---

[12] Lib. V, III 10, S. 1105.
[13] De institutione oratoria II 4, 27–28.
[14] Obras compl. ed. Hoyo, 1960, S. 490.
[15] III, 1653, S. 108.

ein Bildmotiv und seine Deutung vom Autor des Emblembuches selber stammen oder auf eine von ihm nicht bezeichnete Vorlage zurückgehen. Liegt eine reiche voremblematische Überlieferung vor, dann ist oft nicht auszumachen, welche der möglichen Vorlagen für das Emblem benutzt worden ist. Ebenso offen wird häufig auch die Frage bleiben, ob etwa der spätere Emblematiker auf ein früher erschienenes Emblem- oder Impresenbuch oder, unabhängig von ihm, wieder auf dessen Quelle zurückgegriffen hat. Diese Unsicherheiten potenzieren sich, wenn man angesichts einer Bildentsprechung im Bereich angewandter Emblematik die Abhängigkeit von einem bestimmten Emblembuch festzustellen sucht. Gewiß gibt es eindeutige Fälle. Häufig aber erscheint das gleiche Bild in verschiedenen Emblembüchern, ohne daß zuverlässig bestimmt werden könnte, welches als Quelle diente. Und sehr oft wird man die Möglichkeit nicht ausschließen können, daß der Maler, Zeichner, Dekorateur, Architekt, der Redner, Prediger oder Poet – unabhängig von einem seinem Bild entsprechenden Emblem – seinerseits dessen Vorlage benutzt hat oder durch andere, außeremblematische Vermittlungen von ihr abhängig ist. Demgegenüber bleibt zu bedenken, daß die Bedeutung der Emblembücher mit ihrer Wirkung als Vorlage und Quelle keineswegs erschöpft ist, daß sie nicht etwa nur von den Künstlern und Kunsthandwerkern, Rednern und Autoren studiert, sondern, vor allem im 17. Jahrhundert, auch vom breiten Publikum aufgenommen wurden. Freude am Bilderbesehen und die Neugier auf Unbekanntes und Abgelegenes, Interessantes und Curioses, Wissensdurst und Bildungshunger, all das konnten die Darstellungen der Emblematiker vergnüglich befriedigen. Ihre Motti und Epigramme oder auslegenden Prosatexte gaben Erbauung und Belehrung hinzu, Welt- und Gottesweisheit, Lebenshilfe, Anweisungen zu einer klugen, ja bisweilen derben Selbstbehauptung, vielerlei Anlaß zum Nachdenken. Hier in den Emblembüchern schloß man Bekanntschaft mit alten und neuen Sinnbildern und ihren Bedeutungen. Mochte auch dort, wo die emblematische Res picta und das vom Maler oder Poeten verwendete Bild einander entsprechen, den gelehrten Künstler und Autor selbst die ursprüngliche Quelle, die Vorlage des Emblematikers angeregt haben, so war doch für die Menge seiner Zeitgenossen der unmittelbare Zugang zu Plinius oder Augustin, zur ‚Anthologia Palatina' oder zu den ‚Hieroglyphica' des Horapollo verschlossen. Die Beschauer der Wand- und Deckengemälde in den Kirchen, die Auftraggeber der Kunsthandwerker, die Zuhörer der Prediger und Redner, die Leser von Andachtsbüchern und Erbauungsschriften, Gedichten, Romanen oder Dramen, das Publikum der höfischen und bürgerlichen Feste oder die Zuschauer im Theater kannten die Emblemata, konnten auf sie beziehen und von ihnen her verstehen, was ihnen in der angewandten Emblematik an Bildern begegnete und dort sehr häufig, durch Verkürzung oder Tilgung der auslegenden Textteile, die Kenntnis der sinnbildlichen Bedeutungen voraussetzte. Damit nicht genug. Die Wirkungen der Emblematik blieben keineswegs auf die Motivik beschränkt. Auch für die bildende Kunst, aber vor allem wohl für die Literatur hat sie vielfältig verwendungsfähige Darstellungsmuster und Strukturmodelle bereitgestellt. Ihre dreiteilige Anlage, ihre Kombination abbildender und auslegender Formen, ihre Doppelfunktion der Darstellung und Deutung haben offenbar sehr bedeutende und weitreichende Anregungen gegeben. Das Publikum dieser Zeit aber war durch die Emblembücher dazu angeleitet oder darin bestätigt worden, die Gegenstände, Figuren, Geschehnisse dieser Welt als verweisungskräftig, bedeutungsmächtig zu verstehen, und hatte durch sie gelernt, die in einer solchen sinnbildlichen Auffassung der Dinge gründenden emblematischen Formen auch andernorts zu begreifen. Unter dieser Voraussetzung arbeiteten die Künstler und Kunsthandwerker, sprachen die Redner und Prediger, schrieben die Autoren des ‚emblematischen Zeitalters'. Dem heutigen Betrachter und Leser werden ihre Werke deshalb ohne Kenntnis der Emblembücher in mancher Hinsicht verschlossen bleiben, weil er bestimmte Bedeutungen, Betrachtungsweisen, Ausdrucksformen nicht mehr zureichend versteht. Aus der Absicht, dafür Hilfen zu schaffen, ist das vorliegende Handbuch hervorgegangen. Und seine Herausgeber verbinden damit die Hoffnung, es möchte ihre Arbeit die gelehrte Beschäftigung mit diesen

Gegenständen, die wissenschaftliche Behandlung der angewandten Emblematik in den verschiedensten Disziplinen beleben und unterstützen.

Denn während sich in vielen Ländern, bei den „stillen Liebhabern" ebenso wie in den Wissenschaften, ein neues Interesse an der Emblematik bemerkbar macht, sind die Quellen doch schwer oder kaum mehr erreichbar. Auch die Emblembücher unterlagen dem Verschleiß der Gebrauchsliteratur. Was an Originalen erhalten blieb, gehört heute zu den kostbaren Schätzen privater Sammlungen und öffentlicher Bibliotheken und erreicht im Antiquariatsbuchhandel, der die Emblematik seit längerem entdeckt hat und sie häufig in gesonderten Rubriken seiner Kataloge anführt, sehr hohe Preise. Zwar sind in letzter Zeit einige Neuauflagen alter Werke erschienen und ist eine größere Zahl von Faksimiledrucken angekündigt worden, aber gemessen am Reichtum emblematischer Publikationen des 16. und 17. Jahrhunderts muß diese Aushilfe Stückwerk bleiben, und wie bei den Originalen ist bei solchen Faksimiledrucken der praktische Wert für den Benutzer oft erheblich eingeschränkt durch schwer verständliche fremdsprachige Texte und die durch kein Register erschlossene, unübersichtliche Fülle der Bilder und Bedeutungen. Die Erforschung der Emblematik selbst bleibt freilich in vieler Hinsicht auf die originalen Drucke, auf faksimilierte Wiedergaben oder Mikrofilme angewiesen; Arbeiten etwa zur Entstehungsgeschichte, zur Druck- und Verlagsgeschichte, zur Wirkungsgeschichte der Emblembücher bedürfen eines sehr viel breiteren und vollständigeren Materials, als eine auswählende Sammlung es verfügbar machen kann. Wohl aber versucht das hier vorgelegte Handbuch eine reichhaltige Dokumentation der Emblemkunst; sie liefert zugleich dem Kunsthistoriker, der sich mit dem Holzschnitt und Kupferstich, mit ikonographischen und ikonologischen Fragen befaßt, dem Literarhistoriker, den die Epigrammdichtung der Renaissance- und Barockepoche beschäftigt, dem klassischen Philologen, der am Nachleben der Antike interessiert ist, und in entsprechender Weise dem Mediävisten eine Fülle von Beobachtungs- und Untersuchungsmaterial. Überdies stellen die Emblemata eine unerschöpfliche Quelle für die allgemeine Kulturgeschichte des 16. und 17. Jahrhunderts dar, für die Volkskunde, die historisch interessierte Theologie, Philosophie, Soziologie und Pädagogik. Insbesondere aber wird eine solche Zusammenstellung den Kunsthistorikern und Literarhistorikern vieler Disziplinen als Hilfsmittel für das Verständnis und die Untersuchung der angewandten Emblematik dienlich sein. Diese Absichten haben die Anlage des Handbuchs bestimmt.

›DER INHALT BEVORWORTET‹

Den VORBEMERKUNGEN DER HERAUSGEBER schließt sich eine BIBLIOGRAPHIE ZUR EMBLEMFORSCHUNG an [die in der hier vorliegenden Ergänzten Neuausgabe ein sehr viel schmaleres Literaturverzeichnis der ersten Ausgabe des Handbuchs ersetzt. Das diesen VORBEMERKUNGEN unmittelbar folgende VORWORT ZUR NEUAUSGABE gibt dazu die nötigen Erläuterungen].

Dem Literaturverzeichnis folgt eine BESCHREIBUNG DER BENUTZTEN EMBLEMBÜCHER (Seite CLXXVII ff.). Außer den Verfassern führt sie nach Möglichkeit auch die Namen der Zeichner, Holzschneider oder Kupferstecher an, unter denen sich so bedeutende Graphiker wie Jost Amman, Agostino Carracci, Matthäus Merian, Crispyn de Passe, Virgil Solis, Tobias Stimmer, Otho Vaenius oder Adriaen van de Venne finden. Aus der riesigen Zahl emblematischer Werke bietet das vorliegende Handbuch nur eine vergleichsweise schmale Auswahl. Ohne entschiedene Beschränkung hätten die

Herausgeber das Hilfsmittel, um das es ihnen ging, in halbwegs übersehbarer Zeit nicht verfügbar machen können. Sie haben ihre Auswahl zunächst auf diejenigen Autoren abgestellt, die als Stammväter der Emblematik gelten dürfen, von deren Mustern nämlich die späteren Werke mit ihren Variationen, Kombinationen und Spezifizierungen sich ableiten. Daraus ergibt sich, daß mehr als die Hälfte der aufgenommenen oder berücksichtigten Emblembücher aus dem 16. Jahrhundert stammt und mit der einzigen Ausnahme des nur auszugsweise benutzten Hieronymus Sperling kein Werk herangezogen wurde, das später als 1640 erschienen ist. Die Wirksamkeit eines Emblembuches innerhalb der Emblemkunst selbst und im Hinblick auf die angewandte Emblematik war ein leitender Gesichtspunkt der Auswahl. Gerade über diese Wirkungsgeschichte aber gibt die wissenschaftliche Literatur bisher nur wenig Auskunft. Sie läßt sich in vielen Fällen vorläufig allein auf indirekte und recht unsichere Weise erschließen aus der Zahl der Auflagen, Übersetzungen und Bearbeitungen, die ein Emblembuch erfahren hat, und aus der Häufigkeit, mit der spätere Emblematiker und andere Autoren sich auf ein bestimmtes Werk berufen. Die Ansichten der Sachkenner über das in solchem Sinne Grundlegende werden sich deshalb nicht immer decken; mancher mag dieses oder jenes Werk vermissen, das sein Interesse gewonnen hat oder für seine Arbeiten wichtig geworden ist und ihm hier nun kaum entbehrlich scheint. Es steht aber wohl außer Zweifel, daß keines der aufgenommenen Werke aus der Reihe der emblematischen Väter in diesem Sammelband hätte fehlen dürfen; die Aufnahme einiger späterer Emblembücher hingegen, über die man im einzelnen durchaus streiten könnte, ist im Sinne einer exemplarischen Dokumentation zu verstehen. Im Rahmen des Möglichen wurden dabei Beispiele auch für die thematisch spezialisierte Emblemkunst der Spätzeit einbezogen. Die religiöse Emblematik, die erst im 17. Jahrhundert große Bedeutung und weite Verbreitung gewinnt, ist insbesondere durch Georgette de Montenay, die 1571 offenbar das früheste Beispiel dieser Gattung liefert, und durch Johann Mannich (1624) vertreten. Für die Liebes-Emblematik, die vor allem in den Niederlanden blühte, stehen Daniel Heinsius (zuerst vermutlich 1605) und Otho Vaenius (1608). Die höfisch-politische Emblematik repräsentieren etwa Jacobus à Bruck gen. Angermundt (1618) und der emblematische Fürstenspiegel des Diego de Saavedra Fajardo (zuerst 1640).

Innerhalb der auf solche Weise ausgewählten Emblembücher war überdies eine Auswahl unter den in ihnen enthaltenen Emblemata unerläßlich. Die Herausgeber haben sich dabei von der oben beschriebenen idealtypischen Grundform des Emblems leiten lassen und im engeren Sinne allegorische oder vorwiegend heraldische Stücke, emblematisch aufgemachte Exempla, Bibelstellen, Sprichwörter oder Anekdoten, deren Bilder rein illustrativen Charakter besitzen und einer emblematischen Auslegung eigentlich nicht bedürfen, weniger ausführlich berücksichtigt. Als Verständnishilfe für die Anspielungen angewandter Emblematik ist das unter diesem Gesichtspunkt ausgeschiedene Material ohnehin entbehrlich. Daß solche emblematischen Randformen dennoch in exemplarischem Umfang vertreten sind, wird der Benutzer sogleich bemerken. Von den Übersetzungen und den in Form von Hinweisen eingearbeiteten 13 Impresensammlungen abgesehen, sind insgesamt 47 Emblembücher herangezogen worden. 26 von ihnen wurden vollständig (oder mit Ausnahme von nur ein, zwei oder drei Emblemen) aufgenommen, weitere 21 in Auswahl. Wenn mehrere Auflagen eines Werkes erschienen sind, ist die Erstausgabe oder, falls diese nicht erreichbar war, eine ihr möglichst nahestehende Edition zugrunde gelegt worden. Wo spätere Auflagen jedoch wesentliche Korrekturen und Erweiterungen gegenüber der Editio princeps zeigen, wurde die erste „verbesserte" oder „vermehrte" Ausgabe verwendet. Im einzelnen gibt die Beschreibung der benutzten Emblembücher darüber Auskunft. Für jeden Titel wird dort auch ein STELLEN-VERZEICHNIS geliefert, das für jedes aufgenommene Emblem einerseits die Nummer oder Seiten- bzw. Bogenzahl des Originals, andererseits die Handbuch-Spalte angibt, in der es erscheint. Welche Stücke eines bestimmten Autors oder Emblembuches abgedruckt wurden und wo sie zu finden sind, ist mit Hilfe dieser Verzeichnisse rasch festzustellen. Denn die in das Handbuch aufgenommenen Embleme wurden nicht im ursprünglichen Verband der Originale belassen, die benutzten Emblembücher nicht einfach in alphabetischer oder chronologischer Folge hintereinander abgedruckt.

Ausgehend von den Res pictae ihrer Holzschnitte und Kupferstiche, deren ideelle Priorität gegenüber den auslegenden Texten oben erörtert wurde, sind die EMBLEMATA (Spalte 1 ff.) vielmehr nach Sachbereichen geordnet worden. Dieses Gliederungsprinzip, das auf Diodors Einteilung der ägyptischen Hieroglyphen in die Bereiche der Lebewesen, der menschlichen Gliedmaßen und der Gebrauchsgegenstände zurückgeht und von Pierio Valeriano für seine 1556 gedruckten ‚Hieroglyphica' aufgenommen wurde, wird in Ansätzen auch bei den Emblematikern selber wirksam. Schon Alciatus stellt im ‚Emblematum liber' eine geschlossene Gruppe von Baum-Sinnbildern zusammen; später hat beispielsweise Joachim Camerarius seine Sammlungen nach Pflanzen, Vierfüßlern, Vögeln, Fischen und Reptilien geordnet. Die großen Enzyklopädien am Ausgang des emblematischen Zeitalters haben das dann zum herrschenden Prinzip erhoben. Ihrem ontologisch begründeten Einteilungsverfahren folgend, gliedert das vorliegende Handbuch sein Material in acht Bereiche: MAKROKOSMOS – DIE VIER ELEMENTE – PFLANZENWELT – TIERWELT – MENSCHENWELT – PERSONIFIKATIONEN – MYTHOLOGIE – BIBLISCHES. Für die fünf größeren Bereiche war dabei eine weitere Untergliederung erforderlich, die aus dem voranstehenden Inhaltsverzeichnis ersichtlich wird. Innerhalb dieser Gruppen wiederum wurde bei der Anordnung der einzelnen Genera auf Verwandtschaftszusammenhänge und absteigende Rangordnung geachtet. In Zweifelsfällen hat nicht die moderne naturwissenschaftliche Klassifikation, sondern die alte Qualitas-Vorstellung über den Standort eines Emblems entschieden; so erscheint etwa das Magnet-Emblem nicht im Bereich der Metalle, sondern der Steine. Erst für Embleme mit gleichem Bildinhalt war die chronologische Folge maßgeblich. Diese Anordnung stellt das einzelne Sinnbild an den ihm eigenen Ort und in den ihm zugehörigen Umkreis innerhalb des emblematischen Bilderkosmos, zeigt es dem Betrachter im großen Zusammenhang des Mundus symbolicus. Sie bewahrt und überliefert auf solche Weise ein geistiges Prinzip, das durch alphabetische oder chronologische Darbietung des Materials zerstört worden wäre. Eine vergleichsweise lockere Folge der Emblemata kam überdies den aus umbruchstechnischen Gründen gelegentlich unvermeidbaren Umstellungen der ursprünglich vorgesehenen Reihenfolge entgegen, die mit streng lexikalischer Anordnung nicht hätten vereinbart werden können. Was aus dieser Anlage des Handbuches an Nachteilen für den Benutzer erwächst, wird durch die Register wettgemacht. Über die beteiligten Autoren, die herangezogenen Werke und aufgenommenen Emblemata unterrichten ihn die genannten Beschreibungen der benutzten Emblembücher und zugehörigen Stellenverzeichnisse. Ein Motto-Register verzeichnet in alphabetischer Reihenfolge die Inscriptiones. Bild-Register und Bedeutungs-Register erschließen die Res pictae und die Significationes der Emblemata.

Die Darbietung der einzelnen Embleme folgt einem durchgehenden Schema. Zu Beginn wird am Rand der Spalte in abgekürzter Form die Fundstelle mitgeteilt; jeweils die gleiche Marginalie findet sich in den Beschreibungen der benutzten Emblembücher und ist überdies im ABKÜRZUNGSVERZEICHNIS (Seite CCIII ff.) angeführt und aufgelöst.

In gleicher Höhe erscheint dann in der Spalte selbst eine kurzgefaßte, stichwortartige Beschreibung des Bildinhalts, die als Zusatz der Herausgeber (kursiv) jeder Pictura vorangestellt wird. Das für die Reihenfolge der Emblemata maßgebende Hauptlemma wurde dabei aus Gründen der Übersicht fett gedruckt. Diese Beschreibungen sollen alle Bestandteile der Pictura namhaft machen, die für seine Auslegung bedeutsam werden; deshalb war es in manchen Fällen nötig, auch dasjenige zu formulieren, was das Bild zwar meint, aber darzustellen nicht imstande ist, oder was es durch ein Versehen des Zeichners abzubilden versäumt. Auf diesen Beschreibungen des Bildinhaltes beruht das BILD-REGISTER (Spalte 1941 ff.), dessen einführender Erläuterung Genaueres zu entnehmen ist.

Mit der Inscriptio und gegebenenfalls einer Widmungsadresse, der Pictura und der Subscriptio folgen dann die originalen Teile des Emblems, wie sie in den Vorlagen erscheinen. Die Inscriptiones wurden grundsätzlich in Versalien gesetzt, mit einem Punkt beschlossen und, abweichend von den Originalen, auch dann über die Pictura gestellt, wenn sie in deren Bildfeld einbezogen sind; nur wenn sie dort mühelos lesbar erschienen, wurde auf eine zweifache Wiedergabe verzichtet. Wo ein Emblematiker neben einer lateinischen Inscriptio noch deren Übertragung in die Landessprache gibt, wird die lateinische Fassung in der beschriebenen Form behandelt, die nationalsprachliche in allen Fällen der Pictura nachgestellt. Über Besonderheiten unterrichtet die Beschreibung der benutzten Emblembücher. Widmungen wurden in der Schreibweise des Originals gesetzt, aber grundsätzlich unter der Inscriptio mitgeteilt, obgleich die Autoren sie gelegentlich an die Spitze rücken.

Bei der Wiedergabe der Picturae mußte aus technischen Gründen in vielen Fällen von der Bildgröße der Vorlagen abgegangen, vergrößert oder verkleinert werden. Es handelt sich zumeist nur um sehr geringfügige Abweichungen; Angaben über die Originalgrößen erscheinen in der Beschreibung der benutzten Emblembücher. Bei fest gebundenen Werken in kleinem Format, deren kostbare Einbände nicht gelöst werden durften, hat die photographische Reproduktion infolge der stark gebogenen Buchseiten in einigen Fällen das Bildformat verzogen. Das war nachträglich nicht immer ganz auszugleichen und muß so in Kauf genommen werden. Freilich sind bei rechteckigen Formaten die Seitenlängen der Bilder mitunter schon in der Vorlage nicht völlig gleichmäßig. Im übrigen entsprechen die Reproduktionen durchaus der Qualität der Originale, die nicht selten unter schlechtem Papier und abgenutzten Druckstöcken leidet. Durch behutsame Entfernung von Spießen oder durchscheinenden Buchstaben der Rückseite und durch die Schärfung des Schwarz-Weiß-Kontrastes, der in den Vorlagen oft durch verblaßte Druckerschwärze und vergilbtes Papier beeinträchtigt wird, sind die Reproduktionen häufig sogar deutlicher geworden als die Originale. Wenn die Herausgeber auf die Wiedergabe eines Bildes verzichtet haben, weil es die im Handbuch vorangehende Abbildung eines älteren Emblembuches entweder nur wiederholt oder ihr doch nichts wesentlich Neues hinzufügt oder weil es infolge von Versehen oder Nachlässigkeit zum Text des Emblems nicht paßt, wird die Pictura durch das Zeichen ■ markiert. Hingegen erscheint die Chiffre □, wenn ausnahmsweise das Original selbst ein Emblem ohne Abbildung gibt und die Ergänzung der durchaus zur Sache gehörigen Pictura dem Vorstellungsvermögen des Lesers überläßt.

Die Subscriptiones, die den Abbildungen folgen, halten sich in der Regel buchstabengetreu an das Original. Freilich wurden die Korrekturanweisungen von Errata-Verzeichnissen befolgt und eindeutige Druckfehler im allgemeinen stillschweigend berichtigt, zweifelhafte Lesungen und Konjekturen hingegen angemerkt. Abbreviaturen in fremdsprachigen Epigrammen und Ligaturen (mit Ausnahme des französischen œ) sind aufgelöst, die zuweilen in lateinischen Texten erscheinenden Akzente nicht übernommen worden. Bei polyglotten Ausgaben wurde, wenn möglich, die in der Muttersprache des Autors gehaltene Fassung abgedruckt. In Prosa gehaltene Subscriptiones erscheinen bei übermäßiger Länge nur in verkürzter Fassung. Auch darüber gibt die Beschreibung der benutzten Emblembücher genauere Auskunft.

Neben der Subscriptio findet sich am Rand der Spalte als Zutat der Herausgeber (kursiv) eine kurzgefaßte Angabe der emblematischen Bedeutung des Sinnbildes; sie geht auf die auslegenden Textteile des Emblems zurück, steht in einigen Fällen aber auch unter dem Einfluß eines im Original enthaltenen Kommentars. Damit werden freilich nur grobe Orientierungshilfen gegeben; der Zwang zu stichworthafter Formulierung und einer gewissen Angleichung der Begriffe im Hinblick auf das Register schloß eine zureichend differenzierende Wiedergabe der Bedeutungen nicht selten aus. Auf diesen Stichworten beruht das BEDEUTUNGS-REGISTER (Spalte 2029 ff.), dessen einführender Erläuterung Genaueres zu entnehmen ist.

Vielen Benutzern des Handbuches und Freunden der Emblematik könnte die Lektüre der oft schwer verständlichen, mitunter absichtsvoll dunklen Epigramme Schwierigkeiten bereiten; wenige werden imstande sein, die hier abgedruckten lateinischen, französischen, spanischen und niederländischen Texte des 16. und 17. Jahrhunderts gleichermaßen mühelos zu lesen. Deshalb haben sich die Herausgeber entschlossen, den Originalen deutsche Übersetzungen der Inscriptio und Subscriptio nachzustellen. Soweit das möglich war, wurden dafür ältere Übertragungen verwendet, die ja zugleich einen gewissen Eigenwert beanspruchen können. Diese deutschen Texte, meist etwas später erschienen als das hier benutzte fremdsprachige Original, sind freilich Nachdichtungen, die nicht selten von der Vorlage abweichen und mitunter auch die emblematischen Bedeutungen anders akzentuieren. Wo solche älteren Übertragungen nicht ermittelt werden konnten oder nicht erreichbar waren, und das gilt für die Mehrzahl der aufgenommenen Emblembücher, wurde eine Übersetzung in deutsche Prosa angefertigt. Daran waren mehrere Bearbeiter beteiligt, und diese Prosafassungen zeigen denn auch trotz mehrfacher Überarbeitung einen unterschiedlichen Duktus. Auch mag der Sprachkundige hier und da an ungelenken oder an allzu freizügigen Übersetzungen Anstoß nehmen. Doch ist mit diesen Hilfstexten nichts anderes beabsichtigt als eine Anleitung zum Verständnis der Originalfassungen, deren Lektüre sie keinesfalls ersetzen wollen. Die Übersetzungen erscheinen in kleinerem Schriftgrad. Wenn es sich nicht um übernommene Texte handelt, wurden sie, wie alle Zutaten der Herausgeber, kursiv gedruckt. Ergänzungen zum Original, die im syntaktischen Zusammenhang bleiben, finden sich in eckigen, erklärende Zusätze dagegen in runden Klammern.

Unter den Übersetzungen von Inscriptio und Subscriptio stehen gelegentlich erläuternde Anmerkungen. Sie wollen Hilfen geben insbesondere für das Verständnis geographischer, historischer, mythologischer Anspielungen, sie weisen auf Wortspiele hin, die in der Übersetzung nicht nachgebildet werden konnten, und geben Erklärungen auch zu schwierigen Textstellen. Ihre Zahl und ihr Umfang wurden möglichst klein gehalten.

Es folgen Angaben zu den Quellen der Bildmotive oder Texte. Was die Verfasser der Emblembücher selber mitteilen, wurde überprüft, wenn nötig vervollständigt oder berichtigt und wird hier angeführt. Fragezeichen in eckigen Klammern hinter diesen recte gesetzten Angaben der Vorlage weisen darauf hin, daß die betreffende Stelle nicht genau nachweisbar war oder ihr Quellenwert für das Emblem nicht einsichtig wird. Hinweise des Autors auf bloße Parallelstellen, die ähnliche oder entgegengerichtete Gedanken entwickeln, oder auf Texte, die nur in sehr entferntem Bezug zum Thema stehen, wurden dabei nicht berücksichtigt; in der Quellenliste deutet die Abkürzung „u.a." auf solche Angaben hin. Die mitunter sehr ausführlichen Prosakommentare, die viele Werke den einzelnen Emblemen beigegeben haben (man vergleiche dazu die Beschreibung der benutzten Emblembücher), konnten in das Handbuch nicht aufgenommen werden. Sie hätten seine Anlage empfindlich gestört und seinen Umfang gesprengt. Für die erläuternden Anmerkungen und die Quellenangaben aber sind sie sorgfältig zu Rate gezogen worden.

Von den Angaben der Autoren durch Kursivdruck unterschieden, folgen Hinweise der Herausgeber auf ungenannte Quellen, die der Verfasser des betreffenden Emblems benutzt haben könnte, auf bedeutsame Parallelen, gelegentlich auch auf wichtige Sekundärliteratur. Dabei sind insbesondere die antiken Autoren berücksichtigt worden, doch wurde neben vielen anderen Werken auch eine große Zahl von Impresensammlungen herangezogen, die mit den übrigen Titeln mehrfach benutzter Schriften im Abkürzungsverzeichnis angeführt sind. Diese Hinweise werden zum Verständnis der einzelnen Embleme hilfreich sein, aber sie bleiben lückenhaft. Ein Versuch, die sicheren und die möglichen Quellen für die Bild- und Textteile der Embleme vollständig zu ermitteln, hätte langwierige Einzelstudien erfordert, die den Rahmen dieses Handbuchs bei weitem überschreiten würden.

Als Letztes erscheinen Hinweise auf verwandte Sinnbilder. Sie konnten aus drucktechnischen Gründen nicht mehr mit Spaltenangaben versehen werden, doch hilft hier notfalls das Bild-Register aus. Auf unmittelbar benachbarte oder in der Beschreibung ihres Bildinhalts mit gleichem (fett gedruckten) Hauptlemma versehene Embleme wurde nicht verwiesen.

Diese Erläuterungen zur Darbietung des Emblems gelten für den Fall seiner vollständigen Wiedergabe im Handbuch. Um Raum zu sparen, mußten die Herausgeber aber darauf verzichten, mehrfache Belege der gleichen Res picta und Beispiele einer gleichgerichteten oder nur geringfügig abweichenden Auslegung ihres Sinngehaltes in gleicher Ausführlichkeit aufzunehmen. Gerade solche Wiederholungen sind freilich als Zeugnis für die Verbreitung einzelner Embleme und die Ausbildung von Bedeutungsvarianten unentbehrlich. Deshalb wurde in diesen Fällen eine Form abkürzender Darbietung gewählt. Geht ein vollständig aufgenommenes gleichartiges Emblem voraus, so werden spätere Belege nur mehr durch die übliche Fundstellen-Marginalie, ihre Bildinhaltsbeschreibung und Inscriptio bezeichnet, wenn nötig durch Mitteilung einer darüberhinausgehenden Bedeutungsabweichung. Auf die Wiedergabe der Pictura und auf Übersetzungen wurde dabei verzichtet. Was ausgespart bleibt, ist sinngemäß dem Vorangegangenen zu entnehmen. Das gilt auch für die erläuternden Anmerkungen und in gleicher Weise zumeist für die Quellenangaben der Herausgeber.

901 Embleme erscheinen so in unterschiedlich abgekürzter Form. In weiteren 384 Fällen wurde lediglich auf eine Wiedergabe der Pictura verzichtet. 2428 Embleme sind vollständig aufgenommen worden. Insgesamt erfaßt das Handbuch also 3713 Emblemata.

Von der Bedeutung der christlichen Allegorese und der humanistischen Hieroglyphenkunde für die Emblematik, vom Einfluß insbesondere des ‚Physiologus‘ und der ‚Hieroglyphica‘ des Horapollo auf die Emblembücher war oben die Rede. Motiventsprechungen zwischen den Emblemen und den einzelnen Artikeln dieser Werke werden von den Herausgebern zwar vermerkt, aber solche Hinweise bleiben nach dem dafür üblichen Verfahren auf bloße Stellennotizen beschränkt. Sie können weder einen zusammenhängenden Eindruck vermitteln, noch Auskunft darüber geben, wie sich in der betreffenden ‚Physiologus‘- oder Horapollo-Stelle Bild und Bedeutung zueinander verhalten. Deshalb haben die Herausgeber dem Handbuch als ANHANG einen INDEX RERUM NOTABILIUM zum ›PHYSIOLOGUS GRAECUS‹ (Spalte 2085 ff.) und einen INDEX RERUM NOTABILIUM zum ›HORAPOLLO‹ (Spalte 2097 ff.) beigegeben, die in alphabetischer Ordnung die Tiere, Steine und Bäume des ‚Physiologus‘ mitsamt ihren besonderen Eigenschaften und die Hieroglyphen des Horapollo anführen, bei jedem Bildstichwort zugleich die Bedeutung notieren und die Stelle vermerken. Für den ‚Physiologus‘ wurden dabei die Fassungen des griechischen Textes zugrunde gelegt, von dem die späteren lateinischen und nationalsprachlichen Bearbeitungen ausgehen. Daß die Verkürzung der einzelnen Erzählungen oder Beschreibungen und der Auslegungen zu registerfähigen Stichworten beträchtlich vergröbert, daß damit lediglich ein Orientierungsmittel angeboten wird und bei näherem Interesse selbstverständlich der vollständige Text des ‚Physiologus‘ oder Horapollo zu Rate gezogen werden muß, wird dem einsichtigen Benutzer bewußt bleiben.

Nach den Indices zu diesen beiden Werken, die auf die Ursprünge der Emblematik weisen, erscheint am Schluß als Faksimiledruck ein in gleicher Weise angelegtes Bild-Bedeutungs-Register aus einem der großen Sinnbilder-Kompendien vom Ausgang des ‚emblematischen Zeitalters‘: der INDEX RERUM NOTABILIUM ZUM ›MUNDUS SYMBOLICUS‹ des PICINELLUS (Spalte 2113 ff.). Verwendet wurde nicht die zuerst 1653 erschienene italienische Fassung, sondern die 1681 gedruckte erste Ausgabe einer von Augustinus Erath besorgten lateinischen Übersetzung, die sehr viel verbreiteter war, von den Zeitgenossen häufiger zitiert wird und wohl auch noch für die Mehrzahl der Benutzer dieses Handbuches leichter zugänglich ist als der italienische Text. Die Stellenangaben des Registers beziehen sich auf des Picinellus eigenes Sammelwerk und geben keine Auskunft darüber, von welchen Autoren die angeführten Symbola und ihre Bedeutungen geliefert wurden, aus welchen Schriften der Kompilator sie in sein gewaltiges Lexikon übernommen hat. Auch hier will der Index die Benutzung des Werkes nicht ersetzen, sondern anzeigen, in welchen Fällen es dienlich sein könnte, dort nachzuschlagen und weiterzulesen. Neben vielen anderen Quellen hat Picinellus vornehmlich die Schriften der Kirchenväter benutzt. Auch einige Emblematiker sind einbezogen in seine enzyklopädische Synopse. Aber sie erscheinen hier nun schon als Beiträger und vertreten nur eine der geistigen Provinzen des Mundus symbolicus. So weist der Picinellus-Index am Ende des Handbuchs, ergänzend und weiterleitend, auch über dieses Buch hinaus und knüpft das emblematische System an ein älteres und größeres an.

*

Der Plan, der zu der hier erläuterten und begründeten Sammlung geführt hat, entstand im Jahre 1957 in einem Freundesgespräch der beiden Herausgeber. Schon in den ersten Anfängen des Unternehmens hat Wolfgang Kayser sich ihnen zugesellt und bis zu seinem frühen Tode der Arbeit an den Emblemata seine Aufmerksamkeit und seinen erfahrenen Rat zuteil werden lassen. In der Erinnerung an ihre gemeinsamen Göttinger Jahre haben die Herausgeber das Werk, dessen Abschluß er nicht mehr erlebte, seinem Gedächtnis gewidmet.

Seiner Fürsprache war es auch zu danken, daß die Akademie der Wissenschaften zu Göttingen das Arbeitsvorhaben 1958 in ihre Obhut nahm und es bis zu seinem Abschluß förderte. Wenn über lange Jahre hin die finanziellen Voraussetzungen des Unternehmens gesichert blieben, so ist das allein das Verdienst dieser ehrwürdigen gelehrten Gesellschaft, der die Herausgeber hier ihren Dank abstatten möchten. Er gilt insonderheit Herrn Hans Neumann, der nach Wolfgang Kaysers Tod, bis zum Jahre 1966 das Arbeitsvorhaben im Kreis der Akademie vertreten hat.

Von 1957 bis 1967 hat die Niedersächsische Staats- und Universitätsbibliothek in Göttingen dem Unternehmen in ihrem Hause Gastrecht gewährt, ihm durch großzügige Bücherbeschaffungen und die vorzügliche Arbeit ihrer von Fräulein Gudrun Luckau geleiteten Photostelle unschätzbare Dienste geleistet. Ihren Direktoren, Professor Dr. Wilhelm-Martin Luther und seinem Nachfolger Professor Dr. Wilhelm Grunwald, ebenso den Damen und Herren des Bibliotheksdienstes sagen die Herausgeber ihren aufrichtigen Dank. Er bezieht sich in gleicher Weise auf die auswärtigen und ausländischen Bibliotheken, die als großherzige und langmütige Leihgeber der kostbaren Originale das Arbeitsvorhaben allererst ermöglichten und als Besitzer der benutzten Emblembücher in deren Beschreibungen genannt worden sind.

Als wissenschaftliche Mitarbeiter waren von 1957 bis 1958 Werner Buhrke, von 1958 bis 1963 Dr. Brigitte Lorenzen, von 1963 bis 1965 Dr. Holger Homann, von 1964 bis 1967 Klaus Schmidt und von 1965 bis 1967 Peter von Düffel in der Göttinger Arbeitsstelle tätig. Ohne ihre sachkundige, kritische und begeisterte Beteiligung, ihre nicht selten mühsame und entsagungsvolle Arbeit wäre dieses Handbuch niemals zustande gekommen. Das möchten die Herausgeber nachdrücklich und dankbar bekunden. Besonders haben sich Brigitte Lorenzen bei der Planungsarbeit, der Quellenermittlung und der Herstellung der Druckvorlagen, Klaus Schmidt und mit ihm Peter von Düffel bei der Schlußredaktion, der Fertigstellung der Register und den Korrekturarbeiten große Verdienste erworben.

Als Übersetzer sind in erster Linie Werner Buhrke, Dr. Brigitte Lorenzen und Peter Mortzfeld zu nennen, die aus dem Lateinischen; Bernard Claude Pierre Gorceix und Hans Mattauch, die aus dem Französischen übersetzt haben; Dr. Gerhard Hertwig, der die Übersetzungen aus dem Spanischen und Walter Schönau, der die aus dem Niederländischen besorgte. An der Bibliographie der Literatur zur Emblematik haben [in der ersten Ausgabe des Handbuchs] Peter von Düffel, Günter Klein, Gerhard Sau-

VORBEMERKUNGEN DER HERAUSGEBER

der, Dieter Sulzer und Ute Wollnitza mitgearbeitet. Der ‚Physiologus'-Index wurde von Dr. Jürgen Stenzel und Dr. Christian Wagenknecht angefertigt. Ihnen allen und vielen anderen hilfsbereiten Mitarbeitern, Schreibern, Korrektoren und gelehrten Ratgebern haben die Herausgeber sehr zu danken.

Sie schätzen es als ein besonderes Glück, daß die J.B. Metzlersche Verlagsbuchhandlung in Stuttgart das Werk bei sich aufgenommen hat und die reiche Erfahrung der Mitarbeiter dieses Hauses ihm zugute kam. Insbesondere Herrn Winfried Hellmann und dem Leiter der Herstellungsabteilung, Herrn Max H.C. Eichert, schließlich den Setzern und Druckern der Druckerei H. Laupp jr in Tübingen soll für ihre Sorgfalt hier herzlich gedankt sein.

Mögen die EMBLEMATA, wie sie nach zehnjähriger Arbeit nun vorgelegt werden, die Zuneigung jener „stillen Liebhaber" der Emblemkunst finden, von denen schon Herder wußte, die Aufmerksamkeit der Gelehrten und die Nachsicht der Kritiker – im Sinne des alten Claes Janszoon Visscher, der in Wahrheit ein Sinnbild der Emblematik entwarf, als er das Emblem der Bake zeichnete, welche von der Küste her den Schiffern auf See ein Zeichen gibt: denen zugedacht, die es verstehen, die es zu würdigen und zu nutzen wissen, den Freunden, den Verständnisvollen und Kundigen –

INTELLIGENTIBUS.

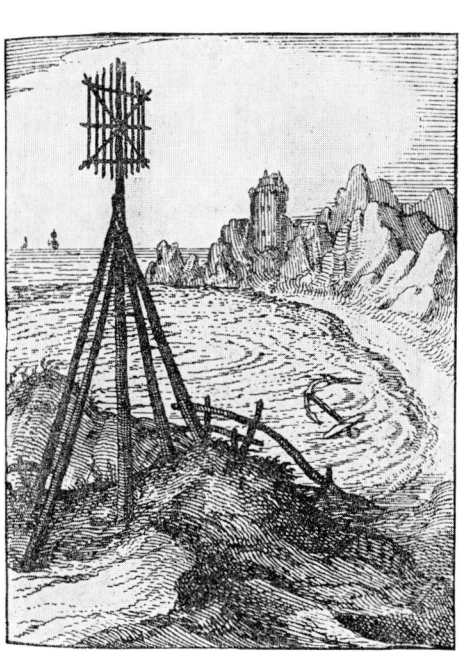

VORWORT ZUR NEUAUSGABE

Die vor neun Jahren in den VORBEMERKUNGEN DER HERAUSGEBER ausgesprochene Hoffnung, es werde dieses Handbuch die Zuneigung der Liebhaber und die Aufmerksamkeit der Gelehrten finden, es möge die Erforschung der Emblematik und der vielfältigen Anwendungen und Auswirkungen dieser Sinnbildkunst beleben und unterstützen, hat sich erfüllt. Früher als erwartet, war die Erstausgabe des Handbuchs vergriffen. Der seinerzeit ausgedruckte Bogenvorrat des EMBLEMATA-Corpus erlaubt jetzt eine Neuausgabe, in welche die (mit arabischer Spaltenzählung versehene) Dokumentation der Sinnbilder mit ihren Registern und Anhängen unverändert übernommen wird, für die aber der (durch römische Seitenzählung kenntliche) erste Teil des Bandes ergänzt und überarbeitet werden konnte.

In der internationalen wissenschaftlichen Kritik haben die ‚EMBLEMATA' ein breites Echo und das Interesse zahlreicher sachkundiger Rezensenten gefunden. Für diese Neuausgabe waren mit ihren Bestätigungen, Einwänden und Anregungen besonders wichtig:
Hans Martin von Erffa in: ‚The Art Bulletin' 56 (1971), S. 412–415,
Reinhold Grimm in: ‚Frankfurter Allgemeine Zeitung', 17. September 1968,
Wolfgang Harms in: ‚Wirkendes Wort' 19 (1969), S. 67–70,
William S. Heckscher und Cameron F. Bunker in: ‚Renaissance Quarterly' 23 (1970), S. 59–80,
John Landwehr in: ‚Literair maandblad Raam' 42 (1968), S. 59–61,
Janusz Pelc in: ‚Pamiętnik Literacki' 62 (1971) z. 4, S. 299–306,
Sibylle Penkert in: ‚Göttingische Gelehrte Anzeigen' 224 (1972), S. 100–120,
Horst Rüdiger in: ‚Neue Zürcher Zeitung', 11. August 1968,
Herbert Singer in: ‚Süddeutsche Zeitung', 18. September 1968,
Henri Stegemeier in: ‚Journal of English and Germanic Philology' 67 (1968), S. 656–672,
‚The Times Literary Supplement', July 4, 1968,
Friedrich Wilhelm Wentzlaff-Eggebert in: ‚Anzeiger für deutsches Altertum und deutsche Literatur' 81 (1970), S. 82–88.

Auch die Nachsicht der Kritiker, auf die wir gehofft hatten, ist uns zuteil geworden. Aber es hat sich doch bestätigt, wie schwer es ist, vielen Wünschen gerecht zu werden. Um die Vorschläge aller, auch der hier nicht namentlich angeführten Rezensenten zu berücksichtigen, hätte der Zeitraum, aus dem die Sinnbilder dieses Handbuchs stammen, vom 4. bis zum 18. Jahrhundert reichen müssen. Besonderes Gewicht hätte dabei auf die voremblematische Sinnbildkunst, die Impresenliteratur, die frühe Emblematik, aber auch auf die Emblematik speziell um 1600 und um 1700 gelegt werden, in höherem Maße hätten bei der Auswahl und Zusammenstellung überdies graphische und literarische Qualitäten berücksichtigt werden müssen, außerdem geschichtliche Fragestellungen – etwa nach der Reaktion der Emblematik auf absolutistische, gegenreformatorische und aufklärerische Tendenzen. Die wichtigsten Emblembuchautoren sollten weniger, zugleich aber auch mehr berücksichtigt und Nürnbergische, polnische sowie weitere niederländische Emblematiker einbezogen werden. Breiter zu dokumentieren wären die religiöse Emblematik, besonders die der Jesuiten, die Emblematik gelehrter Gesellschaften, die alchimistischen und die „realistischen" Embleme der Genreszenen und Landschaftsbilder, welche für die Erforschung der Barockmalerei wichtig sind. Über Sinnbilder bei Dante und auf Münzen des 18. Jahrhunderts hätte das Handbuch Auskunft geben müssen, auch dürften Wäsche-Embleme künftig nicht ganz und gar fehlen. Von den bedeutendsten Emblembüchern sollten zusätzlich möglichst viele spätere Ausgaben herangezogen werden, um ihre Entwicklungsgeschichte deutlich zu machen. Auch müßte die „nationalistische" Tendenz des Handbuchs, die sich darin bezeugt, daß bei den meisten Emblembüchern Exemplare aus deutschen Bibliotheken benutzt wurden, tunlich gedämpft werden. Diese und andere Einwände oder Vorschläge konnten in der hier vorliegenden Neuausgabe nicht berücksichtigt werden. Aber wir haben doch mit Freude festgestellt, wieviele Anregungen das Handbuch vermittelt, wieviele Wünsche es auch geweckt hat, und einige von ihnen scheinen uns sehr berechtigt. So wäre eine breite Darstellung etwa der späteren, insbesondere der religiösen, der politischen, der alchimistischen Emblemkunst in ergänzenden Bänden ohne Zweifel reizvoll und in vieler Hinsicht förderlich.

Über diejenigen Eingriffe, welche die Neuausgabe erlaubte, soll im folgenden Rechenschaft abgelegt werden.

In den VORBEMERKUNGEN DER HERAUSGEBER zunächst ist durch geringfügige Zusätze einiges wenige verdeutlicht, grundsätzlich aber nicht geändert worden. Denn dieser Text stellt, auf die Forschungslage seiner Entstehungszeit bezogen, ein wissenschaftsgeschichtliches Dokument dar, das nicht mehr retouchiert werden sollte. Lediglich seine den Inhalt des Handbuchs erläuternden Passagen wurden an zwei durch eckige Klammern markierten Stellen den Ergänzungen der Neuausgabe angepaßt.

Beide beziehen sich auf die diesem Vorwort folgende BIBLIOGRAPHIE ZUR EMBLEMFORSCHUNG, die das Literaturverzeichnis der ersten Ausgabe ablöst. Diese neue Bibliographie hat, unterstützt von Dieter Sulzer, Hans-Ulrich Kolb zusammengestellt. Er konnte dafür neben den umfangreichen Sammlungen der Bearbeiter und Herausgeber auch die Nachträge auswerten, die William S. Heckscher mit Cameron F. Bunker und Henri Stegemeier ihren oben genannten Rezensionen beigefügt haben. Für Hinweise und Ratschläge danken wir außerdem den Herren Dr. Wolfger Bulst, Dietrich Donat, Hans Ludwig Gumbert, Dr. Heinrich Karl Hofmeier, Professor Dr. Karl Josef Höltgen, Professor Dr. Reinhard Lauer, Dr. Joachim Telle und Professor Dr. Dmitrij Tschižewskij.

Um möglichst alle erreichbaren einschlägigen Arbeiten zu erfassen, mußte die Zahl der aufgenommenen Titel gegenüber dem alten Literaturverzeichnis um das nahezu Fünffache vermehrt werden. Neben der Ergänzung durch ältere Werke spielen dabei Neuerscheinungen eine beträchtliche Rolle. Ihre Zahl spiegelt wohl auch den Aufschwung, den die Emblemforschung seit dem ersten Erscheinen des Handbuchs in vielen Disziplinen genommen hat: unter den ‚Neueren Studien zur Vor- und Entwicklungsgeschichte der Emblematik' (Abteilung IV) und den ‚Kunst-, literatur- und allgemein kulturgeschichtlichen Arbeiten zur Emblematik und ihren Anwendungsbereichen' (Abteilung V) erscheinen nahezu 500 Titel allein aus den letzten zehn Jahren.

So wenig diese Entwicklung vorauszusehen war, so sicher ist inzwischen abzusehen, daß ein derart lebhaftes, produktives wissenschaftliches Interesse auch bedenkliche Folgen nach sich zieht und inflationäre Züge hervorkehrt. Offensichtlich nähert sich der Begriff des ‚Emblems' jetzt in manchen Verwendungsfällen der Gefahrenzone einer so extensiven Auslegung, daß sich der geschichtlich begründete, historisch fixierte Charakter dieser Kunstform aufzulösen und die Bezeichnungsschärfe auch der abgeleiteten Begriffe der ‚Emblematik' oder des ‚Emblematischen' verlorenzugehen droht. Einer ungezügelten Entdeckerfreude, die jedem aus der Asche der alten Bilderwelt aufsteigenden allegorischen, metaphorischen oder epigrammatischen Phönix schon emblematische Natur zusprechen möchte, größere Vorsicht anzuraten, historisches Augenmaß und kontrollierten Sprachgebrauch zu empfehlen, scheint uns inzwischen doch angebracht.

Daß auch das derart erweiterte Literaturverzeichnis der Neuausgabe noch lückenhaft ist und auf Ergänzung angewiesen bleibt, daß es Fortsetzungen fordert, versteht sich. Deshalb soll die BIBLIOGRAPHIE ZUR EMBLEMFORSCHUNG künftig durch periodische Nachträge auf dem laufenden gehalten werden, für deren Publikation an den EUPHORION, Zeitschrift für Literaturgeschichte, gedacht ist. Die Herausgeber werden entsprechende Korrekturvorschläge, Ergänzungs- und Nachtragshinweise dankbar entgegennehmen; sie bitten darum, solche Notizen an die Akademie der Wissenschaften in Göttingen zu richten.

Die dem Literaturverzeichnis folgende BESCHREIBUNG DER BENUTZTEN EMBLEMBÜCHER, die auch das in den VORBEMERKUNGEN erläuterte STELLENVERZEICHNIS enthält, ist durchgesehen und wo nötig berichtigt worden. Neudrucke oder Faksimileausgaben dieser Werke wurden dabei vermerkt; den Namen der beteiligten Zeichner, Holzschneider oder Kupferstecher und weiteren Mitarbeiter wurden wenn möglich die Jahreszahlen ihrer Lebensdaten hinzugefügt. Das ABKÜRZUNGSVERZEICHNIS schließlich ist ergänzt und auf die neue Bibliographie abgestimmt worden. Beide Abschnitte hat Klaus Schmidt bearbeitet.

Von ihm ist auch das anschließende, der Neuausgabe beigegebene ERRATAVERZEICHNIS zusammengestellt worden, in das die Beobachtungen und Ratschläge vieler Benutzer des Handbuchs eingegangen sind. Vor allem Frau Dr. Grete Lesky haben wir für eine Fülle derartiger Hinweise zu danken. Entsprechend der oben erörterten Anlage dieser Neuausgabe bezieht sich das ERRATAVERZEICHNIS ausschließlich auf das Corpus der EMBLEMATA und die Register. Zur Entlastung des Umfangs wurde dabei auf die Berichtigung völlig eindeutiger Versehen verzichtet; unwichtige Interpunktionsfehler und offensichtliche Irrtümer etwa in den bildbeschreibenden Stichworten blieben unerwähnt. Aber neben den Richtigstellungen gravierender Versehen enthält dieses Verzeichnis auch eine Reihe von Ergänzungen in solchen Fällen, wo derartige Zusätze Übersehenes nachtragen und der Beseitigung von Irrtümern gleichkommen. Manches korrekturbedürftige Detail ist uns dabei gewiß noch entgangen; anderes konnte mit Rücksicht auf die Benutzbarkeit des Handbuchs nicht mehr berichtigt werden, obgleich es bemerkt worden ist. Auf die Nachsicht des Benutzers bleiben wir angewiesen.

In diesem Zusammenhang fordert die Behandlung der stichworthaften Angaben zum Bildinhalt, die den Abbildungen vorangestellt sind und auf denen das BILD-REGISTER des Bandes beruht, einen erläuternden Hinweis. Es waren diese Bildstichworte, wie in den VORBEMERKUNGEN dargelegt, als Orientierungshilfe gedacht. Zusammen mit den Bedeutungsstichworten sollten sie die hier versammelten Embleme übersehbar und das Handbuch benutzbar machen. Eine vollständige Bestandsaufnahme der Bildinhalte, die manche Kritiker wünschten, hätte allein aus Umfangsgründen dieses Ziel verfehlt. Im Interesse einer registerfähigen, knappen Fassung der Bildstichworte blieben deshalb die Hintergrundsfiguren der Picturae oder die dort dargestellten Begleithandlungen unerwähnt, sofern sie ihrerseits an der Bildauslegung beteiligt sind, eine in der Subscriptio dargelegte Bedeutung der Zentralfigur oder Haupthandlung also auf direkte, personifizierende oder exemplarische Weise nurmehr verbildlichen. (In Spalte 897 beispielsweise, Roll. I Nr. 67, wo die Eule auf einem Buch als Sinnbild unermüdlichen Eifers für die Wissenschaft verstanden wird, besagen die Bildstichworte deshalb nichts über die Schulstube rechts, das nächtliche Studierzimmer links im Hintergrund. – In Spalte 1098, La Per. Mor. Nr. 58, wo das Flachshecheln darauf bezogen wird, daß Wahrheitssuche dem Neid ausgesetzt sei, ist nicht notiert worden, daß im Bildhintergrund ein Gelehrter von der Invidia verfolgt wird. – In Spalte 226, Bruck II Nr. 54, wo der geborstene Eichenstamm als Sinnbild für den Zerfall der Reiche gedeutet wird, bleibt entsprechend die Ruine des römischen Kolosseums unerwähnt.)

Hingegen sollten durch Bildstichworte diejenigen Hintergrunds- und Nebendarstellungen erfaßt werden, die selber eine sinnbildliche Bedeutung besitzen – unabhängig von der Frage, ob diese dem Zentralmotiv gleichgerichtet oder eigenständig erscheint, ob die Subscriptio sie ausdrücklich formuliert oder das dem Betrachter anheimstellt. Wo die Bildstichworte in vergleichsweise wichtigen Fällen solcher

Art unvollständig erschienen, sind sie im ERRATAVERZEICHNIS ergänzt worden. Ausgenommen von dieser Regel blieben weiterhin nur Johann Mannichs ‚SACRA EMBLEMATA‘, die häufig ein so umfangreiches Ensemble sinnbildlicher Details vorführen, daß ihre vollständige Erfassung durch Bildstichworte den Rahmen des Übersehbaren gesprengt hätte. Freilich wird der Benutzer im Auge behalten müssen, daß diese Bildstichwort-Ergänzungen nach Lage der Dinge nicht mehr ins BILD-REGISTER aufgenommen werden konnten, dort also nicht auffindbar sind.

Die Herausgeber danken Herrn Hans-Ulrich Kolb, Herrn Klaus Schmidt und Herrn Dieter Sulzer, mit deren sachkundig-bewährter Hilfe diese Neuausgabe zustande gekommen ist.

Sie haben der J.B. Metzlerschen Verlagsbuchhandlung vorgeschlagen, vom neubearbeiteten ersten Teil des Handbuchs Separatdrucke herzustellen, die als ‚Supplement der Erstausgabe‘ angeboten werden und deren Besitzern die Möglichkeit geben sollen, mit der erweiterten Bibliographie und den übrigen hier vorgestellten Ergänzungen und Korrekturen auch ihren Band auf den jetzigen Stand zu bringen.

Sie hoffen, daß auf diese Weise die ‚EMBLEMATA‘ weiterhin ihren Dienst tun: Freude machen, Einsichten vermitteln, zu neuen Studien und Entdeckungen anregen werden.

Heidelberg und Göttingen, Juli 1976

ARTHUR HENKEL   ALBRECHT SCHÖNE

BIBLIOGRAPHIE ZUR EMBLEMFORSCHUNG

UNTER MITWIRKUNG VON DIETER SULZER
BEARBEITET VON HANS-ULRICH KOLB

GLIEDERUNG

I. Bibliographische Verzeichnisse von Emblembüchern (Nr. 1–69)

II. Ikonographische, paroemiographische, symbolkundliche Repertorien und andere Hilfsmittel (Nr. 70–225)
   1. Repertorien des 16.–18. Jahrhunderts (Nr. 70–100)
   2. Repertorien des 19. und 20. Jahrhunderts (Nr. 101–225)

III. Zeitgenössische Beiträge zur Geschichte und Theorie der Emblematik (einschließlich der Traktate über Devise, Imprese und Epigramm) (Nr. 226–469)

IV. Neuere Studien zur Vor- und Entwicklungsgeschichte der Emblematik (Nr. 470–712)
   1. Hieroglyphik und Horapollo (Nr. 470–504)
   2. Antike und mittelalterliche Traditionen (Nr. 505–633)
      a) Problemata varia (Nr. 505–576)
      b) Tabula Cebetis (Nr. 577–582)
      c) Physiologus (Nr. 583–589)
      d) Mnemotechnik (Memoria) (Nr. 590–602)
      e) Heraldik (Nr. 603–633)
   3. Devisen – Impresen – Motti (Nr. 634–687)
   4. Hypnerotomachia Poliphili (Nr. 688–712)

V. Kunst-, literatur- und allgemein kulturgeschichtliche Arbeiten zur Emblematik und ihren Anwendungsbereichen (Nr. 713–2338)
   1. Der kunsttheoretische Kontext: Ästhetik – Ikonologie – Poetik – Rhetorik (Nr. 713–817)
   2. Allgemeine Emblemforschung (Theorie und Geschichte) (Nr. 818–897)
   3. Einzelne Emblembuch-Autoren (Nr. 898–1117)
   4. Religiöse Emblematik (Nr. 1118–1170)
   5. Allegorien und Personifikationen (Nr. 1171–1265)
   6. Mythologierezeption (Nr. 1266–1324)
   7. Bildende Künste und Emblematik (Nr. 1325–1617)
      a) Epochen- und Gattungsstudien (Nr. 1325–1364)
      b) Einzelne Künstler (Nr. 1365–1468)
      c) (Innen)Dekoration – Kunsthandwerk – Medaillen und Münzen (Nr. 1469–1617)
   8. Feste – Theater – Trionfi und Ehrenpforten – Pompae funebres (Nr. 1618–1667)
   9. Musik und Emblematik (Nr. 1668–1682)
   10. Buchwesen (Illustration – Signete) (Nr. 1683–1786)
   11. Literatur und Emblematik (Nr. 1787–2129)
      a) Epochen- und Gattungsstudien (Nr. 1787–1842)
      b) Emblematik bei einzelnen Autoren (Nr. 1843–2056)
      c) Epigrammatik (Nr. 2057–2129)
   12. Motivstudien (bildende Künste und Literatur) (Nr. 2130–2178)
   13. Natur und Naturwissenschaften (Nr. 2179–2338)
      a) Fauna und Flora (Nr. 2179–2280)
      b) Alchemie – Chemie – Medizin – Pharmazie – Physik (Nr. 2281–2338)

HINWEISE FÜR DIE BENUTZUNG

Die Bibliographie umfaßt – einschließlich der Zwischennummern und der Korrekturnachträge, aber ohne die Doppelnennungen – 2335 Titel, die größtenteils durch Autopsie oder Mehrfachidentifikation überprüft worden sind. Thematisch interessante, aber bibliographisch nicht eindeutig ermittelte Titel wurden mit dem Vermerk [„nicht verifizierbar!"] gekennzeichnet. Die Systematik der Titelaufnahmen folgt mit kleineren Abweichungen den Richtlinien für die alphabetischen Kataloge wissenschaftlicher Bibliotheken.

Für pseudonym schreibende Autoren wurde als alphabetisches Ordnungswort dann das Pseudonym verwendet, wenn es für den Verfasser üblich oder nicht auflösbar ist. Humanistische Autoren sind unter ihrem gräzisierten bzw. latinisierten Namen zu finden, wenn er gebräuchlicher ist als die nationalsprachliche Namensform. Titel ohne Verfasserangabe wurden unter „ANONYMUS" eingeordnet. Von Körperschaften verfaßte oder herausgegebene Werke stehen unter dem korporativen Verfassernamen (z.B. VERBAND deutscher Antiquare).

BIBLIOGRAPHIE ZUR EMBLEMFORSCHUNG

Die Reihe verschiedener Werke desselben Verfassers wurde chronologisch geordnet; dabei unterbricht die Chronologie der Auflagenfolge eines Werkes die der gesamten Werkreihe.

Bei weniger bekannten, zumal außerhalb des deutschen Sprachgebiets erscheinenden Zeitschriften folgt auf den Namen der Erscheinungsort in eckigen Klammern. Angaben wie „18: 1974 (1975)" sind zu lesen: „Band/Jahrgang 18 für 1974, erschienen 1975". Für häufiger genannte Buchreihen, Periodica und Sammelwerke wurden Siglen verwendet, die am Schluß dieser Hinweise verzeichnet sind.

Die Titel der alten Drucke (Nr. 70–100 und 226–469) wurden nicht diplomatisch beschrieben. Ihr orthographisch meist normalisierter Wortlaut ist soweit gekürzt worden, daß Inhalt und Intention der Werke erkennbar blieben.

Titelangaben, die anderen Teilen des Buches als dem Titelblatt (z.B. dem Impressum, Kolophon oder dem Vorwort) entnommen wurden, stehen in runden Klammern; Titelangaben, die aus Repertorien stammen [Bibliographien, Bibliothekskatalogen], erscheinen in eckigen Klammern, ebenso erklärende und ergänzende Zusätze des Bearbeiters. Jeder Titel (bei mehreren Auflagen selbständiger Werke die ganze Auflagenfolge) trägt die Nummer einer durchlaufenden Zählung. Die der ersten Erwähnung entsprechende Titelnummer ist beibehalten und in eckige Klammern gesetzt worden, wenn der gleiche Titel in mehreren Abteilungen der Bibliographie erscheint. Auf Studien, die für ein bestimmtes Lemma noch zusätzlich von Belang sind, wird jeweils am Ende der einzelnen Abteilungen durch bloße Angabe der Ordnungsnummern verwiesen.

AfdA	Anzeiger für deutsches Altertum und deutsche Literatur (= Beilage zur ZfdA)
ASNSL	Archiv für das Studium der neueren Sprachen und Literaturen [Braunschweig: G. Westermann]
BHR	Bibliothèque d'Humanisme et Renaissance [Genève: E. Droz]
Diss. Abstr.	Dissertation Abstracts [Ann Arbor (Mich.), USA]
DVjS	Deutsche Vierteljahrsschrift für Literaturwissenschaft und Geistesgeschichte [Stuttgart: J.B. Metzler]
FuF	Forschungen und Fortschritte [Berlin (DDR): Akademie-Verlag]
GGA	Göttingische Gelehrte Anzeigen [Göttingen: Vandenhoeck & Ruprecht]
GLL	German Life and Letters N.S. [Oxford]
GRM	Germanisch-Romanische Monatsschrift N.F. [Heidelberg: C. Winter]
JAAC	Journal of Aesthetics and Art Criticism [Baltimore (Md.), USA]
JEGP	Journal of English and Germanic Philology [Urbana (Ill.), USA]
JWCI	Journal of the Warburg and Courtauld Institutes [London: Warburg Institute]
KTA	Kröners Taschenausgaben [Stuttgart: A. Kröner]
LThK	Lexikon für Theologie und Kirche. Begründet von Michael Buchberger. 2., völlig neu bearb. Auflage... Hrsg. von Josef Höfer und Karl Rahner. Bd. 1–10 und Registerband. Freiburg i.Br.: Herder 1957–1967.
MLN	Modern Language Notes [Baltimore (Md.), USA]
MLR	Modern Language Review [Cambridge (Engl.)]
MLQ	Modern Language Quarterly [Washington (D.C.), USA]
PMLA	Publications of the Modern Language Association of America [Menasha (Wisc.), USA]
rde	rowohlts deutsche enzyklopädie [Reinbek bei Hamburg: E. Rowohlt]
RDK	Reallexikon zur deutschen Kunstgeschichte. Hrsg. von Otto Schmitt [u.a.] [Bisher erschienen:] Bd. 1–6 und von Bd. 7 Lieferung 1–2/3. Stuttgart: J.B. Metzler [ab Bd. 3: Stuttgart [dann: München]: Alfred Druckenmüller] 1937–1975.
RGG	Die Religion in Geschichte und Gegenwart. Handwörterbuch für Theologie und Religionswissenschaft. 3., völlig neu bearb. Auflage... Hrsg. von Kurt Galling. Bd. 1–6 und Registerband. Tübingen: J.C.B. Mohr (Paul Siebeck) 1957–1965.
SP	Studies in Philology [Chapel Hill (N.C.), USA]
ZfdA	Zeitschrift für deutsches Altertum und deutsche Literatur [Wiesbaden: Fr. Steiner]
ZfdPh	Zeitschrift für deutsche Philologie [Berlin: E. Schmidt]

BIBLIOGRAPHIE ZUR EMBLEMFORSCHUNG

I. Bibliographische Verzeichnisse von Emblembüchern

1 **Allut**, Paul: Recherches sur la vie et sur les oeuvres du P. Claude-François Menestrier de la Compagnie de Jésus, suivies d'un recueil de lettres inédites de ce père à Guichenôn et de quelques autres lettres de divers savans de son temps, inédites aussi. Lyon: N. Scheuring 1856. [Darin S. 368-370: Devises, emblèmes, allegories. – Décorations funèbres, entrées, ballets, fêtes et tournois.]

2 L'Art Ancien [Antiquariat; Direktor: Alfred Frauendorfer]: Katalog 26: Illustrierte Bücher. Zürich: L'Art Ancien S.A. [Februar 1941.] [43 Emblembücher.] [Nicht verifizierbar!]

3 – Katalog 156: Emblem-Bücher, Hieroglyphik, Devisen und Impresen. Zürich [Mai 1950]. [96 einschlägige Titel.] [Nicht verifizierbar!]

4 – Katalog 166: Illustrierte Bücher des Barock. Zürich [Januar 1953]. [Nicht verifizierbar!]

5 De **Backer**, Augustin und Aloys S.J. und Carlos Sommervogel S.J.: Bibliothèque de la Compagnie de Jésus. Première partie: Bibliographie. Bd. 1-10. Bruxelles: O. Schepens, Paris: A. Picard 1890-1909. – Supplément. Par Ernest M. Rivière (= Bd. 12.). Toulouse: L'auteur 1911-1930.- Repr.: Héverlé-Louvain: Éditions de la Bibliothèque S.J. 1960.

6 **Beijers**, J[an] L[eendert] [Antiquariat] [d.i. Antiq. H.L. Gumbert & E. Franco]: Katalog 83: A catalogue of 212 emblem books. Utrecht (1952) [116 S.]

7 – Katalog 118: Rara et rariora. A choice of interesting books and engravings from three centuries. Bibliography. Emblem books... Utrecht (1962). [355 Nummern; Emblembücher unter Nr. 35-89]

8 – Katalog 121: Rariora et curiosa. Utrecht (1963) [S. 8-23: 80 Emblembücher]

9 – Katalog 126: 100 Emblem books and 120 children's booke including some courtesy books and schoolbooks. Utrecht [1965]. [42 S. mit 218 Nummern.]

10 – Katalog 128: Thirty emblem books. Utrecht [1965]. [30 S. mit 30 Nummern.]

11 – Katalog 136: Emblem books. Utrecht [1968]. [60 Nummern]

12 – Katalog 140: A choice from our favourite fields. Utrecht [1970]. [Nr. 29-39 Emblembücher.]

13 **Bencetic**, Stephen Thomas: „Studies in seventeenth-century imagery". Problems of a critical bibliography of early emblem books. M.A. Thesis Iowa City: University of Iowa 1949. [Nicht verifizierbar!]

14 **Benzing**, Josef: Die Buchdrucker des 16. und 17. Jahrhunderts im deutschen Sprachgebiet. Wiesbaden: O. Harrassowitz 1963. (= Beiträge zum Buch- und Bibliothekswesen. 12.)

15 **Bertsche**, Karl: Die Werke Abrahams a Sancta Clara in ihren Frühdrucken. Schwetzingen: [Selbstverlag des Autors] 1922.

16 **Besterman**, Theodore: Early printed books to the end of the 16th century. A bibliography of bibliographies. 2. edition revised and much enlarged. Geneva [Genève]: Soc. Bibliographica 1961. – Repr. New York: Rowman & Littlefield 1969.

17 **Black**, Hester Mary (Hrsg.): Emblem books. An exhibition of books and manuscripts held in the Hunterian Library, University of Glasgow, October 1965. [Glasgow] 1965. [Masch.schriftlich vervielfältigt.]

18 **Bouchereaux**, Suzanne Marie: Recherches bibliographiques sur Gilles Corrozet. In: Bulletin du bibliophile et du bibliothécaire [Paris] N.S. [= 3. sér.] 3 (1948), 134-151. 204-220. 291-301. 324-336. 393-411. 470-478. 532-538. 584-596. – 4 (1949), 35-47. 93-107. 147-154. 196-202. – 9 (1954), 260-295. – 10 (1955), 20-41.

19 **Breidenbach**, Heribert: Der Emblematiker Jeremias Drexel S.J. (1581-1638). Mit einer Einführung in die Jesuitenemblematik und einer Bibliographie der Jesuitenemblembücher. Phil. Diss. Urbana-Champaign (Illin.): University of Illinois 1970. [Masch. – Vgl. Diss. Abstr. 31, 9 (1971), S. 4706 A.]

20 **Bruckner**, J[ános] [auch: John]: A bibliographical catalogue of seventeenth-century German Books published in Holland. The Hague, Paris: Mouton 1971. (= Anglica Germanica. 13.)

20a **Clouston**, William Alexander: Hieroglyphic bibles, their origin and history. A hitherto unwritten chapter of bibliography, with facsimile illustrations, by W.A. Clouston, and a new hieroglyphic bible told in stories by Frederick A. Laing. Glasgow: D. Bryce & Son 1894.

21 **Debaive**, Carel: Niet bestaande of uiterst zeldzaam geworden drukken van Daniel Heinsius' Nederlandsche werken, waaronder Antwerpsche. In: De Gulden Passer. Le Compas d'Or [Antwerpen] 5 (1927), 13-21.

22 **Dibdin**, Thomas Frognall: The bibliographical

Decameron; or, ten days pleasant discourse upon illuminated manuscripts, and subjects connected with early engraving, typography, and bibliography. Bd. 1–3. London: Printed for the Author by W. Bulmer & Co., Shakspeare [!] Press 1817. [Bd. 1, S. 254–275: Verzeichnis von Emblembüchern.]

23 DUPLESSIS, Georges [Victor Antoine]: Les livres à gravures du XVIe siècle. Les emblèmes d'Alciat. Paris: Librairie de l'art 1884. (= Bibliothèque internationale de l'art.).

24 von FABER du FAUR, Curt: German Baroque Literature. A catalogue of the collection in the Yale University Library. New Haven (Conn.): Yale University Press 1958. (= Bibliographical Series from the Yale University Library.) [V. a. Abt. IX, S. 183–189: „Books of emblems".]

25 – German Baroque Literature. A catalogue of the collection in the Yale University Library. Volume 2. [Mit einem Vorwort von Heinrich Henel.] New Haven, London: Yale Univ. Press 1969.

26 FLOYER, John Kestell: Some emblem books and their writers. In: The Cornhill Magazine [London] N. S. 51 (1921), 324–333.

27 FREEMAN, Rosemary: English emblem books. London: Chatto & Windus 1948. – Repr. New York: Octagon Books 1966 [Bibliography of English emblem books to 1700: S. 229–240]. – Unveränd. Neuauflage: London: Chatto & Windus 1967.

28 GILHOFER [Antiquariat]: Liste 110: Ansichten, Atlanten, Berufsdarstellungen, Emblemata... Wien 1962 [36 S.].

29 de GRAAF, B. [Antiquariat]: Katalog 8: Miscellaneous books printed before 1800. Bibliography. America. „Ana". Bodoni... Classics... Emblem books. Nieuwkoop [1965]. [70 S., 262 Nrn.].

30 GREEN, Henry: A. Alciati and his books of emblems. A biographical and bibliographical study. London: Trübner & Co. 1872. – Repr.: New York: Burt Franklin [o. J., ca. 1964]. (= Burt Franklin Bibliography and Reference Series. 131.) [S. 97–279: A bibliographical catalogue of the various editions of the books of emblems of Andrea Alciati. (179 Auflagen).].

31 GUMBERT, H[ans] L[udwig]: Emblem books not listed by Praz. (Corrections and additions). In: Folium. Librorum vitae deditum [Utrecht] 1 (1951), 12–14; 102–104; 145–147.

32 HECKSCHER, William S[ebastian] und Karl-August WIRTH: Art. „Emblem. Emblembuch". In: RDK Bd. 5, Stuttgart [1959–]1967, Sp. 85–228. [Grundlegend; v. a. Sp. 153 ff.]

33 HOE, Robert: Catalogue of books of emblems in the library of R. Hoe. (Compiled by Carolyn Shipman.) New York: [Privatdruck] 1908.

34 JANTZ, Harold: German Baroque Literature. A descriptive catalogue of the collection of Harold Jantz. And a guide to the collection on microfilm. Bd. 1. 2. New Haven (Conn.): Research Publications 1974.

35 de JONGE van ELLEMEET, Willem Cornelis Mary: Museum Catsianum ... 1839–1870. Utrecht: Beijers 1870. – Id. opus, Neuausgabe u. d. T.: Museum Catsianum ... 1837–1887. 2., vermehrte Auflage. 's-Gravenhage: M. Nijhoff 1887. [= Bibliographie.]

36 KNUF, Fritz [Antiquariat]: Katalog 73: Interesting old books... illustrated books. Emblem books... Dictionaries. Hilversum [1967]. [46 S., 136 Nrn.]

37 LANDWEHR, John: Dutch emblem books. A bibliography. Utrecht: Haentjens Dekker & Gumbert (1962). (= Bibliotheca Emblematica. 1.). [Vgl. die Rezension von Helen van den BERG-NOË. In: The Book Collector [London] 12 (1963), 101–104.]

38 – Emblem books in the Low Countries 1554–1949. A bibliography. Utrecht: Haentjens Dekker & Gumbert 1970. (= Bibliotheca emblematica. 3.)

39 – Splendid ceremonies. State entries and royal funerals in the Low Countries, 1515–1791. A bibliography. Nieuwkoop: B. de Graaf; Leiden: A. W. Sijthoff 1971. [Mit 74 Bll. Abb.]

40 – German emblem books 1531–1888. A bibliography. Utrecht: Haentjens Dekker & Gumbert; Leyden: A. W. Sijthoff 1972. (= Bibliotheca emblematica. 5.)
[Vgl. dazu die Besprechung von Michael Schulling. In: Daphnis [Berlin] 3 (1974), 117–120.]

41 LEWIS, Arthur Orcutt jr.: Emblem books. An introduction to the collection at Penn State [d. i. Pennsylvania State University Library]. University Park (Penn.): [State College 1954]. (= The Headlight on Books at Penn State N. S. 2.)

42 Deutsche LITERATUR der Barockzeit. In Zusammenarbeit mit M. Edelmann... Nürnberg... hrsg. vom Antiquariat ‚Haus der Bücher AG.', Erasmushaus, Basel. Teil 1. 2. [in 1 Bd.] (Basel: [ca. 1968]). (= Katalog Nr. 706 und 707 des Antiquariats ‚Haus der Bücher AG.') Teil I: A–K; Teil II: Kr–Z.

43 MITCHELL, P[hillip] M[arshall]: A bibliography of 17th century German imprints in Denmark and the Dutchies of Schleswig-Holstein. Bd. 1.2. (Lawrence [Kansas]:) Univ. of Kansas Libraries 1969. (= University of Kansas Publications. Library Series. 28.)

44 PARIKIAN, Diana [Antiquariat]: Katalog 3: Rare and interesting books. Illustrated books, emblemata & engravings. London: D. Parikian (1961) [28 S., 166 Nrn.].

45 – Katalog 4: Rare and interesting books. Emblemata. Bibliography. London (1961) [40 S., 205 Nrn.].

46 – Katalog 5: Rare and interesting books. Emblemata & books of symbolic interest. London [1962] [36 S., 187 Nrn.].

47 – Katalog 9: Rare and interesting books. Emblemata & books of symbolic interest. London [1963] [51 S., 223 Nrn.].

47a PEETERS-FONTAINAS, Jean: Bibliographie des impressions espagnoles des Pays-Bas méridionaux. Mise au point avec la collaboration de Anne-Marie Frédéric. Bd. 1. 2. Nieuwkoop: B. de Graaf 1965. (= Publications du Centre national de l'archéologie et de l'histoire du livre. 1.)

48 PILZ, Kurt: Johann Amos Comenius. Die Ausgaben des ‚Orbis sensualium pictus'. Eine Bibliographie... Nürnberg: Stadtbibliothek Nürnberg 1967. (= Beiträge zur Geschichte und Kultur der Stadt Nürnberg. 14.)

49 PRAZ, Mario: A bibliography of emblem-books. In: M. Praz, Studies in seventeenth-century imagery. Second edition considerably increased. Roma: Edizioni di ‚Storia e Letteratura' 1964. (= Sussidi eruditi. 16.), S. 233–576. [1. engl. Ausg.: Studies in seventeenth-century imagery. Bd. 2. London: Warburg Institute, Univ. of London 1947. (= Studies of the Warburg Institute. 3, 2.)]

50 – [Antiquariats- und Auktionskataloge, Verzeichnisse von öffentlichen und privaten Büchersammlungen u.a. Repertorien zur Emblematik. In:] M. Praz, Studies in seventeenth-century imagery. 2nd edition. Roma 1964, S. 235–239.

51 – Studies in seventeenth-century imagery. P[ar]t II. – 1. M. Praz, Addenda et Corrigenda (S. 7–45). [Nur zur ‚Bibliography of emblembooks' in ‚Studies...' Second edition... Roma 1964, S. 233–576.] – 2. Hilary M.J. Sayles, Chronological list of emblem books (S. 47–108.). Roma: Ed. di ‚Storia e Letteratura' 1974. (= Sussidi eruditi. 17.)

52 RENARD, Joseph und Carlos SOMMERVOGEL S.J.: Catalogue des oeuvres imprimées de Claude-François Menestrier de la Compagnie de Jésus. Par J. Renard. Ouvrage posthume publié par le P.C. Sommervogel S.J. Lyon: Impr. de Pitrat aîné; Paris: A. Picard 1883.

53 RICE, Howard C. jr.: More emblem books. In: The Princeton University Library Chronicle 18 (1957), 77–83.

54 RITCHIE, James MacPherson: German books in Glasgow and Edinburgh 1500–1750. In: MLR 57 (1962), 523–540.

55 RÜMANN, Arthur: Die illustrierten deutschen Bücher des 18. Jahrhunderts. Stuttgart: J. Hoffmann (1927) (= Taschenbibliographien für Büchersammler. 5.)

56 SALLOCH, William [Antiquariat]: Katalog 240 [Teil 2]: Emblem Books. Ossining (N.Y./U.S.A.) [1967]. [42 S., 108 Nrn.]

57 – Katalog 255: Emblem Books. Ossining (N.Y., U.S.A.) [1968]. [112 Nummern m. Abb.]

58 SAYLES, Hilary J.M. (and the „Index Iconologicus Department of the Kunsthistorisch Instituut der Rijksuniversiteit te Utrecht"): Chronological list of emblem books. In: Mario Praz, Studies in seventeenth-century imagery. Part II, Roma: Ed. di ‚Storia e Letteratura' 1974, S. 47–108. (= Sussidi eruditi. 17.)

59 SEARS, George Edward: A collection of the emblem books of Andrea Alciati... in the library of G.E. Sears. New York: [Privatdruck] 1888. [Nur 100 Ex.]

60 SELIG, Karl Ludwig: Addenda to Praz, Bibliography of emblem books. In: MLN 70 (1955), 599–601.

61 – A Spanish collection of emblem books. In: Romance Notes [Chapel Hill (N.C.)] 1 (1960), 131–132.

62 – Three Spanish libraries of emblem books and compendia. In: Essays in history and literature presented by fellows of the Newberry Library to Stanley Pargellis. Ed. by Heinz Bluhm. Chicago: Newberry Library 1965, S. 81–90.

63 – Curiosa bibliographica Greeniana. In: Friendship's Garland. Essays presented to Mario Praz on his seventieth birthday. Edited by Vittorio Gabriele. Bd. 2, Roma: Ediz. di ‚Storia e Letteratura' 1966, S. 203–205. (= Storia e Letteratura. 107.)

SOMMERVOGEL, Carlos: → s. de BACKER, Augustin und Aloys (= Nr. 5); → s. RENARD, Joseph (= Nr. 52).

64 TAYLOR, Archer: Renaissance reference books. A checklist of some bibliographies printed before 1700. Berkeley, Los Angeles: University of California Press 1941. (= Renaissance bibliographies and checklists. 1.)

65 – Renaissance guides to books. An inventory and some conclusions. Berkeley, Los Angeles: University of California Press 1945. [Bibliographie S. 83–117.]

66 TSCHIŽEWSKIJ, Dmitrij: Literarische Lesefrüchte. IV. 27: Emblematische Literatur in den ukrainischen Bibliotheken. In: Zeitschrift für slavische Philologie 13 (1936), 51–54.

67 VERBAND DEUTSCHER ANTIQUARE: 13. Gemeinschaftskatalog: Wertvolle Bücher, Zeitschriften, Autographen und Graphik aus fünf Jahrhunderten. (Baden-Baden:) Verband Dt. Antiquare e. V. (1974). [Darin S. 54–55: Angebot des Antiquariats Günther Leisten, Köln: 17 Emblembücher mit ausführlichen bibliograph. Hinweisen.]

68 VIDAL-MÉGRET, J. [Antiquariat]: [Auktionskatalog:] Bibliothèque de M. X.... Livres anciens et modernes, sciences, emblèmes, livres illustrés... Paris (1966).

69 de VRIES, Anne Gerard Christiaan: De Nederlandsche emblemata. Geschiedenis en bibliographie tot de 18e eeuw. Amsterdam: Ten Brink und de Vries 1899. [Mit 14. Faks. auf 9 Taf.]

WIRTH, Karl-August: s. →HECKSCHER, William S[ebastian] (=Nr. 32).

Vgl. → Nr. 836. 901. 916. 919. 952. 955. 964. 965. 970. 990. 1051. 1109. 1684. 1693. 1856. 1968.

BIBLIOGRAPHIE ZUR EMBLEMFORSCHUNG

II. Ikonographische, paroemiographische, symbolkundliche Repertorien und andere Hilfsmittel

1. Repertorien des 16.–18. Jahrhunderts

d'Anville, Hubert-François-Bourguignon: s.→ Gravelot, H[ubert]-F[rançois] (= Nr. 81).

70 Baur, Johann Wilhelm: Joannis Guilielmi Baurn[!] Iconographia, complectens in se passionem, miracula, vitam Christi universam, nec non prospectus rarissimorum portuum, palatiorum, hortorum, historiarum, aliarumque rerum, quae per Italiam, spectatu sunt dignae, proprio aere aeri incisae ... a Melchiore Kysell. Teil 1–4. Augustae Vindelicorum [Augsburg]: M. Kysell 1670. Quer-4°. [Mit 147 Taf. – 4 Teile jeweils mit deutschen Untertiteln:
1. Die gantze Passion und Aufferstehung Christi. 1671.
2. Die Geburt, Leben, und Wunderwerck Christi. 1671.
3. Begreifft in sich maistens von underschidtlichen Particular-Stucken, theils geistliche, theils profann Historien ..., so ... in Italia ... gezeichnet worden. 1671.
4. Allerhandt Meer-Porten, Garten, Palatia, so hin und wider durch Italiam, Neapoli, und dero benachbarten Provincien und Landen, &c. zu sehen. 1671.]
Id. opus, eod. titulo. Ibid. 1672. Quer-4°. – Id. opus, eod. titulo. Ibid. 1682. Quer-4°.

71 Boudard, Jean-Baptiste [auch: Giovanni Battista]: Iconologie tirée de divers auteurs. Ouvrage utile aux gens de lettres, aux poëtes, aux artistes, & généralment à tous les amateurs des beaux-arts ... [Avec une traduction italienne de l'abbé Pezzana]. [3 Bde. in 1 Bd.] Parme [Parma]: Chez l'auteur, impr. de P. Carmignani; Paris: Tilliard 1759. 2°. – Id. opus, eod. tit., Bd. 1–3. Vienne [Wien]: J.-T. de Trattnern 1766. 8°. [Text in französ. und ital.]

Bourguignon d'Anville, Hubert-François: → s. Gravelot, H[ubert]-F[rançois] (= Nr. 81).

72 Cartari, Vincenzo: Le imagini con la spositione de i dei de gli antichi. Raccolte per V. Cartari. Venetia: Francesco Marcolini 1556. 4°. [Erstausgabe!] – Id. opus, eod. titulo, Venetia: F. Rampazetta 1566. 8°. – Neuauflage u. d. T.: Le imagini de i dei de gli antichi, nelle quali si contengono gl'idoli, riti, ceremonie, & altre cose appartenenti alla religione de gli antichi. Con la loro espositione, & con bellissime & accommodate figure novamente stampate... Venetia: Vincentio Valgrisi 1571. 4°. – Id. opus, Venetia: Giordano Ziletti, e Compagni 1571. 4°. – Id. opus, ...con molta diligenza riviste e ricorrette. Venetia: Francesco Ziletti 1580. 4°. – Neuauflage u. d. T.: Le imagini ... novamente ristampate. Et con esservi citati i luoci de gli auttori stessi di donde molte cose sono cavate con molta diligenza riviste e ricorrette. Lione: Stefano Michele 1581. 8°. – Id. opus, Lione: B. Honorati 1581. 8°. – Id. opus, ...Raccolte già & reviste per... V. Cartari... & hora in molte parti accresciute, & di nova aggiunta, & accommodate figure ampliate. Venetia: Francesco Ziletti 1587. 8°. – Id. op., Venetia: Marc'Antonio Zaltieri 1592. 4°. – Id. opus, ...in questa ultima impressione no solamente ridotte in forma piu commoda; ma arricchite ancora di molte postille, et di un numero di piu di quaranta figure in rame, accresciute le quali, et l'altre, che erano mal messe, si sono accommodate tutte a'loro propri luoghi. Padua: Pietro Paolo Tozzi 1603. 8°. – Neuauflage u. d. T.: Le imagini... Nelle quali sono descritte la religione degli antichi, li idoli, riti, & ceremonie loro, con l'agiunta[!] di molte principale imagini, che nell'altre mancavano, et con la espositione in epilogo di ciascuduno & suo significato. Estratta dall'istesso Cartari per Cesare Malfatti ...con un cathalogo[!] del medesimo de cento e piu famosi dei, loro natura e proprieta, estrato da questo & altri autori, opera utilissima a historici, poeti, pittori, scultori, & professori di belle lettere. Padoa[!] P.P. Tozzi 1608. 4°. – Id. opus, eod. tit., Venetia: Evangelista Deuchino & Giov. Battista Pulciani 1609. 4°. – Neuauflage u. d. T.: Le vere nove imagini... Il tutto ridotto a somma perfettione, come si puo facilmente vedere nella prefatione al lettore. Padova: P.P. Tozzi 1615. 4°. – Id. opus, Venetia: E. Deuchino 1624. 4°. – Id. opus, Ibid. 1625. 4°. – Neuauflage u. d. T.: Seconda novissima editione delle Imagini... Ridotte da capo a piedi alle loro reali, & non piu per l'adietro osservate simiglianze. Cavate da'marmi, bronzi, medaglie, gioie, & altre memorie antiche; con esquisito studio, & particolare diligenza da Lorenzo Pignoria... Aggiontevi le annotationi del medesimo sopra tutta l'opera, & un discorso intorno le deità dell'Indie orientali, & occidentali, con le loro figure tratte da gl'originali, che si conservano nelle gallerie de'principi, & ne' musei delle persone private. Con le allegorie sopra le imagini di Cesare Malfatti... migliorate, & accresciute novamente... Padova: Pietro Paolo Tozzi 1626. 4°. – Id. opus, eod. tit., ... migliorate... novamente. Et un catalogo di cento

piu famosi dei della gentilità. Con l'aggionta d'un altro catalogo de gl'autori antichi, & moderni, che hanno trattato questa materia, ordinato, & raccolto dal medesimo Pignoria... In questa ultima impressione revista, e corretta da molti errori. Venetia: Il Tomasini 1647. 4⁰. – Repr. dieser Ausg. u. d. T.: V. Cartari, Imagini degli dei de gl'antichi. Nachdruck der Ausgabe Venedig 1647. Vermehrt durch ein Inhaltsverzeichnis und neue Register. Einleitung: Walter Koschatzky. Graz: Akadem. Druck- und Verlagsanstalt 1963. C= Instrumentaria artium. 1.). – Id. opus, eod. tit., Venetia: Nicolò Pezzana 1674. 4⁰. –

Französische Ausgaben u. d. T.: Les images des dievx des anciens, contenans les idoles, covstvmes, ceremonies & autres choses appartenans à la religion des payens. Recuillies premièrement & exposées en italien par le Seigneur Vincent Cartari de Rhege & maintenant traduites en françois & augmentées par Antoine Dv Verdier... Lyon: Barthélémy Honorat 1581. 4⁰. – Id. opus, Les images des dievx des anciens... traduites... par Antoine Dv Verdier... Avec deux tables, l'vne des lieux & matières plus notables, & l'autre des pourtraicts contenus en ce livre. Lyon: Estienne Michel [Kolophon: Imprimerie de Guichard Iullieron] 1581. 4⁰. – Id. opus, ... augmenté en ceste édition de la genealogie & origine d'iceux. [2 Teile in 1 Bd.] Tovrnon: C. Michel [Teil 2: T. Soubron] 1606-1607. 8⁰. – Id. opus. Lion [!]: Pavl Frellon 1610. 8⁰. – Id. opus, ibid. 1623-1624. 8⁰. [2 Teile in 1 Bd.] –

Lateinische Ausgaben u. d. T.: Imagines deorum, qvi ab antiqvis colebantvr: in quibus simulacra, ritus, caerimoniae, magnaque ex parte veterum religio explicatur: olim a Vincentio Chartario... ex variis auctoribus in vnum collectae, atque italica lingua expositae: nunc vero ad communem omnium vtilitatem latino sermone ab Antonio Verderio... expressae, atque in meliorem ordinem digestae. Quibus accesserunt duo indices: prior, imaginum; posterior, rerum atque verborum, quae toto libro continentur... Lvgdvni: Barptolemaeus Honoratus [Kolophon: Lvgdvni, excudebat Guichardus Iullieron... mense sextilis] 1581. 4⁰. – Id. opus, eod. tit., Lvgdvni [Lyon]: Stephanus Michaelis 1581. 4⁰. – Neuauflage u. d. T.: Pantheon antiquorum, exhibens imagines deorum qui ab antiquis colebantur. Ubi simul ritus, simulacra, ceremonia magnaque ex parte veterum religio explicatur: olim a V. Chartario... publicatum, nunc vero ad communem omnium utilitatem latino sermone ab Antonio Verderio expressum... Rotenburgi ad Tubarim [Rothenburg o. d. Tauber]: Noa de Milenau 1683. 4⁰. – Id. opus, Neuauflage u. d. T.: ...Imagines deorum... unâ cum earum declaratione & historia in qua simulacra, ritus, caeremoniae magnaque ex parte veterum religio explicatur, opus non solum antiquitatis amatoribus, sed & liberalium artium cultoribus, imo & concionatoribus valde utile... hinc inde a... Paulo Hachenberg... illustratum, & LXXXVIII figuris aenaeis [!] adornatum. Moguntiae [Mainz]: Ludovicus Bourgeat 1687. 8⁰. – Neuauflage u. d. T.: Theatrum ethnico-idololatricum politico-historicum ethnicorum idololatrias, simulacra, templa, sacrificia & deos, illorum origines, ritus & caeremonias... representans... Olim a V. Chartario... publicatum, postea a Paulo Hachemberg [!] ... auctum, & ... editum. Mogvntiae [Mainz]: Ludovicus Bourgeat 1699. 4⁰. –

Englische Ausgabe u. d. T.: The Fovntaine of Ancient Fiction. Wherein is lively depictured the images and statues of the gods of the ancients, with their proper and perticular [!] expositions. Done out of Italian into English, by Richard Linche... London: Adam Islip 1599. 4⁰. –

Deutsche Ausgabe u. d. T.: Neu-eröffneter Götzen-Tempel... Zum ersten Mahl ins Deutsche gegeben mit Pauli Hachembergs [!] hin und wieder beygetragene gelahrte Vermehrung und 88 Kupfer-Figuren geziehret. Franckfurt: Ludwig Bourgeat 1692. 4⁰.

73 CASALIUS, Johannes Baptista [CASALI, Giambattista]: Sacrae prophanaeque religionis vetustiora monumenta. Hoc est: symbolicus et hieroglyphicus Aegyptiorum cultus, sacra ab antiquioribus diis colendis superstitiose adinventa, et veriores sacratioresque primorum Christianorum ritus... Romae; vaeneunt Parisiis: Symeon Piget 1646. 4⁰. [2 Teile in 1 Bd.]

74 [CHINNERY, William und Thomas HUTCHINSON]: Writing and drawing made easy, amusing and instructive. Containing the whole alphabet in all the characters... Each illustrated by emblematic devices and moral copies. Calculated for the use of schools, and curiously engrav'd by the best hands... London: T. Bellamy [ca. 1750(?)]. Quer-4⁰.

75 CHOMPRÉ, Pierre: Dictionnaire abbregé de la fable, pour l'intelligence des poètes, et la connoissance des tableaux et des statues, dont les sujets sont tirez de la fable. Paris: Veuve Foucault 1727. 12⁰. – Id. opus, eod. titulo. 2ᵉ édition. Paris: Jean Desaint 1733. 12⁰. – Id. op., 3ᵉ éd. Ibid. 1740. 12⁰. – Id. op., 4ᵉ éd. Ibid. 1745. 12⁰. – Id. op., 5ᵉ éd. Paris: Desaint & Saillant 1749. 12⁰. – Id. op., 5ᵉ éd. revue et augmentée. Paris: Jean Desaint 1750. 12⁰. – Id. op., 6ᵉ éd. Paris: Desaint & Saillant 1752. 12⁰. – Id. op., 7ᵉ éd. Ibid. 1753. 12⁰. – Id. op., 8ᵉ éd. Ibid. 1756. 12⁰. – Id. op., 8ᵉ éd. réimpression. Ibid. 1757. 12⁰. – Id. op., 9ᵉ éd. Ibid. 1760. 12⁰. – Id. op., 10ᵉ éd. Paris: Saillant 1766. 12⁰. – Id. op., 5ᵉ [!] éd.

Ibid. 1772. 12⁰. – Id. op., 11ᵉ éd. Paris: Saillant & Nyon 1774. 12⁰. – Id. op., 10ᵉ [!] éd. Paris: Saillant 1777. 12⁰. – Id. op., 12ᵉ éd. Paris: Saillant & Nyon 1777. 12⁰. – Id. op., 12ᵉ éd. Paris: Desaint 1778. 12⁰. – Id. op., 12ᵉ éd. Paris: Veuve Desaint & Nyon l'aîné 1778. 12⁰. – Id. op., Nouvelle éd. Lyon: J.-M. Bruyset 1782. 12⁰. – Id. op., Dernière éd. Paris: Laporte 1784. 12⁰. – Id. op., Nouvelle éd. Lyon: J.-M. Bruyset père et fils 1789. 12⁰. – Id. op., Nouvelle éd. Neuchâtel: Impr. de L. Fauche-Borel 1794. 12⁰. – Id. op., Nouvelle éd. Paris: Les Libraires associés 1798. 24⁰. – Id. op., Ibid. 1799. 12⁰. – Id. op., Nouvelle éd. Paris: Billois, an IX. [d.i. 1801]. 18⁰. – Id. op., 15ᵉ éd. Paris: Les Libraires associés [1805 (?)]. 12⁰. – Id. op., Nouvelle éd., revue et augmentée d'apres les mythologues modernes. Paris: Les Libraires associés 1808. 12⁰. – Id. op., Toulouse: J.-M. Douladoure 1811. 12⁰. – Id. op., Paris: Impr. de Mame 1811. 12⁰. – Id. op., 17ᵉ éd. Lyon: A. Leroy 1811. 18⁰. – Id. op., Lyon: Impr. de F. Mistral 1813. 18⁰. – Id. op., Avignon: J.-A. Joly 1814. 18⁰. – Id. op., Avignon: Chaillot aîné 1817. 18⁰. – Id. op., Paris: A. Delalain 1818. 18⁰. – Id. op., Paris: Veuve Dabo 1824 18⁰. – Id. op., Paris: A. Delalain 1826. 18⁰. – Id. op., Avignon: Charlot [!] aîné 1827. 18⁰. – Id. op., Avignon: Bonnet fils 1827. 18⁰. – Id. op., Paris: Dabo-Butschert 1828. 18⁰. – Id. op., Tours: Mame & Cie. 1833. 18⁰. – Id. op., Nancy: Nicolas 1847. 18⁰. – Id. op., Paris: L. Hachette 1850. 16⁰. – Id. op., Ibid. 1855. 18⁰. – Veränderte und bearbeitete Ausgaben u. d. T.: Dictionnaire portatif de la fable pour l'intelligence des poètes, des tableaux, statues, pierres gravées, médailles, et autres monumens relatifs à la mythologie; par Chompré. Nouvelle édition revue, corrigée et considérablement augmentée, par A.-L. Millin ... Bd. 1.2. [in 1 Bd.] Paris: Desray an IX – 1801. 8⁰. – Id. op., éd. revue et augmentée par Ch. Richomme ... Paris: A. Delalain 1851. 18⁰. – 6 weitere Neudrucke dieser Ausgabe: 1859. 1865. 1868. 1875. 1879. 1885. – Zwei polnische Übersetzungen: Warszawa: M. Grela 1769. 8⁰ und Warszawa 1805. 12⁰. – Acht portugiesische Übersetzungen zwischen 1779 und 1882. – Eine spanische Übersetzung: Madrid: M. de Sancha 1783. 8⁰. – Eine italienische Übers.: Bassano: Tipografia remondiniana 1804. 12⁰.

Cochin, Charles Nicolas: → s. Gravelot, H[ubert] F[rançois] (= Nr. 81).

76 Cog(e)ler, Johann(es): Imagines elegantissimae quae multum lucis ad intelligendos doctrinae Christianae locos adferre possunt, collectae, partim ex praelectionibus Domini Philippi Melanthonis [!], partim ex scriptos Patrum ... Cum praefatione D. Georgii Maioris. Vitebergae [Wittenberg]: ([Kolophon:] Excudebat Ioh. Crato) 1558. 8⁰. – Id. opus, eod. tit., Vitebergae: ([Koloph.:] Ioh. Crato) 1560. 8⁰. – Id. opus, eod. tit., Vitebergae: ([Koloph.:] Excudebat Ioh. Crato) 1561. 8⁰. – Id. opus, Neuauflage u. d. T.: Prima [bis: quinta] pars imaginum... Witebergae: [Ioh. Crato] 1567-1572. 8⁰. [Jeder Teil hat ein eigenes Titelblatt: Pars prima imaginum ... quae multum lucis ad intelligendos doctrinae Christianae locos adferre possunt... – Pars II ... quae continent [!] pulcerrima simulacra virtutum. – Pars III ... in qua articuli Sympoli Apostolici explicantur. – Pars IV ... in qua explicatur oratio Dominica... – Pars V ... in qua explicatur doctrina de baptismo. – Die Angaben von M. Praz, Studies ... 1964, S. 306 und D.W. Jöns, Das „Sinnen-Bild" ... 1966, S. 36 Anm. 2, Cog(e)lers Sammlung sei in 6 Teilen erschienen (2. Aufl. 1564-1568), werden fragwürdig durch den einhelligen Befund der Bibliothekskataloge, die alle nur 5 Teile erwähnen; die Angaben über die 2. Auflage differieren.]

77 – Similitudines. Accommodatae ad necessarias et praecipuas partes doctrinae coelestis, partim ex scriptis patrum, Augustini, Ambrosii, Hieronymi, Chrysostomi & aliorum collectae, partim usu observatae, et iuxta virtutes Decalogi in ordinem redactae... Vitebergae: [Joh. Crato] 1561. 8⁰.

78 Comes, Natalis [Conti, Natale]: Mythologiae, sive explicationum fabularum libri decem. In quibus omnia prope naturalis & moralis philosophiae dogmata sub antiquorum fabulis contenta fuisse demonstratur. Cum locupletissimis indicibus eorum scriptorum, qui in his libris citantur, rerumque notabilium, et multorum nominum ad fabulas pertinentium explicationibus. Opus non tantum humanarum, sed etiam sacrarum literarum et philosophiae studiosis perutile, ac prope necessarium. Venetiis: [ohne Verlagsangabe: Comin da Trino] 1568. 4⁰. [Die nirgends verifizierbare Erstausgabe erschien 1550 oder 1551.] – Id. opus, eod. tit., Nuper ab ipso autore pluribus sexcentis locis aucti & locupletati ... Quibus accedunt libri IV venationum carmine ab eodem conscripti. Subsequitur index rerum memorabilium peramplus, praecedet operi urbium & locorum index, quae nomina a variis heroibus acceperunt. Atque alius plantarum & animalium singulis diis dicatorum... Venetiis: [ohne Verlagsangabe!] 1581. 4⁰. – Id. opus, eodem tit., ... nuper ab ipso autore recogniti & locupletati. Eiusdem libri quatuor de venatione... [Bearb. und hrsg. von Joannes Obsopoeus und Friedrich Sylburg.] Francofurti: Andreas Wechelus 1581. 8⁰. – Id. opus, eod. tit., ... omnia ... opera & labore Geofredi Linocerii... recognita; cuius liber unus recens accessit Mythologiae Musarum... Parisiis: Arnoldus Sittart ([Koloph.:] Carolus Rogerius) 1582. 8⁰. – Id. opus, eod. tit., ibid. 1583. 8⁰. – Id. op., eod. tit., ... Addita Mythologiae, Geofredo

Linocerio uno libello comprehensa, et nunc recens a F[riderico] S[ylburgio] multis et foedis mendis expurgata... Francofurti: Haeredes A. Wecheli 1584. 8⁰. – Id. op., eod. titulo, Francofurti: Andreae Wecheli haeredes, Claudius Marnius & Joan. Aubrius 1587. 8⁰. – Id. op., eod. tit., ibid. 1588. 8⁰. – Id. opus, ibid. 1596. 8⁰. – Id. opus. eod. tit., Genevae [Genève]: G. Carterius 1596. 8⁰. – Id. opus, eod. tit., ... Accessit G. Linocerii Musarum mythologia, et anonymi observationum in totam de diis gentium narrationem, libellus. Turnonii: Guillelmus Linocerius 1596. 8⁰. – Id. opus, eod. tit., Lugduni [Lyon]: Petrus Landrus 1602. 8⁰. – Id. opus, eod. tit., Hanoviae [Hanau]: [ohne Verlagsangabe!] 1605. 8⁰. – Id. op., Parisiis: T. Blasius 1605. 8⁰. – Id. opus, Parisiis: H. Velut 1605. 8⁰. – Id. opus, eod. tit., Coloniae Allobrogum [Genève]: Samuel Crispinus 1612. 8⁰. – Id. opus, ... Adiectae sunt insuper novissimae huic, post germanicam & gallicam, editioni ... deorum imagines, & eruditissimae Mythologiae... Antonii Tritonii ... Omnia summo studio, & exquisito labore emendata. Patavii [Padova]: Petruspaulus Tozzius 1616. 4⁰. – Id. opus, eod. tit., Coloniae Allobrogum [Genève]: Petrus & Jacobus Choüer 1618. 8⁰. – Id. opus, Hanoviae [Hanau]: Typis Wechelianis, impensis Danielis ac Davidis Aubriorum & C. Schleichii 1619. 8⁰. – Id opus, eod. tit., Genevae: Samuel Crispinus 1620. 8⁰. – Id. opus, [o. O.: Genevae:] Iacobus Crispinus 1636. 8⁰. – Id. opus. Patavii [Padova]: Paulus Frambottus 1637. 4⁰. – Id. opus, Genevae: Jac. Crispinus 1641. 8⁰. – Id. opus, Genevae: Petrus Choüet 1651. 8⁰. – Id. opus, Turnonii: [Verlag nicht feststellbar!] 1653. 8⁰. – Id. opus, französ. Übersetzungen u. d. T.: Mythologie, c'est à dire, explication des fables, contenant les généalogies des dieux, les cerimonies de leurs sacrifices, leurs gestes, adventures, amours et presque tous les preceptes de la philosophie naturelle & moralle [!]. Extraite du Latin de Noël le Comte, & augmentée de plusieurs choses qui facilitent l'intelligence du sujet, par J. D[e] M[ontlyard]. Lyon: Paul Frelon 1550 [?]. 4⁰. – Id. opus, eod. tit., Lyon: P. Frelon 1600. 4⁰. – Id. opus, Bd. 1. 2. ibid. 1604. 4⁰. – Id. op., eod. tit., ibid. 1607. 4⁰. – Id. op., Rouen: J. Osmant, Manassez de Preaulx & J. Besogne 1611. 4⁰. – Id. opus, Lion [!]: P. Frellon 1612 .4⁰. – Neuauflage u. d. T.: Mythologie, ou explication des fables, oeuvre d'eminente doctrine, & d'agréable lecture. Cy-devant traduitte [!] par J. de Montlyard. Exactement reveue en cette dernière édition, & augmentée d'un traitté des muses; de plusieurs remarques fort curieuses; de divers moralitez touchant les principaux dieux; et d'un abbregé de leurs images, par J[ean] Baudoin... Paris: P. Chevalier & S. Thiboust 1627. 2⁰. [2 Bde. in 1].

79 FABRICIUS, Joannes Seobaldus: Theatrum hieroglyphicum. Heidelbergae: [Verlag nicht feststellbar: S. Broun?] 1665. 4⁰. [Nicht verifizierbar!]

GAUCHER, Charles Étienne: → s. GRAVELOT, H[ubert]-F[rançois] (= Nr. 81).

80 GOLDMANN, Nicolaus: Vollständige Anweisung zu der Civilbaukunst. Hrsg. von Leonhard Christoph Sturm. ([Fotomechanischer] Neudruck der Ausgabe Wolfenbüttel 1698.) Baden-Baden, Strasbourg: Heitz 1962. (Bd. 1.2.] (= Studien zur deutschen Kunstgeschichte. 333.) [Teil 2: Mappe mit 74 Foliotaf. – Ein Ex. der Originalausgabe von 1698 [1696 (?)] war nicht verifizierbar.] – Id. opus, eod. titulo. Braunschweig: H. Kessler 1699. 2⁰. – Id. opus, Neuauflage u. d. T.: Vollständige Anweisung zu der Civil-Bau-Kunst... Mit 74 großen Rissen erkläret ... Mit der Ersten Ausübung der Goldmannischen Bau-Kunst und dazu gehörigen XX. Rissen ... vermehret von Leonhard Christoph Sturm. Leipzig: F. Lanckischens Erben 1708. 2⁰. – Id. opus, Neuauflage u. d. T.: Der auserlessneste [!] und nach den Regeln der antiquen Bau-Kunst sowohl als nach dem heutigen Gusto verneuerte Goldmann, als der rechtschaffenste Bau-Meister, oder die gantze Civil-Bau-Kunst. In unterschiedlichen vollständigen Anweisungen ... abgehandelt... Alles auf das auffrichtigste mitgetheilet von Leonhard Christoph Sturm. Augspurg: In Verlegung J. Wolffens, gedruckt bey P. Detleffsen 1721. 2⁰. [20 Teile in 2 Bdn.]

81 GRAVELOT, H[ubert]-F[rançois] [d. i. BOURGUIGNON d'ANVILLE, Hubert-François] und C[harles] N[icolas] COCHIN: Iconologie par figures ou traité complet des allégories, emblèmes, etc. à l'usage des artistes, en 350 figures gravées d'après les dessins de MM. Gravelot et Cochin, avec les explications relatives à chaque sujet [par Charles Étienne Gaucher]. Bd. 1–4. Paris: Lattré [o. J.: ca. 1790]. 8⁰. – Repr. dieser Ausgabe: Genève: Minkoff Reprints 1972. – Id. opus, Bd. 1–4. Paris: Le Pan [1791]. 4⁰. – Spanische Übersetzung u. d. T.: Iconologia; o tratado de alegorías y emblemas. Obra traducida al castellano y anotada por Luis G. Pastor. México: Impr. Económica 1866. Bd. 1–4.

82 HERWART von HOHENBURG, Johann Georg: Thesaurus hieroglyphicorum e museo Jo. Georgii Herwart ab Hohenburg. [o. O. u. J.: Augustae Vindelicorum [Augsburg]: Verlag nicht feststellbar! 1610.] 2⁰.

83 LACOMBE de PREZEL, Honoré: Dictionnaire iconologique, ou, introduction à la connoissance des peintures, sculptures, médailles, estampes &c. Avec des descriptions tirées de poètes anciens & modernes. Paris: T. de Hansy 1756. 8⁰. – Id. opus

Gotha: J. P. Mevius 1758. 8⁰. – Id. opus, Paris: Nyon l'aîné & Barrois l'aîné 1777. 8⁰. – Id. opus u. d. T.: Dictionnaire iconologique; ou, introduction à la connoissance des peintures, sculptures, estampes, médailles, pierres gravées, emblèmes, devises &c. Avec des descriptions tirées des poètes anciens et modernes. Nouvelle édition, revue & considérablement augmentée. Bd. 1. 2. Paris: Hardouin 1779. 12⁰. [Darin S. I–XX: „Discours préliminaire"; vgl. auch s. v. „emblème".] – Repr. dieser Ausgabe: Genève: Minkoff 1972. – Id. opus [in russischer Übersetzung u. d. T.:] Ikonologičeskoj leksikon... St. Peter[s]burg: Imp. Akademij Nauk 1763. 4⁰. – Id. opus, deutsche Übersetzung u. d. T.: Ikonologisches Wörterbuch, oder Einleitung zur Kenntnis der Gemälde, Bildhauerarbeiten, Münzen, Kupferstiche und dergleichen etc. Mit verschiedenen aus den alten und neuern Dichtern genommenen Beschreibungen versehen. Aus dem Französischen des Herrn D[e] P[rezel] übersetzt, und mit vielen Anmerkungen vermehrt. Gotha: Joh. Paul Mevius & Joh. Christ. Dietrich 1759. 8⁰.

84 de La Feuille, Daniel: Livre nouveau et utile pour toutes sortes d'artistes, et particulièrement pour les orfèvres, les orlogeurs, les peintres, les graveurs, les brodeurs &c. Contenant quatre alphabets de chiffres fleuronnez au premier trait, avec quantité de devises, d'emblemes et de noeds d'amour, avec une table exacte pour trouver en général tous les noms et surnoms entrelassez. Le tout exactement recherché, dessiné, et gravé par Daniel de La Fueille [!]. Amsterdam: [D. de La Feuille] 1690. 4⁰. – Id. opus, eod. titulo [außer: „... avec une suite exacte ..." sowie recte: „... par D. de La Feuille."]. Amsterdam: [D. de La Feuille] 1693. 4⁰.

85 de La Fosse, Jean-Charles: Iconologie historique. Recueil des fontaines, frontispices, pyramides, cartouches, dessus-de-portes, bordures, médaillons [!], trophées, vases, frises, lutrins, tombeaux, pendules etc. Paris: A. Guérinet [o. J.] 2⁰. – Id. opus: Iconologie historisque [!]... Paris: A. Guérinet 1773. 2⁰.

86 de La Fosse, Jean-Charles: Nouvelle iconologie historique, ou, attributs hiéroglyphiques qui ont pour objet les quatre éléments, les quatre saisons, les quatre parties du monde et les différentes complexions de l'homme... Ces hiéroglyphiques sont composés et arrangés de manière qu'ils peuvent servir à toutes sortes de décorations... Paris: Chez l'Auteur 1768. 2⁰. – Repr. dieser Ausgabe: Paris: Librairie d'Art et d'Archéologie, F. Contet 1911. – Id. opus, 2ᵉ édition... Paris: J. F. Chereau Fils 1771. – Id. opus [2-spaltig gesetzte französ.-holländische Ausgabe u. d. T.:] Nouvelle iconologie historique, ou attributs hiéroglyphiques, composés et arrangés de manière qu'ils peuvent servir à toutes sortes de décorations, puisqu'on est le maître de les appliquer également à des fontaines, pyramides, cheminées, dessus de portes, bordures, médaillons, trophées, vases, frises, tombeaux, pendules etc.... Nieuwe historische beeldspraak of hieroglyphische merkbeelden... allen in die orde geschikt, dat mer dezelve kan gebruiken tot bouwkunstige vercierzelen... Amsterdam: Corn. Sebille Roos & A. Fokke [o. J.: 1768? oder: ca. 1787–1790?] 2⁰. – Id. opus, [nur mit holländ. Titel:] Amsterdam: Jan Willem Smit [o. J.: ca. 1787–90?]. 2⁰.

87 Maier, Michael: Arcana arcanissima, hoc est: hieroglyphica Aegyptio-Graeca vulgo necdum cognita, ad demonstrandum falsorum apud antiquos deorum, dearum, heroum, animantium & institutorum pro sacris receptorum, originem, ex uno Aegyptiorum artificio quod aureum animi & corporis medicamentum peregit, deductam, unde tot poëtarum allegoriae, scriptorum narrationes fabulosae & per totam encyclopaediam errores sparsi clarissima veritatis luce manifestantur, suaeque tribui singula restituuntur, sex libris exposita... [o. O. u. J.: Londini [London]: T. Creede 1614.] 4⁰. – Id. opus, eod. tit., [Oppenhemii [Oppenheim]: Verlag nicht feststellbar 1614?] 8⁰. – Id. opus, Neuauflage u. d. T.: De hieroglyphicis Aegyptiorum libri sex... Londini: [T. Creede?] 1625. 4⁰.

88 Oetinger, Friedrich Christoph: Biblisches und emblematisches Wörterbuch [dem Tellerischen entgegengesetzt]. Nachdruck der Ausgabe [Stuttgart] 1776. Mit einem Nachwort von Dmitrij Tschižewskij. Hildesheim: G. Olms 1969. (= Emblematisches Cabinet. 9.)

89 Oraeus, Henricus: Viridarium hieroglyphico-morale, in quo virtutes et vitia, atque mores huius aevi secundum tres ordines hierarchicos, ecclesiasticum, politicum, oeconomicum, per definitiones, distributiones, causas, adfectiones, adiuncta, effecta etc.... explicantur, & non tantum dictis, & exemplis historiarum veterum ac recentium, ex Sacris Scripturis, sanctis Patribus, seu Dd. Ecclesiae, poetis, philosophis, historicis cum Christianorum tum gentilium, sed etiam artificiosissimis eiconibus hieroglyphicis illustrantur. Opusculum novum ac rarum... Francofurti: Jacobus de Zetter 1619. 4.⁰ – Id. opus, eod. tit., Francofurti: Lucas Jennis 1619. 4⁰. [Nicht verifizierbar!] – Id. opus, Neuauflage ibid. 1644. [Nicht verifizierbar!]

90 Pernety, Antoine-Joseph O. S. B.: Dictionnaire mytho-hermétique, dans lequel on trouve les allégories fabuleuses des poètes, les métaphores, les énigmes et les termes barbares des philosophes

hermétiques expliqués... Paris: Bauche 1758. 8⁰. – Id. opus, Paris: Delalain l'aîné 1787. 8⁰.

91 de PETITY, Jean-Raymond [Abbé]: Le Manuel des artistes et des amateurs, ou dictionnaire historique et mythologique des emblèmes, allégories, énigmes, devises, attributs et symboles relativement au costume, aux moeurs aux usages et aux cérémonies. Composé en faveur des nouvelles écoles gratuites de dessin. Bd. 1-4. Paris: J. P. Costard 1770. 12⁰.

92 PIGNORIUS, Laurentius [PIGNORIA, Lorenzo]: Vetustissimae tabulae aeneae sacris Aegyptiorum simulachris coelatae accurata explicatio... Accessit ab eodem auctarium, in quo ex antiquis sigillis gemmisque selectiora quaedam eius generis et veterum haereticorum amuleta exhibentur... Venetiis: J. A. Rampazettus 1605. 4⁰. – Id. opus, Neuauflage u. d. T.: Charakteres Aegyptii, hoc est: sacrorum, quibus Aegyptii utuntur, simulachrorum accurata delineatio et explicatio... Francofurti: Matthias Becker 1608. 4⁰.

93 RICHARDSON, George: Iconology or, a collection of emblematical figures, moral and instructive; exhibiting the images of the elements and celestial bodies, the seasons and months of the year, the principal rivers, the Four Ages, the Muses, the senses, arts, sciences, dispositions and faculties of the mind, virtues and vices. Containing, in four books, upwards of four hundred and twenty remarkable subjects, engraved from original designs with particular explanations of the figures, their attributes and symbols illustrated by a variety of authorities from classical authors, selected and composed from the most approved emblematical representations of the ancient compositions of Cavaliere Cesare Ripa... By G. Richardson, architect. Bd. 1. 2. London: Printed for the Author by G. Scott 1778. Gr.-4⁰.

94 RIPA, Cesare: Iconologia, overo destrittione dell'imagini universali cavate dall'antichità et da altri luoghi ... Opera non meno utile, che necessaria à poeti, pittori, & scultori, per rappresentare le virtù, vitii, affetti, & passioni humane. Roma: Heredi di Giov. Gigliotti 1593. 4⁰. – Id. opus, Iconologia, overo descrittione ... cavate dalle statui et medaglie antiche e da buonissimi auttori greci et latini... Milano: G. Bordone & P. M. Locarni 1602. 8⁰. – Weitere Ausgaben u. d. T.: Iconologia, overo descrittione di diverse imagini cavate dall'antichità, et di propria inventione ... Di nuovo revista e del medesimo ampliata di 400 et più imagini... Roma: Lepido Facii 1603. 4⁰. – Reprint dieser Ausg. u. d. T.: Iconologia... With an introduction by Erna Mandowsky. (Reprograf. Nachdruck nach der Ausgabe Roma 1603). Hildesheim, New York: G. Olms 1970. [Mit 153 Abb.] – Id. opus, Iconologia, overo descrittione d'imagini delle virtù, vitii, affetti, passioni humane, corpi celesti, mondo e sue parti. Opera ... necessaria ad oratori..., scultori, pittori ... per figurare con i suoi proprii symboli tutto quello, che può cadere in pensiero humano. Di novo [!] in quest'ultima editione corretta diligentemente, & accresciuta di sessanta e più figure poste a luoghi loro: aggiontevi copiosissime tavole per sollevamento del lettore... Padova: Pietro Paulo Tozzi 1611. 4⁰. – Iconologia, ... nella quale si descrivano diverse imagini di virtù... Siena: Heredi di M. Fiorini 1613. 4⁰. – Della novissima Iconologia di C. Ripa... parte prima [-terza]... ampliata... ancora arrichita d'altre imagini, discorsi et esquisita corretione dal Sig. Giov. Saratino Castellini... Padova: P. P. Tozzi 1624-1625. 8⁰. [3 Teile in 1 Bd.] – Della più che novissima Iconologia, ... ampliata dal Sig. G. Z. Castellini... Padova: D. Pasquardi 1630. 4⁰. [3 Teile in 1 Bd.] – Iconologia ... divisa in tre libri, ne i quali si esprimono varie imagini di virtù, vitii, affetti, passione humane, arti, discipline, humori, elementi, corpi celesti, provincie d'Italia, fiumi & altre materie in finite [!] utili ad ogni stato di persone. Ampliata dal Sig ... Giov. Zaratino Castellini... Venetia: C. Tomasini 1645. 4⁰. – Id. opus, Venetia: N. Pezzana 1669. 4⁰. – Iconologia ... accresciuta dall'Abbate C. Orlandi... Bd. 1-5. Perugia: [Verlag nicht feststellbar] 1764-1767. 4⁰. – Französische Übersetzungen u. d. T.: Iconologie, ou explication nouvelle de plusieurs images, emblèmes et autres figures hyérogliphiques [!] des vertus, des vices ... [etc.] desseignées et gravées par Jacques de Bie et moralisées par J[ean] Baudoin. Paris: L'Autheur 1636. 2⁰. – Id. opus, Paris: J. Villery 1637. 2⁰. – Iconologie, ou, explication nouvelle de plusieurs images, emblèmes, et autres figures hyérogliphiques [!] des vertus, des vices, des arts, des sciences, des causes naturelles, ... Oeuvre augmentée d'une seconde partie... Tirée des recherches & des figures de Cesar Ripa, moralisées par J. Baudoin. Paris: M. Guillemot 1644. 2⁰. – Id. opus, eodem titulo. Paris: L. Billaine 1677. 4⁰. – Iconologie, ou la science des emblèmes, devises... etc. [Bd. 1. 2.] Amsterdam: A. Braakman 1698. 12⁰. – Holländische Übersetzungen u. d. T.: Iconologia, of uytbeeldingen des verstands ... met ... de uytnemende verbeteringe van G. Zaratino Castellini... Uyt het Italiaens vertaelt door D. P. Pers. Amstelredam: Dirck Pietersz 1644. 4⁰. – Id. opus, eodem titulo. Den tweeden druk. Amsterdam: T. ten Hoorn 1699. 8⁰. – Deutsche Übersetzungen u. d. T.: Herrn Caesaris Ripa von Perusien ... erneuerte Iconologia oder Bilder-Sprach, worinnen allerhand anmuthige

Außbildungen, von den fürnehmsten Tugenden, Lastern etc. erklähret werden. Aus dem Italiänischen von L[aurentius] S[trauß] D. Bd. 1. 2. Franckfurt am Mayn: Wilh. Serlin 1669–1670. 4⁰.
– Der Kunst-Göttin Minerva liebreiche Entdekkung, wie die Virtuosi alle Tugenden und Laster, und was die vier Elementa begreiffen ... kunstmässig und hieroglyphisch vorstellen sollen ... Aus dess ... Italiäners Ripa Anleitung in das Teutsche übersetzt. Augspurg: [Verlag nicht feststellbar] 1704. 8⁰. – Pars I [–X] des berühmten italiänischen Ritters, Caesaris Ripae, allerleÿ Künsten, und Wissenschafften, dienlicher Sinnbildern und Gedancken, welchen jedesmahlen eine hierzu taugliche Historia oder Gleichnis, beygefüget ... Augspurg: Joh. Georg Hertel [1760?] 4⁰. – Repr. der Hertelschen Ausgabe hrsg. von Ilse Wirth. Nachdruck, versehen mit einer Einleitung, Legenden zu den Tafeln und mit einem Register. München: W. Fink 1970. [Mit 200 Taf.] – Weiterer Repr. der Hertel-Ausgabe u. d. T.: Baroque and Rococo pictorial imagery. The 1758–1760 Hertel edition of Ripa's 'Iconologia' with 200 engraved illustrations. Introduction, translations and 200 commentaries by Edward A. Maser. New York: Dover Publ. Inc. (1971). (= The Dover Pictorial Archives Series.) –
Englische Übersetzungen u. d. T.: Iconologia: or, moral emblems ... wherein are express'd, various images of virtues, vices, passions, arts, humours, elements and celestial bodies ... illustrated with figures, with their explanations. Newly design'd, and engraven on copper, by I. Fuller ... and other masters. By the care and at the charge of P. Tempest. London: B. Motte 1709. 4⁰. – Iconology; or, a collection of emblematical figures; containing four hundred and twenty-four remarkable subjects, moral and instructive; in which are displayed the beauty of virtue and deformity if vice ... By George Richardson ... London: Printed for the author by G. Scott 1779. 2⁰.
[Weitere Ausgaben bei M. Praz, Studies... 2. Aufl. Roma 1964, S. 473–475.]
→ s. auch: Richardson, George. (= Nr. 93).

95 Roth-Scholtz(ius), Friedrich: Friderici Roth-Scholtzii ... Thesaurus Symbolorum ac Emblematum. Id est insignia bibliopolarum et typographorum ab incunabulis typographiae ad nostra usque tempora ... Norimbergae et Altorfii: Haeredes Joh. Dan. Tauberi 1730. 2⁰. [Enthält 508 z. T. emblematische Druckermarken in Kupferstich-Abb.]

96 Schiebel, Johann-Georg: ... Neuerbauetes erbauliches Historisches Lust-Hauss, darinnen ein ansehnlicher und Hertz-vergnügender Vorrath ausserlesener Geschichte, merckwürdiger Reden, artiger Gleichnüsse ... eröffnet. Leipzig: M. Russworm 1679. 8⁰. – Id. opus, eod. titulo. Bd. 1. 2. Leipzig [Bd. 2: Leipzig und Franckfurt]: J. H. Kloß 1685 und 1682 [= Bd. 2]. 8⁰.

97 – Neu-erbauter Emblematischer Schau-Saal, darinnen vermittelst dreyhundert wol-ausgesonnener und künstlich eingerichteter Sinn-Bilder, auf eine gar sonderbare und zu jedermans verhoffentlicher Vergnügung gedeyende Art der Laster; dess menschlichen Hertzens; frommer Christen; dess Göttlichen Trosts, Scheusal, Irsal, Dransal, Labsal, durch poetische Erläuterung aus geist- und weltlichen Schrifften, mit sondern Fleiss und Mühe hervor gesuchten Anmerck- und wohlkommenden Erinnerungen, mit anbey gefügten fünffachen Register, vorgestellet werden. Nürnberg: Joh. Felssecker 1684. 8⁰.

98 Simson, Archibald: Hieroglyphica animalium terrestrium, volatilium, natatilium, reptilium, insectorum, vegetivorum, metallorum, lapidum, etc., quae in Scripturis Sacris inveniuntur et plurimorum aliorum cum eorum interpretationibus ob theologiae studiosos, opus ... Edinburgi: T. Finlason 1622. 4⁰. – Neuauflagen in Einzelausgaben u. d. T.: Hieroglyphica natatilium cum eorum significationibus ... Edinburgi: T. Finlason 1623. 4⁰. – Hieroglyphica volatilium quae in scripturis sacris inveniuntur et plurimorum aliorum cum eorum significationibus ... Edinburgi: T. Finlason 1623. 4⁰.

99 Stöber, J[ost]: Iconologie oder allegorische Darstellung vieler Leidenschaften, Tugenden, Laster und Handlungen der Menschen. Mit deutsch-französisch- und italienischem Text [= Index]. Wien: Th. von Schmidbauer 1798. Quer-8⁰.

100 Verrien, Nicolas: Livre curieux et utile pour les sçavans, et artistes. Composé de trois alphabets de chiffres simples, doubles, et triples, fleuronnez et au premier trait. Accompagné d'un très grand nombre de devises, emblêmes, médailles et autres figures hiéroglyfiques, ensemble de plusieurs supports et cimiers pour les ornemens des armes. Avec une table très ample par le moyen de laquelle on trouvera facilement tous les noms imaginables. Le tout inventé, dessiné et gravé par N. Verrien ... [Teil 1–3, in 1 Bd.] Paris: Sur le quay des orfèvres, au coin de la rue Harlay, aux armes de Mademoiselle [auf einigen Exemplaren überklebt durch neue Verlagsadresse: Paris: Jean Jombert] [o. J. – Druckerlaubnis: 25.IX.1685]. 8⁰. [Die 3 Teile jeweils mit eigenem Titelblatt.] – Id. opus, Neuauflage u. d. T.: Recueil d'emblêmes, devises, médailles, et figures hiéroglyphiques. Au nombre de plus de douze cent, avec leurs explications. Accompagné de plus de deux mille chiffres fleuronnez ... D'une Manière nouvelle et fort curieuse pour tous les noms imaginables. Avec les tenants, supports

et cimiers servans aux ornemens des armes ... Par le Sieur Verrien ... Paris: Jean Jombert 1694. 8°. [3 Teile in 1 Bd.; eine Ausgabe von 1694 hat nur der Katalog der Bibliothèque Nationale Paris!] – Id. opus, eodem titulo. Ibid. 1696. 8°. – Id. opus, eod. titulo. Paris: C. Jombert 1724. 8°. [3 Teile in 1 Bd.] – Id. op., Ibid. 1726. 8°. [Nicht verifizierbar!] –
Deutsche Ausgabe ohne Verfasserangabe u. d. T.: Oculum animumque delectans emblematum repositorium, quo mile [!] imagines symbolicae, cum Latinis, Gallicis, Italicis et Germanicis lemmatibus illustratae, curiosis, pictoribus praesertim, caelatoribus, sculptoribus vitrariis & encaustis occupatis proponuntur. Aug- und Gemüt-belustigendes Sinn-Bilder-Cabinet, worinnen tausenderley sonderliche Vorstellungen, jede mit einer darauf gerichteten lateinisch-französisch-italiänisch- und teutschen Bey-Schrifft versehen, curieusen Liebhabern, sonderlich aber Mahlern, Siegel-Grabern, Glas-Schneidern und Glas-Mahlern ... an die Hand gegeben werden ... Nürnberg: Verlegt ... bey Johann Christoph Weigel ... Gedruckt bey Adam Felssecker 1718. 4°. – Id. opus, eod. titulo. Nürnberg: J.C.Weigel 1732. 4°.

2. Repertorien des 19. und 20. Jahrhunderts

101 ANDRESEN, Andreas und Rudolph WEIGEL: Der deutsche Peintre-Graveur oder die deutschen Maler als Kupferstecher, nach ihrem Leben und ihren Werken, von dem letzten Drittel des 16. Jahrhunderts bis zum Schluß des 18. Jahrhunderts, und in Anschluß an Bartsch's Peintre-Graveur, an Robert-Dumesnil's und Prosper de Baudicour's französischen Peintre-Graveur. Unter Mitwirkung von R.Weigel. Bd. 1–5. Leipzig: R.Weigel [ab Bd. 4: Danz] 1864–1878. – Repr. Hildesheim, New York: G.Olms 1973.

102 ANONYMUS: Allgemein nützliche Sinnbild-Kunst zur leichten Entwerfung und Darstellung vieler im menschlichen Leben vorkommender Gegenstände aus allen wissenschaftlichen Fächern und der Kunst, in teutsch- lateinisch- und französischer Sprache beschrieben und durch dreyhundert Umrisse erklärt. Ein Hülfsbuch für Bildhauer, Mahler [!] und Zeichner. Mit 25 Kupfertafeln. Neue revidirte Auflage. Nürnberg: Adam Gottlieb Schneider & Weigels 1800. 4°.

103 AURENHAMMER, Hans: Lexikon der christlichen Ikonographie. Bd. 1: Alpha und Omega – Christus und die vierundzwanzig Ältesten. [Mehr bisher nicht erschienen!] Wien: Hollinek (1959–1967).

104 BARBER, John Warner und William HOLMES: Religious emblems, being a series of emblematic engravings, with written explanations, miscellaneous observations, and religious reflections, designed to illustrate divine truth, in accordance with the cardinal principles of Christianity. Cincinnati (Ohio): The Howe Subscription Book Concern [ca. 1866.]. – Id. op., New edition, with an introduction by James Smyth. London: W. Tegg 1868.

105 BARTSCH, Adam: Le Peintre-Graveur. Nouvelle édition. 21 Bde. in 4 Bdn. Würzburg: Verlagsdruckerei Würzburg; J.Franks Antiquaria 1920–1922. – Repr. Hildesheim, New York: G.Olms 1971. [Mit 75 Taf.]

106 BAYLEY, Harold: The lost language of symbolism. An inquiry into the origin of certain letters, words, names, fairy-tales, folk-lore, and mythologies. Bd. 1. 2. London: Williams & Norgate 1912. – 6 unveränd. Neuauflagen, zuletzt: London: E.Benn; New York: Barnes & Noble 1968. [U.a. über Druckermarken.]

107 BEIGBEDER, Olivier: Lexique des symboles [Sainte Marie de la Pierre-qui-Vire (Yonne), Paris:] Zodiaque 1969. (= Introductions à ‚La Nuit des Temps'. 5.) [Mit 266 Abb.]

108 BERGNER, Heinrich: Handbuch der kirchlichen Kunstaltertümer in Deutschland. Leipzig: Ch. H.Tauchnitz [1903–]1905. [Mit 500 Textabb. und 9 Taf.; v. a. Kap. 7: Symbole und Kap. 8: Allegorien.]

109 BOPPE, Auguste und Raoul BONNET: Les vignettes emblématiques sous la Révolution. 150 reproductions d'en-têtes de lettres. Texte par A.Boppe, avec la collaboration de M.R.Bonnet. Paris: Berger-Levrault 1911.

110 BRATTI, Ricciotti: Bandiere ed emblemi veneziani. Venezia: Fuga 1914.

111 BRAUN, Joseph: Tracht und Attribute der Heiligen in der deutschen Kunst. Stuttgart: J.B.Metzler 1943. [Mit 428 Abb.]. – Repr. Stuttgart: Druckenmüller 1964.

BRAUNFELS, Wolfgang (Hrsg.): → s. KIRSCHBAUM, Engelbert S.J. (Hrsg.) (= Nr. 168).

112 BREYSIG, Johann Adam: Wörterbuch der Bildersprache, oder kurzgefaßte und belehrende Angaben symbolischer und allegorischer Bilder und oft damit vermischter konventioneller Zeichen.

Leipzig: F.C.W.Vogel 1830.

113 CAIRO, Giovanni: Dizionario ragionato dei simboli. Con 160 disegni originali. Milano: U. Hoepli 1922. – Repr. Bologna: Forni 1967.

114 CASTELLANOS de LOSADA, Basilio Sebastian: Iconologia cristiana y gentilica. Compendio del sistema alegorico, y diccionario manual de la iconologia universal. En el que se da razon de cuanto puede interesar al literato y al artista para describir, pintar ò esculpir las imágenes del culto cristiano y las principales del gentílico; espresar simbólicamente las ideas antiguas y modernas; personificar artísticamente las virtudes, los vicios y las pasiones, y designar todo lo perteneciente a la formación de emblemas, divisas, empresas, atributos, simbolos y alegorias en general... Madrid: D.B.Gonzalez 1850.

115 CAUTLEY, George Spencer: A century of emblems... With illustrations by the Lady Marian Alford [u.a.] London: Macmillan and Comp. 1878.

116 de CHAMPEAUX, Gérard und Sébastien STERCKX O.S.B.: Introduction au monde des symboles. [Saint-Léger-Vauban (Yonne), Abbaye] (Sainte-Marie de La Pierre-qui-Vire:) Zodiaque 1966. (= Introductions à ‚La Nuit des Temps'. 3.)

117 CHARBONNEAU-LASSAY, Louis: Le bestiaire du Christ. La mystérieuse emblématique de Jésus-Christ. 1157 figures gravées sur bois par l'auteur. (Bruges:) Desclée, de Brouwer (1940).

118 CHEVALIER, Jean: Dictionnaire des symboles. Mythes, rêves, coutumes, gestes, formes, figures, couleurs, nombres. Sous la direction de Jean Chevalier; avec la collaboration de Alain Gheerbrant; conception et direction technique Marian Berlewi. o.O. [Paris]: Robert Laffont (1969).

119 CIRLOT, Juan Eduardo: Diccionario de símbolos tradicionales. Con numerosas ilus. seleccionadas por el autor. Barcelona: L.Miracle (1958). [Bibliographie S. 435–446.] – Engl. Übersetzung u. d. T.: A dictionary of symbols. Translated from the Spanish by Jack Sage. Foreword by Herbert Read. London: Routledge & K.Paul (1962). [Bibliographie S. 367–377.] – Id. opus, New York: Philosophical Library (1962).

120 CORBLET, Jules: Vocabulaire des symboles et des attributs employés dans l'iconographie chrétienne. Paris: J.Baur 1877.

121 COUPE, William A.: The German illustrated broadsheet in the seventeenth century. Historical and iconographical studies. Bd. 1. 2. Baden-Baden: Heitz 1966–1967. (= Bibliotheca Bibliographica Aureliana. 17. 20.)
Bd. 1: Text. 1966.
Bd. 2: Bibliographical index. 1967. [Mit 145 Taf.]

122 CROSS, Jeremy L.: The true masonic chart; or, hieroglyphic monitor; containing all the emblems explained in the degrees of entered apprentice, fellowcraft, master mason, mark mason, past master, most excellent master... [etc.] Designed and duly arranged, agreeably to the lectures. To which are added illustrations, charges, songs etc. New Haven: Flagg & Gray 1819 (Engravings by A.Doolittle.). – Id. opus, Second edition. New Haven: John C.Gray 1820. – Id. opus, 3. edition, with additions and emendations. New Haven: The Author, T.G.Woodward & Co. 1824. – Id. opus, 4. edition, with additions and emendations, and the emblems newly designed and improved. New Haven 1826. – Id. opus, 6. and stereotype edition. New York: The Author 1846. – Id. opus, 12th and stereotype edition. New York: Publ. for the author 1850. – Letzte Auflage [?]. Ed. by Daniel Sickels... New York: Masonic Publ. and Manufactoring Co. 1866.

123 DELEN, Adrien Jean Joseph: Histoire de la gravure dans les anciens Pays-Bas et dans les provinces belges, des origines jusqu'à la fin du XVIIIe siècle. [2 Teile in 3 Bdn.; unvollendet.] Paris: G. van Oest 1924–1935. [Bd. 2: Éditions d'art et d'histoire.]

124 DEMMIN, Auguste Frédéric: Handbuch der bildenden und gewerblichen Künste. Geschichtliche, archäologische, biographische, chronolog., monogrammat. und techn. Enzyklopädie der Baukunst, Bilderkunde, Bildhauerei, Buchbinderei, Buchdruckerei, Buchmalerei, Erzgießerei, Gartenkunst, Gefäßkunde, Gerätkunst, Gewebarbeiten, Glasmalerei, Goldschmiedekunst, Holzbildschnitzerei, Holzstichkunst, Inschriftenkunde, des Kirchenschmuckes, der Kunsttischlerei, Kupferstecherei, Malerei, Mosaik, Münzstecherei, Schmelzmalerei, Stickerei, Trachtenkunde, Uhren-, Waffen- und Wappenkunde usw. Unter Mitwirkung des Vf. ins Deutsche übertragen von Oskar Mothes. Bd. 1. 2. Leipzig: K.Scholtze 1877–1879. [Mit ca. 6000 Holzschnitt-Abb.]

125 – Encyclopädie der Schriften-, Bilder- und Wappenkunde, Trachten, Geräthkunst, Gefäßkunde, der bürgerlichen und kirchlichen Baukunst, Kriegsbaukunst und Schiffsbaukunst. Leipzig: K.Scholtze [1879?]

126 DENZINGER, Heinrich und Adolf SCHÖNMETZER S.J.: Enchiridion symbolorum, definitionum et declarationum de rebus fidei et morum. Quod

127 DETZEL, Heinrich: Christliche Ikonographie. Ein Handbuch zum Verständniß [!] der christlichen Kunst. Bd. 1. 2. Freiburg i. Br.: Herder 1894 und 1896. [Mit 220 und 318 Abb.]

128 DOERING, Oscar: Christliche Symbole. Leitfaden durch die Formen- und Ideenwelt der Sinnbilder in der christlichen Kunst. Freiburg i. Br.: Herder 1933. – Id. op., 2., veränderte und vermehrte Auflage, bearbeitet von Michael Hartig. Freiburg: Herder 1940. [Mit 103 Abb.]

129 DRAKE, Maurice und Wilfred: Saints and their emblems. Illustrated by 12 plates from photographs and drawings by W. Drake. With a foreword by Aymer Vallance. London: T. W. Laurie 1916.

130 DRESELLY, Anton: Grabschriften, Marterl-, Bildstöckl- und Todtenbrett-Verse, dann Hausinschriften, Wohn- und Trinkstubenreime, Geräthe-Inschriften u. a., gesammelt, geordnet, sowie mit einer einleit. Abhandlung versehen und hrsg. Salzburg: A. Pustet 1898. – Id. op., 2., vollständig umgearb., stark vermehrte und verbesserte Auflage. Salzburg: Pustet 1900.

131 DROULERS, Eugène [d. i. De SEYN, Eugène]: Dictionnaire des attributs, allégories, emblèmes et symboles. Turnhout [Belgien]: Brepols [1949]. [Bibliographie S. 276–281].

132 DUPORTAL, Jeanne: Contribution au Catalogue général des livres à figures du XVIIe siècle (1601–1633). Paris: É. Champion 1914.

133 Prince d'ESSLING, Victor Masséna: Bibliographie des livres à figures Vénitiens de la fin du XVe siècle et du commencement du XVIe, 1469–1525. ... Paris: Techener 1892. [rd. 500 Titel.]

134 – Études sur l'art de la gravure sur bois à Venise. Les livres à figures Vénitiens de la fin du XVe siècle et du commencement du XVIe ... [3 Teile in 4 Bdn.] Florence: L. S. Olschki; Paris: H. Leclerc 1907–1914 [d. i. 1915].
　Teil 1,1: Ouvrages imprimés de 1450 à 1490 et leurs éditions successives jusqu'à 1525.
　Teil 1,2: Ouvrages imprimés de 1491 à 1500 et leurs éditions successives jusqu'à 1525.
　Teil 2: Ouvrages imprimés de 1501 à 1525.
　Teil 3: Les origines et le dévelopment de la xylographie à Venise. Revision des principaux ouvrages illustrés. Appendice. Tables.

135 FERGUSON, George Wells: Signs and symbols in Christian art. With illustrations from paintings of the Renaissance. New York: Oxford University Press (1954). – 2. Aufl. ibid. 1955. [Bibliographie S. 343–346.]

136 FORSTNER, Dorothea: Die Welt der Symbole. Mit 124 graphischen Darstellungen von Oswald Haller. Innsbruck, Wien, München: Tyrolia (1961). – Id. op., eodem titulo. Mit 32 Kunstdruckbildern. 2. verb. Auflage. Innsbruck [etc.]: Tyrolia (1967). [Bibliographie S. 487–489.]

137 FRANCASTEL, Pierre (Hrsg.): Emblèmes, totems, blazons. [Exposition] Mars–juin, 1964. [Ausstellungskatalog der Musée Guimet, Paris. Bearb. von P. Francastel.] (Paris:) Ministère d'état d'affaires culturelles (1964).

138 GÄRTNER, Helga und Waltraut HEYKE: Bibliographie zur antiken Bildersprache. Hrsg. von der Heidelberger Akademie der Wissenschaften. Unter Leitung von Viktor Pöschl bearb. von H. Gärtner und W. Heyke. Heidelberg: C. Winter 1964. (= Bibliothek der klassischen Altertumswissenschaften. N. F. Reihe 1.)

139 GATTY, Margaret: A book of emblems, with interpretations thereof... London: Bell & Daldy 1872.

140 GEISBERG, Max: Kupferstiche der Frühzeit. Straßburg: J. H. E. Heitz 1923. (= Studien zur deutschen Kunstgeschichte. 223.)

141 – Der deutsche Einblatt-Holzschnitt in der ersten Hälfte des XVI. Jahrhunderts. München: H. Schmidt (1923–1929). [In 43 Lieferungen mit je 40 Taf. sowie einem Gesamtverzeichnis.]

142 – Die Anfänge des Kupferstiches. 2. Auflage. Leipzig: Klinkhardt & Biermann 1924. [Mit 144 Abb. auf 74 Taf.]

143 – Die kunstgewerblichen Vorlagen unter den Einblatt-Holzschnitten der 1. Hälfte des XVI. Jahrhunderts. München: H. Schmidt (1929).

144 GELLI, Jacopo: Divise, motti e imprese di famiglie e personaggi italiani. Con trecentosessanta figure riprodotte da stampe originali. Milano: U. Hoepli 1916. – Id. op., 2. edizione riveduta. Milano: U. Hoepli 1928.

145 GERLACH, Martin (Hrsg.): Allegorien und Embleme. Originalentwürfe von den hervorragendsten modernen Künstlern, sowie Nachbildungen alter Zunftzeichen und moderne Entwürfe von Zunftwappen im Charakter der Renaissance. Erläuternder Text von Dr. Albert Ilg. 3 Abteilungen und Supplement. Wien: Gerlach & Schenk 1883–1884.

146 GESSMANN, Gustav Wilhelm: Die Geheimsym-

bole der Chemie und Medicin des Mittelalters. Eine Zusammenstellung der von den Mystikern und Alchymisten gebrauchten geheimen Zeichenschrift, nebst einem kurzgefaßten geheimwissenschaftlichen Lexikon. Graz: Im Verlag des Verf. 1899. [Mit 120 Abb.] – Id. op., 2., durchgesehene und ergänzte Auflage u. d. T.: Die Geheimsymbole der Alchymie, Arzneikunde und Astrologie des Mittelalters... Ulm: Arkana-Verlag (1959). – Repr. Ulm: Arkana (1964).

147 GLOCK, Johann Philipp: Die Symbolik der Bienen und ihrer Produkte in Sage, Dichtung, Kultus, Kunst und Bräuchen der Völker, für wissenschaftlich gebildete Imker, sowie alle Freunde des klass. Altertums und einer ästhetischen Naturbetrachtung. Nach den Quellen bearbeitet. Heidelberg: Weißsche Universitätsbuchhandlung 1891.- 2. Aufl. ebd. 1897.

148 Comte GOBLET d'ALVIELLA, Eugène Félicien Albert: La migration des symboles. Paris: E. Leroux 1891. – Englische Ausgabe u. d. T.: The migration of symbols ... with an introduction by Sir George Birdwood. Westminster: A. Constable & Co. 1891 (= The Hibbert Lectures. 1891.). - Id. opus, (London:) A. Constable & Co. 1894. – Repr. New York: University Books (1956).

149 GOTTSCHALK, Walter: Die bildhaften Sprichwörter der Romanen. Bd. 1–3. Heidelberg: C. Winter 1935-1938. (= Sammlung romanischer Elementar- und Handbücher. Reihe IV, 4.)
Bd. 1: Die Natur im romanischen Sprichwort. 1935.
Bd. 2: Der Mensch im Sprichwort der romanischen Völker. 1936.
Bd. 3: Schlußkapitel und Register.

150 GUÉNEBAULT, Louis-Jean: Dictionnaire iconographique des figures, légendes et actes des saints, tant de l'ancienne que de la nouvelle loi, et répertoire alphabétique des attributs qui sont donnés le plus ordinairement aux saints par les artistes... Ouvrage suivi 1ᵉ, d'appendices considérables, où l'on trouve une foule de documents historiques, bibliographiques, etc., et un grand nombre de notes interéssantes relatives à l'iconographie; 2ᵉ, d'une table générale et bibliographique des auteurs cités dans le volume... Paris: Migne 1850.

151 HABERDITZL, Franz Martin: Die Einblattdrucke des 15. Jahrhunderts in der Kupferstichsammlung der Hofbibliothek zu Wien. Bd. 1. 2. Wien: Gesellschaft für vervielfältigende Kunst 1920. [Mit 171 Lichtdruck-Taf.]
Bd. 1: Die Holzschnitte. Bearb. von F. M. Haberditzl. [Mit 122 Taf.]
Bd. 2: Die Schrotschnitte. Bearb. von Alfred Stix. [Mit 49 Taf.]

152 HALL, James: Dictionary of subjects and symbols in art. Introduction by Kenneth Clark. (London): John Murray (1974). [Bibliographie S. XIX-XXIX.]

153 HARREBOMÉE, Pieter Jakob: Spreekwoordenboek der Nederlandsche taal, of verzameling van Nederlandsche spreekwoorden en spreekwoordelijke uitdrukkingen van vroegeren en lateren tijd. Bd. 1–3. Utrecht: Kemink en Zoon 1858-1866.

154 HEINZ-MOHR, Gerd: Lexikon der Symbole. Bilder und Zeichen der christlichen Kunst. (Düsseldorf, Köln:) Diederichs (1971).

[32] HECKSCHER, William S[ebastian] und Karl-August WIRTH: Art. „Emblem. Emblembuch". In: RDK Bd. 5, Stuttgart [1959–]1967, Sp. 85–228.

155 HELM, Albert: Symbole, profane Sinnbilder, Embleme und Allegorien. Eine Motiv- und Formensammlung. München: G. Callwey 1952. [Mit 64 Taf.]

156 HIND, Arthur M[ayger]: An introduction to a history of woodcut, with a detailed survey of work done in the fifteenth century... Bd. 1. 2. London: Constable & Co. 1935; Boston, New York: H. Mifflin Comp. 1935. [Bd. 2 enthält auf den S. 783-814 ein Verzeichnis: „Books illustrated with woodcuts".]

157 – Early Italian engraving. A critical catalogue with complete reproduction of all the prints described. [2 Teile in 7 Bdn.] London: M. Knoedler; New York: B. Quaritch 1938-1948.
Teil 1, Bd. 1–4: 1938.
Teil 2, Bd. 5–7: 1948.

158 – Engraving in England in the sixteenth and seventeenth centuries. A descriptive catalogue with introductions. Bd. 1–3. Cambridge (Engl.): University Press 1952-1964.
Teil 1: The Tudor Period ... 1952. [156 Taf.]
Teil 2: The Reign of James I. 1955. [252 Taf.]
Teil 3: The Reign of Charles I. ... Compiled from the notes of the late A. M. Hind by Margery Corbett and Michael Norton. 1964. [214 Taf.]

159 HOLLSTEIN, F[riedrich] W[ilhelm] H[einrich]: Dutch and Flemish etchings, engravings and woodcuts. Ca. 1450-1700. [Bisher:] Bd. 1–19. [Bd. 16–17 nicht erschienen.] Bd. 1–15: Amsterdam: Menno Hertzberger [1949-1964]; Bd. 18–19: Amsterdam: Vangendt & Co. (1969) [wird fortgesetzt].
Bd. 1: Abry-Berchem (1949). – Bd. 2: Berckheyde-Bodding [1950]. – Bd. 3: Boeckhorst-Brueghel [1951]. – Bd. 4: Brun-Coques [1951]. – Bd. 5: Cornelisz-Dou [1951]. – Bd. 6: Douffet-Floris [1952]. – Bd. 7: Fouceel-Gole [1952]. –

Bd. 8: Goltzius–Heemskerck [1953]. – Bd. 9: Heer–Kuyl [1953]. – Bd. 10: L'admiral–Lucas van Leyden [1954]. – Bd. 11: Leyster–Mattens [1955]. – Bd. 12: Masters and monogrammists of the 15th century [1956]. – Bd. 13: Monogrammists of the 16th and 17th century [1956]. – Bd. 14: Meer–Ossenbeeck [1956]. – Bd. 15: Van Ostade–De Passe. Ed. by K[arel] G[erard] Boon and J. Verbeek. [1964]. – Bd. 18: Rembrandt van Rijn. Text. Compiled by Christopher White and Karel G. Boon (1969). – Bd. 19: Rembrandt van Rijn. Plates. Compiled by Christopher White and Karel G. Boon (1969).

160 – German engravings, etchings and woodcuts, ca. 1400–1700. Bd. 1–8. Amsterdam: Menno Hertzberger (& Co.) [1954]–(1968) [Wird fortgesetzt].
Bd. 1: Achen–Altdorfer [1954]. – Bd. 2: Altzenbach–B. Beham [1955]. – Bd. 3: Hans Sebald Beham [1955]. – Bd. 4: Beischlag–Brosamer [1957]. – Bd. 5: Brucker–Coriolanus [1958]. – Bd. 6: Cranach–Drusse. Ed. by Karel G. Boon and R[obert] W[alter Hans Peter] Scheller [1960]. – Bd. 7: Albrecht and Hans Dürer. Ed. by Karel G. Boon and R[obert] W[alter Hans Peter] Scheller [1962]. – Bd. 8: Dürr–Friedrich. Ed. by Karel G. Boon and R. W. Scheller (1968).

HOLMES, William: →s. BARBER, John Warner (= Nr. 104).

161 HORNUNG, Clarence Pearsons: Handbook of designs and devices. Geometric elements… With 1836 examples drawn by the author. New York, London: Harper & Brothers 1932. – Id. opus, second revised edition. New York: Dover Publications (1946).

162 HUET, Jean-Baptiste: Le trésor des artistes et des amateurs des arts; ou le guide des peintres, sculpteurs, graveurs, architectes, décorateurs… [etc.] dans le choix des sujets allégoriques, ou emblématiques qu'ils ont à employer dans leurs compositions… Bd. 1–3. Paris: A. Costes 1810.

163 HUNGER, Herbert: Lexikon der griechischen und römischen Mythologie mit Hinweisen auf das Fortwirken antiker Stoffe und Motive in der bildenden Kunst, Literatur und Musik des Abendlandes bis zur Gegenwart. 6., erweiterte und ergänzte Auflage. Wien: Gebr. Hollinek (1969). [Zuerst 1959. – Mit 64 Bildtaf.]

164 IMHOOF-BLUMER, Friedrich und Otto KELLER: Tier- und Pflanzenbilder auf Münzen und Gemmen des klassischen Altertums. Leipzig: B. G. Teubner 1889. [Mit 1352 Abb. auf 26 Taf.]

165 ISELY, Gustave: Emblems and badges of God's People. London: Salvationist Pub. and Supplies 1956.

166 JOBES, Gertrude: Dictionary of mythology, folklore and symbols. Bd. 1. 2. New York: Scarecrow Press 1961. [Bibliographie S. 1736–1759.]

167 KELLER, Otto: Die antike Tierwelt. Bd. 1. 2. Leipzig: W. Engelmann 1909 und 1913.
Bd. 1: Säugetiere. [Mit 145 Abb. und 3 Taf.]
Bd. 2: Vögel, Reptilien, Fische, Insekten, Spinnentiere, Tausendfüßler, Krebstiere, Würmer, Weichtiere, Stachelhäuter, Schlauchtiere. [Mit 161 Abb. und 2 Taf.]

168 KIRSCHBAUM, Engelbert S. J. [ab Bd. 5: BRAUNFELS, Wolfgang] (Hrsg.): Lexikon der christlichen Ikonographie. Bd. 1 ff. Rom, Freiburg [etc.]: Herder 1968 ff. [Bisher sind erschienen:]
Bd. 1: Allgemeine Ikonographie. A – Ezechiel. 1968. [295 Abb.]
Bd. 2: Allg. Ikonographie. Fabelwesen – Kynokephalen. 1970. [336 Abb.]
Bd. 3: Laban – Ruth. 1971. [270 Abb.]
Bd. 4: … Saba, Königin von – Zypresse. Nachträge. Stichwortverzeichnisse Englisch und Französisch. 1972. [294 Abb.]
Bd. 5: Ikonographie der Heiligen. Aaron bis Crescentianus von Rom. 1973. [239 Abb.]
Bd. 6: … Crescentianus von Tunis bis Innocentia. 1974. [259 Abb.]
Bd. 7: … Innozenz bis Melchisedech. 1974. [289 Abb.]

169 KLAUSER, Theodor (Hrsg.): Reallexikon für Antike und Christentum. Sachwörterbuch zur Auseinandersetzung des Christentums mit der antiken Welt. Bd. 1 ff. Stuttgart: Anton Hiersemann 1950 ff. [Bisher erschienen: Bd. 1 (1950)–8 (1972).]

170 KNIPPING, John Baptist O. F. M.: De iconografie van de Contra-reformatie in de Nederlanden. Teil 1. 2. Hilversum: P. Brand 1939 und 1940.

171 KÜNSTLE, Karl: Ikonographie der christlichen Kunst. Bd. 1. 2. Freiburg i. Br.: Herder & Co. 1926 und 1928.
Bd. 1: Prinzipienlehre. Hilfsmotive. Offenbarungstatsachen. 1928. [388 Abb.]
Bd. 2: Ikonographie der Heiligen. 1926. [284 Abb.]

172 ter LAAN, Kornelis (Hrsg.): Nederlandse spreekwoorden, spreuken en zegswijzen. Met de weerspreuken verzameld door A. M. Heidt jr. 4. druk. 's-Gravenhage: Van Goor Zonen (1963).

173 LANOË-VILLÈNE, Georges: Les sources de la symbolique chrétienne. Paris: Fischbacher 1921.

174 – Le livre des symboles. Dictionnaire de symbolique et de mythologie. Bd. 1–6 (in 7). Bordeaux: Impr. Gounouilhou [Bd. 2–4: Paris: Éd. Bossard; Bd. 5–6: Paris: Librairie Générale] 1926–1937. – Neubearbeitung u. d. T.: Le livre des symboles.

Études de symbolique et de mythologie comparées. (2. éd., revue et corrigée.) Bd. 1. Paris: Librairie Générale 1935. [Mehr nicht erschienen?]

175 LANZONE, Ridolfo Vittorio: Dizionario di mitologia egizia. Bd. 1-6. Torino: Litografia Fratelli Doyen 1881-1886. [Mit 412 Taf.]

176 LAVEDAN, Pierre: Dictionnaire illustré de la mythologie et des antiquités grecques et romaines. (Paris): Hachette (1931). – Id. opus, 3. édition revue et mise à jour. (Paris:) Hachette (1952). [Mit 1015 Abb.]

177 LEHNER, Ernst: The picture book of symbols. New York: Wm. Penn Publishing Comp. (1956). [96 S. 2°. Nur Abb.]

178 LEHRS, Max: Geschichte und kritischer Katalog des deutschen, niederländischen und französischen Kupferstichs im 15. Jahrhundert. Bd. 1-9 [in je 9 Text- und 9 Tafelbdn.]. Wien: Gesellschaft für vervielfältigte Kunst 1908-1934. [Mit insgesamt 294 Lichtdrucktaf.]

179 LIEBMANN, P. S.: Kleines Handwörterbuch der christlichen Symbolik. Ein Hilfsbüchlein zum Verständnis der wichtigsten Sinnbilder der Heiligen Schrift, im Dogma und im Kultus. Leipzig: Ph. Reclam jun. 1893. ([Reclams] Universal-Bibliothek. Nr. 3065-3066.)

180 LIPFERT, Klementine: Symbol-Fibel. Eine Hilfe zum Betrachten und Deuten mittelalterlicher Bildwerke. Kassel: Stauda 1956.

181 LONG, James: Eastern proverbs and emblems illustrating old truths. Boston: Houghton, Mifflin & Co. 1881. (= The English and foreign philosophical library. 22.) – Auch als Parallelausgabe: London: Trübner & Co. 1881. (= Trübner's oriental series.)

182 LURKER, Manfred: Götter und Symbole der alten Ägypter. Einführung und kleines Lexikon. Weilheim (Obb.): O. W. Barth (1964). – 2., bearb. und erweiterte Aufl. München: Scherz 1974. [Mit 70 Abb.]

183 – Bibliographie zur Symbolkunde. Unter Mitarbeit von Ferdinand Herrmann, Eckard Unger und weiteren Fachgelehrten. Bd. 1-3. Baden-Baden: Heitz 1964-1968. (= Bibliotheca Bibliographica Aureliana. 12. 18. 24.) [Verzeichnet 11466 Titel; Autoren- und Sachregister in Bd. 3.].

184 – (Hrsg.), Bibliographie zur Symbolik, Ikonographie und Mythologie. Internationales Referateorgan. Unter Mitarbeit von Jan Assmann [u.a.]. Baden-Baden: Heitz 1 (1968) ff.

185 – Wörterbuch biblischer Bilder und Symbole. München: Kösel (1973).

186 van MARLE, Raimond: Iconographie de l'art profane au moyen-âge et à la Renaissance et la décoration des demeures. Bd. 1. 2. La Haye: Mart. Nijhoff 1931 und 1932. – Repr. New York: Hacker Art. Books 1971.
Bd. 1: La vie quotidienne. 1931. [Mit 4 Lichtdrucktaf. und 523 Abb.]
Bd. 2: Allégories et symboles. 1932. [Mit 6 Lichtdrucktaf. und 524 Abb.]

187 MÉNARD, René: Les emblèmes et attributs des Grecs et des Romains. Paris: J. Rouam 1884. (= Bibliothèque populaire des écoles de dessin. Troisième série: Histoire des arts décoratifs.)

188 MENZEL, Carl August (Hrsg.): Versuch einer Darstellung der Kunst-Sinnbilder, insofern sie der jetzigen Zeit angemessen sind. Für Künstler, Kunstliebhaber, Fabrikherren und Alle, welche sich mit bildlichen Darstellungen beschäftigen. Berlin, Posen und Bromberg: E. S. Mittler 1840.

189 MOLSDORF, Wilhelm: Führer durch den symbolischen und typologischen Bilderkreis der christlichen Kunst des Mittelalters. Leipzig: K. W. Hiersemann 1920. (= Hiersemann's Handbücher. 10.)

190 – Christliche Symbolik in der mittelalterlichen Kunst. 2., wesentlich veränd. u. erw. Aufl. des „Führers durch den symbol. und typolog. Bilderkreis der christlichen Kunst des Mittelalters". Leipzig: K. W. Hiersemann 1926. (= Hiersemanns Handbücher. 10.). [Mit 11 Taf.]

191 MUSHET, Robert [d. J.]: The book of symbols. A series of seventyfive short essays on morals, religion, and philosophy; each essay illustrating an ancient symbol or moral precept. Second edition. London: Chapman & Hall 1847. [Zuerst: London 1844.]

192 NORK, F[elix] [d. i. KORN, Selig]: Etymologisch-symbolisch-mythologisches Real-Wörterbuch zum Handgebrauche für Bibelforscher, Archäologen und bildende Künstler, enthaltend die Thier-, Pflanzen-, Farben- und Zahlen-Symbolik. Mit Rücksicht auf die symbolische Anwendung mehrer Städte-, Länder- und Völker-Namen des Alterthums, wie auch auf die symbolische Bedeutung der Feste, gottesdienstlichen Gebräuche und Ceremonialgesetze aller Nationen... Bd. 1-4. Stuttgart: J. F. Castsche Buchh. 1843-1845. – Repr. Hildesheim, New York: G. Olms [in Vorb. für 1976.]

193 OTTO, A[ugust]: Die Sprichwörter und sprichwörtlichen Redensarten der Römer. Gesammelt und erklärt. Leipzig: B. G. Teubner 1890. - Repr. Hildesheim: G. Olms 1964. (= Olms Paperback. 1.)

194 Pérez-Rioja, José Antonio: Diccionario de símbolos y mitos. Las ciencias y las artes en su expresión figurada. [2. edición.] Madrid: Ed. Tecnos (1971). [Bibliographie S. 429-434.]

195 Petrucci, Alfredo: Panorama della incisione italiana. Il Cinquecento. Roma: C. Bestetti 1964. [Mit 80 Taf.]

196 Pfleiderer, Rudolf: Die Attribute der Heiligen. Ein alphabetisches Nachschlagebuch zum Verständnis kirchlicher Kunstwerke. Ulm: H. Kerler 1898. – 2. Aufl. Ulm: Kerler 1920.

197 Pigler, A[ndor]: Barockthemen. Eine Auswahl von Verzeichnissen zur Ikonographie des 17. und 18. Jahrhunderts. Bd. 1. 2. Budapest: Akademie der Wissenschaften 1956.
Bd. 1: Darstellungen religiösen Inhalts.
Bd. 2: Profane Darstellungen. –
Id. opus, eodem titulo. 2., erweiterte Auflage. Bd. 1. 2. und 1 Tafelbd. Budapest: Akadémiai Kiadó 1974. [Bd. [3]: Tafelband. Mit 364 Taf. auf 344 S.]

198 Pinnock, William: Iconology, or emblematic figures explained, in original essays on moral and instructive subjects. London: J. Harris 1830. [Mit 72 kolorierten Kupfern auf 18 Taf.]

199 Pistrucci, Filippo: Iconologia, ovvero immagini di tutte le cose principali... Iconologie ou images de toutes les principales choses auxquelles le talent de l'homme a attribué un corps, bien qu'elles ne l'aient pas en réalité. Avec la traduction français par Sergent Marçeau, Bd. 1. 2. Milano: [Verlag?] 1819-1821. [Mit 240 Taf.] – Id. opus in engl. Übersetzung u. d. T.: Iconology, or the art of representing by allegorical figures the various abstract conceptions of the mind. London: [Verlag?] 1824. 2⁰.

200 Pittaluga, Mary: L'incisione italiana nel Cinquecento. Milano: U. Hoepli (1930). (= Collezione artistica Hoepli.) [Mit 289 Abb.]

201 von Radowitz, J[oseph]: Ikonographie der Heiligen. Ein Beitrag zur Kunstgeschichte. [Erweiterte Neuauflage der Erstausgabe Berlin 1834.] In: J. v. Radowitz, Gesammelte Schriften. Bd. 1, Berlin: G. Reimer 1852, S. 1-281. [Darin u.a.: I. Verzeichniß [!] der Heiligen und ihrer Attribute in alphabetischer Folge (S. 15-131); II. Die Patriarchen und Propheten im alten Bunde (S. 132-136); III. Die Attribute in alphabetischer Folge (S. 137-223); IV. Die Embleme der Engel (S. 224/5); XIII. Der weitere Kreis der christlichen Symbolik [mit Erklärung der typologischen Interpretationen] (S. 274-281).]

202 Réau, Louis: Iconographie de l'art chrétien. [3 Teile in 6 Bdn.] Paris: Presses universitaires de France 1955-1959.
Bd. 1: Introduction générale. 1955. [32 Taf.]
Bd. 2,1: Iconographie de la Bible. – Ancien Testament. 1956. [32 Taf.]
Bd. 2,2: Iconographie de la Bible. - Nouveau Testament. 1957. [48 Taf.]
Bd. 3,1: Iconographie des Saints. A–F. 1958.
Bd. 3,2: Iconographie des Saints. G–O. 1958.
Bd. 3,3: Iconographie des Saints. P–Z. Répertoires. 1959.

203 Roeder, Helen: Saints and their attributes. With a guide to localities and patronage. London: Longmans, Green & Co. (1955). – Id. opus, Chicago: H. Regnery Co. (1956).

204 Röhrich, Lutz: Lexikon der sprichwörtlichen Redensarten. Bd. 1. 2. Freiburg [i. Br.], Basel, Wien: Herder 1973. – 3. Aufl. 1974.
Bd. 1: Aal – mau [mit ca. 300 Abb.].
Bd. 2: Maul – zwölf [mit ca. 300 Abb.].
[Unter den zahlreichen Abb. bildlicher Redensarten viele emblemat. Motive; Bd. 2, S. 1191-1213: umfassende Bibliographie, v. a. über Redensarten und Sprichwörter.]

205 Ronchetti, Giuseppe: Dizionario illustrato dei simboli. (Simboli – emblemi – attributi – allegorie – immagini degli dei, ecc.). Milano: U. Hoepli 1922. [Mit 91 Taf.]

206 Rondot, Natalis: Les graveurs sur bois et les imprimeurs à Lyon au XVe siècle. Lyon: Mougin-Rusand 1896.

207 – Graveurs sur bois à Lyon au XVIe siècle. Paris: G. Rapilly 1898.

208 Roscher, Wilhelm Heinrich: Ausführliches Lexikon der griechischen und römischen Mythologie. Bd. 1–6. Leipzig, Berlin: B. G. Teubner 1884–[1924–]1937. – Repr. Hildesheim: G. Olms 1965. [6 Bde. in 9 Bdn. und 1 Supplementbd.]

209 Santi, Aldo: Bibliografia della enigmistica. Firenze: Ed. Sansoni antiquariato 1952. (= Biblioteca bibliografica italiana. 3.)

210 Saunier, Marc: La légende des symboles philosophiques, religieux et maçonniques. 2e édition. Paris: E. Sansot 1911.

211 Schiller, Gertrud: Ikonographie der christlichen Kunst. Bd. 1 ff. (Gütersloh:) Gütersloher Verlagshaus Gerd Mohn (1966) ff. [Bisher erschienen:]
Bd. 1: Inkarnation – Kindheit – Taufe – Versuchung – Verklärung – Wirken und Wunder Christi. (1966). [Mit 585 Abb.]
Bd. 2: Die Passion Jesu Christi. (1968). [Mit 816 Abb.]
Bd. 3: Die Auferstehung und Erhöhung Christi. (1971). [Mit 721 Abb.]

212 SCHNEIDER, WOLFGANG: Lexikon alchemistisch-pharmazeutischer Symbole. Weinheim: Verlag Chemie 1962. [Bibliographie S. 19–21.]

de SEYN, Eugène: → s. DROULERS, Eugène (= Nr. 131).

213 SILVESTRE, Louis-Catherine: Marques typographiques; ou recueil des monogrammes, chiffres, enseignes, emblèmes, devices, rébus et fleurons des libraires et imprimeurs qui ont exercé en France depuis l'introduction de l'imprimerie en 1470 jusqu' à la fin du seizième siècle. A ces marques sont jointes celles des libraires et imprimeurs qui pendant la même période ont publié, hors de France, des livres en langue française. Bd. 1. 2. Paris: P.Jannet; Impr. Renou & Maulde [1853–] 1867.

214 TABOR, Margaret Emma: The saints in art, with their attributes and symbols, alphabetically arranged... With 20 illustrations. London: Methuen & Co. (1908). – Id. opus, Second edition. London: Methuen & Co. 1913. – Ibid. 1924.

215 de TERVARENT, Guy: Attributes et symboles dans l'art profane, 1450–1600. Dictionnaire d'un langage perdu. Bd. 1–3. Genève: E.Droz 1958–1965. (= Travaux d'humanisme et Renaissance. 29.)
Bd. 1: 1958. – Bd. 2: 1959. – [Bd. 3:] Supplément et index: 1965.

216 TILLEY, Morris Palmer: A dictionary of the proverbs in England in the sixteenth and seventeenth centuries. A collection of the proverbs found in English literature and the dictionaries of the period. Ann Arbor (Mich.): University of Michigan Press 1950. [Bibliographie S. 769–802.]

217 TIMMERS, Jan Joseph Marie: Symboliek en iconografie der Christelijke kunst. Roermond-Maaseik: J.J.Romen (1947). (= Romen's Compendia.). – Neuauflage u. d. T.: Christelijke symboliek en iconografie. 2., herziene dr. Bussum: Fibula-van Dishoeck (1967).

218 TUGWELL, George: Emblems of the Passion. London: Griffith, Farran & Co. 1888

219 TWINING, Louisa: Symbols and emblems of early and mediaeval Christian art. London: J.Murray 1885.

220 URÈCH, Édouard: Dictionnaire des symboles chrétiens. (Neuchâtel:) Delachaux & Niestlé (1972).

221 VERNEUIL, Maurice Pillard: Dictionnaire des symboles, emblèmes et attributs. Au mot placée à son ordre alphabétique on trouve: 1º l'idée qu'il symbolise; 2º la liste des choses qui peuvent le symboliser. Paris: H.Laurens (1897).

222 WALTHER, Hans: Proverbia sententiaeque Latinitatis medii aevi. Lateinische Sprichwörter und Sentenzen des Mittelalters in alphabetischer Anordnung. Gesammelt und hrsg. von H.Walther. Bd. 1–6. Göttingen: Vandenhoeck & Ruprecht 1963–1969. (= Carmina medii aevi posterioris latina. 2.). – Bd. 1: A–E. 1963. – Bd. 2: F.–M 1964. – Bd. 3: N–P. 1965. – Bd. 4: Q–Sil. 1966. – Bd. 5: Sim–Z. 1967. Bd. 6: Register. 1969.

223 WANDER, Karl Friedrich Wilhelm: Deutsches Sprichwörter-Lexikon. Ein Hausschatz für das deutsche Volk. Bd. 1–5. Leipzig: F.A.Brockhaus 1867–1880. – Repr. Darmstadt: Wiss. Buchgesellschaft 1964.

224 WATERS, Clara Clement: A handbook of legendary and mythological art. With descriptive illustrations. New York: Hurd & Houghton 1871. – Id. opus, 4.Aufl. ibid. 1872. – Id. op., 10.Aufl. ibid. 1876. – Id. op., 23. Aufl. Boston (Mass.), New York: Houghton, Mifflin & Co. 1892. [S. 529–562: Bilder-Katalog.] – Repr. Detroit: Gale Research Co. 1969.

225 WERNER, Jakob: Lateinische Sprichwörter und Sinnsprüche des Mittelalters, aus Handschriften gesammelt. Heidelberg: C.Winter 1912. (= Sammlung mittellateinischer Texte. 3.)

WIRTH, Karl-August: → s. HECKSCHER, William S[ebastian] (= Nr. 32).

Vgl. → Nr. 326. 640. 679–681. 1346. 1688. 1689. 1748. 1775.

BIBLIOGRAPHIE ZUR EMBLEMFORSCHUNG

III. Zeitgenössische Beiträge zur Geschichte und Theorie der Emblematik
(einschliesslich der Traktate über Devise, Imprese und Epigramm)

226 de ACITORES, Andreas [de AZITORES, Andrés]: Theologia symbolica, sive hieroglyphica pro totius Scripturae Sacrae iuxta primarium et genuinum sensum commentariis, aliisque sensibus facile hauriendis... Salmanticae [Salamanca]: D. a. Cussio 1597. 4°. [Die Verfasserangabe bei Jöns, Das ‚Sinnen-Bild'... 1966, S. 10, Anm. 2: „Antonius de Azilore" [!] ist falsch.]

227 AICHER, Otto: Zodiacus vitae, sive iter ethicum, continens symbola moralia de hominis vita, studio ac moribus optime instituendis. Ex libris Ethicorum Aristotelis deducta... Salisburgi [Salzburg]: J.B. Mayr [1697]. 12°. [V. a. „Proloquium" S. 6ff.]

228 ALBERTI, Giovanni Battista: Discorso dell'origine delle accademie publiche, e private, e sopra l'impresa de gli Affidati di Pavia, ... Genova [Genua]: G.M. Farroni 1639. 16°.

229 ALBERTINUS, Aegidius: Emblemata hieropolitica versibus et prosa illustrabat Joannes Melitanus a Corylo. Eiusdem Musae errantes. Coloniae: Const. Munich 1647. 12°.

230 ALCIATI, Andrea: De verborum significatione, libri quatuor. Eiusdem in tractatum eius argumenti veterum jureconsultorum commentaria. Lugduni [Lyon]: Sebast. Gryphius 1530. 2°. – Id. opus, eodem titulo. Lugduni: V. de Portonariis 1536. 8°. – Id. op., Ex ultima autoris recognitione. Lugduni: Seb. Gryphius 1537. 2°. – Id. opus, Ex ultima autoris recognitione. Lugduni: Theob. Paganus 1540. 8°. – Id. op. Lugduni: Sebast. Gryphius 1542. 2°. – Ibid. 1546. 2°. – Id. op., Lugduni [Lyon]: Haeredes Jacobi Giuntae 1548. 8°. – Ibid.: Seb. Gryphius 1548 [Kolophon: 1549]. 2°. – Ibid.: Seb. Gryphius 1565. 8°. – Lovanii: Hieron. Wellaeus 1566. 8°. – Id. op., Lugduni: Anton. Gryphius 1572. 8°. – Francofurti: Christoph. Corvinus 1582. 8°. – Lugduni: [Verlag nicht feststellbar] 1582. 8°.

231 ALSTED(IUS), Johannes Henricus: Encyclopaedia septem tomis distincta, I. Praecognita disciplinarum, libris quatuor. II. Philologia, libris sex. III. Philosophia theoretica, libris decem. IV. Philosophia practica, libris quatuor. V. Tres superiores facultates, libris tribus. VI. Artes mechanicae, libris tribus. VII. Farragines disciplinarum, libris quinque. Serie praeceptorum, regularum, & commentariorum perpetua... Bd. 1. 2. Herbornae Nassoviorum [Herborn]: [ohne Verlagsangabe] 1630. 2°. [Bd. 2: Tomus IV., lib. 24, cap. 13: Florilegium scholasticae... Apophthegmata, similitudines, exempla, emblemata, et hieroglyphica (S. 1533–1535).] – Repr. Bd. 1. 2. Hildesheim, New York: G. Olms [zur Subskription 1975; vorgesehen für 1976.]

AMBODIK [d.i. Nestor M. MAKSIMOVIČ]: → s. de LA FEUILLE, Daniel (= Nr. 338).

232 d'AMBOISE, Adrian (Hrsg.): Discours ou Traicté des Devises, où est mise la raison et différence des Emblemes, Enigmes, Sentences et autres. Pris et compilé des cahiers de feu Messire François d'Amboise par Adrian d'Amboise, son fils. Paris: R. Boutonne 1620. 8°.

d'AMBOISE, François: → d'AMBOISE, Adrian (= Nr. 211).

233 AMMIRATO, Scipione d. Ä.: Il Rota, overo dell'imprese. Dialogo ... nel qual si ragiona di molte imprese di diversi eccellenti autori et di alcune regole et avvertimenti intorno questa materia, scritto al S. Vincenzo Carrafa. Napoli: ([Kolophon:] Giov. Maria Scotto) 1562. 8°. – Id. opus, eod. tit. Fiorenza [Florenz]: F. Giunti 1598. 4°.

234 ANULUS, Bartholomaeus [ANEAU, Barthélémy]: Picta poesis. Ut pictura poesis erit. Lugduni [Lyon]: Mathias Bonhomme 1552. 8°. – Id. op., Editio secunda. Lugduni: M. Bonhomme 1556. 8°. – Id. op., ... ab authore denuo recognita ... Lugduni: Ludovicus & Carolus Pesnot ([Koloph.:] Lugduni: Mathias Bonhome [!] excudebat) 1563. 16°. – Id. op., eod. tit., Lugduni: L. & C. Pesnot 1564. 16°. [Darin: „Aetiologica prophasis".]

235 ARATUS, Paulus: Emblemas sacras y profanes, seguidas de un discurso. Roma 1589. [Nicht verifizierbar!]

236 ARESI Paolo: Imprese sacre con triplicati discorsi illustrate et arricchite. Verona: [Angelo Tamo?] 1613. 4°. [Nur Buch I. – Nicht verifizierbar!] – Neuauflage u. d. T.: Delle imprese sacre. Con utili e dilettevoli discorsi accompagnate. Libro primo. Verona: Angelo Tamo 1615. 4°. – Erweiterte Neuausgabe u. d. T.: Imprese sacre con triplicati discorsi illustrate & arricchite. A'predicatori, a gli studiosi della Scrittura Sacra, et a tutti quelli, che si dilettano d'Imprese, di belle lettere, e di dottrina non volgare, non men utili, che diletevoli[!] ... Bd. 1. 2. Milano: Herede di Pacifico Pontio & Giov. Battista Piccaglia [Bd. 2: Impressori Archiepiscopali] 1621. 4°. [Bd. 1 enthält Buch I–II; in Buch I „si dichiara la vera natura dell'Imprese, e si danno regole per formarle

non solo buone, ma perfettissime". Bd. 2 enthält Buch III.] – Neuauflage, eodem titulo. Bd. 1. 2. Milano: Herede di Pacifico Pontio & Giov. Battista Piccaglia 1625. 4⁰. – Neuauflage u. d. T.: Imprese sacre con triplicati discorsi... Con le aggiuntione[!] ultimamente fattevi dall'istesso autore, et in questa terza impressione con sei copiosissime tavole molto più che prima adornate. [Bd. 1. 2.] Libro Primo. Venetia: Donato Pasquardi [Bd. 1, Buch II und Bd. 2: Venetia: Giacomo Sarzina] 1629. 4⁰. – Neuauflage, eod. titulo. Bd. 1. 2. Venetia: Giunti & Baba 1649. 4⁰. – [Ergänzungen zu Buch I erschienen separat u. d. T.:] La Penna Riaffilata... Cioè aggiuntioni al... primo libro delle Sacre Imprese. A maggior dichiaratione, e difesa delle sue opinioni, & imprese. Con nuovi esempi, & altre cose notabili, & dilettevoli a questa materia appartenenti. Milano: Heredi di Pacifico Pontio & Giov. Battista Piccaglia Impressori Archiepiscopali 1626. 4⁰. – Neuausgabe in Bd. 1 der 3. Aufl. der „Imprese sacre...". Venetia: D. Pasquardi 1629. 4⁰. – [Bd. 3–7 (= Buch IV–VI) erschienen in nachstehender Reihenfolge u. d. T.:] Delle Sacre Imprese... Libro quarto [bis: sesto]. Tortona: Pietro Giov. Calenzano & Eliseo Viola 1630–1635. 4⁰. [3 Bücher in 5 Bdn. – Bd. 3 (1630): Buch IV, 1. – Bd. 4 (1630): Buch IV, 2. – Bd. 5 (1630): Buch V. – Bd. 6 (1634): Buch VI, 1. – Bd. 7: Tortona: P. G. Calenzano 1635 enthält: Buch VI, 2.] – [Bd. 8 (= Buch VII) erschien separat u. d. T.:] La Retroguardia. Libro settimo delle Sacre Imprese... In cui se stesso difendendo l'autore, non pochi luoghi delle divine lettere si espongono, non volgari punti di Filosofia, e di altre scienze si discutono; non dispiacevoli episodi s'inseriscono e di tutta l'arte, o scienza impresistica esatissimamente si tratta. Colle risposte particolarmente al Padre Silvestro Pietra Santa & al Signor Agostino Mascardi. Genova [Genua]: Pier Giov. Calenzani [!] 1640. 4⁰. –
Lateinische Übersetzungen u. d. T.: Doctissimi discursus in quibus SS. Patrum sententiis, conceptibus moralibus, et variis rerum similitudinibus, res gestae vitaeque sanctorum docte non minus quam dilucide exhibentur. Ex operibus Pauli Aresii collecti, translati, summariis ac indicibus locupletati, per Petrum Wemmers. Antverpiae: Cnobbarus 1647. 4⁰. – Neuauflage u. d. T.: Doctissimi discursus praedicabiles... Ex operibus... Pauli Aresii... collecti, translati... per... Petrum Wemmers... Editio secunda, aucta. Coloniae Agrippinae: Johannes Busaeus 1665. 4⁰. – Neubearbeitung u. d. T.: Sacrorum Phrenoschematum... Pauli Aresii... Tomus I.: De Vitiis... [bis: Tom. III.] Dissertationes omnigena eruditione, tam sacra, quam prophana, nec non profundis, acutissimisque conceptibus... refertas complectens. Opus... prius idiomate Italico concinnatum, atque typis editum, nunc demum a Joanne Caietano Nemmich latinitate donatum... Monachii: Joannes Jaecklin 1694. 2⁰. – [Bd. II:] Sacrorum phrenoschematum... De augustissima coeli regina, ejusque sacro gynaeceo, virtutum radiis illustrissimo liber... Francofurti ad Moenum: Sumptibus Societatis, typis Joan. Philippi Andreae 1701. 2⁰. – [Bd. III:] Sacrorum phrenoschematum liber de SS. Papis, episcopis, religionum fundatoribus aliisque SS. confessoribus... Francofurti ad Moenum: Sumpt. Societatis, typis J. P. Andreae 1702. 2⁰. –
Deutsche Übersetzungen u. d. T.: Höchsterbaulich-catholische Lob-Reden, über die siegreiche Auferstehung und triumphirliche Himmelfahrt Jesu Christi... Mit wohlersonnenen Emblematen oder Sinn-Bildern. Von Paulo Aresio. Aus dem Ital. übers. von Johann Michael Fux von Herrnau. Sultzbach: Buggel 1695. 4⁰. – Band II u. d. T.: Eyfer-schallende und andacht-funcklende marianische Lob-Trompeten, oder über der glorwürdigsten Himmels-Königin Mariae vornehmste Feste... verfertigte, auch mit so viel Sinn-Bildern gezierte Lob-Reden. Mit beygefügten zweyen andern Lob-Predigten vorgestellt von Paulo Aresio. Aus d. Ital. ... übers. von J. M. Fux von Herrnau. Sultzbach: Buggel 1696. 4⁰.

237 Conte ARIGONI, Giovanni Battista: Discorso intorno all'impresa dell' Academia degli Aveduti di Padova... Padova: P. Bertelli, nella Stamparia di L. Pasquati 1602. 4⁰.

238 d'ASSIGNY, Marius: Two treatises. One of the curiosities of Old Rome and of the different names relating to the affairs of that city; the other containing the most remarkable hieroglyphicks of Aegypt... London: [Verlag nicht feststellbar!] 1671. 8⁰.

239 BALBINUS, Bohuslaus Aloysius S. J.: Verisimilia humaniorum disciplinarum, seu judicium privatum de omni literarum (quas humaniores appellant) artificio. Quo in libello praecepta epistolarum, latinitatis, grammaticae, poëseos (generatim & speciatim), emblematum, symbolorum, historiae, rhetoricae (sacrae & profanae) aliaque hujusmodi, summâ brevitate adferuntur, & quid in singulis verisimile sit, proponitur ... Pragae: Typis Universitatis Carolo-Ferdinandeae 1666. 12⁰. – Verisimilia humaniorum disciplinarum, seu judicium privatum de omni literarum (quas humaniores appellant) artificio ... ad exemplar Pragense nunc recusum cura Christiani Weisii... Lipsiae [Leipzig]: J. Gerdes & J. C. Laurer 1687. 8⁰. [2 Teile in 1 Bd.]. – Idem opus, eod. tit., Augustae Vindelicorum [Augsburg]: P. Kühze 1710. 8⁰.

240 BARGAGLI, Girolamo [Pseud.: Materiale Intronato]: Dialogo de' Giuochi che nelle Vegghie Sanesi si usano di fare. Del Materiale Intronato... Siena: Luca Bonetti 1572. 4⁰. [Darin S. 145–159: „Giuoco delle Imprese".] – Idem op., Venetia ([Koloph.:] Giov. Antonio Bertano) 1574. 4⁰. – Venetia ([Koloph.:] Giov. Antonio Bertano) 1575. 8⁰. – Venetia: Alessandro Gardane 1581. 8⁰. – Mantova: Francesco Osanna ([Koloph.:] 1590) 8⁰. – Mantova: F. Osanna 1591. 8⁰. – Venetia: G. Griffio 1592. 8⁰. – Ibid.: Daniel Zanetti 1598. 8⁰. – Ibid.: P. Bertano 1609. 8⁰.

241 BARGAGLI, Scipione: La prima parte dell'Imprese... Dove, dopo tutte l'opere così a penna, come a stampa, ch'egli ha potuto vedere di coloro che della materia dell'imprese hanno parlato, della vera natura di quelle si ragiona. Siena: Luca Bonetti 1578. 4⁰. [= Nur Teil I.] – Neuaufl. des I. Teils u. d. T.: La prima parte dell'Imprese... Riveduta nuovamente, e ristampata. Appresso. Orazione delle lodi dell' Accademie. Venetia: Francesco de' Franceschi 1589. 4⁰ – Vollständige Ausg. aller drei Teile u. d. T.: Dell'Imprese di Scipion Bargagli... Alla prima parte, la seconda, e la terza nuovamente aggiunte: dove, doppo tutte l'opere così scritte a penna, come stampate, ch'egli potuto ha leggendo vedere di coloro, che della materia dell'imprese hanno parlato, della natura di quelle si ragiona... Venetia: Francesco de' Franceschi 1594. 4⁰.

242 de BARROS, Alonso: Elogio de Alonso de Barros, criado de su Magestad, en alabança del Author. In: → Soto (Beschreibung der benutzten Emblembücher).

243 BAUDOIN, Jean: Recueil d'emblèmes divers. Avec des discours moraux, philosophiques, et politiques, tirez de divers autheurs, anciens & modernes... Bd. 1. 2. Paris: Jacques Villery 1638–1639. 8⁰. [Darin: Bd. 1, „Préface".] – Id. op., Bd. 1. 2. Paris: J. Villery 1646–1647. 8⁰. – Id. op., Neuausgabe u. d. T.: Emblêmes divers, représentez dans cent quarante figures en tailledouce. Enrichis de discours moraux, philosophiques, politiques & hystoriques. Tirez d'Horace, Alciat, Paradin, Philostrate, Cesar Ripa, Lucian, Ovide, Virgile, & autres célèbres autheurs, tant anciens que modernes... Première [bis: seconde] partie. Bd. 1. 2. Paris: J.-B. Loyson 1659–1660. 8⁰. [Bd. 1 zusätzlich mit Kupfertitel: „Recueil d'emblèmes..."]. – Id. op., Recueil d'emblèmes, ou tableaux des sciences & des vertus morales... [Bd. 1–3.] Paris: J. Cochart 1685. 12⁰. – Id. op., Neuauflage: [Bd. 1–3.] Paris: J. Cochart 1698. 8⁰. – Auswahlausgabe u. d. T.: Tableaux des sciences et des vertus morales... Paris: J.-B. Loyson 1679. 12⁰. – Repr. Bd. 1. 2. Nachdruck der Ausgabe Paris 1638–39. Hildesheim, New York: G. Olms [in Vorb. für 1976]. (= Emblematisches Cabinet. Bd. ?)

BECANUS, Joannes Goropius: → s. GOROPIUS, Joannes [van GORP, Jan]. (= Nr. 312).

244 BERNARDETTI, Alberto: Giornata prima dell'Imprese... Bergamo 1603. [Titel nicht verifizierbar!]

245 BÉROALDE de VERVILLE [eig. François BROUART, gen. Béroalde de V.]: [Französ. Übersetzung der „Hypnerotomachia Poliphili" von Fr. Colonna u. d. T.:] Le Tableau des riches inventions couverts du voile des feintes amoureuses, qui sont représentées dans le Songe de Poliphile, desvoilées des ombres du Songe, & subtilement exposées par Béroalde. Paris: Matthieu Guillemot 1600. 4⁰.

246 BEYERLINCK, Laurentius: Magnum theatrum vitae humanae, hoc est, rerum divinarum humanarumque syntagma catholicum, philosophicum, historicum, dogmaticum... Bd. 1–8. Coloniae Agrippinae [Köln]: Ant. et Arnold Hieratus 1631. 2⁰. – Id. opus, Magnum theatrum vitae humanae, hoc est, rerum divinarum humanarumque syntagma... alphabetica serie Polyantheae universalis instar, in tomos octo digestum. [Bd. 1–8.] Lugduni [Lyon]: Joan. Ant. Huguetan & Marc.-Ant. Ravaud 1656. 2⁰. [Bd. 8: Index generalis... singulari industria a R. D. Casparo Princtio... concinnatus.] – Id. opus, Magnum theatrum vitae humanae... Ad normam Polyantheae universalis dispositum... Editio novissima, singulari cura recognita. Bd. 1–8. Lugduni [Lyon]: Joan. Ant. Huguetan & Marc.-Ant. Ravaud 1666. 2⁰. [Hier bes. Bd. 3, S. 91: „Emblema" und Bd. 4, S. 50–51: „Hieroglyphicum" sowie Bd. 5, S. 613 ff.] – Id. opus, Magnum theatrum... Ad normam Polyantheae universalis dispositum... In tomos VIII tributum... In hac editione novissima, SS. pontificum, imperatorum, regum, principum, &c. ad hanc usque diem accessione auctum & ornatum. Bd. 1–8. Lugduni [Lyon]: Joan. Ant. Huguetan 1678. 2⁰. – Id. opus: Bd. 1–8. Venetiis: Paulus Balleonius 1707. 2⁰.

247 BIRALLI, Simon: Dell'imprese scelte, dove trovansi tutte quelle, che da diversi autori stampate, si rendono conformi alle regole, & alle principali qualità; stimate da' buon giudizi le migliori infin qui d'intorno di questo nobilissimo soggetto: per accurata diligenza di S. Biralli, raccolte ad utilità, e diletto di coloro, che vaghi, e studiosi ne sono. Volume primo... Venetia: Giov. Battista Ciotti 1600. 4⁰. – Delle imprese scelte da Simon Biralli. Volume secondo. Dove sono imprese tutte nuove ben regolate, nella forma di quelle del primo vo-

lume, e non più venute in luce. Sì di varj gran personaggi, come di diversi elevati ingegni d'ogni qualità di nobil professione: e di dotte accademie, e di studiosi accademici d'Italia. Venetia: Giov. Alberti 1610. 4⁰.

248 von BIRKEN [eig. BETULIUS], Sigmund: Teutsche Rede-bind- und Dicht-Kunst, oder kurze Anweisung zur Teutschen Poesy, mit geistlichen Exempeln: verfasset durch ein Mitglied der höchstlöblichen Fruchtbringenden Gesellschaft, den Erwachsenen... Nürnberg: Christof Riegel und Christof Gerhard 1679. 12⁰. [V. a. S. 102 ff. über das Epigramm.] – Repr. der Ausgabe Nürnberg 1679. Hildesheim, New York: G. Olms 1975.

249 von BLANKENBURG, Christian Friedrich: Litterarische Zusätze zu Johann George Sulzers Allgemeiner Theorie der schönen Künste, in einzelnen nach alphabetischer Ordnung der Kunstwörter auf einander folgenden Artikeln abgehandelt... Bd. 3, Leipzig: Weidmann 1798, S. 166–171 [s. v. „Sinnbild"; vgl. id. opus, Bd. 1, Leipzig 1796, S. 63–68 (s. v. „Allegorie")]. – Id. opus, Repr. (Frankfurt a. M.:) Athenäum (1972 [?]) (= Athenäum Reprints.)

250 BOCCHIUS, Achilles: → Bocch. (Beschreibung der benutzten Emblembücher. [Darin: Lib. I., S. III–V: „Lectori studioso, et eleganti".]).

251 BOCCHIUS, Achilles [BOCCHI, Achille]: ...Symbolicarum quaestionum de universo genere, quas serio ludebat, libri quinque. Bononiae [Bologna]: In aedibus Novae Academiae Bocchianae 1555. 4⁰. – Id. opus, Bononiae: Soc. typographiae Bononiensis 1574. 4⁰. [Mit 151 emblematischen Kupferstichen von Giulio Bonasone.]

252 de BOISSIÈRE, [Monsieur]: Les devises, de Monsieur de Boissière. Avec un traitté des reigles de la devise... [Paris:] Augustin Courbé 1654 [-1657]. 8⁰. [2 Bde. in 1 Bd.]

253 BOLIZZA, Marin: Discorso accademico... sopra l'imprese... Bologna: G. Monti & C. Zenero 1636. 4⁰.

254 BONIFACIO, Giovanni: Discorso academico del Signor G. Bonifacio... sopra la sua impresa. Padova: G. B. Martini [1624]. 4⁰.

255 – De epitaphiis componendis novum opus... Rhodigii [Rovigo]: D. Bixuccius 1629. 4⁰.

256 BORSETTA, Cesare: Discorsi... della natura delle imprese, & della modestia de' scrittori. Verona: Angelo Tamo 1602. 4⁰.

257 BOSCH(IUS), Jacob(us) S.J.: Symbolographia; sive de arte symbolica sermones septem; ... Quibus accessit studio & opera eiusdem sylloge celebriorum symbolorum in quatuor divisa classes, sacrorum, heroicorum, ethicorum et satyricorum bis mille iconismis expressa... Augustae Vindelicorum [Augsburg] & Dilingae [Dillingen/Donau]: J. C. Bencard 1701. 2⁰. – Id. op., Neuauflage u. d. T.: Symbolographia ... bis mille iconismis expressa. Praeter alia totidem ferme symbola ordine suo fusius descripta cum suis rerum, figurarum, et lemmatum indicibus... Augustae Vindelicorum & Dilingae: J. C. Bencard 1702. 2⁰. – Repr. Graz: Akadem. Druck- und Verlagsanstalt 1972. (= Instrumentaria artium. 6.)

258 BOUHOURS, Dominique S.J.: Les entretiens d'Ariste et d'Eugène. Paris: Sébastian Mabre-Cramoisy 1671. 4⁰. – Id. op., Seconde édition. Paris: S. Mabre-Cramoisy 1671. 4⁰. [Bis 1678 mindestens 15 weitere Auflagen. – Darin v. a. VI. Entretien: „Les devises" (197 S.).]

259 BOXHORNIUS [van BOXHORN], Marcus Zuerius: Emblemata politica, & orationes. Amstelodami: Joh. Janssonius ([Koloph.:] Lugduni Batavorum [Leiden]: Typis Wilhelmi Christiani) 1635. 24⁰. [Darin: „Dedicatio".] – Id. opus, Emblemata politica. [Editio nova et aucta.] Accedunt dissertationes politicae de Romanorum imperio et quaedam aliae. Amstelaedami: Joh. Janssonius 1651. 12⁰.

260 BREVERUS [BREVERN], Hermannus: Exercitatio academica de symbolo heroico, Italis ‚impresa', Gallis ‚devise', dicto, quam praeside ... Dn. M. Magno Daniele Omeis... placido eleganter eruditorum examini publice subjiciet... ad d. 20 martii 1686. Altdorfii: H. Meyer [1686]. 4⁰. – Ebenfalls in: Georg Christian GEBAUER, Anthologicarum dissertationum liber, cum nonnullis adoptivis et brevi Gelliani et anthologici collegiorum Lipsiensium historia. Lipsiae [Leipzig]: Casp. Fritsch 1733. 8⁰.

261 BRUNO, Giordano: De gl'heroici furori. Al molto illustre et eccellente cavalliero, Signor Philippo Sidneo. Parigi: Antonio Baio [d. i. London: J. Charlewood] 1585. 8⁰. – [Neuere Ausgaben: Bd. 1.2. Milano: Sonzogna 1905. – Am besten in: G. Bruno, Opere italiane. Bd .2: Dialoghi morali. Con note di Giovanni Gentile. Bari: Laterza 1908.]

262 – De imaginum, signorum, & idearum compositione [!]. Ad omnia inventionum, dispositionum, & memoriae genera libri tres ... Francofurti: Io. Wechel & Petrus Fischer 1591. 8⁰.

263 BUOMMATTEI [seltener: BUONMATTEI], Benedetto: Sopra l'imprese. 1728 [Sic! Fälschlich statt 1628?]. In: Carlo Roberto DATI (Hrsg.), Prose fiorentine, raccolte dallo Smarrito accademico della Crusca [d.i. C. R. Dati]. Teil II: Lezione, Bd. 2. Firenze: Stamperia di S. A. R., per S. Fran-

chi 1716. 8⁰. – Der Traktat ist nochmals gedruckt in der Neuauflage von C.R.Datis Sammelwerk: Prose fiorentine... Bd. 3: Lezioni. Venezia: D.Occhi 1730. 4⁰. [Seitenzahlen nicht feststellbar!] [Der Autor B.Buommattei lebte 1581-1647. – C.R.Datis (1619-1675) Sammelwerk „Prose fiorentine" erschien zuerst: Firenze: Stella 1669. Die vollständigste Ausgabe: Firenze: S.Franchi 1716-1745 erschien in 4 Teilen mit zusammen 17 Bdn.]

264 CABURACCI, Francesco: Trattato ... Dove si dimostra il vero, & novo modo di fare le Imprese. Con un breve discorso in difesa dell'Orlando Furioso di M.Ludovico Ariosto ... Bologna: Giov.Rossi 1580. 4⁰.

265 CALCAGNINUS, Caelius [CALCAGNINI, Celio]: De rebus Aegyptiacis commentarius. Ad magnificum Alfonsum Trottum equitem Hierosolymitanum. In: C.Calcagninus, Opera aliquot... [Hrsg. von Antonius Musa Brasavolus]. Basileae: ([Kolophon:] Hieron. Frobenius & Nic. Episcopius) 1544. 2⁰, S. 229-253.

266 CAMERARIUS, Joachim [d.J.]: Symbolorum & emblematum ex animalibus quadrupedibus desumtorum centuria altera collecta a J.Camerario... Exponuntur in hoc libro rariores tum animalium proprietates tum historiae ac sententiae memorabiles. [Noribergae:] ([Kolophon:] Paulus Kaufmann) 1595. 4⁰. [Zur Theorie vgl. die Vorrede „Candido lectori". – Das Werk erlebte bis 1702 noch mindestens 12 lateinische und 2 deutschsprachige Ausgaben.]

267 – Pictura hieroglyphica, ex vestusto marmore desumta, boni agricolae munus exprimens, breviter explicata. – In: J.Camerarius, Ἐκλεκτὰ γεωργικά sive opuscula quaedam de re rustica, partim collecta, partim composita a. J. Camerario... Editio iterata auctior. Noribergae: P.Kaufmann 1596. 8⁰. [Zuerst: Noribergae: C.Gerlach & Haeredes J. Montani 1577. 4⁰.]

268 CAMILLI, Camillo: Imprese illustri di diversi, coi discorsi... et con le figure intagliate in rame di Girolamo Porro ... Venetia: Francesco Ziletti 1586. 4⁰. [3 Teile in 1 Bd.]

269 CAPACCIO, Giulio Cesare: Delle Imprese, trattato ... In tre libri diviso. Nel primo, del modo di far l'impresa da qualsivoglia oggetto, o naturale o artificioso con nuove maniere si ragiona. Nel secondo, tutti Ieroglifici, Simboli, e cose mistiche in Lettere Sacre, o profane si scuoprono; e come da quegli cavar si ponno l'Imprese. Nel terzo, nel figurar degli Emblemi di molte cose naturali per l'Imprese si tratta. Ex officina Horatij Salviani. Napoli: Giov.Giacomo Carlino & Antonio Pace 1592. 4⁰. [3 Teile in 1 Bd.]

270 – Il Principe ... tratto da gli emblemi dell' Alciato, con duecento, e più avvertimenti politici e morali utilissimi a qualunque signore per l'ottima erudizione di costumi, economia, e governo di stati... Venetia: Barezzo Barezzi 1620. 4⁰.

271 CAPELLA, Andreas O. Carth. [de CAPILLA, Andrés (Bischof von Urgél)]: Myrothecium exercitiorum sive manuale... [Hrsg. von Joh. Meichel.] Monachii: P.König 1626. 12⁰. [Ausgabe nicht verifizierbar!] – Zuerst spanisch u. d. T.: Manual de exercicios espirituales... Barcelona: J.P.Menescal 1585. 32⁰. [= nicht die erste Ausgabe, frühere Ausg. nicht feststellbar.] – Lateinische Ausg. von Ant. Dulk u. d. T.: Manuale exercitiorum spiritualium... Coloniae Agrippinae: Friessem 1607. 12⁰.

272 CAROLUS a SANCTO ANTONIO PATAVINO [d.i. MAZZEI, Carlo]: De arte epigrammatica, sive de ratione epigrammatis rite conficiendi libellus... Coloniae Ubiorum [Köln]: Cornelius ab Egmond et Socii 1650. 8⁰. – Id. op., Amstelodami 1650. – Coloniae [Ubiorum] 1658. – Florentiae [Florenz] 1673. – Coloniae 1674.

273 CASONI, Guido: Apologia ... per l'impresa de'Signori Perseveranti Academici di Trevigi notata da persona sconosciuta sotto sembianza d'un tale Aleardi. [Einzelausgabe dieses Traktats nicht verifizierbar!] – Abgedruckt u. d. T.: „Discorso dell'imprese, overo Apologia intorno all'impresa de'Signori Perseveranti". In: Opere del Sig. ... Guido Casoni. Duodecima impressione. Venetia: Tomaso Baglioni 1626. 12⁰, S. 311-350. [Frühere Ausgaben der ‚Opere' waren nicht feststellbar!]

274 CATS, Jacob: Silenus Alcibiadis, sive Proteus, vitae humanae ideam, emblemate trifariam variato, oculis subjiciens ... Middelburgi: Iohannes Hellenius 1618. 4⁰. [4 Teile in 1 Bd.; Kupfertitel des 1. Teils: Sinnen- en minnebeelden. Emblemata amores moresque spectantia. Emblèmes touchants les amours et les moeurs...] – Id. op., Silenus Alcibiadis... oculis subjiciens, iconibus ... artificiose in aes incisis ac trium linguarum explicatione eleganter elustratus [!]. Editio altera ac auctior ... Amsterodami: Guiljelmus Janssonius 1619-1620. 4⁰. [4 Teile in 1 Bd.] – Id. opus, Amsterdam: Willem Jansz Blaeuw 1622. 4⁰. [3 Teile in 1 Bd.; darin: „Ad lectorem, de fine hujus opusculi praefatio. Voorreden ende verklaringe over het ooghmerck des schryvers, in dit werck".] → Cats (Beschreibung der benutzten Emblembücher.).

275 – Des unvergleichlichen holländischen Poeten Jacob Cats... Sinnreiche Wercke und Gedichte, Aus dem Niederländischen übersetzt... Bd. 1-7. Hamburg: Thomas von Wierings Erben; Franck-

furt und Leipzig: Zacharias Hertel 1710–1717. 8⁰. [Darin im „Ersten Theil ... 1710": „... I.N.J. Vorrede des Auctoris über die Sinnbilder, oder Proteus."] → Cats (Beschreibung der benutzten Emblembücher.)

276 CAUSSINUS, Nicolaus S.J. [CAUSSIN, Nicolas]: Electorum symbolorum et parabolarum historicarum syntagmata. Ex Horo, Clemente, Epiphanio et aliis. Cum notis et observationibus... Parisiis: Romanus de Beauvais 1618. 4⁰. [2 Teile in 1 Bd.; beide Teile erschienen mit eigenen Titelblättern, jeweils in mehreren Auflagen u. d. T.:)
[Teil 1:] De symbolica Aegyptiorum sapientia, in qua symbola, parabolae, historiae selectae quae ad omnem emblematum, aenigmatum, hieroglyphicorum cognitionem viam praestant... Parisiis: Romanus de Beauvais 1618. 4⁰. – Id. opus, Coloniae Agrippinae [Köln]: Joan. Kinckius 1623. 8⁰. – Ibid. 1631. 8⁰. – Neuauflage u. d. T.: Symbolica Aegyptiorum sapientia... olim ab eo [= N. Caussino] scripta, nunc post ... varias editiones denuo edita... Parisiis: Adrianus Taupinart 1634. 8⁰. – Id. opus, Parisiis: J. Jost 1634. 8⁰. – Parisiis: Simeon Piget 1647. 4⁰. – Letzte Auflage u. d. T.: De symbolica Aegyptiorum sapientia, in qua symbola, aenigmata, emblemata, parabolae historicae, apologi, hieroglyphica, ex Horo Apolline, Clemente Alexandrino, S. Epiphanio, Symposio poëta, cum notis & observationibus, itemque Polyhistor symbolicus et parabolarum hist. stromata libris XII complectens ... Accedunt in appendice Joan. Pierii Valeriani Hieroglyphicorum analysis, per ... Nic. Caussinum S.J. Item ex ... Max. Sandaei... Symbolis theologicis, & vitae, & mortis, selecta... Coloniae Agrippinae [Köln]: Joan. Kinchius [!] 1654. 8⁰. – [Der Anhang hat einen separaten Titel: Symbolorum, hieroglyphicorum et emblematum appendix. In qua I. Johannis Pierii Valeriani Hieroglyphicorum analysis... II. Ex ... Maximiliani Sandaei ... Theologia symbolica & symbolis vitae humanae & mortis. III. Ex libro Dionysii Areopagitae, De coelesti hierarchia. IV. Ex S. Eucherii ... Formulis spiritualis intelligentiae ... Coloniae Agrippinae [Köln]: Joannes Kinchius 1654. 8⁰.] – [Der 1. Teil des Sammelwerks enthält: 1. Hori Apollinis Niliaci Hieroglyphica [griech. und latein]. – 2. Ex Clementis Alexandrini libro quinto stromatum hieroglyphica [griech. und latein.] – 3. Ex Diodoro Bibliothecae historicae libro tertio [lat. und griech.] – 4. Ex S. Epiphanii expositionibus [griech. und lat.] – 5. Observationes ad Hori Apollinis hieroglyphica, autore Nic. Caussino. – 6. Observationes ad Clementis Alexandrini hieroglyphica [von N. Caussinus]. – 7. Symposii poetae aenigmata.] –

[Teil 2:] Polyhistor symbolicus, electorum symbolorum et parabolarum historicarum stromata XII libris complectens... Parisiis: Romanus de Beauvais 1618. 4⁰. – Id. opus, Coloniae Agrippinae: Joan. Kinckius 1623. 8⁰. – Parisiis: Rom. de Beauvais 1628. 4⁰. – Coloniae Agrippinae: Joan. Kinckius 1631. 8⁰. – Parisiis: Adr. Taupinart 1634. 8⁰. – Parisiis: J. Jost 1634. 8⁰. – Parisiis: S. Piget 1647. 4⁰. – Coloniae Agrippinae: Joan. Kinchius 1654. 8⁰.

277 CHESNEAU, Augustin(us): Orpheus eucharisticus sive Deus absconditus humanitatis illecebris, illustriores mundi partes ad se pertrahens, ultroneas arcanae maiestatis adoratrices. Opus novum, in varias historicorum emblematum aeneis tabulis incisorum centurias distinctum ... Parisiis: Florentinus Lambert 1657. 8⁰. [Darin: S. 42ff. „Praefatio generalis..."]. – Id. opus, 2. Aufl. Paris 1660. [Nicht verifizierbar!] – Id. op., [in französ. Übersetzung von Augustin Lubin u. d. T.:] Emblemes sacrez, sur le tres-saint et tres-adorable sacrement de l'eucharistie. Paris: Flor. Lambert 1667. 8⁰.

278 CHIOCCO, Andrea: Discorso della natura delle imprese et del vero modo di formarle... Verona 1601. [Nicht verifizierbar!]

279 CIT(T)OLINI, Alessandro: La Tipocosmia... Venetia: V. Valgrisi 1561. 8⁰.

280 COLLE, Giovanni: Accademia Colle Bellunese de ragionamenti accademici, poetici, morali, astrologici, naturali, & varij dilettevoli, & eruditi... Venetia: Evangelista Deuchino 1621. 4⁰. [Darin S. 242–261 der 18. „Ragionamento morale: sopra l'Imprese, che siano, sue spetie, & cagioni".]

281 COLLETET, Guillaume: L'art poétique ... Où il est traitté de l'epigramme. Du Sonnet. Du Poeme bucolique, de l'Eglogue, de la Pastorale, et de l'Idyle. De la Poesie morale, et sententieuse. Avec un discours de l'Eloquence, et de l'imitation des Anciens... Paris: A. de Sommaville et Louis Chamhoudry 1658. 12⁰. [7 Teile in 1 Bd.] [Darin als erster Traktat, mit eigenem Titelblatt: Traitté de l'Epigramme... Paris: A. de Sommaville etc. 1658. 12⁰.] – Neudruck u. d. T.: G. Colletet, L'Art poétique. I. Traitté de l'épigramme et Traitté du sonnet. Texte établi et introduction par P. A. Jannini. Genève: E. Droz; Paris: Minard 1965. (= Textes littéraires français. 116.)

282 CONTARINI, Francesco: Discorso intorno l'impresa dell'Accademia de gl'Immaturi ... Venetia: Stamp. Salicata 1618. 4⁰.

283 CONTI, Giovanni Battista S.J.: La radice di quei fiori, che hanno nome Concetti, osservata con un ragionamento sopra il parlar concettoso. Roma: Bernabò 1711. 8⁰.

284 – Idea del dir concettoso, rinuvata al riscontro della sua vera pratica nel Panegirico di Plinio Secondo... Roma: Bernabò 1719. 12⁰.

285 CONTILE, Luca: Ragionamento ... sopra la proprietà delle imprese, con le particolari de gli Academici Affidati et con le interpretationi et croniche... Pavia: ([Koloph.:] Girolamo Bartoli) 1574. 2⁰.

286 CORREA, Tommaso [CORREIA, Tomas; oft fälschlich: Corraeus, Correas, Gorraeus u. ä.]: De toto eo poematis genere, quod epigramma vulgo dicitur, et de iis, quae ad illud pertinent, libellus... Venetiis: Franciscus Ziletti 1569. 4⁰. – Id. op., Bononiae [Bologna]: A. Benatius 1590. 4⁰.

287 COTTUNIO, Giovanni: De conficiendo epigrammate liber unus. In quo non modo methodus pangendi omne epigrammatis genus, sed complura etiam alia, cum ad poesim [!] ipsam, tum ad dicendi facultatem spectantia, strictim ac dilucide aperiuntur. ([Vorwort:] Bononiae [Bologna]: [ohne Verlagsangabe] 1632.) 4⁰.

288 CRUSIUS, Thomas Theodorus: ...Symbolotheca docta, sive gnomae symbolicae celeberrimorum in omnibus facultatibus eruditorum clarorumque virorum. Inseritur Eliae Geisleri Disputatio de symbolis sive Leib-Sprüchen et L. Georgii Weisii manipulus symbolorum. Lipsiae: Haeredes Rorlachianorum 1721. 4⁰.

289 DINET, Pierre: Cinq livres des hiéroglyphiques, où sont contenus les plus rares secrets de la nature et propriétés de toutes choses. Avec plusieurs admirables considerations, & belles devises sur chacune d'icelles... Paris: J. de Heuqueville 1614. 4⁰. [V. a. Buch 5 über Theorien zur Hieroglyphik.]

DOMENICHI, Lodovico: → s. GIOVIO, Paolo (= Nr. 311).

290 DONI, Antonio Francesco: Nuova opinione sopra le imprese amorose e militari. [Hrsg. von Pietro Bigaglia.] Venezia: Tip. della Gazzetta Uffiziale 1858. [(71 S.); der Traktat entstand etwa in der 2. Hälfte des 16. Jh.s; A. F. Doni (1513–74).]

291 DRUMMOND, William: A short discourse upon impresa's and anagrams. In: The works of W. Drummond, of Hawthornden. Consisting of those which were formerly printed, and those which were design'd for the press. New published from the author's original copies. Edinburgh: J. Watson 1711, S. 228 ff.

292 ERASMUS Roterodamus, Desiderius: Desyderii Herasmi [!] Roterodami veterum maximeque insignium paroemiarum, id est Adagiorum collectanea...([Kolophon:] Parrhisiis: Joh. Philippus Alamanus 1500.) 4⁰. – [Bis zum Ende des 17. Jahrhunderts erschienen mindestens 85 zunehmend erweiterte, bearbeitete und epitomierte Ausgaben, dann meist u. d. T.: „D. Erasmi Roterodami Adagiorum chiliades tres [später: quatuor]."]

293 ESTIENNE, Henry (Sieur des Fossez): L'Art de faire des devises, où il est traicté des hiéroglyphiques, symboles, emblèmes, aenygmes, sentences, paraboles, revers de médailles, armes, blasons, cimiers, chiffres et rébus, avec un traicté des rencontres ou mots plaisans ... Paris: Jean Paslé 1645. 8⁰. –
Englische Übersetzungen u. d. T.: The art of making devises, treating of hieroglyphicks, symboles, emblemes, aenigma's, sentences, parables, reverses of medalls, armes, blazons, cimiers, cyphres and rebus. First written in French ... and translated into English by Tho[mas] Blount ... London: Printed by W. E. and J. G. and are to be sold by R. Royston 1646. 4⁰. – Weitere Ausgaben: The art of making devises... Translated into English, and embellished with divers brasse figures by T[homas] B[lount]. Whereunto is added a catalogue of coronet-devises both on the Kings, and the Parliaments side in the late warre. London: R. Royston 1648. 4⁰. – Id. op., London: J. Holden 1650. 4⁰.

294 – Exposition et explication des devises, emblèmes et figures énigmatiques du feu construit devant l'hotel de Ville, par messieurs les prévost des marchands et eschevins de Paris, sur l'heureuse naissance et retour du roy ... Paris: Antoine Estienne 1649. 4⁰.

295 EWALD, Wilhelm Ernst: Emblemata sacra miscellanea in II. libros digesta, in quibus praeter XXIV. emblemata selecta, plurima Veteris ac Novi Testamenti loca ex antiquitatibus sacris et profanis, vario doctrinae linguarum et numismatum apparatu, illustrantur atque explicantur. Lipsiae & Altonaviae: Jonas Korte; Amstelodami: Isaac Tyrion 1732. 4⁰. [Darin: „Praefatio".] – Emblematum sacrorum Veteris et Novi Testamenti. Libri III et IV sive pars altera cum nummis et figuris aeneis accedit specimen observationum philologicarum in epistol. ad Ephesios, ex historia et antiquitatibus Asiae illustratum. Altonaviae: Jonas Korte 1733. 4⁰. – Emblematum sacrorum Vet. et Novi Testamenti Lib. V et VI sive pars tertia, cum nummis et figuris aeneis accedunt visiones prophetarum, ... [etc.] Altonaviae: Fratres Korte 1737. 4⁰.

296 FABRICII [FABRIZI] (da Teramo), Principio: Delle allusioni, imprese, et emblemi del Sig. Principio Fabricii da Teramo sopra la vita, opere et attioni di Gregorio XIII Pontefice Massimo, libri VI. Nei

quali sotto l'allegoria del drago, arme del detto Pontefice, si descrive anco la vera forma d'un principe christiano ... Intagliate da Natale Bonifacio. Roma: Bartolomeo Grassi ([Koloph.:] Roma: Jacobus Ruffinellus) 1588. 4⁰.

297 FABRICIUS, Johann Andreas: Philosophische Oratorie, Das ist: Vernünftige anleitung zur gelehrten und galanten Beredsamkeit, wie sich selbige so wohl in öffentlichen reden als auch im täglichen umgang, bey allerhand materien ... durch eine glückliche erfindung, nette expreßion und ordnung zeigen müsse, mit auserlesenen exempeln erläutert, und mit einem register versehen. Vormahls einigen privat-auditoribus communiciret, anietzo auf derer und anderer verlangen vollends ausgearbeitet und herausgegeben... Leipzig: Cörnerische Erben 1724. 8⁰. – Repr. Kronberg Ts.: Scriptor Verlag 1974. (= Scriptor Reprints.) [Darin v.a. § 27: Von apophthegmatibus, proverbiis, sententiis (S. 82f.); § 29: Von similibus, emblematibus, comparatis (S. 85f.); Über Emblemata auch: S. 91 und S. 143f.; § 30: Von medaillen, wapen, inscriptionibus, epitaphiis etc. (S. 86-88); über Hieroglyphica: S. 143f.]

298 FARRA, Alessandro: Settenario dell'humana riduttione... Vinegia [Venedig]: Christoforo Zanetti 1571. 8⁰. [Darin: Teil VII: „Filosofia simbolica, overo delle Imprese..."; über die Imprese v.a. S. 270-277.] – Id. op., Neuauflage u. d. T.: Settenario... Nel quale si discorre et mostra con nobilissime, & dottissime consideratroni l'inalzarsi che fa l'anima alla contemplatione di Dio, & il ridursi & riunirsi con S.D.Maestà. Di nuovo ricorretto e ristampato. Venetia: La Minima Compagnia 1594. 8⁰.

299 FÉLIBIEN, André (Sieur Des Avaux et de Javercy): Les Quatre Élémens peints par M.Lebrun et mis en tapisseries pour Sa Majesté. Paris: P.Le Petit 1665. 4⁰. – Id. opus, eod. titulo. Ibid. 1667. 4⁰. [Handelt, wie auch die folgenden Titel von Félibien, v.a. über die emblematischen Gobelins für Ludwig XIV. in Versailles.]

300 – Les Quatre Saisons peintes par M.Le Brun et mises en tapisseries pour Sa Majesté. Paris: P.Le Petit 1667. 4⁰. – Zusammenfassende Neuausgabe u. d. T.: Tapisseries du Roy, où sont representez les Quatre Elemens et les Quatre Saisons. Paris: Imprimerie Royale 1670. ([Kolophon:] A Paris, de l'Imprimerie Roiale [!], par Sebastien Mabre-Cramoisy 1670.) 2⁰. – Id. opus, eod. titulo. Ibid. 1679. 2⁰. [Nicht verifizierbar!] – Deutsch-französische Ausgabe u. d. T.: Tapisseries du Roy, où sont representez les quatre elemens et les quatre saisons. Avec les devises qvi les accompagnent et leur explication. Königliche französische Tapezereyen, oder überaus schöne Sinn-Bilder in welchen die Vier Elemente samt den Vier Jahr-Zeiten, neben den Denckspruchen und ihre Auslegungen vor-gestellet werden. Aus den Original-Kupffern nachgezeichnet, und den kunstliebenden zu nutzen und ergötzen an den tag gegeben und verlegt durch Johan Ulrich Krauss ... (Augsburg [!]:) Gedruckt durch J.Koppmayer 1687. 2⁰. – Id. opus, eod. titulo. Ibid. 1690. [Nicht verifizierbar!] – Id. opus, Neuauflage u. d. T.: Tapisseries du Roy ... Denckspruch in die kön. Französische Tapezereyen ... Augsburg: Joh. Jac. Lotter [für Joh. Ulrich Krauss] 1709. 2⁰. –
Niederländische Übersetzung u. d. T.: Tapisseries du Roy ... Tapyten van den Konink van Vrankryk ... Amsterdam: Pieter van dem Berge [o.J., ca. 1700.] 4⁰. [2 Teile in 1 Bd.]

301 FERRARIUS, Octavianus [FERRARI, Ottaviano]: Clavis philosophiae peripateticae Aristotelicae, hoc est Octaviani Ferrarii ... de sermonibus exotericis liber unus, et de disciplina encyclio liber alter, nunc primum in Germania editi, ex bibliotheca Melchioris Haiminsfeldii Goldasti, cum eiusdem de cryptica veterum philosophorum disciplina epistola... Francofurti: C.Nebenius 1606. 8⁰. [Der „de sermonibus exotericis liber unus" erschien zuerst Venetiis: Aldus 1575. 4⁰. – Ob hier die „de cryptica veterum philosophorum disciplina epistola" gleichfalls beigebunden ist, war nicht feststellbar.]

302 FERRO, Giovanni: Teatro d'imprese ... Parte prima [bis: seconda]. Venetia ([Koloph.:] Giacomo Sarzina) 1623. 2⁰. [2 Teile in 1 Bd.]

303 – Ombre apparenti nel teatro d'imprese, illustrate dal medesimo autore col lume di nove consideratroni ... libro primo [bis: secondo.] Venetia: Giacomo Sarzina 1629. 2⁰. [2 Teile in 1 Bd.]

304 FISCHART [gen. MENTZER], Johann: Kurtzer vnd Woldienlicher Vorbericht, von Vrsprung, Namen vnd Gebrauch der Emblematen, oder Eingeblömeten Zierwercken. In: HOLTZWART, Mathias: Emblematum Tyrocinia. (→ Beschreibung der benutzten Emblembücher.)
Auch in der Neuausgabe: M.Holtzwart, Emblematum Tyrocinia. Hrsg. von Peter von Düffel und Klaus Schmidt. Stuttgart: Ph.Reclam jr. (1968), S. 7-18. (= [Reclams] Universal-Bibliothek. Nr. 8555-57.)

305 FRANSUS, Abraham [FRAUNCE, A.]: Insignium, armorum, emblematum, hieroglyphicorum, et symbolorum, quae ab Italis Imprese nominantur, explicatio: Quae Symbolicae philosophiae postrema pars est ... London: Excud. Thomas Orwinus, impensis Thomae Gubbin & Thomae Newman 1588. 4⁰.

306 FRIDERICUS, Joannes: [6 S. Einleitung zu:] Gregor Kleppis(ius), Theatrum emblematicum [gestochen von Conrad Gralle]. Lipsiae [1623]. Quer-2⁰.

307 GALLO [auch: GALLI], Vincenzo: Opusculum, in quo Epigrammata, Echo, Anagrammata, Emblemata, Symbola, Fabulas et id genus alia conficiendi praecepta, veterum scriptorum exemplis illustrata traduntur. Accessere huic quartae editioni complurima veterum, ac recentiorum exempla nobilissima. ... Mediolani [Milano]: Impressores Archiepiscopi 1632. 12⁰. [Andere Ausgaben außer einer späteren: Mediolani 1641. 12⁰, nicht feststellbar!]

308 GARZONI, Tommaso: La Piazza universale di tutte le professioni del mondo, e nobili ed ignobili ... Venetia: Giov. Battista Somasco 1585. 4⁰. – Id. opus, ... nuovamente formata. Venetia: G.B. Somasco 1585. 4⁰. – Id. op., Venetia: G.B. Somascho [!] 1586. 4⁰. – Ibid. 1587. 4⁰. – Ibid. 1588. 4⁰. – Ibid. 1589. 4⁰. – Id.op., Venetia: Paolo Meietti 1592. 4⁰. – Ibid.: Vincenzo Somasco 1595. 4⁰. – Ibid.: R. Meietti 1599. 4⁰. – Ibid. 1601. 4⁰. – Id. opus, Seravalle di Venetia: Roberto Meghetti 1605. 4⁰. – Venetia: Tomaso Baglioni 1610. 4⁰. – Ibid.: O. Alberti 1616. 4⁰. – Ibid.: Pietro Maria Bertano 1626. 4⁰. – Ibid. 1638. 4⁰. – Ibid.: Barezzi 1651. 4⁰. – Ibid.: M. Miloco 1665. 4⁰. – Ibid.: P.M. Bertano 1683. 4⁰. –
Latein. Ausg. u. d. T.: Emporii emporiorum, sive Piazza universale ... In tres libros distributa. Interprete Nicolao Bello [d.i. Michael Caspar Lundorp] ... Francofurti 1623-1624. 4⁰. [3 Teile in 1 Bd.] –
Span. Ausg. u. d. T.: Plaza universal de todas sciencias y artes, parte traduzida da toscano y parte compuesta por ... Christoval Suarez de Figueroa ... Perpeñan [Perpignan]: L. Roure 1630. 4⁰. –
Deutsche Ausg. u. d. T.: Piazza universale, das ist: Allgemeiner Schauwplatz, oder Marckt, und Zusammenkunfft aller Professionen, Künsten [!], Geschäfften, Händlen und Handtwercken so in der gantzen Welt... Franckfurt am Mayn: N. Hoffman 1619. 4⁰. [Darin: S. 97ff.] – Id. op., Piazza universale ... erstlich durch Thomam Garzonum auss allerhand Authoribus ... italiänisch zusammen getragen ... anjetzo ... verteutscht ... und zum andernmal in Truck gegeben. Franckfurt a.M.: Lucas Jennis 1626. 2⁰. – Id. op., Piazza universale ... anjetzo aber aufs trewlichste verteutscht, mit zugehörigen Figuren ... gezieret, und in Truck gegeben. Franckfurt a.M.: Wolffgang Hoffmanns Buchtruckerey, in Verlag Matthaei Merians 1641. 4⁰. – Id. op., Piazza universale: Das ist: Allgemeiner Schauplatz ... aller Professionen ... Wann und von wem dieselbe erfunden: Wie sie von Tag zu Tag zugenommen ... Beneben deren darin vorfallenden Mängeln Verbesserung: Allen Politicis ... sehr nützlich und lustig zu lesen. ... Frankfurt a.M.: Matth. Merians Erben 1659. 4⁰.

309 GEISSLER, Elias [Praeses]: Disputatio de symbolis, von Denck- oder Leibsprüchen, quam ... publicae eruditorum disquisitioni, d. XXVIII. febr. a.C. 1674 ... submittunt praeses M. Elias Geissler, ... respondens Mauritius Töpffer [= Verfasser!] ... Lipsiae: J.E. Hahnius [1674]. 4⁰. – Id. op., Lipsiae: I. Titius 1711. 4⁰.

310 GIACOMINI, Giulio Cesare: Varii discorsi e concetti intorno all'armi di molte famiglie illustri, et anco l'Imprese, che si tranno da loro... Ancona: Francesco Salvioni 1589. 4⁰.

311 GIOVIO, Paolo: Dialogo dell'imprese militari et amorose ... Roma: Antonio Barre 1555. 12⁰. – Id. opus, Dialogo dell'imprese militari et amorose ... Con un ragionamento di Messer Lodovico Domenichi, nel medesimo soggetto. Con la tavola. Vinegia [Venedig]: Gabriel Giolito de'Ferrari 1556. 8⁰. – Ibid. 1557. 8⁰. – Id. op., Lione [Lyon]: Guglielmo Roviglio 1559. 4⁰. – Erweiterte Ausgabe u. d. T.: Dialogo dell'imprese militari et amorose di Monsignor Giovio... Et del S. Gabriel Symeoni ... Con un ragionamento di M. Lodovico Domenichi, nel medesimo soggetto... Lyone: Guglielmo Rovillio 1574. 8⁰. – Id. op., [unter dem veränderten Titel und mit anderem Beiband:] Ragionamento di Mons. Paolo Giovio sopra i motti, & disegni d'arme, et d'amore, che communemente chiamano imprese. Con un discorso di Girolamo Ruscelli, intorno allo stesso soggetto. Venetia: Giordano Ziletti 1556. 8⁰. – [Weitere Ausgaben unter diesem Titel:] Milano: Giov. Antonio de gli Antonii ([Koloph.:] Milano: imprimevano i fratelli da Meda) 1559. 8⁰. – Venetia: Giordano Ziletti 1560. – Milano: G. Daelli 1863. (= Biblioteca rara. 5.). –
Französ. Ausgabe u. d. T.: Dialogue des devises d'armes et d'amours ... avec un discours de M. Loys Dominique sur le mesme subjet. Traduit d'Italien par le S. Vasquin Philieul. Auquel nous avons adiousté les devises héroiques et morales du S. Gabriel Symeon. Lyon: Guillaume Roville 1561. 4⁰. –
Spanische Ausg. u. d. T.: Dialogo de las empresas militares y amorosas, compuesto en lengua Italiana, por ... Paulo Jovio ... Nuevamente traduzido ... por Alonso de Ulloa. Venecia: Gabriel Giulito de Ferraris 1558. – Id. op., Dialogo de las empresas militares y amorosas ... Con un razonamiento a esse proposito, del ... Señor Ludovico Domeniqui. Todo nuevamente traduzido en Romance Castellano, por Alonso de Ulloa. Añadimos a esto las empresas heroicas y morales del Señor Gabriel Symeon. Leon de Francia [Lyon]: Guillielmo Ro-

ville 1561. 4⁰. – Ibid. 1562. 4⁰. –
Englische Ausg. u. d. T.: The worthy tract of Paulus Jovius, contayning a discourse of rare inventions, both militarie and amorous called imprese. Whereunto is added a preface contayning the arte of composing them, with many other notable devises. By Samuell Daniell ... London: Simon Wate[rson] 1585.

312 GOROPIUS BECANUS, Joannes [van GORP, Jan]: Hermathena. In: Opera Ioan. Goropii Becani hactenus in lucem non edita, nempe Hermathena, Hieroglyphica, Vertumnus, Gallica, Francica, Hispanica. Antverpiae: C[hrist.] Plantinus 1580. 2⁰. [6 Teile in 1 Bd.; hrsg. von Laevinus Torrentius.]

313 GRACIÁN Y MORALES, Baltasar S.J.: Arte de ingenio, tratado de la agudeza. En que se explican todos los modos, y diferencias de conceptos. Por Lorenço [= pseudonym verwendeter Vorname seines Bruders!] Gracián. ... Madrid: Juan Sanchez; A costa de Roberto Lorenço 1642. 8⁰. – Id. op., eod. titulo. Huesca: Juan Nogués 1646. 4⁰. [Nicht verifizierbar!] – Id. op., Lisboa: Officina Craesbeeckiana, por Simão Antunez de Almeyda 1659. 8⁰. – Id. op., Amberes [Antwerpen]: Gerónimo y Juan Bautista Verdussen 1669. 4⁰. – [Alle anderen Ausgaben des Traktats erschienen u. d. T.:] Agudeza y arte de ingenio, en que se explican todos los modos, y diferencias de conceptos... Aumentala el mesmo autor en esta segunda impression, con un tratado de los estilos, su propiedad, ideas del bien hablar: con el arte de erudición, y modo de aplicarla; crisis de los autores, y noticias de libros. Ilustrala el doctor Don Manuel de Salinas, y Lizana ... con saçonadas traducciones de los epigramas de Marcial. Publicala Don Vincencio Juan de Lastanosa ... Huesca: Juan Nogués 1648. 4⁰. – [Neuausgabe dieser Aufl. hrsg. von Eduardo Ovejero y Maury. Madrid: Ed. Espasa-Calpe 1929. (= Biblioteca de Filósofos Españoles.)]. – Id. op., Agudeza ... aumentala ... en esta tercera impression con un tratado de los estilos ... [sonst identisch mit der 2.Aufl. 1648!] Huesca: Juan Nogués 1649. 4⁰ – Id. op., ... con exemplares escogidos de todo lo mas bien dicho, assi sacro, como humano... Aumentala en esta cuarta impression, con un tratado de los estilos... Amberes [Antwerpen]: J.B.Verdussen 1702. 4⁰. – Id. op., Madrid 1720. 4⁰. [Nicht verifizierbar!] – Id. op., Amberes: Verdussen 1725. 4⁰. – [Der im Gegensatz zu fast allen anderen Schriften Graciáns nie übersetzte Traktat liegt in mehreren modernen, krit. bearb. Ausgaben vor; am besten in: B.Gracián, Obras completas. Introducción, recopilación y notas de E[varisto] Correa Calderón ... Madrid: M.Aguilar 1944, S. 54–290; beste krit. Einzelausgabe: Agudeza y arte de ingenio. Edición, introducción y notas de Evaristo Correa Calderón. Bd. 1. 2. Madrid: Ed. Castalia (1969). (= Clásicos Castalia. 14. 15.)]. – [Außerdem ist die „Agudeza" als 1. Traktat jeweils im 2. Bd. folgender älterer Gesamtausgaben der Werke Graciáns enthalten:] Obras de Lorenzo [!] Gracián ... Ultima impression mas corregida, y enriquezida de tablas. Bd. 1. 2. Madrid: Pablo de Val; a costa de Santiago Martin Redondo 1664. 4⁰. – Madrid: S.M.Redondo 1664. 4⁰. – Barcelona: J.Suriá y Antonio Lacavalleria 1667. 4⁰. – Amberes [Antwerpen]: Jerónimo y Juan Bautista Verdussen 1669. 4⁰. – Barcelona: Ant. Lacavalleria 1669. 4⁰. – Madrid: Imprenta Real de la Santa Cruzada 1674. 4⁰. – Barcelona: Ant. Lacavalleria 1683. 4⁰. – Barcelona: Casa de Juan Jolis; a costa de Jayme Batlle & Jayme Suriá 1700. 4⁰. – Amberes: Juan Bautista Verdussen 1700. 4⁰. – Amberes: Henr. & Cornelius Verdussen 1702. 4⁰. – Madrid: Antonio Gonçalez de Reyes 1720. 4⁰. – Amberes: J.B.Verdussen 1725. 4⁰. – Sevilla: J.Leonardo 1732. 4⁰. – Barcelona: J.Giralt 1734. 4⁰. – Amberes: J.B.Verdussen 1735. 4⁰. – Barcelona: Pedro Escuder & Pablo Nadal 1748. 4⁰. – Barcelona: Imprenta de Maria Angela Martí & Gali Viuda 1757. 4⁰. – Madrid: Pedro Marin 1773. 4⁰. – Barcelona: [Verleger nicht feststellbar] 1784. 4⁰.

314 GROENEWEGEN, Henricus: Hieroglyphica. Anders Emblemata Sacra; ofte Schat-Kamer der Zinnebeelden en Voor-beelden. Gevende een Schriftuurlijke, ende gegronde uyt-legginge van woorden en zaken, die van een natuurlik en letterlik gebruyk van spreken, tot een Geestlike beduydinge zijn over-gebragt en vor Graveerszels ende Schilderyen in Gods Tempel strekken. Het zy de zelve woorden, ofte zaken zijn Zinne-Beelden van een gemeene toepassinge op alle Geestlike dingen ... het zy geheele Parabolen van gebeurlike dingen. 't Zamen-gesteld volgens de ordre van het Abc... 's Gravenhage: Meyndert Uytwerf 1693. 4⁰. – Id. opus, in dt. Übersetzung u. d. T.: Hieroglyphica, Sonst Emblemata Sacra; oder Schatzkammer der Sinnbilder und Vorbilder... Franckfurt: Groot 1707. 4⁰.

315 GUAZZO, Stefano: Dialoghi piacevoli ... dalla cui famigliare lettione potranno senza stanchezza, & satietà non solo gli huomini, ma ancora le donne raccogliere diversi frutti morali, & spirituali... Venetia: Presso Giov. Ant. Bertano, ad instantia di Pietro Tini 1586. 4⁰. [Darin v. a. S. 170–198: „Delle Imprese, Dialogo quinto".] – Id. op., Piacenza: P. Tini 1587. 8⁰. – Id. op., Dialoghi ... novamente da lui corretti, & in molti luoghi ampliati... Venetia: Francesco de' Franceschi 1590. 8⁰. – Id. op., ibidem: A.Pinelli 1590. 8⁰. – Id. op., Venetia: Giov.Ant. & Iacomo de Fran-

ceschi 1604. 8⁰. – Id. op., ibid.: A. Pinelli 1610. 8⁰.

316 GUDE, Marquard: Marquardi Gudii et doctorum virorum ad eum epistolae, quibus accedunt ex bibliotheca Gudiana clarissimorum et doctiss. virorum ... et Claudii Sarravii ... epistolae ... curante Petro Burmanno. Ultrajecti [Utrecht]: F. Halma & G. Vande Vater 1697. 4⁰. [2 Teile in 1 Bd.; v. a. S. 96.] – Id. op., Lugduni Batavorum [Leiden]: J. du Vivié 1711. 4⁰. [2 Teile in 1 Bd.] – Id. op., ...Editio ultima, prioribus correctior. Hagae-Comitum ['s-Gravenhage]: H. Scheurleer 1714. 4⁰.

HACHENBERG, Paulus: → s. PHILOTHEUS (= Nr. 404).

317 HALLBAUER, Friedrich Andreas: Anweisung zur verbesserten Teutschen Oratorie. Nebst einer Vorrede von den Mängeln der Schul-Oratorie. ... Jena: Joh. Bernhard Hartung 1725. 8⁰. – Repr. Kronberg Ts.: Scriptor Verlag 1974. [Darin „Vorrede" Bl. b₄r–b₅r: Kritik an der modischen Verwendung von „Emblemata, Müntzen, hieroglyphische[n] Figuren, Wappen, etc." in der „Schul-Oratorie". Krit. Bemerkungen hierzu ebenfalls S. 237f.; S. 362–366: über Hieroglyphik u. Emblematik (Emblem-Definition S. 364f.)]

318 HARSDÖRFFER, Georg Philipp: Frauenzimmer Gespraechspiele, so bey Ehr- und Tugendliebenden Gesellschaften, mit nutzlicher Ergetzlichkeit, beliebet und geübet werden mögen, Erster [bis: Achter und Letzter] Theil ... Durch einen Mitgenossen der Hochlöblichen Fruchtbringenden Gesellschaft. Bd. 1–8. Nürnberg: Wolffgang Endter 1644–1649. Quer-8⁰. [Die einzelnen Bände erschienen in verschiedenen Aufl.; so Bd. 1 zuerst 1641, Bd. 2 in 2. Aufl. 1657; die einzelnen Titel haben unterschiedlichen Wortlaut.] – Repr. hrsg. von Irmgard Böttcher. Bd. 1–8. Tübingen: M. Niemeyer 1968–1969. (= Deutsche Neudrucke. Reihe Barock. 13–20.) – [Für die Emblematik wichtig: ...Gespraechspiele ... Erster Theil ... 2. Aufl. 1644, Gespraechspiel IX: „Die Deutkunst", S. 41–43 (= Repr. S. 63–65); X: „Die Gedächtnißkunst", S. 44–50 (66–72); XI: „Die Sinnbildkunst", S. 50–74 (72–96); XII: „Müntzpregen", S. 75–83 (97–105); XIII: „Die Farben", S. 83–93 (105–115); XIV: „Der Turnier", S. 93–102 (115–124); XV: „Die Edelgesteine", S. 102–108 (124–130); XVI: „Das Gemähl", S. 108–110 (130–132); XXXVII: „Die Rähtsel", S. 184–194 (206–216); XXXVIII: „Die Sprichwörter", S. 195–211 (217–233). – ...Zweyter Theil ... 2. Aufl. 1657, Gespraechspiel LII: „Von Fremden Sinnbildern", S. 4–18 (22–36); LIII: „Von der Sinnbilder Figur und Obschrifft", S. 19–24 (37–42); LXV: „Die Tapezereien", S. 89–148 (107–166); LXVII: „Der Musen Geheimbuch", S. 160–164 (178–182); LXVIII: „Die bedingten Buchstaben", S. 164–172 (182–190). – ... Dritter Theil ... 1643, Gespraechspiel CX: „Von der Klugredkunst/oder der Erfindung scharfsinniger Hofreden", S. 61–75 (81–95). – ... Vierter Theil ... 1644, passim; v. a. Gespraechspiel CLXV („Die Erfindung der Sinnbildkunst"). – CLXXXVII („Die Edelgesteine"), S. 166–355 (210–399); Repr. S. 717–748: „Mantissa, exhibens emblemata, phaleuco carmine expicta...". – ... Sechster The(i)l ... 1646, Gespraechspiel CCXLIX: „Sinnbilder", S. 326–336 (475–485). – ... Siebender Theil ... 1647, Gesprächspiel CCLIII: „Die Bildkunst", S. 35–65 (92–136); CCLV: „Die Heroldskunst", S. 78–95 (149–166); CCLVI: „Die Sinnbildkunst", S. 96–138 (167–210); CCLXVII: „Reyengemähl", S. 303–310 (377–386). – ... Achter und Letzter Theil ... 1649, Gespraechspiel CCLXXXIV: „Überschriften. – Dreyständige Sinnbilder über die XII. Monat", S. 76–130 (116–171); CCLXXXVI: „Gemählspiele", S. 161–191 (202–232); CCLXXXVII: „Die Gleichniß", S. 191–220 (232–261).]

319 – Prob und Lob der Teutschen Wolredenheit. Das ist: deß Poetischen Trichters Dritter Theil ... Nürnberg: Wolfgang Endter [d. Ä.] 1653. 8⁰. [V. a. „Die X. Betrachtung: Von den Bildereyen", S. 101–111.]

320 – Der Große Schau-Platz jämmerlicher Mord-Geschichte. Erster und Ander Theil. Mit vielen merkwürdigen Erzehlungen, neu üblichen Gedichten ... verdolmetscht und vermehrt ... Hamburg: Joh. Naumann 1650. 12⁰. [8 Teile in 4 Bdn. oder in 2 Bdn.: Dritter und Vierter Theil 1651. Fünffter und Sechster Theil 1651. Siebender und Achter Theil 1652.] – Id. op., [2. Aufl.] Frankfurt: Spörlin 1652. 12⁰. [In 2 Bdn.] – Id. op., Der Große Schau-Platz jämmerlicher Mord-Geschichte. Bestehend in CC. traurigen Begebenheiten. Mit vielen merckwürdigen Erzehlungen, neu üblichen Gedichten, Lehrreichen Sprüchen, scharffsinnigen, artigen, Schertzfragen und Antworten, etc. Verdolmetscht und mit einem Bericht von den Sinnbildern wie auch hundert Exempeln derselben ... auß den berühmsten [!] Autoribus ... Zum drittenmahl gedruckt. Hamburg: Joh. Nauman 1656. 8⁰. – Id. op., ... zum viertenmahl gedruckt, corrigiert, und mit Fleiss übersehen. Frankfurt: Spörlin, in Verlegung Joh. Naumanns, in Hamburg 1660. 8⁰. – Id. op., 4. Aufl. [!]. Hamburg: Joh. Naumann 1662. 8⁰. – Id. op., 5. Aufl. Frankfurt: Spörlin 1664. 8⁰. – Id. op., ... zum fünfftenmal gedruckt. Hamburgk: Joh. Naumann 1666. 8⁰. – Id. op., ... Zum sechstenmal gedruckt. Hamburg: Joh. Naumann 1673. 8⁰. – Id. op., 7. Edition. Franckfurt und

Hamburg 1693. 8⁰. – Repr. der 3. Auflage Hamburg 1656. Hildesheim, New York: G. Olms [in Vorber. für 1976].

321 HERDER, Johann Gottfried: Andenken an einige ältere deutsche Dichter. Brief 6 [u. a. über „die Bildersprüche, die emblematische Poesie der Deutschen".]. (= Zerstreute Blätter. Fünfte Sammlung (1793), 4. Teil.). In: Herders sämmtliche Werke. Hrsg. von Bernhard Suphan. Bd. 16, Berlin: Weidmann 1887, S. 229–230.

322 HEROLD, Johannes Basilius: Heydenweldt vnd irer Götter anfängcklicher vrsprung, durch was Verwhänungen den selben etwas vermeynter Macht zůgemessen vmb dero Willen sie von den Alten verehert [!] worden ... auss viler glerten ... Männer Schrifften ... zůsamen getragen. Diodori des Siciliers ... sechs Bücher ... Dictys des Candioten wharhaffte Beschreibung vom Troianischen Krieg ... Hori eins vor dreytausent jaren, in Ägypten Künigs vnd Priesters, gebildte waarzeichen ... Durch J. Herold beschriben vnd jnns teütsch zůsammen geprâcht. ([Kolophon:] Basel: Henrich Petri 1554.) 2⁰.

323 HILTEBRANDT [auch: HILDEBRAND], Gustav Adolph: Neu-Eröffneter anmuthiger Bilder-Schatz, Inn theologischen, moralischen historischen, politischen, chim- und alchimistischen Erläuterungen, allen Sinn- und Weissheit Liebenden zur lustigen Beschawung, und Gemüths-Ergötzung ... vorgestellt ... Mayntz [Mainz]: Ludwig Bourgeat 1674. 4⁰.

324 de HOROZCO Y COVARRUBIAS, Juan: Emblemas morales ... Segovia: Juan de la Cuesta 1589. 8⁰. [Darin S. 17–102 „Libro primero de las emblemas morales" [= theoretische Abhandlung].] → Hor. (Beschreibung der benutzten Emblembücher.)

325 HULSIUS, Bartholomaeus: Emblemata sacra ... 1631. 4⁰. [Darin: „Dedicatio".] → Huls. (Beschreibung der benutzten Emblembücher).

326 von der KETTEN, Johannes Michael: ... Apelles symbolicus exhibens seriem amplissimam symbolorum, poetisque, oratoribus ac Verbi Dei praedicatoribus conceptus subministrans varios. Duobus voluminibus. Amstelaedami & Gedani [Danzig]: Janssonio-Waesbergii 1699. 8⁰. Bd. 1. 2. [Bd. 1: v. a. S. 3–7; Bd. 2: v. a. Bl. *1a–*8b: „Catalogus auctorum qui in re symbolica scripserunt, praetermissorum a R. P. Claudio Francisco Menestrerio Soc. Jesu in tractatu suo praevio ad philosophiam imaginum."]

327 KINDERMANN, Balthasar: Der Deutsche Poët, darinnen gantz deutlich und ausführlich gelehret wird, welcher gestalt ein zierliches Gedicht ... in gar kurtzer Zeit, kan wol erfunden und ausgeputzet werden ... Fürgestellet, durch ein Mitglied des hochlöbl. Schwanen-Ordens ... Wittenberg: Iob Wilhelm & Friedrich Wilh. Fincelius 1664. 8⁰. [Darin S. 136–151 u. a. über das Epigramm; S. 660–673: „Von den Sinnbildern".] – Repr. Hildesheim, New York: G. Olms 1973.

328 KIRCHER, Athanasius S.J.: ... Prodromus coptus sive aegyptiacus in quo cum linguae coptae, sive aegyptiacae, quondam pharaonicae, origo, aetas, vicissitudo, inclinatio: tum hieroglyphicae literaturae instauratio, uti per varia variarum eruditionum ... specimina, ita nova quoque & insolita methodo exhibentur ... Romae: S. Congreg. de Propaganda Fide 1636. 4⁰.

329 – Lingua aegyptiaca restituta; opus tripartitum. Quo linguae coptae sive idiomatis illius primaevi Aegyptiorum pharaonici, vetustate temporum paene collapsi, ex abstrusis Arabum monumentis, plena instauratio continetur. Cui adnectitur supplementum earum rerum, quae in Prodromo copto, & opere hoc tripartito, vel omissa, vel obscurius tradita sunt, nova, & peregrina eruditione contextum, ad instauratae linguae usum, speciminis loco declarandum. Romae: Hermann Scheus 1643. 4⁰.

330 – ... Obeliscus Pamphilius, hoc est interpretatio nova et hucusque intentata obelisci hieroglyphici quem non ita pridem ex veteri hippodromo Antonini Caracallae ... in agonale forum transtulit, integritati restituit et in urbis aeternae ornamentum erexit Innocentius X... In quo post varia aegyptiacae, chaldaicae, hebraicae, graecanicae antiquitatis, doctrinaeque quam sacrae, quam profanae monumenta, veterum tandem theologia, hieroglyphicis involuta symbolis, detecta è tenebris in lucem asseritur. Romae: Ludovicus Grignani 1650. 2⁰.

331 KIRCHER, Athanasius S.J. [und Gasparus SCHOTT S.J.]: ... Oedipus aegyptiacus, hoc est universalis hieroglyphicae veterum doctrinae, temporum injuria abolitae, instauratio... – Oedipi aegyptiaci tomus secundus. Gymnasium, sive phrontisterion hieroglyphicum in duodecim classes distributum ... Pars prima [bis: altera]. – ... Oedipi aegyptiaci tomus III. Theatrum hieroglyphicum, hoc est nova et hucusque intentata obeliscorum coeterorumque hieroglyphicorum monumentorum ... interpretatio ... Romae: V. Mascardi 1652–1654. 2⁰. [3 Bde. in 4; davon bes. Tomus II, pars prima ... 1652, S. 5 ff.]

332 KIRCHER, Athanasius S.J.: Ad Alexandrum VII... obelisci aegyptiaci, nuper inter Isaei Romani rudera effossi, interpretatio hieroglyphica ... Romae: Typ. Varesii 1666. 2⁰.

333 – ...Sphinx mystagoga, sive diatribe hieroglyphica qua mumiae, ex memphiticis pyramidum adytis erutae, & non ita pridem in Galliam transmissae, juxta veterum hieromystarum mentem, intentionemque, plena fide & exacta exhibetur interpretatio ... Amstelodami: Officina Janssonio-Waesbergiana 1676. 4°.

334 von dem KNESEBECK, Franz Julius [Pseud.: „Der Geheime"]: Dreiständige Sinnbilder zu fruchtbringendem Nutze, und beliebender Ergetzlichkeit, ausgefertigt durch den Geheimen. Braunschweig: C. Buno 1643. Quer-4°. [Darin: „Zueignungs-Schrift an den höchstgeehrten Nährenden".]

335 KNITTEL, Caspar S.J.: Via regia ad omnes scientias et artes. Hoc est: Ars universalis scientiarum omnium artiumque arcana facilius penetrandi... [= 3. bzw. 4. Aufl.] Norimbergae [Nürnberg]: Joh. Zieger 1691. 12°. [Darin S. 234–237 über Emblemata, Symbola, Hieroglyphica.] – Id. opus, Pragae: Universitas Carolo-Ferdinandea 1682. 8° [= Erstausgabe]. – Id. op., Pragae: Joh. Chrn. Laurer; Lipsiae: Joh. Friedr. Gleditsch 1687. 8°. – Ibid. 1691. 8°. – Id. op., Post editionem primam Pragens[em] et secundam Norimberg[ensem] editio tertia [!]. August[ae] Vind[elicorum] et Aeniponti [Innsbruck]: Jos. Wolff 1759. 8°.

336 KONING, Martinus: Lexicon hieroglyphicum sacro-profanum, of woordboek van gewyde en ongewyde voor- en zinnebeelden. Waar in persoonen, daden, tyden, plaatsen... en by de aaloutheit, tot voor- of zinnebeelden heeft gestrekt, benevens de oneigentlyke en van elders ontleende spreekwyzen en toespeelingen... uitgelegt en opgeheldert... Bd. 1–6 [in 3 Bdn.]. Dordrecht, Amsterdam: Joh. van Braam & Gerard onder de Linden 1722–1727. 2°.

337 L'ABBÉ [auch: LABBÉ], Pierre S.J.: Elogia sacra, theologica et philosophica, regia, eminentia, illustria, historica, poetica, miscellanea. Gratianopoli [Grénoble]: Philippus Charuys 1664. 2°. [Darin S. 427–29: „De emblemate" mit 14 ‚Emblemata nuda'. – S. 429ff.: „De symbolis, Gallice devises. Ex variis artis symbolicae praeceptis haec videntur esse praecipua..."]. – Neuausgabe u. d. T.: Elogia sacra... Accessere Stephani Petiot panegyrici duo, alter de Rupella expugnata, alter de Delphino. Venetiis: Paulus Balleonius 1674. 8°. – Id. opus [Titel wie zuvor:],... Praefixa est Christiani Weisii praefatio adversus huius characteris contemptores. Lipsiae [Leipzig]: J.F. Gleditsch 1686. 8°. [2 Teile in 1 Bd.] – Neuausgabe u. d. T.: Elogia sacra... Lipsiae: Thomas Fritsch 1706. 8°.

338 de LA FEUILLE, Daniel: Devises et emblèmes anciennes et modernes. Tirées de plus célèbres auteurs. Avec plusieurs autres nouvellement inventées et mises en Latin, en François, en Italien, en Anglois, en Flamand et en Allemand [par Henri Offelen], par les soins de Daniel de la Feuille ... Amsterdam: D. de La Feuille 1691. 4°. – Id. opus, eod. titulo. Ibid. 1693. 4°. – Id. opus, eod. titulo [?]. Ibid. [?] 1695. 4°. [Nicht verifizierbar!] – Id. opus, eod. titulo. Amsterdam: [ohne Verlagsangabe; D. de La Feuille [?]] 1712. 4°. – Deutsche Ausgaben ohne Verfasserangabe u. d. T.: Emblematische Gemüths-Vergnügung beÿ Betrachtung 715 [richtig: 750] der curieusten und ergözlichsten Sinnbildern mit ihren zuständigen deutsch-lateinisch- französ- und italianischen [!] Beÿschrifften. Augspurg: L. Kroniger und G. Göbels Erben 1693. 4°. [= 1. deutsche Auflage.] – Id. opus, Neuauflage u. d. T.: Devises et emblèmes anciennes & modernes, tirées de plus célèbres auteurs. Oder: Emblematische Gemüths-Vergnügung, bey Betrachtung siben hundert und funffzehen der curieuesten und ergötzlichsten Sinn-Bildern, mit ihren zuständigen teutsch-lateinisch- französisch- und italianischen [!] Beyschrifften. Zweyte Ausfertigung. Augspurg: L. Kroniger und G. Göbels ... Erben 1695. 8°. – Id. opus, eod. titulo. Dritte Ausfertigung. Augspurg: Lorentz Kroniger und Gottlieb Göbels ... Erben 1697. 8°. – Id. opus, eod. titulo. Ibid. 1699. 4°. – Id. opus, eod. titulo. Augspurg: [ibid. (?)] 1702. [Nicht verifizierbar!] – Id. opus, eod. titulo. Augspurg: [ibid. (?)] 1704. [Nicht verifizierbar!] – Russische Bearbeitung mit Wiedergabe der Motti in Russisch, Französisch, Italienisch Spanisch, Flämisch, Englisch und Deutsch u. d. T.: Symbola et emblemata jussu atque auspiciis sacerrimae Suae Majestatis ... Imperatoris Moschoviae Magni Domini Czaris ... Petri Alexeidis [d.i. Peter der Große] ... excusa. Amstelaedami: Henricus Wetstenius 1705. 4°. – Id. opus, Neuauflage mit russ. Text, aber flämischem Haupttitel: Verzameling van Zinspreuken, Zinnebeelden, en zinnebeeldige Vercieringen enz. Door order van zyn Czaarsche Majesteit Peter Alexis, bygenaamd de Groote ... getekend en gesneden ... met Verklaaringen van die Zinnebeelden, in agt verscheide taalen. Amsterdam: A. van Huissteen & S. van Esveldt 1741. 4°. – Id. opus, ohne den russ. Text u. d. T.: Verzameling van uitgekorene Zin-spreuken en zinnebeeldige Print-vercieringen, eertyds, op bevel van ... Peter Alexis, of de Grote, getekent en gesneden. En nu op nieus [!] verrykt met agthondert en veertig byschriften in verzen, door Hermanus van den Burg. Haarlem: Johannes Marshoorn 1743. 4°. – Russische Neubearbeitung von Nestor Maksimovič MAKSIMOVIČ gen. AMBODIK u. d. T.: Emvlemy i symvoly izbrannye [von Daniel de La Feuille], na Rossijskij, Latinskij, Francuskij, Nemeckij i Anglickij jazyki preložennye ... umnožennye i

ispravlennye N. M. Ambodikom. Emblemata et symbola selecta Rossica, Latina, Gallica, Germanica et Anglica linguis exposita; olim Amstelodami edita, nunc denique Petropoli typis recusa, aucta et emendata; cura et sumptibus ... Nestoris Maximowitsch-Ambodick ... [St. Petersburg: Imp. Tip.] 1788. 4°. – Id. opus, Neuausgabe u. d. T.: Izbrannye emvlemy i symvoly ... St. Petersburg: Imp. Tip. 1811. 4°.

339 de LA FEUILLE, Daniel: Méthode nouvelle pour apprendre l'art du blason. Avec un discours sur les devises & tombeaux, par dialogues... Enrichis des pavillons et des enseignes que chaque nation porte en mer... en françois et en flamand... Amsterdam: D. de La Feuille 1695. 4°.

340 – Essay d'un Dictionnaire, contenant la connaissance du monde, des sciences universelles, et particulièrement celle des médailles, des passions, des moeurs, des vertus et des vices... Représenté par des figures hyérogliphiques [!], expliquées en prose et en vers... Wesel: Jacobus van Wesel 1700. 4°. [Darin: „Préface" von J. van Wesel.] – Id. opus, Amsterdam: D. de La Feuille 1700. 4°. – Id. opus, Amsterdam: D. de la Feuille 1706. 4°. – Neuauflage u. d. T.: La science des hiéroglyphes ou l'art d'exprimer par des figures symboliques, les vertus, les vices, les passions & les moeurs &c... Avec diferentes [!] devices [!] historiques... La Haye: J. van den Kieboom 1736. 4°. – Neuauflage u. d. T.: Science hiéroglyphique, ou explication des figures symboliques des anciens, avec différentes dévises historiques. Ouvrage utile aux peintres, aux statuaires, aux graveurs, & aux amateurs des arts qui ont rapport au dessin. Dernière édition. La Haye: J. Swart 1746. 4°.
– → s. auch Nr. 84.

341 [LANCELOT, Claude und Pierre NICOLE:] Epigrammatum Delectus ex omnibus tum veteribus, tum recentioribus poetis accurate decerptus. Cum dissertatione de verâ pulchritudine & adumbratâ, in quâ ex certis principiis rejectionis & selectionis epigrammatum causae redduntur... Quibus in hac quarta editione, subjungitur alterius delectus specimen... Londini: Sam. Smith 1689. 12°. [Darin Bl. A_{9r}–C_{2v} über das Epigramm.] – Id. opus, Parisiis: C. Savreux 1650. 12°. [Erstausgabe?]. – Ibid. 1659. 12°. – Londini: S. Smith 1686. 12°. – Auch mehrere französische Übersetzungen mit verschiedenen Titeln zw. 1689 und 1720.

342 LANDI, Costanzo: Lettera dell'Illustre Signor Costanzo Landi Conte di Compiano, sopra una impresa d'un pino, con i motti postovi, & con la dichiaratione di tutta la natura del pino... Milano: Giov. Antonio de gli Antonii 1560. 8°.

343 – Lettera ... scritta all'Illustre Signor Theodoro Sangiorgio Conte di Sangiorgio ... in risposta d'una del detto signore. Milano: Gio. Antonio de gli Antonii 1560. 8°.

344 LANDI, Pamfilo: Impresa dell'Accademia Partenia di Roma. Con una copiosa dichiaratione. Raccolta da Panfilo [!] Landi... Roma: Stamp. di Luigi Zannetti 1594. 4°. – Neuauflage u. d. T.: Imprese di tre Academie Partenie, con le loro dichiarationi fattevi sopra da tre nobili academici, raccolte in uno da Giov. Battista Piccaglia... [enthält: Dichiaratione dell'impresa dell'Academia Partenia di Roma... Dichiarazione dell'impresa universale dell'Accademia Partenia di Napole [!]. Ragionamento sopra l'impresa dell'Academia Partenia minore di Milano, dato in luce da Fabritio Visconte.] Milano: L'herede del P. Pontio & G. B. Piccaglia 1603. 4°.

345 LANGIUS [LANG(E)], Joseph(us) (Hrsg.): [Die „Polyanthea" erschien erstmals in der Bearbeitung von Dominicus Nan(n)us Mirabellius [= Domenico Nani Mirabelli]: Saonae [Savona]: Franciscus de Silva 1503. 2°. – Trotz wechselnder Titel, v. a. bei den Ausgaben des 17. Jh.s, handelt es sich stets um verschiedene Bearbeitungen desselben Werkes. Die folgende Auflagenauswahl ist daher chronologisch geordnet.] – Anthologia, sive Florilegium rerum et materiarum selectorum. Praecipue sententiarum, apophthegmatum, similitudinum, exemplorum... Additus est index fabularum, emblematum, ac symbolorum... Argentorati [Straßburg]: [Haeredes J. Rihelii 1598?]. 8°. – Id. opus u. d. T.: Loci communes seu potius Florilegium rerum et materiarum selectarum: praecipue sententiarum, apophthegmatum, similitudinum ex sacris literis, patribus item aliisque linguae Graecae & Latinae scriptoribus probatis collectum... Argentorati: Haeredes J. Rihelii 1598. 8°. – Neuauflage u. d. T.: Polyanthea nova, hoc est opus suavissimis floribus celebriorum sententiarum... refertum, quod ... summa fide olim collegere... Dominicus Nannus Mirabellius... etc. Nunc vero ... ordine bono digestum et ... auctum ... studio & opera Jos. Langii... Lugduni [Lyon]: L. Zetzner 1604. 2°. – Neuauflage u. d. T.: Loci communes seu potius Florilegium rerum et materiarum selectarum ... Argentorati: Haeredes J. Rihelii 1605. 8°. – Neuauflage u. d. T.: Nova Polyanthea, hoc est opus, suavissimis floribus celebriorum sententiarum, tam Graecarum, quam Latinarum, refertum. Per Dominicum Nanum Mirabellium, Bartholomaeum Amantium et Franciscum Tortium ex innumeris fere autoribus, & veteribus & recentioribus ... olim collectum. Nunc vero studio & opera Jos. Langii ... omni confusione sublata, miro ordine digestum, et plurimis cum sacris, tum profanis sententiis, apophthegmatis [!], similitudinibus, adagiis, exemplis, hieroglyphicis, em-

blematis [!] & apologis auctum, locupletatum, & illustratum. Theologis, concionatoribus, philosophis, oratoribus, poëtis, ac demum caeteris artium & scientiarum professoribus & studiosis pernecessarium. Venetiis: J. Guerilius 1607. 2⁰. – Neuauflage u. d. T.: Polyanthea nova ... Nunc vero, sublata omni titulorum et materiarum confusione, ordine bono digestum, et innumeris prope... sententiis, apophthegmatis [!], similitudinibus, adagiis, exemplis, emblematis [!], hieroglyphicis & fabulis auctum ... studio & opera Jos. Langii. Editio altera, priore correctior. Francofurti [Frankfurt a. M.]: L. Zetzner 1607. 2⁰. – Neuauflage u. d. T.: Nova Polyanthea ... Venetiis: J. Guerilius 1608. 2⁰. – Neuauflage u. d. T.: Polyanthea nova ... Editio altera ... Francofurti: L. Zetzner 1612. 2⁰. – Neuauflage u. d. T.: Loci communes, sive florilegium rerum et materiarum selectarum, praecipue sententiarum, apophthegmatum ... collectum studio ... Jos. Langii ... Argentorati: Haeredes J. Rihelii 1613. 8⁰. – Neuauflage u. d. T.: Novissima Polyanthea in libros XX distributum ... Indice titulorum omnium totius operis adiuncto. Venetiis: Jo. Guerilius 1616. 2⁰. – Neuauflage u. d. T.: Novissima Polyanthea in libros XX dispartita ... Francofurti: Haeredes L. Zetzneri 1617. 2⁰. – Neuauflage u. d. T.: Florilegii magni, seu Polyantheae, floribus novissimis sparsae, libri XX. Opus, olim a Dominico Nano Mirabellio ... [etc.] collectum ... opera Jos. Langii ... perillustratum. Editio ... aucta Fr. Sylvii Insulani industria... Bd. 1. 2. Lugduni [Lyon]: Vidua A. de Harsy & P. Ravaud 1620. 2⁰. – Neuauflage u. d. T.: Florilegii magni, seu Polyantheae ... libri XX. Opus praeclarum ... ex auctoribus cum sacris, tum profanis vetustioribus & recentioribus collectum. Editio titulis item novissimis aucta ... Fr. Sylvii Insulani industria & labore ... Francofurti: Haeredes L. Zetzneri 1621. 2⁰. – Neuauflage u. d. T.: Florilegii magni ... libri XX ... Lugduni: Vidua A. de Harsy & P. Ravaud 1625. 2⁰. [In 2 Bdn.] – Neuauflage u. d. T.: Loci communes, sive florilegium rerum et materiarum selectarum ... Argentorati: Typis Rihelianis 1625. 8⁰. – Neuauflage u. d. T.: Florilegii magni, seu Polyantheae ... libri XX ... Francofurti: Haeredes L. Zetzneri 1628. 2⁰. – Neuauflage u. d. T.: Polyanthea novissimarum novissima in libros viginti distributa... Nunc ... titulis plurimis auctum... Venetiis: Haeredes Jo. Guerilii 1630. 2⁰. – Neuauflage u. d. T.: Anthologia, sive Florilegium rerum et materiarum selectarum ... Ex sacris literis, patribus item, aliisque... scriptoribus probatis collectum ... Additus est index fabularum, emblematum ac symbolorum. Editio postrema, prioribus omnibus longe correctior & passim auctior. Argentorati: W. C. Glaser 1631. 8⁰. – Neuauflage u. d. T.: Florilegii magni, seu Polyantheae ... libri XX ... [Bd. 1. 2.] Coloniae Allobrogum [Köln]: Jac. Stoer 1639. 2⁰. – Neuauflage u. d. T.: Florilegii magni, seu Polyantheae ... libri XX ... Studio dehinc & opera Jos. Langii meliore ordine dispositus, innumeris fere apophthegmatibus, similitudinibus, adagiis, exemplis, emblematis [!], hieroglyphicis et mythologiis locupletatum atque perillustratum. Editio titulis item novissimis aucta: definitionum, sententiarum rerumque observatu digniorum ... Fr. Sylvii Insulani industria & labore ... Argentorati: Haeredes L. Zetzneri 1645. 2⁰. – Neuauflage u. d. T.: Florilegii magni, seu Polyantheae ... libri XXIII ... Editio novissima, ab infinitis paene mendis expurgata & cui praeter additiones et emendationes Fr. Sylvii Insulani accesserunt libri tres ... [Bd. 1. 2. in 1.] Lugduni [Lyon]: P. Ravaud 1648. 2⁰. – Neuauflage u. d. T.: Anthologia, sive Florilegium rerum et materiarum selectarum ... Argentorati: W. C. Glaser 1655. 8⁰. – Neuauflage u. d. T.: Florilegii magni, seu Polyantheae ... libri XXIII ... [Bd. 1. 2. in 1.] Lugduni: J. A. Huguetan & Marc.-Ant. Ravaud 1659. 2⁰. – Neuauflage u. d. T.: Anthologia, sive Florilegium rerum et materiarum ... Editio novissima ... Argentorati: J. Staedel 1662. 8⁰. – Neuauflage u. d. T.: Florilegii magni, seu Polyantheae ... libri XXIII ... [Bd. 1. 2.] Lugduni: J. A. Huguetan & G. Barbier 1669. 2⁰. – Neuauflage u. d. T.: Anthologia, sive Florilegium rerum et materiarum selectarum ... Argentorati: J. Staedel 1674. 8⁰. – Letzte Auflage: Florilegii magni, seu Polyantheae ... libri XXIII ... [Bd. 1. 2. in 1.] Lugduni: J. A. Huguetan 1681. 2⁰.

346 L'ANGLOIS, Pierre (Sieur de Bel-Estat): Discours des hiéroglyphes Aegyptiens, emblêmes, devises, et armoiries, ... ensemble LIIII tableaux hiéroglyphiques pour exprimer toutes conceptions, à la façon des Aegyptiens, par figures et images des choses, au lieu de lettres... Paris: Abel L'Angelier 1583. 4⁰. [Darin I. Teil: „Discours..."] – Id. opus, eodem titulo. ... Avecques plusieurs interpretations des songes prodiges... Paris: A. L'Angelier 1584. 4⁰

347 LAURETUS, Hieronymus [LLORET, Jeroni; auch: LORETE, Geronymo]: Sylva [seu potius hortus floridus] allegoriarum totius Sacrae Scripturae, [mysticos eius sensus et magna etiam ex parte literales complectens.] Barcelona 1570 [im Original: Barcinonae: Paulus Cortey & Petrus Malus 1570.]. Nachdruck der [10.] Ausgabe Köln [Demen] 1681 mit einem Vorwort von Friedrich Ohly. München: W. Fink 1971.

348 LE JAY, Gabriel François S.J.: Bibliotheca rhetorum. Praecepta, et exempla complectens, quae tam ad oratoriam facultatem, quam ad poeticam pertinent. Discipulis pariter ac magistris perutilis.

Opus bipartitum ... Bd. 1. 2. Parisiis: Gregorius Dupuis 1725. 4⁰. [In Teil II: „Liber de symbolis" (S. 772–795).] – Id. opus, eodem titulo. Excusa Parisiis Anno M.DCC.XXV. Recusa Monachii [München] Anno M.DCC.XXVI... Monachii: Joan. Andreas de La Haye & Maria Magdalena Riedlin Vidua 1726. 8⁰. – Id. opus, ibid. 1727. 8⁰. – Id. opus, Venetiis: Typographia Balleoniana 1747. 8⁰. Bd.[1. 2.]– Id. opus, Bd. 1. 2. Ingolstadii 1752. 8⁰. – Id. opus, Bd. 1–5. Ingolstadii & Augustae Vindelicorum [Augsburg] 1753–1771. 8⁰. – Id. opus, Editio quinta. Monachii & Ingolstadii: Joan. Franciscus Xavier Crätz & Thomas Summer 1756. 8⁰. – Id. opus, Ingolstadii: J.Fr.X. Crätz 1758. 8⁰. – Id. opus, Editio sexta. Monachii: J.Fr.X.Crätz 1765. 8⁰. – Id. opus, Editio septima. Trajecti ad Mosam [Maastricht]: Jacob Lekens o.J. – Id. opus, Editio nova. Bruxellis: Franciscus t'Serstevens 1773. 8⁰. – Letzte [?] Auflage u. d. T.: Bibliothecam rhetorum ... in multis emendavit ... J.-A.Amar, ... Pars prior [– posterior]. – Bibliotheca rhetorum ... vol. tertium, orationes et dramata tenens. Bd. 1–3. Parisiis: A.Delalain 1809–1813. 8⁰.

349 LE MOYNE, Pierre S.J.: De l'art des devises... Avec divers recueils de devises du mesme autheur. Paris: Sebastien Cramoisy & Seb. Marbre Cramoisy 1666. 4⁰. – Id. opus, ibid. 1665. 4⁰. – Id. opus, Paris: Antoine Dezallier 1688. 4⁰.

350 LICETUS, Fortunius [LICETI, Fortunio]: Hieroglyphica, sive antiqua schemata gemmarum anularium quaesita, moralia, politica, historica, medica, philosophica, & sublimiora, omnigenam eruditionem, et altiorem sapientiam attingentia, diligenter explicata responsis F.Liceti... Patavii [Padova]: Sebastianus Sardus 1653. 2⁰.

351 LINDNER, Johann Gotthelf: Anweisung zur guten Schreibart überhaupt, und zur Beredsamkeit insonderheit, nebst eignen Beispielen und Proben... Königsberg: Johann Heinr. Hartung 1755. 8⁰. – Repr. Kronberg Ts.: Scriptor Verlag 1974. [Darin § 118: Über Sinnbilder (Emblemata) (S. 165f.). – Bereits sehr eingeschränkter Emblembegriff!]

352 LONICER [LONITZER], Johann: Figurarum, promissionum, historiarum, caeremoniarum, victimarum et sacrificiorum, ex Testamento Vetere, ad Christum Dei filium et Ecclesiam ejus pertinentium συναθροίσις [!] ... Francofurti: Haeredes C.Egenolphi 1560. 8⁰.

353 LÓPEZ, Diego: Declaración magistral sobre las emblemas de Andrés Alciato con todas las historias, antiguedades, moralidad y doctrina tocante a las buenas costumbres... Najera: Juan de Mongaston 1615. 4⁰. – Id. opus, eodem titulo. Valencia: Gerónimo Villagrassa & Claudio Macè 1655. 4⁰. – Id. opus, Valencia: G.Vilagrasa [!] 1665. 4⁰. – Id. opus, Valencia: G.Vilagrasa 1670. 4⁰. – Id. opus, Valencia: Francisco Mestre 1684. 4⁰.

354 LUCARINI, Alcibiade: Imprese dell'Offitioso Intronato in onore de serenissimi regnatori di Toscana, e da lui alli medesimi presentate nella venuta loro in Siena l'anno MDCXIII [1613]. Siena: Eredi di Matteo Florimi 1613. [Nicht verifizierbar!]

355 – Imprese dell'Offitioso Accademico Intronato raccolte da lo Sconosciuto Accad. Unito Al Sereniss. Ferdinando II Granduca di Toscana. [Teil I. II.] Siena: Ercole Gori 1629. 4⁰. – Id. opus, Siena: Giovanni Ciotti & Ercole Gori 1641. 4⁰.

356 LUDOVICI [auch: LUDWIG], Gottfried: Teutsche Poesie dieser Zeit ... durch Frag und Antwort vorgestellet, und mit einem hierzu gehörigen Reim-Register versehen. Leipzig: Fr.Lanckischens Erben 1703. 8⁰.

357 MÄNNLING, Johann Christoph: Expediter Redner. Oder Deutliche Anweisung zur galanten Deutschen Wohlredenheit nebst darstellenden Deutlichen Praeceptis und Regeln, auserlesenen Exempeln und curieusen Realien... Frankfurt und Leipzig: Joh. Gottfried Conradi 1718. 8⁰. – Repr. Kronberg Ts.: Scriptor Verlag 1974. [Darin in Kap. 2: „Von der Invention oder Erfindung": § 6, 1: Symbola (S. 13–15); § 6, 2: Emblemata (S. 15–20); § 6, 3: Inscriptiones (S. 20f.); § 6, 4: Hieroglyphica (S. 21f.); § 6, 5: Heraldica (S. 22–25); § 6, 6: Apophthegmata (S. 25f.); § 6, 7: Sententiae (S. 26f.); § 6, 10: Epigrammata (S. 29f.); § 6, 17: Medaillen, Müntzen etc. (S. 38–40); § 6, 19: Allegorien (S. 44f.).]

MAKSIMOVIČ, Nestor Maksimovič: → s. de LA FEUILLE, Daniel (= Nr. 338).

358 MARISCOTTI, Ercole: Parere... se i concetti favolosi si debbano ammettere ne i corpi dell'imprese, problemma proposto nell'Academia de' Gelati... Bologna: Heredi di G.Rossi 1613. 4⁰.

359 MASEN(IUS), Jacob(us) S.J.: Ars nova argutiarum honestae recreationis in tres partes divisa. Continet I. Argutias epigrammaticas ex variis fontibus deductas. II. Argutias familiares. III. Argutias epigraphicas... Coloniae Agrippinae [Köln] :Ioh. Ant. Kinchius 1649. 12⁰. [Darin S. 1–155 über das Epigramm.] – Id. opus, Editio secunda locupletior. Coloniae Agrip.: J.A.Kinchius 1660. 12⁰. – [Neudruck dieser 2.Aufl.:] Ibid. 1668. 12⁰. – Id. op., Editio tertia auctior et elegantior. Coloniae Agrip.: Vidua et haeredes J.A.Kinckii [!] 1687. 12⁰. – Id. op., Editio nova auctior & elegantior ... Coloniae Agrip.: Henr.Rommerskirchen 1711. 8⁰.

360 – Speculum imaginum veritatis occultae, exhibens symbola, emblemata, hieroglyphica, aenigmata, omni, tam materiae, quam formae varietate, exemplis simul, ac praeceptis illustratum. Coloniae Ubiorum [Köln]: Joan. Anton. Kinkkius 1650. 8⁰. – Id. opus, eodem titulo. Editio nova, priore locupletior. Coloniae Agrippinae: J. A. Kinckius 1659. 8⁰. – Id. opus, Editio nova... Coloniae Ubiorum: J. A. Kinchius [!] 1664. 8⁰. – Id. opus, ibid. 1674. 8⁰. – Id. opus, Editio tertia, prioribus correctior. Coloniae Ubiorum: Vidua & haeredes Jo. Anton. Kinchii 1681. 8⁰. – Id. opus, ibid. 1686. 8⁰. – Id. opus, Editio ultima prioribus correctior. Coloniae Agrippinae: Werner Leisten 1693. 8⁰. – Id. opus, eodem titulo. Editio ultima... Coloniae Agrippinae: Jacobus Promper 1714. 8⁰. – Repr.: Nachdruck der Ausgabe Köln 1664. Hildesheim, New York: G. Olms [in Vorb. für ca. 1977].

361 MEISNER [selten: MEISSNER], Daniel: Thesaurus sapientiae civilis, sive vitae humanae ac virtutum et vitiorum theatrum, symbolis aeri incisis et emblematum novis... tesseris adornatum... Opusculum philologicum et politicum... Francofurti: [Ohne Verlagsangabe] 1626. 8⁰.

362 – Politisches Schatzkästlein, das ist: Ausserlesene schöne Emblemata unnd Moralia, so wol Kunst- unnd Christliebenden... Sampt gewissen Abbildungen unnd wahren Contrafacturen der fürnembsten kayserl.-königl. Chur- und fürstlichen Residentz... Die dritte Edition ersten Theils dess ersten Buchs [= Buch I, Teil 1.]. Franckfurt am Mayn: Kieser 1628. (Faksimile-Ausg.: Hamburg-Hamm: Harry von Hofmann 1962.)

363 MEISTER, Johann Gottlieb: Unvorgreiffliche Gedancken Von Teutschen Epigrammatibus, in deutlichen Regeln und annehmlichen Exempeln nebst einen [!] Vorbericht von dem Esprit der Teutschen... Leipzig: Mart. Theod. Heybey 1698. 8⁰. – Ident. Titelauflage u. d. T.: Anweisung und Exempel, Mehrentheils Lustiger und annehmlicher Epigrammatum... Leipzig und Franckfurth [ohne Verlagsangabe] 1726. 8⁰.

364 MENESTRIER, Claude-François S. J.: Le veritable art du blason, ou les regles des armoiries sont traitées, d'une nouvelle méthode, plus aisée que les précédentes: Les origines expliquées et establies par de solides raisons, et de fortes authoritez. Les erreurs de plusieurs autheurs corrigées, la pratique de chaque nation examinée, et les causes de leur diversité fidellement raportées. Lyon: Benoist Coral 1659. 24⁰. – Additions et corrections du véritable art du blason. [o. O. u. J.: Lyon: B. Coral 1660 (?)]. 24⁰. – Weitere Ausgaben dieses Werkes u. d. T.: Le véritable art du blason, et l'origine des armoiries ... Lyon: B. Coral 1671. 12⁰. – Id. op., ibid. 1672. 12⁰. – Neuauflage u. d. T.: Le véritable art du blason, ou l'usage des armoiries... Paris: Estienne Michallet 1673. 12⁰. – Id. op., eod. tit. Bd. 1. 2. Paris: E. Michallet; Lyon: Veuve de B. Coral 1674. 12⁰.

365 – Dessein de la science du blason... Lyon: B. Coral 1659. 4⁰.

366 – Les genereux exercices de la Majesté, ou la montre paisible de la valeur, représentée en devises et en emblesmes. Lyon: Guillaume Barbier 1659. 4⁰.

367 – L'art du blason justifié, ou les preuves du véritable art du blason establies par diverses authoritez et par plusieurs exemples tirez de la pratique universelle des armoiries, depuis six cents ans, dans toutes les nations de l'Europe. Avec la méthode abrégée des principes héraldiques... Lyon: Benoist Coral 1661. 12⁰.

368 – Abbrégé methodique des principes héraldiques, ou du véritable art du blason... Lyon: Benoist Coral & Antoine du Perier 1661. 12⁰. – Id. op., Lyon: B. Coral 1665. 12⁰. – Ibid. 1672. 12⁰. – Id. op., Lyon: Veuve de B. Coral 1673. 12⁰. – Id. op., Lyon: Thomas Amaulry 1675. 12⁰. – Id. op., Nouvelle édition, reveue [!], corrigée et augmentée. Lyon: Th. Amaulry 1677. 12⁰. – Ibid. 1681. 12⁰. – Id. op., Bordeaux: Pierre Abagou & Simon Boé 1683. 12⁰. – Id. op., Bordeaux: Guillaume Bonde 1701. 12⁰.

369 – L'art des emblèmes... Lyon: Benoist Coral 1662. 8⁰.

370 – Traité des tournois, joustes, carrousels, et autres spectacles publics. Lyon: Jacques Muguet 1669. 4⁰.

371 – Origine des armoiries... Paris: Thomas Amaulry & R. Guignard 1679. 8⁰. – Id opus, Neuaufl. u. d. T.: Origine des ornemens des armoiries... Paris: Th. Amaulry 1680. 8⁰.

372 – La philosophie des images, composée d'un ample recueil de devises, et du jugement de tous les ouvrages qui ont été faits sur cette matière... Bd. 1. 2. Paris: Robert J.B. de La Caille 1682-1683. 8⁰. [Bd. 2 mit eig. Titel: Devises de princes, cavaliers, dames, sçavans et autres personnages illustres de l'Europe, ou la philosophie des images. Tome second. Paris: Robert J. B. de La Caille 1683.]

373 – De la chevalrie ancienne et moderne, avec la manière d'en faire les preuves, pour tous les ordres de chevalrie. Paris: Robert J. B. de La Caille 1683. 8⁰. – Neudruck in: Collection des meilleurs dissertations ... relatifs à l'histoire de France. Hrsg. von J. M. C. Leber. Bd. 12, Paris 1826, S. 9–364.

374 – L'art des emblèmes, où s'enseigne la morale par les figures de la fable, de l'histoire et de la nature. Ouvrage rempli de près de cinq cens figures... Paris: Robert J. B. de La Caille 1684. 8⁰. [Im Katalog der Bibliothèque Nationale Paris wird eine Ausgabe mit demselben Titel, aber abweichendem Erscheinungsjahr und Format erwähnt: Paris: Robert J. B. de La Caille 1674. 16⁰. (Druckfehler?) – Dieses Werk hat mit dem gleichnamigen von 1662 (— Nr. 369) nur den Titel gemeinsam.]

375 – Des decorations funèbres. Ou il est amplement traité des tentures, des lumières, des mausolées, catafalques, inscriptions & autres ornemens funèbres; avec tout ce qui s'est fait de plus considerable depuis plus d'un siècle, pour les papes, empereurs, rois... & personnes illustres... Paris: Robert J. B. de La Caille & Robert Pepie 1684. 8⁰.

376 – La science et l'art des devises, dressez sur de nouvelles règles, avec six cens devises sur les principaux évenemens de la vie du Roy; et quatre cens devises sacrées, dont tous les mots sont tirés de l'Écriture Sainte... Paris: Robert J. B. de La Caille 1686. 8⁰.

377 – La méthode du blason. Imprimé à Lyon. Paris: Estienne Michallet 1688. 12⁰. – Id. op., eod. tit. Lyon: Thomas Amaulry 1689. 12⁰.

378 – La Sience [!] de la noblesse, ou la nouvelle méthode du blason ... augmentée des principales familles des Pais-Bas, d'Hollande, d'Allemagne, d'Italie et d'Espagne... Paris: Etiene [!] Michallet 1691. 12⁰.

379 – Lettre d'un académicien à un seigneur de la cour, où sont expliquez les hiéroglyphiques d'une momie apportée d'Égypte et exposée à la curiosité publique. Paris: Robert J. B. de La Caille 1692. 4⁰.

380 – La philosophie des images enigmatiques, ou il est traité des enigmes, hiéroglyphiques, oracles, propheties, sorts, divinations, loteries, talismans, songes, Centuries de Nostradamus, de la Baguette... Lyon: Hilaire Baritel 1694. 12⁰. [Dieses Werk hat mit dem gleichnamigen von 1682/83 (= Nr. 372) nur den Titel gemein.] – Lateinische Übersetzung u. d. T.: Philosophia imaginum, id est sylloge symbolorum amplissima, qua plurima regum, principum nobilium, faeminarum [!] illustrium, eruditorum aliorumque virorum in Europa praestantium, quae prostant. Summa diligentia sunt congesta methodoque succincta exhibita. E lingua Gallica in Latinam conversa, figurisque elegantioribus ac antea ornata. Amstelodami & Gedani [Danzig]: Janssonio-Waesbergii 1695. 8⁰. – Id. op., ibid. 1696. 8⁰.

381 – La nouvelle méthode raisonnée du blason pour l'apprendre d'une manière aisée, reduite en leçons par demandes et par réponses... Lyon: Thomas Amaulry 1696. 12⁰. [Die folgenden Auflagen stimmen inhaltlich mit dieser überein.] – Id. op., Bordeaux: Par la Société 1698. 12⁰. – Id. op., Lyon: Jacques Guerrier 1701. 12⁰. – Id. op., ... enrichie de figures en taille douce. Nouvelle édition, revue, corrigée et augmentée. Lyon: Louis Bruyset 1718. – Id. op., Lyon: Frères Bruyset 1723. – Id. op., Ibid. 1728. – Id. op., ibid. 1734. – Id. op., ibid. 1750. – Id. op., Lyon: Pierre Bruyset-Ponthus 1754. – Id. op., ibid. 1761. – Id. op., Neuauflage u. d. T.: Nouvelle méthode raisonnée du blason, ou l'art héraldique ... mise dans un meilleur ordre et augmentée de toutes les connoissances relatives à cette science. Par M.L. ... Lyon: Pierre Bruyset-Ponthus 1770. 8⁰. – Id. op., ibid. 1780. 8⁰.

382 – Decorations faites dans la ville de Grenoble, ... pour la reception de ... le Duc de Bourgogne, et de ... le Duc du Berry, avec des reflexions et des remarques sur la pratique & les usages des decorations. Grenoble: Antoine Fremon 1701. 2.⁰

383 MERCERIUS, Nicolaus [MERCIER, Nicolas]: De conscribendo epigrammate. Opus curiosum in duas partes divisum. Quarum prior continet artificium & praecepta in epigrammatum compositione usurpanda. Posterior vero delectum ... acutissimorum epigrammatum... Parisiis: Jo. de La Caille & Claud. Thibout 1653. 8⁰.

384 MICHELI, Odoardo: Discorso apologetico ... preposito per le calunnie del P. Horatio Montalto contra del Sig. Hercole Tasso, & della natione Bergamasca... Bergamo: Comino Ventura 1613. 8⁰. → s. TASSO, Ercole (= Nr. 436).

385 MILENSIO, Felice O.S.A.: Dell' impresa dell' elefante dell' illustrissimo e reverendissimo Signore il Sig. Cardinal Mont'Elparo Dialogi [!] tre... Neapoli [!]: Giov. Tomaso Aulisio ([Kolophon:] Napoli: Stamparia dello Stigliola) 1595. 4⁰.

386 MINOS, Claudius [MIGNAULT, Claude]: Omnia Andreae Alciati ... emblemata, cum... enarratione ... per Claudium Minoem ... Parisiis: Dionysius a Prato 1571. 4⁰. – Neuauflage u. d. T.: Omnia Andreae Alciati ... emblemata adiectis commentariis et scholiis, in quibus emblematum ferme omnium aperta origine, mens auctoris explicatur, & obscura omnia, dubiaque illustrantur. Per Claudium Minoim Divionensem. Antverpiae: Christophorus Plantinus 1573. 16⁰. – Weitere Ausgaben mit Mignaults Kommentar: Antverpiae: Chr. Plantinus 1574. 16⁰. – Parisiis: H. de Marnef & Vidua G. Carellat 1583. 8⁰. – Id. opus, Emblemata... A. Alciati... cum facili et compendiosa explicatione, qua obsurca illustrantur,

dubiaque omnia solvuntur... Excerpta ex eiusdem [Minois] in ... Alciati emblemata ... commentariis... Antverpiae: Chr. Plantinus 1584. 16⁰. – Id. opus, Parisiis: F. Gueffier 1589. 8⁰. – Id. op., Editio quarta. Lugduni Batavorum [Leiden]: Officina Plantiniana, apud F. Raphelengium 1591. 16⁰. – Ibid. 1593. 16⁰. – Ibid. 1594. 16⁰. – Ibid. 1599. 16⁰. – Id. opus, Lugduni [Lyon]: Haeredes G. Rovillii 1600. 8⁰. – Parisiis: F. Gueffier 1602. 8⁰. – Id. opus, Andreae Alciati ... emblemata cum Claudii Minois... commentariis ... [Lugduni Batavorum (Leiden):] Officina Plantiniana, apud F. Raphelengium 1608. 8⁰. [Darin im Kommentarteil S. 23–47: „Syntagma de symbolis, stemmatum et schematum ratione, quae insignia seu arma gentilitia vulgo nominantur; deque emblematis."] – Id. opus, ibid. 1610. 16⁰. – Id. opus, Omnia A. Alciati ... emblemata, cum commentariis ... per Cl. Minoem. Accesserunt huic editioni Fed. Morelli ... corollaria et monita. Parisiis: F. Gueffier 1618. 8⁰. – Id. op., Emblemata ... A. Alciati ... adiecta compendiosa explicatione Cl. Minois ... et notulis extemporariis Laurentii Pignorii... Patavii: P. P. Tozzius 1618. 8⁰. – Id. op., A. Alciati emblemata cum commentariis Cl. Minois ... Francisci Sanctii ... et notis Laurentii Pignorii ... Opera ... Jo. Thuilii Mariaemontani Tirol. ... Accesserunt ... Federici Morelli ... corollaria et monita. Opus copiosa sententiarum, apophthegmatum ... varietate instructum & exornatum... Patavii [Padova]: Petrus Paulus Tozzius 1621. 4⁰. – Id. opus, Antverpiae: Officina Plantiniana, Balthas. Moretus & Vidua Jo. Moreti & Jo. Meursius 1622. 16⁰. – Id. op., Antverpiae: Offic. Plantiniana Balthasaris Moreti 1648. 16⁰. – Id. opus, Novissima hac editione in continuam unius commentarii seriem congesti, in certas quasdam quasi classes dispositi, & plusquam dimidia parte auctis... Patavii [Padova]: Paulus Frambottus 1661. 4⁰. – Id. op., Antverpiae: Henricus & Cornelius Verdussen 1692. 16⁰. – Id. op., Antverpiae 1715 [Nicht verifizierbar!]. – Id. op., Matriti [Madrid] 1733. 8⁰. – Id. op., Matriti: Pantaleon Aznar 1781. 8⁰.
– → s. Thuilius, Johannes (= Nr. 443).

387 Moles Trivulzio, Carlo Francesco (Duca di Pareto): Discorso intorno alle imprese di D. Carlo Fr. Moles Trivulzio Duca di Pareto. Con cinquanta imprese del medesimo registrate, e spiegate a parte... Napoli: Il Parrino 1731. 8⁰.

388 Montalto, Orazio: Caesaris Cottae [pseud.] assertiones. Mediolani 1612. [Nicht verifizierbar!] → s. Tasso, Ercole (= Nr. 436).

389 Morhof, Daniel Georg: Unterricht von der teutschen Sprache und Poesie, deren Uhrsprung, Fortgang und Lehrsätzen ... Kiel: Joachim Reumann 1682. 8⁰. [Darin III. Teil, 17. Kap.: „Von den Epigrammatibus" (S. 752–780.] – Id. opus, eodem titulo. Jetzo von neuem vermehret und verbessert, und nach deß Seel. Autoris eigenem Exemplare übersehen, zum andern mahle, von den Erben, herauß gegeben. Lübeck und Franckfurt: Johann Wiedemeyer 1700. 8⁰. – Id. opus, Neudruck [der Ausgabe von 1700, im Neusatz]. Hrsg. von Henning Boetius. Bad Homburg v. d. H. [etc.]: Gehlen (1969). (= Ars poetica. Texte, Bd. 1) [Darin III. Teil, 17. Kap.: „Von den Epigrammatibus" (S. 681–704; = Neudr. S. 356–368.); S. 700–704 (Neudr. S. 366–368) über Embleme, Symbola, Impresen und Hieroglyphik.]

390 – Commentatio de disciplina argutiarum ... [o. O. und Verlag: Lipsiae: Lanckisch (?)] 1693. 12⁰. [Darin S. 187–209 über das Epigramm; S. 209–211 über das Emblem.] – Id. opus, [Erweiterte Neuausgabe u. d. T.:] De arguta dictione tractatus, quo artis argute dicendi scriptores ... cum censura exhibentur, & de argutiarum principiis, subsidiis atque objectis ... agitur ... Editio secunda priori longe auctior. Lubecae [Lübeck]: Petrus Böckmann 1705. 8⁰. [Darin S. 186–203 u. a. über das Epigramm; S. 203–208 über Emblematik.]

391 Müller, Johann Jacob: Introductio in artem emblematicam, qua de emblematis natura, singulis causis et partibus constituentibus pictura, lemmate, utriusque virtutibus ac vitiis emblematis expositione, quatuor fontibus, similitudine oppositione alienatione et allusione, duplici emblematis imitatione, affinibus, symbolo, aenigmate hieroglyphico &c. scriptoribus cum veteribus, tum recentioribus eorumque judicio, agitur, interspersis variis subinde emblematum speciminibus, adiectoque rerum et auctorum indice. Jenae: Bielcke 1706. 8⁰.

Nanus Mirabellius, Dominicus [Nani Mirabelli, Domenico]; Amantius, Bartholomaeus und Franciscus Tortius: → s. Langius [Lang(e)], Joseph(us) (= Nr. 345).

392 Neumark, Georg: Poetische Tafeln, oder gründliche Anweisung zur teutschen Verskunst aus den vornehmsten Authorn in funfzehen Tafeln zusammen gefasset, mit ausführlichen Anmerkungen erkläret, und den Liebhabern teutscher Sprache und derer kunstmeßigen Reinigkeit ... an den Tag gegeben. Jena: Joh. Jacob Bauhofer 1667. 4⁰. – Repr. Hrsg. von Joachim Dyck. (Frankfurt a. M.:) Athenäum Verlag (1971). (= Ars poetica. Texte, Bd. 2.).[Darin v. a. S. 212–217 über Embleme, Impresen, Devisen.]

393 Nieremberg, Juan Eusebio S. J.: Oculta filosofia. De la sympatia y antipatia de las cosas, artificio de la naturaleza, y noticia natural del mundo. Y

segunda parte de la curiosa filosofia... Madrid: Impr. del Reyno 1633. 8⁰. – Id. opus, Barcelona: [Verleger nicht feststellbar] 1645. 8⁰. – Neuauflage u. d. T.: Curiosa y oculta filosofia, primera y secunda parte de las maravillas de la naturaleza, examinadas en varias questiones naturales ... Tercera impression, anadida por el mismo autor. Alcala: Impr. de Maria Fernandez, a costa de Juan Antonio Bonet 1649. 4⁰.

394 NISIELI, Udeno [d. i. FIORETTI, Benedetto]: Proginnasmi poetici di U. Nisiely da Vermio, Academico Apatista. Bd. 1–5 [in 2]. Firenze: Z. Pignoni 1620–1639. 4⁰. [V. a. Bd. 3 (1627): § 69–72, S. 183–191.] – Id. opus, Neuauflage u. d. T.: Proginnasmi poetici ... con aggiunta di molti proginnasmi e di varie rime. Bd. 1–5. Firenze: P. Matini 1695–1697. 4⁰.

395 OMEIS, Magnus Daniel: Gründliche Anleitung zur teutschen accuraten Reim- und Dicht-Kunst, durch richtige Lehr-Art, deutliche Reguln und reine Exempel vorgestellet: worinnen erstlich von den Zeiten der alten und neuen teutschen Poesie geredet, von den Symbolis heroicis ... Romanen, Schau-Spielen, der Bilder-Kunst, teutschen Stein-Schreib-Art und andern curieusen Materien gehandelt wird... Hierauf folgt eine teutsche Mythologie... Nürnberg: Wolfgang Michahelles & Joh. Adolph 1704. 8⁰. [Darin v. a. S. 197–207.] – Id. opus, eodem titulo. Andere [= zweite] Auflage. Nürnberg: W. Michahelles; Druck: J. M. Spörlins Wittib 1712. 8⁰.
– → s. auch: BREVERUS (BREVERN), Hermannus. (= Nr. 260).

396 OONSELIUS, Guil(i)elmus O. P. [van OONSEL, Willem]: Hieroglyphica sacra, id est, rerum sacratarum & Divinae sapientiae arcanorum. Sacrae notae. Ex sacris litteris & Ecclesiae doctorum scriptis ... collectae ac in ordinem redactae & breviter explicatae. Ad pleniorem, divinorum secretorum in sacro codice contentorum cognitionem, & allegorici ac mystici sensus intelligentiam, & ad emblemata sacra erigenda... Antverpiae: Guilielmus a Tongris 1627. 12⁰. [Die Titelangabe bei Jöns, Das ‚Sinnen-Bild'...1966, S. 10 Anm. 2: „Donsellius, De hieroglyphica sacra..." [!] ist falsch.]

397 d'OUTREIN, Johannes: Proef-stukken van Heilige Sinne-Beelden, verdeelt in twee stukken. Beide met breede Inleidingen, en aanhangselen over gewydde Stoffe... 't Amsteldam: Gerardus Borstius 1700. 4⁰. [4 Teile in 2 Bdn.]

398 PALAZZI, Giovanni Andrea: I discorsi ... sopra l'imprese, recitati nell' Academia d'Urbino, con la tavola delle cose più notabili, che in loro si contengone. Bologna: Alessandro Benacci 1575. 8⁰.

399 PARADIN, Claude: Devises heroïques, par M. Claude Paradin... Lyon: Jean de Tournes & Guillaume Gazeau 1551. 8⁰. – Id. op., Anvers [Verlag nicht feststellbar] 1551. 8⁰. – Id. op., Lyon: Jean de Tournes & Guil. Gazeau 1557. 8⁰. – Repr. [Introductory note by C. N. Smith.] Menston [Engl.]: Scholar Press 1971. (= Continental Emblem Books. 16.). – Neuauflagen u. d. T.: Les devises héroïques de M. Claude Paradin ... du Scigneur Symeon et autres aucteurs ... Anvers. Christophle [!] Plantin 1561. 16⁰. –. Id. op., Anvers: Veuve du J. Stelsius 1563. 12⁰ – Id. op , Douay: Impr. de Estienne Lagache 1563. 12⁰. – Id. op., Anvers: Christoph. Plantin 1567. 12⁰. – Id. op., Paris: Jean Ruelle 1571. 12⁰. – Neuauflage u. d. T.: Devises heroiques et emblêmes de M. Claude Paradin, reveues [!] et augmentées de moytié [par François d'Amboise]. Paris: Jean Millot ([Kolophon:] 1614.). 8⁰. – Id. op., Paris: Rolet Boutonne 1621. 8⁰. – Id. op., Devises ... reveues et augmentées de moitié par Messire François d'Amboise ... Paris: Rolet Boutonne 1622. 8⁰. – Lateinische Übersetzung u. d. T.: Heroica M. Claudii Paradini ... et D. Gabrielis Symeonis Symbola, jam recens ex idiomate Gallico in Latinum... a Johanne Gubernatore ... conversa. Antverpiae: Christoph. Plantinus 1562. 12⁰. – Id. op., eod. tit. Antverpiae: Joannes Stelsius ([Koloph.:] Antverpiae: Excudebat Jo. Latius) 1563. 16⁰. [Darin v. a. Bl. 2ʳ–4ᵛ.] – Id. op. u. d. T.: Symbola heroica ... multo quam antea fidelius de Gallica lingua in Latinam conversa... Antverpiae: Chr. Plantinus 1567. 8⁰. – Id. op., ibid. 1583. 12⁰. – Id. op., (Antverpiae:) Officina Plantiniana, apud C. Raphelengium 1600. 12⁰. –
Holländische Übersetzungen u. d. T.: Princelijke Devijsen ofte wapenen van M. Claude Paradin ... ende van den Heere Gabriel Simeon ende meer ander auteurs... Antwerpen: Willem Silvius 1563 ([Koloph.:] 1562). 12⁰. – Id. op., Princelijke Devijsen ... over ettelicke jaeren wtten [!] Franschen in onse taal verduytscht, nu verbetert ende met wtlegginghen [!] in rijm vermeerdert. Leyden: Plantijnsche Druckerij van François van Ravelenghien 1615. 12⁰. –
Englische Übersetzung u. d. T.: The heroicall devises of M. Claudius Paradin... Whereunto are added the Lord Gabriel Symeons and others. Translated out of Latin into English by P. T. ... London: William Keamey 1591. 12⁰.

400 PERSONÈ [PERSONA], Giovanni Battista: Osservationi ... di XXXVII errori in sole XVIII delle seconde corrette assertioni del P. Horatio Montalto Giesuita, contra il libro della realtà dell'Imprese del Sig. Hercole Tasso, publicate sotto il nome di Cesare Cotta. Bergamo: Comino Ventura 1613. 4⁰. → s. TASSO, Ercole (= Nr. 436).

401 PESCI, Rugg(i)ero: Delle imprese, discorso del Sonnacchioso havuto nell' Academia della Notte di Bologna. ([Kolophon:] Bologna: Nicolò Tebaldini 1624.) 12⁰.

PETRASANCTA, Silvester: → s. PIETRASANTA, Silvestro (= Nr. 407).

402 PEUCER, Daniel: Erläuterte Anfangs-Gründe der Teutschen Oratorie in kurzen Regeln und deutlichen Exempeln vor Anfänger entworfen. Vierte Auflage. Dresden: Waltherische Hof-Buchhandlung 1765. 8⁰. – Repr. Kronberg Ts.: Scriptor Verlag 1974. [Darin S. 46f. Kritik an der zu häufigen Verwendung von „Müntzen, emblemata, Wapen, Wahlsprüche[n], sinnreiche[n] Reden, hieroglyphica..."; S. 366 kritisch über hieroglyphica und „Sinnbilder oder emblemata".]

403 PEXENFELDER, Michael S.J.: Ethica symbolica e fabularum umbris in veritatis lucem varia eruditione noviter evoluta ... Monachii: J.Wagner & J.H. a Gelder 1675. 4⁰.

404 PHILOTHEUS [Pseud. für: Kurfürst KARL LUDWIG (Pfalzgraf bei Rhein)]: Philothei Symbola Christiana quibus idea hominis christiani exprimitur. Francofurti: Joh. Petrus Zubrod 1677. 4⁰. – Id. opus, Lugduni Batavorum [Leiden]: Vidua Johannis a Gelder 1682. 12⁰. – Id. opus, Lugduni Batavorum 1698 [diese Ausgabe nicht verifizierbar!]. – Id. opus, in deutscher Übersetzung u. d. T.: Philothei christliche Sinne-Bilder, auss dem Lateinischen ins Teutsch gebracht... Franckfurt: Joh. Peter Zubrodt 1679. 12⁰. – Neuausgabe u. d. T.: Hundert Christ-ergessliche Sinn-bilder mit lateinisch und teutschen Bey-Schrifften. Augsburg: J. Stridbeck d.J. [1680?]. Quer-8⁰.

405 PICCAGLIA, Giovanni Battista: Imprese di tre Academie Partenie con le loro dichiarazioni fattevi sopra da tre nobili Academici. Raccolte in uno da Giov. Battista Piccaglia... Milano: L'herede del quon. Pacifico Pontio & Giov. Batt. Piccaglia 1603. 4⁰.
[Zum Inhalt → s. LANDI, Pamfilo (= Nr. 344).]

406 PICINELLI, Filippo: Mondo simbolico o sia università d'imprese scelte, spiegate, ed illustrate con sentenze, ed eruditioni sacre, e profane... Che somministrano à gli oratori, predicatori, accademici, poeti, etc. infinito numero di concetti. Con indici copiosissimi. Milano: Lo Stampatore archiepiscopale & Francesco Mognagha 1653. 2⁰. – Id. opus, Mondo simbolico formato d'imprese scelte... in questa impressione da mille e mille parti ampliato. Milano: Francesco Vigone 1669. 2⁰. – Id. opus, Venetia: Combi e La Nou 1670. 2⁰. – Id. op., Venezia: Combi e La Nou 1678. 2⁰. – Id. op., Milano: Fr. Vigone [?] 1680. 2⁰. – Lateinische Übers. von Augustin Erath u. d. T.: Mundus symbolicus in emblematum universitate formatus... idiomate italico conscriptus... Nunc vero justo volumine auctus et in Latinum traductus a R.D. Augustino Erath... Bd. 1. 2. Coloniae Agrippinae [Köln]: Hermann Demen 1681. 2⁰. [Darin: „Tractatus symboli naturam, et construendi methodum compendio explicans."] – Weitere lateinische Ausgaben: Mundus symbolicus... Bd. 1. 2. Coloniae Agrippinae: H. Demen 1687. 2⁰. – Ibid.: H. Demen 1694. 2⁰. [2 Bde. in 1 Bd.] – Id. op., Editio novissima, a plurimis mendis, quibus prior scatet, repurgata. Coloniae Agrippinae: Joh. Theod. Boetius 1695. 2⁰. [2 Bde. in 1 Bd.] – Id. opus, Lipsiae: J.F. Gleditsch 1695. 2⁰. – Weitere Ausgaben 1715 und Coloniae Agrippinae 1729. [Nicht verifizierbar!]

PIERIUS VALERIANUS, Johannes: → s. VALERIANO BOLZANI, Giovanni Pierio (= Nr. 450).

407 PIETRASANTA, Silvestro S.J.: De symbolis heroicis libri IX. ... Antverpiae: Officina Plantiniana Balthasari Moreti 1634. 4⁰. – Id. opus, Amstelodami: Janssonio-Waesbergii & Henricus Wetstenius 1682. 4⁰.

408 POMELIUS, Baruch Loth: Cervus, hoc est: de eius significatione hieroglyphica. Augustae [Augsburg?]: 1600. 4⁰. [Titel nach M. Lipenius, Bibliotheca realis philosophica. Bd. 1, Francofurti 1682, S. 650a; nicht verifizierbar!]

409 PONTANUS, Jacobus S.J. [eigentlich: SPANMÜLLER, Jakob]: Poeticarum Institutionum libri tres. Eiusdem Tyrocinium poeticum. Ingolstadii: Dav. Sartorius 1594. 8⁰. [Darin S. 175–211 über das Epigramm.]

410 POOT, Hubert Korneliszoon (Auswahl und Hrsg.): Het groot natur- en zedekundigh Werelttoneel af woordenboek van meer dan 1200 aeloude Egiptische, Grieksche en Romeinsche zinnebeelden of beeldenspraek; vervattende eene geleerde en leerzaeme uitbeelding en beschryving van alle deugden, ondeugden, genegentheden, bedryven, hartstogten, kunsten, leeringen en zinnelykheden dier aeloude volkeren... Op nieu uit de oirsprongklyke schriften van Cezar Ripa, Zaratino Kastellini, Pierius Valerianus, Horus Apollo en andere doorluchtige vernuften getrokken... met uitvoerige aenmerkingen en ophelderingen... Bd. 1–3. Delft: Reinier Boitet 1743–1750. 2⁰. [V. a. Bd. 1 (1743): „Voorreden van aentekenaer, aengaende den oursprongk en nutigkeit der beeldenspraek en zinnebeelden".]

411 PUTTENHAM, George: The Arte of English Poesie. Contrived into three bookes: the first of poets and poesie, the second of proportion, the third of ornament. London: R. Field 1589. 4⁰. – Repr. Ed. by Edward Arber. London: Edw. Arber

1869. (= English Reprints. 15.) [V. a. Buch 2, S. 113 ff.]

412 REIM(M)ANN, Jacob Friedrich: Poesis Germanorum canonica et apocrypha. Bekandte und unbekandte Poesie der Deutschen. – In dem II. Theile die unbekandten und biß dato noch von niemand untersuchten Grund-Reguln von denen Carminibus emblematicis, symbolicis, hieroglyphicis, parabolicis, mythicis und paradigmaticis deutlich und leichte vorgetragen, und mit unterschiedenen Exemplis bewehret worden. Leipzig: König 1703. 12⁰.

413 REUSNER(US), Jeremias: „Dedicatio". In: Nicolaus Reusner, Emblemata ... partim ethica, et physica: partim ... historica et hieroglyhica ... Francofurti: Jo. & Sig. Feyerabend 1581. Kl.-4⁰.
→ Reusn. Embl. (Beschreibung der benutzten Emblembücher.)

414 RICCIARDI, Antonio: Commentaria symbolica in duos tomos distributa..., in quibus explicantur arcana pene infinita, ad mysticam naturalem et occultam rerum significationem attinentia. Quae nempe de abstrusione omnium prima Adamica lingua: tum de antiquissima Aegyptiorum caeterarumque gentium Orphica philosophia; tum ex sacrosancta veteri Mosaica, & prophetica nec non coelesti nova Christiana, & sanctorum patrum evangelica theologia, deprompta sunt ... Nunc primum in lucem edita. Bd. 1. 2. Venetiis: Franciscus de Franciscis 1591. 2⁰.

415 ROBORTELLO, Francesco: In librum Aristotelis de Arte poetica explanationes... Florentiae [Firenze]: Laur. Torrentinus 1548. 2⁰. [Darin folgt nach S. 322 mit eigenem Titel und separater Paginierung: „...Paraphrasis in librum Horatii... de Arte poetica ... explicationes de Satyra, de Epigrammate, de Comoedia, de Salibus, de Elegia... Florentiae: L. Torrentinus 1548." – Hier S. 35–41 über das Epigramm.] – Repr. München: W. Fink 1968. (= Poetiken des Cinquecento. 8.) – Id. opus, Basileae [Basel]: Io. Hervagius iun. 1555. 2⁰. [Darin nach S. 287 mit eigenem Titel und separater Paginierung: ... Paraphrasis... Basileae... 1555. – Hier S. 27–31 über das Epigramm.]

416 ROLLENHAGEN, Gabriel: Nucleus emblematum selectissimorum, quae Itali vulgo Impresas vocant privata industria studio singulari, undique conquisitus, non paucis venustis inventionibus auctus, additis carminibus... Coloniae [Köln] e museo coelatorio Crispiani Passaei. (Arnhemii [Arnhem]:) Ioan. Jansonius [1611]. 4⁰. [Darin: „Candido et benevolo lectori".] – Repr. Nachdruck der Ausgabe Köln [!] 1611. Hildesheim, New York: G. Olms [in Vorb. für ca. 1977]. (= Emblematisches Cabinet. Bd. ?)

417 RUSCELLI, Girolamo: Le imprese illustri con espositioni, et discorsi del Sig. Ieronimo Ruscelli... Venetia: ([Koloph.:] Francesco Rampazetto) 1566. 4⁰. – Neuauflage u. d. T.: Le imprese illustri ... Con la giunta di altre imprese tutto riordinato e corretto da Francesco Patritio. Venetia: ([Koloph.:] Comin[o] da Trino di Monferrato) 1572. 4⁰. – Id. op., Le imprese illustri ... Venetia: Francesco de' Franceschi 1580. 4⁰. – Letzte [?] Auflage: Le imprese illustri... Aggiuntovi nuovamente il quarto libro da Vincenzo Ruscelli... Venetia: Francesco de' Franceschi 1584. 4⁰. [Darin: „Delle imprese illustri ... Libro primo".]
→ s. auch: GIOVIO, Paolo (= Nr. 311).

418 SALEMANN, Georg: De emblematibus disputatio. Vit(t)ebergae [Wittenberg] 1691. [Nicht verifizierbar; vgl. Hinweis bei Joh. Georg SULZER, Allg. Theorie der schönen Künste.. Neue verm. 2. Auflage. Bd. 4, Leipzig: Weidmann 1794, s.v. „Sinnbild" (S. 386–393.).]

419 SAMBIGUCIUS, Gavinus: Gavini Sambigucii Sardi Sassarensis in Hermathenam Bocchiam interpretatio... Bononiae [Bologna]: Antonius Manutius Aldi filius 1556. 4⁰.
→ s. auch: BOCCHI(US), Achille(s). (= Nr. 251).

420 SAMBUCUS, Joannes [SÁMBOKY, János]: Emblemata, cum aliquot nummis antiqui operis. ... Antverpiae: Christophorus Plantinus 1564. 8⁰. – Id. opus, Altera editio. Cum emendatione & auctario copioso ipsius auctoris. Antverpiae: Chr. Plantinus 1566. 8⁰. [Darin Prosavorrede „De emblemate".] – Repr. der Ausgabe Antwerpen 1566. Hildesheim, New York: G. Olms [in Vorb. für ca. 1977]. (= Emblematisches Cabinet. Bd. ?)
→ s. Samb. (Beschreibung der benutzten Emblembücher).
Weitere Auflagen: Editio tertia. Antverpiae: Chr. Plantinus 1569. 12⁰. – Editio quarta. Ibid. 1576. 12⁰. – Editio quarta [!] Ibid. 1583. 12⁰. – Ed. IV. [!] Ibid. 1584. 16⁰. – Editio quarta [!] [Lugduni Batavorum (Leiden)]: Officina Plantiniana 1599. 16⁰. –
Französische und holländische Übersetzungen:
→ s. M. PRAZ, Studies... 2. Aufl. Roma 1964, S. 487.

421 SANDAEUS [van der SANDT], Maximilian S.J.: ... Symbolica. Ex omni antiquitate sacra, ac profana in artis formam redacta, oratoribus, poetis, & universe philologis ad omnem commoditatem amoenae eruditionis concinnata. Moguntiae [Mainz]: Ioan. Theob. Schönwetter 1625. 4⁰. – Id. opus, ibid. 1626. 4⁰. – Neuauflage u. d. T.: Theologia symbolica. In qua origo symbolorum, eorumque artificium, ex Sacra Scriptura potissimum eruitur: et eiusdem symbola omnis generis explicantur. Opus Sacrae Doctrinae studiosis, ac

imprimis concionatoribus, et politioris litteraturae amatoribus utile. Moguntiae: Jo. Theobald Schönwetter 1626. 4⁰.
— → s. auch: CAUSSIN(US), Nicola(u)s S.J. (= Nr. 276).

422 von SANDRART, Joachim: Iconologia deorum, oder Abbildung der Götter, welche von den Alten verehret worden ... samt dero eigentlicher Beschreibung und Erklärung der heidnischen Tempel-Ceremonien. Auch Vorbildung der Tiere und anderer Sachen, die auf hieroglyphische und emblematische Art, nach Weise der egyptischen Schrifften, schicklich können ... gerichtet werden. Nürnberg: Gedruckt durch C. S. Froberger, in Verlegung des Authoris 1680. 2⁰. [V. a. S. 201–212.]

423 SARBIEVIUS, Matthias Casimirus [SARBIEWSKI, Maciej Kazimierz] S.J.: Wykłady Poetyki. (Praecepta poetica.) Przełożył i opracował [hrsg. von] Stanisław Skimina. Wrocław, Kraków: Zakład Narodowy Im[ienia] Ossolińskich Wydawnictwo Polskiej Akademii Nauk 1958. (= Polska Akademia Nauk. Instytut Badań Literackich. Biblioteka Pisarzów Polskich. Seria B, Nr. 5.) [4 Traktate in latein.-poln. Parallelausgabe; S. 2/3–40/41 über das Epigramm.]

424 SCALIGER, Julius Caesar: Poetices libri septem ... Ad Sylvium filium. [Lugduni [Lyon]:]Ant. Vincentius 1561. 2⁰. – Repr.: Faksimile-Neudruck der Ausgabe von Lyon 1561 mit einer Einleitung von August Buck. Stuttgart-Bad Cannstatt: Frommann-Holzboog 1964. [Darin Lib. III c. 126: Epigrammata (S. 169–171); Lib. III c. 127: Inscriptio (S. 171–173).] – Id. op., eod. titulo. Poetices libri VII ... [Genevae:] J. Crispinus 1561. 2⁰. – Id. opus, Editio secunda. [Heidelbergae:] P. Santandreanus 1581. 8⁰. – Id. op., Ed. tertia. [Heidelbergae:] P. Santandreanus 1586. 8⁰. – Id. opus, [Heidelbergae et Genevae:] P. Santandreanus 1594. 8⁰. – Id. op., Ed. quarta. [Heidelbergae:] Bibliopolium Commelinianum 1607. 8⁰. – Id. op., Ed. quinta. [Heidelbergae:] Bibliopol. Commelinianum 1617. 8⁰.

425 SCARLATINUS, Octavius [SCARLATTINI, Ottavio]: L'Huomo e sue parti, figurato e simbolico, anatomico, rationale, morale, mistico, politico e legale, raccolto, e spiegato con figure, simboli, anatomie, imprese, emblemi morali, mistici, proverbi, geroglifici, prodigi, simolacri, statue, historie, riti, osservationi, costumi, numismi, dedicationi, signature, significationi di lettere, epitetti, favolosi, mirabili, fisonomie, e sogni... Opera utile a' predicatori... formatori d'emblemi, d'imprese, e altri. In due libri distinta... Con additioni, e tavole copiosissime... Bologna: Giacomo Monti 1684. 2⁰. –

Lateinische Übers. u. d. T.: Homo et eius partes, figuratus et symbolicus, anatomicus, rationalis, moralis, mysticus, politicus et legalis, collectus et explicatus cum figuris, symbolis, anatomiis ... Opera et studio R.D. O. Scarlatini... Nunc primum ex italico idiomate latinitati datum a R.D. Matthia Honcamp... Augustae Vindelicorum [Augsburg] & Dilingae: J.C. Bencard 1695. 2⁰. [2 Bde. in 1 Bd. – Tomus secundus u. d. T.: Homo indivisus et integer figuratus et symbolicus..., S. 44 ff.]

426 SCHOTTEL(IUS), Justus Georg [Pseud.: Der Suchende]: Kurtzer Vorbericht an den teutschliebenden und geneigten Leser [19 S.]. In: Franz Julius von dem KNESEBECK [Pseud. „Der Geheime".], Dreiständige Sinnbilder zu fruchtbringendem Nutze und beliebender Ergetzlichkeit, ausgefertiget durch den Geheimen. Braunschweig: C. Buno 1643. Quer-4⁰.

427 – Ausführliche Arbeit von der teutschen Haubt-Sprache, worin enthalten gemelter dieser Haubtsprache Uhrankunft, Uhralterthum, Reinlichkeit, Eigenschaft, Vermögen, Unvergleichlichkeit, Grundrichtigkeit, zumahl die Sprach-Kunst und Vers Kunst teutsch und guten theils lateinisch völlig mit eingebracht, wie nicht weniger die ... Authores vom teutschen wesen und teutscher Sprache... Braunschweig: C.F Zilliger 1663. 4⁰. [Darin S. 1101–1112: „Des fünften Buches dritter Tractat Von den teutschen Sprichwörteren und sprichwörtlichen RedArten... Samt beygefügter erwehnung von den Sinnbildern, DenkSprüchen, Bildereien, Gemählten und dergleichen."] – Repr. Hrsg. von Wolfgang Hecht. Bd. 1. 2. Tübingen: M. Niemeyer 1967. (= Deutsche Neudrucke. Reihe: Barock, Bd. 11. 12.)

428 SCHRÖTER, Christian: Gründliche Anweisung zur deutschen Oratorie nach dem hohen und Sinnreichen Stylo Der unvergleichlichen Redner unsers Vaterlandes, besonders des vortrefflichen Herrn von Lohensteins in seinem Großmüthigen Herrmann und andern herrlichen Schrifften. Leipzig: Joh. Friedrich Gleditsch 1704. 8⁰. – Repr. Kronberg Ts.: Scriptor Verlag 1974. [Darin v. a. Teil I. Kap. 8, § 20: Über Symbole und Embleme und ihre Anwendungsmöglichkeiten z.B. bei der Krönung König Friedrichs I. von Preußen) (S. 519–560); Teil II. Kap. 11: De argutiis et inscriptionibus (S. 501–594).]

429 SIMEONI, Gabriele: Le imprese heroiche et morali ritrovate da M.G. Symeoni ... al Gran Conestabile di Francia. Lyone [Lyon]: Guglielmo Rovillio 1559. 4⁰. – Id. opus in, französ. Übersetzung u. d. T.: Les devises, ou emblêmes heroiques, et morales, inventées par le S.G. Symeon... Lyon:

Guillaume Roville 1559. 4⁰. – Id. opus, ibid. 1561. 4⁰. –

430   – Le sententiose imprese et dialogo del Symeone. Con la verificatione del sito di Gergobia, la geografia d'Overnia, la figura e tempio d'Apolline in Velay, e il suo hieroglyfico monumento, natività, vita e epitaffio. Lyone: Gulielmo Roviglio. 1560. 4⁰.
→ s. GIOVIO, Paolo (= Nr. 311) und Claudius PARADINUS (= Nr. 399).

de STRADA a ROSBERG, Octavio d. Ä.: → s. TYPOTIUS, Jacobus (= Nr. 446).

431   SULZER, Johann Georg: Art. „Allegorie". In: Allgemeine Theorie der schönen Künste in einzeln, nach alphabetischer Ordnung der Kunstwörter auf einander folgenden, Artikeln abgehandelt... Neue vermehrte 2. Auflage. Bd. 1, Leipzig: Weidmann 1792, S. 108–112.

432   – Art. „Sinnbild". In: J. G. Sulzer, Allgemeine Theorie der schönen Künste... Neue vermehrte 2. Auflage. Vierter Theil [= Bd. 4], Leipzig: Weidmann 1794, S. 386–393.

433   TABOUROT, Estienne (Seigneur Des Accords): Les bigarrures du seigneur Des Accordz... Paris: J. Richer 1583. 16⁰. [Hrsg. von André Pasquet. – Enthält nur Buch 1.] – Neuauflage: Les bigarrures du seigneur Des Accords, reveues et augmentées de nouveau par l'autheur. Paris: J. Richer 1584. 16⁰. [Nur Buch 1.] – Id. op., Les bigarrures ... Quatriesme livre. Paris: J. Richer 1585. 12⁰. [Enthält auch: „Les Apophthegmes du Sieur Goulard" (d. i. É. Tabourot.)] – Id. op., Les bigarrures du seigneur Des Accords ... Avec les apophthegmes du Sieur Gaulard [d. i. É. Tabourot.] ... Rouen: Jean Bauchu 1591. 16⁰. – Id. op., Les bigarrures ... Quatriesme livre. Avec les apophtegmes [!] du seigneur Gaulard augmentées. Lyon: Benoist Rigaud 1594. 12⁰. – Id. opus, Lyon: Heritiers de B. Rigaud 1599. 16⁰. – Neuauflage u. d. T.: Les bigarrures et touches du Seigneur Des Accords, avec les apophtegmes [!] du sieur Gaulard et les escraignes dijonnoises. Dernière édition, reveue et de beaucoup augmentée. [5 Teile in 1 Bd.] Paris: J. Richer 1603 12⁰. – Id. opus, Paris: J. Richer 1608. 12⁰. – Id. opus, ... Dernière édition, de nouveau augmentée de plusieurs épitaphes, dialogues et ingénieuses équivoques. Paris: J. Richer 1614. 12⁰. [4 Teile in 1 Bd.] – Id. opus, [5 Teile in 1 Bd.] Paris: J. Richer 1615. 12⁰. – Id. opus, Rouen: David Geuffroy 1616. 12⁰. – Id. opus, Rouen: J. Berthelin 1620. 12⁰. – Id. opus, [5 Teile in 2 Bdn.] Rouen: D. Geuffroy 1621. 12⁰. – Id. opus, ... Dernière édition. Reveue et de beaucoup augmentée. [5 Teile in 1 Bd.] Rouen: D. Geuffroy 1625. 12⁰. – Id. opus, Rouen: Louys Du Mesnil 1640. 8⁰. [5 Teile in 1 Bd.] – Id. opus, Rouen: ibid. 1648. 8⁰. [5 Teile in 1 Bd.] – Id. opus, Paris: Arnould Cotinet 1662. 12⁰. [5 Teile in 1 Bd.] – Id. opus, Paris: Pierre Bienfait 1662. 8⁰. [5 Teile in 2 Bdn.]

434   TAEGIO, Bartolom(m)eo: Il Liceo di M. Bartolomeo Taegio, dove si ragiona dell'ordine delle Academie, et della nobiltà... Melano [!]: Paolo Gottardo Pontio 1571. 4⁰. [Darin das 56 unpaginierte Bll. umfassende 2. Buch: „Il Liceo ... dove si ragiona dell'arte di fabbricare le imprese conformi a i concetti dell'animo, et si discorre intorno al poetico figmento delle Muse. Libro secondo."]

435   TASSO, (H)Ercole: Della realtà, & perfettione delle imprese... Con l'essamine di tutte le openioni infino a qui scritte sopra tal'arte... Bergamo: Comino Ventura 1612. 4⁰. – Id. opus, La seconda editione. Bergamo: C. Ventura 1614. 4⁰.

436   – Risposte di Hercole Tasso alle assertioni del M. R. P. Horatio Montalto, overo Montaldo Giesuita, contra il trattato suo dell'imprese, publicate sotto il nome di Cesare Cotta [nel mese di Luglio 1612, per Pacifico Pontio, e Giov. Battista Piccalio (!)] Bergamo: C. Ventura 1613. 4⁰.

437   TASSO, Torquato: Dialogo dell'imprese... Napoli: Stigliola 1594. 4⁰. – Id. opus, eodem titulo. Napoli: Ad instantia di P. Venturini [o. J.] 4⁰. – Moderne Ausgabe in: T. Tasso, Dialoghi. Hrsg. von Cesare Guasti. Bd. 3, Firenze: Le Monnier 1859.

438   TAURELLUS [eig. ÖCHSLEIN], Nicolaus: Emblemata physico-ethica, hoc est, naturae morum moderatricis picta praecepta... Noribergae [Nürnberg]: Paulus Kaufmann 1595. 8⁰. [Darin: „Ad lectorem praefatio".]
→ s. Taur. (Beschreibung der benutzten Emblembücher).
Weitere Auflagen: Editio secunda. Noribergae: C. Lochnerus 1602. 8⁰. – Editio secunda [!] Noribergae: Simon Halbmayer 1617. 8⁰.

439   TESAURO, Em(m)anuele: Il Cannochiale [!] Aristotelico, o sia idea delle argutezze heroiche, vulgarmente chiamate imprese, e di tutta l'arte simbolica, et lapidaria... Esaminata in fonte co' rettorici precetti del divino Aristotele, che comprendono tutta la rettorica, & poetica elocutione... Torino: G. Sinibaldo 1654. 2.⁰ [Erstausgabe.] – Id. opus, Il Cannocchiale Aristotelico... contenente ogni genere di figure, & inscrittioni espressive di arguti, & ingegnosi concetti... Venetia: Paolo Baglioni 1655. 4⁰. – Id. opus, Il Can-

nocchiale Aristotelico, o sia, idea dell'arguta et ingeniosa elocutione, che serve a tutta l'arte oratoria, lapidaria, et simbolica... Seconda impressione, accresciuta dall'Autore di due nuovi trattati, cioè, de' concetti predicabili, et degli emblemi... Venetia: P. Baglioni 1663. Gr. -8⁰. – Id. opus, Terza impressione... Roma: [G. Hallé?] 1663. [Nicht verifizierbar!] – Id. opus, ... Quarta impressione, accresciuta ... Roma: G. Hallé 1664. 8⁰. [= Vom Verf. nicht autorisierte Ausgabe, auf die die lateinischen Übersetzungen zurückgehen.] – Id. opus, eodem titulo. ... Quinta impressione... Torino: Bartolomeo Zavatta 1670. 4⁰. – Repr. dieser Ausgabe u. d. T.: Emanuele Tesauro, Il Cannocchiale Aristotelico. Hrsg. und eingeleitet von August Buck. (Faksimile-Neudruck der Ausgabe von Turin 1670...). Bad Homburg v. d. H. [etc.]: Gehlen (1968). (= Ars poetica. Texte, Bd. 5.) [Mit A. Bucks Einleitung „Emanuele Tesauro und die Theorie des Literaturbarock" (S. V–XXI) und einer Bibliographie (S. XXII–XXIV.).] – Id. opus, Settima [!] impressione, accresciuta... Bologna: Longhi 1675. 4⁰. – Id. opus, Venetia: Steffano Curti 1678. 4⁰. – Id. opus, Venetia: [Verlag nicht feststellbar] 1679. 4⁰. – Id opus, Venetia: [Verlag nicht feststellbar] 1682. 4⁰. – Id. opus, Venetia: [Verlag nicht feststellbar] 1685. 4⁰. – Id. opus, ...Ottava impressione ...Con un nuovo Indice ... Bologna: Longhi 1693. 8⁰. – Id. opus, Venetia: Pauli 1702. 4⁰. –
Lateinische Übersetzungen u. d. T.: Emanuelis Thesauri ... Idea argutae et ingeniosae dictionis, ex principiis Aristotelicis sic eruta, ut in universum arti oratoriae, & inprimis lapidariae atque symbolicae inserviat. Accessêre ab Autore adjecti tractatus duo; alter de argutis concionatorum enthymematis, alter de emblematis. Omnia nunc primum ex Italico Latine conversa [a Casparo Cörbero]. Francofurti et Lipsiae: Joan. Melchior Süstermann 1698. 4⁰. – Neuauflage dieser lat. Übers.: Coloniae [Köln]: Thomas Fritsch 1714. 4⁰.

440 THESAURUS, Emmanuel [TESAURO, Emanuele]: De praeceptis symbolicis E. Thesauri ad capita quaedam revocatis et de symbolo quodam anthologico [7 S.]. In: Georg Christian GEBAUER, Anthologicarum dissertationum liber, cum nonnullis adoptivis et brevi Gelliani et anthologici collegiorum Lipsiensium historia. Lipsiae [Leipzig]: Casp. Fritsch 1733. 8⁰.

441 TESAURO, Em(m)anuele: Idea delle perfette imprese. Testo inedito a cura di Maria Luisa Doglio. Firenze: L. S. Olschki 1975. [Über dieses, nicht mit dem Impresen-Traktat im ‚Cannocchiale' identische Manuskript vgl. Ermanno Dervieux: Em. Tesauro. Cenni biografici e bibliografici. In: Miscellanea di Storia Italiana [Torino] Serie 3. Bd. 22 [= 53 der Gesamtreihe] (1932) [Umschlagtitel: 1933], S. 651–673.]

442 THOMAI, Thomaso [TOMAI, Tomaso]: Idea del giardino del mondo... Bologna: Giov. Rossi 1582. 4⁰. – Neuauflagen: Idea del giardino del mondo ... aggiuntovi ... in questa seconda impressione XIX capitoli dell'autore... Bologna: Giov. Rossi 1586. 4⁰. – Idea ... aggiuntovi di nuovo in questa seconda impressione XIX capitoli ... curiosissimi... Carmagnola: M. A. Bellone 1589. 4⁰. – Id. op., Venetia 1593. 4⁰. – Idea ... ove, oltre molti secreti maravigliosi di natura, sono posti varii ... frutti... Venetia: Il Griffio 1599. 8⁰. – Idea... novamente ristampata, e ... ricoretta ... Venetia 1611. 12⁰. – Id. op., Torino 1621. 16⁰. – Id. op., Venetia: Zuane e D. Imbetti 1642. 12⁰. – Id. op., Trevigi 1662. 12⁰. – Id. op., Venetia 1662. 12⁰. – Id. op., Venetia: Appr. li Prodotti 1667. 12⁰. – Id. op., Trevigi 1667. 12⁰. – Französ. Übersetzung u. d. T.: Idée du jardin du monde, par Thomas Thomasey [!] ... Traduict d'italien en françois par M. Nicolas Le Moulinet ... Paris: E. Daubin 1648. 8⁰.

443 THUILIUS, Johannes [THUILLE, Johann]: Andreae Alciati Emblemata cum commentariis Claudii Minois I. C., Francisci Sanctii... et notis Laurentii Pignorii... Novissima hac editione in continuam unius commentarii seriem congestis... et plusquam dimidia parte auctis, opera et vigiliis Jo. Thuilii ... Accesserunt in fine Federici Morelli... corollaria et monita ad eadem emblemata... Patavii [Padova]: P. P. Tozzius 1621. 4⁰. [Darin: „Praefatio" S. VII–XII.]
→ s. auch: MINOS, Claudius (= Nr. 386).

444 dalla TORRE, Giovanni: Dialogo della giostra fatta in Trivigi l'anno MDXCVII. Descritta per G. Dalla Torre... Ove s'hanno diversi ingeniosi, & piacevoli discorsi intorno alla dechiaratione & interpretatione delle livree, imprese, & motti si ciascuno de' cavalieri. Con un sommario d'un' altra notabilissima giostra fatta l'anno MCCCCLXXXI... Trivigi: Evangelista Dehuchino 1598. 4⁰.

445 TREVISANI, Cesare [da Carteceto]: La impresa di M. C. Trevisani amplamente da lui stesso dicchiarata et all'Ill. mo Signore Alessandro Aragona d'Appiano prencipe di Piombino indirizzata. [Hrsg. von L. Malatesta.] Genova: Antonio Bellone 1569. 4⁰.

446 TYPOTIUS, Jacobus [TYPOETS, J.]: Symbola divina et humana pontificum, imperatorum, regum. Accessit brevis et facilis Isagoge J. Typotii... [3 Bde. in 1 Bd.] (Pragae 1601–1603.) 2⁰.
[Bd. 1 hat auf dem Titelbild: „Ex musaeo Octavii de Strada [d. Ä.] civis Romani. S. C. M.

sculptor Egidius Sadeler excu. Pragae. 1601." – Bd. 2 mit eigenem Titel: Symbola varia diversorum principum sacrosanc. Ecclesiae et Sacri Imperii Romani, cum uberrima Isagoge Jac. Typotii... (Titelbild: ...„Ex musaeo Octavii de Strada..."). –
Bd. 3 mit eig. Titel: Symbola varia diversorum principum cum facili Isagoge D. Anselmi de Boodt... (Titelbild: „... Ex musaeo Octavii de Strada...").] – Id. opus, [3 Bde. in 1 Bd.] Francofurti: G. Schönwetter 1612. 2⁰. – Id. op., Francofurti: G. Tampachius 1613. 2⁰. – Id. op., Francofurti: G. Schönwetter 1642. 2⁰ und ibid. 1652. 2⁰. – Neuauflage von Bd. 1 u. d. T.: Symbola divina et humana pontificum ... Ex musaeo Octavii de Strada [d. Ä.] civis Romani. Accessit brevis et facilis Isagoge Jac. Typotii. Arnhemiae [Arnheim]: Joan. Frid. Hagius 1666. 12⁰. – Bd. 1 ibid. 1679. 12⁰. – Id. op., Amstelodami: Y. Haring 1690. 12⁰. – Neuauflage von Bd. 2 u. d. T.: Symbola varia diversorum principum sacrosanc. Ecclesiae et Sacri Imperii Romani ... Arnhemiae: Joan. Frid. Hagius 1679. 12⁰. – Id. op., Amstelaedami: Y. Haring 1686. 12⁰.

447 – De hierographia. Pragae: [Verlag nicht feststellbar!] 1618. 12⁰. [Nicht verifizierbar!]

448 UHSE, Erdmann: Wohl-informirter Redner, worinnen die Oratorischen Kunst-Griffe vom kleinesten bis zum grösten, durch kurtze Fragen und ausführliche Antwort vorgetragen werden. Die fünfte Aufflage, an vielen Orten verbessert... Leipzig: Friedrich Groschuff 1712. 12⁰. – Repr. Kronberg Ts.: Scriptor Verlag 1974. [Darin S. 60 über Emblemata (rein formal).]

449 VAENIUS, Otho [van VEEN, Otto]: Othonis Vaenii Emblemata Horatiana, imaginibus in aes incisis atque latino, germanico, gallico et belgico carmine illustrata. Amstelaedami: H. Wetstenius 1684. 8⁰. [Darin: „Voorreeden op de zinnebeelden uyt Horatius" von Antonis Jansen van der Goes.]

450 VALERIANO BOLZANI, Giovanni Pierio: Joannis Pierii Valeriani Hieroglyphicorum, ex sacris Aegyptiorum literis, libri octo. Florentiae [Florenz]: [ohne Verlagsangabe] 1556. 2⁰. – Id. opus u. d. T.: ...Hieroglyphica, sive de sacris Aegyptiorum literis commentarii ... Habes in hisce commentariis non solum variarum historiarum numismatum veterumque inscriptionum explicationem, verumetiam praeter Aegyptiaca et alia pleraque mystica, tum locorum communium ingentem magna cum oblectatione sylvam, tum sacrarum literarum, in quibus haud raro et Christum ipsum et apostolos prophetasque hujusmodi locutionibus usos fuisse videmus, exquisitam interpretationem, ut sane non temere Pythagoram, Platonem aliosque summos viros ad Aegyptios doctrinae gratia profectos intelligas: quippe cum hieroglyphice loqui nihil aliud sit quam divinarum humanarumque rerum naturam aperire. Basileae [Basel]: (Isengrinus) 1556. 2⁰. – Erweiterte Neuausgabe u. d. T.: Hieroglyphica, sive de sacris Aegyptiorum aliarumque gentium literis commentarii Jo. Pierii Valeriani Bolzanii ... a Caelio Augustino Curione duobus libris aucti et multis imaginibus illustrati... [Titelangaben weiter wie bei der Ausg. Basel 1556.] Basileae [Basel]: Thomas Guarinus 1567. 2⁰. – Id. opus, eodem titulo. Basileae: Thom. Guarinus 1575. 2⁰. [= Unveränd. Titelauflage der Ausg. 1567.] – Id. op. u. d. T.: Hieroglyphica ... summa cum industria exarati et in libros quinquaginta octo redacti, quibus etiam duo alii ab eruditissimo viro [sc. C. A. Curione] sunt annexi. Haec postrema omnium editio, praeter iconas et varia numismata affabre elaborata, non solum variarum historiarum ... monimenta continet, verum etiam praeter Aegyptiaca ... locorum communium ... sylvam... [etc.] Accessere nunc primum perutiles ad marginem annotationes nunquam hactenus excusae.. Lugduni [Lyon]: Paulus Frelon 1602. 2⁰. [3 Teile in 1 Bd.] – Id. opus, Hieroglyphica ... in libros quinquaginta octo redacti: quibus etiam duo alii ... sunt annexi... cum indice gemino. Venetiis: Joan. Antonius & Jacobus de Franciscis 1604. 2⁰. [3 Teile in 1 Bd.] – Id. opus, Hieroglyphica ... nunc primum vero ... auctarii loco subjuncta sint Hieroglyphicorum Collectanea... Haec postrema ... editio ... variarum historiarum ... monimenta continet ... [Hrsg. von A. Pissevin; 3 Teile in 1 Bd.] Lugduni [Lyon]: P. Frelon 1610. 2⁰. – Erweiterte Neuausgabe: Hieroglyphica, sive de sacris Aegyptiorum aliarumque gentium literis, commentariorum libri LVIII. cum duobus aliis ab eruditissimo viro [i. e. C. A. Curione] annexis. Accesserunt loco auctarii, Hieroglyphicorum collectanea... Horapollinis item hieroglyphicorum libri duo, ex postrema Davidis Hoeschelii correctione... Editio novißima, annotationibus ad marginem ac indicibus necessariis, adornata; emendata, & locupletata. Francofurti ad Moenum: Antonius Hieratus & Erasmus Kempffer 1614. 4⁰. [Die „Hieroglyphicorum Collectanea" folgen mit eigenem Titelblatt: Hieroglyphicorum Collectanea, ex veteribus et neotericis descripta, in sex libros, ordine alphabetico digesta; et nunc primum Jo. Pierii Valeriani... Hieroglyphicorum libris addita. Francofurti: Officina typographica Erasmi Kempfferi, sumptibus Ant. Hierati 1613. 4⁰.] – Id. op., Hieroglyphica ... quibus additi sunt duo hieroglyphicorum libri Caelii Aug. Curionis. Eiusdem Pierii pro sacerdotum barbis declamatio et poemata varia, cum diversis hieroglyphicis collec-

taneis in sex libros ordine alphabetico dispositis et nunc diligenter expurgatis. Accesserunt in hac postrema editione Hori Apollinis Hieroglyphicorum libri duo, item hieroglyphicorum emblematumque medicorum Δωδεκάκρουνος, authore Ludovico a Casanova... Lugduni [Lyon]: P. Frellon 1626. 2⁰. [5 Teile in 1 Bd.] – Id. op., Hieroglyphica... Editio novissima... pluribus item eiusdem Pierii opusculis et tractatibus noviter locupletata... Coloniae Agrippinae [Köln]: Hierati fratres 1631. 4⁰ – Id. opus, eodem titulo. Editio ad novissimas Germaniae composita. [Hrsg. von C. Kirchner; 3 Teile in 1 Bd.] Francofurti ad Moenum: [Verlag nicht feststellbar] 1678. 2⁰. – Italienische Ausgabe u. d. T.: Ieroglifici, overo commentarii delle occulte significationi degil Egitti e d'altre nationi... Accresciuti di due libri del Sig. C. A. Curione. Et hora da varii ... leterati ... tradotti... Venetia: [G. A. & Giac. de' Franceschi?] 1602. 2⁰. – Id. opus, Venetia: [Verlag nicht feststellbar] 1625. 2⁰.
– Französische Ausgaben u. d. T.: Commentaires hiéroglyphiques, ou images des choses de Jan [!] Pierius Valerian, esquels comme en un vif tableau est ingénieusement dépeinct et représenté l'estat de plusieurs choses antiques, comme de monnoyes, médales, armes, inscriptions et devises, obélisques, pyramides et autres monimens, outre une infinité de diverses et profitables histoires, proverbes et lieux communs, avec la parfaicte interprétation des mystères d'Aegypte et de plusieurs passages de L'Escriture Saincte conformes à iceux, plus deux livres de Coelius Curio, touchant ce qui est signifié par les diverses images et pourtraits des dieux et des hommes, mis en françois par Gabriel Chappuys... Lyon: B. Honorat 1576. 2⁰. [2 Bde. in 1 Bd.] – Id. opus, Les Hiéroglyphiques de Jan Pierre Valerian, vulgairement nommé Pierius, autrement commentaires des lettres et figures sacrées des Aegyptiens et autres nations, oeuvre réduicte en cinquante huict livres ausquels sont adjoincts deux autres de Coelius Curio ... nouvellement donnez aux François par J. de Montlyard... Lyon: Paul Frellon 1615. 2⁰.

451 VAVASSEUR, François S. J.: De epigrammate liber et epigrammatum libri tres... Parisiis: Edm. Martinus 1669. Kl.-4⁰ – Id. opus, Editio auctior ... Parisiis: Edm. Martin 1672. Kl.-4⁰. – Id. op., De epigrammate liber, et epigrammatum libri quatuor. Aucta libro editio. Parisiis: Edm. Martin 1678. 8⁰.

452 VERANI, Gaetano Felice OTheat.: Pantheon argutae elocutionis omnia politioris litteraturae genera complectens, in decem libros distributum; in quorum primis septem, ea omnia, quae oratorem perficiunt facili ac nova methodo explanantur; & ad quamlibet Rhetoricam praeceptionem subjicitur praxis accomodata praesentis saeculi eruditioni. In octavo dilucidantur regulae conficiendi argutias... In nono expenditur lapidaria elocutio... In decimo ... comprehenditur symbolica elocutio, & agitur de symbolis, emblematibus, ac phrenoschematibus... Messanae [Messina]: Jacobus Matthaeus 1670. 4⁰. [Erstausgabe; v. a. S. 625–704: Lib. X. De symbolica elocutione hoc est de symbolis, emblematibus, ac phrenoschematibus.] – Id. opus, Augustae Vindelicorum et Francofurti: J. C. Bencard 1684. Bd. 1. 2. – Id. op., [Ausgabe letzter Hand u. d. T.:] Pantheon argutae elocutionis, et omnigenae eruditionis selectiori extructum [!] Atticismo ... Opus duobus tomis digestum. Tomus primus. Novem comprehendens libros, in quorum primis septem singula, quae pertinent ad eruditionem oratoriam, & concionatoriam facili, ac dilucida methodo donantur explicatu. In octavo aperiuntur fontes, e quibus scaturiunt argutiae oratoriae. Et in nono exhibentur argutiae morales concionatoriae... Editio tertia auctior & emendatior... Bd. 1. 2. Augustae Vindelicorum [Augsburg] & Francofurti: Jo. Caspar Bencard 1712. 2⁰. [Bd. 2 mit eigenem Titelblatt:] Pantheon argutae elocutionis ... Tomus secundus complectens, quae pertinent ad universam eruditionem poeticam, mythicam, iconicam, lapidariam, et symbolicam. Agiturque de Hieroglyphicis, Emblematis [!], Symbolisque heroicis... Editio tertia auctior & emendatior... Augustae Vindelicorum [Augsburg] et Francofurti: Jo. Caspar Bencard 1712. 2⁰. [V. a. Bd. 2, S. 20a–27a: Epigramm; S. 299–387: Hieroglyphica, Emblemata, Phrenoschemata, Symbola.]

453 VERNULAEUS, Nicolaus [de VERNULZ, Nicolas]: ...Imperatorum Symbola praeclaris regum, principumque nec-non variorum scriptorum exemplis. Quibus accedit Commentarius in Andreae Alciati Emblemata usque ad Emblema XV. Omnia nunc primum edita. [Lovanii (Louvain):] Judocus Coppenius [1650]. 4⁰.

454 VICO, Giovanni Battista [auch: Giambattista]: La scienza nuova. [Historisch-kritische Ausgabe] In: G. B. Vico, Opere. A cura di Giovanni Gentile e Fausto Nicolini. Bd. 1–8. Bari: Laterza 1911–1941.
Bd. 3: La scienza nuova prima, con la polemica contro gli 'Atti degli eruditi' di Lipsia. A cura di F. Nicolini. 1931. (= Scrittori d'Italia. 11.)
Bd. 4, 1–2: La scienza nuova, giusta l'edizione del 1744. Con le varianti dell'edizione del 1730, e di due redazione intermedie inedite. A cura di F. Nicolini. 1928. (= Scrittori d'Italia. 112–113.)

455 VOSSIUS, Gerardus Joannes [VOS, Gerrit Janszoon]: ...Poeticarum institutionum, libri tres. Amstelo-

dami [Amsterdam]: Ludov. Elzevirius 1647. 4⁰. [V.a.S. 98–117: über das Epigramm.]

456 WAGENSEIL, Johann Christoph: Exercitationes sex varii argumenti. Altdorfii Noricorum: J.H. Schönnerstaedt 1687. 4⁰. [Darin: „Exercitatio prima. Commonstrans par symbolorum heroicorum quae Galli devices, Itali imprese vocant, quibus ad summam perfectionem nihil valde deest".] – Id. opus, Editio altera. Altdorfii Noricorum: J.W. Kolesius 1697. 4⁰.

457 – De hystrice Ludovici XII. et Wagenseilianis duobus symbolis [22 S.]. In: Georg Christian GEBAUER, Anthologicarum dissertationum liber, cum nonnullis adoptivis et brevi Gelliani et anthologici collegiorum Lipsiensium historia. Lipsiae [Leipzig]: Caspar Fritsch 1733. 8⁰.

458 WALLENIUS, Daniel A. [Respondens]: ...Ex consensu & adprobatione amplissimi ordinis philosophici in illustri Sueon. quod Upsal.[iae] est, Athenaeo; praeside viro celeberrimo Dn. Joanne Bilberg..., Diatribam de Emblematis, publico candidorum examini, exercitationis gratia submittit Daniel A. Wallenius... In Audit.[orio] Gustaviano majore ad IV. Non. Junias, MDCLXXXV. [1685.] Holmiae [Stockholm]: Nicolaus Wankjff... (1685). 8⁰.

459 Comte WAROQUIER de MÉRICOURT de LA MOTHE de COMBLES, Louis-Charles: Traité des devises héraldiques, de leur origine et de leur usage, avec un recueil des armes de toutes les maisons qui en portent, ensemble un recueil des faits qui leur sont particuliers et qui ne sont point encore connus; ouvrage enrichi de gravures, le tout pour servir d'introduction à l'État de la France... [Teil 1. 2.] Paris: Chez L'auteur, impr. Veuve Duchesne 1783–1784. 12⁰.

460 WEIDLING, Christian: Emblematische Schatz-Kammer, welche einen sehr grossen Reichthum der aller angenehmsten Sinn-Bilder, so wohl aus raren Schrifften, als vornehmlich aus Königlichen und Fürstl. Cabinetten, Kirchen, Palatiis, Gärten, Castris Doloris ... Geistlichen und Politischen Rednern... nach einer sehr angenehmen Ordnung praesentiret, nebst einer Anweisung, solche in Reden, Predigten etc. nützlich anzuwenden. Bd. 1. 2. Leipzig: Christoph Heydler 1702. 4⁰.

461 – Emblematischer Lob- und Trauer-Redner welcher nicht nur gründliche Anleitung giebet nach unterschiedenen Arten durch anmuthige Sinnbilder glücklich zu parentieren; sondern auch einen sehr großen Vorrath von emblematischen Dispositionibus und Elaborationibus auff alle Arten derer Personen und Fälle des Todes communiciret... Leipzig: Fritsch 1706. 8⁰. [Zuerst 1698(?)].

462 WEITENAUER, Ignatius S.J.: Miscella literarum humaniorum. Bd. 1. 2. Augustae Vindelicorum [Augsburg] & Friburgi Brisgoiae: I. & A. Wagner 1752–1753. 8⁰. [Bd. 2, S. 400ff.: „De symbolis et emblematis".]

463 van WESEL, Jacobus [Verleger]: Essay d'un Dictionnaire... Wesel 1700. →s. de LA FEUILLE, Daniel (=Nr. 340).

464 WINCKELMANN, Johann Joachim: Versuch einer Allegorie besonders für die Kunst. Dresden: Walther 1766. 4⁰. – Wieder in: J.J. Winckelmann, Sämtliche Werke. Hrsg. von Joseph Eiselein. Bd. 9, Donauöschingen[!]: Verlag deutscher Classiker 1825, S. 1–270. – Repr. der Erstausgabe in: J.J. Winckelmann, Kunsttheoretische Schriften. Bd. 4. Baden-Baden [etc.]: Heitz 1964. (= Studien zur deutschen Kunstgeschichte. 339.)

465 WINCKLER, Adam Friedrich und Christoph Wilhelm LOEBER: Dissertatio academica de emblematibus. Jenae 1704. [Nicht verifizierbar!]

466 WITHER, George: A collection of emblemes, ancient and moderne: Quickened with metricall illustrations, both moral and divine: and disposed into lotteries, that instruction, and good counsell, may be furthered by an honest and pleasant recreation. ... The first booke. London: Printed by A.[ugustine] M.[athewes] for Robert Milbourne [Angabe des Verlegers variiert; auch: for Henry Taunton; for Robert Allot; for R. Royston; for John Grismond]. 1635. 2⁰. – [Buch 2 und 3 haben ein eigenes Titelblatt:] A collection of emblemes ... the second [analog: the third] booke. London: Aug. Mathewes 1634 [!]. 2⁰. – Repr. Menston (Engl.): Scholar Press 1968. (= English emblem books. 12.)

467 WOYT(T), Laurentius Wolfgang: M.L.W. Woyttens Emblematischer Parnassus; worauf die Musen, ihre Blumen-Lese zu allerhand Freuden und Trauer-Kräntzen halten ... in einem Gefilde von funffzehen Hundert ... in Kupfer gestochenen ... Sinn-Bildern ... dargestellt und ausgefertigt. [Nebst: M.L.W. Woyttens Moralische Applicationes zu seinem Emblematischen Parnasso ... [etc.].] Teil 1–3. Augspurg: Jeremias Wolff 1727, 1728 und 1730. 4⁰.

468 ZEDLER, Johann Heinrich [Verleger]: Art. „Sinnbild". In: Grosses vollständiges Universal-Lexicon aller Wissenschafften und Künste... Bd. 37, Leipzig und Halle: J.H. Zedler 1743, Sp. 1690–1691.

469 ZINCGREF(F), Julius Wilhelm: Emblematum ethico-politicorum centuria Julii Guilielmi Zincgrefii. Coelo Matthaei Meriani. [Francofurti:] Johann Theodor de Bry [gedruckt Heidelberg:

Voegelin] 1619. 4⁰. [Darin: „Praefatio de origine et usu emblematum".] → Zincgr. (Beschreibung der benutzten Emblembücher).
– Id. opus, Editio secunda. Francofurti: [J. Th. de Bry (?)] 1624. 4⁰.

– Id. opus, Editio ultima, auctior et emendatior, annexo indice. Heidelbergae: Clemens Ammonius & Adrianus Wyngaerden 1666. 4⁰.

BIBLIOGRAPHIE ZUR EMBLEMFORSCHUNG

IV. Neuere Studien zur Vor- und Entwicklungsgeschichte der Emblematik

1. Hieroglyphik und Horapollo

470 Allen, Don Cameron: The predecessors of Champollion. In: Proceedings of the American Philosophical Society [Philadelphia (Penns.)] 104 (1960), 527–547.

471 Boas, George: The Hieroglyphics of Horapollo. Translated by G. Boas. (New York:) Pantheon Books (1950). (= Bollingen Series. 23.).

472 Burger, Combertus Pieter: Het hieroglyphenschrift van de Renaissance. In: Het Boek [Den Haag] 13 (1924), 273–300.

473 Chalmers, Gordon K.: Hieroglyphs and Sir Thomas Browne. In: Virginia Quarterly Review [Charlottesville (Va.)] 11 (1935), 547–560.

474 Chastel, André: Note sur le sphinx à la Renaissance. In: Umanesimo e simbolismo. Atti del IV Congresso internazionale di studi umanistici. Venezia, 19–21 settembre, 1958. A cura di Enrico Castelli. (Centro internazionale di studi umanistici. Roma.) Padova: C.E.D.A.M. 1958, S. 179–182. (= Archivio di Filosofia 1958, [Heft] 2–3.) [Über die Sphinx als Silentium-Sinnbild.]

475 Dacos, Nicole: La découverte de la Domus Aurea et la formation des grotesques à la Renaissance. London: Warburg Institute, Univ. of London; Leiden: E. J. Brill 1959. (= Studies of the Warburg Institute. 31.) [Mit 114 S. Abb.]

476 David, Madeleine V.: Le débat sur les écritures et l'hiéroglyphe aux XVIIe et XVIIIe siècles et l'application de la notion de déchiffrement aux écritures mortes. Paris: S.E.V.P.E.N. 1965. (= Bibliothèque générale de l'École pratique des hautes études, Paris. VIe section.)

477 Dieckmann, Liselotte: The metaphor of hieroglyphics in German Romanticism. In: Comparative Literature [Eugene (Oreg.)] 7 (1955), 306–312.

478 – Renaissance hieroglyphics. In: Comparative Literature [Eugene (Oreg.)] 9 (1957), 308–321.

479 – A forgotten alchemist. Le Livre des Figures Hiéroglyphiques de Nicolas Flamel, écrivain. In: Festschrift für Bernhard Blume. Aufsätze zur deutschen und europäischen Literatur. Hrsg. v. Egon Schwarz [u.a.]. Göttingen 1967, S. 29–41.

480 – Hieroglyphics. The history of a literary symbol. St. Louis (Miss.): Washington Univ. Press (1970).

481 Énel [d.i. Skariatin, Mikhail Vladimirovitch:] La langue sacrée. Nouvelle édition. Paris: G.-P. Maisonneuve et Larose 1968. [U.a. über Hieroglyphen. – Die Auflösungen des Pseudonyms bei M. Lurker, Bibliographie zur Symbolkunde (V. Skariabine) und im bibliographischen Periodikum ‚Biblio‘ 1969 (Léon Zboromirsky) sind falsch!]

482 Frhrr. von Erffa, Hans Martin: Grus vigilans. Bemerkungen zur Emblematik. In: Philobiblon [Hamburg] 1 (1957), 286–308.

483 Erman, Adolf: Die Hieroglyphen. Berlin, Leipzig: G. J. Göschen 1912. (= Sammlung Göschen. 608.) – Neuauflagen: Ibid. 1917. – Berlin und Leipzig: W. de Gruyter 1923.

484 Giehlow, Karl: Die Hieroglyphenkunde des Humanismus in der Allegorie der Renaissance, besonders der Ehrenpforte Kaisers [!] Maximilian I. Ein Versuch. Mit einem Nachwort von Arpad Weixlgärtner. In: Jahrbuch der kunsthistorischen Sammlungen des Allerhöchsten Kaiserhauses [Wien; Leipzig] Bd. 32 [Teil I], H. 1 (1915), S. 1–232. [Mit 3 Taf. u. 124 Textabb.]

485 Haupt, Karl: Die Renaissance-Hieroglyphik in Kaiser Maximilians Ehrenpforte. In: Philobiblon [Hamburg] 12 (1968), 253–267.

486 Hubala, Erich: Art. „Egypten" [!]. In: RDK Bd. 4, Stuttgart [1955–]1958, Sp. 750–775. [Passim; v.a. Abschn. III: Hieroglyphen und Hieroglyphik, Sp. 754–755.]

487 Iversen, Erik: Hieroglyphic studies of the Renaissance. In: The Burlington Magazine [London] 100 (1958), 15–21. [Mit 11 Abb. auf 2 Taf.]

488 – Renaissances hieroglyfstudier fra Horapollon til Du Cerceau. In: Fund og Forskning i det Kongelige Biblioteks Samlinger [København] 5/6: 1958/59 (1959), 129–143.

489 – The myth of Egypt and its hieroglyphs in European tradition. Kopenhagen: Gad 1961. [Mit 24 Taf.]

490 Jacoby, Adolf und Wilhelm Spiegelberg: Der Frosch als Symbol der Auferstehung bei den Aegyptern. In: Sphinx [Uppsala] 7 (1903), 215–228; ibid. 8 (1904), 78–79 [= Nachschrift].

491 Jöns, Dietrich Walter: Das ‚Sinnen-Bild‘. Studien zur allegorischen Bildlichkeit bei Andreas Gryphius. Mit 18 Abbildungen. Stuttgart: J. B. Metzler (1966). (= Germanistische Abhandlungen. 13.) [V.a. 1. Kap.: „Emblematik, Hieroglyphik und Allegorese" (S. 3–58.)]

492 LENORMANT, Charles: Recherches sur l'origine, la destination chez les anciens et l'utilité actuelle des ‚hiéroglyphiques' d'Horapollon. Paris: Impr. de Bourgogne et Martinet 1838 (= Université de France. Académie de Paris, Faculté des lettres. Thèse pour le doctorat. [III, 28 S.])

493 LEVI, David: Il simbolismo nell' antico Egitto e l'idea ebraica. Pitigliano: [Verlag?] [1896].

494 MORENZ, Siegfried: Die Begegnung Europas mit Ägypten. Mit einem Beitrag von Martin Kaiser: Herodots Begegnung mit Ägypten. Berlin (DDR): Akademie-Verlag 1968. (= Sitzungsberichte der Sächsischen Akademie der Wissenschaften zu Leipzig. Philol.-histor. Klasse. Bd. 113, Heft 5.) [Mit 20 Taf.]

495 PANOFSKY, Erwin: Canopus Deus. The iconography of a nonexistent god. In: Gazette des Beaux-Arts [Paris] 6. Pér., 57 (1961), 193–216.

496 REICHENBERGER, Kurt: Ein Emblem des Horapollo und seine Spiegelungen in der französischen Literatur des 16. Jahrhunderts. In: Orbis Litterarum [Kopenhagen] 18 (1963), 155–161.

497 ROEDER, Günter: Art. „Horapollon". In: Pauly/Wissowa, Realencyclopädie der classischen Altertumswissenschaft. Neue Bearbeitung. Bd. 8, 2. Stuttgart 1913, Sp. 2313–2319.

498 SBORDONE, Francesco: [Einleitung zu:] Hori Apollinis Hieroglyphica. Saggio introduttivo, edizione critica del testo e commento. Napoli: L. Loffredo 1940, S. VII–LXVI.

499 SCHENCK, Eva-Maria: Das Bilderrätsel. Phil. Diss. Köln 1968. – Buchausgabe: Hildesheim, New York: G. Olms 1973.

500 SEZNEC, Jean: Un essai de mythologie comparée au début du XVIIe siècle. In: Mélanges d'archéologie et d'histoire [Paris] 48 (1931), 286–281. [U. a. über Hieroglyphik.]

SPIEGELBERG, Wilhelm: → s. JACOBY, Adolf (= Nr. 490).

501 TIETZE-CONRAT, Erika: Ein Beitrag zur Ikonographie der Renaissance. In: Münchner Jahrbuch der bildenden Kunst N. F. 8 (1931), 189–192. [Mit 3 Abb.; über Hieroglyphik und Horapollo.]

502 VOLKMANN, Ludwig: Bilder-Schriften der Renaissance. Hieroglyphik und Emblematik in ihren Beziehungen und Fortwirkungen. (Zum 100-jährigen Gedenken der Entzifferung der Hieroglyphen.). Leipzig: K. W. Hiersemann 1923. (= Veröffentlichungen des deutschen Vereins für Buchwesen und Schrifttum.). – Repr.: Nieuwkoop: B. de Graaf 1962.

503 – Hieroglyphik und Emblematik bei Giorgio Vasari. In: Werden und Wirken. Ein Festgruß Karl W. Hiersemann zugesandt am 3. September 1924 zum 70. Geburtstag und vierzigjährigen Bestehen seiner Firma. Hrsg. von Martin Breslauer und Kurt Koehler. Leipzig, Berlin: K. F. Koehler 1924, S. 407–419.

504 – Von der Bilderschrift zum Bilderrätsel. In: Zeitschrift für Bücherfreunde [Leipzig] N. F. 18 (1926), 65–82.

Vgl. → Nr. 20a. 175. 182. 1021. 1065. 1175. 1201. 1251. 1252. 1258. 1259. 1384. 1388. 1398. 1676. 1743. 1771. 1844. 2166. 2187. 2260. 2261. 2270. 2293.

2. ANTIKE UND MITTELALTERLICHE TRADITIONEN

a) PROBLEMATA VARIA

505 d'ANCONA, Paolo: L'uomo e le sue opere nelle figurazione italiane del Medioevo. (Miti, allegorie, legende.) Firenze: La Voce 1923.

506 AUERBACH, Erich: Figura. In: Archivum Romanicum [Firenze] 22 (1939), 436–487. – Wieder in: E. Auerbach, Gesammelte Aufsätze zur romanischen Philologie. Hrsg. von Fritz Schalk und Gustav Konrad. Bern, München: Francke (1967), S. 55–92.

507 BALTRUŠAITIS, Jurgis: Anamorphoses ou perspectives curieuses. Paris: Olivier Perrin [1955]. (= Collection Jeu Savant. 2.)

508 BERNHEIMER, Richard: Wild men in the Middle Ages. A study in art, sentiment, and demonology. Cambridge (Mass.): Harvard Univ. Press 1952.

509 von BLANKENBURG, Wera: Heilige und dämonische Tiere. Die Symbolsprache der deutschen Ornamentik im frühen Mittelalter. Leipzig: Koehler & Amelang 1943. – Id. opus, 2. Auflage [= Reprint!] Köln: Wienand 1975.

510 COVI, Dario Allesandro: The inscription in fifteenth century Florentine painting. Phil. Diss. New York: N. Y. Univ., Graduate School 1958. [Bibliographie in Bd. 2, S. 299–351.]

511 DANIÉLOU, Jean: Sacramentum futuri. Études sur les origines de la typologie biblique. Paris: Beau-

512 – Les symboles chrétiens primitifs. Paris: Éditions du Seuil 1961.

513 – Liturgie und Bibel. Die Symbolik der Sakramente bei den Kirchenvätern. (Deutsch von Lioba Kuntz [u.a.]) München: Kösel (1963). [Bibliographie S. 387–396.]

514 DEONNA, Waldemar: L'ex-voto de Cypsélos à Delphes: le symbolisme du palmier et des grenouilles. In: Revue de l'Histoire des Religions [Paris] 139 (1951), 162–207 und 140 (1951), 5–58.

515 DÖRRIE, Heinrich: Spätantike Symbolik und Allegorese. In: Frühmittelalterliche Studien [Münster] 3 (1969), 1–12.

516 FLEMMING, Johanna: Der Lebensbaum in der altchristlichen, byzantinischen und byzantinisch beeinflußten Kunst. Phil. Diss. Jena 1964. [Masch.]

517 FREYTAG, Hartmut: „Quae sunt per allegoriam dicta". Das theologische Verständnis der Allegorie in der frühchristlichen und mittelalterlichen Exegese von Gal 4, 21–31. In: Verbum et Signum. (Friedrich Ohly zum 60. Geburtstag überreicht 10. Januar 1974.). Hrsg. von Hans Fromm, Wolfgang Harms, Uwe Ruberg. Bd. 1, München: W. Fink (1975), S. 27–44.

518 GIESE, Wilhelm: Zum „wilden Mann" in Frankreich. In: Zeitschrift für französische Sprache und Literatur [Mainz] 56 (1932), 491–497.

519 GREENE, David Mason: Mediaeval backgrounds of the Elizabethan emblem-book. Phil. Diss. Berkeley (Cal.): University of California 1958. [Bibliographie Bl. 283–316.]

520 HARMS, Wolfgang: Reinhart Fuchs als Papst und Antichrist auf dem Rad der Fortuna. In: Frühmittelalterliche Studien [Münster] 6 (1972), 418–440. [Dazu: Taf. L–LII.]

521 HOEFER, Hartmut: Typologie im Mittelalter. Zur Übertragbarkeit typologischer Interpretation auf weltliche Dichtung. Göppingen: A. Kümmerle 1971. (= Göppinger Arbeiten zur Germanistik. 54.)

522 HÖLTGEN, Karl Josef: Arbor, scala und fons vitae. Vorformen devotionaler Embleme in einer mittelenglischen Handschrift (B.M. Add. MS. 37049). In: Chaucer und seine Zeit. Symposion für Walter F[ranz] Schirmer. Hrsg. von Arno Esch. Tübingen 1968, S. 355–391. (= Buchreihe der Anglia. 14.).

523 HUIZINGA, Johan: Herfsttij der middeleeuwen. Studie over levens- en gedachtenvormen der veertiende en vijftiende eeuw in Frankrijk en de Nederlanden. Haarlem: H.D. Tjeenk Willink & Zoon 1919. – Deutsche Übersetzung von T.J. Mönckeberg u. d. T.: Herbst des Mittelalters. Studien über Lebens- und Geistesformen des 14. und 15. Jahrhunderts in Frankreich und in den Niederlanden. München: Drei-Masken-Verlag 1924. – Inzwischen in 10. Aufl.. Hrsg. von Kurt Köster. Stuttgart: A. Kröner 1969. (= KTA. 204.)

524 – Homo ludens. Vom Ursprung der Kultur im Spiel. (Aus dem Niederländischen übertragen von H. Nachod.) Reinbek bei Hamburg: Rowohlt 1956 [u. ö.]. (= rde. 21.) [passim, v. a. S. 173–177.]

525 von IVÁNKA, Endre: Plato christianus. Übernahme und Umgestaltung des Platonismus durch die Väter. Einsiedeln: Johannes Verlag (1964).

526 JAUSS, Hans Robert: Form und Auffassung der Allegorie in der Tradition der Psychomachia (von Prudentius zum ersten ‚Romanz de la Rose'). In: Medium Aevum Vivum. Festschrift für Walther Bulst. Hrsg. von H.R. Jauss und Dieter Schaller. Heidelberg: C. Winter 1960, S. 179–206.

527 KANTOROWICZ, Ernst H[artwig]: On transformations of Apolline ethics. In: Charites. Studien zur Kunstwissenschaft. [Festschrift für Ernst Langlotz.] Hrsg. von Konrad Schauenburg. Bonn: Athenäum 1957, S. 265–274. [Mit 9 Abb. auf 3 Taf.]

528 – Laudes regiae. A study in liturgical acclamations and mediaeval ruler worship ... With a study of the music of the ‚Laudes' and musical transcriptions, by Manfred F. Bukofzer. Berkeley, Los Angeles: University of California Press 1958. (= University of California Publications in History. 33.)

529 KATZENELLENBOGEN, Adolf [Edmund Max]: Allegories of the Virtues and Vices in mediaeval art from early Christian times to the thirteenth century. (Translated by Alan J.P. Crick.) London: The Warburg Institute 1939. (= Studies of the Warburg Institute. 10.) – Repr. New York: W.W. Norton 1964. (= The Norton Library. N 243). [Mit 48 Taf.]

530 KOLB, HERBERT: Der Hirsch, der Schlangen frißt. Bemerkungen zum Verhältnis von Naturkunde und Theologie in der mittelalterlichen Literatur. In: Mediaevalia litteraria. Festschrift für Helmut de Boor zum 80. Geburtstag. Hrsg. von Ursula Hennig und Herbert Kolb. München: C.H. Beck (1971), S. 583–610.

531 KURDZIAŁEK, Marian: Der Mensch als Abbild des Kosmos. In: Miscellanea Mediaevalia [Berlin, New York] 8 [Heftthema: Der Begriff der Repraesentatio im Mittelalter.] (1971), 35–75.

532 LACROIX, Paul [Pseud.: Bibliophile Jacob]: Sciences et lettres au Moyen Âge et à l'epoque de la Renaissance... Ouvrage illustré de treize chromolithographies exécutées par Compère, Daumont, Pralon et Werner et de 400 gravures sur bois. Paris: Firmin-Didot & Cie. 1877. – Engl. Übers. u. d. T.: Science and literature in the Middle Ages and at the period of the Renaissance... Illustrated with 13 chromolithographic prints by F. Kellerhoven and upwards of 400 engravings on wood. London: Bickers & Son; New York: D. Appleton & Co. 1878. – Repr. der engl. Ausgabe von 1878: New York: F. Ungar Publ. Comp. (1964). [Darin S. 296-324: „Heraldic science"; S. 325-344: „Proverbs" (Impresen!)]

533 LADENDORF, Heinz: Antikenstudium und Antikenkopie. Vorarbeiten zu einer Darstellung ihrer Bedeutung in der mittelalterlichen und neueren Zeit. Berlin (DDR): Akademie-Verlag 1953. (= Abhandlungen der Sächsischen Akademie der Wissenschaften zu Leipzig. Philos.-histor. Klasse. 46, 2.) [Mit 50 Taf.]

534 – Das Labyrinth in Antike und neuerer Zeit. In: Jahrbuch des deutschen archäologischen Instituts. Archäologischer Anzeiger [Berlin] 1963, Sp. 761-796. [Mit 17 Abb.]

535 LEFFTZ, Joseph: Die wilden Leute im Elsaß. In: Elsaß-Land [Colmar] 12 (1932), 237-241.

536 MEAD, George Robert Stow: Thrice-Greatest Hermes. Studies in hellenistic theosophy and gnosis. Being a translation of the extant sermons and fragments of trismegistic literature, with prolegomena, commentaries, and notes. Bd. 1-3. London, Benares: Theosophical Publishing Society 1906. – Repr. London: Watkins 1949.

537 MESSELKEN, Hans: Die Signifikanz von Rabe und Taube in der mittelalterlichen deutschen Literatur. Ein stoffgeschichtlicher Beitrag zum Verweisungscharakter der altdeutschen Dichtung. Phil. Diss. Köln 1965.

538 MÖLLER, Lieselotte und Christian THEUERKAUFF: Die wilden Leute des Mittelalters. Ausstellung vom 6. September bis 30. Oktober 1963. [Ausstellungskatalog.] (Hamburg: Museum für Kunst und Gewerbe 1963.) [Zur Ikonographie der ‚wilden Leute' vom 15.-18. Jh.]

539 MULERTT, Werner: Der „wilde Mann" in Frankreich. In: Zeitschrift für französische Sprache und Literatur [Mainz] 56 (1932), 69-88.

540 NAUTA, G. A.: De onderschriften der platen van de Warande der Dieren. In: Vondel-kroniek [Amsterdam] 4 (1934), 28-29.

541 OHLY, Friedrich: Vom geistigen Sinn des Wortes im Mittelalter. In: ZfdA 89 (1958/59), S. 1-23. – Id. opus, als Sonderausgabe: Darmstadt: Wiss. Buchgesellschaft 1966. (= Reihe „Libelli". 218.).

542 – Synagoge und Ecclesia. Typologisches in mittelalterlicher Dichtung. In: Miscellanea Mediaevalia [Berlin] 4: Judentum im Mittelalter (1966), 350-369.

543 – Probleme der mittelalterlichen Bedeutungsforschung und das Taubenbild des Hugo de Folieto. In: Frühmittelalterliche Studien [Münster] 2 (1968), 162-201. [Darin zum Emblem v. a. S. 190 mit Anm. 55.]

544 – Die Kathedrale als Zeitenraum. Zum Dom von Siena. In: Frühmittelalterliche Studien [Münster] 6 (1972), 94-158.

545 PATCH, Howard Rollin: The tradition of the goddess Fortuna in medieval philosophy and literature. Northampton (Mass.): Smith College (1922). (= Smith College Studies in Modern Languages. III, 4.) [Bibliographie S. 231-235.] – Ebenfalls: Paris: E. Champion 1922.

546 – The goddess Fortuna in mediaeval literature. Cambridge (Mass.): Harvard University Press 1927. [Bibliographie S. 181-200.]

547 PICKERING, F[rederick] P[ickering]: Literatur und darstellende Kunst im Mittelalter. (Berlin:) E. Schmidt (1966). (= Grundlagen der Germanistik. 4.)

548 RAHNER, Hugo: Die Weide als Symbol der Keuschheit in der Antike und im Christentum. In: Zeitschrift für katholische Theologie [Wien] 56 (1932), 231-253.

549 – Antenna Crucis. I.: Odysseus am Mastbaum. In: Zeitschrift für katholische Theologie [Wien] 65 (1941), 123-152. [Neufassung in: H. Rahner, Symbole der Kirche. 1964, S. 237-271.]

550 – Antenna Crucis. II.: Das Meer der Welt. In: Zeitschrift für katholische Theologie [Wien] 66 (1942), 89-118. [Neufassung in: H. Rahner, Symbole der Kirche. 1964, S. 272-303.]

551 – Antenna Crucis. III.: Das Schiff aus Holz. In: Zeitschrift für katholische Theologie [Wien] 66 (1942), 196-227 und 67 (1943), 1-21. [Neufassung in: H. Rahner, Symbole der Kirche. 1964, S. 304-360.]

552 – Symbole der Kirche. Die Ekklesiologie der Väter. Salzburg: O. Müller (1964). [V. a. der Teil „Antenna Crucis" mit den Kapiteln: I: „Odysseus am Mastbaum" (S. 237-271); II: „Das Meer der Welt" (S. 272-303); III: „Das Schiff aus Holz" (S. 304-360); IV: „Das Kreuz als Mast-

baum und Antenne" (S. 361–405); V: „Das mystische Tau" (S. 406–431); VI: „Der Schiffbruch und die Planke des Heils" (S. 432–472); VII: „Das Schifflein des Petrus" (S. 473–503); VIII: „Die Arche Noe als Schiff des Heils" (S. 504–547); IX: „Die Ankunft im Hafen" (S. 548–564).]

553 – Griechische Mythen in christlicher Deutung. Gesammelte Aufsätze. Zürich: Rhein-Verlag 1945. [Mit 11 Taf.] – Unveränd. Neuaufl. Zürich: Rhein-Verlag 1957.

554 RANDALL, Lilian M. C.: A medieval slander. In: The Art Bulletin [New York] 42 (1960), 25–38. [Mit 9 Abb.]

555 RECH, Photina: Inbild des Kosmos. Eine Symbolik der Schöpfung. Bd. 1. 2. Salzburg: O. Müller (1966).

556 RITTI, Tullia: Sigle ed emblemi su i decreti onorari greci. In: Atti della Accademia Nazionale dei Lincei [Roma] 1969. Memorie: Classe di scienze morali, storiche e filologiche Ser. 8, Bd. 14 (1969) Fasc. 5, S. 257–360. [Mit 15 Taf.]

557 RÖTTINGER, Heinrich: Die Bilderbogen des Hans Sachs. Straßburg: J. H. Ed. Heitz 1927. (= Studien zur deutschen Kunstgeschichte. 247.) [Mit 17 Lichtdruck-Taf.]

558 ROSENFELD, Hellmut: Das deutsche Bildgedicht. Seine antiken Vorbilder und seine Entwicklung bis zur Gegenwart. Aus dem Grenzgebiet zwischen bildender Kunst und Dichtung. Leipzig: Mayer & Müller 1935. (= Palaestra. 199.).

559 – Die mittelalterlichen Bilderbogen und ihre Bedeutung für Literatur, Kunst und Volkskunde. In: ZfdA 85 (1954), 66–75.

560 ROSSBACH, O.: Art. „Emblema". In: Pauly/Wissowa, Realencyclopädie der classischen Altertumswissenschaft. Neue Bearbeitung. Bd. 5, 2. Stuttgart: J. B. Metzler 1905, Sp. 2487–2490. [Antiker Emblembegriff.]

561 SALZER, Anselm OSB.: Die Sinnbilder und Beiworte Mariens in der deutschen Literatur und lateinischen Hymnenpoesie des Mittelalters. Mit Berücksichtigung der patrist. Literatur. Eine literar-histor. Studie, der 42. Versammlung deutscher Philologen und Schulmänner gewidmet von dem k. k. Ober-Gymnasium der Benedictiner in Seitenstetten in Niederösterreich. Seitenstetten: Verlag des Ober-Gymnasiums 1893. [Nicht im Buchhandel ersch.] – Repr. Darmstadt: Wiss. Buchgesellschaft 1967.

562 SAXL, Fritz: A spiritual encyclopedia of the later Middle Ages. In: JWCI 5 (1942), 82–134.

563 SCHADE, Herbert: Dämonen und Monstren. Gestaltungen des Bösen in der Kunst des frühen Mittelalters. Regensburg: A. Pustet (1962). (= Welt des Glaubens in der Kunst. 2.) [Abb. S. 98–143.]

564 SCHMIDTKE, Dietrich: Geistliche Tierinterpretationen in der deutschsprachigen Literatur des Mittelalters (1100–1500). Teil 1. 2. Phil. Diss. Freie Universität Berlin 1968.
Teil 1: Text;
Teil 2: Abbildungen.

565 SCHRAMM, Percy Ernst (Hrsg.): Herrschaftszeichen und Staatssymbolik. Beiträge zu ihrer Geschichte vom 3. bis zum 16. Jahrhundert. Mit Beiträgen verschiedener Verfasser. Bd. 1–3. Stuttgart: A. Hiersemann 1954–1956. (= Schriften der Monumenta Germaniae Historica. 13.) – Unveränderter Neudruck. Stuttgart: A. Hiersemann [1973?] [Mit 179 Abb. auf 128 Taf. und 28 Textabb.]

566 – Sphaira, Globus, Reichsapfel. Wanderung und Wandlung eines Herrschaftszeichens von Cäsar bis zu Elisabeth II. Stuttgart: A. Hiersemann 1958. [Mit 291 Abb. auf 84 Taf. und 6 Textabb.]

567 SELIG, Karl Ludwig: Philostratus' ‚Imagines' and Alciati's ‚Emblemata'. In: MLN 72 (1957), 427–428.

568 SILVESTRE, Hubert: Le Ms. Bruxellensis 10147–58 (s. XII–XIII) et son „Compendium artis picturae". In: Bulletin de la Commission Royale d'Histoire [Bruxelles] 119 (1954) livre 2, S. 95–140.

569 SOLOVJEV, Alexandre V.: Les emblèmes héraldiques de Byzance et les Slaves. In: Seminarium Kondakovianum. Annales de l'Institut Kondakov [Beograd] 7 (1935), 119–164.

570 SPITZ, Hans-Jörg: Die Metaphorik des geistigen Schriftsinns. Ein Beitrag zur allegorischen Bibelauslegung des ersten christlichen Jahrtausends. München: W. Fink (1972). (= Münstersche Mittelalter-Schriften. 12.)

571 STAMMLER, Wolfgang: Wort und Bild. Studien zu den Wechselbeziehungen zwischen Schrifttum und Bildkunst im Mittelalter. (Berlin:) E. Schmidt (1962).

572 STEINMANN, Ernst: Die Tituli und die kirchliche Wandmalerei im Abendlande vom 5. bis zum 11. Jahrhundert. Erster Teil. Phil. Diss. Leipzig 1892. Leipzig: Ramm & Seemann 1892. – Vollständig erschienen unter demselben Titel: Leipzig: E. A. Seemann 1892. (= Beiträge zur Kunstgeschichte. N. F. 19.)

573 STROBEL, Werner: Eros. Versuch einer Geschichte seiner bildlichen Darstellung von ihren Anfängen

bis zum Beginn des Hellenismus. Phil. Diss. Erlangen 1953. [Masch.]

574 VOELKL, Ludwig: Zusammenhänge zwischen der antiken und der frühchristlichen Symbolwelt. In: Das Münster [München] 16 (1967) H. 7/8. S. 233–282. [Mit 92 Abb. – U.a. über Personifikationen der Elemente, Zahlensymbolik, Symbolgehalt von Fisch, Schiff(er), Anker, Leier.]

575 WANG, Andreas: Der ‚Miles Christianus' im 16. und 17. Jahrhundert und seine mittelalterliche Tradition. Ein Beitrag zum Verhältnis von sprachlicher und graphischer Bildlichkeit. Phil. Diss. Hamburg 1974. – Bern: Herb. Lang; Frankfurt a.M.: Peter Lang 1975. (= Mikrokosmos. Beiträge zur Literaturwissenschaft und Bedeutungsforschung. 1.) [Passim zur Emblematik, v.a. S. 11–13 und 57f.]

576 ZOEPFL, Friedrich: Art. „Defensorium" [= ‚Def. inviolatae virginitatis beatae Mariae', ein spätmittelalterliches typolog. Werk des Dominikaners Franz von Retz (um 1400)]. In: RDK Bd. 3, Stuttgart 1954. Sp. 1206–1218. [V.a. Abschnitt X: Die einzelnen Gleichnisse, Sp. 1212–1217.]

Vgl. → Nr. 569. 573. 583–589. 590–602. 613. 630. 631. 638. 646. 670. 1172. 1173. 1198. 1214. 1220. 1233. 1242–1244. 1246. 1263. 1269. 1277. 1287. 1296. 1362. 2169. 2185. 2207. 2208. 2229. 2230.

b) TABULA CEBETIS

577 AMEISENOWA, Zofia: Tabula Cebetis. Nieznany rysunek z XVI wieku w Bibliotece jagellońskiej. [Mit französ. Zusammenfassung. – Eine unbekannte Zeichnung der Tabula Cebetis aus dem 16.Jh. in der Jagellon. Bibliothek Kraków.] In: Biuletyn Historii Sztuki [Warszawa] 18 (1956), 476–481. [Mit 2 Abb.]

578 BOAS, M[arcus]: De Nederlandsche Cebes-Literatuur. In: Het Boek [Den Haag] 2ᵉ Reeks [van het Tijdschrift voor boek- en bibliotheekwezen] 7 (1918), 11–28.

579 – De illustratie der Tabula Cebetis. In: Het Boek [Den Haag] 9 (1920), 1–16 und 106–114.

580 BRAUN, Edmund W.: Art. „Cebestafel". In: RDK Bd. 3, Stuttgart 1954, Sp. 383–390. [Passim.]

581 ETTLINGER, Leopold: Art. „Cebes". In: RDK Bd. 3, Stuttgart 1954, Sp. 397–403. [Passim.]

582 SCHLEIER, Reinhart: Tabula Cebetis oder „Spiegel des Menschlichen Lebens / darin Tugent und untugent abgemalet ist". Studien zur Rezeption einer antiken Bildbeschreibung im 16. und 17. Jahrhundert. Berlin: Gebr. Mann 1973. [Mit 135 Abb.]

c) PHYSIOLOGUS

583 GOLDSTAUB, Max: Der Physiologus und seine Weiterbildung, besonders in der lateinischen und byzantinischen Literatur. In: Philologus. Supplementbd. 8 (1900/1901), 337–404.

584 – Physiologus-Fabeleien über das Brüten des Vogels Strauß. In: Festschrift Adolf Tobler zum 70. Geburtstage dargebracht von der Berliner Gesellschaft für das Studium der neueren Sprachen. Braunschweig: G.Westermann 1905, S. 153–190.

585 LAUCHERT, Friedrich: Geschichte des Physiologus. Straßburg: K.J. Trübner 1889.

586 – Der Einfluß des Physiologus auf den Euphuismus. Leipzig: Reisland 1890. (= Englische Studien. 14.)

587 SBORDONE, Francesco: [Einleitung zu:] Physiologus. A cura di Fr. Sbordone. Mediolani, Romae: In aedibus Societatis „Dante Alighieri-Albrighi, Segati [etc.]" 1936, S. IX–CXIX.

588 SEEL, Otto (Übers. und Hrsg.): Der Physiologus. [Aus dem Griechischen] übertragen und erläutert von O. Seel. (Zürich, Stuttgart:) Artemis (1960). (= Lebendige Antike.)

589 WELLMANN, Max: Der Physiologos [!] Eine religionsgeschichtlich-naturwissenschaftliche Untersuchung. Leipzig: Dieterich 1930. (= Philologus. Supplementbd. 22, H. 1.)

Vgl. → Nr. 482. 2249. 2259. 2276.

d) Mnemotechnik (Memoria)

590 Freiherr von Aretin, Johann Christoph Anton Maria: Theorie der Mnemonik. Sulzbach: J.E. Seidel 1805.

591 – Systematische Anleitung zur Theorie und Praxis der Mnemonik, nebst den Grundlinien zur Geschichte und Kritik dieser Wissenschaft. Sulzbach: J.E. Seidel 1810. [4 Teile in 1 Bd.]

592 Avalon, Jean: La mnémotechnique, art de mémoire. In: Aesculape [Paris] 35 (1954), 121–128. [Mit 8 Abb.]

593 Blum, Herwig: Die antike Mnemotechnik. Phil. Diss. Tübingen 1964. – Hildesheim, New York: G. Olms 1969. (= Spudasmata. 15.) [Bibliographie S. 205–213.]

594 Dockhorn, Klaus: ‚Memoria' in der Rhetorik. In: Archiv für Begriffsgeschichte [Bonn] 9 (1964), 27–35. – Wieder in: K. Dockhorn, Macht und Wirkung der Rhetorik. Vier Aufsätze zur Ideengeschichte der Vormoderne. Bad Homburg v.d.H. [etc.]: Gehlen (1968), S.96–104. (= Respublica Literaria. 2.)

595 Hajdu, Helga: Das mnemotechnische Schrifttum des Mittelalters. Wien: Leo & Comp. 1936. [Aus: Jahrbuch des Dt. Instituts der Königl. Ungarischen Peter Pázmány Universität Budapest. 1936.]

596 Rossi, Paolo: La costruzione delle immagini nei trattati di memoria artificiale del Rinascimento. In: Umanesimo e simbolismo. Atti del IV Convegno internazionale di studi umanistici. Venezia, 19–21 settembre 1958. A cura di Enrico Castelli. (Centro internazionale di studi umanistici. Roma.) Padova: C.E.D.A.M. 1958, S. 161–178. (= Archivio di Filosofia 1958, [Heft] 2–3.)

597 – Studi sul Lullismo e sull' Arte della Memoria nel Rinascimento: Enciclopedismo e Combinatoria nel Secolo XVI. In: Rivista critica di storia della filosofia [Milano] 13 (1958), 243–279.

598 – Clavis Universalis. Arti mnemoniche e logica combinatoria da Lullo a Leibniz. Milano, Napoli: R. Ricciardi 1960.

599 Vasoli, Cesare: Umanesimo e simbologia nei primi scritti lulliani e mnemotecnici del Bruno. In: Umanesimo e simbolismo. Atti del IV Convegno internazionale di studi umanistici. Venezia, 19–21 settembre 1958. A cura di Enrico Castelli. (Centro internazionale di studi umanistici. Roma.) Padova: C.E.D.A.M. 1958, S. 251–304. (= Archivio di Filosofia 1958, [Heft] 2–3.)

600 Volkmann, Ludwig: Ars memorativa. Wien: A. Schroll & Co. 1929. (= Jahrbuch der kunsthistorischen Sammlungen in Wien. N.F. (3), S. 111–203; = Sonderheft 30.)

601 Windel, Rudolf: Über die emblematische Methode des Johannes Buno. Geschichtsunterricht und Grammatik mit Emblemen. In: Zeitschrift für Geschichte der Erziehung und des Unterrichts [Berlin] 3 (1913), 243–252. [Ansätze zu einer mnemotechnischen Didaktik.]

602 Yates, Frances A[melia]: The art of memory. London: Routledge & Kegan Paul 1966. Mit 21 Taf. – Neuausgabe: (Harmondsworth:) Penguin Books (1969). (= A Peregrine Book.)

e) Heraldik

603 Anonymus: Le Valais des VII dizaines. Emblèmes et poèmes héraldiques. In: Annales Valaisannes [Sion (Schweiz)] 33 (1958), 317–386. [Mit 13 Taf. und 6 Abb.]

604 Berendsen, Anne (Hrsg.): Delft. Stedelijk Museum „Het Prinsenhof". Het blazoen. Tentoonstelling van 23 December 1953 tot 14 Februari 1954. ([Ausstellungskatalog] Delft: Van Markens Drukkerij [1953 (?)]. [Einleitung von A. Berendsen: S. 13–31.]

605 de Boo, J.A.: Medische emblemen in de heraldiek. In: Spiegel Historiael [Bussum (Niederlande)] 6 (1971), 226–233. [Mit 41 Abb.]

606 Brunet, Alexander: The regal armorie of Great Britain, from the time of the ancient Britons to the reign of Her Majesty Queen Victoria. The institution of chivalry, and the origin of emblematic insignia in ancient nations. London: H.K. Causton 1839.

607 Brusten, Charles: Les emblèmes de l'armée bourguignonne sous Charles le Téméraire. Essai de classification. In: Jahrbuch des bernischen Historischen Museums 1957/58 (1959), 118–132. [Mit 19 Abb.]

608 Comte de Coëtlogon, Anatole und Lazare Maurice Tisserand: Les armoiries de la Ville de Paris. Sceaux, emblemes, couleurs, devises, livrées et cérémonies publiques. Ouvrage commencé par… le Comte A. de Coëtlogon, refondu et complété par L.M. Tisserand et le Service historique de la

Ville de Paris... Bd. 1. 2. Paris: Imprimerie Nationale 1874–1875.

609 FAIRBAIRN, James [Bearb.]: Fairbairn's crests of families of Great Britain and Ireland. Compiled from the best authorities by J. Fairbairn, and revised by Laurence Butters... Ed. by Joseph MacLaren. Bd. 1. 2. Edinburgh: T.C.Jack; London: Hamilton, Adams & Co. [1860]. – Weitere Auflagen: Royal Book of crests of Great Britain & Ireland, Dominion of Canada, India & Australasia... Ed. by J. MacLaren. Bd. 1. 2. Edinburgh: T.C.Jack [1883]. Book of crests... A new edition revised and brought down to the present date by Arthur Charles Fox-Davies. Bd. 1. 2. Edinburgh: T.C. & E.C.Jack 1892. [Bd. 2: 229 Taf.] – Id. opus, eodem titulo. Bd. 1. 2. Edinburgh: A. Fullerton [1896?]. – Id. opus, 4th edition, enlarged. London: T.C.Jack 1905. [Mit 314 Taf.] – Repr. dieser Auflage: Baltimore: Heraldic Book Co. 1968. [2 Bde. in 1 Bd.] – Id. opus, New York: Heraldic Publishing Comp. 1911. – Id. opus, eodem titulo. ... being a 4th edition, revised and enlarged. Bd. 1. 2. London & Edinburgh: T.C. & E.C.Jack (1912).

610 GALBREATH, Donald Lindsay: Manuel du blason. Avec 623 figures dont 229 en couleurs. Préface de Pierre Grellet. Lausanne: Éditions Spes 1942. – Id. opus, Neuausgabe. Ibid. [1948 (?)].

611 GEISBERG, Max (Hrsg.): Heraldische Einblatt-Holzschnitte aus der ersten Hälfte des XVI. Jahrhunderts. 100 Faksimile-Wiedergaben. Wappengeschichtliche Erläuterungen von Otto Hupp. München: H. Schmidt (1929). [= Sonderausgabe aus: M. Geisberg, Der dt. Einblatt-Holzschnitt... Ausgabe C.]

612 GOLDSWORTHY, William Lansdown: Shakespeare's heraldic emblems. Their origin and meaning. Illustrated from old plates and wood-cuts. London: H.F. & G. Witherby 1928. – Id. op., Second and revised edition. London: ibid. 1928. [Handelt von der Verwendung von Emblemen in Bacon zugeschriebenen Shakespeare-Dramen.]

613 GRANT, W. Leonard: A neo-latin ‚heraldic' eclogue. In: Manuscripta [St. Louis (Miss.)] 4 (1960), 149–163. [Über eine handschriftl. Ekloge des Antonio Geraldini; Cod. Vat. lat. 6940.]

614 GRAUL, Werner: Der Lebensbaum in eine Garbe verwandelt. Eine heraldische Studie. In: Aureus. Zeitschrift für Numismatik und Geldwesen [München] 16 (1971), 27–30. [Mit 13 Abb.]

615 GRÜNDEL, Paul: Die Wappensymbolik. Sinnbildliche Bedeutung der Wappenfiguren nach Mythologie, Geschichte, Tradition und Wahlsprüchen. Zugleich ein Beitrag zur Kulturgeschichte des Mittelalters. Leipzig: M. Ruhl (1907).

616 HERALDICUS: Lijf- en wapenspreuken van het vorstelijk huis, van den Nederlandschen adel, van beroemde Nederlanders en buitenlanders, enz. Bijeengebracht, vertaald en met opgave van bronnen en verdere aanteekeningen voorzien. 's-Gravenhage: L.J. van Zwijndregt 1893. – Neuauflage: Zutphen: W.J. Thieme & Cie. 1926.

617 HILDEBRANDT, Adolph Matthias (Hrsg.): Stammbuchblätter des norddeutschen Adels. Aus Stammbüchern des 16. und 17. Jahrhunderts gesammelte wortgetreue Copien der Inschriften und genaue Beschreibungen der Wappen. Ein Beitrag zur Adels- und Culturgeschichte. Berlin: Mitscher & Röstell 1874.

618 HILDEBRANDT, Adolph Matthias: Heraldisches Musterbuch für Wappenbesitzer, Kunstfreunde, Architekten, Bildhauer, Holzschneider, Graveure, Wappenmaler, Dekorateure u.s.w. 3., durchgesehene Auflage. Berlin: Mitscher & Röstell 1897. [Mit 48 Taf.]

619 HILDEBRANDT, Adolph Matthias (Hrsg.): Wappenfibel. Kurze Zusammenfassung der hauptsächlichsten heraldischen und genealogischen Regeln. Im Auftrage des Vereins „Herold" hrsg. ... 4., durchges. und verm. Auflage. Frankfurt a. M.: H. Keller 1893. [Mit 28 Illustrat. und 4 Taf.] – Id. opus, 7., durchges. und verm. Auflage. Frankfurt a.M.: H. Keller 1909. – Id. opus, 9., unter Mitwirkung von Stephan Kekulé von Stradonitz durchges. und vermehrte Auflage. Frankfurt a. M.: H. Keller 1916. [Mit 29 Abb. und 4 Taf.] – Neuauflage u. d. T.: Wappenfibel. Die hauptsächlichsten Regeln der Wappenkunst und Geschlechterkunde. 12., von Stephan Kekulé von Stradonitz hrsg., verbesserte und vermehrte Auflage. Frankfurt a.M.: H. Keller 1923. – Neuauflage u. d. T.: Wappenfibel. Kurze Zusammenstellung der wichtigsten heraldischen Grundsätze. Hrsg. vom „Herold" zu Berlin, Verein für Geschlechter-, Wappen- und Siegelkunde. 13. Auflage (Jubiläums-Ausg. 1887–1937.). Görlitz: Verlag für Sippenforschung und Wappenkunde 1937. (= Sippenbücherei. 15.) – Neuauflage: Wappenfibel... Mit 66 Textabb. und 5 bunten Wappentaf. Hrsg. vom „Herold" zu Berlin ... 14. Auflage Görlitz: Verlag f. Sippenforschung und Wappenkunde C. A. Starke 1943. (= Sippenbücherei. 15.)

620 HÖFLER, Otto: Zur Herkunft der Heraldik. In: Festschrift für Hans Sedlmayr. (Zum 65. Geburtstag am 18. Januar 1961. Hrsg. von Karl Öttinger und Mohammed Rassem.) München: C.H. Beck 1962, S. 134–200.

621 Hupp, Otto: Das Wappenbüchlein des Taurellus. In: Schweizer Archiv für Heraldik [Basel] 38 (1924), 10–14.

622 Korn, Johannes [auch: Hans]-Enno: Adler und Doppeladler. Ein Zeichen im Wandel der Geschichte. Phil. Diss. Göttingen 1967. [Masch.]

623 Lanoë-Villène, Georges: Symbolique de la fleur de lys des armoiries. Paris: Jouve & Cie. 1925.

624 Lauer, Reinhard: Genese und Funktion des illyrischen Ideologems in den südslavischen Literaturen (16. bis Anfang des 19. Jahrhunderts). In: Ethnogenese und Staatsbildung in Südosteuropa. Beiträge des Südosteuropa-Arbeitskreises der Deutschen Forschungsgemeinschaft zum 3. Internationalen Südosteuropa-Kongreß der Association Internationale d'Études du Sud-Est Européen, Bukarest. 4. – 10. 9. 1974. Hrsg. von Klaus-Detlev Grothusen. Göttingen: Vandenhoeck & Ruprecht (1974), S. 116–143. [Zur Bedeutung des illyrischen Ideologems für die Wappenbücher der Ohmućevići; Wappendichtung von Ritter Vitezović und Žefarović.]

625 Leonhard, Walter: Das große Buch der Wappenkunst. Entwicklung, Elemente, Bildmotive, Gestaltung. (München:) G.D.W.Callwey (1976). [Mit 60 Abb. sowie 4000 Wappendarstellungen. – Bibliographie S. 365–368.]

626 Nilsson, Nils Åke (Hrsg.): Russian heraldic virši from the 17th century. A manuscript in the diocesan and county library at Västerås, Sweden. Stockholm [etc.]: Almqvist & Wiksell 1964. (= Acta Universitatis Stockholmiensis, – Études de Philologie Slave. 10.)

627 Novaković, Stojan: Heraldički običaji u Srba u primeni i književnosti. In: Godišnjica Nikole Čupića [Beograd] 6 (1884), 1–140. [Die erste bedeutende Studie über die heraldischen Sitten bei den Serben, mit besonderer Berücksichtigung der Literatur.]

628 Pike, Robert E.: The „blasons" in French literature of the 16th century. In: The Romanic Review [New York] 27 (1936), 223–242.

629 Radocsay, Dénes: Renaissance lettres patent granting armorial bearings in Hungary. [Teil] I. In: Acta Historiae Artium Academiae Scientiarum Hungaricae [Budapest] 11 (1965), 241–264. [Mit 7 Abb.] – [Teil] II: ibid. 12 (1966), 71–92. [Mit 39 Abb.]

630 Randall, Richard H. jr.: Medieval armour proverbs. In: Journal of the Arms and Armour Society of London [Ewell (Surrey)] 3 (1961) H. 3 [ohne Paginierung.]

631 Rentzmann, W[ilhelm]: Numismatisches Wappenlexikon des Mittelalters und der Neuzeit. Staaten- und Städtewappen. [Nebst] Index. Anastatischer Neudruck [der Ausgabe Berlin: Veit 1876.] Halle: A.Riechmann & Co. [1924]. [Mit 35 Doppeltaf.]

[569] Solovjev, Alexandre V.: Les emblèmes héraldiques de Byzance et les Slaves. In: Seminarium Kondakovianum. Annales de l'Institut Kondakov [Beograd] 7 (1935), 119–164.

Tisserand, Lazare Maurice: → s. Comte de Coëtlogon, Anatole (= Nr. 608).

632 Tschižewskij, Dmitrij: Literarische Lesefrüchte. IV. 28: Zur ukrainischen heraldischen Dichtung. In: Zeitschrift für slavische Philologie 13 (1936), 54–55.

633 Žefarović, Hristofor und Toma Mesmer [Bearb. und Übersetzer]: Stematografija. Izobraženije družij iliričeskih. Mit einem Vorwort hrsg. von Dinko Davidov. Novi Sad: [Verlag nicht feststellbar] 1972. [= Fotomechanischer Nachdruck der Stemmatographie, d.h. der serbischen Übers. der Stemmatographie (1701) von Pavel Ritter Vitezović durch H. Žefarović und T.Mesmer. Mit illyrischen Wappen und Wappenversen.]

Vgl. → Nr. 124. 125. 569. 645. 1734. 1735. 1950. 2243.

3. Devisen – Impresen – Motti

634 Barwick, George Frederick: Impresas. In: The Library [London] N.S. 7 (1906), 140–148.

635 Bauer, Hermann: Kunst und Utopie. Studien über das Kunst- und Staatsdenken in der Renaissance. Berlin: W. de Gruyter 1965.

636 Bols, J[an?]: Oude schilderijtjes met opschriften in verzen. In: Verslagen en Mededeelingen der Konikljke Akademie van Wetenschappen Amsterdam. Afdeeling Letterkunde. 4. Reeks [= Reihe]. Deel [= Teil] 5 (1903), 217–228.

637 – Nog over oude schilderijtjes. In: Verslagen en Mededeelingen der Koninklijke Akademie van Wetenschappen Amsterdam. Afdeeling Letterkunde. 4. Reeks [= Reihe]. Deel [= Teil] 10 (1911), 155–160.

638 Brunet, Gustave: Les devises au moyen âge. In: Revue archéologique [Paris] Série 1, Bd. 8 (1851)

282–296 und 543–554.

639 BURCKHARDT, Jacob: Beiträge zur Kunstgeschichte von Italien. Das Altarbild – Das Portrait in der Malerei – Die Sammler. Basel: C. F. Lendorff 1898.

640 CHASSANT, Alphonse-Antoine-Louis und Henri TAUSIN: Dictionnaire des devises historiques et héraldiques, avec figures et une table alphabétique des noms… Bd. 1–3 [in 1 Bd.]. Paris: J. B. Dumoulin 1878. – Supplément. Par Henri Tausin. Paris: É. Lechevalier 1895. Bd. 1. 2. [in 1 Bd.]

641 CHIODI, Luigi (Hrsg.): Lettere inedite di Lorenzo Lotto, a cura di L. Chiodi, su le tarsie di S. Maria Maggiore in Bergamo. Bergamo: Ediz. Monumenta Bergomensia 1962. (= Monumenta Bergomensia. 8.)

642 CORTI, Gino: Una lista di personaggi del tempo di Lorenzi Il Magnifico, caratterizzati da un motto o da una riflessione morale. In: Rinascimento [Firenze] 3 (1952), 153–157.

643 DEGENHART, Bernhard: Antonio Pisanello. 3., erweiterte Auflage. Wien: A. Schroll (1942). (= Sammlung Schroll.) [Mit 178 Abb. und 1 Farbtaf.; bes. S. 45 ff. sowie Abb. 101, 102, 107, 108, 113, 114, 119, 120 und 138.]

644 DENKINGER, Emma M[arshall]: Some Renaissance references to ‚Sic vos non vobis'. In: Philological Quarterly [Iowa City] 10 (1931), 151–162. [Mit 4 Abb.]

645 DEONNA, Waldemar: „Orietur in tenebris lux tua". La devise et le soleil des armoiries genevoises. In: Genava [Genève] 24 (1946), 148–169. [Mit 14 Abb.]

646 DIELITZ, J.: Die Wahl- und Denksprüche, Feldgeschreie, Losungen, Schlacht- und Volksrufe, besonders des Mittelalters und der Neuzeit, gesammelt, alphabetisch geordnet und erläutert. Frankfurt a. M.: W. Rommel 1884. [Lieferung 1–2: Görlitz: C. A. Starke 1882.] – Repr. Vaduz 1963.

647 DUNCAN-JONES, Katherine: Sidney's personal ‚imprese'. In: JWCI 33 (1970), 321–324.

648 – Two Elizabethan versions of Giovio's treatise on imprese. In: English Studies [Amsterdam, Bern, Copenhagen] 52 (1971), 118–123. [Über Abraham Fraunce und Samuel Daniel.]

FIGLIOLI, Maria: → s. PACCAGNINI, Giovanni = Nr. 664).

649 FOSSI TODOROW, Maria: I disegni del Pisanello e della sua cerchia. Firenze: L. S. Olschki 1966. [Mit 138 Taf., davon bes. Taf. 92–95; Bibliographie S. 203–211.]

[144] GELLI, Jacopo: Divise, motti imprese di famiglie e personaggi italiani, con trecentosessanta figure riprodotte de stampe originali. Milano: U. Hoepli 1916. – [Neuauflage:] 2. edizione riveduta. … Con CCCLXXI figure riprodotte… Milano: U. Hoepli 1928.

650 GEROLO, Giuseppe: Un'impresa ed un motto di Casa Gonzaga. In: Rivista d'Arte [Roma] 12 (1930), 381–402.

651 GOMBRICH, Ernst Hans: Aby Warburg. An intellectual biography. With a memoir on the history of the library. By F[ritz] Saxl. London: Warburg Institute, Univ. of London 1970. [Mit 65 S. Abb.]

652 GRAF, Fritz: „Aliis in serviendo consumor". Zur Entwicklung einer lateinischen Sentenz. In: Arcadia [Berlin] 4 (1969), 199–201.

653 HILL, George Francis: Pisanello. London: Duckworth & Co.; New York: Ch. Scribner's Sons 1905. – Neuauflage: Ibid. 1911. (= The Library of Art.) [Mit 74 Taf.; Bibliographie S. 242–250.]

654 KAU, Joseph: Samuel Daniel and the Renaissance impresamakers. Sources for the first English collection of imprese. In: Harvard Library Bulletin [Cambridge (Mass.)] 18 (1970) Nr. 2, S. 183–204.

655 KLEIN, Robert: La théorie de l'expression figurée dans les traités italiens sur les ‚Imprese', 1555–1612. In: BHR 19 (1957), 320–341. – Wieder in: R. Klein, La forme et l'intelligible. Écrits sur la Renaissance et l'art moderne. Préface d'André Chastel. Paris: Gaillmard 1970, S. 125–150. (= Bibliothèque des sciences humaines.)

656 KRAUSE, Gottlieb: Der Fruchtbringenden Gesellschaft ältester Ertzschrein. Briefe, Devisen und anderweitige Schriftstücke. Urkundlicher Beitrag zur Geschichte der deutschen Sprachgesellschaften im 17. Jahrhundert. Hrsg. nach den Originalien der Herzogl. Bibliothek zu Cöthen. Leipzig: Dyksche Buchhandlung 1855. – Repr. Hildesheim, New York: G. Olms 1973.

657 LAUTS, Jan: Isabella d'Este. Fürstin der Renaissance, 1474–1539. Hamburg: M. v. Schröder 1952. [Mit 64 Abb.; Bibliographie S. 437–443.]

658 LAWALL, David B.: Notes on a newly acquired ms. device book. In: The Princeton University Library Chronicle 18 (1957), 210–215.

659 LHOTSKY, Alphons: Die sogenannte Devise [= AEIOU] Kaiser Friedrichs III. und sein Notizbuch Cod. Vindob. Palat. n. 2674. In: Jahrbuch der Kunsthistorischen Sammlungen in Wien N. F. 13 [= Bd. 49 der Gesamtreihe] (1944), 71–112. [92 Abb.]

660 LÖBE, Max: Wahlsprüche, Devisen und Sinnsprüche der Kurfürsten und Herzöge von Sachsen Ernestinischer Linie. Ein Beitrag zur Spruchpoesie des 16. und 17. Jahrhunderts. Leipzig: Duncker & Humblot 1878. [Umschlagtitel: 1877.]

661 – Wahlsprüche, Devisen und Sinnsprüche deutscher Fürstengeschlechter des 16. und 17. Jahrhunderts. Leipzig: J. A. Barth 1883.

662 MAYLENDER, Michele: Storia delle accademie d'Italia. Bd. 1–5. Bologna, Rocca S. Casciano: L. Cappelli 1926–1930.
Bd. 1: Abbagliati – Centini. 1926.
Bd. 2: Certi – Filotomi. 1927.
Bd. 3: Finti – Lydii Lapidis. 1929.
Bd. 4: Litona – Rinnovati. 1929.
Bd. 5: Rinomati – Zitoclei. 1930.

663 MITCHELL, Charles: The imagery of the Tempio Malatestiano. In: Studi Romagnoli [Faenza] 2 (1951), 77–90.

664 PACCAGNINI, Giovanni und Maria FIGLIOLI: Pisanello alla corte dei Gonzaga. Mantova, Palazzo Ducale. Catalogo della mostra a cura di G. Paccagnini. Con la collaborazione di M. Figlioli. [Milano:] Electa [1972]. [Mit 134 Abb.]

665 PACCAGNINI, Giovanni: Pisanello e il ciclo cavalleresco di Mantova. [Milano:] Electa Ed. [1972?]. – Englische Ausgabe u. d. T.: Pisanello. (Translated from the Italian by Jane Carroll.) London: Phaidon Press 1973. [Mit 300 Abb. und 64 Taf. im Text; Bibliographie S. 285–290 (in der engl. Ausg.).]

666 PALLISER, Fanny (Marryat) [gen. „Mrs. Bury Palliser"]: Historic devices, badges, and war-cries. London: S. Low, son & Marston 1870.

667 PÉRCOPO, Erasmo: Marc' Antonio Epicuro. Appunti biografici. In: Giornale storico della letteratura italiana [Torino] [Bd.] 12 (1888), 1–76. [V. a. Kap. 5: „Imprese" (S. 36ff.).]

668 PRAZ, Mario: Art. „Impresa". In: Enciclopedia Italiana. Bd. 18, Roma 1933–1941, S. 938–940. [Mit 12 Abb. und Bibliographie S. 940.].

669 – Studies in seventeenth-century imagery. Second edition considerably increased. Roma: Ediz. di ‚Storia e Letteratura' 1964. (= Sussidi eruditi. 16.) [Darin v. a. Kap. 1: „Emblem, device, epigram, conceit" (S. 11–54); Kap. 2: „The philosophy of the courtier" (S. 55–82) [v. a. über Impresen]; Kap. Appendix: „Emblems and devices in literature" (S. 205–231).]

670 von RADOWITZ, J[oseph]: Die Devisen und Motto[!] des späteren Mittelalters. Ein Beitrag zur Spruchpoesie. Stuttgart und Tübingen: J. G. Cotta 1850. [= 2. Auflage einer zuvor als Aufsatz in der „Deutschen Vierteljahrsschrift" Nr. 36 (1846) erschienenen Studie.] – Id. opus, [in 3., vermehrter Auflage] in: J. v. Radowitz, Gesammelte Schriften. Bd. 1, Berlin: G. Reimer 1852, S. 283–406. [Darin neben einem Katalog von 407 Devisen und 300 Motti (S. 310–362 und 364–397) bibliographische Hinweise auf Emblembücher und Traktate zur Imprese und Emblematik (S. 294–298).]

671 RATHE, Kurt: Die Impresa eines Wiener Humanisten [= Joh. Cuspinianus]. In: Bibliofilia [Firenze] 42 (1940), 54–65.

672 RETI, Ladislao: „Non si volta chi a stella e' fisso". Le ‚imprese' di Leonardo da Vinci. In: BHR 21 (1959). 7–54.

673 RONDOT, Natalis: Bernard Salomon, peintre et tailleur d'histoires à Lyon au XVIe siècle. Lyon: Impr. de Mougin-Rusand 1897.

674 ROSENTHAL, Earl E.: ‚Plus ultra', ‚Non plus ultra', and the columnar device of Emperor Charles V. In: JWCI 34 (1971), 204–228. [Mit 12 Abb.]

675 – The invention of the columnar device of Emperor Charles V. at the court of Burgundy in Flanders in 1516. In: JWCI 36 (1973), 198–230. [Mit 21 Abb. auf 6 Taf.]

676 ROSS, Thomas W.: Five fifteenth-century „emblem"-verses from Brit. Museum Addit. MS. 37049. In: Speculum [Cambridge (Mass.)] 32 (1957), 274–282.

677 SCHENK ZU SCHWEINSBERG, Eberhard: Art. „Devise". In: RDK Bd. 3, Stuttgart 1954, Sp. 1345–1354. [Passim; miterläutert werden: „Emblema; Impresa; Motto; Symbolum; Wahlspruch".]

678 SETTIS, Salvatore: Citarea su una impresa di Bronconi. In: JWCI 34 (1971), 135–177. [Mit 13 Abb. auf 3 Taf.]

679 TASSIE, William: Descriptive catalogue of devices and mottoes in various languages adapted for seals and formed in composition paste... London: J. Barfield 1820. 12⁰. [2 Bde. in 1 Bd.] –

680 – A catalogue of that part of Mr. W. Tassie's ... collection of impressions from engraved gems, consisting of devices and emblems, with mottos ... for seals ... [etc.] London: W. Nicol 1830.

681 TAUSIN, Henri: Dictionnaire des devises ecclésiastiques. Paris: E. Lechevalier 1907.

682 VASOLI, Cesare: Le imprese del Tesauro. In: Retorica e Barocco. Atti del III Congresso internazionale di studi umanistici. Venezia 15–18 giugno 1954. A cura di Enrico Castelli. (Centro

internazionale di studi umanistici. Roma.) Roma: Fratelli Bocca 1955, S. 243-249.

683 WATKINS, Renée: Leon Battista Alberti's emblem „The winged eye" and his name Leo. In: Mitteilungen des Kunsthistorischen Institutes in Florenz [Düsseldorf] 9 (1959/1960), 256-258.

684 Baron de WATTEVILLE du GRABE, Oscar-Amédée: Étude sur les devises personnelles et les dictons populaires... Paris: C. Schlaeber 1888.

685 – Le cri de guerre chez les différents peuples. Paris: E. Lechevalier 1889.

686 WICHMANN, W.: Die Poesie der Sinnsprüche und Devisen. Düsseldorf: Voß & Co. 1882.

687 WISCHERMANN, Heinfried: Schloß Richelieu. Studien zu Baugeschichte und Ausstattung. Phil. Diss. Freiburg i. Br. 1971. (Berlin: Wasmuth [in Komm.]) 1971. [V. a. S. 102-119: „Saal der Devisen"; mit 11 Bll. Abb.]

Vgl. → Nr. 74. 91. 161. 213. 608. 866. 1261. 1262. 1617. 1702. 1703. 1780. 1862. 1863. 1905. 1934. 1940. 1987. 2000. 2041.

4. HYPNEROTOMACHIA POLIPHILI

688 ARGAN, Giulio Carlo: Francesco Colonna e la critica d'arte Veneta nel Quattrocento. Torino 1932. [Nicht verifizierbar!]

689 BARRAUD, R.: Essai de bibliographie du „Songe de Poliphile". In: La Bibliofilia [Firenze] 15 (1913/1914), 21-29.

690 BIRCHLER, Linus: Über die „Hypnerotomachia Poliphili". In: Librarium [Zürich] 1 (1958), 37-47.

691 BLUNT, Anthony: The „Hypnerotomachia Poliphili" in seventeenth-century France. In: Journal of the Warburg Institute 1 (1937/38), 117-137.

692 CASELLA, Maria Teresa und Giovanni POZZI: Francesco Colonna. Biografia e opere. Bd. 1. 2. Padova: Ed. Antenore 1959. (= Medioevo e Umanesimo. 1. 2.) [2 Bde. in 1 Bd.]
Bd. 1: M. T. Casella, Biografia.
Bd. 2: G. Pozzi, Opere. [Sowie Text des ‚Delphili somnium' von Francesco Colonna.] [Bd. 1, S. XIII-XXXVII: Bibliographie der Werke und der wiss. Literatur über Fr. Colonna.]

693 CROCE, Benedetto: La ‚Hypnerotomachia Polifili'. In: Quaderni della „Critica" [Bari] 17/18 (1950), 46-54.

694 DONATI, Lamberto: Polifilo a Roma: Il Mausoleo di S. Constanza. In: La Bibliofilia [Firenze] 70 (1968), 1-38.

695 – Polifilo ed Andrea Alciati (1492-1550). In: Refugium Animae Bibliotheca. Festschrift für Albert Kolb. Mélanges offerts à Albert Kolb. Hrsg. von Emil van der Vekene. Wiesbaden: G. Pressler 1969, S. 204-224. [Mit 15 Abb.]

696 DOREZ, Léon: Études Aldines. – II: Des origines et de la diffusion du „Songe de Poliphile". In: Revue des Bibliothèques [Paris] 6 (1896), 239-283. [Mit 10 Taf.].

697 EPHRUSSI, Charles: Le „Songe de Poliphile". In Bulletin du Bibliophile [Paris] 54 (1887), 305 ff. 401 ff., 457 ff.; 505 ff. – Auch selbständig als Buch u. d. T.: Étude sur le „Songe de Poliphile". Paris: Techener 1888.

698 FABRINI, F.: Indagini sul „Polifilo". In: Giornale storico della letteratura italiana [Torino] 35 (1900), 1-33.

699 FIERZ-DAVID, Linda: Der Liebestraum des Poliphilo. Ein Beitrag zur Psychologie der Renaissance und der Moderne. (Mit einem Vorwort von C[arl] G[ustav] Jung.) Zürich: Rhein-Verlag 1947 [tatsächlich: 1946]. – Engl. Übers. u. d. T.: The Dream of Poliphilo. Related and interpreted by L. Fierz-David. Translated by Mary Hottinger. (Foreword by C. G. Jung.) (New York:) Pantheon (1950). (= Bollingen Series. 25.) [Mit 35 Abb.]

700 Conte GNOLI, Domenico: Il Sogno di Polifilo. Firenze: L. S. Olschki 1900. [Als kunstgeschichtlich-kulturwiss. Arbeit nicht eindeutig verifizierbar.]

701 GOMBRICH, Ernst Hans: Hypnerotomachiana. In: E. H. Gombrich, Symbolic images. Studies in the art of the Renaissance. London: Phaidon 1972, S. 102-108.

702 HECKSCHER, William S[ebastian]: De ‚Hypnerotomachia Poliphili'. Een italiaansche roman uit de Renaissance. In: Op de hoogte. Maandschrift voor de huiskamer [Amsterdam; Haarlem] 30 (1933), 93-95.

703 HOFER, Philip: Variant copies of the 1499 Poliphilus. In: The Book-Collector's Quarterly [London] Nr. 9 (1933), 42-58. – Auch selbständig: New York: The New York Public Library 1932.

704 ILG, Albert: Über den kunsthistorischen Werth der Hypnerotomachia Poliphili. Ein Beitrag zur

Geschichte der Kunstliteratur in der Renaissance. Wien: W. Braumüller 1872.

705 KAHR, Madlyn: Titian, the „Hypnerotomachia Poliphili" woodcuts and antiquity. In: Gazette des Beaux-Arts [Paris] 6. Pér., 67 (1966), 119–127.

706 LEIDINGER, Georg: Albrecht Dürer und die „Hypnerotomachia Poliphili". München: R. Oldenbourg i. Komm. 1929. (= Sitzungsberichte der Bayerischen Akademie der Wissenschaften. Philos.-hist. Abt. 1929, H. 3.)

707 MITCHELL, Charles: Archaeology and romance in Renaissance Italy. In: Italian Renaissance Studies. A tribute to the late Cecilia M[ary] Ady. Ed. by Ernest Fraser Jacob. London: Faber & Faber; New York: Barnes & Noble 1960, S. 455–483.

708 NERI, Ferdinando: Il „Polifilo" in Francia. In: L'Ambrosiano [vom] 18. VII. 1926. [Nicht verifizierbar!]

709 POLLAK, Oskar: Der heutige Stand der Poliphilus-Frage. In: Kunstchronik [Leipzig] N.F. 23 (1912), 433–434.

710 PRAZ, Mario: Un Joyce del Quattrocento. In: M. Praz, I volti del tempo. [Napoli:] Edizioni scientifiche italiane 1964, S. 135–140. (= Collana di saggi. 25.)

711 SAXL, Fritz: A scene from the „Hypnerotomachia" in a painting by Garofalo. In: Journal of the Warburg Institute [London] 1 (1937/38), 169–171. [Mit 5 Abb.]

712 SCHNEIDER, G.: Notes sur l'influence artistique du „Songe de Poliphile". In: Études italiennes [Paris] 2 (1920), 1 ff.

Vgl. → Nr. 1743.

BIBLIOGRAPHIE ZUR EMBLEMFORSCHUNG

V. Kunst-, literatur- und allgemein kulturgeschichtliche Arbeiten zur Emblematik und ihren Anwendungsbereichen

1. Der kunsttheoretische Kontext: Ästhetik – Ikonologie – Poetik – Rhetorik

713 ANCESCHI, Luciano: Le poetiche del barocco letterario in Europa. In: Momenti e problemi di storia dell'estetica. Parte I: Dall'antichità classica al Barocco. Milano: C. Marzorati [1959], S. 435–546.

714 ARGAN, Giulio Carlo: La „Rettorica" e l'arte barocca. In: Retorica e Barocco. Atti del III Congresso internazionale di studi umanistici... A cura di E. Castelli. Roma: Fratelli Bocca 1955, S. 9–14.

715 BACHEM, Rolf: Dichtung als verborgene Theologie: Ein dichtungstheoretischer Topos vom Barock bis zur Goethezeit und seine Vorbilder. Phil. Diss. Bonn 1955. – Als Buchausgabe: Bonn: Bouvier 1956. (= Abhandlungen zur Philosophie, Psychologie und Pädagogik. 5.) [Bibliographie S. 145–158.]

716 BAEUMER, Max L[orenz] (Hrsg.): Toposforschung. Darmstadt: Wiss. Buchgesellschaft 1973. (= Wege der Forschung. 395.) [Mit 9 ungekürzten Beiträgen verschiedener Verf. – Bibliographie S. 349–354.]

717 BARNER, Wilfried: Barockrhetorik. Untersuchungen zu ihren geschichtlichen Grundlagen. Tübingen: M. Niemeyer 1970. [Bibliographie S. 456–521.]

718 BATLLORI, Miguel: Gracián y la retórica barroca en España. In: Retorica e Barocco. Atti del III Congresso internazionale di studi umanistici... A cura di Enrico Castelli. Roma: Fratelli Bocca 1955, S. 27–32.

719 – Alegoría y símbolo en Baltasar Gracián. In: Umanesimo e simbolismo. Atti del IV Convegno internazionale di studi umanistici. Venezia, 19–21 settembre 1958. A cura di Enrico Castelli. (Centro internazionale di studi umanistici. Roma.) Padova: C.E.D.A.M. 1958, S. 247–250. (= Archivio di Filosofia 1958. [Heft] 2–3.)

720 – Gracián y el Barroco. Roma: Ediz. di Storia e Letteratura 1958. (= Storia e Letteratura. 70.)

721 BATTISTI, Eugenio: Le arti sorelle. In: Letteratura [Roma] 6 (1958) Nr. 33–34, S. 3–6.

722 – Rinascimento e Barocco. (Torino:) Einaudi 1960. (= Saggi. 264.)

723 – L'antirinascimento. Con un appendice di manoscritti inediti. (Milano:) Feltrinelli (1962). (= I Fatti e le Idee. 41.)

724 BAUER, Hermann: Art. „Ikonologie". In: RGG, 3. Aufl., Bd. 3, Tübingen 1959, Sp. 674–676.

725 BETHELL, S.L.: Gracián, Tesauro, and the nature of metaphysical wit. In: The Northern Miscellany of Literary Criticism [Manchester] 1 (1953), 19–40.

726 BIAŁOSTOCKI, Jan: Art. „Iconografia e Iconologia". In: Enciclopedia Universale dell'Arte. Bd. 7, Venezia, Roma 1958, Sp. 163–178.

727 – Teoria i twórczość. O tradycji i inwencji w teorii sztuki i ikonografii [= Theorie und Schöpfung. Über Tradition und Erfindung in Kunsttheorie und Ikonographie.]. Poznań: (Państwowe Wydawnictwo Nauk) 1961. (= Poznańskie Towarzystwo przyjaciół nauk. Wydziału historii i nauk społecznych. Prace Komisji Historii Sztuki. 6, 3.) [Mit engl. Zusammenfassung „Theory and creation". U.a. über die Ikonographie der Vanitas.]

728 – Stil und Ikonographie. Studien zur Kunstwissenschaft. Dresden: VEB Verlag der Kunst 1965. (= Fundus-Bücher. 18.)

729 BIANCHI, Dante: Intorno al „Cannocchiale Aristotelico". In: Atti dell'Accademia Ligure di Scienze e Lettere [Pavia] 17 (1961), 325–341.

730 BLUNT, Anthony Frederick: Artistic theory in Italy, 1450–1600. Oxford: Clarendon Press (1956). – Neuauflage: London: Oxford University Press; Fair Lawn (N.J.): Pollitt 1962. (= Oxford Paperbacks.)

731 BONFATTI, Emilio: A proposito di tre recenti pubblicazioni sulla retorica barocca in Germania. In: Momenti di cultura tedesca [Cremona] 3 (1973), 7–31. (= Quaderni del Convegno.) [Sammelrezension von: J. Dyck, Ticht-Kunst, 1966. L. Fischer, Gebundene Rede, 1968 und W. Barner, Barockrhetorik, 1970.]

732 BORINSKI, Karl: Die Antike in Poetik und Kunsttheorie. Vom Ausgang des klassischen Altertums bis auf Goethe und Wilhelm von Humboldt. Bd. 1. 2. Leipzig: Dieterich 1914–1924. (= Das Erbe der Alten. 9. 10) – Repr. Darmstadt: Wiss. Buchgesellschaft 1965.
Bd. 1: Mittelalter, Renaissance, Barock. 1914.
Bd. 2: Aus dem Nachlaß hrsg. von Richard Newald. 1924.

733 BREITENBÜRGER, Gerd: Metaphora. Die Rezeption des aristotelischen Begriffs in den Poetiken

des Cinquecento. Mit einem Vorwort von Hugo Friedrich. Kronberg/Ts.: Scriptor 1975. (= Scriptor Hochschulschriften Literaturwissenschaft. 5.) [Bibliographie S. 224–236; passim zum Einfluß der Argutia- auf die Emblemtheorien.]

734 BREYMAYER, Reinhard: Zur Pragmatik des Bildes. Semiotische Beobachtungen zum Streitgespräch Mk 12, 13–17 („Der Zinsgroschen") unter Berücksichtigung der Spieltheorie. In: Linguistica Biblica. Interdisziplinäre Zeitschrift für Theologie und Linguistik [Bonn] H. 13/14 (1972), 19–51.

735 BUCK, August: Italienische Dichtungslehren vom Mittelalter bis zum Ausgang der Renaissance. Tübingen: M. Niemeyer 1952. (Beihefte zur Zeitschrift für romanische Philologie. 94.)

736 – Romanische Dichtung und Dichtungslehre in der Renaissance. Ein Forschungsbericht. In: DVjS 33 (1959), 588–607.

737 CARILLA, Emilio: Lo barroco como aproximación o fusión de las artes. In: Lengua, Literatura, Folklore. Estudios dedicados a Rodolfo Oroz. Edicion dirigida por ... Gastón Carillo Herrera. (Santiago de Chile:) Facultad de Filosofia y Educacion, Universidad de Chile (1967), S. 93–109.

738 CASTELLI, Enrico (Hrsg.): Retorica e Barocco. Atti del III Congresso internazionale di studi umanistici. Venezia 15–18 giugno 1954. A cura di E. Castelli. (Centro internazionale di studi umanistici. Roma.) Roma: Fratelli Bocca 1955. [Mit 22 Beiträgen verschiedener Verf.]

739 – Umanesimo e simbolismo. Atti del IV Convegno internazionale di studi umanistici. Venezia, 19–21 settembre, 1958. A cura di E. Castelli. (Centro internazionale di studi umanistici. Roma.) Padova: C.E.D.A.M. 1958. (= Archivio di Filosofia 1958, [Heft] 2–3.)

740 CLEMENTS, Robert J[ohn]: Iconography on the nature and inspiration of poetry in Renaissance literature. In: PMLA 70 (1955), 781–804.

741 – The peregrine muse. Studies in comparative Renaissance literature. Chapel Hill (N.C.): Univ. of North Carolina Press 1959. (= University of North Carolina Studies in the Romance Languages and Literatures. 31.) – Id. op., 2., erweiterte Aufl. Chapel Hill (N.C.): Univ. of N.C. Press 1969. (= Univ. of N.C. Studies in the Romance Languages and Literatures. 82.)

742 CONRADY, Karl Otto: Lateinische Dichtungstradition und deutsche Lyrik des 17. Jahrhunderts. Bonn: Bouvier 1962. (= Bonner Arbeiten zur deutschen Literatur. 4.) [Bibliographie S. 369–380.]

743 COSTANZO, Mario: Il Tesauro o dell' „ingannevole meraviglia". In: M. Costanzo, Dallo Scaligero al Quadrio. Milano: V. Scheiwiller 1961, S. 69–100. (= Collana critica. 4.)

744 CROCE, Franco: Le poetiche del Barocco in Italia. In: Momenti e problemi di storia dell'estetica. Parte I: Dall'antichità classica al Barocco. Milano: G. Marzorati [1959], S. 547–575.

745 CURTIUS, Ernst Robert: Theologische Kunsttheorie im spanischen Barock. In: Romanische Forschungen 53 (1939), 145–184.

746 – Europäische Literatur und lateinisches Mittelalter. 5. [unveränd.] Auflage. Bern, München: Francke (1965) [u.ö.]. [S. 351f. über Hieroglyphik, Impresen und Emblematik.]

747 DAVIES, Cicely: Ut pictura poesis. In: MLR 30 (1935), 159–169.

748 DOCKHORN, Klaus: Affekt, Bild und Vergegenwärtigung in der Poetik des Barock. In: GGA 225 (1973), 135–156. [= Rezensionen von: M. Windfuhr, Die barocke Bildlichkeit ... 1966; D.W. Jöns, Das ‚Sinnen-Bild' ... 1966; R. Grimm, Bild und Bildlichkeit im Barock = GRM N.F. 19 (1969), 379–412; Ernesto Grassi, Macht des Bildes ... 1970.]

749 DONATO, Eugenio: Tesauro's poetics: through the looking glass. In: MLN 78 (1963), 15–30.

750 DYCK, Joachim: Ticht-Kunst. Deutsche Barockpoetik und rhetorische Tradition. Bad Homburg v. d. H. [etc.]: Gehlen (1966), (= Ars poetica. Studien. 1.) – 2., verbesserte Auflage. (Frankfurt a.M.:) Athenäum (1969). [Bibliographie S. 178–202.]

751 – Philosoph, Historiker, Orator und Poet. Rhetorik als Verständnishorizont der Literaturtheorie des XVII. Jahrhunderts. In: Arcadia [Berlin] 4 (1969), 1–15.

752 – Die Rolle der Topik in der literarischen Theorie und Praxis des 17. Jahrhunderts in Deutschland. In: Toposforschung. Eine Dokumentation. Hrsg. von Peter Jehn. (Frankfurt a.M.:) Athenäum (1972), S. 121–149. (= Respublica Literaria. 10.)

753 ELLENIUS, Allan: De arte pingendi. Latin art literature in seventeenth-century Sweden and its international background. Uppsala, Stockholm: Almqvist & Wiksell 1960. (= Lychnos-Bibliotek. 19.)

754 EVANS, Maurice: Metaphor and symbol in the sixteenth-century. In: Essays in criticism (A quarterly journal of literary criticism) [Oxford] 3 (1953), 267–284.

755 FIGGE, Susan Gilkeson: The theory of the conceit in seventeenth-century German poetics and

rhetoric. Phil. Diss. Stanford (Calif.): Stanford University 1974. [Masch.]

756 FISCHER, Ludwig: Gebundene Rede. Dichtung und Rhetorik in der literarischen Theorie des Barock in Deutschland. Tübingen: M. Niemeyer 1968. (= Studien zur deutschen Literatur. 10.) [Bibliographie S. 277-296.]

757 FORSTER, Kurt W.: Bildmetaphern und Wortbilder im 16. Jahrhundert. In: Schweizerische Monatshefte [Zürich] 44 (1964/65), 838-850.

758 FORSTER, Leonard Wilson: The temper of seventeenth century German literature. An inaugural lecture delivered at University College London 7 February 1951. London: H. K. Lewis & Co. (1952).

759 – The icy fire. Five studies in European Petrarchism. London: Cambridge University Press 1969. [Mit 5 Taf.]

760 – On Petrarchism in Latin and the role of anthologies. In: Acta Conventus Neo-Latini Lovaniensis. Proceedings of the first international congress of neo-latin studies Louvain 23-28 August 1971. Ed. by J(ozef) Ijsewijn and E(ckhard) Keßler. Leuven: University Press; München: W. Fink 1973, S. 235-244. (= Humanistische Bibliothek. Reihe 1: Abhandlungen, Bd. 20.)

761 GOMBRICH, Ernst Hans: Icones symbolicae. The visual image in neo-Platonic thought. In: JWCI 11 (1948), 163-192. – Erweiterte Neufassung u. d. T.: Icones symbolicae. Philosophies of symbolism and their bearing on art. In: E. H. Gombrich, Symbolic images. Studies in the art of the Renaissance. London: Phaidon 1972, S. 123-195.

762 GRIMM, Reinhold: Bild und Bildlichkeit im Barock. Zu einigen neueren Arbeiten. In: GRM 50 = N. F. 19 (1969), 379-412.

763 HAGSTRUM, Jean H[oward]: The sister arts. The tradition of literary pictorialism and English poetry from Dryden to Gray. Chicago: University of Chicago Press 1958. – Id. op., 3. Aufl. Chicago, London: Univ. of Chicago Press (1968).

764 HATZFELD, Helmut: Three national deformations of Aristotle: Tesauro, Gracián, Boileau. In: Biblioteca dell'Archivum Romanicum [Firenze] Serie I, 64 (1962), 3-21. (= Studi Secenteschi. 2: 1961.)

765 HAUTECOEUR, Louis Eugène Georges: Littérature et peinture en France du XVIIe au XXe siècle. Paris: A. Colin 1942. [V. a. S. 10-12; Mit 50 Taf. im Text.]

766 HECKSCHER, William S[ebastian]: The genesis of iconology. In: Stil und Überlieferung in der Kunst des Abendlandes. Akten des 21. Internationalen Kongresses für Kunstgeschichte in Bonn 1964. Bd. 3: Theorien und Probleme. Berlin: Gebr. Mann 1967, S. 239-262.

767 HOCKE, Gustav René: Die Welt als Labyrinth. Manier und Manie in der europäischen Kunst. Von 1520 bis 1650 und in der Gegenwart. Hamburg: Rowohlt 1957 [u. ö.] (= rde. 50/51.).

768 – Manierismus in der Literatur. Sprach-Alchimie und esoterische Kombinationskunst. Beiträge zur vergleichenden europäischen Literaturgeschichte. Reinbek bei Hamburg: Rowohlt 1959 (= rde. 82/83.).

769 HOWARD, William Guild: Ut pictura poesis. In: PMLA 24 (1909), 40-123.

770 JEHN, Peter (Hrsg.): Toposforschung. Eine Dokumentation. (Frankfurt a. M.:) Athenäum (1972). (= Respublica Literaria. 10.) [Mit 18 Beiträgen und Auszügen von verschiedenen Verf. – Bibliographie S. 320-348.]

771 JENS, Walter: Art. „Rhetorik". In: Reallexikon der deutschen Literaturgeschichte. Zweite Auflage. Bd. 3, Lieferung 5, Berlin: W. de Gruyter 1971, S. 432-456.

772 KLEIN, Robert: La forme et l'intelligible. Écrits sur la Renaissance et l'art moderne. Articles et essais réunis et présentés par André Chastel. (Paris:) Gallimard (1970). (= Bibliothèque des sciences humaines.) [Mit 8 Bll. Abb.]

773 LANGE, Klaus-Peter: Theoretiker des literarischen Manierismus. Tesauros und Pellegrinis Lehre von der „Acutezza" oder von der Macht der Sprache. München: W. Fink 1968. (= Humanistische Bibliothek. Reihe 1: Abhandlungen, Bd. 4.)

774 LEE, Rensselaer W[right]: Ut pictura poesis. The humanistic theory of painting. In: The Art Bulletin [New York] 22 (1940), 197-269. – Auch als Buchausgabe: New York: Norton (1967). (= The Norton Library. 399.) [Mit 16 Bll. Abb.]

775 LIEBRECHT, Henri: Les chambres de rhétorique. Bruxelles: Renaissance du livre (1948). (= Collection ‚Notre passé'. 5e série, 2.) [Bibliographie S. 125-139.]

776 LINK, Jürgen: Die Struktur des literarischen Symbols. Theoretische Beiträge am Beispiel der späten Lyrik Brechts. München: W. Fink 1975. (= Kritische Information. 24.) [Darin v. a. S. 8-13: „Die Grundstruktur des Symbols am Beispiel des Emblems".]

777 LURKER, Manfred: Symbol, Mythos und Legende in der Kunst. Die symbolische Aussage in Malerei, Plastik und Architektur. Baden-Baden, Stras-

bourg: Heitz 1958. (= Studien zur deutschen Kunstgeschichte. Bd. 314.)

778 MAK, Jacobus Johannes: De rederijkers. Amsterdam: P. N. van Kampen & Zoon 1944. (= Patria. Vaderlandsche cultuurgeschiedenis in monografieën. 34.) [Bibliographie S. 151–184.]

779 MARZOT, Giulio: L'ingegno e il genio del Seicento. Collana critica. Firenze: „La Nuova Italia" (1944).

780 MENAPACE BRISCA, Lidia: L'arguta et ingegnosa elocuzione. Appunti per una lettura del ‚Cannochiale Aristotelico' di E. Tesauro. In: Aevum [Milano] 27 (1954), 145–160.

781 MENÉNDEZ [Y] PELAYO, Marcelino: Historia de las ideas estéticas en España. Edición rev. y comp. por Enrique Sánchez Reyes. [2. Auflage, Bd. 1–5.] Santander: Aldus 1946–1947. (= Edición nacionál de las obras completas de Menéndez [y] Pelayo. 1–5.)
Bd. 1: 1946. Bd. 2–5: 1947.

782 MONTANO, Rocco: L'estetica del Rinascimento e del Barocco. Napoli: Ediz. Quaderni di ‚Delta' 1962. (= Quaderni di critica e testi. 1.)

783 MORPURGO TAGLIABUE, Guido: Aristotelismo e Barocco [Kolumnentitel: La Retorica Aristotelica e il Barocco.]. In: Retorica e Barocco. Atti del III Congresso internazionale di studi umanistici. Venezia 15–18 giugno 1954. A cura di Enrico Castelli. (Centro internazionale di studi umanistici. Roma.) Roma: Fratelli Bocca 1955, S. 119–195.

784 MRAZEK, Wilhelm: Metaphorische Denk-, ikonologische Bildform. Leitgedanken für einen Index zur Dokumentation der Barockikonographie. In: Kunstchronik [Nürnberg] 9 (1956), 304–305.

785 PANOFSKY, Erwin: Idea. Ein Beitrag zur Begriffsgeschichte der älteren Kunsttheorie. Leipzig, Berlin: B. G. Teubner 1924. (= Studien der Bibliothek Warburg. 5.). – 2., verbesserte Aufl. Berlin: Hessling 1960.

786 – Studies in iconology. Humanistic themes in the art of the Renaissance. New York: Oxford University Press 1939. (= The Mary Flexner Lectures. 7.). – Neuauflage: New York: Harper & Row (1962). (= Harper Torchbooks. TB 1077. The Academy Library.). – Id. op., Neuauflage New York (1967).

787 PERROT, Françoise: La signature emblématique. In: Revue de l'art [Paris] 7 (1974) Nr. 26, S. 29–30.

788 PRAZ, Mario: Mnemosyne. The parallel between literature and the visual arts. Princeton (N.J.): University Press (1970). (= The A.W. Mellon Lectures in the fine arts. 16:1967.). (= Bollingen Series. 35.)

789 – Il giardino dei sensi. Studi sul manierismo e il barocco con 25 illustrazioni fuori testo. Milano: A. Mondadori 1975. (= Saggi. 68.) [vgl. den Sachindex s. v. „Emblemi, imprese, geroglifici".]

790 PROCTOR, Robert E.: Emanuele Tesauro: A theory of the conceit. In: MLN 88 (1973), 68–94.

791 RAIMONDI, Ezio: La letteratura barocca. Studi sul seicento italiano. Firenze: L. S. Olschki 1961. (= Saggi di ‚Lettere italiane'. 2.) [V. a. zur Poetik Emanuele Tesauros.]

792 – La critica simbolica. In: E. Raimondi, Metafora e storia. Studi su Dante e Petrarca. Torino: G. Einaudi 1970, S. 3–30. (= Saggi. 464.)

793 RAITH, Werner: Die Macht des Bildes. Ein humanistisches Problem bei Gianfrancesco Pico della Mirandola. München: W. Fink 1967. (= Humanistische Bibliothek. Reihe 1: Abhandlungen, Bd. 3.)

794 RÖHRIG, Floridus: Art. „Ikonographie". In: LThK. 2., völlig neu bearb. Aufl., Bd. 5, Freiburg 1960, Sp. 619–621.

795 ROSCI, Marco: Manierismo e academismo nel pensiero critico del Cinquecento. In: Acme [Milano] 9 (1956), 57–81.

796 ROTERMUND, Erwin: Der Affekt als literarischer Gegenstand: Zur Theorie und Darstellung der Passiones im 17. Jahrhundert. In: Die nicht mehr schönen Künste. Grenzphänomene des Ästhetischen. Hrsg. von Hans Robert Jauß. München: W. Fink 1968, S. 239–269. (= Poetik und Hermeneutik. 3.)

797 – Affekt und Artistik. Studien zur Leidenschaftsdarstellung und zum Argumentationsverfahren bei Hofmann von Hofmannswaldau. München: W. Fink 1972. (= Beihefte zu POETICA. 7.)

798 ROUSSET, Jean: La littérature de l'âge baroque en France. Circé et le Paôn. Phil. Diss. Genève 1953. – Paris: J. Corti [1953]. [Bibliographie S. 291–305.] – Neuauflage: Paris: J. Corti [1963].

799 SALERNO, Luigi: Seventeenth-century English literature on painting. In: JWCI 14 (1951), 234–258.

800 SCHINGS, Hans-Jürgen: Besprechung von: M. Windfuhr, Die barocke Bildlichkeit und ihre Kritiker. 1966. In: AfdA 79 (1968), 29–40.

801 SCHLAFFER, Heinz: Musa iocosa. Gattungspoetik und Gattungsgeschichte der erotischen Dichtung

in Deutschland. Stuttgart: J. B. Metzler 1971. (= Germanistische Abhandlungen. 37.) [Passim zur erotischen Bildlichkeit, auch des 17. Jahrhunderts. – Bibliographie S. 230–239.]

802 SCHÖBERL, Joachim: „Liljen-milch und rosen-purpur". Die Metaphorik in der galanten Lyrik des Spätbarock. Untersuchung zur Neukirchschen Sammlung. Frankfurt a. M.: Thesen Verlag 1972. (= Germanistik. 4.)

803 SCHOTEL, G[illes] D[enijs] J[acob(us)]: Geschiedenis der Rederijkers in Nederland. Bd. 1. 2. Amsterdam: J. C. Loman jr. 1861–1864. – Id. opus, 2. verm. Ausgabe. Bd. 1. 2. Rotterdam: J. H. Dunk 1871.

804 SØRENSEN, Bengt Algot: Symbol und Symbolismus in den ästhetischen Theorien des 18. Jahrhunderts und der deutschen Romantik. Kopenhagen: Munksgaard (1963). (= Scandinavian University Books.). – Zugleich Phil. Diss. Aarhus 1963.

805 SPENCER, John R.: Ut Rhetorica Pictura. A Study in Quattrocento Theory of Painting. In: JWCI 20 (1957), S. 26–44.

806 von STACKELBERG, Jürgen: Das Bienengleichnis. Ein Beitrag zur Geschichte der literarischen Imitatio. In: Romanische Forschungen 68 (1956), 271–293.

807 de TERVARENT, Guy: De la méthode iconologique. Bruxelles: Académie Royale de Belgique 1961. (= Mémoires de l'Académie Royale de Belgique. Classe des Beaux-Arts. 12, 4.) [47 S. mit 20 Taf.]

808 TIEMANN, Barbara: Fabel und Emblem. Gilles Corrozet und die französische Renaissance-Fabel. München: W. Fink 1974. (= Humanistische Bibliothek. Reihe 1: Abhandlungen, Bd. 18.) [Darin v. a. S. 40–105: „Die Pictura-Poesis-Literatur als Teil der Renaissance-Moralistik".]

809 TRIMPI, Wesley: The meaning of Horace's ‚Ut pictura poesis'. In: JWCI 36 (1973), 1–34.

810 TUVE, Rosemond: Imagery and logic: Ramus and metaphysical poetics. In: Journal of the History of Ideas [New York] 3 (1942), 365–400.

811 – Elizabethan and metaphysical imagery. Renaissance poetic and twentieth-century critics. Chicago, London: University of Chicago Press. 1947. – Letzte Auflage: Chicago, London: The University of Chicago Press (^{8}1968). (= Phoenix Book. P 68.) [Passim.]

812 – Allegorical imagery. Some mediaeval books and their posterity. Princeton (N. J.): Princeton University Press 1966.

813 ULIVI, Ferruccio: L'imitazione nella poetica del Rinascimento. Milano: C. Marzorati 1959.

814 VASOLI, Cesare: La dialettica e la retorica dell' Umanesimo. ‚Invenzione' e ‚metodo' nella cultura del 15 e 16 secolo. Milano: Feltrinelli (1968). (= I Fatti e le Idee. Saggi e Biografie. 174.)

815 WEINBERG, Bernard: A history of literary criticism in the Italian Renaissance. Bd. 1. 2. Chicago: University of Chicago Press (1961).

816 WEISE, Georg: Manierismo e letteratura. Il gusto delle antitesi astratte e delle metafore concettose nelle lirica italiana e francese del Rinascimento. In: Rivista di letterature moderne e comparate N.S. [Firenze] 13 (1960), 5–52.

817 WINDFUHR, Manfred: Die barocke Bildlichkeit und ihre Kritiker. Stilhaltungen in der deutschen Literatur des 17. und 18. Jahrhunderts. Stuttgart: J. B. Metzler 1966. (= Germanist. Abhandlungen. 15.) [Vgl. hierzu: Kl. DOCKHORN und H.-J. SCHINGS!]

Vgl. → Nr. 635. 886. 893. 1171. 1182. 1196. 1203. 1212. 1226. 1231. 1240. 1346. 1802. 1828. 2003. 2094.

2. ALLGEMEINE EMBLEMFORSCHUNG (THEORIE UND GESCHICHTE DER EMBLEMATIK)

818 ADHÉMAR, Jean: Les livres d'emblèmes. In: Portique [Paris] Nr. 2 (1945), 107–116. [Mit 11 Abb.]

819 ANONYMUS: Emblems. In: The Retrospective Review and Historical and Antiquarian Magazine [London] 9 (1824), 122–140.

820 ARGAN, Giulio Carlo; LANTERNARI, Vittorio; PRAZ, Mario [u. a.]: Art. „Emblemi e insegne". In: Enciclopedia Universale dell' Arte. Bd. 4, Venezia, Roma (1958), Sp. 775–801. [v. a. wichtig der von M. Praz bearb. Abschn. Sp. 793–799: Il concetto di emblematica e le sue manifestazioni nel Rinascimento e nell'età barocca. – Bibliographie: Sp. 800–801; zum Art. gehörige Abb. auf Taf. 467–478.].

821 BAYLEY, Harold: A new light on the Renaissance, displayed in contemporary emblems. Illustrated with reproductions of numerous emblems. London: J. M. Dent; New York: E. P. Dutton & Co. [o. J.: 1909]. – Repr. New York: B. Blom (1967).

822 BENJAMIN, Walter: Ursprung des deutschen

Trauerspiels. Berlin: E. Rowohlt 1928. – Neudruck in: W. Benjamin, Schriften. Hrsg. von Theodor W. Adorno und Gretel Adorno unter Mitarbeit von Friedrich Podszus. Bd. 1, (Frankfurt a. M.:) Suhrkamp (1955), S. 141–365. – Revidierte Neuausgabe besorgt von Rolf Tiedemann. (Frankfurt a, M.:) Suhrkamp (1963). – Repr. dieser Ausgabe, ibid. (1969). (= Wissenschaftliche Sonderausgabe). [Darin v. a. das Kap. „Allegorie und Trauerspiel" (bes. S. 174–231 und 240–268).]

BILLESKOV JANSEN, F[rederik] J[ulius]: → s. JANSEN, F. J. B. (= Nr. 847)

823 BRANDT CORSTIUS, J[an] C[hristiaan]: Tussen emblem en symbool. Rede uitgesproken bij de aanvaarding van het ambt van hoogleraar in de vergelijkende literatuurwetenschap na de middeleeuwen aan de Rijksuniversiteit te Utrecht op 3 Okt. 1960, Amsterdam: J. M. Meulenhoff 1960.

824 BUCK, August: Die Emblematik. In: A. Buck (Hrsg.), Renaissance und Barock. II. Teil. Frankfurt a. M.: Athenaion (1972), S. 328–345. (= Neues Handbuch der Literaturwissenschaft. Bd. 10.) – [Schon vorher als Vorausveröffentlichung:] A. Buck, Renaissance und Barock. Die Emblematik. Zwei Essays. Frankfurt a. M.: Athenaion (1971), S. 36–54. (= Vorausveröffentlichung zweier Beiträge aus den Bänden 9/10 „Renaissance und Barock"… des „Handbuchs der Literaturwissenschaft", Neue Ausgabe.)

825 Duca CAFFARELLI, Francesco: Emblemi e figurazioni dal secolo XV… Roma 1933. [Nicht verifizierbar! Privatdruck?]

826 CLEMENTS, Robert J[ohn]: The cult of the poet in Renaissance emblem literature. In: PMLA 59 (1944), 672–685.

827 – Condemnation of the poetic profession in Renaissance emblem literature. In: SP 43 (1946), 213–232.

828 – Ars emblematica. In: Romanistisches Jahrbuch 8 (1957), 95–109.

829 – Picta Poesis. Literary and Humanistic Theory in Renaissance Emblem Books. Roma: Edizioni di ‚Storia e Letteratura' 1960. (= Temi e Testi. 6.).

830 DALY, Peter M[aurice]: The poetic emblem. In: Neophilologus [Groningen] 54 (1970), 387–397.

831 – Emblematic poetry of occasional meditation. In: GLL N. S. 25 (1971/72), 126–139.

832 – Trends and problems in the study of emblematic literature. In: Mosaic. An international quarterly journal for the comparative study of literature and ideas [Winnipeg (Minnesota)] 5 (1972), 53–68. [Eine Bibliotheksausg. des Periodikums erscheint auch u. d. T.: ‚Mosaic Reader'.]

833 DEXTER, Greta: Interrelation between text and picture in early French emblem books. In: Langue et littérature. Actes du VIIIe Congrès de la Fédération internationale des langues et littératures modernes. Paris: Soc. d'Éd. Les Belles Lettres 1961, S. 387–388. (= Bibliothèque de la Faculté de philosophie et lettres de l'Université de Liège. 161.) [Erschien auch als: Congrès et colloques de l'Université de Liège. 21.]

[480] DIECKMANN, Liselotte: Hieroglyphics. The history of a literary symbol. St. Louis (Miss.): Washington University Press (1970). [Darin v. a. S. 48–99: „Emblematic and mystic hieroglyphics" und S. 100–128: „The decline of Renaissance hieroglyphics".]

834 van ECK, P. L. jr.: Een en ander uit 17^e eeuwsche Nederlandse emblemata. In: Morks' Magazijn [Dordrecht] 23 (1921) Nr. 1, S. 169–178 und 246–252 sowie 23 (1921), Nr. 2, S. 13–24 und 65–72.

835 ELIA, Olga: Art. „Emblema". In: Enciclopedia dell'arte antica classica e orientale. Bd. 3, Roma: Instituto della Enciclopedia Italiana (1960), S. 324b–326b. [Über den antiken Emblembegriff; mit 3 Abb.]

836 FREEMAN, Rosemary: English emblem books. London: Chatto & Windus 1948. [„Bibliography of English emblem books to 1700": S. 229–240.] – Repr. New York: Octagon Books 1966.

837 GINZBURG, Carlo: La simbologia delle immagini e le raccolte di emblemi. In: Terzo Programma [Roma] 10 (1970) Nr. 4, S. 176–188.

838 HARMS, Wolfgang: Einleitung. Zur außerliterarischen Emblematik. In: W. Harms und Hartmut Freytag (Hrsgg.), Außerliterarische Wirkungen barocker Emblembücher. Emblematik in Ludwigsburg, Gaarz und Pommersfelden. München: W. Fink 1975, S. 7–18.

839 HECKSCHER, William S[ebastian]: Renaissance emblems. Observations suggested by some emblembooks in the Princeton University Library. In: The Princeton University Library Chronicle 15 (1954), 55–68.

840 HECKSCHER, William S[ebastian] und Karl-August WIRTH: Art. „Emblem. Emblembuch". In: RDK Bd. 5, Stuttgart [1959–]1967, Sp. 85–228. [Grundlegend.]

841 HENKEL, Arthur: Die geheimnisvolle Welt der Embleme. In: Heidelberger Jahrbücher 19 (1975), 1–23

842 HOMANN, Holger: Prolegomena zu einer Geschichte der Emblematik. In: Colloquia Germanica [Lexington (Kentucky); Bern] 2 (1968), 244–257.

843 – Studien zur Emblematik des 16. Jahrhunderts. Sebastian Brandt, Andrea Alciati, Johannes Sambucus, Matthias Holtzwart, Nicolaus Taurellus. Utrecht: Dekker & Gumbert (1971). (= Bibliotheca emblematica. 4.) [Mit 16 Bll. Abb.]

844 HUECK, Monika: Textstruktur und Gattungssystem. Studien zum Verhältnis von Emblem und Fabel im 16. und 17. Jahrhundert. Kronberg/Ts.: Scriptor 1975. (= Skripten zur Literaturwissenschaft.) [U. a. über 1. Textstruktur von Emblem und Fabel (Strukturanalysen von N. Taurellus' ‚Emblemata Physico-Ethica' [1595] und Heinrich Steinhöwels ‚Esopus' [1476/77]; 2. Emblem und Fabel als bildlich-literäre Darstellungsformen; 3. Zur Korrelation der Gattungssysteme Emblem und Fabel vom 16. bis 18. Jahrhundert (Hauptphasen des Evolutionsprozesses).] [Mit 22 Abb.]

845 HUON, Antoinette: Les emblèmes profanes à Paris au XVIe siècle. Thèse de la promotion de l'École des Chartes. Paris 1951. [Masch.] [Nicht verifizierbar!]

846 JAMES, Eleanor: The emblem as an image-pattern in some metaphysical poets. Phil. Diss. Madison (Wisc.): University of Wisconsin 1942.

847 JANSEN, F[rederik] J[ulius] B[illeskov]: Hollandske emblemer of norske valbirkkander. In: Danske Studier [København] 5. Raekke, Bd. 3 [= Bd. 51 der Gesamtreihe] (1956), [v. a.] S. 13–17 [über J. Cats.].

847a JANSSENS, A[lois(?)]: De Nederlandse liefdesemblematiek van 1601 tot 1618. Een verkenning van de liefdesemblemen van D. Heinsius, Otto van Veen, P. C. Hooft, J. Cats en de ‚Thronus Cupidinis'. Leuven 1975. [Lic. phil. Diss. – Masch.]. [Nicht verifizierbar!]

[491] JÖNS, Dietrich Walter: Das ‚Sinnen-Bild'. Studien zur allegorischen Bildlichkeit bei Andreas Gryphius. Mit 18 Abb. Stuttgart: J. B. Metzler (1966). (= Germanistische Abhandlungen. 13.) [V. a. 1. Kap.: „Emblematik, Hieroglyphik und Allegorese" (S. 3–58).]

[655] KLEIN, Robert: La théorie de l'expression figurée dans les traités italiens sur les „Imprese", 1555–1612. In: BHR 19 (1957), 320–341. – Wieder in: R. Klein, La forme et l'intelligible. Écrits sur la Renaissance et l'art moderne. Préface d'André Chastel. Paris: Gallimard 1970, S. 125–150. (= Bibliothèque des sciences humaines.)

848 KOLB, Hans-Ulrich: Emblematik und die Didaktik der ‚redenden Künste' im 17. Jahrhundert. Prolegomena zu einem Teildruck des „Tractatus circa quaedam rhetorices artis ornamenta" von Flaminio Lupi S. J. (1639–1703). In: Geist und Zeichen. Festschrift für Arthur Henkel zu seinem 60. Geburtstag dargebracht von Freunden und Schülern und hrsg. von Herbert Anton, Bernhard Gajek und Peter Pfaff. Heidelberg: C. Winter 1976. [Im Druck.]

849 KUBICA, S.: Nieznany zbiór emblematów z XVII w. In: Sprawozdania Poznańskiego Towarzystwa Przyjaciół Nauk [Poznań] 63/64 (1961), 237–240.

850 MESNARD, Pierre: Symbolisme et humanisme. In: Umanesimo e simbolismo. Atti del IV Convegno internazionale di studi umanistici. Venezia, 19–21 settembre 1958. A cura di Enrico Castelli. (Centro internazionale di studi umanistici. Roma.) Padova: C. E. D. A. M. 1958, S. 125–129. (= Archivio di Filosofia 1958. [Heft] 2–3.)

851 MIEDEMA, Hessel: The term „emblema" in Alciati. In: JWCI 31 (1968), 234–250.

852 von MONROY, Ernst Friedrich: Embleme und Emblembücher in den Niederlanden 1560–1630. Phil. Diss. Freiburg i. Br. 1940. [o. O.] 1942. – Neuausgabe u. d. T.: Embleme und Emblembücher in den Niederlanden 1560–1630. Eine Geschichte der Wandlungen ihres Illustrationsstils. Hrsg. von Hans Martin von Erffa. Utrecht: H. Dekker & Gumbert (1964). (= Bibliotheca Emblematica. 2.). [Mit 23 Bll. Abb.]

853 MOROZOV, Aleksandr Antonovič: Ėmblematika barokko v literature i iskusstve petrovskogo vremeni. In: Problemy literaturnogo razvitija v Rossii treti XVIII veka (= XVIII vek. Sbornik 9) [Leningrad] (1974), S. 184–226. [Erste größere Abhandlung eines sovjet. Literaturhistorikers zur russ. Emblematik: Über Verbreitung der Emblematik und affiner Erscheinungen in der Zeit von 1700–1730.]

854 – Art. „Ėmblematika". In: Kratkaja Literaturnaja Ėnciklopedija. Bd. 8, Moskva: Izdatel'stvo ‚Sovetskaja Ėnciklopedija' 1975, S. 887–890. [Dieser Art. in der ‚Kurzen Literaturenzyklopädie' ist die erste zusammenfassende Darstellung der Emblematik in einem sovjet. Handbuch.]

855 PELC, Janusz: Emblemata staropolskie [Alte polnische Embleme]. In: Sprawozdania Poznańskiego Towarzystwa Przyjaciół Nauk [Poznań] 80 (1968), 29–32.

856 – Emblemata staropolskie. Wstęp do problematyki [Alte polnische Embleme. Eine Einführung

857 – Old Polish emblems. (Introduction to the problems). In: Zagadnienia Rodzajów Literackich [Łódz] 12 (1970) Nr. 2, S. 22–53.

858 – Obraz–Słowo–Znak [= Bild–Wort–Zeichen.]. Studium o emblematach w literaturze staropolskiej. Wrocław, Warszawa [etc.]: Zakład Narodowy Imienia Ossolińskich Wydawnictwo Polskiej Akademii Nauk 1973. (= Studia staropolskie. 37.)

859 PENKERT, Sibylle: Zur Emblemforschung. [= Besprechung von A. Henkel und A. Schöne (Hrsgg.), Emblemata. Handbuch zur Sinnbildkunst des XVI. und XVII. Jh.s. Stuttgart 1967; sowie: A. Schöne, Emblematik und Drama im Zeitalter des Barock. 2. Aufl. München 1968.] In: GGA 224 (1972), 100–120.

860 PENKERT, Sibylle (Hrsg.): Emblemforschung. Zur Rezeption der Emblematik in Literatur-, Kunst- und Musikgeschichte. Darmstadt: Wiss. Buchgesellschaft [in Vorb. für 1976]. [Mit 26 Beiträgen verschiedener Verfasser; die Beiträge sind in dieser Bibliographie einzeln verzeichnet.]

861 POLLAK, Roman: Emblemata anonima z początków XVII wieku. In: Archiwum Literackie [Wrocław] 10 (1966), 110–131. (= Miscellanea staropolskie. 2.)

861a PORTEMAN, K.: Miscellanea emblematica. In: Spiegel der Letteren [Antwerpen] 17 (1975), 161–193.

861b – Voor en geschiedenis van de Nederlandse emblemataliteratuur. In: Handelingen der Koninklijke Zuidnederlandse Maatschappij voor Taal- en Letterkunde en Geschiedenis [Leiden] 29 (1975), 199–215.

862 PRAZ, Mario: Art. „Emblema". In: Enciclopedia Italiana. Bd. 13, Roma 1932–1940, S. 861–865. [Mit 22 Abb. und Bibliographie S. 864f.].

863 – The English emblem literature. In: English Studies [Amsterdam, Bern, Kopenhagen] 16 (1934), 129–140.

864 – Studi sul concettismo. Milano: Soc. Ed. „La Cvltvra" (1934). – Neuauflage: Firenze: G. C. Sansoni 1946. (= Biblioteca Sansoniana Critica. 9.) – Id. opus, 1. engl. Ausgabe u. d. T.: Studies in seventeenth-century imagery. [Bd. I.] London: The Warburg Institute, University of London 1939. (= Studies of the Warburg Institute. 3.) – Maßgebliche Neuauflage u. d. T.: Studies in seventeenth-century imagery. Second edition considerably increased. Roma: Ediz. di Storia e Letteratura 1964. (= Sussidi eruditi. 16.) [Darin v. a. Kap. 1: „Emblem, device, epigram, conceit" (S. 11–54); Kap. 2: „The philosophy of the courtier" (S. 55–82) [bes. über Imprese]; Kap. 3: „Profane and sacred love" (S. 83–168) [über erotische und religiöse Emblematik]; Kap. Appendix: „Emblems and devices in literature" (S. 205–231).]

865 von RATH, Erich: Art. „Emblematik". In: Lexikon des gesamten Buchwesens. Hrsg. von Karl Löffler und Joachim Kirchner. Bd. 1, Leipzig: K. W. Hiersemann 1935. S. 478a–479b. – Id. op., nochmals (mit 4 bibliograph. Ergänzungen) in der Neuauflage: Lexikon des Buchwesens. Hrsg. von J. Kirchner. Bd. 1. Stuttgart: Hiersemann 1952, S. 212.

866 REDGRAVE, Gilbert R.: Emblems amd impresas. In: The Bibliophile [London] 3 (1909), 67–70 und 141–145.

867 RÖSCH, H.: Die emblematische Denkform im Barock. In: Jahrbuch des Historischen Vereins Dillingen a. d. Donau 72 (1970), 144–153.

[558] ROSENFELD, Hellmut: Das deutsche Bildgedicht. Seine antiken Vorbilder und seine Entwicklung bis zur Gegenwart. Aus dem Grenzgebiet zwischen bildender Kunst und Dichtung. Leipzig: Mayer & Müller 1935. (= Palaestra. 199.) [Darin v. a. S. 46–79 über Emblematik.]

868 – Art. „Emblemliteratur". In: Reallexikon der deutschen Literaturgeschichte. 2. Auflage. Bd. 1, Berlin: W. de Gruyter [1955–]1958, S. 334b–336a.

869 RÜMANN, Arthur: Embleme-Bücher [!] des 16. und 17. Jahrhunderts. In: Philobiblon [Leipzig] 9 (1936), 161–178. [Mit 30 Abb.].

870 RUSSELL, Daniel Stearns: A survey of French emblem literature (1536–1600). Phil. Diss. New York: New York University 1968. [Vgl. Diss. Abstracts 30 (1969/70), 338 A.]

871 – The term ‚Emblème' in sixteenth-century France. In: Neophilologus [Groningen] 59 (1975), 337–351.

872 SCHLAFFER, Heinz: Denkbilder. Eine kleine Prosaform zwischen Dichtung und Gesellschaftstheorie. In: Poesie und Politik. Zur Situation der Literatur in Deutschland. Hrsg. von Wolfgang Kuttenkeuler. Stuttgart [etc.]: W. Kohlhammer (1973), S. 137–154. (= Sprache und Literatur. 73.)

873 SCHÖNE, Albrecht: Emblemata, Versuch einer Einführung. In: DVjS 37 (1963), 197–231.

874 – Emblematik und Drama im Zeitalter des Barock. 2., überarbeitete und ergänzte Auflage. München: C. H. Beck 1968. [Darin v. a. Kap. II: „Einführung in die Emblematik" (S. 17–63.).]

875 SCHULZ, Eberhard Wilhelm: Zum Wort „Denkbild". In: E.W. Schulz, Wort und Zeit. Aufsätze und Vorträge zur Literaturgeschichte. Neumünster: Wachholtz 1968, S. 218–252. (= Kieler Studien zur deutschen Literaturgeschichte. 6.)

876 SCHWARZ, Hans-Günther: Das stumme Zeichen. Der symbolische Gebrauch von Requisiten. Bonn: Bouvier 1974. (= Studien zur Germanistik, Anglistik und Komparatistik. 24.) [Darin S. 33–46: „Der emblematische Gebrauch des Requisits".]

877 SELIG, Karl Ludwig: La teoria dell'emblema in Ispagna. In: Convivium [Torino] N.S. 3 (1955), 409–421.

878 – Some problems of European emblem literature. In: Actes du 3ᵉ Congrès de l'Association internationale de littérature comparée. 21.–26. VIII. 1961, Utrecht. – Proceedings of the 3rd Congress of the International Comparative Literature Association. 's-Gravenhage: Mouton 1962, S. 347.

879 – Emblem literature: directions in recent scholarship. In: Yearbook of Comparative and General Literature [Chapel Hill, N.C.] 12 (1963), 36–41.

880 – Studies in Spanish emblem literature. [In Vorbereitung. Bis Juli 1976 nicht erschienen!]

881 SKIDMORE, Maria Elizabeth: The American emblem book and its symbolism. Phil. Diss. Ohio State University Columbus (Ohio) 1946. [Masch.]

882 STEGEMEIER, Henri: Problems in emblem literature. In: JEGP 45 (1946), 26–37.

883 – Sub verbo „Sinnbild". In: Humaniora. Essays in literature, folklore, bibliography. Honoring Archer Taylor on his seventieth birthday. Hrsg. von Wayland D[ebs] Hand und Gustave O[tto] Arlt. Locust Valley (N.Y.): J.J. Augustin 1960, S. 115–120.

884 SULZER, Dieter: Zu einer Geschichte der Emblemtheorien. In: Euphorion 64 (1970), 23–50.

885 – Emblematik und Komparatistik. Literaturbericht. In: Arcadia 9 (1974), 60–69.

886 – Poetik synthetisierender Künste und Interpretation der Emblematik. In: Geist und Zeichen. Festschrift für Arthur Henkel zu seinem 60. Geburtstag dargebracht von Freunden und Schülern und hrsg. von Herbert Anton, Bernhard Gajek und Peter Pfaff. Heidelberg: C. Winter 1976. [Im Druck.]

887 TAROT, Rolf: Arbeitskreis 1: Emblematik-Probleme. In: Internationaler Arbeitskreis für deutsche Barockliteratur. Erstes Jahrestreffen in der Herzog August Bibliothek Wolfenbürtel 27.–31. August 1973. Vorträge und Berichte. Wolfenbüttel: (Herzog August Bibl.) 1973, S. 113–115. (= Dokumente des Internat. Arbeitskreises für deutsche Barockliteratur. 1.)

888 THOMPSON, Elbert Nevius Sebring: Literary bypaths of the Renaissance. New Haven (Conn.): Yale University Press 1924.

889 TSCHIŽEWSKIJ, Dmitrij: Emblematische Literatur bei den Slaven. In: ASNSL 201 (1964), 175–184.

890 VINKEN, P.J.: The modern advertisement as an emblem. In: Gazette. International Journal of the Science of the Press [Leiden] 5 (1959), 234–243.

891 – Aan d'overkant, is 't Zalig Land. In: Levende Talen [Groningen] 1960, S. 319–327. [Band-, Jg.- oder Heft-Nummer nicht feststellbar!]

892 VODOSEK, Peter: Das Emblem in der deutschen Literatur der Renaissance und des Barock. In: Jahrbuch des Wiener Goethevereins N.F. 68 (1964), 5–40.

[502] VOLKMANN, Ludwig: Bilder-Schriften der Renaissance. Hieroglyphik und Emblematik in ihren Beziehungen und Fortwirkungen. (Zum 100-jährigen Gedenken der Entzifferung der Hieroglyphen.) Leipzig: K.W. Hiersemann 1923. (= Veröffentlichungen des deutschen Vereins für Buchwesen und Schrifttum.) – Repr. Nieuwkoop: B. de Graaf 1962.

[69] de VRIES, Anne Gerard Christiaan: De Nederlandsche emblemata. Geschiedenis en bibliographie tot de 18ᵉ eeuw. Amsterdam: Ten Brink en De Vries 1899. [Mit 14 Faks. auf 9 Taf.]

893 WENTZLAFF-EGGEBERT, Friedrich-Wilhelm: Emblematik und Rhetorik. Zu Jacob Friedrich Reimanns „Bekandte und Unbekandte Poesie der Deutschen (1703)". In: Rezeption und Produktion zwischen 1570 und 1730. Festschrift für Günther Weydt zum 65. Geburtstag. Hrsg. von Wolfdietrich Rasch, Hans Geulen und Klaus Haberkamm. Bern, München: Francke 1972, S. 493–497.

894 WHEELWRIGHT, Philip: The burning fountain. A study in the language of symbolism. Bloomington (Ind.): Indiana University Press 1954 [u.ö.] [Bes. Kap. 7, S. 123–154: Emblem and archetype.]

895 WILLS, Franz Hermann: Bildmarken, Wortmarken. Düsseldorf, Wien: Econ-Verlag (1968). [Bibliographie S. 152–154.]

896 YATES, Joseph Brooks: A sketch of that branch of literature called books of emblems as it flourished during the 16th and 17th centuries. 1848. In: Proceedings of the Literary and Philosophical Society of Liverpool during the thirty-seventh

Session 5 (1849) Teil 1, S. 8–38; sowie in: Proceedings ... during the thirty-eighth and thirty-ninth sessions 1849–1851, 6 (1851), Teil 2, S. 116–148.

897 ZELL, Carl-Alfred: Hinweise der Emblemliteratur auf den Gebrauch von Emblemen in Räumen. In: Wolfgang Harms und Hartmut Freytag (Hrsgg.), Außerliterarische Wirkungen barocker Emblembücher. Emblematik in Ludwigsburg, Gaarz und Pommersfelden. München: W. Fink 1975, S. 155–170.

Vgl. → Nr. 519. 560. 1080. 1495.

3. Einzelne Emblembuch-Autoren

898 ABBONDANZA, Roberto: La laurea di Andrea Alciato. In: Italia medioevale e umanistica [Padova] 3 (1960), 325–328.

899 ALLARD, Herman J. S.J.: Pater Adrianus Poirters S.J. Een historisch-letterkundige schets. Verm. uitgave. Amsterdam: C. L. van Langenhuysen 1878. [Zuerst 1871.]

900 ANONYMUS: The graver and the pen; the tiger emblem. In: Princeton Alumni Weekly [Princeton (N.J.)] 54 (1954) Nr. 17, S. 7–9. [Zu Camerarius.]

901 ATTAL, Jean-Pierre: Maurice Scève. Étude sur l'écrivain ... Choix de textes ... Bibliographie, discographie, filmographie. Paris: Seghers 1963. (= Écrivains d'hier et d'aujourd'hui. 11.)

902 – Dix propositions emblématiques pour „Délie". In: J.-P. Attal, L'image ‚métaphysique' et autres essais. Paris: Gallimard 1969, S. 133–157.

903 de AYALA, Francisco Javier: Ideas políticas de Juan de Solórzano [Pereira]. Sevilla: [Verlag nicht feststellbar] 1946. (= Publicaciones de la Escuela de Estudios Hispano-Americanos de Sevilla. 22. [= Ser. 4: Ensayos. 1.])

904 BEACHCROFT, Thomas Owen: Quarles and the emblem habit. In: The Dublin Review 188 (1931), 80–96.

905 BEETS, Nicolaas: Polyglottische uitgave van de ‚Cent Emblèmes Chrestiens' van Georgette de Montenay; waarbij een navolging in 't Nederlandsch... In: Verslagen en Mededeelingen der Koninklijke Akademie van Wetenschappen [Amsterdam]. Afdeeling Letterkunde. 2. Reeks [= Reihe], Deel [= Teil] 12 (1883), 186–194.

906 BEINEMA, M.: Divagaties rond een embleem van Johannes Brune de Oude. Phil. Diss. [M.A.-Thesis?] Rijksuniversiteit Utrecht 1963. [Nicht verifizierbar!]

907 BENZ, Ernst (Hrsg.): [Einleitung zu:] Herman Hugo, Pia desideria [, emblematis, elegiis et affectibus SS. Patrum illustrata,] libri tres. Mit einer Einführung von E. Benz. (Reprograf. Nachdruck der Ausgabe Antwerpen 1632.) Hildesheim, New York: G. Olms 1971. (= Emblematisches Cabinet. 1.)

908 BERTSCHE, Karl: Abraham a Sancta Claras „Embleme" zur Wiener Feier von Barcelonas Entsatz 1706. In: Unsere Heimat. Monatsblatt des Vereins für Landeskunde Niederösterreichs [Wien] N.F. 13 (1940), 146–155.

909 BIANCHI, Dante: L'opera letteraria e storica di Andrea Alciato. In: Archivio storico lombardo [Milano], Serie 4, Bd. 20 (1913), 5–130.

910 BOAS, M[arcus]: Marcus Antonius Gillis en Sambucus. In: Het Boek [Den Haag] 10 (1921), 129–138.

911 – Wat zijn bijgedichten? In: Het Boek [Den Haag] 16 (1927), 288–294. [V.a. über Otho van Veens ‚Moralia Horatiana'.]

912 BOLTE, Johannes: Die Verdeutschung von Jakob Cats' Werken. In: Tijdschrift voor Nederlandse Taal- en Letterkunde [Leiden] 16 (= N.R. 8) (1897), 241–251.

913 BOGNER, Hendrik: Dirck Volckertszoon Coornhert. Studie over een nuchter en vroom Nederlander. Lochem: N.V. Uitgeversmaatschappij „De Tijdstroom" (1941). – Neuauflage: Lochem: „De Tijdstroom" (1942). (= Nederlandsche Monographieen. 2.) [Bibliograph. Nachweise S. 146–152.]

914 BOSANQUET, Eustace F.: The first Paris Edition of the emblems of Alciat, 1534. In: The Library [London] Ser. IV, Bd. 4 (1923/1924), 326–331.

915 BOSCH, J[an] (Hrsg.): [Einleitung zu:] Jacob Cats, Sinne- en minnebeelden. Met inleiding en aantekeningen van J. Bosch. Geïllus. met reproducties van de platen van Adriaan van de Venne. Kampen [Niederlande]: J. H. Kok 1960. (= Boeket-reeks. 18.) [Mit 52 Reproduktionen der Kupfer von A. van de Venne.]

916 BOUCHEREAUX, Suzanne Marie: Les beaux livres parisiens de Gilles Corrozet. In: De Gulden Passer. N[ieuwe] R[eeks] [= N.F.] [Antwerpen] 28 (1950), 71–86.

917 BRAUER, Walter (Hrsg.): [Einleitung zu:] Philipp von Zesen. Moralia Horatiana. Das ist die horazische Sittenlehre. Nach der deutschen Erstausgabe von Kornelis Dankers, Amsterdam 1656. Mit den Kupfern der Originalausgabe von Hieronymus Verdussen, Antwerpen 1607. In Faksimile. Wiesbaden: Pressler 1963. (= Moralia Horatiana. Bd. 1.)

918 – [Einleitung zu:] Marin Le Roy de Gomberville, La doctrine des moeurs tirée de la philosophie des stoiques. Nach der französischen Originalausgabe von Pierre Daret, Paris 1646. Einführung und Bildkommentar von W. Brauer. Wiesbaden: Pressler 1963. (= Moralia Horatiana. Bd. 2.)

919 BREIDENBACH, Heribert: Der Emblematiker Jeremias Drexel S.J. (1581–1638). Mit einer Einführung in die Jesuitenemblematik und einer Bibliographie der Jesuitenemblembücher. Phil. Diss. Urbana-Champaign (Illin.): University of Illinois 1970. [Masch. -Vgl. Diss. Abstr. 31, 9 (1971), S. 4706 A.]

920 – Vanitas und Tod beim Emblematiker Jeremias Drexel S.J. (1581–1638). In: Europäische Tradition und deutscher Literaturbarock. Internationale Beiträge zum Problem von Überlieferung und Umgestaltung. Bern, München: Francke (1973), S. 391–409.

921 BREUER, Dieter: Der „Philotheus" des Laurentius von Schnüffis. Phil. Diss. Mainz 1969. – Meisenheim a. Glan: A. Hain 1969. (= Deutsche Studien. 10.) [Darin S. 89–98: Das Verhältnis zur Emblematik.]

922 BREUGELMANS, R.: „Quaeris quid sit amor?" Ascription, date of publication and printer of the earliest emblem book to be written and published in Dutch. In: Quaerendo (A quarterly journal from the Low Countries devoted to manuscripts and printed books) [Amsterdam] 3 (1973), 281–290. [Über ‚Theocritus a Ganda' alias Daniel Heinsius.]

923 BRUMMEL, Leendert (Hrsg.): [Einleitung zu:] Roemer Visscher, Sinnepoppen. Naar de uitgave van 1614 bij Willem Jansz[oon] te Amsterdam, met 184 ill. naar de oorspronkelijke gravures en van een inleiding en verklarende noten voorzien door L. Brummel. 's-Gravenhage: M. Nijhoff 1949.

924 BRUNNER, Otto: Adeliges Landleben und europäischer Geist. Leben und Werk Wolf Helmhards von Hohberg, 1612–1688. Salzburg: O. Müller 1949.

925 BUISMAN, Johan Frederik: De ethische denkbeelden van Hendrik Laurensz Spiegel. Wageningen: H. Veenman & Zonen 1935.

926 BULLOUGH, Geoffrey: Milton and Cats. In: Essays in English literature from the Renaissance to the Victorian age. Presented to A[rthur] S[utherland] P[igott] Woodhouse 1964. Edited by Millar Maclure and F[rank] W[illiam] Watt. (Toronto:) University of Toronto Press (1964), S. 103–124.

927 CALLAHAN, Virginia Woods: The Erasmus–Alciati friendship. In: Acta Conventus Neo-Latini Lovaniensis. Proceedings of the first international congress of neo-latin studies, Louvain 23–28 August 1971. Ed. by J(ozef) Jjsewijn and E(ckhard) Keßler. Leuven: University Press; München: W. Fink 1973. (= Humanistische Bibliothek. Reihe 1: Abhandlungen, Bd. 20.), S. 133–141.

928 CHEW, Samuel C[laggett]: Richard Verstegen and the ‚Amorum Emblemata' of Otho van Veen. In: The Huntington Library Quarterly [San Marino (Cal.)] 8 (1944/45), 192–199.

ČIŽEVŚKIJ, Dmitro (oder: ČYŽEVŚKYI, Dmitrij): → s. TSCHIŽEWSKIJ, Dmitrij (= Nr. 1081–1092).

CLEMENTS, Robert J[ohn]: → s. ZEZULA, Jindrich (= Nr. 1115–1116).

929 COLEMAN, Dorothy G.: The emblemes and images in Maurice Scève's ‚Délie'. Phil. Diss. [M.A.-Thesis?] Glasgow 1961. [Nicht verifizierbar!]

930 – Les ‚Emblesmes' dans la „Délie" de Maurice Scève. In: Studi Francesi [Torino] 8 (1964), 1–15

931 – Images in Scève's „Délie". In: MLR 59 (1964), 375–386.

932 CRASTER, Herbert Henry Edmund: The first draft of Geoffrey Whitney's emblems (MS. Rawlinson Poetry 56). In: Bodleian Quarterly Record [Oxford] 6 (1932), 173–174.

933 CRAVEN, James B[rown]: Count Michael Maier, doctor of philosophy and of medicine, alchemist, rosicrucian, mystic, 1568–1622. Life and writings... Kirkwall: W. Peace & son 1910.

CROSTON, James: → s. GREEN, Henry (= Nr. 966).

934 DAIGER, Annemarei (Hrsg.): [Einleitung zu:] Laurentius von Schnüffis [d.i. Johann Martin], Mirantisches Flötlein, oder geystliche Schäfferey, in welcher Christus unter den Nammen Daphnis, die in den Sünden-Schlaff vertieffte Seel Clorinda zu einem besseren Leben auferweckt, und durch wunderliche Weiß und Weg zu großer Heiligkeit führet. 3. Aufl. 1711. Reprograf. Nachdruck Darmstadt: Wiss. Buchgesellschaft 1968. [Mit Melodien und 32 Kupfern von Glückher.]

935 DANIELS, Robertson Balfour: Francis Quarles' emblems as seen in the twentieth century. In:

R. B. Daniels, Some seventeenth-century worthies in a twentieth-century mirror. Chapel Hill (N.C.): The Univ. of North Carolina Press (1940), S. 107–112.

936 DEONNA, Waldemar: Histoire d'un emblème: la couronne murale des villes et pays personnifiés. In: Genava [Genève] 18 (1940), 119–236. [Mit 57 Abb.]

937 DERUDDER, Gustave: Étude sur la vie et les oeuvres de Cats. Thèse présentée à la Faculté des lettres de Nancy. Calais: Impr. des orphelins 1898. – Auch u. d. T.: Un poète néerlandais. Cats, sa vie et et ses oeuvres. Calais: Impr. des orphelins 1898.

938 DEXTER, Greta (Hrsg.): [Einleitung zu:] Guillaume de La Perrière, Théâtre des bons engins, auquel sont contenuz cent emblèmes moraulx (1539). A facsimile reproduction with an introduction by G. Dexter. Gainesville (Florida): Scholars' Facsimiles & Reprints 1964.

939 DONAT, Dietrich (Hrsg.): [Einleitung zu:] Daniel Cramer, Octoginta emblemata moralia nova e sacris literis petita, formandis ad veram pietatem accommodata et elegantibus picturis. Das ist: Achtzig Sinnreiche Nachdenkliche Figuren auß heyliger Schrifft in Kupferstichen fürgestellet, worinnen schöne Anweisungen zu wahrer Gottesforcht begrieffen. Nachdruck der Ausgabe Frankfurt a. M. 1630. Hildesheim, New York: G. Olms 1975. (= Emblematisches Cabinet. 5.)

940 – [Einleitung zu:] Johann Saubert, ΔΥΩΔΕΚΑΣ emblematum sacrorum quorum consideratio accurata ad fidei exercitium et excitandam pietatem plurimum facere potest. Nachdruck der Ausgabe Nürnberg 1625–1630. Hildesheim, New York: G. Olms 1975. (= Emblematisches Cabinet. 6.)

941 DOWLING, John C.: El pensamiento político-filosófico de Saavedra Fajardo. Posturas del siglo XVII ante la decadencia y conservación de monarquías. Murcia: Academia „Alfonso X El Sabio"; Impr. sucs. de Nogués 1957.

942 von DÜFFEL, Peter und Klaus SCHMIDT (Hrsgg.): [Nachwort zu:] Mathias Holtzwart, Emblematum Tyrocinia [: sive picta poesis latinogermanica. Das ist. Eingeblümete Zierwerck, oder Gemälpoesy... Straßburg: Bernhard Jobin 1581.] Mit einem Vorwort über Ursprung, Gebrauch und Nutz der Emblematen von Johann Fischart und 72 Holzschnitten von Tobias Stimmer. Stuttgart: Ph. Reclam jr. (1968), S. 207–235. (= [Reclams] Universal-Bibliothek. Nr. 8555-8557.) [Bibliographie S. 204–206.]

943 van DÜLMEN, Richard: Orthodoxie und Kirchenreform. Der Nürnberger Prediger Johannes Saubert (1592–1646). In: Zeitschrift für bayerische Landesgeschichte [München] 33 (1970), 633–786.

944 DUHEM, Jules: La légende aéronautique dans les livres d'emblèmes: Les figures de Cornélis Galle, 1640. In: Bulletin du Bibliophile et du Bibliothécaire [Paris] N.S. 18 (1939), 18–22.

945 – La légende aéronautique dans les livres d'emblèmes: Le recueil de Juan de Valcaçar, 1612. In: Bulletin du Bibliophile et du Bibliothécaire [Paris] N.S. 18 (1939), 188–192.

946 – La légende aéronautique dans les livres d'emblèmes: Le recueil de Johannes Sambucus, 1564. In: Bulletin du Bibliophile et du Bibliothécaire [Paris] N.S. 26 (1947), 445–450.

[23] DUPLESSIS, Georges [Victor Antoine]: Les livres à gravures du XVIe siècle. Les emblèmes d'Alciat. Paris: Librairie de l'art 1884. (= Bibliothèque internationale de l'art.)

947 van EEGHEN, Pieter und Johan Philip van der KELLEN: Het werk van Jan en Casper Luyken. Bd. 1. 2. Amsterdam: F. Muller & Co. 1905. [Mit 56 Taf.].

948 ELLENIUS, Allan: Johannes Schefferus. Kristina Minerva och Fortuna Audax. En studie i politisk emblematik. In: Lychnos [Uppsala] [16]: 1954/55 (1955), 165–195.

949 van Es, G[ustaaf] A[mandus]: Cats als moralist en dichter. In: Aandacht voor Cats bij zijn 300-ste sterfdag. Studies naar aanleiding van de herdenking op 12 September 1960, op verzoek van het desbetreffende comité bijeengebracht door P[ieter] Minderaa. Zwolle: W. E. J. Tjeenk Willink 1962, S. 7–26. (= Zwolse Reeks van Taal- en Letterkundige Studies. 12.)

950 von FABER du FAUR, Curt: The author of the ‚Sapientia Picta'. In: The Yale University Library Gazette [New Haven (Conn.)] 28 (1954), 156–160. [Über J. W. Zincgreff.]

951 FLETCHER, Iain (Hrsg.): [Einleitung zu:] Partheneia Sacra, by H. A. [vermuteter Verf.: Henry Hawkins (1572 – ca. 1646)] 1633. Aldington (Engl.): Hand and Flower Press 1950.

952 FORD, James: „Ut Pictura Poesis", or an attempt to explain, in verse, the Emblemata Horatiana of Otho Vaenius [by James Ford]. London: Privatdruck 1875. [Nur 40 Exemplare]. [S. XIII–XXXII: Bibliographical note on the works of Otho Vaenius; S. XXXIII–XXXIV: Note on the engraved portraits of Otho Vaenius [by] [Sir] W[illiam] S[tirling] M[axwell].]

953 FRANKEN, Daniel: L'œuvre gravé des Van de Passe. Amsterdam: F. Muller 1881.

FRIEDLAND, Louis S.: → s. JACKSON, William A. (= Nr. 981).

954 FURNIVALL, Frederick James (Hrsg.): Francis Thynne [1545(?)–1608]. Emblemes and epigrames... (1600). London: N. Trübner & Co. 1876. (= Early English Text Society. [Original Series. 64.])

955 GAEDERTZ, Karl Theodor: Gabriel Rollenhagen. Sein Leben und seine Werke. Beitrag zur Geschichte der deutschen Literatur, des deutschen Dramas und der niederdeutschen Dialektdichtung nebst bibliographischem Anhang. Leipzig: S. Hirzel 1881. [Bibliographie S. 102–124.]

956 GALLAND, René: Un poète errant de la Renaissance: Jean van der Noot et l'Angleterre. In: Revue de Littérature Comparée [Paris] 2 (1922), 337–350.

957 GARCIA de DIEGO, Vicente (Hrsg.): [Einleitung zu:] Diego de SAAVEDRA FAJARDO, Idea de un príncipe politico cristiano representada en cien empresas... Edición y notas de V. Garcia de Diego. Bd. 1–4. Madrid: Ediciones de ‚La Lectura' 1927–1930. (= Clásicos Castellanos. 76. 81. 87. 102.).–Neuauflage: Madrid: Imp. y Edit. Espasa Calpe 1942. (= Clásicos Castellanos. 76.)

958 GERARDS-NELISSEN, J.: Otto van Veen's ‚Emblemata Horatiana'. In: Simiolus. Kunsthistorisch Tijdschrift [Amsterdam] 5 (1971/72), 20–63.

959 GERSTINGER, Hans: Johannes Sambucus als Philologe. In: Wiener Studien [Wien] 79 (1966), 551–556.

960 GÖRANSSON, Anna Maria: Livsträdet och Geofroy Tory [Der Lebensbaum und G. Tory.]. In: Symbolister. Ikonologiska Studier 1 = Tidskrift för Konstvetenskap [Malmö] 30 (1957), 57–85. [Mit 17 Abb.]

961 GOLDMAN, Lloyd: Samuel Daniel's „Delia" and the emblem tradition. In: JEGP 67 (1968), 49–63.

962 GORDON, Donald J.: „Veritas filia temporis". Hadrianus Junius and Geoffrey Whitney. In: JWCI 3 (1939/40), 228–240.

963 GREEN, Henry: On the emblems of Geoffrey Whitney of Nantwich, in the sixteenth century. A Paper read before the Architectural, Archaeological, and Historic Society of Chester. Chester: Minshull & Hughes 1865.

964 GREEN, Henry [und Frank B. FIELER] (Hrsg.): [Einleitung zu:] Whitney's „Choice of emblemes". A fac-simile reprint. Ed. by Henry Green. With an introductory dissertation, essays literary and bibliographical, and explanatory notes. London: Lovell Reeve & Co. 1866. – Veränderte Neuausgabe u. d. T.: A choice of emblemes [Leiden 1586.]. By Ge[o]ffrey Whitney, 1548–1601. Ed. by H. Green. With an introduction by Frank B. Fieler. New York: B. Blom (1967).

965 GREEN, Henry (Hrsg.): Andreae Alciati emblematum fontes quatuor; namely, an account of the original collection made at Milan, 1522, and photo-lith. fac-similes of the editions Augsburg 1531, Paris 1534, and Venice 1546 ... With a sketch of Alciati's life and bibliographical observations respecting the early prints. Manchester: Published for the Holbein Society by A. Brothers [etc.] 1870. (= The Holbein Society's Fac-Simile Reprints. 4.)

966 GREEN, Henry und James CROSTON (Hrsgg.): The Mirrovr [!] of Maiestie: or, the badges of honour conceitedly emblazoned. With emblemes annexed, poetically unfolded. A photo-lith. fac-simile reprint from Mr. Corser's perfect copy. [London] A.D. 1618. Manchester, London: Published for the Holbein Society by A. Brothers 1870. (= The Holbein Society's Fac-Simile Reprints. 3.)

967 GREEN, Henry (Hrsg.): Andreae Alciati emblematum flumen abundans; or, Alciat's emblems in their full stream. Being a photolith. fac-simile reprint of the Lyons edition by Bonhomme, 1551; and of titles etc., of similar editions, 1548–1551. ... With an introduction and an alphabetical list of all the Latin mottoes. Manchester: Published for the Holbein Society by A. Brothers [etc.] 1871.

[30] GREEN, Henry: Andrea Alciati and his books of emblems. A biographical and bibliographical study. London: Trübner & Co. 1872. – Repr. New York: Burt Franklin [o. J., ca. 1964]. (= Burt Franklin Bibliography and Reference Series. 131.) [Darin S. 97–279: A bibliographical catalogue of the various editions of the books of emblems of Andrea Alciati (179 Auflagen).]

968 GROEN, J. A.: Jacob Cats, 1577–1660. Amsterdam: Stichting Ivio (1960). (= AO-Reeks. Nr. 826.)

969 HAIGHT, Gordon S[herman]: Quarles and the emblem. Phil. Diss. New Haven (Conn.): Yale University 1933 [1934].

970 – The publication of Quarles' emblems. In: The Library [London] 4th series, 15 (1934) Nr. 1, S. 97–109. – Id. op. als Buchausgabe u. d. T.: The publication... [s. o.] London: The Bibliographical Society 1934.

971 – The sources of Quarles' emblems. In: The Library [London] 4th series, 16 (1935) Nr. 2, S. 188–209.

972 HARMS, Wolfgang: Der Fragmentcharakter emblematischer Auslegungen und die Rolle des Lesers. Gabriel Rollenhagens Epigramme. In: Deutsche Barocklyrik. Gedichtinterpretationen von Spee bis Haller. Hrsg. von Martin Bircher und Alois M. Haas. Bern, München: Francke (1973), S. 49–64.

973 – Mundus imago Dei est. Zum Entstehungsprozeß zweier Emblembücher Jean Jacques Boissards. In: DVjS 47 (1973), 223–244.

974 HENKEL, Max Ditmar: De emblemata van Andreas Pauli in „Mundi lapis Lydius" van 1639. In: Jaarverslagen. Koninklijk Oudheidkundig Genootschap te Amsterdam [Amsterdam] 78 (1935), 73–76.

975 HOEFNAGEL, Dick: A seventeenth-century emblem book. In: Dartmouth College Library Bulletin N.S. [Hanover (N.H.)] 11 (1970), 26–39. [Über Juan Dolivars ‚Emblèmes et devises chrestiennes et morales'.]

976 HÖLTGEN, Karl Josef: Francis Quarles als meditativer und emblematischer Dichter. Habilitations-Schrift Bonn 1968. [Masch.; Titel laut Angabe des Verfassers.]

977 – Francis Quarles, emblem V, 11: „Like as the hart panteth after the water-brooks". Eine Interpretation. In: Die englische Lyrik von der Renaissance bis zur Gegenwart. Hrsg. von Karl Heinz Göller. Bd. 1, Düsseldorf: Bagel 1968, S. 146–158.

978 HÖLTGEN, Karl Josef (Hrsg.): [Einleitung zu:] Henry Hawkins [S.J.], Partheneia Sacra: Or the mysterious and delicious garden of the sacred Parthenes [Rouen: J. Cousturier] (1633). Repr. Menston (Engl.): Scholar Press 1971.

979 – [Einleitung zu:] Henry Hawkins [S.J.], The devout hart: Or royal throne of the pacifical Salomon [Rouen: Cousturier] (1634). Repr. Menston (Engl.): Scholar Press 1975.

980 HOFMEIER, Heinrich Karl: Ein Erklärungsversuch des Dortmunder Emblembildes aus Daniel Meisters „Schatz-Kästlein" (ca. 1630). In: Der Märker. Heimatblatt für den Bereich der ehem. Grafschaft Mark [Altena (Westf.)] 9 (1960) H. 2, S. 271–273.

981 JACKSON, William A[lexander] und Louis S. FRIEDLAND (Hrsgg.): [Einleitung zu:] Jan van der Noot, A theatre for voluptuous worldlings. London[: Henry Bynneman] 1569. (Translated out of the French into Englishe [!] by Theodore Roest.) New York: Scholars' Facsimiles & Reprints 1936. – Neuauflage dieses Repr. u. d. T.: Theatre for worldlings by Jan van der Noot, with a bibliographical note by W. A. Jackson... Introduction by L. S. Friedland. New York: Scholars' Facsimiles & Reprints 1939.

982 JAMES, Eleanor: The images of Francis Quarles' emblems. In: (University of Texas) Studies in English [Austin (Tex.)] 23 (1943), 26–49.

983 JANSEN, F[rederik] J[ulius] B[illeskov]: L'influence de la littérature néerlandaise dans les pays Scandinaves au XVIIe siècle. In: Actes du 3e Congrès de l'Association Internationale de Littérature Comparée. Proceedings of the 3rd Congress of the International Comparative Literature Association. Utrecht, 21–26 August 1961. 's-Gravenhage: Mouton 1962, S. 49–58. [u.a. über Cats.]

984 JELINEK, Vladimir: The analytical didactic of Comenius... translated... with introduction and notes by V. Jelinek. Chicago: University of Chicago Press 1953. [= Kap. 10 aus „Linguarum methodus novissima".]

985 JÖNS, Dietrich Walter: Die emblematische Predigtweise Johann Sauberts. In: Rezeption und Produktion zwischen 1570 und 1730. Festschrift für Günther Weydt zum 65. Geburtstag. Hrsg. von Wolfdietrich Rasch, Hans Geulen und Klaus Haberkamm. Bern, München: Francke 1972, S. 137–158.

986 JOHNSON, L.W.: Amorum emblemata. Tristan L'Hermite and the emblematic tradition. In: Renaissance Quarterly [New York] 21 (1968), 429–441.

987 de JONG, Albert Cornelis (Hrsg.): H[endrick] L[aurenszoon] Spieg(h)el, Hertspiegel. I. [1650] Uitgegeven en taalkundig toegelicht... Amsterdam: H. J. Paris 1930.

988 de JONG, Helena Maria Elisabeth: Kanttekeningen op Michael Maiers' „Atalanta Fugiens". In: Album discipulorum. Aangeboden aan Prof. Dr. J. G. van Gelder ter gelegenheid van zijn zestigste verjaardag 27 februari 1963. [Hrsg. von J(osua) Bruyn, J(an) A(meling) Emmens (u. a.)] Utrecht: Haentjens Dekker & Gumbert (1963), S. 79–91. (= Orbis artium. Utrechtse kunsthistorische Studien. 7.)

989 – Michael Maier's ‚Atalanta Fugiens'. Commentaar op embleem XLVIII. In: Nederlands Kunsthistorisch Jaarboek. Netherlands Yearbook for History of Art ['s-Gravenhage] 15 (1964), 149–173. – Ebenfalls in: Janus [Leiden] 52 (1965), 81–112.

990 – Michael Maier's „Atalanta Fugiens". Bronnen van een alchemistisch emblemenboek. Utrecht: Schotanus & Jens 1965 [tatsächl. 1966]. [Bibliographie S. 124–149.]

991 – [Besprechung von:] Michael Maier, Atalanta Fugiens (1618). (Faksimileausgabe hrsg. von Lucas Heinrich Wüthrich. Kassel, Basel: Bärenreiter 1964). In: The Art Bulletin [New York] 47 (1965), 143–144.

992 – Michael Maier's ‚Atalanta Fugiens'. Sources of an alchemical book of emblems. Leiden: E.J. Brill 1969. (= Janus. Supplements. 8.) [Bibliographie S. 339–369.]

[35] de JONGE van ELLEMEET, Willem Cornelis Mary: Museum Catsianum. ... 1839–1870. Utrecht: Beijers 1870. – Neuausgabe: Museum Catsianum.... 1837–1887. 2., verm. Auflage. 's-Gravenhage: M. Nijhoff 1887. [= Bibliographie].

993 KEFERSTEIN, H. und B. WOJCZULANIS: Polska wersja rekopiśmienna emblematów Georgette de Montenay [Handschriftliche polnische Fassungen der Embleme von G. de Montenay]. In: Komunikaty Mazursko-Warmińskie [Olsztyn] [22] (1967) Nr. 4 [= Nr. 98 der Gesamtfolge], S. 518–522. [Nicht verifizierbar!]

994 KEIGHTLEY, Ronald: Sobre Alciato en España y un Hércules Aragonés. In: Arbor [Madrid] 46 [= Nr. 173–176] (1960), 57–66.

van der KELLEN, Johan Philip: → s. van EEGHEN, Pieter (= Nr. 947).

995 KEMP, Friedhelm: Frühe Emblematiker. In: Aus dem Antiquariat [= Beilage zum „Börsenblatt für den Deutschen Buchhandel." Frankfurter Ausgabe 30 (1974)] 12 (1974), S. A 394–A 396.

996 KNIPPING, John Baptist O.F.M. und Pieter Jacobus MEERTENS: Van De Dene tot Luiken. Bloemlezing uit de noord- en zuid-nederlandse emblemata-literatuur der 16de en 17de eeuw. Zwolle: Tjeenk Willink 1956. (= Klassieken uit de Nederlandse Letterkunde. Uitgegeven in opdracht van de Maatschappij der Nederlandse Letterkunde te Leiden. Nr. 7.)

997 KOK, Abraham Seyne: Cats' „Sinne- en Minnebeelden". In: De Twintigste Eeuw [Amsterdam] 17 (1902), 66–86.

998 KWEKKEBOOM, J.: Bij de geschiedenis van een emblema. In: De Nieuwe Taalgids [Groningen] 52 (1959), 96.

999 LANDWEHR, John: De Gentse liefdesembleemdichters en D.P. Pers. Het Raad Theocritus a Ganda. In: Tijdschrift voor Nederlandse Taal- en Letterkunde [Leiden] 85 (1969), 105–119.

1000 LARSEN, Lawrence Stilo: A critical edition and an appreciation of Aegidius Albertinus' emblematic work „Hirnschleiffer". Phil. Diss. Austin (Tex.): University of Texas 1971. [Masch.]

1001 de LANCEY, DeVaux (Hrsg.): [Einleitung zu:] (Guillaume Guéroult,) Le premier livre des emblemès, composé par G. Guéroult à Lyon chez Balthazar Arnoullet 1550. Avec introduction et notes... Rouen: Impr. Albert Lainé 1937. (= Société rouennaise de bibliophiles.)

1002 LECTOR, Oliver [Pseud.]: Letters from the dead to the dead. Collected, edited, and arranged with notes, comments, and glossary... London: Bernard Quaritch; Boston, New York: Houghton, Mifflin & Co. 1905. [Embleme von Jacob de Bruck und Bornitius.]

1003 LEISHER, John Franklin: Geoffrey Whitney's ‚Choice of Emblemes' and its relation to the emblematic vogue in Tudor England. Phil. Diss. Harvard University Cambridge (Mass.) 1953. [Masch.]

1004 LEISY, Ernest Erwin: Francis Quarles and Henry D. Thoreau. In: MLN 49 (1934), 391–393.

1005 LESKY, Grete (Hrsg.): [Einleitung zu:] W[olfgang] H[elmhard] Freiherr von Hohberg, Lust- und Arzeneygarten deß königlichen Propheten Davids... [Repr. der gekürzten Ausgabe Regensburg 1675 mit einer] Einführung und Register [von] G. Lesky. Graz: Akademische Druck- und Verlagsanstalt 1969. (= Instrumentaria Artium. 8.)

1006 LESKY, Grete (Hrsg.): [Einleitung zu:] Jacobus Boschius, Symbolographia sive de arte symbolica sermones septem. Repr. der Ausgabe Augsburg 1701. Graz: Akadem. Druck- und Verlagsanstalt 1972. (= Instrumentaria artium. 6.)

1007 – [Einleitung zu:] Jacobus Typotius, Symbola divina et humana pontificum, imperatorum, regum. (Unveränderter Nachdruck der 1601–1603 in Prag erschienenen Ausgabe.) Bd. 1–3 [in 1 Bd.]. Graz: Akadem. Druck- und Verlagsanstalt 1972. (= Instrumentaria artium. 7.)

1008 LIEVSAY, John Leo: Stefano Guazzo and the „Emblemata" of Andrea Alciati. In: Philological Quarterly [Iowa City] 18 (1939), 204–210.

1009 LOTTES, Wolfgang: Henry Hawkins. Leben und Werk eines englischen Jesuiten des 17. Jahrhunderts. Phil. Diss. Erlangen 1974. [Masch.schriftlich vervielfältigt.] [Monographie u.a. über das emblemat. Werk von H. Hawkins.]

1010 McDONALD, William R.: Devices used by Raban in Guild's „Limbo's Batterie", 1630. In: The Bibliotheck [Glasgow] 4 (1963), 77–79.

1011 McFARLANE, Ian Dalrymple (Hrsg.): [Einleitung zu:] Maurice Scève, Délie. Edited with an introduction and notes ... Cambridge (Engl.): University Press 1966. [Bibliographie S. 105–115.]

1012 MANDOWSKY, Erna: Untersuchungen zur Ikonologie des Cesare Ripa. Phil. Diss. Hamburg 1934 (Hamburg: Proctor 1934.). – Italien. Ausg. u. d. T.: Ricerche intorno all' ,,Iconologia" di Cesare Ripa. Firenze: Olschki 1939.

1013 – Ricerche intorno all' Iconologia di Cesare Ripa. In: Bibliofilia [Firenze] 41 (1939), 7–27; 111–124; 204–235 und 279–327. [Mit 36 Abb.]

1014 MANDOWSKY, Erna (Hrsg.): [Einleitung zu:] Cesare Ripa, Iconologia, overo descrittione di diverse imagini cavate dall'antichità, e di propria inventione. With an introduction by E. Mandowsky. (Reprograf. Nachdruck nach der Ausgabe Roma 1603.) Hildesheim, New York: G. Olms 1970. [Mit 153 Abb.]

1015 MARKUŠEVIČ, A[leksej?] I[vanovič?]: Ob istočnikach amsterdamskogo izdanija ,,Simvoly i emblemata" (1705). [Über die Quellen der russ. Ausg. des ältesten russ. Emblembuchs: Symbola et emblemata, iussu atque auspiciis S.M. ... Imperatoris Moscoviae, Magni Domini Czaris ... Petri Alexeidis ... excusa. Amstelaedami: Henricus Wetstenius 1705.] In: Kniga. Issledovanija i materialy [Moskva] 8 (1963), 279–290.

1016 MASER, Edward A. (Hrsg.): [Einleitung zu:] (Cesare Ripa,) Baroque and Rococo pictorial imagery. The 1758–1760 Hertel edition of Ripa's ,Iconologia' with 200 engraved illustrations. Introduction, translations and 200 commentaries by E.A. Maser. New York: Dover Publications Inc. (1971). (= The Dover Pictorial Archives Series.)

1017 MATTSPERGER, Melchior: Geistliche Herzens-Einbildungen in zweihundertfünfzig biblischen Figur-Sprüchen angedeutet. (Faksimiledruck der Ausgabe Augsburg 1685.) Hildesheim: G. Olms 1965. [83 Bll. Abb. mit 250 Kupferstichen von Hanns [auch: Johann] Georg Bodenehr.]

1018 MAYER, Hans-Christian: Nicolaus Taurellus, der erste Philosoph im Luthertum. Ein Beitrag zum Problem Vernunft und Offenbarung. Theol. Diss. Göttingen 1960. [Masch.]

1019 MEERTENS, Pieter Jacobus: Proverbs and emblem literature. In: Proverbium [Helsinki] 15 (1970), 82–83. (= Archer Taylor octogenario in honorem I. VIII. MCM LXX.) [Kurzhinweise auf die emblemat. Verwendung von Sprichwörtern bei Jacob Cats, Johan de Brune und Adriaen Poirters.]
– →s. KNIPPING, John Baptist O.F.M. (= Nr. 996).

[851] MIEDEMA, Hessel: The term ,,emblema" in Alciati. In: JWCI 31 (1968), 234–250.

1020 MORGAN, Gareth: Τὰ ἐμβλήματα τοῦ ,,Ἐρωτοκρίτου". [Ta emblimata tou ,Erotokritou'. – Die Embleme des ,Erotokritos']. In: Κρητικὰ Χρονικὰ [Kretika Chronika; Heraklion (Kreta)] 23 (1971), 9–51. [Mit 5 Abb.; u.a. über die Beziehungen zu Emblembüchern des 16. und 17. Jahrhunderts.]

1021 MRAZEK, Wilhelm: Metaphorische Denkform und ikonologische Stilform. Zur Grammatik und Syntax bildlicher Formelemente der Barockkunst. In: Alte und moderne Kunst [Wien] 9 (1964) Nr. 73, S. 15–23. [Mit 20 Abb. – Über Hieroglyphe, Emblem, Personifikation und ,fatto' als ikonologische Formelemente sowie zu Horapollo und Cesare Ripa.]

1022 MULHAUSER, Ruth: The poetic function of the emblems in the ,,Délie" [de Maurice Scève]. In: L'Ésprit Créateur [Minneapolis (Minnes.)] 5 (1965), 80–89.

1023 MUŽIK, Hugo: Johann Joseph Sebastian Ritter von Hauers ,,Symbola heroica, moralia, critica nobili iuventuti consecrata". Teil 1. 2. In: 12. Jahresbericht über das K.k. Elisabeth-Gymnasium in Wien für das Schuljahr 1896/1897. Wien: K.k. Elisabeth-Gymnasium 1897, S. 3–34 und S. 35–78. [Wiener Manuskript von 1756 mit wahrscheinlich von François Brunet stammenden Aquarellen.]

1024 NETHERCOT, Arthur H.: The literary legend of Francis Quarles. In: Modern Philology [Chicago] 20 (1923), 225–240.

1025 NOLDE, Sister M. Simon O.S.B.: Whitney's ,,A choice of emblemes" and three commonplace collections of Erasmus. A study in the interaction of the emblematic and commonplace traditions. Phil. Diss. St. Louis (Miss.): St. Louis University 1964. [Masch.]

1026 van NUFFEL, Robert O.J.: Il Petrarca nell'opera di Jan van der Noot. In: Studi Petrarcheschi [Bologna] 3 (1950), 183–196.

1027 OUDEMANS, Betty: Pancarpium Marianum door P. Joannes David S.J., Antwerpen 1618. Phil. Diss. Utrecht: Rijksuniversiteit Utrecht 1960. [Nicht verifizierbar!]

1028 OULMONT, Charles (Hrsg.): [Einleitung zu:] Hécatomgraphie de Gilles Corrozet ... (1540), chez Denys Janot. Préface et notes critiques de Ch. Oulmont. (Paris:) H. Champion 1905. [Titel der Originalausgabe: Hécatomgraphie de Gilles Corrozet ... c'est à dire les descriptions de cent figures et hystoires, contenantes plusieurs appophtegmes [!], proverbes, sentences et dictz, tant des anciens que des modernes. Paris: D. Janot 1540. 8°.]

1029 PARTURIER, Eugène (Hrsg.): [Einleitung zu:] Maurice Scève, Délie, object de plus haulte vertu [Lyon: S. Sabon 1544.]. Édition critique avec introduction et des notes. Paris: Hachette 1916. (= Société des textes français modernes.). – Repr. Paris: Didier 1961. [Bibliographie S. XLV-LXXIX.]

1030 PELC, Janusz: Zbigniew Morsztyn, Poeta-arianin. In: Odrodzenie i Reformacja w Polsce [Warszawa] 10 (1965), 141–185.

1031 – Zbigniew Morsztyn, arianin i poeta. Wrocław [etc.]: Zakład Narodowy Imienia Ossolińskich 1966. (= Polska Akademia Nauk. Instytut Badań Literackich. Studia staropolskie. 16.)

1032 – Europejski i polski kontekst „Emblematów" Zbigniewa Morsztyna. In: Księga pamiątkowa ku czci Konrada Górskiego. Toruń (; Poznań: Państw. Wydawnictwo Nauk) 1967, S. 197–207. (= Towarzystwo Naukowe w Toruniu. Prace Wydziału filologiczno-filozoficznego. 19, 1.)

1033 – Rola emblematów oraz konstrukcji im pokrewnych w twórczości Mikołaja Reja. In: Pamiętnik Literacki [Warszawa] 60 (1969), 65–101.

1034 – Zbigniew Morsztyn na tle poezji polskiej XVII wieku. Warszawa: Wiedza Powszechna 1973.

1035 PÖRNBACHER, Karl: Jeremias Drexel. Leben und Werk eines Barockpredigers. Phil. Diss. München 1966. – München: Seitz 1965. (= Beiträge zur altbayerischen Kirchengeschichte. 24, 2.)

1036 PRAZ, Mario: Stanley, Sherburne and Ayres as translators and imitators of Italian, French and Spanish poetry. In: MLR 20 (1925), 280–294 und 419–431.

1037 PURAYE, Jean (Hrsg. und Übers.): Abraham Ortelius [1527–1598], Album amicorum. Reproduit en facsimile. Annoté et traduit par J. Puraye. Avec la collaboration de Marie Delcourt [u.a.]. Amsterdam: A. L. van Gendt & Co. 1969. (Aus: De Gulden Passer. Le Compas d'Or Nr. 45 und 46.)

1038 PUTSCHER, Marielene: Ordnung der Welt und Ordnung der Sammlung. Joachim Camerarius und die Kunst- und Wunderkammern des 16. und 17. Jahrhunderts. In: Circa Tiliam. Studia Historiae Medicinae. Gerrit Arie Lindeboom septuagenario oblata. Leiden: E. J. Brill 1974, S. 256–277. [Mit 10 Abb.; darin v.a. S. 265–270 über J. Camerarius' „Symbolorum et emblematum centuriae".]

1039 READ, Jan: Some alchemical engravings. In: The Burlington Magazine [London] 85 (1944), 239–245. [V.a. über Michael Maier und Daniel Stoltzius; mit 11 Abb.]

1040 REDGRAVE, Gilbert Richard: Boissard's emblems. In: Transactions of the Bibliographical Society [London] 1:1892 (1893), 209.

1041 – Daniel and the emblem literature. In: Transactions of the Bibilographical Society [London] 11 (1912), 39–58.

1042 REICHENBERGER, Kurt: Ruhmesverlangen als Ausdruck der schöpferischen Persönlichkeit. Zur Interpretation eines Alciatemblems. In: Bibliothek und Wissenschaft [Wiesbaden] 3 (1966), 219–228. [Mit 1 Tafel. – Zum Neptun-Motiv.]

1043 RENUCCI, Toussaint: Un aventurier des lettres au XVIe siècle: Gabriel Symeoni Florentin. Paris: Didier 1943.

1044 RIFKIN, Benjamin A. (Hrsg.): [Einleitung zu:] The Book of Trades (Ständebuch). [By] Jost Amman & Hans Sachs. With a new introduction by B. A. Rifkin. [= Repr. der Ausg. „Eygentliche Beschreibung aller Stände auff Erden" von 1568.] New York: Dover Publ. (1973), S. IX–L. [Mit 26 Abb.]

1045 ROMBAUTS, Edward: Leven en werken van Pater Adrianus Poirters S.J. (1605–1674). Bijdrage tot de studie der didactisch-moraliseerende letterkunde in de XVIIe eeuw in Zuid-Nederland. Ledeberg, Gent: N. v. Drukkerij Erasmus (1930). (= Koninklijke Vlaamsche Academie voor Taal- en Letterkunde. [Uitgaven. VI. Reeks. Bekroonde Werken. 46.]). [Mit Bibliographie S. 45–47.]

1046 van ROOSBROECK, Robert (Hrsg.): [Einleitung zu:] Joris Hoefnagel, Patientia. 24 politieke emblemata 1569. Voor het eerst uitgegeven met een historische inleiding... Antwerpen: De Sikkel 1935. [Faksimileausgabe.]

1047 ROOSES, Max (Hrsg.): [Einleitung zu:] Les emblèmes d'Hadrianus Junius. Réimpression de l'édition Plantinienne de 1565 tirée sur les bois originaux avec préface de M. Rooses. Anvers: Bureau d'Éditions du Musée Plantin-Moretus 1901.

1048 – De emblemata van Hadrianus Junius. Herdruk der Plantijnsche uitgave van de oorspronkelijke houtsneden afgedrukt, met een voorwoord van M. Rooses. Antwerpen: Museum Plantin-Moretus 1902. [Repr. der zuerst Antverpiae: Christophorus Plantinus 1565. 8⁰ erschienenen Ausgabe nach ihrer Neuauflage: Hadriani Junii medici emblemata. Eiusdem aenigmatum libellus. Antverpiae: Christoph. Plantinus 1575. 16⁰.]

1049 RUBENSOHN, Max: Wolfgang Hungers deutsche Übersetzung der ‚Emblemata' des Andrea Alciato. In: Zeitschrift für Bücherfreunde 1 (1897/1898) Nr. 2, S. 601f.

1050 RUSCHE, H. G.: Two proverbial images in Whitney's ‚A Choice of Emblemes' and Marlowe's ‚The Jew of Malta'. In: Notes and Queries (for readers and writers, collectors and librarians) [London] N.S. 11 [= 209 der Gesamtreihe] (1964), 261.

1051 SABBE, Maurice [auch: Maurits]: Les ‚Emblemata Horatiana' d'Otto Venius. In: De Gulden Passer. Le Compas d'Or [Antwerpen; 's-Gravenhage] N[ieuwe] R[eeks] [= N.F.] 13 (1935), 1–13. – Id. op. in flämischer Sprache u. d. T.: De ‚Emblemata Horatiana' van Otto van Veen. In: Verslagen en Mededeelingen der Koninklijke Vlaamsche Academie voor Taal- en Letterkunde [Gent] 1935, S. 245–263. [Genaue Reihen- und Heft-Nr. nicht feststellbar!]

1052 Herzog zu SACHSEN, Johann Georg: „Castrum doloris". Das Werk des fast vergessenen Kupferstechers Johann Christoph Kolb. In: Zeitschrift für bildende Kunst [Leipzig] 55 = N.F. 31 (1920), 212–217.

1053 SALZA, Abd-el-Kader: Luca Contile, uomo di lettere e di negozj del secolo XVI, contributo alla storia della vita di corte e dei poligrafi del 500. Firenze: Tip. G. Carnesecchi e figli 1903. (= Pubblicazioni del R. Istituto di Studi Superiori Pratici in Firenze. Sezione di Filosofia e Filologia. 30.) [Enthält als Appendix vom selben Vf.: „La letteratura delle ‚Imprese' e la fortuna di esse nel Cinquecento."]

1054 SAULNIER, Jacques: Allégorique et symbolisme. In: Livre et ses amis [Paris] Nr. 15 (1947), 7–11. [Über C. Ripas ‚Iconologia'; mit 6 Abb.]

1055 SCHEID, N[ikolaus] S. J.: Der Jesuit Jakob Masen, ein Schulmann und Schriftsteller des 17. Jahrhunderts. Köln: J. P. Bachem i. Komm. 1898. (= Görres-Gesellschaft. I. Vereinsschrift für 1898.).

1056 SCHÖNE, Albrecht: Hohbergs Psalter-Embleme. In: DVjS 44 (1970), 655–669. [Mit 4 Abb.]

1057 SCHWENDEMANN, Irene: Probleme humanistischer Moralistik in den emblematischen Werken des Guillaume de La Perrière. Phil. Diss. Marburg 1966.

1058 SELIG, Karl Ludwig: The Spanish translation of Cesare Ripa's ‚Iconologia'. In: Italica [Menasha (Wisc.)] 28 (1951), 254–256.

1059 – A note on Cesare Ripa's ‚Iconologia'. In: Italica [Menasha (Wisc.)] 29 (1952), 108 f.

1060 – Notes on Alciato in Spain. Phil. Diss. University of Texas Austin (Tex.) 1955. [Masch.]

1061 – The Spanish translations of Alciato's „Emblemata". In: MLN 70 (1955), 354–359.

1062 – The commentary of Juan de Mal Lara to Alciato's „Emblemata". In: Hispanic Review [Philadelphia] 24 (1956), 26–41.

1063 – Concerning Solórzano Pereyra's „Emblemata regio-politica" and Andrés Mendo's „Principe perfecto". In: MLN 71 (1956), 283–287.

1064 – Gracián and Alciato's „Emblemata". In: Comparative Literature [Eugene (Oreg.), U.S.A.] 8 (1956), 1–11.

1065 – Pero Mexía's „Silva de varia lecion" and Horapollo. In: MLN 72 (1957), 351–356.

1066 – Una traduzione spagnuola degli „Emblemata" di Alciato. In: Convivium [Torino] N.S. 25 (1957), 215–219.

1067 – An anti-Macchiavellian emblem. In: Italica [Menasha (Wisc.)] 38 (1961), 134–135.

1068 – Some remarks on Jan van der Noot. In: Homenaje a Rodríguez-Moñino. Estudios de erudición que le ofrecen sus amigos o discípulos hispanistas norteamericanos. Bd. 1, Madrid: Ed. Castalia (1966), S. 1–4.

1069 SELLIN, Paul R.: The first collection of Dutch love emblems: the identity of Theocritus a Ganda. In: MLR 66 (1971), 332–342. [Identifikation des pseudonymen Autors als Daniel Heinsius.]

1070 SILLIB, Rudolf: Kurpfälzische Emblematik. In: Kurpfälzer Jahrbuch [3] (1927), 210–215. [Mit 14 Abb., davon 13 im „Kalendarium 1927".– V. a. über J. W. Zincgref.]

1071 SMILDE, H.: Jacob Cats in Dordrecht. Leven en werken gedurende de jaren 1623–1636. Groningen: J. B. Wolters 1938.

1072 SMIT, W[isse] A[lfred] P[ierre] und W. VERMEER (Hrsgg.): [Einleitung zu:] Jan van der Noot, het „bosken" en het „theatre" [ca. 1568–1570]. Inleiding en aantekeningen van W. A. P. Smit. Met medewerking van W. Vermeer. Uitgegeven voor de stichting ‚Onze oude letteren'. Amsterdam: Wereldbibliotheek 1953.

1073 STEGEMEIER, Henri: The identification of Fabianus Athyrus and an analysis of his emblematic „Stechbüchlein". In: Festschrift für Detlev W. Schumann zum 70. Geburtstag. Mit Beiträgen von Schülern, Freunden und Kollegen. Hrsg. von Albert R. Schmitt. (München:) Delp (1970), S. 3–27. [Fabianus Athyrus = Georg Philipp Harsdörffer.]

1074 STEMPER, Anneliese: Die Medaillen des Herzogs Heinrich Julius von Braunschweig-Wolfenbüttel und ihre Beziehungen zu den Emblemata des Joachim Camerarius. Braunschweig: (Städt. Museum) 1955. (= Arbeitsberichte aus dem Städtischen Museum Braunschweig. 8, 1.)

STIRLING-MAXWELL, Sir William: → s. FORD, James (= Nr 952).

1075 STONE, Donald jr.: Scève's emblems. In: The Romanic Review [New York] 60 (1969), 96–103.

1076 STRENGHOLT, L.: De geschiedenis van een emblema. In: De Nieuwe Taalgids [Groningen] 51 (1958), 289–304.

1077 van THIEL, P.J.J.: Hendrik Laurensz Spiegel en het orgel van Euterpe: een Hertspiegel-probleem. In: Album amicorum J[an] G[errit] van Gelder. (Hrsg. von J.Bruyn [u.a.]) The Hague: M.Nijhoff 1973, S. 312–320. [Mit 2 Taf.]

1078 THOMAS, Henry: The „Emblemata Amatoria" of Philip Ayres. In: The Library [London] Ser. III, Vol. 1 (1910), 73–95. – Auch als Buchausgabe, eod. titulo. Reprinted from ‚The Library', January 1910. London: Oxford University Press 1910.

1079 TIEMANN, Barbara: Sebastian Brant und das frühe Emblem in Frankreich. In: DVjS 47 (1973), 598–644.

[808] – Fabel und Emblem. Gilles Corrozet und die französische Renaissance-Fabel. München: W.Fink 1974. (= Humanistische Bibliothek Reihe I: Abhandlungen. Bd. 18.) [Mit 40 Abb. auf Taf.]

1080 TRAMER, Irma: Studien zu den Anfängen der puritanischen Emblemliteratur in England. Andrew Willet – George Wither. Phil. Diss. Basel 1934. – Berlin: BL-Druck 1934.

1081 TSCHIŽEWSKIJ, Dmitrij: Literarische Lesefrüchte. IV. 29: ‚Pia Desideria'. In: Zeitschrift für slavische Philologie 13 (1936), 55–56.

1082 – Neue Lesefrüchte. II. 13: Eine polnische emblematische Schrift. In: Zeitschrift für slavische Philologie 25 (1956), 315–319. [Über J.Dürr-Durskis Ausgabe der ‚Emblemata' von Zbigniew Morsztyn und Einflüsse von H.Hugo und O. van Veen auf Morsztyn.]

1083 – Neue Lesefrüchte. III, 21: Emblematik bei Comenius (S. 57–58). – III, 22: Das emblematische Buch von J.Saubert in Rußland (S. 58–59). – III, 23: Die emblematischen Gedichte Feofan Prokopovyčs (S. 59–63). – III, 24: Die Bibliothek Prokopovyčs (S. 63–66). In: Zeitschrift für slavische Philologie 30 (1962), 57–66.

1084 – Neue Lesefrüchte. IV, 35: Die Quelle der „Emblemata" von Zbigniew Morsztyn. In: Zeitschrift für slavische Philologie 30 (1962), 271.

1085 – Lesefrüchte, Dritte Folge. I, 3: „Pia desideria" von Hermann Hugo. In: Die Welt der Slaven [Wiesbaden] 13 (1968), 204–209.

1086 – Lesefrüchte. Dritte Folge. I, 5: Jeremias Drexel(ius) in slavischen Übersetzungen. In: Die Welt der Slaven [Wiesbaden] 13 (1968), 209–214.

1087 – Werke von [Jeremias] Drexel in einer ukrainischen Bibliothek. In: D.Tschižewskij (Hrsg.), Slavische Barockliteratur. I: Untersuchungen. Texte. Notizen. Rezensionen. München: W.Fink (1970), S. 93. (= Forum Slavicum. 23.)

1088 TSCHIŽEWSKIJ, Dmitrij (Hrsg.): [Einleitung zu:] Otto van Veen, Amorum emblemata figuris aeneis incisa. (Reprografischer Nachdruck der Ausg. Antwerpen 1608.) Hildesheim, New York: G.Olms 1970. (= Emblematisches Cabinet. 2.) [Darin S. V*–XIII* „Otto van Veen und seine ‚Amorum emblemata'."]

1089 – [Einleitung zu:] Otto van Veen, Quinti Horati Flacci Emblemata. Imaginibus in aes incisis notisque illustrata. Mit einem Vorwort und Index von D.Tschižewskij. (Reprograf. Nachdruck der Ausgabe Antwerpen 1607.) Hildesheim, New York: G.Olms 1972. (= Emblematisches Cabinet. 3.)

1090 – [Einleitung zu:] Florentinus Schoonhovius, Emblemata. Nachdruck der Ausgabe Gouda 1618. Mit einem Vorwort von D.Tschižewskij. Hildesheim, New York: G.Olms 1975. (= Emblematisches Cabinet. 7.)

1091 – [Einleitung zu:] Jan Luyken, Vonken der liefde Jezus. Nachdruck der 1.Auflage Amsterdam 1687. Hildesheim, New York: G.Olms [in Vorb. für 1976]. (= Emblematisches Cabinet. 4.)

1092 – [Einleitung zu:] Filippo Picinelli, Mundus symbolicus, in emblematum universitate formatus, explicatus... Nunc vero iusto volumine auctus et in latinum traductus a... Augustino Erath. Nachdruck der 2. Auflage Köln 1687. Bd. 1. 2. Hildesheim, New York: G.Olms [in Vorb. für 1976]. (= Emblematisches Cabinet. 8.)

1093 VARGA, László: Sámboky János [d.i. Joannes Sambucus] emblémái. In: A Debreceni Kossuth Lajos Tudományegyetem Könyvtárának Közleményei [Mitteilungen der Bibliothek der Lajos-Kossuth-Universität Debrecen] 45 (1964), 193–226.

1094 – Sámboky [d.i. Johannes Sambucus (1531–1584)] János filológiai munkássága. In: Acta Classica

Universitatis Scientiarum Debreceniensis [Debrecen] 1 (1965), 77-103.

1095 – De operibus philologicis et poeticis Joannis Sambuci. In: Acta Antiqua Academiae Scientiarium Hungaricae [Budapest] 14 (1966) Nr. 1-2, S. 231-244.

VERMEER, W.: → s. SMIT, W[isse] A[lfred] P[ierre] (= Nr. 1072).

1096 VERMEEREN, Petrus Josephus Henricus: De „Emblemata" van Cats. In: Aandacht voor Cats bij zijn 300ste sterfdag. Studies naar aanleiding van de herdenking op 12 september 1960, op verzoek van het desbetreffende comité bijeengebracht door Prof. Dr. P[ieter] Minderaa. Zwolle: W.E.J.Tjeenk Willink 1962, S. 155-176. (= Zwolse Reeks van Taal- en Letterkundige Studies. Nr.12.).

1097 VIARD, Paul Émile: André Alciat, 1492-1550. Paris: S.A. du „Recueil Sirey" 1926. [Bibliographie S. 1-23.]

1098 VINKEN, P.J.: Het thema van Jan Luyken's tweede verrassing. In: De Nieuwe Taalgids [Groningen] 53 (1960), 221-223.

1099 – Hendrik Laurensz Spiegel's „Antrum Platonicum". A contribution to the iconology of the heart. In: Oud-Holland [Amsterdam] 75 (1960), 125-142.

1100 de VOOYS, C[ornelis] G[errit] N[icolaas]: Een vergeten zeventiende-eeuwse emblemata-bundel: ‚Van quade Tonghen'. In: Tijdschrift voor Nederlandse Taal- en Letterkunde [Leiden] 70 (1952), 197-206.

1101 de VRIES, Tiemen: Holland's influence on English language and literature. Chicago: C.Grentzebach 1916. [Darin Kap. XXXIV: „The emblem books of van der Noot, Erasmus, Hadrianus Junius, Whitney, Plantijn, Jacob Cats" (S. 191-197). – Bibliographie zur ‚Milton-Vondel-Frage': S. 297-298.]

1102 WARNECKE, Friedrich (Hrsg.): [Einleitung zu:] Johann Theodor de Bry, Emblemata nobilitatis. Stamm- und Wappenbuch. (Francofurti ad M.[oenum] 1593.) Mit einem Vorwort über die geschichtliche Entwickelung [!] der Stammbücher bis zum Ende des XVI.Jahrhunderts... Berlin: J.A.Stargardt 1894. [Mit 58 Faks.-Taf.] – Französ. Ausgabe u.d.T.: Jean-Theodore de Bry, Emblemata nobilitatis. „Album amicorum" dessiné par Th. de Bry. Édition fac-similée publiée par Fr.Warnecke. Avec une préface sur les „Alba amicorum" jusqu' à la fin du XVIe siècle. Paris: H.Welter 1895.

1103 – Johann Theodor de Bry, Emblemata saecularia. Kulturgeschichtliches Stamm- und Wappenbuch. (Oppenhemii 1611.) Mit einer Einleitung über die Stammbücher des XVII.Jahrhunderts. ... Berlin: J.A.Stargardt 1894. [Mit 100 Faks.-Taf.]

1104 WEINHANDL, Ferdinand (Hrsg.): [Einleitung zu:] (Daniel) Stoltzius von Stoltzenberg, Chymisches Lustgärtlein (Viridarium chymicum figuris cupro incisis adornatum et poeticis picturis illustratum [deutsch].). (Auss dem Latein. transferiert ... durch Daniel Meissner [meist: Meisner].). Im Anhang: Einführung in die Alchemie des „Chymischen Lustgärtleins" und ihre Symbolik. Von F.Weinhandl. (Fotomechan. Nachdruck der Originalausgabe Frankfurt 1624.) Darmstadt: Wiss. Buchgesellschaft (1964).

1105 WELSH, David J.: Zbigniew Morsztyn and the emblem tradition. In: Symposium [Syracuse (N.Y.)] 19 (1965), 80-84. – Wieder in: Sibylle Penkert (Hrsg.), Emblemforschung. Zur Rezeption der Emblematik in Literatur-, Kunst- und Musikgeschichte. Darmstadt: Wiss. Buchgesellschaft [in Vorb. für 1976].

1106 WENNEKER, Lu Beery: An examination of „L'idea del teatro" of Giulio Camillo, including an annotated translation. With special attention to his influence on emblem literature and iconography. Phil. Diss. Pittsburgh (Penns.): University of Pittsburgh 1970.

1107 WENTZLAFF-EGGEBERT, Friedrich-Wilhelm: Der triumphierende und der besiegte Tod in der Wort- und Bildkunst des Barock. Berlin, New York: W. de Gruyter 1975. [Passim zur Emblematik; v. a. Kap. 1, 1: „Cats' Beitrag zur Emblematik der Niederlande" (S. 31-35); Kap. 1, 2: „Todesbilder als Denkbilder bei Cats" (S. 37-49); Kap. 1, 4: „Der Tod in den emblematischen Bilderzählungen des Jacob Cats" (S. 55-69).]

1108 WIEDNER, Johannes: Der schlesische Emblematiker Jacobus à Bruck gen. Angermundt. Ein Beitrag zur Geschichte des schlesischen Stammbuches und der deutschen Fayencekunst. In: Schlesien [Würzburg] 16 (1971), 129-132.

1109 WILLEMS, L[éonard?]: Over de uitgaven van 1626 en 1638 der sinnebeelden en andere nederduitsche dichten van Zevecote. In: Verslagen en Mededeelingen der Koninklijke Akademie van Wetenschappen [Amsterdam]. Afdeeling Letterkunde. 4de Reeks, Deel 4 (1901), 378-411.

1110 WISCHERMANN, Heinfried: Ein Emblembuchmanuskript von Jean-Jacques Boissard. In: Archiv für Geschichte des Buchwesens [Frankfurt] 14 (1974), Sp. 433-464.

1111 WÜTHRICH, Lucas Heinrich (Hrsg.): [Nachwort zu:] Atalanta fugiens hoc est Emblemata nova de secretis naturae chymica. Authore Michaele Majero. Faksimile-Druck der Oppenheimer Originalausgabe von 1618 mit 52 Stichen von Matthaeus Merian d. Ä. Kassel, Basel: Bärenreiter 1964. [18 S.; mit Bibliographie S. [18].]

1112 ZAALBERG, C[arlo] A[llard]: „Das Buch Extasis" van Jan van der Noot. With a summary in English. Phil. Diss. Utrecht 1954.–Assen: Van Gorcum & Co. 1954. (= Neerlandica Traiectina. 2.)

1113 ZAALBERG, C[arlo] A[llard] (Hrsg.): Jan van der Noot, The Olympic Epics. A facsimile edition of ‚Das Buch Extasis', ‚Een cort begryp der XII boecken Olympiados' and ‚Abrégé des douze livres olympiades'. Assen: Van Gorcum & Co. 1956. (= Neerlandica Traiectina. 3.)

1114 ZELLER, Rosmarie: Spiel und Konvention im Barock. Untersuchungen zu Harsdörffers „Gesprächspielen". Berlin, New York: W. de Gruyter 1974. (= Quellen und Forschungen zur Sprach- und Kulturgeschichte der german. Völker. N.F. 58. (= Bd. 177 der Gesamtreihe)). [Bibliographie S. 188–194.]

1115 ZEZULA, Jindrich und Robert J[ohn] CLEMENTS: La troisième Lyonnaise: Georgette de Montenay. In: L'Esprit Créateur [Minneapolis] 5 (1965), 90–101.

1116 – La troisième Lyonnaise, Georgette de Montenay. In: R.J. Clements. The peregrine muse. Studies in comparative Renaissance literature. Chapel Hill: Univ. of North Carolina Press 1969, S. 198–210. (= Univ. of N.C. Studies in the Romance Languages and Literatures. 82.)

1117 ZIJDERVELD, A[rie]: Cesare Ripa's ‚Iconologia' in ons land. In: Oud-Holland [Amsterdam] 64 (1949), 113–128 und 184–192. [Mit 20 Abb.]

Vgl. → Nr. 1. 18. 23. 30. 48. 52. 479. 567. 621. 695. 916. 994. 1120a. 1270. 1378. 1391. 1438. 1470. 1496. 1528. 1545. 1556. 1557. 1715. 1771. 2205. 2285. 2297.

4. Religiöse Emblematik

1118 BACKMAN, [Torsten] Alfred: Korset såsom symbol. [Das Kreuz als Symbol.] Kalmar: Appeltosst 1904.

[724] BAUER, Hermann: Art. „Ikonologie". In: RGG. 3., völlig neu bearb. Aufl. Bd. 3, Tübingen 1959, Sp. 674–676.

1119 BECKER, Bruno: [Dirk Volkertszoon] Coornhert, de 16ᵉ eeuwsche apostel der volmaakbaarheid. In: Nederlands Archief voor Kerkgeschiedenis ['s-Gravenhage] N.S. 19 (1926), 58–84.

1120 BEITL, Klaus: Votivbilder. Zeugnisse einer alten Volkskunst. Salzburg: Residenz Verlag 1973. [Mit 48 Farbtaf.]

1120a BENZ, Ernst: Symbole der Unio mystica in der Barock-Mystik. In: Symbolon. Jahrbuch für Symbolforschung [Köln] N.F. 1 (1972), 11–30. [Mit 22 Abb. – Besonders über religiöse Emblematik; u.a. zu Diego Saavedra Fajardo, Johann Saubert, Daniel Sudermann, Hermann Hugo und Jan Luyken.]

1121 BLAU, Joseph Leon: The christian interpretation of the Cabala in the Renaissance. New York: Columbia University Press 1944.

1122 BRÉMOND, Henri [Abbé]: Histoire littéraire du sentiment religieux en France depuis la fin des guerres de religion jusqu'à nos jours. Bd. 1–11. Paris: Bloud & Gay 1916–1933. – Dazu: Index alphabétique et analytique par Charles Grolleau. Paris: Bloud & Gay 1936. – Neuauflagen: Ibid. 1924–1933 und 1929–1938. [Besonders Bd. 1: L'Humanisme dévot (1580–1660), Kap. 1: L'Humanisme dévot et les poètes paiens [zur religiösen Emblematik].]

1123 DAHLBY, Frithiof: De heliga tecknens hemlighet. [= Das Geheimnis des heiligen Zeichens.] Om symboler och attribut. Stockholm: Svenska Kyrkans Diakonistyrelses Bokförlag (1954). – 2. Auflage ibid. (1955). – 3., vermehrte Aufl. ibid. (1957). – 4., verm. und umgearbeitete Aufl. ibid. (1963) [mit Bibliographie S. 232–238.].

1124 – Helgondagar [Feiertage.]. Stockholm: Svenska Kyrkans Diakonistyrelses Bokförlag (1958). – 2. Auflage ibid. 1959.

1125 DELORME, Emmanuel: Les emblèmes de l'inquisition d'Espagne. Toulouse: E. Privat 1905. [= Auszug aus: Bulletin de la Société archéologique. 2ᵉ semestre. 1905.]

1126 EICH, Paul: Art. „Empfängnis Mariä, unbefleckte". In: RDK Bd. 5, Stuttgart [1959–]1967, Sp. 242–259. [Sp. 257f.: emblemat. Darstellungen.]

1127 EISLER, Colin: The athlete of virtue. The iconography of ascetism. In: De artibus opuscula XL. Essays in honor of Erwin Panofsky. Ed. by

Millard Meiss. Bd. 1, New York: Univ. Press 1961, S. 82–97.

1128 FELDBUSCH, Hans: Art. „Christussymbolik". In: RDK Bd. 3, Stuttgart 1954, Sp. 720–732. [Passim; v.a. 3. Abschn.: Tiersymbole (Lamm, Fisch, Löwe, Greif, Pelikan, Phönix, Adler [etc.]), Sp. 723–729; sowie 4. Abschn.: Pflanzensymbolik (Weinstock), Sp. 730–731.]

1129 HÄUSSERMANN, Friedrich: Pictura docens. In: Blätter für Württembergische Kirchengeschichte [Stuttgart] 66/67 (1966/67), 65–153.

1130 – Theologia emblematica. Kabbalistische und alchemistische Symbolik bei Christoph Friedrich Oetinger und deren Analogien bei Jakob Boehme. In: Blätter für Württembergische Kirchengeschichte [Stuttgart] 68/69 (1968/69), 207–346. – [Teil 2:] ibid. 72 (1972), 71–112.

1131 van HAVERE, Bruno: Het zinnebeeld in de christelijke kunst. [Teil 1. 2.] Denderomonde: St. Pieters en Paulus' Abdij (Utrecht: J.H. van Wees) 1935. [Mit 100 Taf.]

1132 HEIDER, Gustav: Beiträge zur christlichen Typologie aus Bilderhandschriften des Mittelalters. In: Jahrbuch der k. k. Central-Commission zur Erforschung und Erhaltung der Baudenkmale [Wien] 5 (1861), 26–32.

1133 HENNIG, John: Die Geschichtlichkeit der Votivbilder. In: Archiv für Kulturgeschichte [Köln] 47 (1965), 118–124.

1234 HERMAN, Jean-Baptiste S.J.: La pédagogie des Jésuites au XVIe siècle. Ses sources, ses caractéristiques. Louvain: Bureaux du Recueil; Bruxelles: A. Dewit; Paris: A.Picard et fils 1914. (= Université de Louvain. Recueil de travaux, publiés par les membres des Conférences d'histoire et de philologie. 36e fasc.)

1135 HIEPE, Richard: Art. „Erbauungsbuch". In: RDK Bd. 5, Stuttgart [1959–]1967, Sp. 941–984. [Passim; v.a. Sp. 944–946: Verhältnis von Bild und Text im emblemat. Erbauungsbuch; Sp. 953–974: Arten von emblemat. Illustrationstypen in Erbauungsbüchern. – Mit 22 z. T. emblematischen Textabb.]

1136 HOOGEWERFF, Godefridus Joannes: L'iconologie et son importance pour l'étude systématique de l'art chrétien. In: Rivista di Archeologia Cristiana [Città del Vaticano] 8 (1931), 53–82. [Mit 9 Abb.; u.a. über C. Ripa.]

1137 – „Vultus trifrons", emblema diabólico. Imagine improba della santissima Trinità. (Saggio iconologico). In: Atti della Pontificia Accademia Romana di Archeologia. Serie 3, 19 (1942/43), 6 und 205–245. [Mit 26 Abb.]

1138 KLEIN, Dorothee: Art. „Andachtsbild". In: RDK Bd. 1, Stuttgart 1937, Sp. 681–687.

1139 KLESSE, Brigitte: Der gekreuzigte Cupido. In: Festschrift für Heinz Ladendorf. Hrsg. von Peter Bloch und Gisela Zick. Köln, Wien: Böhlau 1970, S. 167–170. [Mit 7 Abb.]

1140 KRISS-RETTENBECK, Lenz: Das Votivbild. München: Rinn 1958. [Mit 173 Abb. und 9 Farbtaf.]

1141 – Bilder und Zeichen religiösen Volksglaubens. Rudolf Kriss zum 60. Geburtstag. München: Callwey 1963.

1142 – Ex Voto. Zeichen, Bild und Abbild im christlichen Votivbrauchtum. Zürich, Freiburg i.Br.: Atlantis 1972. [Mit 209 Abb.]

1143 Gräfin LANCKOROŃSKA, Anna Maria Isabella: Die christlich-humanistische Symbolsprache und deren Bedeutung in zwei Gebetbüchern des frühen 16. Jahrhunderts. Gebetbuch Kaiser Maximilians [I.] und Breviarium Grimani. Baden-Baden, Strasbourg: Heitz 1958. (= Studien zur deutschen Kunstgeschichte. Bd. 319.)

1144 LANKHEIT, Klaus: Art. „Confessio Augustana". In: RDK Bd. 3, Stuttgart 1954, Sp. 853–859. [V.a. Sp. 856–858 über emblematische und allegorische Verarbeitung des Themas.]

1145 LIESKE, Reinhard: Protestantische Frömmigkeit im Spiegel der kirchlichen Kunst des Herzogtums Württemberg. Theol. Diss. Tübingen 1971. – Buchausgabe: München, Berlin: Deutscher Kunstverlag 1973. (= Forschungen und Berichte der Bau- und Kunstdenkmalpflege in Baden-Württemberg. 2.)

1146 MCDONALD, William B.: Christliche Sonnensymbolik. In: Graphis [Zürich] 18 (1962) Nr. 100, S. 132–137. [Mit 14 Abb.] – Wieder in: The sun in art. Sun symbolism from the past to the present, in pagan and Christian art, folk art and applied art. – Die Sonne in der Kunst... – Le soleil dans l'art... Hrsg. von Walter Herdeg. Zürich: Amstutz & Herdeg (1962). [Seitenzahl nicht feststellbar!]

1147 MÂLE, Émile: La clef des allégories peintes et sculptées au XVIIe et au XVIIIe siècle. In: Revue des Deux Mondes [Paris] 7. Pér., 39 [= Bd. 97 der Gesamtreihe] (1927), 106–129 und 375–394. [V.a. über C. Ripa.]

1148 – L'art religieux après le Concile de Trente. Étude sur l'iconographie de la fin du XVIe siècle, du XVIIe, du XVIIIe siècle. Italie–France–Espagne–Flandres. Paris: A.Colin 1932. [Mit 294

Abb.] – Überarb. Neuauflage u. d. T.: L'art religieux de la fin du XVIe siècle, du XVIIe siècle et du XVIIIe siècle. Étude sur l'iconographie après de Concile de Trente ... 2. éd. rev. et corr. Paris: A. Colin 1951. [Darin: Kap. 9, S. 383–428.]

1149 MÜLLER-MEES, Elke: Die Rolle der Emblematik im Erbauungsbuch, aufgezeigt an Johann Arndts ‚Vier Büchern vom wahren Christentum'. Phil. Diss. Köln 1974. – Düsseldorf 1974. [Mit 35 Bll. Abb.]

1149a PORTEMAN, K.: Een emblematische voorstelling van het mystieke leven: de „Idea Vitae Teresianae" (± 1686). In: Ons Geestelijk Erf [Antwerpen] 48 (1974), 46–60.

1149b – Nieuwe gegevens over de drukgeschiedenis, de bronnen en de auteur van de embleembundel „Amoris divini et humani antipathia". In: Ons Geestelijk Erf [Antwerpen] 49 (1975), 193–213. [Darin S. 210–213: Bijlage: Emblematische bronnen van ‚Antipathia'. – Identifiziert als Autor den Leuvener Kapuziner Ludovicus van Leuven alias Philippe de Vilers und belegt den Einfluß von Alciati, O. van Veen, D. Heinsius und v. a. J. Cats.]

[699] PRAZ, Mario: Studies in seventeenth century imagery. Second edition considerably increased. Roma: Ediz. di Storia e Letteratura 1964. (= Sussidi eruditi. 16.) [Darin v. a. Kap. 3: „Profane and sacred love" (S. 83–168).]

[201] von RADOWITZ, Joseph: Die Embleme der Engel. In: J. v. Radowitz, Gesammelte Schriften. Bd. 1, Berlin: G. Reimer 1852, S. 224–225. [Embleme hier v. a. = Attribute und Bildzeichen.].

1150 von REYKEBIEL, W.: Der „fons vitae" in der christlichen Kunst. In: Niederdeutsche Zeitschrift für Volkskunde [Bremen] 12 (1934), 87–136.

[794] RÖHRIG, Floridus: Art. „Ikonographie". In: LThK. 2., völlig neu bearb. Aufl. Bd. 5, Freiburg 1960, Sp. 619–621.

1151 ROSENBERG, Alfons: Die christliche Bildmeditation. München-Planegg: O. W. Barth 1955. – Idt. opus, 2. Auflage. München: Kösel 1975.

1152 SCHARFE, Martin; SCHENDA, Rudolf und Herbert SCHWEDT: Volksfrömmigkeit. Bildzeugnisse aus Vergangenheit und Gegenwart. Mit einer Einführung von Hermann Bausinger. Stuttgart: Spectrum-Verlag (1967). (= Das Bild in Forschung und Lehre. 7.)

1153 SCHARFE, Martin: Evangelische Andachtsbilder. Studien zu Intention und Funktion des Bildes in der Frömmigkeitsgeschichte vornehmlich des schwäbischen Raumes. Phil. Diss. Tübingen 1968. – Stuttgart: Müller & Gräff 1968. (= Veröffentlichungen des Staatlichen Amtes für Denkmalpflege Stuttgart. Reihe C, Bd. 5.) [Mit 161 Abb.]

1154 SCHIMBERG, André: L'éducation morale dans les collèges de la Compagnie de Jésus en France sous l'ancien régime (XVIe, XVIIe, XVIIIe siècles). Paris: H. Champion 1913. [Bes. S. 571–583.]

1155 SECRET, François: Les Kabbalistes chrétiens de la Renaissance. Paris: Dunod 1964. (= Collection Sigma. 5.)

1156 SELIG, Karl Ludwig: Emblèmes religieux. In: Dictionnaire de spiritualité ascétique et mystique. Doctrine et histoire. Publié sous la direction de Marcel Viller S. J. ... Bd. 4, 1, Paris: G. Beauchesne et fils [1958–]1960, Sp. 605–609.

1157 SPAMER, Adolf: Das kleine Andachtsbild vom XIV. bis zum XX. Jahrhundert. München: F. Bruckmann 1930. [Mit 314 Abb. auf 218 Taf. u. 53 Textabb.]

1158 STANY-GAUTHIER, J.: Emblèmes et motifs religieux dans l'art populaire breton. In: Artisans et Paysans de France [Strasbourg] 2 (1947), 93–110. [Mit 13 Abb.]

1159 STAUCH, Liselotte: Art. „Anker. A. Als Symbol und Attribut". In: RDK Bd. 1, Stuttgart 1937, Sp. 705–708.

1160 STUHLFAUTH, Georg: Art. „Auge Gottes". In: RDK Bd. 1, Stuttgart 1937, Sp. 1243–1248.

1161 – Neuschöpfung christlicher Sinnbilder. In: Brauch und Sinnbild. Eugen Fehrle zum 60. Geburtstag gewidmet von seinen Schülern und Freunden. Hrsg. von Ferdinand Herrmann und Wolfgang Treutlein. Karlsruhe: Südwestdt. Druck- und Verlagsgesellschaft i. Komm. 1940, S. 230–246.

1162 – Das Schiff als Symbol der altchristlichen Kunst. In: Rivista di archeologia cristiana [Città del Vaticano] 19 (1942), 111–141.

1163 THOMAS, Alois: Art. „Christus in der Kelter". In: RDK Bd. 3, Stuttgart 1954, Sp. 673–687.

1164 TSCHIŽEWSKIJ, Dmitrij: Zwei čechische geistliche Lieder. In: D. Čiževśkij, Aus zwei Welten. Beiträge zur Geschichte der slavisch-westlichen Beziehungen. 's-Gravenhage: Mouton 1956, S. 66–84. (= Slavistische Drukken en Herdrukken. 10.) [Mit 1 Abb.]

1165 VETTER, Ewald [Maria]: Der verlorene Sohn. Düsseldorf: L. Schwann (1955). (= Lukas-Bücherei zur christlichen Ikonographie. 7.) [Mit 32 S. Abb.]

1166 WENTZEL, Hans: Art. „Attribut". In: RDK Bd. 1, Stuttgart 1937, Sp. 1212–1220. [Mit ausführlicher Bibliographie Sp. 1218–1220.]

1167 WIRTH, Karl-August: Religiöse Herzemblematik. In: Das Herz. Bd. 2: Im Umkreis der Kunst. Biberach: Thomae 1966, S. 63–106. [Mit 55 Abb. und 4 Taf.]

1168 WYSS, Robert L.: Art. „David". In: RDK Bd. 3, Stuttgart 1954, Sp. 1083–1119. [V.a. Sp. 1098–1100: David in der mittelalterlichen Typologie (Bible moralisé, Armenbibel, Speculum humanae salvationis) und Symbolik.]

1169 YATES, Frances A[melia]: The religious policy of Giordano Bruno. In: Journal of the Warburg Institute 3 (1939/1940), 181–207.

1170 ZIMMERMANN, Hildegard: Art. „Armenbibel (Biblia pauperum; Biblia picta)". In: RDK Bd. 1, Stuttgart 1937, Sp. 1072–1084. [Ikonologie, Symbolik, Typologie.]

Vgl. → Nr. 88. 103. 104. 107. 108. 111. 114. 116. 117. 120. 126–129. 135. 150. 165. 168. 170. 171. 173. 179. 185. 189. 190. 196. 201–203. 211. 214. 218–220. 511–513. 561. 575. 943. 1056. 1148. 1185. 1221. 1465. 1530. 1616. 1824. 1850. 1878. 1928. 2016. 2055. 2199. 2213. 2215. 2217. 2219. 2223. 2292. 2328.

5. ALLEGORIEN UND PERSONIFIKATIONEN

1171 ALPATOV, Mikhail Vladimirovitch: Allégorie et symbole dans la peinture de la Renaissance italienne. In: Diogène [Paris] 76 (1971), 3–29.

1172 d'ALVERNY, Marie Thérèse: La sagesse et ses sept filles. Recherches sur les allégories de la philosophie et des arts libéraux du IXe au XIIe siècle. In: Mélanges dédiés à la mémoire de Félix Grat. Bd. 1, Paris 1946, S. 245–278.

1173 d'ANCONA, Paolo: Le rappresentazioni allegoriche delle arti liberali nel Medio evo e nel Rinascimento. Roma: Tipografia dell' Unione Cooperativa Editrice 1903. [76 S.; ursprünglich in: L'Arte [Roma] 5 (1902) [H.] 5–12.]

1174 BÄCHTIGER, Franz: Vanitas. Schicksalsdeutung in der deutschen Renaissancegraphik. Phil. Diss. München 1970.

1175 BAUMANN, Richard: Art. „Erde". In: RDK Bd. 5, Stuttgart [1959–]1967, Sp. 997–1107. [Passim; v.a. Sp. 1014–1016: E. in Hieroglyphik und Mythologie.]

1176 BETHE, Hellmuth: Art. „Diamant". In: RDK Bd. 3, Stuttgart 1954, Sp. 1409–1420. [V.a. Sp. 1410 mit Abb. 7: D. als Emblem.]

1177 BLANKERT, Albert: Heraclitus en Democritus bij Marsilio Ficino. In: Simiolus. Kunsthistorisch Tijdschrift [Amsterdam] 1 (1966/67), 128–135.

1178 – Heraclitus en Democritus in het bijzondere in de nederlandse kunst van de zeventiende eeuw. In: Nederlands Kunsthistorisch Jaarboek. Netherlands Yearbook for History of Art ['s-Gravenhage] 18 (1967), 31–124.

1179 BOLTEN, Johannes: Art. „Auge". In: RDK Bd. 1, Stuttgart 1937, Sp. 1242f.

1180 BORELLI, Mario [Hrsg.; auch Verf.?]: Lo „strummolo" soggetto d'emblematica. In: Lo Scugnizzo [Napoli] 13 (1963) Nr. 2, S. 3–4. [Nicht verifizierbar!]

1181 BRAUN, Edmund W.: Art. „Castrum doloris". In: RDK Bd. 3, Stuttgart 1954, Sp. 372–379.

1182 BRICARELLI, Carlo: Allegoria, storia, simbolismo. In: Civiltà Cattolica [Roma] 80 (1929), 428–441.

1183 CHEW, Samuel C[laggett]: The virtues reconciled. An iconographic study. Toronto: University of Toronto Press 1947. (= The Alexander Lectures.)

1184 – The allegorical chariot in English literature of the Renaissance. In: De artibus opuscula XL. Essays in honor of Erwin Panofsky. Ed. by Millard Meiss. Bd. 1, New York: New York University Press 1961, S. 37–54. [Mit 5 Abb. auf Taf. 13 in Bd. 2.]

1185 – The pilgrimage of life. New Haven, London: Yale Univ. Press 1962.

1186 DEONNA, Waldemar: Histoire d'un emblème: La couronne murale des villes et pays personnifiés. In: Genava [Genève] 18 (1940), 119–236. [Mit 57 Abb.]

1187 – Éternité. In: Hommages à Joseph Bidez et à Franz Cumont. Bruxelles: Latomus [1949], S. 71–76. (= Collection Latomus. 2.) [Mit 4 Abb.]

1188 – La Justice à l'Hôtel de Ville de Genève et la fresque des juges aux mains coupées. In: Zeitschrift für schweizerische Archäologie und Kunstgeschichte [Basel] 11 (1950), 144–149. [Über Einflüsse der ‚Emblèmes d'Alciat' Antwerpen 1584. – Mit 4 Abb.]

1189 – Le silence gardien du secret. In: Zeitschrift für

schweizerische Archäologie und Kunstgeschichte [Basel] 12 (1951), 28-41.

1190 – Manus oculatae. In: Hommages à Léon Herrmann. Bruxelles-Berchem: Latomus 1960, S. 292-300. (= Collection Latomus. 44.) [Mit 8 Abb.]

1191 DOREN, Alfred: Fortuna im Mittelalter und in der Renaissance. In: Vorträge der Bibliothek Warburg [Leipzig, Berlin] II, 1: 1922/23 (1924), 71-144.

1192 EISLER, Robert: The frontispiece to Sigismondo Fanti's ‚Triompho di Fortuna'. In: JWCI 10 (1947), 155-158. [Mit 3 Abb. auf 1 Taf.]

1193 ELLENIUS, Allan: Reminder for a young gentleman. Notes on a Dutch seventeenth-century ‚Vanitas'. In: Figura. Uppsala Studies in the History of Art. N. S. 1: ‚Idea and Form' (1959), 108-126. (= Acta Universitatis Upsaliensis.)

1194 ETTLINGER, Leopold David: The pictorial source of Ripa's „Historia". In: JWCI 13 (1950), 322-323.

1195 FELDBUSCH, Hans: Art. „Blitz". In: RDK Bd. 2, Stuttgart-Waldsee 1948, Sp. 913-916.

1196 FLETCHER, Angus John Stewart: Allegory. The theory of a symbolic mode. Ithaca (N. Y.): Cornell University Press (1964). [Bibliographie S. 381-404.].

1197 FRAUENFELDER, Reinhard: Eine Vanitas-Darstellung im „Schneeberg" zu Schaffhausen. Ikonographische Studie. In: Schaffhauser Beiträge zur vaterländischen Geschichte 41 (1964), 133-156.

1198 FREYHAN, Robert: The evolution of the Caritas figure in the thirteenth and fourteenth centuries. In: JWCI 11 (1948), 68-86.

1199 FROMMHOLD, Georg: Die Idee der Gerechtigkeit in der bildenden Kunst. Eine ikonographische Studie. Greifswald: Ratsbuchhandlung L. Bamberg 1925. [Mit 15 Lichtdruck-Taf.]

1200 GERSZI, Teréz: Die humanistischen Allegorien der rudolfinischen Meister. In: Actes du XXIIe Congrès international d'histoire de l'art, Budapest 1969: Evolution générale et développements régionaux en histoire de l'art. (Publiées ... sous la direction de György Rózsa). Bd. 1, Budapest: Akadémiai Kiadó 1972, S. 755-762. [Mit 1 Taf.; über literarische, philosophische und emblematische Quellen für Allegorien der Tugenden.]

1201 GULDAN, Ernst: Art. „Ehrgeiz". In: RDK Bd. 4, Stuttgart [1955-]1958, Sp. 874-885. [V. a. Abschnitt III: Neuzeit a) Allegorien, Embleme, Hieroglyphen, Sp. 877-882.]

1202 HÄUSSERMANN, Ulrich: Ewige Waage. Köln: DuMont Schauberg (1962). [Über die Waage als Symbol und Attribut der Melancholie, Justitia, Aequitas und des Kairos. – Bibliographie S. 87-89.]

1203 HELD, Julius S.: Art. „Allegorie". In: RDK Bd. 1, Stuttgart 1937, Sp. 346-365.

1204 HOBSON, C. D.: On the use of clasped hands as emblems. In: Sotheby, Wilkinson & Hodge [Auktionshaus], The Wilton Suits [in the armoury at Wilton House]. A controversy, with notes on other archaeological questions by various writers. London: Sotheby & Co. 1918, S. 42-44. [Privatdruck: 48 S., 7 Taf.].

1205 HOFMEIER, Heinrich Karl: Die Säule als Symbol in Emblembüchern. In: Cesra-Säule (Wissenschaftliche und therapeutische Mitteilungen der Cesra-Arzneimittelfabrik Julius Redel) [Baden-Baden] 8 (1961) H. 10-12, S. 310-314 [Mit 9 Abb.]

1206 IHLE, B. L. D. (Hrsg.): De vier elementen: vuur, lucht, aarde, water. The four elements: fire, air, earth, water. [Text von B. L. D. Ihle. – Ausstellungskatalog des Museums Boymans – Van Beuningen in Rotterdam, Oktober-Dezember 1966.] Rotterdam: Museum Boymans–Van Beuningen [1966]. (= Leerijke Reeksen. Catalog 38.)

1207 van INGEN, Ferdinandus Jacobus: ‚Vanitas' und ‚Mementi mori' in der deutschen Barocklyrik. Phil. Diss. Utrecht 1966. – Groningen: Wolters 1966.

1208 JURSCH, Hanna und Ilse: Hände als Symbol und Gestalt. Berlin (DDR): Evangelische Verlagsanstalt 1951. – Id. op., ibid. 2. Aufl. 1951. – Id. op., ibid. 3. Aufl. 1952. – Id. op., ibid. 4. Aufl. 1953. – Id. op., Stuttgart: Klotz 1957. – Id. op., 10. Aufl. Berlin: Evang. Verlagsanstalt 1960.

1209 KAUFFMANN, Hans: Die Fünfsinne in der niederländischen Malerei des 17. Jahrhunderts. In: Kunstgeschichtliche Studien. Dagobert Frey zum 23. IV. 1943 von seinen Kollegen, Mitarbeitern und Schülern. Hrsg. von Hans Tintelnot. Breslau: NS-Gauverlag Schlesien 1943, S. 133-157.

1210 KIRCHNER, Gottfried: Fortuna in Dichtung und Emblematik des Barock. Tradition und Bedeutungswandel eines Motivs. Stuttgart: J. B. Metzler 1970. (= Metzler Studienausgabe.)

1211 KLIBANSKY, Raymond; PANOFSKY, Erwin und Fritz SAXL: Saturn and melancholy. Studies in the history of natural philosophy, religion and art. (London, Cambridge:) Nelson (1964); New York: Basic Books [1964]. [Mit 43 Bll. Abb.].

1212 KNIPPING, John Baptist O.F.M.: Symbool en allegorie in de beeldende kunst. Nijmegen: Dekker & Van de Vegt 1941.

1213 LAUFFER, Otto: Allegorie der Begriffe der Zeit, des Jahres und der Jahreszeiten, der Monate und Tageszeiten. In: Beiträge zur sprachlichen Volksüberlieferung. (Freundesgruß für Adolf Spamer.) Berlin (DDR): Akademie-Verlag 1953, S. 250–259. (= Deutsche Akademie der Wissenschaften zu Berlin. Veröffentlichungen der Kommission für Volkskunde. 2.)

1214 LEWIS, Clive Staples: The allegory of love. A study in medieval tradition. Oxford: Clarendon Press 1936 [u.ö., zahlreiche unveränd. Neuauflagen!].

[1146] MCDONALD, William B.: Christian sun symbols. In: Graphis [Zürich] 18, Nr. 100 (1962), 132–137. [Mit 14 Abb.] – Deutsche Übers. u. d. T.: Christliche Sonnensymbolik. In: The sun in art. Sun symbolism from the past to the present, in pagan and Christian art, folk art and applied art. – Die Sonne in der Kunst. Sonnensymbole aus Vergangenheit und Gegenwart in der vorchristlichen und christlichen, in der freien und angewandten Kunst. – Le soleil dans l'art... Hrsg. von Walter Herdeg. Zürich: Amstutz & Herdeg (1962). [Seitenzahl nicht feststellbar!]

1215 MANDOWSKY, Erna: Mångudens triumf [= Triumph des Mondgottes]. In: Symbolister. Ikonologiska Studier 1. = Tidskrift för Konstvetenskap [Malmö] 30 (1957), 39–56. [Mit 9 Abb.]

1216 MARÓT, Károly: ‚Amicitia'. Szeged 1939. (= Acta Universitatis [Hungar. Franc.-Josephinae] Szegediensis. Sectio philologica. 13, 1.)

1217 MAURMANN-BRONDER, Barbara: ,,Tempora significant". Zur Allegorese der vier Jahreszeiten. In: Verbum et Signum. (Friedrich Ohly zum 60. Geburtstag überreicht 10. Januar 1974.) Hrsg. von Hans Fromm, Wolfgang Harms, Uwe Ruberg. Bd. 1, München: W. Fink (1975), S. 69–102.

1218 von MOELLER, Ernst: Die Augenbinde der Justitia. In: Zeitschrift für christliche Kunst [Düsseldorf] 18 (1905), Sp. 107–122 und Sp. 141–152.

1219 MÖLLER, Lieselotte [sic!]: Art. ,,Demokrit und Heraklit". In: RDK Bd. 3, Stuttgart 1954, Sp. 1244–1251. [V.a. Sp. 1247–1249: D. u. H. als Vanitas-Symbole.]

1220 MÖLLER, Lise Lotte: Nährmutter Weisheit. Eine Untersuchung über einen spätmittelalterlichen Bildtypus. In: DVjS 24 (1958), 347–357.

1221 MÖSKE, Birgit: Die figurative Darstellung der Caritas in der englischen Literatur des 14. bis 16. Jahrhunderts. Bonn: Bouvier 1976. (= Abhandlungen zur Kunst-, Musik- und Literaturwissenschaft. 193.) [U.a. über die emblematische Verwendung der Caritas-Allegorie.]

1222 NEGRI ARNOLDI, Francesco: L'iconographie du soleil dans la Renaissance italienne. In: Le soleil à la Renaissance. Sciences et mythes. Colloque international, Bruxelles 1963. Bruxelles: Presses Universitaires de France 1965, S. 519–538. (= Université Libre de Bruxelles. Travaux de l'Institut d'études de la Renaissance et de l'humanisme. 2.)

1223 ONG, Walter J.: From allegory to diagram in the Renaissance mind. A study in the significance of the allegorical tableau. In: Journal of Aesthetics and Art Criticism [Baltimore] 17 (1959), 423–440. [Mit 8 Abb.]

1224 PANOFSKY, Erwin und Fritz SAXL: Dürers ,,Melencolia. I.". Eine quellen- und typengeschichtliche Untersuchung. Leipzig, Berlin: B.G. Teubner 1923. (= Studien der Bibliothek Warburg. 2.) [45 Taf.]

1225 PANOFSKY, Erwin: Der greise Philosoph am Scheidewege. In: Münchner Jahrbuch der bildenden Kunst. N.F. 9 (1932), 285–290.

1226 – Meaning in the visual arts. Papers in and on art history. Garden City (N.Y.): Doubleday & Co. 1955. (= Doubleday Anchor Books. A 59.) [Bibliographie S. VI–X; bes. Kap. IV, S. 146–168: ,,Titian's allegory of Prudence: a postscript".] – Repr. ibid. 1957.

1227 – Father Time. In: E. Panofsky, Studies in iconology. Humanistic themes in the art of the Renaissance. (Third edition.) New York: Harper & Row (1967), S. 69–93 (mit Abb. 35–68 auf Taf. XXI–XL). (= Harper Torchbooks. TB 1077. The Academy Library.)

– → s. KLIBANSKY, Raymond (= Nr. 1211).

1228 PIGLER, Andor: Neid und Unwissenheit als Widersacher der Kunst. (Ikonographische Beiträge zur Geschichte der Kunstakademien.) In: Acta Historiae Artium Academiae Scientiarum Hungaricae [Budapest] 1 (1954), 215–235. [Mit 19 Abb.]

1229 POPRZĘCKA, Maria: Kuźnia [Schmiede]. Mit, Alegoria, Symbol. Warszawa: Państwowe Wydawnictwo Naukowe 1972. (= Idee i sztuka.) [Schmiede und Feuer als Allegorie und Symbol; mit engl. und russischer Zusammenfassung.]

1230 PUTSCHER, Marielene: Die fünf Sinne. In: Aachener Kunstblätter 41 (1971), 152–173. [Mit 6 Abb.]

1231 REINHARDT, Karl: Personifikation und Allegorie. In: K. Reinhardt, Vermächtnis der Antike. Ge-

1232 RÉVÉSZ-ALEXANDER, M[agda]: Der Turm als Symbol und Erlebnis. 's-Gravenhage: M. Nijhoff 1953. [Mit 58 Abb.]

1233 RUDOLPH, Herbert: „Vanitas". Die Bedeutung mittelalterlicher und humanistischer Bildinhalte in der niederländischen Malerei des 17. Jahrhunderts. In: Festschrift Wilhelm Pinder. Zum 60. Geburtstage überreicht von Freunden und Schülern. Leipzig: E. A. Seemann 1938, S. 405–433.

1234 – Art. „Bonitas". In: RDK Bd. 2, Stuttgart-Waldsee 1948, Sp. 1036f.

1235 RÜCKER, Elisabeth: Eine Allegorie des Handels. Bemerkungen zu einem Thema der Augsburger Malerei im 18. Jahrhundert und zu einem Bozzetto im Germanischen Nationalmuseum. In: Anzeiger des Germanischen Nationalmuseums 1963. Ludwig Grote zum 70. Geburtstag am 8. August 1963. Nürnberg 1963, S. 160–165. [Mit 6 Abb.]

1236 SAXL, Fritz: „Aller Tugenden und Laster Abbildung". In: Festschrift für Julius Schlosser zum 60. Geburtstage. Hrsg. von Arpad Weixlgärtner und Leo Planiscig. Wien, Zürich, Leipzig: Amalthea Verlag (1927), S. 104–121.

1237 – Veritas filia temporis. In: Philosophy and history. Essays presented to Ernst Cassirer. Ed. by Raymond Klibansky and H. J. Paton. Oxford: Clarendon Press 1936, S. 197–222.
– → s. auch KLIBANSKY, Raymond und PANOFSKY, Erwin (= Nr. 1211).

1238 SCHAZMANN, Paul Émile: Siegende Geduld. Versuch der Geschichte einer Idee. (Aus dem Französischen übers. von Bee Juker.) Bern: Francke (1963). [Bibliographie S. 123–128.]

1239 SCHMID, Alfred A.: Art. „Concordantia caritatis". In: RDK Bd. 3, Stuttgart 1954, Sp. 833–853. [Passim.]

1240 SEDLMAYR, Hans: Allegorie und Architektur. In: Retorica e Barocco. Atti del III Congresso internazionale di studi umanistici... A cura di Enrico Castelli. Roma: Fratelli Bocca 1955, S. 197–207. [Mit 3 Taf.] – Wieder in: H. Sedlmayr, Epochen und Werke. Gesammelte Schriften zur Kunstgeschichte. Bd. 2, Wien und München: Herold (1960), S. 235–248.

1241 SEHRT, Ernst Theodor: Der Wald des Irrtums. Zur allegorischen Funktion von Spensers „Faerie Queene" I, 7–9. In: Anglia [Tübingen] 86 (1968), 463–491.

1242 SKOWRONEK, Marianne: Fortuna und Frau Welt. Zwei allegorische Doppelgängerinnen des Mittelalters. Phil. Diss. FU Berlin 1964. [U. a. über die Symbolik von Meer, Rad und Mond.]

1243 SWAIN, Barbara: Fools and folly during the Middle Ages and the Renaissance. New York: Columbia University Press 1932. (= Columbia University Studies in English and Comparative Literature.) [V. a. S. 117–120.]

1244 von THADDEN, Maria: Die Ikonographie der Caritas in der Kunst des Mittelalters. Phil. Diss. Bonn 1951. [Masch.]

1245 TSCHIŽEWSKIJ, Dmitrij: Das Buch als Symbol des Kosmos. In: D. Čiževśkij, Aus zwei Welten. Beiträge zur Geschichte der slavisch-westlichen Beziehungen. 's-Gravenhage: Mouton 1956, S. 85–114. (= Slavistische Drukken en Herdrukken. 10.) [Mit 1 Abb.]

1246 TUVE, Rosemond: Notes on the virtues and vices. Part I: Two fifteenth-century lines of dependence on the thirteenth and twelfth centuries. In: JWCI 26 (1963), 264–303. [Mit 10 Abb.] – Part II: ‚Hely'... [etc.] In: JWCI 27 (1964), 42–72. [Mit 23 Abb.]

1247 VINKEN, P. J.: Some observations on the symbolism of the broken pot in art and literature. In: The American Imago [Boston (Mass.)] 15 (1958), 149–174.

1248 WALLACE, Richard W.: Salvator Rosa's ‚Democritus' and ‚L'umana fragilità'. In: The Art Bulletin [New York] 50 (1968), 21–32. [Mit 18 Abb.]

1249 WANG, Yates: Iconology of heart and mind. Leiden: A. W. Sijthoff 1949. [Mit 78 emblematischen Taf.]

1250 WELLERSHOFF-von THADDEN, Maria: Art. „Caritas". In: RDK Bd. 3, Stuttgart 1954, Sp. 343–356.

1251 WERNER, Gerlind: Art. „Falschheit". In: RDK Bd. 6, München 1973, Sp. 1374–1407. [V. a. Sp. 1383–1388: Motiv der F. in Emblematik und Hieroglyphik; Sp. 1388–1392: Ikonologie; Sp. 1392–1400: Personifikation und Attribute.]

1252 von WILCKENS, Leonie: Art. „Eintracht". In: RDK Bd. 4, Stuttgart [1955–]1958, Sp. 1031–1039. [V. a. Abschn. III, Sp. 1034–1038: E. in Emblematik, Hieroglyphik und Allegorie; Personifikationen.]

1253 WIND, Edgar: ‚Aenigma termini': the emblem of Erasmus. In: Journal of the Warburg Institute [London] 1 (1937/38), 66–69.

1254 – The Christian Democritus. In: Journal of the Warburg Institute [London] 1 (1937/38), 180–182. [Mit 7 Abb.]

1255 – Charity. The case history of a pattern. In: Journal of the Warburg Institute [London] 1 (1937/1938), 322–330. [Mit 25 Abb.]

1256 WINNER, Matthias: Die Quellen der Pictura-Allegorien in gemalten Bildergalerien des 17. Jahrhunderts zu Antwerpen. Phil. Diss. Köln 1959.

1257 – Berninis „Verità". Bausteine zur Vorgeschichte einer ‚Invenzione'. In: Munuscula Discipulorum. Kunsthistorische Studien Hans Kauffmann zum 70. Geburtstag 1966. Hrsg. von Tilmann Buddensieg und Matthias Winner. Berlin: Hessling 1968, S. 393–413. [Mit 24 Abb.]

1258 WIRTH, Karl-August: Art. „Ehe". In: RDK Bd. 4, Stuttgart [1955–]1958, Sp. 775–786. [V.a. Abschn. C: „Emblematik und Hieroglyphik", Sp. 780–782.]

1259 – Art. „Ehre". In: RDK Bd. 4, Stuttgart [1955–] 1958, Sp. 844–859. [Bes. Abschn. III. Neuzeit, 1. Personifikationen, Sp. 848–856; 2. Emblematik und Hieroglyphik, Sp. 856f.; 3. Allegorien, Sp. 857f.]

1260 – Art. „Enthaltsamkeit". In: RDK Bd. 5, Stuttgart [1959–]1967, Sp. 740–761. [Sp. 758f.: E.-Motiv in der Emblematik.]

1261 WITTKOWER, Rudolf: Patience and chance: the story of a political emblem [for Ercole II of Ferrara]. In: Journal of the Warburg Institute [London] 1 (1937/38), 171–177.

1262 – Chance, time and virtue. In: Journal of the Warburg Institute [London] 1 (1937/1938), 313–321. [Mit 19 Abb.]

1263 WOODFORD, Archer: Mediaeval iconography of the virtues: a poetic portraiture. In: Speculum [Cambridge (Mass.)] 28 (1953), 521–524.

1264 WYSS, Ida: Virtù und Fortuna bei Boiardo und Ariost. Leipzig: B.G. Teubner 1931. (= Beiträge zur Kulturgeschichte des Mittelalters und der Renaissance. 48.)

1265 ZOEPFL, Friedrich: Art. „Demut". In: RDK Bd. 3, Stuttgart 1954, Sp. 1251–1257. [Passim; v.a. Sp. 1257: Das D.-Motiv in Ripas ‚Iconologia' und in der späteren Emblematik.]

Vgl. → Nr. 106. 484. 515. 526. 529. 548. 552. 574. 622. 822. 936. 962. 1021. 1054. 1118. 1123. 1161. 1162. 1207. 1234. 1272. 1355. 1415. 1418. 1436. 1468. 1658. 1670. 1672. 1674. 1713. 1753. 1754. 1953. 1958.

6. MYTHOLOGIEREZEPTION

1266 ANTON, Herbert: Der Raub der Proserpina. Literarische Traditionen eines erotischen Sinnbildes und mythischen Symbols. Heidelberg: C. Winter 1967. (= Heidelberger Forschungen. 11.)

1267 BARB, A.A.: Diva Matrix. A faked gnostic intaglio in the possession of P.P. Rubens and the iconology of a symbol. In: JWCI 16 (1953), 193–238. [Mit 63 Abb. auf 9 Taf. – Über Schlange und Muschel als Uterus-Symbole; Geburt der Venus.]

1268 BARDON, Françoise: Diane de Poitiers et le mythe de Diane. Paris: Presses Universitaires de France 1963. [Mit 16 Taf.]

1269 von BEZOLD, Friedrich: Das Fortleben der antiken Götter im mittelalterlichen Humanismus. Bonn: K. Schroeder 1922.

1270 BRAUN, Edmund W.: Art. „Curius Dentatus". In: RDK Bd. 3, Stuttgart 1954, Sp. 879–881. [V.a. Sp. 881: Das C.D.-Motiv in den Holzschnitten Tobias Stimmers zu Nic. Reusners ‚Aureolorum emblematum lib. sing.' Straßburg 1591.]

1271 – Art. „Deukalion und Pyrrha". In: RDK Bd. 3, Stuttgart 1954, Sp. 1297–1304.

1272 van den BROEK, Roelof: The myth of the Phoenix. According to classical and early Christian traditions. Leiden: E.J. Brill 1972. (= Études préliminaires aux religions orientales dans l'Empire Romain. 24.) [Mit 41 Taf.]

1273 BULST, Wolfger: Hercules-Arbeiten. Untersuchungen zu den Darstellungen der Taten des Helden in der bildenden Kunst des 15. und 16. Jahrhunderts. Phil. Diss. Heidelberg 1974. [Masch.; Druck in Vorb.]

1274 DENZLER, Max: Art. „Erysichthon". In: RDK Bd. 5, Stuttgart [1959–]1967, Sp. 1391–1405. [Sp. 1404: Über den E.-Mythos in der Emblemliteratur.]

1275 – Art. „Fabius Maximus". In: RDK Bd. 6, München 1973, Sp. 816–834. [Sp. 832f.: Fab. Max. in der Emblematik.]

1276 – Art. „Fabricius". In: RDK Bd. 6, München 1973, Sp. 834–846. [Sp. 845: Das Fabricius-Thema in der Emblematik.]

1277 DEONNA, Waldemar: La descendance de Saturne à l'Ouroboros de Martianus Capella. In: Symbolae Osloenses [Oslo] 31 (1955), 170–189. [Mit 3 Abb.]

1278 – Mercure et le scorpion. I. In: Latomus. Revue d'Etudes Latines [Bruxelles] 17 (1958), 641–658.

[1191] DOREN, Alfred: Fortuna im Mittelalter und in der Renaissance. In: Vorträge der Bibliothek Warburg. Hrsg. v. Fritz Saxl. Bd. 2: Vorträge 1922–1923, Teil 1. Leipzig, Berlin: B.G.Teubner 1924, S. 71–144.

1279 EGIDI, Francesco: Un ,Trattato d'amore' inedito di Fra Guittone d'Arezzo. In: Giornale storico della letteratura italiana [Torino] 97 (1931), 49–70. [Eros, Anteros und ihre Attribute.]

1280 ETTLINGER, Leopold: Art. „Danaë". In: RDK Bd. 3, Stuttgart 1954, Sp. 1029–1033. [V.a. Sp. 1031: D. in den ,Emblemata Horatiana' des Otho van Veen.]

1281 – Art. „Daphne". In: RDK Bd. 3, Stuttgart 1954, Sp. 1052–1057.

1282 – Art. „Diana". In: RDK Bd. 3, Stuttgart 1954, Sp. 1429–1437. [Passim zur sinnbildlichen Interpretation des D.-Motivs.]

1283 FÖRSTER, Richard: Laocoon im Mittelalter und in der Renaissance. In: Jahrbuch der Königl. Preußischen Kunstsammlungen [Berlin] 27 (1906), 149–178.

1284 FREUND, Lothar: Art. „Amor". In: RDK Bd. 1, Stuttgart 1937, Sp. 641–651.

1285 – Art. „Apollo". In: RDK Bd. 1, Stuttgart 1937, Sp. 801–810.

1286 – Art. „Arion". In: RDK Bd. 1, Stuttgart 1937, Sp. 1025–1027.

1287 FREY-SALLMANN, Alma: Aus dem Nachleben antiker Göttergestalten. Die antiken Gottheiten in der Bildbeschreibung des Mittelalters und der italienischen Frührenaissance. Leipzig: Dieterich 1931. (= Das Erbe der Alten. 2, 19.). – Zugleich Phil. Diss. Leipzig 1931. [Geschichte der Ekphrasis von Homer bis Sannazaro.]

1288 FRIBERG, Sten Axel: Den svenske Herkules. Studier i Stiernhielms [1598–1672] diktning. Avec un resumé en français. Phil. Diss. Stockholm 1945.– Lund: H. Ohlssons Bokh. 1945. (= Kungl. Vitterhets Historie och Antikvitets Akademiens Handlingar. 61, 1.)

1289 GIRAUD, Yves F. A.: La fable de Daphné. Essai sur un type de métamorphose végétale dans la littérature et dans les arts jusqu'à la fin du XVIIe siècle. Genève: E.Droz 1968. (= Histoire des idées et critique littéraire. 92.)

1290 GOERING, Max: Art. „Bacchus". In: RDK Bd. 1, Stuttgart 1937, Sp. 1330–1339.

1291 GREIFENHAGEN, Adolf: Zum Saturnglauben der Renaissance. In: Die Antike [Berlin] 11 (1935), 67–84.

1292 HEISSMEYER, Antje: Apoll und der Apollonkult seit der Renaissance. Phil. Diss. Tübingen 1967.– (Bamberg: Rodenbusch) 1967. [Mit 105 Abb. in einem, nur in der UB Tübingen vorhandenen, Abbildungsband.]

1293 HELD, Julius S.: Flora, goddess and courtesan. In: De artibus opuscula XL. Essays in honor of Erwin Panofsky. Ed. by Millard Meiss. Bd. 1, New York: N. Y. University Press 1961, S. 201–218. – Id. opus, Zürich: Buehler Buchdruck 1960.

1294 HOEN, Theodorus Nils A.: Aspects of classical mythology in Renaissance emblems, 1531–1640. Phil. Diss. New York: New York University 1975. [Vgl. Dissertation Abstracts International [Ann Arbor (Mich.)] 36 (1975) Nr. 6.]

1295 HOFMEIER, Heinrich Karl: Die Höhle des Chronos und der Mithraskult. In: Materia Medica Nordmark [Hamburg, Uetersen (Holst.)] 16 (1964) Nr. 10, S. 3–7. [Nicht verifizierbar!]

1296 HUBAUX, Jean und Maxime LEROY: Le mythe du Phénix dans les littératures grecque et latine. Liège: Faculté de philosophie et lettres; Paris: E.Droz 1939. (= Bibliothèque de la Faculté de Philosophie et Lettres de l'Université de Liège. Fasc. 82.).

[994] KEIGHTLEY, Ronald: Sobre Alciato en España y un Hércules Aragonés. In: Arbor [Madrid] 46 [= Nr. 173–176] (1960), 57–66.

1297 KOBLER, Friedrich: Art. „Europa (Mythologie)". In: RDK Bd. 6, München 1973, Sp. 366–415. [V.a. Sp. 375f.: Europa-Thema in Emblematik und Ikonologie.]

1298 LAVIN, Irving: Cephalus and Procris. Transformations of an Ovidian myth. In: JWCI 17 (1954), 260–287.

1299 LENZ, Oskar: Über den ikonographischen Zusammenhang und die literarische Grundlage einiger Herkuleszyklen des 16. Jahrhunderts und zur Deutung des Dürerstiches B 73. In: Münchner Jahrbuch der bildenden Kunst N.F. 1 (1924), 80–103.

LEROY, Maxime: → s. HUBAUX, Jean (= Nr. 1296).

1300 MÖLLER, Lieselotte [sic!]: Art. „Chronos". In: RDK Bd. 3, Stuttgart 1954, Sp. 753–764. [Passim.]

1301 Morozov, Aleksandr Antonovič: Kupidony Lomonosova. K probleme barokko i rokoko v Rossii XVIII v. In: Československá Rusistika [Praha] 15 (1970) Nr. 3, S. 105–114. [Über die emblemat. Verwendung des Cupido-Motivs in der russ. Literatur des 18.Jh.s, im Zusammenhang mit der Barock- und Rokoko-Problematik.]

1302 Panofsky, Erwin: Herkules am Scheidewege und andere antike Bildstoffe in der neueren Kunst. Leipzig, Berlin: B.G.Teubner 1930. (= Studien der Bibliothek Warburg. 18.) [77 Taf.]

1303 – Der gefesselte Eros. (Zur Genealogie von Rembrandts ‚Danaë'.) In: Oud-Holland [Amsterdam] 50 (1933), 193–217. [U.a. über den gefesselten Amor als Keuschheitsallegorie bei A.Alciato.]

1304 Panofsky, Erwin und Dora: Pandora's box. The changing aspects of a mythical symbol. (New York:) Pantheon Books (1956). (= Bollingen Series. 52.). – Id. op., London: Routledge & Kegan Paul (1956).

[545] Patch, Howard Rollin: The tradition of the goddess Fortuna in Roman literature and in the transitional period. Northampton (Mass.): Smith College; Paris: E.Champion (1922). (= Smith College Studies in Modern Languages. III, 4.)

[546] – The goddess Fortuna in mediaeval literature. Cambridge (Mass.): Harvard University Press 1927. [Bibliographie S. 181–200.]

1305 Raggio, Olga: The myth of Prometheus. Its survival and metamorphoses up to the eighteenth century. In: JWCI 21 (1958), 44–62.

1306 Reff, Theodore: Puget's Gallic Hercules. In: JWCI 29 (1966), 250–263. [Mit 6 Abb.]

1307 Rudolph, Herbert: Art. „Boreas". In: RDK Bd. 2, Stuttgart-Waldsee 1948, Sp. 1037–1040. [V.a. Sp. 1038: B. in der Emblematik.]

1308 Saxl, Fritz: Antike Götter in der Spätrenaissance. Ein Freskenzyklus und ein Discorso des Jacopo Zucchi. Leipzig, Berlin: B.G.Teubner 1927. (= Studien der Bibliothek Warburg. 8.) [Mit 4 Taf.]

1309 – Pagan sacrifice in the Italian Renaissance. In: Journal of the Warburg Institute [London] 2 (1938/39), 346–367. [Mit 24 Abb. auf 5 Taf.]

1310 Schmitt-von Mühlenfels, Franz: Pyramus und Thisbe. Rezeptionstypen eines Ovidischen Stoffes in Literatur, Kunst und Musik. Heidelberg: C. Winter 1972. (= Studien zum Fortwirken der Antike. 6.)

1311 Selig, Karl Ludwig: Due temi mitologici nel Rinascimento spagnolo. In: Convivium N.S. [Torino] 24 (1956), 553–559.

1312 Seznec, Jean: Vincenzo Cartari et les cortèges mythologiques à la fin de la Renaissance. In: Festschrift für Walter Friedländer. Freiburg i.Br. 1933. [Masch. – Nicht verifizierbar!]

1313 – La survivance des dieux antiques. Essai sur le rôle de la tradition mythologique dans l'humanisme et dans l'art de la Renaissance. London: University of London, Warburg Institute 1940. (= Studies of the Warburg Institute. 11.) [Bibliographie S. 293–317.]. – Englische Ausgabe u. d. T.: The survival of the pagan gods. The mythological tradition and its place in Renaissance humanism and art. Translated from the French by Barbara F. Sessions. (New York:) Pantheon Books (1953). (= Bollingen Series. 38.) [Bibliographie S. 327–345.]

1314 Simon, Marcel: Hercule et le christianisme. Paris: En dépôt à la Société d'éditions Les Belles Lettres (1955). (= Publications de la Faculté des lettres de l'Université de Strasbourg. [2ᵉ série, no. 19.])

1315 Spaanstra Polak, B.H.: The birth of Athena. An emblematic representation. In: Album amicorum J[an] G[errit] van Gelder. (Hrsg. von J. Bruyn [u.a.]) The Hague: M.Nijhoff 1973, S. 298–305. [Mit 3 Taf.]

1316 Starnes, De Witt T[almage] und Ernest William Talbert: Classical myth and legend in Renaissance dictionaries. A study of Renaissance dictionaries in their relation to the classical learning of contemporary English writers. Chapel Hill (N. C.): University of North Carolina Press (1955). [Passim.]

1317 Stechow, Wolfgang: Apollo und Daphne. Leipzig, Berlin: B.G.Teubner 1932. (= Studien der Bibliothek Warburg. 23.) [Mit 34 Taf.] – Repr. mit einem Nachwort und Nachträgen zum Neudruck: Darmstadt: Wiss. Buchgesellschaft 1965.

Talbert, Ernest William: → s. Starnes, De Witt T[almage] (= Nr. 1316).

1318 de Tervarent, Guy: Eros and Anteros, or reciprocal love in ancient and Renaissance art. In: JWCI 28 (1965), 205–208. [Mit 5 Abb. auf 2 Taf.]

1319 Tissot, Will: Simson und Herkules in den Gestaltungen des Barock. Phil. Diss. Greifswald 1932. – Stadtroda: Richter 1932.

1320 Vivanti, Corrado: Henry IV, the Gallic Hercules. In: JWCI 30 (1967), 176–197.

1321 Wheeler, Charles Francis: Classical mythology in the plays, masques, and poems of Ben Jonson. Princeton: Princeton Univ. Press for the Univ. of Cincinnati 1938. [Bibliographie S. 199–205.]

1322 WIND, Edgar: ‚Hercules' and ‚Orpheus': Two mock-heroic designs by Dürer. In: Journal of the Warburg Institute [London] 2 (1938/39), 206–218. [Mit 8 Abb. auf 2 Taf.]

1323 WITTKOWER, Rudolf: Transformations of Minerva in Renaissance imagery. In: Journal of the Warburg Institute [London] 2 (1938/39), 194–205. [Mit 16 Abb. auf 3 Taf.]

1324 ZIEGLER, Konrat: Orpheus in Renaissance und Neuzeit. In: Form und Inhalt. Kunstgeschichtliche Studien. Otto Schmidt zum 60. Geburtstag am 13. Dezember 1950 dargebracht von seinen Freunden. (Hrsg. von Hans Wentzel.) Stuttgart: Kohlhammer 1951, S. 239–256. [Mit 5 Abb.]

Vgl. → Nr. 553. 573. 1042. 1139. 1210. 1211. 1272. 1363. 1435. 1455. 1456. 1464. 1674. 1733. 2019. 2138. 2141. 2142. 2151. 2152. 2170. 2176. 2178. 2205. 2267. 2305. 2311.

7. Bildende Künste und Emblematik

a) Epochen- und Gattungsstudien

1325 BAUCH, Kurt: Studien zur Kunstgeschichte. Berlin: W. de Gruyter 1967.

1326 BERGSTRÖM, Ingvar: Disguised symbolism in „Madonna" pictures and still-life. In: The Burlington Magazine [London] 97 (1955), 303–308 und 342–349.

1327 – Dutch still-life painting in the seventeenth century. Translated by Christina Hedström and Gerald Taylor. London: Faber & Faber 1956.

1328 COUPE, William A.: Political and religious cartoons of the Thirty Year's War. In: JWCI 25 (1962), 65–86. [Mit 19 Abb. auf 5 Taf.]

1329 – The German illustrated broadsheet in the seventeenth century. Historical and iconographical studies. Bd. 1. 2. Baden-Baden: Heitz 1966–1967. (= Bibliotheca Bibliographica Aureliana. 17. 20.).
Bd. 1: Text. 1966.
Bd. 2: Bibliographical index. 1967. [Mit 145 Taf.]

1330 Frhrr. von ERFFA, Hans Martin: Das Programm der Westportale des Pisaner Domes. In: Mitteilungen des Kunsthistorischen Institutes in Florenz [Düsseldorf] 12 (1965), 55–106.

1331 – Meditationen über die Palla Medicea. In: Festschrift Ulrich Middeldorf. Hrsg. von Antje Kosegarten und Peter Tigler. Bd. 1 [Textband], Berlin: W. de Gruyter 1968, S. 392–401.

1332 EVANS, Joan: Pattern. A study of ornament in Western Europe from 1180 to 1900. Bd. 1. 2. Oxford: Clarendon Press 1931. [V. a. Bd. 1, S. 154–159.]

1333 FEHRMANN, Carl: Litterära kommentarer till ett emblematiskt 1600-talstryck. In: Symbolister. Ikonologiska Studier 1 = Tidskrift för Konstvetenskap [Malmö] 30 (1957), 149–159. [Mit 5 Abb.]

1334 FREY, Dagobert: Gotik und Renaissance als Grundlagen der modernen Weltanschauung. Augsburg: B. Filser 1929. [V. a. S. 47 ff.]

1335 GÁLLEGO, Julián: Vision et symboles dans la peinture espagnole du siècle d'or. Paris: Klincksieck 1968. (= Collection ‚Le Signe de l'Art'. 3.) [Bibliographie S. 265–279. – Über die Verwendung von Symbolen und Emblemen in der Malerei, passim.]

1336 GUDLAUGSSON, Sturla J.: Ikonographische Studien über die holländische Malerei und das Theater des 17. Jahrhunderts. Phil. Diss. Berlin 1939. – Würzburg: K. Triltsch 1938.

1337 HARTLAUB, Gustav Friedrich: Zauber des Spiegels. Geschichte und Bedeutung des Spiegels in der Kunst. München: Piper (1951). [Mit 142 Taf.]

1338 HAUTECOEUR, Louis Eugène Georges: Louis XIV. Roi-Soleil. Paris: Plon (1953). (= Collection Ars et Historia.)

1339 – Au temps de Louis XIV. Paris: Vincent, Fréal et Cie. 1967. (= Arts et Artisans de France.) [Bibliographie S. 118–121.]

1340 HECKSCHER, William S[ebastian]: Sixtus IIII [!] Aeneas insignes statuas Romano populo restitvendas censuit. – Rede uitgesproken bij de aanvaarding van het ambt als gewoon hoogleraar in de geschiedenis van de kunst der vroege middeleeuwen en de ikonologie aan de Rijksuniversiteit te Utrecht op 31 Oct. 1955. 's-Gravenhage: M. Nijhoff [1955.]

1341 HOFFMANN, F. R.: Grundzüge einer Geschichte des Bilderräthsels. Mit zahlreichen Illustrationen [in Holzschnitt]. Berlin: Hoffmann 1869. [Nur Skizze: IV, 44 S.!]

1342 de JONGH, Eddy: Zinne- en minnebeelden in de schilderkunst van de zeventiende eeuw. – Een gezamelijke uitgave van de Nederlandse Stichting Openbaar Kunstbezit en Openbaar Kunstbezit in Vlaanderen in samenwerking met het Prins Bernhard Fonds. [Amsterdam:] Nederlandse Stichting Openbaar Kunstbezit [XI, 29.]; [Antwerpen:] Openbaar Kunstbezit in Vlaanderen 1967. (= [Nederlands en Belgisch Kunstbezit uit openbaare verzamelingen.]) [Nicht im Handel.]

1343 – Erotica in vogelperspectief. De dubbelzinnigheid van een reeks zeventiende eeuwse genre voorstellingen. In: Simiolus. Kunsthistorisch Tijdschrift [Amsterdam] 3 (1968/69), 22–74.

1344 KEYSZELITZ, Robert: Der „Clavis interpretandi" in der holländischen Malerei des 17. Jahrhunderts. [o.O. = München] 1956. Phil. Diss. München 1957. [Masch.]

1345 LADENDORF, Heinz: Die Motivkunde und die Malerei des 19. Jahrhunderts. In: Festschrift Eduard Trautscholdt zum 70. Geburtstag am 13. I. 1963. Hrsg. von H. Ladendorf. Hamburg: E. Hauswedell & Co. 1965, S. 173–188. [Mit 1 Abb.]

1346 van LENNEP, J[acques]: Art et alchimie. Étude de l'iconographie hermétique et de ses influences. Préface de Serge Hutin. (Bruxelles:) Meddens (1971). [Zuerst 1966.] (= Collection Art et Savoir.) [U.a. über Michael Maier und D. Stoltzius v. Stoltzenberg.]

1347 MATTHEWS, William Henry: Mazes and labyrinths. A general account of their history and developments. London, New York: Longmans, Green and Co. 1922. [„Bibliography of mazes and labyrinths": S. 215–235.]

1348 MEERTENS, P[ieter] J[acobus]: Emblematiek en Volkskunst. In: Volkskunde [Antwerpen] 70 (1969), 203–211.

1349 MONTAGU, Jennifer: The painted enigma and French seventeenth-century art. In: JWCI 31 (1968), 307–335. [Mit 9 Abb.]

1350 POPE-HENNESSY, John Wyndham: The portrait in the Renaissance. London: Phaidon Press; New York: Bollingen Foundation; distributed by Pantheon Books (1966). (= Bollingen Series. 35.) (= The A.W. Mellon Lectures in the fine arts. 12.) [Kap. 5: „Image and emblem".]

1351 PRAZ, Mario: Gli emblemi nell'arte decorativa. In: Belfagor [Firenze] 26 (1971), 212–218.

1352 von SALIS, Arnold: Antike und Renaissance. Über Nachleben und Weiterwirken der alten in der neueren Kunst. Erlenbach-Zürich: E. Rentsch (1947). [V.a. S. 51 ff. und Abb. 3.]

1353 SANTARCANGELI, Paolo: Il libro de labirinti. Storia di un mito e di un simbolo. Firenze: Vallecchi 1967. (= La Cultura e il Tempo. 17.) [Mit 135 Abb.; v.a. S. 284–286 und Abb. 55, 61 und 62.]

[499] SCHENCK, Eva-Maria: Das Bilderrätsel. Phil. Diss. Köln 1968. – Buchausgabe: Hildesheim, New York: G. Olms 1973.

1354 SCHWARZ, Heinrich: The mirror in art. In: The Art Quarterly [Detroit] 15 (1952), 97–118. [Mit 17 Abb.]

1355 SEDLMAYR, Hans: Epochen und Werke. Gesammelte Schriften zur Kunstgeschichte. Bd. 1. 2. Wien, München: Herold (1959–1960). – [Darin v.a. Bd. 2 (1960), S. 235–248: Allegorie und Architektur.]

[1157] SPAMER, Adolf: Das kleine Andachtsbild vom XIV. bis zum XX. Jahrhundert. München: F. Bruckmann 1930. [Mit 314 Abb. auf 218 Taf. und 53 Textabb.]

1356 STERLING, Charles: La nature morte de l'antiquité à nos jours. Paris: P. Tisné 1952. – Id. opus, Nouvelle édition révue. Paris: P. Tesné (1959). [Mit 125 Taf.]

1357 TAYLOR, René: Hermetism and mystical architecture in the Society of Jesus. In: Baroque art: the Jesuit contribution. Ed. by Rudolf Wittkower and Irma B[lumenthal] Jaffe. New York: Fordham University Press 1972, S. 63–97. [Über hermetische und hieroglyphische Traditionen in der architektonischen Spekulation der Gesellschaft Jesu, v.a. bei Athanasius Kircher.]

1358 TINTELNOT, Hans: Über den Stand der Forschung zur Kunstgeschichte des Barock. In: DVjS 40 (1966), 116–158.

[504] VOLKMANN, Ludwig: Von der Bilderschrift zum Bilderrätsel. In: Zeitschrift für Bücherfreunde [Leipzig] N.F. 18 (1926), 65–82.

1359 WARBURG, Aby Moritz: Gesammelte Schriften. Hrsg. von der Bibliothek Warburg. Unter Mitarbeit von Fritz Rougemont hrsg. von Gertrud Bing. Bd. 1. 2. Leipzig, Berlin: B.G. Teubner 1932. – Repr. Nendeln (Liechtenstein): Kraus 1969. – Bd. 1. 2.: Die Erneuerung der heidnischen Antike. Kulturwissenschaftliche Beiträge zur Geschichte der europäischen Renaissance. Mit einem Anhang unveröffentlichter Zusätze.

1360 WEIXLGÄRTNER, Arpad: Perspektivische Spielereien bei Renaissance-Künstlern. In: Festschrift der Nationalbibliothek in Wien. Hrsg. zur Feier des 200jährigen Bestehens des Gebäudes. (Vorwort von Josef Bick.) Wien: Staatsdruckerei 1926, S. 849–860.

1361 WIND, Edgar: Homo Platonis. In: Journal of the Wartburg Institute [London] 1 (1937/38), 261. [Mit 2 Abb.]

1362 – The revival of Origen. In: Studies in art and literature for Belle da Costa Greene. Edited by Dorothy Eugenia Miner. Princeton (N.J.): Princeton University Press 1954, S. 412–424.

1363 – Pagan mysteries in the Renaissance. London: Faber & Faber; New Haven (Conn.): Yale University Press 1958. [Quellenverzeichnis S. 193–212.] – Id. opus, Enlarged and revised edition. Harmondsworth: Penguin 1967. (= Peregrine Books. Y 9.) [Bibliographie S. 285–315.]

1364 ZUCKER, Wolfgang M.: Reflections on reflexions. In: JAAC 20 (1962), 239–250. [Mit 6 Abb. – Zu Symbolik und Bedeutungswandel des Spiegels.]

Vgl. → Nr. 663. 774. 852. 1120. 1131. 1133. 1138. 1140. 1142. 1148. 1151. 1153. 1157. 1158. 1171. 1209. 1223. 1226. 1233. 1235. 1256. 1273. 2043. 2220.

b) Einzelne Künstler

1365 BADT, Kurt: Drei plastische Arbeiten von Leon Battista Alberti. In: Mitteilungen des Kunsthistorischen Institutes in Florenz [Düsseldorf] 8 (1957), 78–87.

1366 BARNOUW, Adriaan Jacob: Vermeers zoogenaamd ‚Novum Testamentum'. In: Oud-Holland [Amsterdam] 32 (1914), 50–55.

1367 BAUCH, Kurt: Der frühe Rembrandt und seine Zeit. Studien zur geschichtlichen Bedeutung seines Frühstils. Berlin: Mann 1960.

1368 BAUER, Helga: Der Index pictorius Calderóns. Untersuchungen zu seiner Malermetaphorik. Hamburg: (Ibero-Amerikanisches Forschungsinstitut); Cram, de Gruyter & Co. in Komm. 1969. (= Hamburger Romanistische Studien. B. Ibero-amerikanische Reihe. 32. = Calderoniana. 3.) [Darin S. 190–215: Emblematik im Drama Calderóns.] – Zugleich Phil. Diss. Hamburg 1970.

1369 BAX, D[irk]: Ontcijfering van Jeroen Bosch. Phil. Diss. Nijmegen 1949. – 's-Gravenhage: M. Nijhoff 1949. [Mit 24 Bll. Abb.]

1370 BÉGUIN, Sylvie [u.a.]: École de Fontainebleau. [Exposition: Louvre, Paris.] In: L'oeil [Paris] Nr. 215 (1972), 2–13.

1371 – La Galerie François Ier au Château de Fontainebleau. In: Revue de l'art [Paris] 16/17 (1972), 160–164.

1372 BENDEL, Max: Tobias Stimmer. Leben und Werke. Zürich, Berlin: Atlantis 1940.

1373 BING, Gertrud: Nugae circa veritatem. Notes on Anton-Francesco Doni. In: Journal of the Warburg Institute 1 (1937/38), 304–312. [Mit 7 Abb.]

1374 BLUNT, Anthony: Blake's pictorial imagination. In: JWCI 6 (1943), 190–212.

1375 BOBER, Phyllis Pray: Drawings after the antique by Amico Aspertini. Sketchbooks in the British Museum. London: Warburg Institute, University of London 1957. (= Studies of the Warburg Institute. 21.) [Mit 64 Taf.]

1376 BOESCH, Paul: Tobias Stimmers allegorische Deckengemälde [von 1576–1578] im Schloß zu Baden-Baden. In: Zeitschrift für schweizerische Archäologie und Kunstgeschichte [Basel] 12 (1951), 65–91 und 221–226. [Mit 26 Abb. auf 9 Taf.]

1377 BOL, L.J.: Een Middelburgse Breughel-groep. VII. Adriaen Pieterzoon van de Venne. Schilder en teyckenaer. In: Oud-Holland [Amsterdam] 73 (1958), 59–67 und 128–147.

1378 BOOT, Marjan: Über Willem van Heythuysen, seinen Nachlaß und die symbolische Deutung des Porträts von Frans Hals in München. In: Pantheon [München] 31 (1973), 420–424. [U.a. über Jacob Cats' „Emblemata Moralia" (1627) und die Rose als Vanitas-Symbol.]

1379 de CHAPEAUROUGE, Donat: Chardins Kinderbilder und die Emblematik. In: Actes du XXIIe Congrès international d'histoire de l'art, Budapest 1969: Evolution générale et développements régionaux en histoire de l'art. (Publiées ... sous la direction de György Rózsa). Bd. 2, Budapest: Akadémiai Kiadó 1972, S. 51–56. [Mit 4 Taf.]

1380 CHASTEL, André: Marsile Ficin et l'art. Genève: E.Droz 1954. (= Travaux d'humanisme et Renaissance. 14.)

1381 CLUTTON, George: An emblem by Holbein for Erasmus and More. In: Journal of the Warburg Institute [London] 1 (1937/38), 63–66.

1382 COOMARASWAMY, Ananda K.: The iconography of Dürer's „Knots" and Leonardo's „Concatenation". In: The Art Quarterly [Detroit] 7 (1944), 109–128. [Mit 18 Abb. auf 4 Taf. – Über Labyrinthe.]

1383 CRELLY, William R.: The painting of Simon Vouet and its relationship to the art of Italy. Phil. Diss. New York University 1958. – Veränderte

Buchausgabe u.d.T.: The painting of Simon Vouet. New Haven, London: Yale University Press 1962. (= Yale Publications in the History of Art. 14.) [Über den Einfluß von C. Ripas „Iconologia". – Bibliographie S. 285–294.]

1384 DORIVAL, Bernard: Philippe de Champaigne et les „Hiéroglyphiques" de Pierius [d.i. Giovanni Pierio Valeriano Bolzani]. In: Revue de l'Art [Paris] Nr. 11/14 (1971), 31–41. [Mit 26 Abb.]

1385 EMMENS, J[an] A[meling]: Les ‚Ménines' de Velasquez. Miroir des princes pour Philippe IV. In: Nederlands Kunsthistorisch Jaarboek. Netherlands Yearbook for History of Art ['s-Gravenhage] 12 (1961), 50–79. [Mit 31 Abb.]

1386 – Een Fabel van Ariosto. In: Nederlands Kunsthistorisch Jaarboek. Netherlands Yearbook for History of Art ['s-Gravenhage] 15 (1964) 93–104. (= Mélanges W. S. Heckscher.) [Mit 4 Abb.]

1387 – De schilderende Jupiter van Dosso Dossi. In: Miscellanea I. Q. van Regteren Altena, 16. V. 1969. [Red.: Hessel Miedema, R. W. Scheller, P. J. J. van Thiel.] Amsterdam: Scheltema & Holkema 1969, S. 52–54. [Mit 9 Abb. auf S. 268–270.]

1388 ENKING, Ragna: Der Apis-Altar Johann Melchior Dinglingers. Ein Beitrag zur Auseinandersetzung des Abendlandes mit dem alten Ägypten. Glückstadt, Hamburg, New York: Augustin (1939). (= Leipziger ägyptologische Studien. 11.) [Mit 32 S. Abb.]

1389 FORSTER, Kurt W.: Pontormo. Monographie mit kritischem Katalog. München: Bruckmann 1966. [V.a. S. 43 f.]

1390 FRANKEN, Daniel: Adriaen van de Venne. Amsterdam: C. M. van Gogh 1878.

1391 FRAUENFELDER, Reinhard: Vorlagen für die emblematischen Bilder am Hause zum Großen Käfig in Schaffhausen. In: Zeitschrift für schweizerische Archäologie und Kunstgeschichte [Basel] 14 (1953), 103–106. [Über eine Fassadenmalerei von 1675 nach Diego Saavedra Fajardo. – Mit 9 Abb. auf 3 Taf.]

1392 FUCHS, Paola: La coperta con l'„Impresa d' Amore" dipinta de Tiziano per il ritratto di Sperone Speroni. In: Dedalo [Milano; Roma] 9 (1928–1929), 621–633.

1393 van GELDER, Jan Gerrit: De schilderkunst van Jan Vermeer. Een voordracht door J. G. van Gelder, met commentaar van J[an] A[meling] Emmens. Utrecht: Kunsthistorisch Instituut 1958.

1394 GIBBONS, Felton: An emblematic portrait by Dosso. In: JWCI 29 (1966), 433–436.

1395 de GROOT, C[ornelis] W[ilhelmus]: Jan Steen. Beeld en woord. Phil. Diss. Nijmegen 1952. – Utrecht, Nijmegen: Dekker & Van de Vegt 1952. [Bibliographie S. 218–224.]

1396 GUDLAUGSSON, Sturla J.: Gerard ter Borch. Bd. 1. 2. 's-Gravenhage: M. Nijhoff 1959 und 1960. Bd. 2 u.d.T.: Katalog der Gemälde Gerard ter Borchs, sowie biographisches Material. 1960.

1397 HAGSTRUM, Jean H[oward]: William Blake. Poet and painter. An introduction to the illuminated verse. Chicago, London: Univ. of Chicago Press 1964. [Darin bes.: S. 48–57.]

1398 HALLOWELL, Robert E.: Matthäus Greuter's [!] ‚Hercules Tri-Mysticus': A study in Renaissance iconography. In: Renaissance Papers [Durham (N. C.)] 1966 (1967), 75–82. [U. a. über Hieroglyphik.]

1399 HARTLAUB, Gustav Friedrich: Die Spiegel-Bilder des Giovanni Bellini. In: Pantheon [München] 15 (1942), 235–241.

1400 HECKSCHER, William S[ebastian]: Rembrandt's ‚Anatomy of Dr. Nicolaas Tulp.' An iconological study. (New York:) New York University Press 1958. [Bibliographie S. 193–217.]

1401 – Reflections on seeing Holbein's portrait of Erasmus at Longford Castle. In: Essays in the history of art, presented to Rudolf Wittkower. Ed. by Douglas Fraser, Howard Hibbard and Milton J. Lewine. (London:) Phaidon Pr. (1967), S. 128–148. (= Essays presented to Rud. Wittkower on his 65. birthday. Pt. [2.]) [Mit 14 Abb. auf 6 Taf.]

1402 HELLINGA, W[ytze] G[erbens]: Rembrandt fecit 1642. De Nachtwacht. Gysbrecht van Aemstel. Amsterdam: J. M. Meulenhoff 1956.

1403 HEPPNER, Albert: The popular theatre of the Rederijkers in the work of Jan Steen and his contemporaries. In: JWCI 3 (1939/40), 22–48. [Mit 26 Abb.]

1404 HERVEY, Mary Frederica Sophia: Holbein's „Ambassadors", the picture and the men. An historical study with 19 illustrations and 2 facsimiles. London: G. Bell & Sons 1900. – Neuauflage: Reading (Engl.): Poynder & Son, Holybrook Press 1923.

1405 HESS, Jacob: On Raphael and Giulio Romano. In: Gazette des Beaux-Arts [Paris] 6. Pér., 32 (1947), 73–104.

1406 HIBBARD, Howard und Irma JAFFE: Bernini's ‚Barcaccia'. In: The Burlington Magazine [London] 106 (1964), 159–170. [Mit 15 Abb.]

1407 HOPE, A.: Notes on British art: Cesare Ripa's Iconology and the neo-classical movement. In: Apollo [London] 86 (1967), 1-4.

1408 HÜTTINGER, Eduard: Rhetorik und Skulptur. Zum Werk Francesco Piantas. In: Stil und Überlieferung in der Kunst des Abendlandes. Akten des 21. Internationalen Kongresses für Kunstgeschichte in Bonn 1964. Bd. 3: Theorien und Probleme, Berlin: Mann 1967, S. 225-229. [Mit 7 Abb.]

JAFFE, Irma: → s. HIBBARD, Howard (= Nr. 1406).

1409 JOHNSON, William McAllister [u.a.] [Bearb.]: L'École de Fontainebleau. Paris: Éditions des Musées Nationaux 1972. [= Katalog der Ausstellung im Grand Palais Paris, 17. Oktober 1972-15. Januar 1973. – Veranstaltet von der ‚Réunion des Musées nationaux'. – Bibliographie S. 487-503.]

1410 de JONGH, Eddy und P.J. VINKEN: Frans Hals als voortzetter van een emblematische traditie. Bij het huwelijksportret van Isaac Massa en Beatrix van der Laen. In: Oud-Holland [Amsterdam] 76 (1961), 117-152. [Mit 28 Abb.]

1411 KAUFFMANN, Georg: Poussin-Studien. Berlin: W. de Gruyter 1960. [Mit 46 Taf.]

1412 KAUFFMANN, Hans: Der Manierismus in Holland und die Schule von Fontainebleau. In: Jahrbuch der Preußischen Kunstsammlungen [Berlin] 44 (1923), 184-204. [Mit 9 Abb.]

1413 – Rubens und Isabella Brant in der Geißblattlaube. In: Form und Inhalt. Kunstgeschichtliche Studien. Otto Schmitt zum 60. Geburtstag am 13. XII. 1950 dargebracht von seinen Freunden. (Hrsg. von Hans Wentzel). Stuttgart: Kohlhammer 1950, S. 257-274.

1414 – Giovanni Lorenzo Bernini. Die figürlichen Kompositionen. Berlin: Gebr. Mann 1970. [Mit 196 Abb.]

1415 KEYSZELITZ, Robert: ‚Die beiden Seifenbläser' des Esaias Boursse im Aachener Suermondt-Museum – eine Allegorie der Vanitas. In: Aachener Kunstblätter 16 (1957), 19-26. [Mit 12 Abb.]

1416 KOVÁCS, József László: Emblematika, hieroglifika, manierizmus. Fegezetek Lackner Kristof müvészi világából [Emblematik, Hieroglyphik und Manierismus in der Kunst Christoph Lackners]. In: Soproni Szemle [Sopron (Ödenburg)/Ungarn] 25 (1971), 3-17 und 97-108. [Mit 15 Abb.]

1417 KREUZBERG, Claus: Die „Imker" Pieter Bruegels des Älteren. In: Deutsches Jahrbuch für Volkskunde [Berlin (DDR)] 8 (1962), 98-121.

1418 LADENDORF, Heinz: Kairos. In: Festschrift Johannes Jahn zum 22. November 1957. Hrsg. vom Kunsthistorischen Institut der Karl-Marx-Universität Leipzig. Leipzig: E.A. Seemann 1957, S. 225-235. [Mit 9 Abb. – U.a. über Achille Bocchi.]

1419 LALANNE, Ludovic: Le livre de fortune, recueil de deux cents dessins inédits de Jean Cousin [le jeune]. Publié d'après le manuscrit original de la bibliothèque de l'Institut ... [Kommentar von Imbert d'Anlezy]. Paris, London: J. Rouam 1883. (= Bibliothèque internationale de l'art.) [Mit 200 Tafeln]

1420 LANGEDIJK, Karla: Justus Sustermans en de Romeinse barok. Een ontmoeting geïllustreerd met het ontwerp voor een portret van Ferdinando II de' Medici. In: Miscellanea I. Q. van Regteren Altena, 16. V. 1969. [Hrsg. von Hessel Miedema [u.a.].]. Amsterdam: Scheltema & Holkema 1969, S. 117-119.

1421 – A new Cigoli: the state portrait of Cosimo I de' Medici, and a suggestion concerning the Cappella de' Principi. In: The Burlington Magazine [London] 113 (1971), 575-579.

1422 LAURAIN-PORTEMER, Madeleine: Mazarin et le Bernin. A propos du „Temps qui découvre la Verité". In: Gazette des Beaux-Arts [Paris] 74 (1969), 185-200.

1423 LEGRAND[, Francine Claire] und [Félix] SLUYS: Arcimboldo et les arcimboldesques. [Paris:] La Nef de Paris; (Aalter [Belg.]:) Éditions d'art A. de Rache (1955). (= Collection Les peintres fantastiques.) [Bibliographie S. 271-272.]

1424 LEVITINE, George: Some emblematic sources of Goya. In: JWCI 22 (1959), 106-131.

1425 LUNGAGNINI, Henrik: Zur Ikonographie der Lübecker Bilderfolge des Stefano Torelli [zw. 1759-1761]. In: Niederdeutsche Beiträge zur Kunstgeschichte [München; Berlin] 9 (1970), 179-194. [Mit 10 Abb.]

1426 MANDOWSKY, Erna und Charles MITCHELL (Hrsgg.): [Einleitung zu:] Pirro Ligorio's Roman antiquities. The drawings in MS. XIII. B 7 in the National Library in Naples. London: Warburg Institute, University of London 1963. (= Studies of the Warburg Institute. 28.)

1427 MARINONI, Augusto: I rebus di Leonardo da Vinci raccolti e interpretati. Con un saggio su „Una virtù spirituale". Firenze: L.S. Olschki 1954. (= Scritti scientifici e letterari degli insegnanti del Liceo scientifico „Vittorio Veneto" di Milano. 2-3.)

1428 MAROT, Pierre: Une gravure emblématique de Jacques Callot. Le portrait de Charles Delorme, médecin de Louis XIII. In: Mélanges d'histoire littéraire et de bibliographie offerts à Jean Bonnerot ... par ses amis et ses collegues. Paris: Nizet 1954, S. 141–151. [Mit 2 Abb.]

MITCHELL, Charles (Hrsg.): → s. MANDOWSKY, Erna (= Nr. 1426).

1429 MÜLLER-HOFSTEDE, Justus: Otto van Veen, der Lehrer des Peter Paul Rubens. Phil. Diss. Freiburg i. Br. 1959. [Masch.]

1430 MÜNTZ, Eugène: Le musée de portraits de Paul Jove. Contributions pour servir à l'iconographie du Moyen Âge et de la Renaissance. In: Mémoires de l'Institut National de France, Paris. Académie des Inscriptions et Belles-Lettres 36 (1901) Nr. 2, S. 249–343.

1431 NANAVUTTY, Piloo: A title-page in Blake's illustrated Genesis-manuscript. In: JWCI 10 (1947), 114–122. [Mit 5 Abb. auf 2 Taf.]

1432 – Blake and emblem literature. In: JWCI 15 (1952), 258–262.

1433 NORDSTRÖM, Folke: Goya, Saturn and melancholy. Studies in the art of Goya. Stockholm: Almqvist & Wiksell 1962. (= Figura. Uppsala Studies in the History of Art. N. S. 3.) (= Acta Universitatis Upsaliensis.)

[1224] PANOFSKY, Erwin und Fritz SAXL: Dürers „Melencolia. I." Eine quellen- und typengeschichtliche Untersuchung. Leipzig, Berlin: B. G. Teubner 1923. (= Studien der Bibliothek Warburg. 2.) [Mit 45 Taf.]

1434 PANOFSKY, Erwin: Albrecht Dürer. Bd. 1. 2. Princeton (N. J.): Princeton University Press 1943 [u. ö.; 4. Aufl. ibid. 1955.]. [Bes. Bd. 1, Kap. 6: „Dürer's activity for Maximilian I" (S. 172 ff.)]

1435 – „Virgo et victrix". A note on Dürer's Nemesis. In: Prints. Thirteen illustrated essays on the art of the print. Selected for the Print Council of America by Carl Zigrosser. New York: Holt, Rinehart & Winston (1962), S. 13–38.

1436 – „Good government" of Fortune? The iconography of a newly-discovered composition by Rubens. In: Gazette des Beaux-Arts [Paris] 6. Pér., 68 (1966), 305–326.

1437 – Erasmus and the visual arts. In: JWCI 32 (1969), 200–227. [Mit 17 Abb. auf 3 Taf.]

1438 – Problems in Titian. Mostly iconographic. New York: New York University Press; (London:) Phaidon (1969). (= The Wrightsman Lectures. 2.) [Bes. Kap. 5, S. 130–135: Alciatis Einfluß auf Tizian.] [Mit 200 Abb. auf 66 Bll.]

1439 PHILIP, L. Brand: The ‚Peddler' by Hieronymus Bosch. A study in detection. In: Nederlands Kunsthistorisch Jaarboek. Netherlands Yearbook for History of Art ['s-Gravenhage] 9 (1958), 1–81. [Mit 46 Abb.]

1440 PIEPER, Paul: Ludger tom Ring d. J. und die Anfänge des Stillebens. In: Münchner Jahrbuch der bildenden Kunst 15 (1964), 113–122.

1441 PILZ, Kurt: Jost Amman, 1539–1591. In: Mitteilungen des Vereins für Geschichte der Stadt Nürnberg 37 (1940), 201–252.

1441a POPE-HENNESSY, John Wyndham: A lecture on Nicholas Hilliard. London: Home & van Thal (1949), S. 23–24 [über Emblematik in der elisathanischen Miniaturmalerei.].

1442 PRAZ, Mario: Un artista barocco: Francesco Pianta. Sculture bizzarre nella Scuola di S. Rocco a Venezia. In: Vie d'Italia [Milano] 62 (1956), 177–184.

1443 – Le bizzarre sculture di Francesco Pianta. 39 fotografie di André Ostier. Venezia: Sodalizio del Libro 1959. (= La Sfera. 3.) [Mit 35 Taf. und 8 Faks.]

1444 – Francesco Pianta's bizarre carvings. In: Essays in the history of art presented to Rudolf Wittkower on his 65. birthday. Teil [2.], London: Phaidon Press 1967, S. 204–221.

1445 SABBE, Maurice [auch: Maurits]: Nog over het schilderij ‚Labore et Constantia' van Erasmus Quelin. In: De Gulden Passer. Le Compas d'Or [Antwerpen] 13 (1935), 37–38.

1446 SAUERLÄNDER, Willibald: Über die ursprüngliche Reihenfolge von Fragonards „Amours des Bergers". In: Münchner Jahrbuch der bildenden Kunst [München] 19 (1968), 127–156.

1447 SCHÖNE, Wolfgang: Rembrandts Mann mit dem Goldhelm. Bericht über den in der öffentlichen Sitzung am 24. Nov. 1972 gehaltenen Vortrag. In: Jahrbuch der Akademie der Wissenschaften in Göttingen 1972 (1973), 33–99. [Mit 44 z. T. emblematischen Abb. auf 28 Taf.; Bibliographie S. 95–99.]

1448 von SIMSON, Otto Georg: Zur Genealogie der weltlichen Apotheose im Barock, besonders der Medicigalerie des P. P. Rubens. (Leipzig, Straßburg, Zürich: Heitz 1936.) (= Sammlung Heitz. Reihe 2, 9. [vielmehr: 3, 9.]). – Auch als Phil. Diss. München 1937.

1449 SPARROW, John: Pontormo's ‚Cosimo il Vecchio'. A new dating. In: JWCI 30 (1967), 163-175. [5 Abb.]

1450 STECHOW, Wolfgang: Cornelis Ketels Einzelbildnisse. In: Zeitschrift für bildende Kunst [Leipzig] 63 (1929/30), 200-206.

1451 STENEBERG, Karl Erik: Le Blon, Quellinus, Millich och ‚den Svenska hovparnassen'. In: Tidskrift för Konstvetenskap [Stockholm] 28 (= Svenska Skulptur Idéer. I.) (1952), 55-105.

1452 – Vermeers målarfilosofie. In: Symbolister. Ikonologiska Studier 1 = Tidskrift för Konstvetenskap [Malmö] 30 (1957), 123-147. [Mit 11 Abb.]

1453 STRINDBECK, Carl Gustaf: Bruegelstudien. Untersuchungen zu den ikonologischen Problemen bei Pieter Bruegel d. Ä. sowie dessen Beziehungen zum niederländischen Romanismus. Stockholm: Almqvist & Wiksell 1956. (= Acta Universitatis Stockholmiensis. – Stockholm Studies in History of Art. 2.)

1454 STRONG, Roy C.: Portraits of Queen Elizabeth I. Oxford: Clarendon Press 1963.

1455 VERHEYEN, Egon: Eros et Anteros. ‚L'éducation de Cupidon' et la prétendue ‚Antiope' du Corrège. In: Gazette des Beaux-Arts [Paris] 65 (1965), 321-340. [Mit 14 Abb.]

1456 – Correggio's ‚Amori di Giove'. In: JWCI 29 (1966), 160-192.

1457 – Die ‚Sala di Ovidio' im Palazzo del Tè. Bemerkungen zu unbekannten Landschaftsbildern Giulio Romanos. In: Römisches Jahrbuch für Kunstgeschichte [München] 12 (1969), 161-170. [Mit 10 Abb.]

1458 VINKEN, P.J.: De betekenis van Pieter Bruegel's ‚Nestrover'. Een bijdrage tot de kennis van de verhouding tussen tekst en beeld in de zestiende eeuw. In: Het Boek [Den Haag] 2. Reeks, [Bd.] 33 (1958/59), 106-115.
– → s. de JONGH, Eddy (= Nr. 1410).

[503] VOLKMANN, Ludwig: Hieroglyphik und Emblematik bei Giorgio Vasari. In: Werden und Wirken. Ein Festgruß Karl W. Hiersemann zugesandt am 3. September 1924 zum 70. Geburtstag... Hrsg. von Martin Breslauer und Kurt Koehler. Leipzig, Berlin: K.F. Koehler 1924, S. 407-419.

1459 WARK, R.R.: A note on van Dyck's ‚Self-portrait with a sunflower'. In: The Burlington Magazine [London] 98 (1965), 53-54.

1460 WARNKE, Martin: Das Reiterbild des Baltasar Carlos von Velasquez. In: Amici amico. Festschrift [für] Werner Gross. Hrsg. von Kurt Badt und Martin Gosebruch. München: W. Fink 1968, S. 217-227. [Mit 5 Abb.]

1461 WEISBACH, Werner: Der sogenannte Geograph von Velazquez und die Darstellungen des Demokrit und Heraklit. In: Jahrbuch der Preußischen Kunstsammlungen [Berlin] 49 (1928), 141-158.

1462 WIEGAND, Wilfried: Ruisdael-Studien. Ein Versuch zur Ikonologie der Landschaftsmalerei. Phil. Diss. Hamburg 1971. [Masch.schriftlich vervielfältigt.]

1463 WILBERG VIGNAU-SCHUURMAN, Th[eodora] A[lida] G[erarda]: Die emblematischen Elemente im Werke Joris Hoefnagels. Bd. 1. 2. (Leiden:) Universitaire Pers Leiden 1969. (= Leidse kunsthistorische reeks. Publicaties van het Prentenkabinet/ Kunsthistorisch Instituut der Rijksuniversiteit te Leiden. 2.) [Mit 110 Bll. Abb.]

1464 WIND, Edgar: Bellini's Feast of the gods. A study in Venetian humanism. Cambridge (Mass.): Publ. for the Harvard College Library by Harvard University Press 1948. [Quellenverzeichnis S. 75-78.]

1465 – The Ark of Noah. A study in the symbolism of Michelangelo. In: Measure [Chicago] 1 (1950), 411-421.

1466 – Maccabean histories in the Sistine Ceiling. In: Italian Renaissance Studies. A tribute to the late Cecilia M. Ady. Edited by Ernest Fraser Jacob. London: Faber & Faber; New York: Barnes & Noble 1960, S. 312-327.

1467 WITTKOWER, Rudolf: A symbol of Platonic love in a portrait bust by Donatello. In: Journal of the Warburg Institute [London] 1 (1937/38), 260-261. [Mit 2 Abb.]

1468 YATES, Frances Amelia: Allegorical portraits of Queen Elizabeth I at Hatfield House. [o.O. u.J.]. (= Hatfield House Booklet. 1.) [Nicht verifizierbar!]

Vgl. → Nr. 503. 643. 649. 663-665. 672. 673. 683. 705. 706. 711. 1192. 1224. 1248. 1257. 1264. 1267. 1299. 1308. 1312. 1322. 1419. 1479. 1494. 1505. 1510. 1584. 1585. 1606. 1620. 1625. 1655. 1681. 1700. 1750. 2151. 2222. 2224. 2274.

c) (Innen)Dekoration – Kunsthandwerk – Medaillen und Münzen

1469 ALBRECHT, Friedrich: Das ikonographische Programm der Klosterkirche Schöntal. In: Württembergisch Franken N.F. [Schwäbisch Hall] 34 (1960), 102–139. [Analyse des Bildprogramms und systematische Beschreibung der Ausmalung und der Schrifttexte von Abt Knittel (1714).]

1470 ALDANA FERNÁNDEZ, Salvador: Saavedra Fajardo y el programa iconográfico de palacio de Eggenberg. In: Traza y Baza. Cuadernos hispanos de simbologia, arte y literatura (1973) Nr. 3, S. 61–74. [Mit 16 Abb.; – nicht verifizierbar! Vgl. Wolfenbütteler Barock-Nachrichten [Hamburg] 2 (1975) H. 2, S. 116.]

1471 ALLEAU, René: Guide de Versailles mystérieux. Iconographie sous la direction de Alfred Marie. Paris: Tchou 1966. (= Les guides noirs. 4.) – Auch: Paris: Cercle du livre précieux 1966.

1472 APPUHN, Horst: Großfliesen für Kurfürst Clemens August von Köln. In: Zeitschrift des Deutschen Vereins für Kunstwissenschaft [Berlin] 26 (1972), 43–62. [V.a. Abb. 24 und 25.]

1473 APTED, M[ichael] R[oss]: The painted ceilings of Scotland, 1550–1650. Edinburgh: H.M. Stationery Office 1966. [Mit zahlreichen Abb.]

1474 ARMAND, Alfred: Les médailleurs italiens des XVe et XVIe siècles. Essai d'un classement chronologique de ces artistes et d'un catalogue de leurs oeuvres. Paris: Plon & Cie. 1897. – 2., verb. und verm. Auflage. Bd. 1. 2. Paris: Plon 1883.

1475 BANGE, E[rnst] F[riedrich]: Die italienischen Bronzen der Renaissance und des Barock. Teil 2: Reliefs und Plaketten. Berlin: W. de Gruyter [in Komm.] 1922. (= Beschreibung der Bildwerke der christlichen Epochen. Bd. 2, Teil 2.) [Mit 85 Lichtdrucktaf.]

1476 BAUR-HEINHOLD, Margarete: Bemalte Fassaden. Geschichte, Vorbild, Technik, Erneuerung. (München:) G.D.W. Callwey (1975). [Mit 261 ein- und 30 mehrfarbigen Abb.]

1477 BAYLEY, Peter C.: The Summer Room carvings. [sc. at University College, Oxford.] [Teil] I. In: University College Record [Oxford] III, 3 (1958), 192–201; [Teil] II. In: III, 4 (1959), 252–256; [Teil] III. In: III, 5 (1960), 341–346. [Täfelung mit Alciato-Emblemen, von 1575.]

1478 BEARD, Charles Relly: Cap-broaches of the Renaissance. In: The Connoisseur [London] 104 (1939), 287–293.

1479 BÉGUIN, Sylvie: A lost fresco of Niccolò dell'Abbate at Bologna in honour of Julius II. In: JWCI 18 (1955), 114–122.

1480 BERNHART, Max: Medaillen und Plaketten. Ein Handbuch für Sammler und Liebhaber. 3., von Tyll Kroha völlig neubearbeitete Auflage. Braunschweig: Klinkhardt & Biermann (1966). (= Bibliothek für Kunst- und Antiquitätenfreunde. 1.) [Mit 246 Abb. und 2 Farbtaf.; Bibliographie S. 239–240.]

1481 Baron von BILDT, Carl Niels Daniel: Les médailles romaines de Christine de Suède. Roma: Loescher 1908. [Mit 20 Taf.]

1482 BOYKEN, Martin: Die Spruchfliesen von Wrisbergholzen. Hildesheim: Gerstenberg 1966. (= Roemer-Pelizaeus-Museum. Zeitschrift des Museums zu Hildesheim. N.F. H. 19 (1966); 101 S.)

1483 – Die geistesgeschichtlichen Quellen für die Spruchfliesen von Wrisbergholzen. In: Alt-Hildesheim. Jahrbuch für Stadt und Stift Hildesheim 39 (1968), 43–52.

1484 BÜHLER, Christian: Die Kachelöfen in Graubünden aus dem XVI.–XVII. Jahrhundert. Eine kunst- und kulturgeschichtliche Studie. Zürich: Schmidt 1881.

1485 CHASTEL, André: Marquetterie et perspective au XVe siècle. In: Revue du Louvre et des Musées de France [auch: La Revue des Arts. – Paris] 3 (1953), 141–154.

1486 DELDERFIELD, Eric R.: A brief guide to inn signs. 4th edition. Exmouth (Devon): Raleigh Press (1962). (= Brief guide series. 10.)

1487 – More about inn signs. Exmouth (Devon): Raleigh Press (1962). (= Brief guide series. 12.)

1488 – British inn signs and their stories. Dawlish (Engl.): David & Charles (1965). – Neuauflage: New York: Taplinger; Newton Abbot (Engl.): David & Charles (1966).

1489 von DÖRY-JOBAHÁZA, Ludwig: Das „Vergulte Zimmer" des Gaibacher Schlosses 1708–1713. In: Münchner Jahrbuch der bildenden Kunst 15 (1964), 195–224. [Mit 13 Abb.]

1490 DOMANIG, Karl: Die deutsche Medaille in kunst- und kulturhistorischer Hinsicht. Nach dem Bestande der Medaillensammlung des Allerhöchsten Kaiserhauses... Wien: Schroll 1907. [Mit 100 Lichtdruck-Taf.]

1491 ELLENIUS, Allan: En Gustaviansk medaljdebatt. Stockholm: Kungl. Vitterhets Historie och Antikvitets Akademien; Almqvist & Wiksell [i. Komm.] 1963. (= Antikvariskt Arkiv. 23.)

1492 von FABRICZY, Cornelius: Medaillen der italienischen Renaissance. Leipzig: E.A. Seemann [1903].

(= Monographien des Kunstgewerbes. 9.) [Mit 181 Abb.]

1493 FREMANTLE, Katharine: The baroque town hall of Amsterdam. Phil. Diss. University of London 1956. – Utrecht: H. Dekker & Gumbert 1959. (= Orbis artium. Utrechtse kunsthistorische studien. 4.) [121 S. mit Abb.; Bibliographie S. 193-204.]

1494 – Motifs from Ripa and Rubens in the Royal Palace of Amsterdam. In: The Burlington Magazine [London] 103 (1961), 258-264. [Mit 11 Abb.]

1495 FREYTAG, Hartmut: Die Embleme in Ludwigsburg und Gaarz vor dem Hintergrund zeitgenössischer Emblemtheorie. In: Wolfgang Harms und H. Freytag (Hrsgg.), Außerliterarische Wirkungen barocker Emblembücher. Emblematik in Ludwigsburg, Gaarz und Pommersfelden. München: W. Fink 1975, S. 19-39.

FREYTAG, Hartmut (Hrsg.): → s. HARMS, Wolfgang (= Nr. 1508).

1496 GRAF, Fritz: Vier Schaffhauser Embleme und ihre Vorlagen. In: Schaffhauser Beiträge zur vaterländischen Geschichte [Thayngen] 48 (1971), 206-213. [Über 4 Emblembilder an der Fassade des Hauses ‚Zur Großen Kante' in Schaffhausen (1699) aus Hohbergs ‚Lust- und Artzeney-Garten'.]

1497 – Emblemata Helvetica. Zu einer Sammlung angewandter Embleme der deutschsprachigen Schweizer Kantone. In: Zeitschrift für schweizerische Archäologie und Kunstgeschichte [Basel] 31 (1974), 145-170. [Mit 25 Abb. und einem „Kurzinventar der als Bauschmuck verwendeten Embleme und Emblemzyklen" (S. 162-167).]

1498 GRAMBERG, Werner: Erwerbungen für das Münzen- und Medaillenkabinett in den Jahren 1951-1960. [Teil] 1. [und] 2. In: Jahrbuch der Hamburger Kunstsammlungen 6 (1961), 175-220 und 7 (1962), 135-169.

1499 GRAND, Roger: De la signification des initiales, armes, effiges et emblèmes figurés sur les édifices civils et militaires aux XVe et XVIe siècles. In: Mémoires de la Société Nationale des Antiquaires de France [Paris] 9e Série, 3 [= Bd. 83 der Gesamtreihe] (1954), 263-277.

1500 GROTEMEYER, Paul: Die elsässischen Medailleure des 16. Jahrhunderts. In: Elsaß-Lothringisches Jahrbuch [Heidelberg] 10 (1931), 193-232. [Mit 6 Taf.]

1501 GUILLOU, Edouard O.S.B.: Versailles, le palais du soleil. Préface de Gérald van der Kemp. Photographies de J. Lavaud. Paris: Plon 1963. (= Éditions d'Histoire et d'Art.)

1502 HABICH, Georg: Die deutschen Medailleure des 16. Jahrhunderts. Halle (Saale): A. Riechmann & Co. 1916. [Mit 12 Lichtdrucktaf. und 18 Textabb.; Bibliographie S. 276-283.]

1503 – Die Medaillen der italienischen Renaissance. Stuttgart: Deutsche Verlagsanstalt (1922). – Neuauflagen: Ibid. 1923 und 1924. [Mit 100 Taf.]

1504 HABICH, Georg [u.a.] (Hrsgg.): Die deutschen Schaumünzen des 16. Jahrhunderts. Hrsg. ... im Auftrag des Deutschen Vereins für Kunstwissenschaft von G. Habich. [3 Teile in 5 Bänden.] München: F. Bruckmann (1929) – (1934).
Teil 1. Bd. 1, 1. Hälfte: Die dt. Schaumünzen des 16. Jh.s, geordnet nach Meistern und Schulen. (1929). [Mit 109 Taf.]
Bd. 1, 2. Hälfte: ...bearb. von G. Habich; vollendet von Max Bernhart und Paul Grotemeyer. (1931). [Mit 86 Taf.]
Bd. 2, 1. Hälfte. (1932). [Taf. 197-302.]
Bd. 2, 2. Hälfte. (1934). [Taf. 303-334.]
Registerband. (1934).

1505 HAEMMERLE, Albert: Ein Augsburger Kaminfresko des jüngeren Jörg Breu. In: Vierteljahreshefte zur Kunst und Geschichte Augsburgs 1 (1935/36), 195-200.

1506 HAMKENS, Freerk Haye: Sinnbilder auf Grabsteinen von Schleswig bis Flandern. Versuch einer Deutung. Brüssel: Dt. Verlag Die Osterlingen 1942. – Id. opus, 2. [erweiterte] Aufl., ibid. 1944.

1507 HANSMANN, Claus und Liselotte: Triff ins Schwarze. (Farbaufnahmen und graphische Bearbeitung: C. Hansmann. Text: L. Hansmann.) München: Bruckmann (1960). [Mit 36 Farbtaf. und 51 Textabb.]

1508 HARMS, Wolfgang und Hartmut FREYTAG (Hrsgg.): Außerliterarische Wirkungen barocker Emblembücher. Emblematik in Ludwigsburg, Gaarz und Pommersfelden. München: W. Fink 1975. [Mit 8 Beiträgen verschiedener Verfasser. Die Aufsätze sind in dieser Bibliographie einzeln verzeichnet. – Katalog der Embleme in Ludwigsburg und Gaarz. Motti mit Übersetzungen, Beschreibungen, Quellen: S. 171-193. – Bibliographie: S. 195-204. – 2 Farbtaf. und 101 Abb. auf Taf.] [Vgl. dazu die Rezension von Albrecht Schöne. In: GRM N.F. 26 (1976) [in Vorb.].]

1509 HARMS, Wolfgang: Die emblematische Selbstdarstellung des Auftraggebers in Pommersfelden. In: W. Harms und Hartmut Freytag (Hrsgg.), Außerliterarische Wirkungen barocker Emblembücher. Emblematik in Ludwigsburg, Gaarz und Pommersfelden. München: W. Fink 1975, S. 135-154.

1510 HARTT, Frederick: Gonzaga symbols in the Palazzo del Tè. In: JWCI 13 (1950), 151-188.

1511 HEFTING, Paul H.: Het enigma van de Casa Pellizzari. In: Nederlands Kunsthistorisch Jaarboek. Netherlands Yearbook for History of Art ['s-Gravenhage] 15 (1964), 67–92. (= Mélanges William S. Heckscher.) [Mit 21 Abb.]

1512 HEISS, Aloïss: Les médailleurs de la Renaissance [italienne]. Teil 1–8. Paris: J. Rothschild 1881–1882. [8 Teile in 5 Bdn.] – Id. opus, ibid. 1881–1886. [8 Teile in 6 Bdn.] – Id. opus, ibid. 1881–1892. [8 Teile in 9 Bdn.]

1513 HERBST, Arnulf: Zur Ikonologie des barocken Kaisersaals. Phil. Diss. Frankfurt a. M. 1969. – Druckfassung in: Bericht des Historischen Vereins für die Pflege der Geschichte des ehemaligen Fürstbistums Bamberg [Bamberg] 106 (1970), 207–344. [Mit 20 Taf.]

1514 HESS, Jacob: Gli affreschi nella Sala vecchia degli Svizzeri al Palazzo Vaticano. In: Illustrazione Vaticana [Città del Vaticano] 13 (1935), 713 ff. [Nicht verifizierbar!]

1515 von HEUSINGER, Christian: Eine Zeichnung Gabriel Weyers in der Kunsthalle Bremen. Zur Datierung der Wandmalereien im ehemaligen Rathaussaal in Nürnberg. In: Niederdeutsche Beiträge zur Kunstgeschichte [München, Berlin] 9 (1970), 161–168. [Über 32 ‚Emblemata politica' in den Fensterleibungen des Großen Saales im Nürnberger Rathaus [nach 1616; im II. Weltkrieg zerstört.] aus Peter Isselburgs „Emblemata politica in aula magna curiae Noribergensis depicta. Norimbergae: P. Isselburg 1617."]

1516 HIBBARD, Howard: ‚Ut picturae sermones': the first painted decorations of the Gesù. In: Baroque art: the Jesuit contribution. Ed. by Rudolf Wittkower and Irma B[lumenthal] Jaffe. New York: Fordham University Press 1972, S. 29–49. [V. a. über das ikonographische Programm von ‚Il Gesù' in Rom.]

1517 HILL, George Francis: Portrait medals of Italian artists of the Renaissance. Illustrated and described, with an introductory essay on the Italian medal. London: P. L. Warner 1912. [Mit 32 Taf.]

1518 – Select Italian medals of the Renaissance in the British Museum... London: British Museum, printed by order of the Trustees 1915. [Mit 50 Taf.]

1519 – Medals of the Renaissance. Oxford: Clarendon Press 1920. [Mit 30 Taf.; Bibliographie S. 175–182.]

1520 – A corpus of Italian medals of the Renaissance before Cellini. Bd. 1. 2. London: British Museum, printed by order of the Trustees 1930. [Mit 202 Taf.]

1521 – Renaissance medals. (The Gustave Dreyfus Collection.) Oxford: Oxford University 1931. [Mit 141 Taf.]

1522 HIMMELHEBER, Georg: Spiele. Gesellschaftsspiele aus einem Jahrtausend. Bearbeitet von G. Himmelheber. München, Berlin: Deutscher Kunstverlag 1972. (= Kataloge des Bayerischen Nationalmuseums München. 14.) [V. a. S. 79–115.]

1523 HOFMANN, Walter Jürgen: Schloß Pommersfelden. Geschichte seiner Entstehung. Nürnberg: H. Carl 1968. (= Erlanger Beiträge zur Sprach- und Kunstwissenschaft. 32.) [Mit 20 Bll. Abb.] [Vgl. hierzu die Besprechung von Wolfgang EINSINGBACH in: Kunstchronik [Nürnberg] 23 (1970), 89–103.]

1524 HOFMEIER, Heinrich Karl: Die Reliefs des Kamins im Hause Goldschmieding und ihre Beziehungen zur Emblematik. In: Kultur und Heimat. Heimatblätter für Castrop-Rauxel und Umgebung [Castrop-Rauxel] 23 (1971) Nr. 1/2 [Seitenzahlen nicht feststellbar!]

HORKÝ, Jan: → s. LEJSKOVÁ-MATYÁŠOVÁ, Milada (= Nr. 1542).

1525 JOHNSON, W. McAllister: A ‚biface' medal of Henry II? In: JWCI 30 (1967), 401–403.

1526 JOURDAIN, Margaret: Sixteenth century embroidery with emblems. In: The Burlington Magazine for Connoisseurs [London] 11 (1907), 326–328.

1527 KARLING, Sten: Girolamo Marrettis barettsmycke. Kring en målning i Nationalmuseum ur drottning Kristinas samling. In: Konsthistorisk Tidskrift [Stockholm] 34 (1965), 42–59.

1528 KARPOWICZ, Mariusz: ‚Sala Horacego' w Starym Otwocku. Z rozważań nad antykizacją treści [Der ‚Saal des Horaz' in Stary Otwock. Überlegungen zur ‚Antikisierung' seiner Ausstattung]. In: Muzeum i Twórca. Studia z historii sztuki i kultury ku czci Prof. Dr. Stanisława Lorentza. [Hrsg. von Kazimierz Michałowski. – Auch mit engl. Nebentitel: Museum and artist. Studies in the history of art and civilization in honor of... St. Lorentz.] Warszawa: Państwowe Wydawnictwo Naukowe 1969, S. 327–347. [Mit 20 Abb.; über 10 Wandgemälde nach Otto van Veens „Horatii Flacci Emblemata" vom Ende des 17. Jahrhunderts.]

1529 KAUFMANN, Gerhard: Bemalte Wandfliesen. Bunte Welt auf kleinen Platten. Kulturgeschichte, Technik und Dekoration der Fliesen in Mitteleuropa. (München:) G. D. W. Callwey (1973). (= Kulturgeschichte in Einzeldarstellungen.) [Mit 398 einfarbigen und 40 mehrfarbigen Abb.]

1530 KEMP, Cornelia: Die Embleme des Klosters Wessobrunn und ihre Vorlage. Ein Beitrag zur Marienverehrung des 18. Jahrhunderts in Süddeutschland. In: Das Münster [München] 28 (1975), 309–319. [Mit 16 Abb.]

1531 KENDRICK, Albert Frank: English embroidery. London: B. T. Batsford; New York: C. Scribner 1904. – Id. opus, London: Newnes [1904]. (= Newnes' Library of the Applied Arts.) – London: Newnes; New York: Scribner's Sons [1905]. – London: B. T. Batsford; New York: Scribner's Sons [1913]. (= Batsford's Collector's Library.) [In der Ausgabe London [etc.] 1905, v. a. S. 78.]

1532 – The Hatfield tapestries of the seasons. In: Walpole Society, London. Annual Volume [Oxford] 2 (1913), 89–97. [Mit Taf. XLV–LI.]

1533 KNOWLTON, Edgar C.: The scale of man. In: Studies in the Renaissance [New York] 3 (1956), 131–144. [Über emblematische Einfassungen gewirkter flämischer Tapeten.]

1534 KÖCKE, Ulrike: Protestantische Barockemblematik am Lettner der Buttforder Kirche. In: Niederdeutsche Beiträge zur Kunstgeschichte [München, Berlin] 14 (1975), 205–216.

1535 KÖRTE, Werner: Der Palazzo Zuccari in Rom, sein Freskenschmuck und seine Geschichte. Leipzig [,Wien: Schroll & Co.] 1935. (= Römische Forschungen der Bibliotheca Hertziana. 12.)

1536 KREISEL, Heinrich: Das Schloß zu Pommersfelden. Aufnahmen von Max Hirmer. München: Hirmer (1953). [Mit 68 S. Abb.]

1537 KULSCHEWSKIJ, Ralf: Kunstgeschichtliche Voraussetzungen für die emblematischen Vertäfelungen in Ludwigsburg und Gaarz. In: Wolfgang Harms und Hartmut Freytag (Hrsgg.), Außerliterarische Wirkungen barocker Emblembücher. Emblematik in Ludwigsburg, Gaarz und Pommersfelden. München: W. Fink 1975, S. 119–133.

1538 KURTH, Betty: Medieval romances in Renaissance tapestries. 1. Three French tapestries illustrating the Spanish love-poem „Carcel de amor". – 2. A tapestry with the death of Hercules at Hampton Court Palace and its counterpart. In: JWCI 5 (1942), 237–245. [Mit 8 Abb. auf 3 Taf.]

1539 LEHMANN, Edgar: Eine Bemerkung zu den „Programmen" der Barockkunst. In: FuF 38 (1964), 207–209.

1540 – Ein Freskenzyklus Altomontes [d. i. Martin Hohenberg (1657–1745)] in Linz und die „Programme" der Barockkunst. Berlin (DDR): Akademie-Verlag 1964. (= Sitzungsberichte der Deutschen Akademie der Wissenschaften zu Berlin. Klasse für Sprachen, Literatur und Kunst 1964, 3.) [Mit 12 Abb. – Über das ikonolog. Programm der Linzer Bibliotheksfresken etc.]

1541 LEJSKOVÁ-MATYÁŠOVÁ, Milada: Sadelerovo „Theatrum morum" a jeho ohlas na zámku Lemberku [Sadelers „Theatrum morum" und seine Nachwirkung auf Schloß Lemberg (in Böhmen). – Mit deutscher Zusammenfassung.] In: Sborník Severočeského musea. Historia. 4 (1964), 245–257. [Über Egidius Sadelers Entwürfe für äsopische Tierfabel-Fresken am Plafond des Fabelsaals in Schloß Lemberg.]

1542 LEJSKOVÁ-MATYÁŠOVÁ, Milada und Jan HORKÝ: Renesanční malovaný strop zámku Lemberku a jeho restaurování [= Das Renaissance-Deckengemälde im Schloß Lemberk und seine Restaurierung.]. In: Památková Péče [Praha] 25 (1965), 65–71. [Fabelmotive in Deckenfresken nach Egidius Sadelers ‚Theatrum morum'. – 15 Abb.]

1543 LEJSKOVÁ-MATYÁŠOVÁ, Milada: Barokní emblémy v zámku Doudlebech nad Orlicí [Barocke Embleme im Schloß Doudleby]. In: Umění [Praha] 16 (1968), 59–68. [Mit 7 Abb.; u. a. über Vorlagen von Egidius Sadeler.]

1544 – Decken-Ausstattungen nach graphischen Vorlagen an der Wende der Renaissance zum Barock. In: Österreichische Zeitschrift für Kunst und Denkmalpflege [Wien] 24 (1970), 135–144. [Mit 15 Abb.; v. a. über den „Römersaal" auf der Reigersburg (Anfang 17. Jh.): Deckengemälde nach Vorlagen von Tobias Stimmer.]

1545 – Program štukové výzdoby t. zv. Soudnice zámku v Bechyni [Das Programm der Stuckdekoration im sog. Saal der Justitia in Schloß Bechyně]. In: Umění [Praha] 21 (1973), 1–17. [Mit 9 Abb.; über die Stuckdekorationen von Antonio Melana nach Emblemen von Georgette de Montenay (1571).]

1546 LESKY, Grete: Barocke Embleme in Vorau und anderen Stiften Österreichs. Ein Vademecum für den Kunstwanderer. (Hrsg. vom Chorherrenstift Vorau anläßlich der 800-Jahrfeier seines Bestandes [!]). (Vorau: Chorherrenstift Vorau; Auslieferung: Graz: Styria [1962]).

1547 – Die Sinnbilder der Marienkirche zu Hergiswald. – In: Joseph SCHERER, Geschichte und Beschreibung der Wallfahrtskirche Hergiswald. Geschichte der Wallfahrt und Beschreibung der Kirche. Neu bearbeitet von Joseph Zemp. Erklärung der Deckenbilder von G. Lesky. (3. Auflage.) Luzern: Schill-Druck 1964, S. 101–183.

1548 – Barocke Embleme der Chorherrenkirche in Ranshofen. In: Jahrbuch des Stiftes Klosterneuburg N. F. 6 (1966), 179–219.

1549 – Schloß Eggenberg. Das Programm für den Bildschmuck. (Graz, Wien, Köln:) Verlag Styria (1968). [28 Bll. Abb.]

1550 – Die Bibliotheksembleme der Benediktinerabtei St. Lambrecht in Steiermark. Graz: Imago Vlg. (1970). [38 S. Abb.]

1551 – Die Marienembleme der Prunkstiege im Grazer Priesterhaus. (Graz: Moser in Komm. 1970.) [4 Bll. Abb.]

1552 – Frühe Embleme aus der Steiermark. Graz: U. Moser [i. Komm.] (1973).

1553 LOEHR, August: „Sol in corde leonis". In: Numismatische Zeitschrift [Wien] 72 (1947), 134.

1554 LUDEWIG, Christine: Der Auftraggeber der Ludwigsburger Embleme und die kulturgeschichtlichen Voraussetzungen in Schleswig-Holstein. In: Wolfgang Harms und Hartmut Freytag (Hrsgg.), Außerliterarische Wirkungen barocker Emblembücher. Emblematik in Ludwigsburg, Gaarz und Pommersfelden. München: W. Fink 1975, S. 103–117.

1555 MARIE, Alfred: Naissance de Versailles. Le château, les jardins. Bd. 1. 2. Paris: Vincent, Fréal & Cie. 1968. [Gartenskulpturen nach C. Ripa.]

1556 MARIN, Louis: Notes sur une médaille et une gravure. Éléments d'une étude sémiotique. In: Revue d'esthétique [Paris] 22 (1969), 121–138. [Mit 3 Abb.; über eine Medaille L. B. Albertis von Matteo de Pasti und ein Hermes-Emblem von Achille Bocchi.]

1557 MARQUARDT, Christa: Die Serie von Amoremblemen van Veens in Ludwigsburg im Zusammenhang mit dem europäischen Ideal des ‚honnête homme'. In: Wolfgang Harms und Hartmut Freytag (Hrsgg.), Außerliterarische Wirkungen barocker Emblembücher. Emblematik in Ludwigsburg, Gaarz und Pommersfelden. München: W. Fink 1975, S. 73–101.

1558 MASSON, André: Le baroque dans le décor des bibliothèques (Autriche et Allemagne du Sud). In: Gazette des Beaux-Arts [Paris] 6. Pér., 63 (1964), 159–172. [Mit 10 Abb.]

1559 MEYER, Werner und Alfred SCHÄDLER: Stadt Dillingen an der Donau. München: Oldenbourg 1964. (= Die Kunstdenkmäler von Bayern. [7.] Regierungsbezirk Schwaben. 6.) [Darin v. a. S. 522–529: Über 40 groteskenumrahmte Rundbilder nach Joachim Camerarius' „Symbola et emblemata" an der Decke im Kleinen Rittersaal des Schlosses in Dillingen.]

1560 MEYER, Werner: Studien zur emblematischen Deckenmalerei an Beispielen aus dem Landkreis Dillingen an der Donau. In: Bericht des Bayerischen Landesamtes für Denkmalpflege [München] 26: 1967 (1968), 133–169.

1561 MITCHELL, Charles: The imagery of the Tempio Malatestiano. In: Studi Romagnoli [Faenza] 2 (1951), 77–90.

1562 MÖLLER, Lise Lotte: Der Wrangelschrank und die verwandten süddeutschen Intarsienmöbel des 16. Jahrhunderts. Berlin: Deutscher Verein für Kunstwissenschaft 1956. (= Denkmäler deutscher Kunst.) [Mit 56 Bll. Abb.]

1563 – Ein holländischer Bilderrahmen aus dem siebzehnten Jahrhundert. In: Jahrbuch der Hamburger Kunstsammlungen 7 (1962), 7–34.

1564 MÖLLER, Lise Lotte (Hrsg.): Museum für Kunst und Gewerbe Hamburg. Die wilden Leute des Mittelalters. Ausstellung vom 6. September bis zum 30. Oktober 1963. (Katalog [von] Lise Lotte Möller.) (Hamburg: Hartung 1963.)

1565 MRAZEK, Wilhelm: Die barocke Deckenmalerei in der ersten Hälfte des 18. Jahrhunderts in Wien und in beiden Erzherzogtümern ob und unter der Enns. Ein Beitrag zur Ikonologie der barocken Malerei. Phil. Diss. Wien 1947. [Masch.]

1566 – Ikonologie der barocken Deckenmalerei. Wien: Rohrer i. Komm. 1953 (= Sitzungsberichte der Österreichischen Akademie der Wissenschaften. Phil.-histor. Klasse. 228, 3.)

1567 – Der Kaiserpokal von Anton Kothgasser. In: Alte und moderne Kunst [Wien] [7] (1962) Nr. 58/59, S. 40. [Mit 2 Abb.; über einen allegorischen Dekor unter dem Einfluß von C. Ripas „Iconologia".]

1568 – Bilderschaffender Verstand, Ikonologie und ikonologische Stilform. In: Ausstellung Paul Troger und die österreichische Barockkunst. Im Stift Altenburg bei Horn vom 25. Mai bis 13. Okt. 1963. (Bearb. des Katalogs: Peter Weninger.) (Wien: Amt der Niederösterreichischen Landesregierung 1963.), S. 77–88. (= Kataloge des Niederösterreichischen Landesmuseums. N. F. 6.) [V. a. über das ikonologische ‚Programm' des Stifts Altenburg.]

1569 MÜLLER, Johanna: Art. „Bibliothek". In: RDK Bd. 2, Stuttgart-Waldsee 1948. Sp. 518–542. [V. a. Sp. 535–540 über die allegorisch-mythologischen ‚Programme' von Deckengemälden barocker Klosterbibliotheken in Süddeutschland und Österreich.]

1570 MÜLLER, Wolfgang J.: Eine Wandmalerei im Herrenhaus Roest. Versuch zur Deutung ihres emblematischen Inhalts. In: Nordelbingen [Heide

1570 (Holst.)] 34 (1965), 129–138. – Ergänzungen hierzu u. d. T.: Das emblematische Vorbild für die Wandmalerei im Herrenhaus Roest. In: Nordelbingen 37 (1968), 15–17.

1571 – Emblematik des Barock im Kieler Universitätssiegel. In: Nordelbingen [Heide (Holst.)] 35 (1966), 65–78. [Mit 15 Abb.]

1572 – Die Emporenbilder von Katharinenheerd. Ein Beitrag zur Bildwelt des 17. Jahrhunderts in Schleswig-Holstein. In: Nordelbingen [Heide (Holst.)] 40 (1970), 91–109.

1573 MÜNTZ, Eugène: La tapisserie. Paris: A. Quantin (1882). (= Bibliothèque de l'enseignement des beaux-arts.) – 5. Aufl. Paris: A. Picard & Kaan 1903.

1574 – Tapisseries allégoriques inédites ou peu connues: Les Vertus et les Vices de la collection de M. le baron d'Hunolstein. Les Moralités de la collection de M. Peyre. Le Triomphe de la Pauvreté de la collection de M. Patenôtre, [etc.]. In: Académie des inscriptions et belles-lettres, Paris. Commission de la Fondation Piot. Monuments et memoires 9 (1902), 95–121.

1575 NEVINSON, John Lea: Catalogue of English domestic embroidery of the sixteenth and seventeenth centuries [in the Victoria and Albert Museum.] London: Victoria & Albert Museum 1938. [Mit 72 Taf.]

1576 – English domestic embroidery patterns of the 16th and 17th centuries. In: The Twenty-Eighth Volume of the Walpole Society. Oxford 1940, S. 5–6.

1577 – Catalogue of English domestic embroidery of the sixteenth and seventeenth centuries. London: Victoria & Albert Museum 1950. [Mit 72 Taf.]

1578 NEWMAN, Eric P.: Continental currency and the fugio cent: sources of emblems and mottoes. In: Numismatist [Omaha (Nebr.)] 79 (1966), 1587–1598.

1579 NICOLAISEN, Lisbet Juul: Emblemmaleri i danske kirker. Et bidrag til belysning af emnet. In: Kirkehistoriske Samlinger [København] 8. række [Reihe], 1. binds [Bd. 1] (1969) 1. hæfte [H. 1], S. 126–151.

1580 OERTEL, Hermann: Die emblematische Bildausstattung der Kirche des Deutschen Ritterordens zu Lucklum. In: Niederdeutsche Beiträge zur Kunstgeschichte [München, Berlin] 14 (1975), 175–204. [Mit 38 Abb.]

1581 von der OSTEN, Gert: Zur Barockskulptur im südlichen Niedersachsen. In: Niederdeutsche Beiträge zur Kunstgeschichte [Köln (ab Bd. 5: München, Berlin)] 1 (1961), 239–258. [Mit 32 Abb.; darin v. a. Teil III: Die Skulpturen von Herrenhausen und die ‚Iconologia' Cesare Ripas.]

1582 PAATZ, Walter: Sceptrum universitatis. Die europäischen Universitätsszepter. Heidelberg: C. Winter 1953. (= Heidelberger kunstgeschichtliche Abhandlungen. N. F. 2.) [Mit 65 Abb. auf 39 Taf.; bes. Kap. 2, S. 17–21.]

1583 PANOFSKY, Dora und Erwin: The iconography of the Galerie François Ier at Fontainebleau. In: Gazette des Beaux-Arts [Paris] 6. Pér., 52 [= Bd. 100 der Gesamtreihe] (1958), 113–190.

1584 PANOFSKY, Erwin: La chambre de San Paolo à Parme, peinte à fresque par le Corrège. In: Académie Royale de Belgique. Bulletin de la Classe des Beaux-Arts 42 (1960), 163–180.

1585 – The iconography of Correggio's Camera di San Paolo. London: The Warburg Institute 1961. (= Studies of the Warburg Institute. 26.)

1586 PESME, Gérard: En flânant au château de Dampierre-sur-Boutonne. [Angoulême:] Éditions Balzac 1958. [Mit 40 Emblemen nebst Motti aus der Mitte des 16. Jh.s, in Auftrag gegeben von Jeanne de Vivonne, der Witwe Claude de Clermonts.]

1587 de PETITY, Jean-Raymond [Abbé]: Les vœux de la France et de l'Empire. Médaillons allégoriques pour le mariage de Monseigneur le Dauphin, 1770... Paris: P. Chenu (1770). 4°.

1588 POPE-HENNESSY, John W[yndham]: The Italian plaquette. In: British Academy, London. Proceedings 50: 1964 (1965), 63–85. [Mit 16 Taf.] (= British Academy, London. Annual lecture on aspects of art [read 12 Febr. 1964], Henriette Hertz Trust, 1964.)

1589 RACKHAM, Bernard: Early Netherlands maiolica. With special reference to the tills at the Vyne in Hampshire. London: G. Bles (1926).

1590 – Victoria and Albert Museum, Dep. of ceramics. – Catalogue of Italian maiolica. Bd. 1. 2. London: Board of Education 1940. – Bd. 1: Texte; Bd. 2: Tafeln.

1591 – Italian maiolica. London: Faber & Faber (1952). (= The Faber monographs on pottery and porcelain.) [Mit 100 Taf.]

1592 RICCI, Corrado: Il Tempio Malatestiano. Milano, Roma: Bestetti & Tumminelli [1925].

1593 RONDOT, Natalis: Les graveurs d'estampes à Lyon au XVIIe siècle. Lyon: Impr. de Mougin-Rusand 1896.

1594 – Les graveurs d'estampes sur cuivre à Lyon, au XVIIe siècle. Lyon: Impr. de Mougin-Rusand 1896.

1595 – Les graveurs de monnaies à Lyon du XIIIe au XVIIIe siècle. Mâcon: Protat frères 1897.

1596 – Les médailleurs et les graveurs de monnaies, jetons et médailles en France... Avantpropos, notes, planches et tables par H. de La Tour. Paris: A. Leroux 1904.

1597 ROOVERS, Olga N.: Het embleem in de penningkunst. In: Geuzenpenning. (Nederlands Genootschap voor Munt- en Pennigkunde) [Amsterdam] 2 (1952), 1–3.

1598 ROTONDI, Pasquale: Il Palazzo Ducale di Urbino. Bd. 1. 2. Urbino: Ed. Instituto Statale d'arte per il libro 1950. [Mit 170 Abb.; v.a. Bd. 2, Abb. 346.] Bd. 1: Testo. – Bd. 2: Tavole.

1599 SALET, Francis: L'emblématique de François Ier et Henri II au château de Villers-Cotterêts. In: Fédération des Sociétés d'Histoire et d'Archéologie de l'Aisne. Mémoires [Laon] 15 (1969), 116–120. [Mit 2 Taf.]

1600 SCHILLING, Michael: Die literarischen Vorbilder der Ludwigsburger und Gaarzer Embleme. In: Wolfgang Harms und Hartmut Freytag (Hrsgg.), Außerliterarische Wirkungen barocker Emblembücher. Emblematik in Ludwigsburg, Gaarz und Pommersfelden. München: W. Fink 1975, S. 41–71.

1601 SCHOUTEN, J[an]: Cesare Ripa en de marmeren dessus-de-porte van Jan Gijselingh de Jonge in het stadhuis van Gouda. In: Antiek [Lochem (Niederlande)] 4 (1969), 185–195.

1602 SCHULZE, Walter: Neue Feststellungen zur Baugeschichte der Maria-Magdalenen-Kirche zu Bad Bramstedt. In: Heimatkundl. Jahrbuch für den Kreis Segeberg 10 (1964), 17–33. [Mit 28 Abb. – Über Deckentondi mit emblematischen Darstellungen.]

1603 SELIG, Karl Ludwig: Góngora and numismatics. In: MLN 67 (1952), 47–50.

1604 SEZNEC, Jean: Youth, innocence and death. Some notes on a medaillon on the Certosa of Pavia. In: Journal of the Warburg Institute [London] 1 (1937/38), 298–303. [Mit 8 Abb.]

1605 STEMPER, Anneliese: Die Medaillen des Herzogs Heinrich Julius von Braunschweig-Wolfenbüttel und ihre Beziehungen zu den Emblemata des Joachim Camerarius. Braunschweig: (Städt. Museum) 1955. (= Arbeitsberichte aus dem Städt. Museum Braunschweig. 8, 1.)

1606 – Medaillen-Entwürfe von Peter Anton Verschaffelt. In: Das Werk des Künstlers. Studien zur Ikonographie und Formgeschichte. Hubert Schrade zum 60. Geburtstag dargebracht von Kollegen und Schülern. (Hrsg. von Hans Fegers.). Stuttgart: Kohlhammer (1960), S. 270–285.

1607 STOPP, Frederick John: The emblems of the Altdorf Academy. Medals and medal orations. 1577–1626. London: The Modern Humanities Research Association 1974. (= Publications of the Modern Humanities Research Association. 6.) [Nicht verifizierbar!]

1608 STURM, Angelus O.S.B.: Gesamtschau der Mettener Stiftsbibliothek. In: Alt und jung Metten [Metten (Niederbayern)] 32 (1965/66), 191–197.

1609 de TERVARENT, Guy: Quelques notes sur le bas-relief d'Évreux. In: Académie Royale de Belgique. Bulletin de la Classe des Beaux-Arts [Bruxelles] 46 (1964) Nr. 10–11, S. 192–198. [Über das Eros-Anteros-Motiv.]

1610 THEODORESCU, Răzvan: Despre un insemn sculptat și pictat de la Cozia (în jurul ‚despotiei' lui Mircea cel Batrîn.) [Ein plastisches und gemaltes Emblem im Kloster Cozia]. In: Studii și Cercetări de Istoria Artei (Artă plastică) [București] 16 (1969), 191–208. [Mit 5 Abb.]

1611 TINTELNOT, Hans: Die barocke Freskomalerei in Deutschland. Ihre Entwicklung und europäische Wirkung. München: Bruckmann 1951. [Mit 166 Abb. und 8 Farbtaf.]

1612 TUNK, Walter (Hrsg.): Kurfürst Lothar Franz von Schönborn. 1655–1729. Gedächtnisausstellung zur 300-Jahr-Feier seines Geburtstages. 1955, Neue Residenz Bamberg, 29. Juli bis 16. Oktober. (Bamberg: St. Otto-Verlag 1955). [Mit 36 Taf. – V.a. S. 40ff. über emblematische Medaillen.]

1613 VAIL, Robert William Glenroie: More storied windows. New Netherland proverb windows and their sources. In: New York Historical Society Quarterly 37 (1953), 54–58. [Über niederländische Fenstermalereien nach Jacob Cats.]

1614 WEBER, Frederick Parkes: Aspects of death and their effects on the living, as illustrated by minor works of art, especially medals, engraved gems, jewels, &c. ... London, Leipsic: T.F. Unwin 1910. [58 Abb.] – Id. opus. 2., verm. Aufl. London: T.F. Unwin 1914. [Mit 126 Abb.] – Neuauflagen u.d.T.: Aspects of death and correlated aspects of life in art, epigram, and poetry. Contributions towards an anthology and an iconography of the subject. Illustrated especially by medals, engraved gems, jewels, ivories, antique pottery &c. Third edition, revised and much enlarged. London: T.F. Unwin & B. Quaritch 1918. [Mit 145 Abb.] – Fourth edition, revised and much enlarged. London: T.F. Unwin 1922. – Deutsche Übers. u.d.T.: Des Todes Bild (As-

1615 WILLIAMS, Phyllis L.: Two Roman reliefs in Renaissance disguise. In: JWCI 4 (1941), 47–66. [Mit 10 Abb. auf 3 Taf.]

1616 WIRTH, Karl-August: Zur religiösen Herzemblematik des 18. Jahrhunderts: Ein Bildzyklus in Mindelheim, seine Quelle und seine Deutung. In: Jahrbuch des Vereins für Augsburger Bistumsgeschichte 9 (1975), 221–271. [Mit 43 Abb.]

1617 YATES, Frances A[melia]: The Valois tapestries. London: The Warburg Institute, University of London 1959. (= Studies of the Warburg Institute. 23.) [Mit 12 Taf.; v.a. über Devisen.]

[897] ZELL, Carl-Alfred: Hinweise der Emblemliteratur auf den Gebrauch von Emblemen in Räumen. In: Wolfgang Harms und Hartmut Freytag (Hrsgg.), Außerliterarische Wirkungen barocker Emblembücher. Emblematik in Ludwigsburg, Gaarz und Pommersfelden. München: W. Fink 1975, S. 155–170.

Vgl. → Nr. 83. 85. 86. 164. 631. 664. 687. 1108. 1188. 1197. 1352. 1466. 2130. 2253. 2264. 2303. 2308. 2313. 2314.

8. Feste – Theater – Trionfi und Ehrenpforten – Pompae funebres

1618 ALEWYN, Richard und Karl SÄLZLE: Das große Welttheater. Die Epoche der höfischen Feste in Dokument und Deutung. Hamburg: Rowohlt (1959). (= rde. 92.)

1619 ALLEN, Percy Stafford: Le cercle de Plantin. Fêtes données en 1920 à Anvers et à Tours. Antwerpen: Musée Plantin-Moretus 1920. [Nicht verifizierbar!]

1620 APPELBAUM, Stanley: The „Triumph of Maximilian I". 137 woodcuts by Hans Burgkmair and others. New York: Dover Publ. Co. 1964. (= Dover Books on Art.) [Mit 147 Taf.]

1621 BAUR-HEINHOLD, Margarete: Theater des Barock. Festliches Bühnenspiel im 17. und 18. Jahrhundert. München: G. Callwey (1966). (= Kulturgeschichte in Einzeldarstellungen.) [Bibliographie S. 288–290.]

1622 BELITSKA-SCHOLTZ, Hedvig: Alcuni problemi della scenografia italiana del Seicento. In: Acta Historiae Artium [Budapest] 16 (1970), 271–292. [Mit 20 Abb.; zur Ikonographie der Wiener Feste anläßlich der Hochzeit Leopolds I., 1666–68.]

1623 BERGERON, David M.: The emblematic nature of English civic pageantry. In: Renaissance Drama [Evanston (Ill.)] N.S. 1 (1968), 167–198.

1624 BERNHEIMER, Richard: Theatrum mundi. In: The Art Bulletin [New York] 38 (1956), 225–247. [Mit 10 Abb. auf 2 Taf.]

1625 BIACH-SCHIFFMANN, Flora: Giovanni und Lodovico Burnacini. Theater und Feste am Wiener Hofe. Wien. Berlin: Krystall-Verlag 1931. (= Arbeiten des I. Kunsthistorischen Instituts der Universität Wien. 43.) [Mit 68 Abb.]

1626 BIAŁOSTOCKI, Jan: Kompozycja emblematyczna epitafiów śląskich XVI wieku. [Emblemkomposition schlesischer Epitaphien des 16. Jahrhunderts.] In: Ze studiów nad sztuką XVI wieku na Śląsku i w krajach sąsiednich. Wrocław [etc.]: Zakł. Nar. im. Ossolińskich 1968, S. 77–93. [Mit 22 Abb.]

1627 – Symbolika drzwi w sepulkralnej sztuce baroku [Zur Symbolik des Motivs der Tür in der Grabmalkunst des Barock]. In: Sarmatia artistica. Księga pamiątkowa ku czci Prof. Władysława Tomkiewicza. Warszawa: Państwowe Wydawnictwo Nauk 1968, S. 107–119. [Mit 10 Abb. und engl. Zusammenfassung.]

1628 BLACK, Hester Mary (Hrsg.): Splendours and miseries. An exhibition of festival books and commemorative albums held in the Hunterian Library, University of Glasgow, April 1967. [Glasgow] 1967. [Masch.schriftlich vervielfältigt.]

1629 BLAHA, Herta: Österreichische Triumph- und Ehrenpforten der Renaissance und des Barock. Phil. Diss. Wien 1950. [Masch.]

1630 BRIX, Michael: Triumph und Totenfeier. Bemerkungen zu einem unbekannten Werk der Grazer Hofkunst. In: Alte und moderne Kunst [Wien] Nr. 111 (1970), 22–25. [Mit 5 Abb.]

1631 CARANDENTE, Giovanni: I trionfi nel primo Rinascimento. Torino: E.R.I. 1963. [Mit 69 Taf.]

1632 CHARTROU, Josèphe [eig. CHARBONNEL-CHARTROU, J.]: Les entrées solennelles et triomphales à la Renaissance (1484–1551). Paris: Presses universitaires de France 1928. [Bibliographie S. 151–154.]

1633 CHASTEL, André: La glorification humaniste dans les monuments funéraires de la Renaissance. In:

Umanesimo e scienza politica. Atti del Congresso internazionale di studi umanistici, Roma – Firenze, 1949. A cura di Enrico Castelli. (Centro internazionale di studi umanistici.) Milano: C. Marzorati 1951, S. 477–485.

1634 – Le Baroque et la mort. In: Retorica e Barocco. Atti del III Congresso internazionale di studi umanistici... A cura di Enrico Castelli. Roma: Fratelli Bocca 1955, S. 33–46. [Mit 15 Taf.]

1635 CHROŚCICKI, Juliusz A.: ‚Pompa funebris' z dziejów kultury staropolskiej. Warszawa: Państwowe Wydawnictwo Naukowe 1974. (= Idee i sztuka.) [Mit engl. und russischer Zusammenfassung; 152 Abb.]

1636 du COLOMBIER, Pierre: Les triomphes en images de l'empereur Maximilian Ier. In: Les fêtes de la Renaissance. Études réunies et présentées par Jean Jacquot. – Bd. 2: Fêtes et cérémonies au temps de Charles-Quint. Paris: Centre national de la recherche scientifique 1960, S. 99–112. (= Association Internationale des Historiens de la Renaissance. Congrès 2. Bruxelles–Anvers–Gand–Liège, 2–7 Sept. 1957.) (= Collection „Le Chœur des Muses".)

1637 DOUTREPONT, Antoinette: Martin den Vos et l'entrée triomphale de l'Archiduc Ernest d'Autriche à Anvers en 1595. In: Bulletin de l'Institut Historique Belge de Rome [Bruxelles; Rom] 18 (1937), 152–187.

1638 Frhrr. von ERFFA, Hans Martin: Art. „Ehrenpforte" (Nachtrag). In: RDK Bd. 4, Stuttgart [1955–]1958. Sp. 1443–1504. [Passim; mit 24 Abb.]

1639 FÄHLER, Eberhard: Feuerwerke des Barock. Studien zum öffentlichen Fest und seiner literarischen Deutung vom 16. bis 18. Jahrhundert. Phil. Diss. Göttingen 1973. – Stuttgart: J.B.Metzler (1974). [Mit 90 Abb.]

1640 – Emblematische Feuerwerke. In: Sibylle Penkert (Hrsg.), Emblemforschung. Zur Rezeption der Emblematik in Literatur-, Kunst- und Musikgeschichte. Darmstadt: Wiss. Buchgesellschaft [in Vorb. für 1976].

1641 GOLDEN, Marta H[ester]: The iconography of the English history play. Phil. Diss. New York: Columbia University 1964. [Masch.; als Mikrofilm erhältlich, vgl. Diss. Abstracts 26, 3 (1965). S. 1631.]

1642 – Stage imagery in Shakespearean studies. In: Shakespearean Research and Opportunities [Riverside (Cal.)] 1 (1965), 10–20.

[1336] GUDLAUGSSON, Sturla J.: Ikonographische Studien über die holländische Malerei und das Theater des 17.Jahrhunderts. Phil. Diss. Berlin 1939. – Würzburg: K.Triltsch 1938.

HASELBERGER-BLAHA, Herta: → s. BLAHA, Herta (= Nr. 1629).

[485] HAUPT, Karl: Die Renaissance-Hieroglyphik in Kaiser Maximilians Ehrenpforte. In: Philobiblon [Hamburg] 12 (1968), 253–267.

1643 JACQUOT, Jean (Hrsg.): (Groupe d'études musicales de la Renaissance. Journées internationales d'études, Abbaye de Royaumont, 8–13 juillet 1955.) – Les fêtes de la Renaissance. Études réunies et présentées par J.Jacquot. [Bd. 1.] Paris: Éditions du Centre National de la Recherche Scientifique 1956 [1957]. –
(Association internationale des historiens de la Renaissance. 2e Congres. Bruxelles–Anvers–Gand–Liège, 2–7 Sept. 1957.) – Les fêtes de la Renaissance. Études réunies et présentées par J.Jacquot. [Bd. 2:] Fêtes et cérémonies au temps de Charles-Quint. Paris: Centre Nationale de la Recherche Scientifique 1960. (= Collection ‚Le Chœur de Muses'.)

1644 KERNODLE, George Riley: From art to theatre. Form and conventions in the Renaissance. Chicago: University of Chicago Press (1944). – Repr. ibid. 1945 und (1947). [Bibliographie S. 220–243.]

1645 LOTZ, Arthur: Das Feuerwerk. Seine Geschichte und Bibliographie. Beiträge zur Kunst- und Kulturgeschichte der Feste und des Theaterwesens in 7 Jahrhunderten. Leipzig: K.W.Hiersemann [1941]. [Mit 49 Abb. auf 36 Taf.]

1646 MARTIN, John Rupert: The decoration for the Pompa Introitus Ferdinandi. Brussels: Arcade Press 1972. (= Corpus Rubenianum Ludwig Burchard. 16.) [Mit 114 Abb.]

MAZZAROTTO, Bianca Tamassia: → s. TAMASSIA MAZZAROTTO, Bianca (= Nr. 1656).

1647 MESURET, Robert: Les emblèmes livrés par les ateliers de peinture de Toulouse de 1565 à 1777. In: BHR 18 (1956), 123–141. [Über Embleme zur Dekoration fürstlicher ‚Entrées' und Feste.]

1648 NAGLER, A[lois] M[aria]: Theatre festivals of the Medici, 1539–1637. (Translated by George Hickenlooper.) New Haven, London: Yale Univ. Press 1964. [Mit 65 Bll. Abb.]

1649 NICOLL, Allardyce: Masks, mimes and miracles. Studies in the popular theatre. With two hundred and twenty-six illustrations. London: Harrap; New York: Harcourt, Brace & Co. 1931.

1650 – Stuart masques and the Renaissance stage... With 197 illustrations. London: G.G.Harrap & Co. (1937). – New York: Harcourt, Brace & Co.

1938. – Repr. New York: B. Blom (1963). [Bes. Kap. VI, S. 154–191: „Emblems and Imprese".]

1651 PANOFSKY, Erwin: Mors vitae testimonium. The positive aspect of death in Renaissance and baroque iconography. In: Studien zur toskanischen Kunst. Festschrift für Ludwig Heinrich Heydenreich zum 23. März 1963. (Hrsg. von Wolfgang Lotz und Lise Lotte Möller.) München: Prestel (1964), S. 221–236.

1652 von ROEDER-BAUMBACH, Irmengard und Hans Gerhard EVERS: Versieringen bij Blijde Inkomsten, gebruikt in de zuidelijke Nederlanden gedurende de 16^e en 17^e eeuw. Met een hoofdstuk van H. G. Evers. Antwerpen: De Sikkel 1943. (= Maerlantbibliotheek. 13.)

[874] SCHÖNE, Albrecht: Emblematik und Drama im Zeitalter des Barock. Zweite, überarb. und erg. Auflage. Mit 67 Abbildungen. München: C. H. Beck 1968. [Darin v. a. über Casper von Lohenstein, A. Gryphius, J. Chr. Hallmann und Aug. Ad. von Haugwitz. – Vgl. bes. Kap. III: „Das emblemat. Exempel im dramat. Text" (S. 67–135); Kap. IV: „Die emblemat. Struktur im dramat. Werk" (S. 139–202) und Kap. V: „Das Theater als emblemat. Schaugerüst" (S. 205–231.]

1653 SCHÖNE, Günther: Barockes Feuerwerkstheater. In: Maske und Kothurn [Köln; Graz] 6 (1960), 351–362.

1654 SMITH, Hal H.: Some principles of Elizabethan stage costume. In: JWCI 25 (1962), 240–257. [Mit 4 Abb.]

1655 STRIEDER, Peter: Zur Entstehungsgeschichte von Dürers Ehrenpforte für Kaiser Maximilian [I.]. In: Anzeiger des Germanischen Nationalmuseums [Nürnberg] 1954–1959 (1960), 128–142. [Mit 11 Abb.]

1656 TAMASSIA MAZZAROTTO, Bianca: Le feste Veneziane. I giochi popolari, le cerimonie religiose e di governo. Illustrate da Gabriel Bella. Firenze: G. C. Sansoni [1961].

1657 THOMAS, Werner: Orff-Bühne und Theatrum Emblematicum. Zur Deutung der Szene in Orffs „Trionfi". In: Jahrbuch des Orff-Institutes an der Akademie ‚Mozarteum' Salzburg 3 (1964/68), 146–166.

1658 TIETZE-CONRAT, Erika: Zur höfischen Allegorie der Renaissance. In: Jahrbuch der kunsthistorischen Sammlungen des Allerhöchsten Kaiserhauses [Wien; Leipzig] Bd. 34 (1917) H. 1, S. 25–32.

1659 TINTELNOT, Hans: Barocktheater und barocke Kunst. Die Entwicklungsgeschichte der Fest- und Theater-Dekoration in ihrem Verhältnis zur barocken Kunst. Berlin: Gebr. Mann 1939. [Mit 96 S. Abb.]

1660 – Annotazioni sull'importanza della festa teatrale per la vita artistica e dinastica nel Barocco. In: Retorica e Barocco. Atti del III Congresso internazionale di studi umanistici... A cura di Enrico Castelli. Roma: Fratelli Bocca 1955, S. 233–241.

1661 VANUXEM, Jacques: Emblèmes baroques dans l'art et dans les fêtes aux temps de Louis XIV. In: Kunstchronik [Nürnberg] 8 (1955), 93–94.

1662 VASIL'EV, Vladimir Nikolajevič: Starinnye fejerverki v Rossii (XVII – pervaja četvert' XVIII v.) Leningrad: Izdatel'stvo Gos. Ermitaža 1960. [Über die Feuerwerke der Barockzeit in Rußland.]

1663 VETTER, Ewald Maria: Der Einzug Philipps III. in Lissabon 1619. In: Gesammelte Aufsätze zur Kulturgeschichte Spaniens 19 (1962), 187–263. (= Spanische Forschungen der Görresgesellschaft. Reihe 1.)

1664 WALLBRECHT, Rosenmarie Elisabeth: Das Theater des Barockzeitalters an den welfischen Höfen Hannover und Celle. Phil. Diss. Wien 1972. – Buchfassung: Hildesheim: A. Lax 1974. (= Quellen und Darstellungen zur Geschichte Niedersachsens. 83.) [Mit 36 Abb.; v. a. S. 115–123 über emblematische Feuerwerke, dazu Abb. 30–35. – Die Arbeit erwähnt jedoch weder Begriff u. Tradition noch wiss. Literatur der Emblematik.]

1665 WEISBACH, Werner: Trionfi. Berlin: G. Grote 1919. [Mit 60 Abb.]

1666 WICKHAM, Glynne William Gladstone: Early English stages, 1300 to 1660. Bisher: Bd. 1–2,1. London: Routledge & K. Paul; New York: Columbia University Press 1959–1963. [Bes. Bd. 2,1 (1963), S. 206–244: „The emblematic tradition".]
Bd. 1: 1300–1576. 1959. –2., verb. Aufl. 1963. – Bd. 2,1: 1576–1660. 1963.

1667 ZUCKER, Paul: Die Theaterdekoration des Barock. Eine Kunstgeschichte des Bühnenbildes. Berlin: R. Kaemmerer 1925. [Mit 36 Taf.]

Vgl. → Nr. 822. 874. 1403. 1448. 1506. 1671. 1895. 1957. 1971. 1972. 1979. 1985. 1992. 2012. 2013. 2132. 2168.

9. Musik und Emblematik

1668 ALBRECHT, Hans (Hrsg.): Caspar Othmayr. Ausgewählte Werke. 1. Teil: Symbola [1547]. Leipzig: C. F. Peters 1941. (= Reichsdenkmale deutscher Musik. Abt. Ausgewählte Werke einzelner Musiker. Bd. 1.); (= Das Erbe deutscher Musik. 1. Reihe: Reichsdenkmale Bd. 16.)

1669 ALBRECHT, Hans: Caspar Othmayr. Leben und Werk. Kassel, Basel: Bärenreiter 1950.

1670 BANDMANN, Günter: Melancholie und Musik. Ikonographische Studien. Köln, Opladen: Westdeutscher Verlag 1960. (= Wissenschaftliche Abhandlungen der Arbeitsgemeinschaft für Forschung des Landes Nordrhein-Westfalen. 12.) [Mit 61 Abb.]

1671 DAMMANN, Rolf: Die Musik im Triumphzug Kaiser Maximilians I. In: Archiv für Musikwissenschaft [Trossingen] 31 (1974), 245–289.

1672 EINSTEIN, Alfred: Some musical representations of the temperaments. In: Journal of the Warburg Institute [London] 1 (1937/38), 177–180. [V. a. S. 177–179: „I. Democritus and Heraclitus: a duet in major and minor".]

1673 GOJOWY, Detlef: Wort und Bild in Bachs Kantatentexten. In: Die Musikforschung [Kassel und Basel] 25 (1972) Heft 1, S. 27–39.

1674 LOWINSKY, Edward Elias: The goddess Fortuna in music. In: The Musical Quarterly [New York] 29 (1943), 45–77.

1675 – Matthaeus Greiter's Fortuna: an experiment in chromaticism and in musical iconography. In: The Musical Quarterly [New York] 42 (1956), 500–519 und 43 (1957), 68–85.

1676 MEIER, Bernhard: „Hieroglyphisches" in der Musik des 16. Jahrhunderts. In: Gesellschaft für Musikforschung. Bericht über den Internationalen Musikwissenschaftlichen Kongreß Kassel 1962. Hrsg. von Georg Reichert [und] Martin Just. Kassel, Basel [etc.]: Bärenreiter 1963, S. 127–129.

1677 RICE, Howard Crosby jr.: Soundings in the Sinclair Hamilton Collection. In: The Princeton University Library Chronicle 20 (1958), 29–38. [V. a. S. 33 f.]

1678 SCHEURLEER, Daniel François: Nederlandsche liedboeken. Lijst der in Nederland tot het jaar 1800 uitgegeven liedboeken. Samengesteld onder leiding van ... D. F. Scheurleer. Uitgegeven van het Frederik Muller-Fonds. 's-Gravenhage: Mart. Nijhoff 1912. – Nederlandsche liedboeken. ... Eerste supplement... 's-Gravenhage: M. Nijhoff 1923.

1679 – Eene iconographie der muziekinstrumenten. In: Feestbundel Dr. Abraham Bredius aangeboden den achttienden April 1915. Teil I: Opstellen. Amsterdam: Boek-, kunst- en handelsdrukkerij vh. Gebr. Binger 1915, S. 250–254.

1680 SCHMITZ, Eugen: Zur musikgeschichtlichen Bedeutung der Harsdörfferschen „Frauenzimmergesprächspiele". In: Festschrift zum 90. Geburtstage Seiner Exzellenz des Wirklichen Geheimen Rates Rochus Freiherrn von Liliencron... Überreicht von Vertretern deutscher Musikwissenschaft. Leipzig: Breitkopf & Härtel 1910, S. 254–277.

1681 SNOEP, D. P.: Een zeventiende eeuwse liedboek met tekeningen van Gerard ter Borch de Oude en Roeland van Laer. In: Simiolus. Kunsthistorisch Tijdschrift [Amsterdam] 3 (1968/69), 77–134.

1682 van THIEL, P. J. J.: Marriage symbolism in a musical party by Jan Miense Molenaar. In: Simiolus. Kunsthistorisch Tijdschrift [Amsterdam] 2 (1967/68), 90–99.

[1657] THOMAS, Werner: Orff-Bühne und Theatrum Emblematicum. Zur Deutung der Szene in Orffs „Trionfi". In: Jahrbuch des Orff-Institutes an der Akademie ‚Mozarteum' Salzburg 3 (1964/1968), 146–166.

Vgl. → Nr. 988–992. 2155.

10. Buchwesen (Illustration – Signete)

1683 ADHÉMAR, Jean [u. a.]: Populäre Druckgraphik Europas. Frankreich. Vom 15. bis zum 20. Jahrhundert... (Aus dem Französischen übers. von Ragni Maria Gschwend.) München: G. Callwey (1968). [Mit 225 S. Abb. – Bibliographie S. 209–213.] – Französische Ausg. u. d. T.: Imagerie populaire française... München 1968.

1684 ANDERTON, Basil: Fragrance among old volumes. Essays and idylls of a book lover. London: Kegan Paul, Trench, Trübner & Co. 1910. [Kap. VIII, S. 78–97: „Two minor books of emblems."]

1685 BERTARELLI, Achille und David Henry PRIOR: Gli ex-libris italiani. Con 9 tavole e 233 riproduzioni, delle quali 29 eseguite coi rami o cogli zinchi originali. Milano: U. Hoepli 1902. (= Edizione di trecento esemplari.)

1686 BETTERÓWNA, Antonina: Polskie ilustracje książkowe XV i XVI wieku (1490–1525). Lwów 1929. [Nicht verifizierbar!]

1687 BLAND, David Farrant: The illustration of books. London: Faber & Faber (1951). – Id. opus, New York: Pantheon Books (1952). – Id. opus, Second edition revised. London: Faber & Faber 1953.

1688 – A bibliography of book illustration. London: Published for the National Book League by the Cambridge Univ. Press 1955. (= National Book League. The Book. 4.)

1689 – A history of book illustration. The illuminated manuscript and the printed book. London: Faber & Faber 1958. [Mit 395 Abb.]

1690 BOAS, Marcus: Cato-spreuken als drukkersdeviezen. In: Het Boek [Den Haag] 20 (1931), 324–330. [Mit 4 Abb.]

1691 BOCKWITZ, Hans Heinrich: Kunst und Symbolik in Druckerzeichen. Leipzig: O. Schmidt [1950]. [Nicht im Buchhandel!]

[916] BOUCHEREAUX, Suzanne Marie: Les beaux livres parisiens de Gilles Corrozet. In: De Gulden Passer. Le Compas d'Or N[ieuwe] R[eeks] [Antwerpen] 28 (1950), 71–86.

1692 BRÜCKNER, Wolfgang: Populäre Druckgraphik Europas. Deutschland. Vom 15. bis zum 20. Jahrhundert. München: G. Callwey (1969). [Mit 248 S. Abb. – Bibliographie S. 236–245.] – Italienische Ausgabe u. d. T.: Stampe popolari tedesche … München 1969.

1693 BRUN, Robert: Le livre français illustré de la Renaissance. Étude suivie du catalogue des principaux livres à figures du XVIe siècle. Paris: Picard 1969. [Zuerst 1930 u. d. T.: Le livre illustré en France au XVIe siècle.]

1694 BRUNNER, Otto: Österreichische Adelsbibliotheken des 15.–18. Jahrhunderts als geistesgeschichtliche Quellen. In: O. Brunner, Neue Wege der Verfassungs- und Sozialgeschichte. 2., vermehrte Auflage. Göttingen: Vandenhoeck & Ruprecht (1968), S. 281–293.

1695 BUTSCH, Albert Fidelis: Die Bücherornamentik der Renaissance. Eine Auswahl stylvoller Titeleinfassungen, Initialen, Leisten, Vignetten und Druckerzeichen hervorragender italienischer, deutscher und französischer Officinen aus der Zeit der Frührenaissance. Nach der eigenen Sammlung hrsg. und erläutert von A. F. Butsch. Leipzig: G. Hirth 1878.

1696 – Die Bücherornamentik der Hoch- und Spätrenaissance. Aus der eigenen Sammlung hrsg. und erläutert von A. F. Butsch. II. Theil der Bücherornamentik der Renaissance. Leipzig, München: G. Hirth 1881. [Mit 108 und 118 Tafeln.]

1697 – Bücher-Ornamentik der Renaissance. Historisch-kritisch dargestellt. Neue Titelauflage der Ausgabe von 1878/1881. [2 Bde. in 1 Bd.] München: G. Hirth's Nachf. 1921.
Bd. 1: Früh-Renaissance. [Mit 108 Taf.]
Bd. 2: Hoch- und Spätrenaissance. [Mit 118 Taf.]

1698 CLAIR, Colin: Christopher Plantin. London: Cassell (1960). [Bibliographie S. 288–292.]

1699 CLAUDIN, Anatole: Histoire de l'imprimerie en France au XVe et au XVIe siècle. Bd. 1–5. Paris: Imprimerie Nationale 1900–1915.

1700 de COO, Jozef: Een album amicorum van Jan van der Meijen met miniaturen o. a. van Endres Solis. In: Miscellanea Jozef Duverger. Bijdragen tot de kunstgeschiedenis der Nederlanden. Bd. 2, Gent 1968, S. 492–503.

1701 CURTIUS, Ernst Robert: Schrift- und Buchmetaphorik in der Weltliteratur. In: DVjS 20 (1942), 359–411.

1702 DAVIES, Hugh William: Devices of early printers, 1457–1560. Their history and development. With a chapter on portrait figures of printers. London: Grafton & Co. 1935. [Reproduktionen von Druckermarken: S. 182–699; Bibliographie S. 700–701.]

1703 DIBDIN, Thomas Frognall: Printers devices, being a partial reprint of the fifth and sixth days delectable discourses thereon from the bibliographical Decameron of the Rev. T. F. Dibdin… London: „The Imprint" [1913].

1704 DONAT, Dietrich: Zu Buchtiteln und Titelblättern der Barockzeit. In: Orbis Scriptus. Dmitrij Tschižewskij zum 70. Geburtstag. Hrsg. von Dietrich Gerhardt [u. a.]. München: W. Fink 1966, S. 163–173.

1705 DONATI, Lamberto: Discorso sulle stampe popolari italiane del XVI e XVII secolo. In: Gutenberg-Jahrbuch [Mainz] 1965, S. 233–241. [Mit 6 Abb. – U. a. über die ‚Hypnerotomachia Polifili'.]

1706 DUHEM, Jules: Nouvelles recherches sur la légende aéronautique dans les marques anciennes des libraires et des imprimeurs. In: Bulletin du Bibliophile et du Bibliothécaire [Paris] N. S. 17 (1938), 162–167.

1707 DUPORTAL, Jeanne: Étude sur les livres à figures édités en France de 1601 à 1660. Avec 45 planches hors texte. Paris: É. Champion 1914. (= Revue des Bibliothèques. Suppl. 13.)

1708 DUPORTAL, Jeanne [u. a.]: Le livre français des origines à la fin du Second Empire. Par Henry Martin, André Blum, Ch. Mortet, Mlle. Jeanne Duportal, Louis Réau, Frantz Calot, Amédée Boinet et le Comte Durrieu. Exposition du Pavillon de Marsan, avril 1923. Paris, Bruxelles: G. van Oest & Cie. 1924.

1709 FEBVRE, Lucien Paul Victor und Henri-Jean MARTIN: L'apparition du livre. Par L. Febvre et H.-J. Martin avec le concours de Anne Basanoff [u. a.] Paris: A. Michel 1958. (= L'Évolution de l'humanité, synthèse collective. 49. 2. section.) (= Bibliothèque de synthèse historique.)

1710 FISCHEL, Lilli: Bilderfolgen im frühen Buchdruck. Studien zur Inkunabel-Illustration in Ulm und Straßburg. Konstanz, Stuttgart: J. Thorbecke (1963).

1711 de la FONTAINE VERWEY, Eleonore: De illustratie van letterkundige werken in de XVIIIe eeuw. Bijdrage tot de geschiedenis van het Nederlandsche boek. Phil. Diss. Leiden. – Amsterdam: H. J. Paris 1934. [Mit 16 Taf.]

1712 FUNCK, M.: Le livre belge à gravures. Guide de l'amateur de livres illustrés imprimés en Belgique avant le XVIIIe siècle. Paris, Bruxelles: G. van Oest 1925.

1713 GARIN, Eugenio: Alcune osservazioni sul libro come simbolo. In: Umanesimo e simbolismo. Atti del IV Convegno internazionale di studi umanistici. Venezia, 19–21 settembre 1958. A cura di Enrico Castelli. (Centro internazionale di studi umanistici. Roma.) Padova: C.E.D.A.M. 1958, S. 92–102. (= Archivio di Filosofia 1958, [Heft 2–3].)

1714 GEISBERG, Max: Der Buchholzschnitt im 16. Jahrhundert in deutschen, Schweizer, niederländischen, französischen, spanischen und italienischen Drucken des 16. Jahrhunderts. Mit einer Einleitung. Berlin: O. Schloss 1937. [Mit 100 Holzschnitten.]

1715 GERSTINGER, Hans: Johannes Sambucus als Handschriftensammler. In: Festschrift der Nationalbibliothek in Wien. Hrsg. zur Feier des 200jährigen Bestehens des Gebäudes. (Vorwort: Josef Bick.) Wien: Staatsdruckerei 1926, S. 251–400.

1716 GÖTZE, Alfred August Woldemar: Die hochdeutschen Drucker der Reformationszeit. Straßburg: K. J. Trübner 1905. [79 Bll. mit Faksimiles.]

1717 GOLDSCHMIDT, Ernst Philip: The printed book of the Renaissance. Three lectures on type, illustration, ornament. Cambridge (Engl.): University Press 1950. [V. a. S. 81–88.]

1718 GRIMM, Heinrich: Über deutsche Buchdruckersignete im 15. und 16. Jahrhundert. In: Philobiblon [Hamburg] 11 (1967), 135–152.

1719 – Deutsche Buchdruckersignete des XVI. Jahrhunderts. Geschichte, Sinngehalt und Gestaltung kleiner Kulturdokumente. Wiesbaden: G. Pressler 1965. [Mit 144 Signetbildern.]

1720 GROTE, Ludwig: [Einführung zu:] Barock in Nürnberg, 1600–1750. Aus Anlaß der Dreihundertjahrfeier der Akademie der Bildenden Künste. Ausstellung im Germanischen National-Museum vom 20. Juni bis 16. September. Nürnberg (: Druckhaus Nürnberg) 1962. (= Anzeiger des Germanischen National-Museums. 1962.) [Bes. S. 96–109: „Buchgraphik".]

1721 GÜHNE, Gertrud: Über die Titelkupfer medizinischer Werke des 17. und 18. Jahrhunderts in ihrer geschichtsmedizinischen [!] und kulturhistorischen Bedeutung. In: Berliner Medizin [Berlin] 9 (1958), 497–507.

1722 GUMBERT, H[ans] L[udwig]: Buch und Druckpresse in der emblematischen Literatur. In: Das Antiquariat [Wien] 7 (1951) Nr. 21–24, S. 26–28.

1723 – Boek en drukpers in de emblematische literatuur. In: Folium. Librorum vitae deditum [Utrecht] 2 (1952), 157–165.

1724 HAEBLER, Konrad: Spanische und portugiesische Bücherzeichen des 15. und 16. Jahrhunderts. Straßburg: J. H. E. Heitz 1898. (= Die Büchermarken oder Buchdrucker- und Verlegerzeichen. Bd. 5.) [Mit 46 Taf.]

1725 HARMAN, Marian: Classical elements in early printers' marks. In: Classical studies in honor of William Abbott Oldfather. Presented by a committee of his former students and colleagues. Urbana: University of Illinois Press 1943, S. 60–72. [Darin v. a. S. 67–72 über den Einfluß von Emblembüchern auf die Gestaltung der Signete.]

1726 HEIJTING, Willem: Hendrick Beets [1625?–1708], publisher to the German adherents of Jacob Böhme in Amsterdam. In: Quaerendo (A quarterly journal from the Low Countries devoted to manuscripts and printed books.) [Amsterdam] 3 (1973) Nr. 4, S. 250–280.

1727 HEITZ, Paul: Elsässische Büchermarken bis Anfang des 18. Jahrhunderts. Mit Vorbemerkungen und Nachrichten über die Drucker von Karl August Barack. Straßburg: J. H. E. Heitz 1892. (= Die Büchermarken oder Buchdrucker- und Verlegerzeichen. Bd. 1.) [Mit 76 Taf.]

1728 – Basler Büchermarken bis zum Anfang des 17. Jahrhunderts. Mit Vorbemerkungen und Nachrichten über die Basler Drucker von C. Chr. Bernoulli. Straßburg: J. H. E. Heitz 1895. (= Die Büchermarken oder Buchdrucker- und Verlegerzeichen. Bd. 3.)

1729 HEITZ, Paul (Hrsg.): Die Zürcher Büchermarken bis zum Anfang des 17. Jahrhunderts. Ein bibliographischer und bildlicher Nachtrag zu C. Rudolphi's und S. Vögelin's Arbeiten über Zürcher Druckwerke... Hrsg. durch die Stiftung von Schnyder von Wartensee. Zürich: Fäsi & Beer 1895. (= Stiftung von Schnyder von Wartensee. Schriften.)

1730 – Frankfurter und Mainzer Drucker- und Verlegerzeichen bis in das 17. Jahrhundert. Straßburg: J. H. E. Heitz 1896. (= Die Büchermarken oder Buchdrucker- und Verlegerzeichen. Bd. 4.)

1731 – Die Kölner Druckermarken bis Anfang des 17. Jahrhunderts. Mit Nachrichten über die Drucker von Otto Zaretzky. Straßburg: J. H. E. Heitz 1898. (= Die Büchermarken oder Buchdrucker- und Verlegerzeichen. Bd. 6.)

1732 – Genfer Buchdrucker- und Verlegerzeichen im XV., XVI. und XVII. Jahrhundert. Marques d'imprimeurs et de libraires de Genève aux XVme, XVIme et XVIIme siècles. Straßburg: Heitz & Mündel 1908. (= Die Büchermarken oder Buchdrucker- und Verlegerzeichen. [7.])

1733 HENKEL, Max Ditmar: Illustrierte Ausgaben von Ovids Metamorphosen im 15., 16. und 17. Jahrhundert. In: Vorträge der Bibliothek Warburg [Berlin und Leipzig] 6: 1926/27 (1930), 58–144.

1734 HILDEBRANDT, Adolph Matthias: Heraldische Bücherzeichen: Fünfundzwanzig Exlibris. I. II. Sammlung. Berlin: J. A. Stargardt 1892–1894. [2 Teile in 1 Bd.] – I. Sammlung. 1892. [Mit 25 Abb.] – II. Sammlung. 1894. [Mit 25 Abb.] – Engl. Ausgaben u. d. T.: Heraldic bookplates, twenty-five ex-libris. Berlin: J. A. Stargardt 1892–1894. [2 Teile in 1 Bd.] – Id. opus u. d. T.: Heraldic bookplates, 25 ex-libris invented and drawn by A. M. Hildebrandt. London: H. Grevel 1894. [2 Teile.]

1735 – Fünfundzwanzig neue heraldische Bücherzeichen, gezeichnet von A. M. Hildebrandt. Berlin: J. A. Stargardt 1898. – Id. op., englische Ausgabe u. d. T.: New heraldic bookplates. Twenty five ex-libris... London: H. Grevel 1898. [Mit 25 Taf.]

1736 HOFER, Philip: Baroque book illustration. A short survey from the collection in the Department of Graphic Arts, Harvard College Library. Cambridge (Mass.): Harvard University Press 1951.

1737 HORÁK, František: Česká kniha v minulosti a její výzdoba. [Vyd. 1.] Praha [Prag]: F. Novák (1948). (= Naše poklady. 4.) [Über emblematische Kupfertitel und čechische Buch- und Druckgeschichte.]

1738 HUSUNG, Max Joseph: Die Drucker- und Verleger-Zeichen Italiens im XV. Jahrhundert. München: Verlag der Münchner Drucke 1929. (= Die Drucker- und Buchhändlermarken des XV. Jahrhunderts. 4.)

1739 JUCHHOFF, Rudolf: Drucker- und Verlegerzeichen des XV. Jahrhunderts in den Niederlanden, England, Spanien, Böhmen, Mähren und Polen. München: Verlag der Münchner Drucke 1927. (= Die Drucker- und Buchhändlermarken des XV. Jahrhunderts. 3.) [Mit 120 Abb.]

1740 KRAMM, Heinrich: Deutsche Bibliotheken unter dem Einfluß von Humanismus und Reformation. Ein Beitrag zur deutschen Bildungsgeschichte. Leipzig: O. Harrassowitz 1938. (= Zentralblatt für Bibliothekswesen. Beiheft. 70.)

1741 KRISTELLER, Paul: Die italienischen Buchdrucker- und Verlegerzeichen bis 1525. Straßburg: J. H. E. Heitz 1893. (= Die Büchermarken oder Buchdrucker- und Verlegerzeichen. Bd. 2.)

1742 KÜSTER, Christian L.: Bemerkungen zum emblematischen Fabelbuch „De warachtighe Fabulen der dieren" von 1567. In: Raggi. Zeitschrift für Kunstgeschichte und Archäologie [Basel] 9 (1969), 113–122. [Mit 17 Abb.; über die Illustrationen dieser Fabelsammlung [Brügge: E. de Dene 1567], ihre Tradition und Wirkungsgeschichte.]

1743 LANGE, Wilhelm H.: Art. „Buchdruckermarken". In: RDK Bd. 2, Stuttgart-Waldsee 1948, Sp. 1357–1361. [V. a. Sp. 1359 f. über die ‚Hypnerotomachia Poliphili', Hieroglyphik und Emblematik als Quellen der Signete.]

1744 – Art. „Buchillustration". In: RDK Bd. 2, Stuttgart-Waldsee 1948, Sp. 1384–1420.

1745 LEHNER, Ernst: Symbols, signs, and signets. Cleveland: World Publ. Co. (1950). [Bibliographie: S. 217–221.]

1746 LIEURE, J[ules]: La gravure en France au XVIe siècle. La gravure dans le livre et l'ornement. Paris, Bruxelles: Librairie nationale d'art et d'histoire 1927. [Auch: Paris: G. Vanoest 1927.]

1747 LUCHSINGER, Friedrich: Der Basler Buchdruck als Vermittler italienischen Geistes, 1470–1529. Basel: Helbing & Lichtenhahn 1953. (= Basler Beiträge zur Geschichtswissenschaft. 45.)

1748 McGrath, Robert L[eon]: The ‚old' and ‚new' illustrations for Cartari's „Imagini dei Dei degli antichi". A study of ‚paper archeology' in the Italian Renaissance. In: Gazette des Beaux-Arts [Paris] 6. Pér., 59 (1962), 213–226.

1749 McKerrow, Ronald Brunlees: Printers' and publishers' devices in England and Scotland 1485–1640. London: Printed for the Bibliographical Society at the Chiswick Press 1913. (= Illustrated monographs issued by the Bibliographical Society. 16.)

1750 Mandowsky, Erna: Pirro Ligorio's illustrations to Aesop's ‚Fables'. In: JWCI 24 (1961), 327–331. [Mit 11 Abb. auf 2 Taf.]

Martin, Henri-Jean: → s. Febvre, Lucien Paul Victor (= Nr. 1709).

1751 Meiner, Annemarie: Geschichte des deutschen Signets. In: Zeitschrift des deutschen Vereins für Buchwesen und Schrifttum [Leipzig] 5 (1922), 1–72. – Auch als selbständige Buchausgabe u. d. T.: Das deutsche Signet. Ein Beitrag zur Kulturgeschichte. Leipzig: [K.W.Hiersemann] 1922. [Mit 99 Abb.]

1752 Meyer, [Wilhelm] Jos[ef]: Die französischen Drucker- und Verlegerzeichen des XV.Jahrhunderts. München: Verlag der Münchner Drucke 1926. (= Die Drucker- und Buchhändlermarken des XV.Jahrhunderts. 2.)

1753 Möller, Lise Lotte: Bildgeschichtliche Studien zu Stammbuchbildern. In: Jahrbuch der Hamburger Kunstsammlungen 1 (1948), 24–34. [Mit 4 Abb. – Über Allegorien der Freundschaft, der Philosophie etc. in den ‚alba amicorum'.]

1754 – Bildgeschichtliche Studien zu Stammbuchbildern. II. Die Kugel als Vanitassymbol. In: Jahrbuch der Hamburger Kunstsammlungen 2 (1952), 157–177. [Mit 9 Abb.]

1755 Mortimer, Ruth [Bearb.]: Harvard College Library. Department of Printing and Graphic Arts. – Catalogue of books and manuscripts. Part 1, Vol. 1. 2. Cambridge (Mass.): Belknap Press of Harvard University Press 1964.
[Teil] 1: French 16th century books. Compiled by R.Mortimer under the supervision of Philip Hofer and William A[lexander] Jackson.
[Bd.] 1: (Abbrege – Holbein. S. 1–291.) 1964.
[Bd.] 2: (Homer – Xenophon. S. 292–557. Index.) 1964.

1756 Muther, Richard: Die deutsche Bücherillustration der Gothik und Frührenaissance (1460–1530). Bd. 1. 2. München: G.Hirth 1883–1884. [Mit 248 S. Abb.] – Neue Ausgabe. Bd. 1. 2. München: G.Hirth's Nachfolger 1922.

1757 Neuss, Wilhelm: Art. „Bibel-Illustration". In: RDK Bd. 2, Stuttgart-Waldsee 1948, Sp. 478–517. [V.a. Sp. 513 über ‚Icones biblicae'.]

1758 Nissen, Claus: Die naturwissenschaftliche Illustration. Ein geschichtlicher Überblick. Bad Münster a. St.: Hempe 1950.

1759 – Die botanische Buchillustration. Ihre Geschichte und Bibliographie. Bd. 1–3 [in 1 Bd.]. Stuttgart: Hiersemann 1951–1966.
Bd. 1: Geschichte. 1951. [V.a. S. 156–176.]
Bd. 2: Bibliographie. 1951 (–1952).
(Bd. 3:) Supplement. 1966.
Id. opus, 2. Aufl. (Durchgesehener und verb. Neudruck der Erstaufl. von 1951, ergänzt durch ein Suppl.) Stuttgart: A.Hiersemann 1966. [Mit 97 Taf.]

1760 – Die illustrierten Vogelbücher. Ihre Geschichte und Bibliographie. Stuttgart: Hiersemann 1953. [16 Taf. mit 27 Abb.]

1761 – Die zoologische Buchillustration. Ihre Bibliographie und Geschichte. Bd. 1. 2. Stuttgart: A.Hiersemann 1966ff.
Bd. 1: Bibliographie. (1966–)1969.
Bd. 2: Geschichte. [Bisher:] Lieferung 9–12. 1971–1974.

1762 Pächt, Otto: Italian illuminated manuscripts from 1400 to 1550. Catalogue of an exhibition held in the Bodleian Library Oxford, 1948. Oxford: Bodleian Library 1948. [20 Taf.]

1763 – Notes and observations on the origin of humanistic book-decoration. In: Fritz Saxl, 1890–1948. A volume of memorial essays from his friends in England. Ed. by Donald James Gordon. London, New York: T.Nelson (1957), S. 184–194.

1764 Polain, Marie-Louis-Félix-Alphonse: Marques des imprimeurs et libraires en France au XVe siècle. Paris: E. Droz 1926. (= Documents typographiques du XVe siècle. 1.)

Prior, David Henry: → s. Bertarelli, Achille (= Nr. 1685).

1765 von Rath, Erich: Art. „Druckermarke (Signet)". In: Lexikon des gesamten Buchwesens. Hrsg. von Karl Löffler und Joachim Kirchner. Bd. 1, Leipzig: K.W.Hiersemann 1935, S. 441. – Unverändert wieder in der Neuauflage: Lexikon des Buchwesens. Hrsg. von J.Kirchner. Bd. 1, Stuttgart: Hiersemann 1952, S. 195–196.

1766 von Rath, Erich und Rudolf Juchhoff (Bearbeiter): Buchdruck und Buchillustration bis zum Jahre 1600. In: Handbuch der Bibliothekswissenschaft... 2., verm. und verb. Auflage. Hrsg. von Georg Leyh. Bd. 1: Schrift und Buch. Wiesbaden:

O. Harrassowitz [1950–]1952, S. 388–533 (= Kap. 5.).

1767 REICHENBERGER, Kurt: Form und Thematik der französischen Druckermarken im 15. und 16. Jahrhundert. Ein Beitrag zur Kulturgeschichte der Renaissance in Frankreich. In: Bibliothek und Wissenschaft [Wiesbaden] 1 (1964), 108–141.

1768 RODENBERG, Julius: Der Buchdruck von 1600 bis zur Gegenwart. In: Handbuch der Bibliothekswissenschaft… 2., verb. und verm. Auflage. Hrsg. von Georg Leyh. Bd. 1: Schrift und Buch. Wiesbaden: O. Harrassowitz [1950–]1952, S. 534–681 (= 6. Kap.).

1769 ROSARIVO, Raul M.: Simbolos alquímicos en marcas tipográficas del siglo XV y XVI. In: Gutenberg-Jahrbuch [Mainz] 1966, S. 310–314. [Mit 4 Abb.]

1770 ROSENHEIM, Max: The ‚alba amicorum'. In: Archaeologia [London] 62 (1910), 250–308.

1771 SABBE, Maurice [auch: Maurits]: Le symbolisme des marques typographiques. In: De Gulden Passer. Le Compas d'Or [Antwerpen; 's-Gravenhage] Nieuwe Reeks [= N. F.] 10 (1932), 72–119. [Mit 64 Abb.; S. 93–119 üb. d. Einfluß v. Hieroglyphik u. Emblematik, bes. A. Alciatis, auf die Gestaltung der Druckersignete.]

1772 SANDER, Max: Le livre à figures Italien depuis 1467 jusqu'à 1530. Essai de sa bibliographie et de son histoire. Bd. 1–6. Milano: U. Hoepli 1942. – Id. opus. Bd. 1–6. New York: G. E. Stechert 1941 [d. i. 1941–1943.].
Bd. 1–3: Bibliographie.
Bd. 4: Préface [und Repertorien (S. LXXXIX-XCVIII).]
Bd. 5–6: Reproductions. –
Ergänzungen u. d. T.: Carlo Enrico RAVA, Supplément à Max Sander, Le livre à figures Italien de la Renaissance. Milano: U. Hoepli 1969.

1773 SCHOLL, Rosemary Hoffmann: Illustration and text in German belletristic literature of the 18th century. Phil. Diss. Urbana: University of Illinois 1971. [Masch.] [Passim über emblematische Titelbilder.]

1774 SEZNEC, Jean: Erudits et graveurs au XVIe siècle. In: Mélanges d'Archéologie et d'Histoire [Paris] 47 (1930), 118–137.

1775 SILVESTRE, Louis-Cathérine: Marques typographiques; ou recueil des monogrammes, chiffres, enseignes, emblèmes, devices, rébus et fleurons des libraires et imprimeurs qui ont exercé en France depuis l'introduction de l'imprimerie en 1470 jusqu'à la fin du seizième siècle. A ces marques sont jointes celles des libraires et imprimeurs qui pendant la même période ont publié, hors de France, des livres en langue française. Bd. 1. 2. Paris: P. Jannet; Impr. Renou et Maulde [1853–] 1867.

1776 SPECKMANN, H. A. W.: Eene merkwaardige titelplaat uit de zeventiende eeuw. In: Het Boek [Den Haag] 8 (1919), 18–28.

1777 von STAWA, Georg: Alte Exlibris aus Tirol. Innsbruck: Wagner 1958. (= Schlern-Schriften. 181.) [Mit 36 Abb.; v. a. Abb. Nr. 259a und Nr. 260.]

1778 TSCHIŽEWSKIJ, Dmitrij: Der barocke Buchtitel. In: D. Tschižewskij, Aus zwei Welten. Beiträge zur Geschichte der slavisch-westlichen Beziehungen. 's-Gravenhage: Mouton 1956, S. 142–154. (= Slavistische Drukken en Herdrukken. 10.)

1779 Victoria and Albert Museum. Early printers' marks. London: H. M. Stationery Office 1962. (= Small Picture Book. 56.)

1780 VINKEN, P. J.: „Non plus ultra". Some observations on Geofroy Tory's printer's mark. In: Nederlands Kunsthistorisch Jaarboek. Netherlands Yearbook for History of Art ['s-Gravenhage] 7 (1956), 39–52. [Mit 4 Abb.]

1781 WEGENER, Hans: Die Buchillustration im 17. und 18. Jahrhundert. In: Handbuch der Bibliothekswissenschaft… 2., verm. und verb. Auflage. Hrsg. von Georg Leyh. Bd. 1: Schrift und Buch. Wiesbaden: O. Harrassowitz [1950–]1952, S. 682–731 (= 7. Kap.).

1782 WEGMANN, Agnes: Schweizer Exlibris bis zum Jahr 1900. Bd. 1. 2. Zürich: Verlag der Schweizer Bibliophilen Gesellschaft 1933–1937. [Bd. 1: 76 Taf. und 15 S. Abb.; Bd. 2: 59 Bll. Abb.]

1783 WEIL, E[rnst]: Die deutschen Druckerzeichen des XV. Jahrhunderts. München: Verlag der Münchner Drucke 1924. (= Die deutschen Drucker- und Buchhändlermarken. 1.) – Repr. Hildesheim, New York: G. Olms 1970.

1784 WEITZMANN, Kurt: Ancient book illumination. Cambridge (Mass.): Harvard University Press 1959. (= Martin Classical Lectures. 16.)

1785 WINGER, Howard W.: The printer's signature. In: Chicago Today [University of Chicago] 5 (1968), 30–35.

1786 WORRINGER, Wilhelm: Die altdeutsche Buchillustration. München: R. Piper & Co. 1912. (= Klassische Illustratoren. 9.) [Mit 105 Abb.] – Id. opus, 2. Aufl. ibid. 1919.

Vgl. → Nr. 95. 101. 102. 121. 123. 124. 132–134. 140. 156–160. 178. 195. 200. 206. 207. 213. 1897. 1911. 1963. 1974. 1975. 1977. 2051. 2181. 2310. 2325. 2337.

11. Literatur und Emblematik

a) Epochen- und Gattungsstudien

[822] BENJAMIN, Walter: Ursprung des deutschen Trauerspiels. Berlin: E. Rowohlt 1928. – Neudruck in: W. Benjamin, Schriften. Hrsg. von Theodor W. Adorno und Gretel Adorno unter Mitarbeit von Friedrich Podszus. Bd. 1, (Frankfurt a. M.:) Suhrkamp (1955), S. 141–365. – Revidierte Neuausgabe besorgt von Rolf Tiedemann. (Frankfurt a. M.:) Suhrkamp (1963). – Repr. dieser Ausgabe, ibid. (1969). (= Wissenschaftliche Sonderausgabe.)

1787 BOAS, M[arcus]: Pseudo-Aristotelische zedenspreuken. In: Het Boek [Den Haag] 19 (1930), 359–375.

1788 BOLGAR, Robert Ralph: The classical heritage and its beneficiaries. Cambridge (Engl.): University Press 1954. – Repr. New York: Harper & Row 1964. (= Harper Torchbooks. TB 1125.)

1789 BOLGAR, Robert Ralph (Hrsg.): Classical influences on European culture A.D. 500–1500: Proceedings of an international conference held at King's College, Cambridge, April 1969. London: Cambridge University Press 1971. [Mit 12 Taf.]

1790 BRAUNECK, Manfred: Deutsche Literatur des 17. Jahrhunderts. – Revision eines Epochenbildes. Ein Forschungsbericht 1945–1970. In: DVjS 45 (1971) Sonderheft: Forschungsreferate, S. 378–468.

1791 BURGER, Combertus Pieter: De rebus van onze oude rederijkers. In: Het Boek [Den Haag] 14 (1925), 145–192.

ČIŽEVŚKIJ, Dmitro (oder: ČYŽEVŚKYI, Dmitrij): → s. TSCHIŽEWSKIJ, Dmitrij (= Nr. 1831–1839).

1792 CLEMENTS, Robert J[ohn]: Emblem books on literature's role in the revival of learning. In: Studies in Philology [Chapel Hill (N. C.)] 54 (1957), 85–100.

1793 CRANE, Thomas Frederick: Italian social customs of the sixteenth century and their influence on the literatures of Europe. New Haven: Yale University Press 1920. (= Cornell Studies in English. 5.)

1794 CYSARZ, Herbert: Deutsche Barockdichtung. Renaissance. Barock. Rokoko. Leipzig: H. Haessel 1924. [Darin v. a. S. 44; Kap. 3, 1: „Die Poetik des Dichterisch-Malerisch-Musikalischen" (S. 101–116; bes. S. 109–115 über Emblematik); S. 224–227 über Emblematik in Theater und Trionfi des Wiener Hofes.]

1795 DELEPIERRE, Octave [-Joseph]: Essai historique et bibliographique sur les rébus. London: Wertheimer, Léa & Co. 1870. – Neuaufl. London [Paris?]: P. Daffis 1874. [Mit 15 Taf.]

1796 DEONNA, Waldemar: Les ‚Poèmes figurés'. In: Revue de Philologie, de Littérature et d'Histoire anciennes [Paris] N. S. 50 (1926), 187–193.

1797 DRAPER, John William: The funeral elegy and the rise of English romanticism. New York: New York University Press 1929. [V. a. S. 72–77.]

1798 ELLINGER, Georg: Geschichte der neulateinischen Literatur Deutschlands im 16. Jahrhundert. Bd. 1–3,1. Berlin, Leipzig: W. de Gruyter 1929–1933. [Unvollendet!]
Bd. 1: Italien und der dt. Humanismus in der neulateinischen Lyrik. 1929.
Bd. 2: Die neulatein. Lyrik Deutschlands in der ersten Hälfte des 16. Jhs. 1929.
Bd. 3, 1: Geschichte der neulatein. Lyrik in den Niederlanden vom Ausgang des 15. bis zum Beginn des 17. Jh.s. 1933.
Repr. Berlin: W. de Gruyter 1969.

1799 ELLINGER, Georg und Brigitte RISTOW: Art. „Neulateinische Dichtung Deutschlands im 16. Jahrhundert". In: Reallexikon der deutschen Literaturgeschichte. 2. Auflage. Bd. 2, Berlin: de Gruyter 1965, S. 620–645.

1800 de FILIPPIS, Michele: The literary riddle in Italy to the end of the 16th century. Berkeley: University of California Press 1948. (= University of California Publications in Modern Philology. 34, 1.). [Bibliographie S. 163–168.].

1801 – The literary riddle in Italy in the seventeenth century. Berkeley: University of California Press 1953. (= University of California Publications in Modern Philology. 40, 1.). [Bibliographie S. 213–215.].

1802 FRIEDRICH, Hugo: Epochen der italienischen Lyrik. Frankfurt a. M.: Klostermann (1964). [Passim, v. a. S. 579–582: Emblematik. – Mit reicher Bibliographie S. 733–749.]

1803 HALLE, Morris: O nezamečennom akrostiche Deržavina. In: International Journal of Slavic Linguistics and Poetics ['s-Gravenhage] 1/2 (1959), 232–236.

1804 van der HEIJDEN, Marcel Charles Antoon: Profijtelijk vermaak. Moraliteit en satire uit de 16. en 17. eeuw. (Samenstelling, toelichting en inleiding van M.C.A. van der Heijden.) Utrecht, Antwerpen: (Het Spectrum 1968). (= Spectrum van de Nederlandse Letterkunde. 10.)

1805 HESELHAUS, CLEMENS: Metamorphose-Dichtungen und Metamorphose-Anschauungen. In: Euphorion 47 (1953), 121–146.

1806 HOFFMEISTER, Gerhart (Hrsg.): Europäische Tradition und deutscher Literaturbarock. Internationale Beiträge zum Problem von Überlieferung und Umgestaltung. Bern, München: Francke (1973). [22 Beiträge verschied. Vf. zu den Themenkreisen: „I. Zur Lyrik"; „II. Zum Barock-Theater"; „III. Zum Roman und zu verschiedenen Mischformen". – Bibliographie S. 471–478.]

[844] HUECK, Monika: Textstruktur und Gattungssystem. Studien zum Verhältnis von Emblem und Fabel im 16. und 17. Jahrhundert. Kronberg/Ts.: Scriptor 1975. (= Skripten zur Literaturwissenschaft.) [Mit 22 Abb.]

1807 HUTTON, James: The Greek Anthology in Italy to the Year 1800. Ithaca (N.Y.): Cornell Univ. Press 1935. (= Cornell Studies in English. 23.).

1808 – The Greek Anthology in France and in the latin writers of the Netherlands to the year 1800. Ithaca (N.Y.): Cornell Univ. Press 1946. (= Cornell Studies in Classical Philology. 28.). – Repr.: Amended by the author. New York: Johnson Reprint Corp. 1967.

1809 JOLLES, André: Einfache Formen. Legende, Sage, Mythe, Rätsel, Spruch, Kasus, Memorabile, Märchen, Witz. 2. unveränd. Aufl. Tübingen: Niemeyer 1958 [u.ö.]. [Bes. S. 126–149: „Rätsel"; S. 150–170: „Spruch" (hier v.a. S. 169f. ‚Emblem'); S. 171–199: „Kasus"; S. 200–217: „Memorabile"; S. 247–261: „Witz".]

1810 KRANZ, Gisbert: Das Bildgedicht in Europa. Zur Theorie und Geschichte einer literarischen Gattung. Paderborn: Schöningh 1973.

1811 LEIBFRIED, Erwin: Fabel. 2., verb. und ergänzte Auflage. Stuttgart: J.B. Metzler 1973. (= Sammlung Metzler. M 66.)

1812 LEWIS, Arthur Orcutt jr.: Emblem books and English drama. A preliminary survey, 1581–1600. Phil. Diss. University Park (Penn.): Pennsylvania State College 1951. – Auch als Mikrofilm: Ann Arbor (Mich.): University Microfilms 1951. (= [University Microfilms, Ann Arbor (Mich.)], Publication no. 3277.) [Bibliographie Bl. 309–335.]

1813 LUNDING, Erik: Stand und Aufgaben der deutschen Barockforschung. In: Orbis Litterarum [København] 8 (1950), 27–91. [S. 87–88 zur Emblematik.]

1814 MAZZEO, Joseph Anthony: A critique of some modern theories of metaphysical poetry. In: Modern Philology [Chicago] 50 (1952), 88–96.

1815 MEHL, Dieter: Emblematik im englischen Drama der Shakespearezeit. In: Anglia [Tübingen] 87 (1969), 126–146.

1816 NETHERCOT, Arthur H.: The reputation of the „metaphysical poets" during the seventeenth century. In: JEGP 23 (1924), 173–198.

1817 NEUMAYR, P. Maximilian O.M. Cap.: Die Schriftpredigt im Barock. Auf Grund der Theorie der katholischen Barockhomiletik. Paderborn: F. Schöningh 1938. [V.a. S. 92–96: über emblemat. Predigtstil.]

1818 PESTALOZZI, Karl: Die Entstehung des lyrischen Ich. Studien zum Motiv der Erhebung in der Lyrik. Berlin: W. de Gruyter 1970. [V.a. S. 45–77 zur Emblematik in der deutschen Barocklyrik.]

1819 PFANDL, Ludwig: Geschichte der spanischen Nationalliteratur in ihrer Blütezeit. Freiburg i.Br.: Herder 1929. [v.a. S. 536–556].

1820 PRAZ, Mario: Fiori freschi. Firenze: G.C. Sansoni 1943. (= Itinerari. 4.). – 2. Auflage: Ibid. 1944. [Mit 20 Taf.]

1821 – Bellezza e bizzarria. Milano: Il Saggiatore 1960. (= La Cultura. 21.) [Mit 16 Abb.]

1822 – I volti del tempo. [Napoli:] Edizioni scientifiche italiane 1964. (= Collana di saggi. 25.)

RISTOW, Brigitte: → s. ELLINGER, Georg (= Nr. 1799).

[558] ROSENFELD, Hellmut: Das deutsche Bildgedicht. Seine antiken Vorbilder und seine Entwicklung bis zur Gegenwart. Aus dem Grenzgebiet zwischen bildender Kunst und Dichtung. Leipzig: Mayer & Müller 1935. (= Palaestra. 199.)

1823 RUPPRICH, Hans: Die deutsche Literatur vom späten Mittelalter bis zum Barock. Zweiter Teil: Das Zeitalter der Reformation, 1520–1570. München: C.H. Beck 1973. (= Helmut de Boor und Rich. Newald (Hrsgg.), Geschichte der dt. Literatur von den Anfängen bis zur Gegenwart. Bd. 4, 2.) [Darin v.a. Kap. VI 1 b: „Bilderbücher. Emblemliteratur" (S. 401–403 und 508).]

1824 SCHELLING, Felix Emmanuel: Devotional poetry in the reign of Charles I. In: F.E. Schelling, Shakespeare and „demiscience". Papers on Elizabethan topics. Philadelphia: Press of the Univ. of Pennsylvania 1927. [V. a. Kap. 8.]

[499] SCHENCK, Eva-Maria: Das Bilderrätsel. Phil. Diss. Köln 1968. – Buchausgabe: Hildesheim, New York: G. Olms 1973.

[874] SCHÖNE, Albrecht: Emblematik und Drama im Zeitalter des Barock. München: C. H. Beck 1964. [Mit 67 Abb.]. – Zweite, überarb. und ergänzte Aufl. München: C. H. Beck 1968.

1825 SELIG, Karl Ludwig: Versi dimenticati della poesia concettista spagnola. In: Convivium [Torino] N.S. 29 (1961), 595–598. [Spanische Dreizeiler für Emblembücher.]

1826 STEMPLINGER, Eduard: Das Fortleben der horazischen Lyrik seit der Renaissance. Leipzig: B. G. Teubner 1906. [V. a. S. 47 f.]

1827 TAYLOR, Archer: The proverb. Cambridge (Mass.): Harvard University Press 1931.

[808] TIEMANN, Barbara: Fabel und Emblem. Gilles Corrozet und die französische Renaissance-Fabel. München: W. Fink 1974. (= Humanistische Bibliothek. Reihe I: Abhandlungen, Bd. 18.) [Mit 40 Abb. auf Taf.]

1828 TIEMANN, Hermann: Wort und Bild in der Fabeltradition bis zu La Fontaine. In: Buch und Welt. Festschrift für Gustav Hofmann zum 65. Geburtstag dargebracht. (Hrsg. von Hans Striedl und Joachim Wieder.) Wiesbaden: O. Harrassowitz 1965, S. 237–260.

1829 TRUNZ, Erich: Dichtung und Volkstum in den Niederlanden im 17. Jahrhundert. Ein Vergleich mit Deutschland und ein Überblick über die niederländisch-deutschen Beziehungen in diesem Jahrhundert. München: Reinhardt 1937. (= Schriften der Deutschen Akademie in München. H. 27.).

1830 – Die Erforschung der deutschen Barockdichtung. Ein Bericht über Ergebnisse und Aufgaben. In: DVjS 18 (1940) Referatenheft, S. 1–100.

1831 TSCHIŽEWSKIJ, Dmitrij: Narysy z istoriji filosofiji na Ukrajini [ukrainisch: Abriß der Geschichte der Philosophie in der Ukraine]. Praga [Prag]: Ukr. Grom. Vidavn. Fond 1931. [Darin v. a. S. 29–31 über ukrainische Emblematik; mit 26 Abb.]

1832 – Literarische Lesefrüchte. Teil 3. 18: Zur Emblematik im ukrainischen Drama des 17. Jahrhunderts (S. 23–24.) – 19: Heraldische Symbolik in einem ukrainischen Drama (S. 24–26). In: Zeitschrift für slavische Philologie 11 (1934), 23–26.

1833 – Literarische Lesefrüchte. V. 45: Zur Emblematik in der russischen Dichtung des 19. Jahrhunderts. In: Zeitschrift für slavische Philologie 14 (1937), 346–347.

1834 – Literarische Lesefrüchte. IX. 71: Zur ukrainischen emblematischen Dichtung. In: Zeitschrift für slavische Philologie 18 (1942), 37–39.

1835 – Istorija ukrajins'koji literatury vid počatkiv do doby realizmu [ukrainisch: Geschichte der ukrainischen Literatur von ihrem Anfang bis zur realistischen Periode]. N'ju Jork [New York]: Ukrajins'ka Vil'na Akademija Nauk u SŠA 1956. [Darin v. a. S. 68–69 über Emblematik.]

1836 – Aus zwei Welten. Beiträge zur Geschichte der slavisch-westlichen literarischen Beziehungen. 's-Gravenhage: Mouton 1956. (= Slavistische Drukken en Herdrukken. 10.)

1837 – [Über ukrainische Emblematik.] In: Ukraine. A concise encycplopaedia. Prepared by Shevchenko Scientific Society. Edited by Volodymyr Kubijovyč. Foreword by Ernest J. Simmons. (Toronto:) Published for the Ukrainian National Association, University of Toronto Press 1963, S. 974–1019.

1838 TSCHIŽEWSKIJ, Dmitrij (Hrsg.): Slavische Barockliteratur. I. Untersuchungen. Texte. Notizen. Rezensionen. München: W. Fink (1970). (= Forum Slavicum. 23.)

1839 TSCHIŽEWSKIJ, Dmitrij: K problemam literatury Barokko u Slavjan [russ.: Probleme der Barockliteratur bei den Slaven; mit čechischer Zusammenfassung]. In: Litteraria [Bratislava (ČSSR)] 13: Literarný Barok (1971), 5–56. [Darin v. a. S. 21–27 über Emblematik.]

1840 VIËTOR, Karl: Vom Stil und Geist der deutschen Barockdichtung. In: GRM 14 (1926), 145–184. [v. a. S. 158 ff. über Einfluß der Emblematik auf die Dichtung des 17. Jh.s]

[504] VOLKMANN, Ludwig: Von der Bilderschrift zum Bilderrätsel. In: Zeitschrift für Bücherfreunde [Leipzig] N. F. 18 (1926), 65–82.

1841 WIEDEMANN, Conrad: Vorspiel der Anthologie. Konstruktivistische, repräsentative und anthologische Sammelformen in der deutschen Literatur des 17. Jahrhunderts. In: Joachim Bark und Dietger Pforte (Hrsgg.): Die deutschsprachige Anthologie. Bd. 2: Studien zu ihrer Geschichte und Wirkungsform. Frankfurt a. M.: Klostermann (1969), S. 1–47. (= Studien zur Philosophie und Literatur des 19. Jahrhunderts. Bd. 2/2. = „Neunzehntes Jahrhundert". Forschungsunternehmen der Fritz Thyssen-Stiftung. Arbeitskreis Deutsche Literaturwissenschaft.)

1842 WUTTKE, Dieter: Deutsche Germanistik und Renaissance-Forschung. Ein Vortrag zur Forschungslage. Bad Homburg v.d.H. [etc.]: Gehlen (1968) (= Respublica Literaria. 3.)

Vgl. → Nr. 912. 1025. 1341. 1618. 1641. 1644. 1649. 1650. 1742. 1986. 2009. 2057-2129.

b) EMBLEMATIK BEI EINZELNEN AUTOREN

1843 ACKERMANN, Irmgard: Emblematik und Realismus. Zu Brockes und Adalbert Stifter. In: Sibylle Penkert (Hrsg.), Emblemforschung. Zur Rezeption der Emblematik in Literatur-, Kunst- und Musikgeschichte. Darmstadt: Wiss. Buchgesellschaft [in Vorb. für 1976].

1844 ALLEN, Don Cameron: Ben Jonson and the Hieroglyphics. In: Philological Quarterly [Iowa City] 18 (1939), 290-300.

1845 ALTHAUS, Horst: Johann Schefflers ‚Cherubinischer Wandersmann': Mystik und Dichtung. Gießen: Wilhelm Schmitz 1956. (= Beiträge zur deutschen Philologie. 9.)

1846 ASHCROFT, Jeffrey: Ad astra volandum: Emblems and imagery in Grimmelshausen's ‚Simplicissimus'. In: MLR [Cambridge (Engl.)] 68 (1973), 843-862. [Mit 8 Abb.]

1847 BEACHCROFT, T[homas?] O[wen?]: Crashaw – and the baroque style. In: The Criterion [London] 13 (1934), 407-425. [V.a. S. 421-425.]

1848 BELL, Aubrey FitzGerald: Luis de León. A study of the Spanish Renaissance. Oxford: Clarendon Press 1925. [Bibliographie S. 305-327.] – Spanische Übers. von Celso García u. d. T.: Luis de León. Un estudio del renacimiento español. Barcelona: Araluce [1927]. [Bibliographie S. 315-343.]

1849 BELLAMY, Sidney Eugene: Emblematics in Georg Phillip Harsdörffer's ‚Frauenzimmergesprächsspiele'. M.A.-Thesis Austin (Tex.): University of Texas 1965. [Nicht verifizierbar!]

1850 BERNHART, Joseph: Kugel und Würfel in Goethes Garten. In: Christliche Verwirklichung. Romano Guardini zum 50. Geburtstag dargebracht von seinen Freunden und Schülern. Hrsg. von Karlheinz Schmidthüs. Rothenfels am Main: Burgverlag 1935. S. 258-266. (= Schildgenossen. Beiheft 1.)

1851 BERNING, Stephan: Sinnbildsprache. Zur Bildstruktur des Geistlichen Jahrs der Annette von Droste-Hülshoff. Tübingen: M. Niemeyer 1975. (= Studien zur deutschen Literatur. 41.) [v.a. Kap. IV B: „Das Verhältnis von emblematischem Naturbild und religiöser Sinnbildlichkeit" (S. 123-165).]

1852 BERTSCHE, Karl: Abraham a Sancta Clara. 2., verbesserte und vermehrte Auflage. M[ünchen]-Gladbach: Volksvereins-Verlag 1922. (= Führer der Volkes. 22.) [Zuerst 1918.]

1853 BEUTNER, (Sister) Mary Louise [oft auch: Mary Louise, Sister]: Spenser and the emblem writers. Phil. Diss. St. Louis (Miss.): St. Louis University 1941. [Bibliographie Bl. 406-415.] – Auch als Mikrofilm: Ann Arbor (Mich.): University microfilms 1942. (= [University Microfilms, Ann Arbor (Mich.).] Publication no. 483.) [Vgl. Microfilm abstracts 4 (1942) Nr. 2, S. 115.]

1854 BIRCHER, Martin: Johann Wilhelm von Stubenberg (1619-1663) und sein Freundeskreis. Studien zur österreichischen Barockliteratur protestantischer Edelleute. Berlin: W. de Gruyter 1968. (= Quellen und Forschungen zur Sprach- und Kulturgeschichte der germanischen Völker N.F. 25 [= Bd. 149 der Gesamtreihe.].) [Bibliographie S. 327-332.]

1855 – Unergründlichkeit. Catharina Regina von Greiffenbergs Gedicht über den Tod der Barbara Susanna Eleonora von Regal. In: Deutsche Barocklyrik. Gedichtinterpretationen von Spee bis Haller. Hrsg. von Martin Bircher und Alois M. Haas. Bern, München: Francke (1973), S. 185-223.

1856 BISCHOFF, Theodor: G. Ph. Harsdörffer. Ein Zeitbild aus dem 17. Jahrhundert. In: Festschrift zur 250jährigen Jubelfeier des Pegnesischen Blumenordens, gegründet in Nürnberg am 16. Oktober 1644. Hrsg. von Th. Bischoff und August Schmidt. Nürnberg: J.L. Schrag 1894. [Bibliographie S. 405-421.]

1857 BLÜHER, Karl Alfred: Seneca in Spanien. Untersuchungen zur Geschichte der Seneca-Rezeption in Spanien vom 13. bis 17. Jahrhundert. München: Francke (1969). [V.a. Teil IV: „Seneca im Zeitalter des spanischen Barock. – 1. Mittelalterliche und humanistische Seneca-Tradition in Spruchliteratur und Emblematik." (S. 255-259).]

1858 BLUME, Herbert: Harsdörffers „Porticus" für Herzog August d.J. (Zu bisher unbekannten bzw. unbeachteten Briefen Harsdörffers). In: Wolfenbütteler Beiträge. Aus den Schätzen der Herzog

August Bibliothek [Frankfurt a.M.] 1 (1972), 88–101.

1859 von BORMANN, Alexander: Natura loquitur. Naturpoesie und emblematische Formel bei Joseph von Eichendorff. Phil. Diss. Freie Universität Berlin 1967. – Buchausgabe unter demselben Titel: Tübingen: M. Niemeyer 1968. (= Studien zur deutschen Literatur. 12.)

1860 BOUMAN, Cornelia: Philipp von Zesens Beziehungen zu Holland. Phil. Diss. Bonn 1916. – Bonn: Ludwig 1916.

1861 BRANCAFORTE, Charlotte: Lohensteins Preisgedicht „Venus". Kritischer Text und Untersuchung. München: W. Fink 1974.

1862 BRAUNMÜLLER, Albert R.: The natural course of light inverted: an ‚impresa' in Chapman's „Bussy d'Ambois". In: JWCI 34 (1971), 356–360. [Mit 1 Taf.]

1863 BRIE, Friedrich: Shakespeare und die Impresa-Kunst seiner Zeit. In: Jahrbuch der deutschen Shakespeare-Gesellschaft [Weimar] 50 (1914), 9–30.

ČIŽEVŚKIJ, Dmitro (oder: ČYŽEVŚKYI, Dmitrij): → s. TSCHIŽEWSKIJ, Dmitrij (= Nr. 2027–2036).

1864 CLARK, Arthur Melville: A bibliography of Thomas Heywood. In: Oxford Bibliographical Society. Proceedings and Papers [Oxford] Bd. 1, 2: 1924 (1925), 97–153.

1865 – Thomas Heywood. Playwright and miscellanist. Oxford: B. Blackwell 1931.

1866 CORREA CALDERÓN, E[varisto]: Baltasar Gracián. Su vida y su obra. Madrid: Ed. Gredos (1961). (= Biblioteca Románica Hispánica. II: Estudios y Ensayos. 52.). – Erweiterte Neuausgabe: Segunda edición aumentada. Madrid: Gredos (1970). [Standardwerk; S. 323–408: Bibliografía de Gracián.]

1867 COUTON, Georges: La poétique de La Fontaine. Deux études: La Fontaine et l'art des emblèmes. – Du pensum aux ‚Fables'. Paris: Presses universitaires de France 1957. (= Publications de la Faculté des lettres de l'Université de Clermont-Ferrand. 2e série. fasc. 4.)

1868 CROSBY, James O.: Quevedo, the Greek Anthology, and Horace. In: Romance Philology [Berkeley (Calif.)] 19 (1966), 435–449. [A. Alciato als Quelle.]

1869 DALY, Peter Maurice: Die Metaphorik in den „Sonetten" der Catharina Regina von Greiffenberg. Phil. Diss. I Zürich 1964. – Zürich: Juris-Verlag 1964.

1870 DALY, Peter M[aurice]: Southwell's „Burning Babe" and the emblematic practice. In: Wascana Review [Regina (Sask.)] 3 (1968), 29–44.

1871 – Vom privaten Gelegenheitsgedicht zur öffentlichen Andachtsbetrachtung. (Zu C.R. von Greiffenbergs „Trauer Liedlein"). In: Euphorion 66 (1972), 308–314. [U.a. über Einflüsse Daniel Cramers und Georgette de Montenays.]

1872 – Emblematische Strukturen in der Dichtung der Catharina Regina von Greiffenberg. In: Europäische Tradition und deutscher Literaturbarock. Internationale Beiträge zum Problem von Überlieferung und Umgestaltung. Hrsg. von Gerhart Hoffmeister. Bern, München: Francke (1973), S. 189–222.

1873 – Goethe and the emblematic tradition. In: JEGP 74 (1975), 388–412.

1874 – Dichtung und Emblematik bei Catharina Regina von Greiffenberg. Bonn: Bouvier 1976. (= Studien zur Germanistik, Anglistik und Komparatistik. 36.)

1875 DATTA, Kitty: Marvell's stork. The natural history of an emblem. In: JWCI 31 (1968), 437–438.

1876 DENKINGER, Emma M[arshall]: The impresa portrait of Sir Philip Sidney in the National Portrait Gallery. In: PMLA 47 (1932), 17–45.

1877 DONAT, Dietrich: Comenius-Studien I. Sakrale Formeln im Schrifttum des siebzehnten Jahrhunderts. In: Dmitrij Tschižewskij (Hrsg.), Slavische Barockliteratur I. Untersuchungen. Texte. Notizen. Rezensionen. München: W. Fink (1970), S. 61–72. (= Forum Slavicum. 23.)

1878 DOUGHTY, William L[amplough]: Studies in religious poetry of the seventeenth century. London: Epworth Press (1946). [V.a. S. 13–33 über Francis Quarles.]

1879 DRÄGER, Jörn: Typologie und Emblematik in Klopstocks „Messias". Phil. Diss. Göttingen 1970. – Göttingen 1971. [Masch. vervielfältigt.]

1880 DRAPER, John William: William Mason. A study in eighteenth-century culture. New York: The New York University Press 1924. [Bibliographie S. 337–365.]

1881 DÜWEL, Klaus: Das Bild von den „Knien des Herzens" bei Heinrich von Kleist. Zur Geschichte der Herzmetaphorik. In: Euphorion 68 (1974), 185–197.

1882 EKEBLAD, Inga-Stina: An approach to Tourneur's imagery. In: MLR 54 (1959), 489–498.

1883 ELLINGER, Georg: Angelus Silesius. Ein Lebensbild. Breslau: W. G. Korn 1927.

1884 FAIRCHILD, Arthur Henry Rolf: A note on Macbeth. In: Philological Quarterly [Iowa City] 4 (1925), 348–350. [Über eine Quelle von A. Alciatos ‚Emblemata'.]

1885 FLUCK, Hans-Rüdiger: „Ergezligkeit in der Kunst". Zum literarischen Werk Quirin Moscheroschs (1623–1675). In: Daphnis [Berlin, New York] 4 (1975), 13–42.

1886 FÖLLMI, Hugo: Czepko und Scheffler. Studien zu Angelus Silesius' „Cherubinischem Wandersmann" und Daniel Czepkos „Sexcenta monodisticha sapientum". Phil. Diss. Zürich 1968. – Zürich: Juris-Verlag 1968.

1887 de la FONTAINE VERWEY, Herman: Notes on the debut of Daniel Heinsius as a Dutch poet. In: Quaerendo (A quarterly journal from the Low Countries devoted to manuscripts and printed books.) [Amsterdam] 3 (1973) Nr. 4, S. 291–308.

1888 FORSTER, Leonard Wilson: Comenius und die Emblematik. Ein Hinweis. In: Zeitschrift für slavische Philologie [Heidelberg] 29 (1961), 247–250.

1889 FREEMAN, Rosemary: George Herbert and the emblem books. In: Review of English Studies [London] 17 (1941), 150–165.

[1288] FRIBERG, Sten Axel: Den svenske Herkules. Studier i Stiernhielms [1598–1672] diktning. Avec un resumé en français. Phil. Diss. Stockholm 1945. – Lund: H. Ohlssons bokh. 1945. (= Kungl. Vitterhets Historie och Antikvitets Akademiens Handlingar. 61, 1.)

1890 FRICKE, Gerhard: Die Bildlichkeit in der Dichtung des Andreas Gryphius. Materialien und Studien zum Formproblem des deutschen Literaturbarock. Berlin: Junker & Dünnhaupt 1933. (= Neue Forschung. Arbeiten zur Geistesgeschichte der germanischen und romanischen Völker. 17.) – Repr. Darmstadt: Wiss. Buchgesellschaft 1967 und 1973. [Darin bes. S. 29–32 zur Tradition und Wirkung der Emblematik. – Allgemein zur Bildvorstellung im 16. und 17. Jh.: Kap. 2: „Stoffgruppen" (S. 33–106) und Kap. 3: „Bedeutungsgruppen" (S. 107–160). – Zum Problem der Bildmischung und des synergetischen Verstehens von (Denk)Bildern v. a. Kap. 4. 1: „Interpretationen ... zur Bestimmung des ästhetischen Vorganges im Gleichnis..." (S. 167–195) und Kap. 4. 4: „Die allgemeine Struktur und die ästhetische Funktion des Bildes..." (S. 220–234).]

1891 FRICKER, Robert: Das szenische Bild bei Shakespeare. In: Annales Universitatis Saraviensis. Philosophie 5 (1956), 227–240.

1892 FRIEDRICH, Hugo: Montaigne. 2., neu bearbeitete Auflage. Bern, München: Francke 1967. [V. a. S. 314 und 372.]

1893 FRÖBE, Hans A.: „Ulmbaum und Rebe". Naturwissenschaft, Alchymie und Emblematik in Goethes Aufsatz „Über die Spiraltendenz" (1830–1831). In: Jahrbuch des Freien Deutschen Hochstifts [Frankfurt a. M.] 1969, S. 164–193.

1894 FÜGER, Wilhelm: Ungenutzte Perspektiven der Spenser-Deutung. Dargelegt an „The Faerie Queene" I. VIII, 30–34. In: DVjS 45 (1971), 252–301.

1895 FÜRSTENWALD, Maria: ‚Letztes Ehren-Gedächtnüß und Himmel-klingendes Schaeferspiel'. Der literarische Freundschafts- und Totenkult im Spiegel des barocken Trauerschäferspiels. In: Daphnis. Zeitschrift für Mittlere deutsche Literatur [Berlin] 2 (1973), 32–53. [Darin v. a. S. 42–53 über das Trauer-Schäferspiel „Letztes Ehren-Gedächtnüß" für Joh. Michael Dilherr und seine Embleme.]

1896 GARSCHA, Karsten: Hardy als Barockdramatiker. Eine stilistische Untersuchung. Frankfurt a. M.: Lang 1971. (= Europäische Hochschulschriften. Reihe XIII: Französische Sprache und Literatur. 10.) – Zugleich Phil. Diss. Frankfurt a. M. 1971.

1897 GERSCH, Hubert: Dreizehn Thesen zum Titelkupfer des „Simplicissimus". In: Internationaler Arbeitskreis für deutsche Barockliteratur. Erstes Jahrestreffen in der Herzog August Bibliothek Wolfenbüttel 27.–31. August 1973. Vorträge und Berichte. Wolfenbüttel: (Herzog August Bibl.) 1973, S. 76–81. (= Dokumente des Internat. Arbeitskreises für deutsche Barockliteratur. 1.)

1898 GIES, Hildburgis: Eine lateinische Quelle zum „Cherubinischen Wandersmann" des Angelus Silesius. Untersuchung der Beziehungen zwischen der mystischen Dichtung Schefflers und der „Clavis pro theologia mystica" des Maximilian Sandäus. Breslau: Müller & Seiffert 1929. (= Breslauer Studien zur historischen Theologie. 12.)

1899 GILBERT, Allan H.: The Monarch's crown of thorns. The Wreath of thorns in Paradise Regained. In: JWCI 3 (1939/40), 156–160.

1900 – The symbolic persons in the masques of Ben Jonson. Durham (N.C.): Duke University Press (1948). (= Duke University Publications.) [Bibliographie S. 259–282.]

1901 GNÄDINGER, Louise: Rosenwunden. Des Angelus Silesius „Die Psyche begehrt ein Bienelein auff den Wunden JEsu zu seyn" („Heilige Seelenlust" II. 52). In: Deutsche Barocklyrik. Gedichtinterpretationen von Spee bis Haller. Hrsg. von Martin Bircher und Alois M. Haas. Bern, München: Francke (1973), S. 97–133. [Passim.]

1902 GORDON, Donald J.: The imagery of Ben Jonson's „The masque of blacknesse" and „The masque of beautie". In: JWCI 6 (1943), 122–141.

1903 – Hymenaei: Ben Jonson's masque of union. In: JWCI 8 (1945), 107–145.

1904 – Poet and architect: the intellectual setting of the quarrel between Ben Jonson and Inigo Jones. In: JWCI 12 (1949), 152–178. [Mit 7 Abb.]

1905 GRAZIANI, René: Philip II's ‚Impresa' and Spenser's Souldan. In: JWCI 27 (1964), 222–224. [Mit 1 Taf.]

1906 GREEN, Henry: Shakespeare and the emblem writers. An exposition of their similarities of thought and expression, preceded by a view of emblem literature down to A.D. 1616. With numerous illustrative devices from the original authors. London: Trübner & Co. 1870. – Repr.: New York: Burt Franklin [o.J., 1967]. (= Burt Franklin Research and Source Work Series. 103.)

1907 GRESCHAT, Martin: Die Funktion des Emblems in Johann Arnds [!] „Wahrem Christentum". In: Zeitschrift für Religions- und Geistesgeschichte [Köln] 20 (1968), 154–174. [Mit 4 Abb.]

1908 GRIMM, Reinhold: Marxistische Emblematik. Zu Bertolt Brechts „Kriegsfibel". In: Wissenschaft als Dialog. Studien zur Literatur und Kunst seit der Jahrhundertwende. (Wolfdietrich Rasch zum 65. Geburtstag.) Hrsg. von Renate von Heydebrand und Klaus Günther Just. Stuttgart: J.B. Metzler (1969), S. 351–379.

1909 de GROOT, H.B.: The Ouroboros and the Romantic Poets. A Renaissance emblem in Blake, Coleridge and Shelley. In: English Studies [Amsterdam, Bern, Copenhagen] 50 (1969), 553–564. [Mit 8 Taf.]

1910 GUTHMÜLLER, Bodo: Picta poesis Ovidiana. In: Renatae Litterae. Studien zum Nachleben der Antike und zur europäischen Renaissance. August Buck zum 60. Geburtstag am 3. 12. 1971 dargebracht von Freunden und Schülern. Hrsg. von Klaus Heitmann und Eckhart Schroeder. (Frankfurt a.M.:) Athenäum (1973), S. 171–192.

1911 HABERSETZER, Karl-Heinz: ‚Ars Poetica Simpliciana'. Zum Titelkupfer des „Simplicissimus Teutsch". (I. Teil). In: Daphnis. Zeitschrift für Mittlere deutsche Literatur [Berlin] 3 (1974), 60–82. [Mit 4 Abb.; u.a. Bemerkungen zu emblematischen Deutungen des Titelkupfers.]

1912 HABICHT, Werner: Becketts Baum und Shakespeares Wälder. In: Jahrbuch der deutschen Shakespeare-Gesellschaft West [Heidelberg] 1970, 77–98.

1913 HAFTER, Monroe Z.: Gracián and perfection. Spanish moralists of the 17th century. Cambridge (Mass.): Harvard University Press 1966. (= Harvard Studies in Romance Languages. 30.)

1914 HAGSTRUM, Jean H[oward]: William Blake. Poet and painter. An introduction to the illuminated verse. Chicago, London: University of Chicago Press 1964. [Mit 80 Taf.; v.a. Kap. 4: „The emblem" (S. 48–57.).]

1915 HALLOWELL, Robert E.: Two contemporary commentaries on Du Bartas's first sonnet of the „Neuf Muses Pyrenées". In: Romance Notes [Chapel Hill (N.C.)] 3 (1962), 38–43.

1916 HARMS, Wolfgang: Wörter, Sachen und emblematische ‚res' im „Orbis sensualium pictus" des Comenius. In: Gedenkschrift für William Foerste. Hrsg. von Dietrich Hofmann. Köln, Wien: Böhlau 1970, S. 531–542. (= Niederdeutsche Studien. 18.)

1917 HAUFFEN, Adolf: Die Quellen von Fischarts Ehezuchtbüchlein. In: ZfdPh 27 (1895), 308–350.

1918 HECKMAN, John: Emblematic structures in ‚Simplicissimus Teutsch'. In: MLN 84 (1969), 876–890.

1919 HECKSCHER, William S[ebastian]: Goethe and Weimar. An address at the University of New Hampshire, February 16, 1961. (Durham (N.H.): University of New Hampshire 1962.)

1920 – Goethe im Banne der Sinnbilder. Ein Beitrag zur Emblematik. In: Jahrbuch der Hamburger Kunstsammlungen 7 (1962), 35–54. [U.a. über die symbolische Verwendung des Webstuhl-Motivs.]

1921 – Shakespeare and his nest of clay. Utrecht: [Privatdruck] 1965.

1922 HEFFERNAN, James A.W.: Wordsworth on imagination: the emblemizing power. In: PMLA 81 (1966), 389–399.

1923 van der HEIJDEN, Marcel Charles Antoon: De wereld is een speeltoneel. Klassieke toneelspelen van Hooft en Vondel… Utrecht, Antwerpen (: Het Spectrum 1968). (= Spectrum van de Nederlandse Letterkunde. 13.)

1924 HENINGER, S.K. jr.: Some Renaissance versions of the Pythagorean tetrad. In: Studies in the Renaissance [New York; Austin (Tex.)] 8 (1961), 7–35. [Mit 17 Abb. aus C. Celtis' „Quattuor libri amorum", 1502.]

1925 HENKEL, Arthur: Wandrers Sturmlied. ([Umschlaguntertitel:] Versuch, das dunkle Gedicht des jungen Goethe zu verstehen.) (Frankfurt a. M.:) Insel-Verlag 1962.

1926 – Bemerkungen zu einem „Spruch" Goethes. In: Ideen und Formen. Festschrift für Hugo Friedrich zum 24. 12. 1964. Hrsg. von Fritz Schalk. (Frankfurt a. M.:) Klostermann (1965), S. 143–151.

1927 HERZOG, Urs: Lyrik und Emblematik. Jacob Baldes „Heliotropium"-Ode. In: Deutsche Barocklyrik. Gedichtinterpretationen von Spee bis Haller. Hrsg. von Martin Bircher und Alois M. Haas. Bern, München: Francke (1973), S. 65–95.

1928 – Divina Poesis. Studien zu Jacob Baldes geistlicher Odendichtung. Tübingen: M. Niemeyer 1976. (= Hermaea. N. F. 36) [Passim zur Allegorese und Emblematik.]

1929 HILLACH, Ansgar: Eichendorffs romantische Emblematik als poetologisches Modell und geschichtlicher Entwurf. In: Sibylle Penkert (Hrsg.), Emblemforschung. Zur Rezeption der Emblematik in Literatur-, Kunst- und Musikgeschichte. Darmstadt: Wiss. Buchgesellschaft [in Vorb. für 1976].

1930 HÖLTGEN, Karl Josef: Eine Emblemfolge in Donne's „Holy Sonnet XIV". In: ASNSL 200 (1963), 347–352.

1931 HÖLTGEN, Karl Josef und John HORDEN: Arthur Warwick, the author of „Spare Minutes". In: The Library [London] V. Series, 21 (1966), 223–230. [Zur Entstehung und Deutung zweier emblemat. Titelbilder].

1932 HOGE, Phyllis: Sidney's „Arcadia" and the emblem writers. M.A. – Thesis. Durham (N.C.): Duke University 1949. [Masch.]

1933 HOMANN, Holger: Emblematisches in Sebastian Brants Narrenschiff? In: MLN 81 (1966), 463–475.

[843] – Studien zur Emblematik des 16. Jahrhunderts. Sebastian Brant, Andrea Alciati, Johannes Sambucus, Matthias Holtzwart, Nicolaus Taurellus. Utrecht: Dekker & Gumbert (1971). (= Bibliotheca emblematica. 4.) [16 Bll. Abb.]

1934 HOOLE, William Stanley: Thomas Middleton's use of „imprese" in „Your Five Gallants". In: SP 31 (1934), 215–223.

1935 HOPKINS, Elizabeth: Ben Jonson and the emblem books. M.A. – Thesis. Durham (N.C.): Duke University 1937. [Masch.]

HORDEN, John: → s. HÖLTGEN, Karl Josef (= Nr. 1931).

1936 HUNTER, J. Paul: The reluctant pilgrim. Defoe's emblematic method and quest for form in „Robinson Crusoe". Baltimore: Johns Hopkins Press [1966].

1937 JACOBSEN, Eric: Die Metamorphosen der Liebe und Friedrich Spees „Trutznachtigall". Studien zum Fortleben der Antike. I. København: Munksgaard i. Komm. 1954. (= Det Kgl. Danske videnskabernes selskab. Historisk-filologiske meddelelser, 34, 3.) [Bibliographie S. 178–188.]

[491] JÖNS, Dietrich Walter: Das „Sinnen-Bild". Studien zur allegorischen Bildlichkeit bei Andreas Gryphius. Stuttgart: J. B. Metzler 1966. (= Germanistische Abhandlungen. 13.) [Mit 18 Abb.] [V. a. 1. Kap.: „Emblematik, Hieroglyphik und Allegorese" (S. 3–58) und 2. Kap.: „Das ‚Sinnen-Bild' bei Gryphius" (S. 59–82).]

1938 – Emblematisches bei Grimmelshausen. In: Euphorion 62 (1968), 385–391.

1939 KAPPES, Evamarie: Novellistische Struktur bei Harsdoerffer und Grimmelshausen unter besonderer Berücksichtigung des ‚Großen Schauplatzes Lust- und Lehrreicher Geschichte' und des ‚Wunderbarlichen Vogelnestes' 1 und 2. – Phil. Diss. Bonn 1954. [Masch.]

1940 KAU, Joseph: Daniel's „Delia" and the „Imprese" of bishop Paolo Giovio: some iconological influences. In: JWCI 33 (1970), 325–328. [Mit 4 Abb.]

1941 KELLERMANN, Wilhelm: Denken und Dichten bei Quevedo. In: Gedächtnisschrift für Adalbert Hämel, 1885–1952. Hrsg. vom Romanischen Seminar der Universität Erlangen. Würzburg: K. Triltsch (1953), S. 121–154.

1942 KIEL, Anna Hendrika: Jesaias Rompler von Löwenhalt, ein Dichter des Frühbarock. Phil. Diss. Amsterdam 1940. – Utrecht: Kemink & Zoon 1940.

1943 KNAUTH, K. Alfons: Racines „Phèdre" auf dem Hintergrund von Emblematik und Mythenallegorese. In: GRM N.F. 25 [= 56 der Gesamtreihe] (1975), 12–31.

1944 KÜHNE, Erich: Emblematik und Allegorie in Georg Philipp Harsdörffers Gesprächspielen. Phil. Diss. Wien 1932. [Masch.]

1945 KUTSUWADA, Osamu: Versuch über „Dissertationes Funebres" von Andreas Gryphius. In: ZfdPh 88 (1969), 481–496.

1946 LASSELER, Rollin Amos III: A powerful emblem: epistemology in Yeats's poetic vision. Phil. Diss. New Haven (Conn.): Yale University 1970.

1947 LEDERER, Joseph: John Donne and the emblematic practice. In: Review of English Studies [Oxford] 22 (1946), 182–200.

1948 LIEVSAY, John Leon: Milton among the nightingales. In: Renaissance Papers [Durham (N.C.)] 1959 (1961), 36–45.

1949 – Stefano Guazzo and the English Renaissance, 1575–1675. Chapel Hill (N.C.): University of North Carolina Press (1961). [Werkverzeichnis Guazzos S. 277–303.]

1950 MCCREADY, Warren Thomas: La heráldica en las obras de Lope de Vega y sus contemporáneos. Toronto (Can.): Depart. of Italian & Hispanic Studies, Univ. of Toronto 1962. [Limit. Aufl. in 225 Ex.].

1951 MCGOWAN, Margaret M.: Moral intention in the fables of La Fontaine. In: JWCI 29 (1966), 264–281.

1952 MCLANE, Paul E.: Spenser's Shepheardes Calender. A study in Elizabethan allegory. Notre Dame (Indiana): University of Indiana Press 1961.

1953 MCMANAWAY, James G[ilmer]: ‚Occasion'. Faerie Queene, II, IV 4–5. In: MLN 49 (1934), 391–393.

1954 MAHOOD, M.M.: Poetry and humanism. London: Cape; New Haven: Yale Univ. Press 1950. [Darin S. 225 ff.: „Henry Vaughan: The symphony of nature".]

1955 MASTERS, G. Mallary: Rabelais and Renaissance figure poems. In: Études Rabelaisiennes [Genève] 8 (1969), 51–68.

1956 MAURER, Friedemann: Abraham a Sancta Claras „Huy! und Pfuy! Der Welt." Eine Studie zur Geschichte des moralpädagogischen Bilderbuches im Barock. Heidelberg: Quelle & Meyer 1968. (= Anthropologie und Erziehung. 23.) [Mit 4 Taf.] [Zur Emblematik: passim; bes. Teil 2, Kap. II: „Die Zugehörigkeit zur Emblemata-Literatur" (S. 36–45); III: „Berg und Tal als Embleme von Hochmut und Demut" (S. 46–55); V: „Die emblematische Lehrart" (S. 74–78); VI: „Die Ordnung der Embleme als Ordnung der Welt" (S. 78–80); VII: „Der Vergleich mit dem ‚Orbis pictus' des Comenius" (S. 80–87).]

1957 MEHL, Dieter: Schaubild und Sprachfigur in Shakespeares Dramen. In: Jahrbuch der deutschen Shakespeare-Gesellschaft West [Heidelberg] 1970, S. 7–29.

1958 MEIXNER, Horst: Denkstein und Bildersaal in Clemens Brentanos „Godwi". Ein Beitrag zur romantischen Allegorie. In: Jahrbuch der deutschen Schillergesellschaft 11 (1967), 435–468.

1959 MEMMO, Paul Eugene jr.: Giordano Bruno's „Degli Eroici Furori" and the emblematic tradition. In: Romanic Review [New York] 55 (1964), 3–15.

1960 MENHENNET, Alan: The three functions of Hugo Peter in Gryphius's „Carolus Stuardus". In: MLR 68 (1973), 839–842.

1961 MOLDOVEANU, Dragoș: L'esotérisme baroque dans la composition de l'„Histoire hiéroglyphique". In: Dacoromania. Jahrbuch für östliche Latinität [Freiburg i.Br.] 2 (1974), 197–224. [Über die Rezeption und Wirkungsgeschichte der westeuropäischen Sinnbildkunst in der „Istoria ieroglifică" (1705) von Dimitrie Cantemir.]

1962 MÜLLER, Curt: Die geschichtlichen Voraussetzungen des Symbolbegriffs in Goethes Kunstanschauung. Phil. Diss. Berlin 1937. – Leipzig: Mayer & Müller 1937. (= Palaestra. 211.)

1963 MUELLER, William R.: Robert Burton's frontispiece. In: PMLA 64 (1949), 1074–1088.

1964 MÜLLER-SEIDEL, Walter: Die Allegorie des Paradieses in Grimmelshausens „Simplicissimus". In: Medium Aevum Vivum. Festschrift für Walther Bulst. Hrsg. von Hans Robert Jauss und Dieter Schaller. Heidelberg: C.Winter 1960, S. 253–278. [Passim zur Allegorik und Symbolik; u.a. auch über die Embleme Weinstock und Feigenbaum (S. 255f. und S. 263ff.).]

1965 MULAGK, Karl-Heinz: Phänomene des politischen Menschen im 17.Jahrhundert. Propädeutische Studien zum Werk Lohensteins unter besonderer Berücksichtigung Diego Saavedra Fajardos und Baltasar Graciáns. (Berlin:) E. Schmidt (1973). (= Philologische Studien und Quellen. 66.)

1966 MUSES, Charles Arthur: Illumination on Jacob Boehme. The work of Dionysius Andreas Freher. New York: King's Crown Press 1951. [Bes. Kap. IV, S. 105 ff.; Bibliographie S. 193–201.]

1967 NANAVUTTY, Piloo: Blake and emblem literature. In: JWCI 15 (1952), 258–262.

1968 NARCISS, Georg Adolf: Studien zu den Frauenzimmergesprächspielen Georg Philipp Harsdörffers (1607–1658). Ein Beitrag zur Literaturgeschichte des 17.Jahrhunderts. Leipzig: H.Eichblatt 1928. (= Form und Geist. 5.) [Harsdörffer-Bibliographie S. 189–218.]

1969 NIESCHMIDT, Hans-Werner: Emblematische Szenengestaltung in den Märtyrerdramen des Andreas Gryphius. In: MLN [Baltimore (Md.)] 86 (1971), 321–344.

1970 NIPP, Francis S.: Emblem literature and the English poems of Richard Crashaw. M. A. – Thesis. Chicago: University of Chicago 1938. [Masch.]

1971 OPPEL, Horst: Titus Andronicus. Studien zur dramengeschichtlichen Stellung von Shakespeares früher Tragödie. Heidelberg: Quelle & Meyer 1961. (= Schriftenreihe der deutschen Shakespeare-Gesellschaft West. N.F. 9.) [Bes. S. 67–83.]

1972 PASTERNACK, Gerhard: Spiel und Bedeutung. Untersuchungen zu den Trauerspielen Daniel Caspers von Lohenstein. Phil. Diss. Hamburg 1967. – Lübeck, Hamburg: Matthiesen 1971. (= Germanische Studien. 241.).

1973 PEIL, Dietmar: Emblematisches, Allegorisches und Metaphorisches im „Patrioten" In: Euphorion 69 (1975), 229–266.

1974 PENKERT, Sibylle: Grimmelshausens Titelkupfer-Fiktionen. Zur Rolle der Emblematik-Rezeption in der Geschichte poetischer Subjektivität. In: Internationaler Arbeitskreis für deutsche Barockliteratur. Erstes Jahrestreffen in der Herzog August Bibliothek Wolfenbüttel 27.–31. August 1973. Vorträge und Berichte. Wolfenbüttel: (Herzog August Bibl.) 1973, S. 52–75. (= Dokumente des Internat. Arbeitskreises für deutsche Barockliteratur. 1.)

1975 – Eschatologische Emblematik. Grimmelshausens Titelkupfer zum „Simplizissimus" und „Trutz-Simplex". In: S. Penkert (Hrsg.), Emblemforschung. Zur Rezeption der Emblematik in Literatur-, Kunst- und Musikgeschichte. Darmstadt: Wiss. Buchgesellschaft [in Vorb. für 1976].

1976 – „Verschüttet den Abgrund mit Lorbeer". Zu C.F. Meyers „Die Versuchung des Pescara". In: S. Penkert (Hrsg.), Emblemforschung. Zur Rezeption der Emblematik in Literatur-, Kunst- und Musikgeschichte. Darmstadt: Wiss. Buchgesellschaft [in Vorb. für 1976].

1977 – Eschatologische Emblematik – emblematische Biographie. Titelkupfer und Roman bei Grimmelshausen. Tübingen: M. Niemeyer [in Vorb. für 1976]. [Vgl. Wolfenbütteler Barock-Nachrichten [Hamburg] 2 (1975) H. 2, S. 120.]

1978 PICKERING, Frederick P[ickering]: „Der zierlichen Bilder Verknüpfung" – Goethes „Alexis und Dora" (1796). In: Euphorion 52 (1958), 341–355.

1979 POWELL, Jocelyn: Marlowe's spectacle. In: Tulane Drama Review [New Orleans; ab Bd. 11 (1967) u. d. T.: TDR. The Drama Review] 8 (1964), 195–210.

1980 PRAZ, Mario: Secentismo e marinismo in Inghilterra: John Donne – Richard Crashaw. Firenze: Ed. „La Voce" 1925. [Bibliographie S. 285–294].

1981 – Petrarca e gli emblematisti. In: M. Praz, Ricerche anglo-italiane. Roma: Ed. di ‚Storia e Letteratura' 1944, S. 303–319.

1982 – Richard Crashaw. Brescia: Morcelliana 1945. – Repr. Roma: M. Bulzoni 1964.

1983 REHDER, Helmut: Ursprünge dichterischer Emblematik in Eichendorffs Prosawerken. In: JEGP [Urbana (Ill.)] 56 (1957), 528–541.

1984 RENWICK, William Lindsay: The December „emblems" of the „Shepheardes Calender" [by Edmund Spenser]. In: MLR 14 (1929), 415–416.

1985 RUSTERHOLZ, Peter: Theatrum vitae humanae. Funktion und Bedeutungswandel eines poetischen Bildes. Studien zu den Dichtungen von Andreas Gryphius, Christian Hofmann von Hofmannswaldau und Daniel Casper von Lohenstein (Berlin:) E. Schmidt (1970). (= Philologische Studien und Quellen. 51.). – Zuvor Phil. Diss. Zürich 1970.

1986 RUSTERHOLZ, Sibylle: Rostra, Sarg und Predigtstuhl. Studien zu Form und Funktion der Totenrede bei Andreas Gryphius. Phil. Diss. Zürich Phil. Fak. I 1973. – Bonn: Bouvier 1974. (= Studien zur Germanistik, Anglistik und Komparatistik. 16.)

1987 SALZA, Abd-el-Kader: Imprese e divise d'arme e d'amore nell' „Orlando Furioso" con notizia di alcuni trattati del 500 sui colori. In: Giornale Storico della Letteratura Italiana [Torino] 38 (1901), 310–363.

1988 – Studi su Ludovico Ariosto. Città di Castello: S. Lapi 1914. [V. a. S. 141–218: „Imprese e devise d'arme e d'amore nell' ‚Orlando Furioso'."]

1989 SAUDER, Gerhard (Hrsg.): [Nachwort zu:] Gotthilf Heinrich Schubert, Die Symbolik des Traumes. Faksimiledruck nach der Ausgabe von [Bamberg] 1814. Heidelberg: Lambert Schneider 1968, S. III–XXV. (= Deutsche Neudrucke. Reihe: Goethezeit.)

1990 SCHALK, Fritz: Gracián und das Ende des Siglo de oro. In: Romanische Forschungen [Frankfurt a. M.] 54 (1940), 265–283.

1991 SCHALLER, Klaus: Die Pädagogik des Johann Amos Comenius und die Anfänge des pädagogischen Realismus im 17. Jahrhundert. Heidelberg: Quelle & Meyer 1962. (= Pädagogische Forschungen. 21. Reihe Editionen und Monographien.). – Id. opus, 2., durchgesehene Auflage. Heidelberg: ibid. 1967. (= Pädag. Forschungen. 21.) [Bibliographie S. 482–523. – Abb. S. 529–541.]

1992 SCHER, S.P.: Brecht's „Die sieben Todsünden der Kleinbürger": emblematic structure as epic spectacle. In: Studies in the German drama. A Festschrift in honor of Walter Silz. Edited by Donald H. Crosby and George C. Schoolfield. Chapel Hill (N.C.): University of North Carolina Press 1974. (= University of North Carolina Studies in the Germanic Languages and Literatures. 76.) [Darin als 16. (letzter) Beitrag; Seitenzahl nicht feststellbar!]

1993 SCHINGS, Hans-Jürgen: Die patristische und stoische Tradition bei Andreas Gryphius. Untersuchungen zu den Dissertationes funebres und Trauerspielen. Köln, Graz: Böhlau 1966. (= Kölner Germanistische Studien. 2.)

1994 SCHLEUSENER-EICHHOLZ, Gudrun: Die Bedeutung des Auges bei Jacob Böhme. In: Frühmittelalterliche Studien [Münster] 6 (1972), 461–492. [Dazu: Taf. LIII–LVI.]

1995 SCHMIDT, Heinz Ulrich: Zum Problem des Heros bei Giordano Bruno. Bonn: Bouvier 1968. (= Abhandlungen zur Philosophie, Psychologie und Pädagogik. 51.)

1996 SCHMIDT, Josef: „Kein Predig niemalen den Fischln so gfallen". Abraham a Sancta Claras Fischpredigt des Antonius von Padua. In: Deutsche Barocklyrik. Gedichtinterpretationen von Spee bis Haller. Hrsg. von Martin Bircher und Alois M. Haas. Bern, München: Francke (1973), S. 311–326.

[874] SCHÖNE, Albrecht: Emblematik und Drama im Zeitalter des Barock. 2., überarbeitete und ergänzte Auflage. München: C.H. Beck 1968. [Darin v.a. über Dan. Casper v. Lohenstein, A. Gryphius, J. Christ. Hallmann und Aug. Ad. v. Haugwitz.]

1997 – Kürbishütte und Königsberg. Modellversuch einer sozialgeschichtlichen Entzifferung poetischer Texte. Am Beispiel Simon Dach. München: C.H. Beck 1975. (= Edition Beck.)

1998 SCHRÖDER, Gerhart: Baltasar Graciáns „Criticón". Eine Untersuchung zur Beziehung zwischen Manierismus und Moralistik. Phil. Diss. Freiburg i. Br. 1962. – Veränderte Buchfassung: München: W. Fink (1966). (= Freiburger Schriften zur Romanischen Philologie. 2.) [Darin passim zum Einfluß der Emblematik auf Graciáns ‚Criticón'; v.a. Kap. 4: „Die Struktur der Allegorien des Criticón" (S. 163–210).]

1999 SCHROETER, Sophie: Jacob Cats' Beziehungen zur deutschen Literatur. I. Teil: Die deutschen Übertragungen seiner Werke. Phil. Diss. Heidelberg 1905. – Heidelberg: J. Hörning 1905.

2000 SCREECH, M[ichael] A[ndrew]: Emblems and colours. The controversy over Gargantua's colours and devices (Gargantua 8, 9, 10.). In: Mélanges d'histoire du XVIe siècle. Offerts à Henri Meylan. Genève: Droz 1970, S. 65–80. (= Travaux d'humanisme et Renaissance. 110.)

2001 SELIG, Karl Ludwig: Poesías olvidadas de Alonso de Ledesma. In: (Annales de la Faculté des Lettres de Bordeaux. [II.]) Bulletin Hispanique [Bd.] 55 [= 75. Jg.] (1953), 191–199. [Spanische Texte für Otto van Veen.]

2002 – Sulla fortuna spagnuola degli ‚Adagia' di Erasmo. In: Convivium N.S. [Torino] 25 (1957), 88–91.

2003 – Some remarks on Gracian's literary taste and judgments. In: Homenaje a Gracián. Zaragoza: Institución Fernando el Católico 1958, S. 155–162.

2004 – A note on Ariosto in the Netherlands. In: Italica [Menasha (Wisc.)] 40 (1963), 164–166.

2005 – Antonio Palomino y la tradición de la literatura emblemática en España. In: Actas del Primer Congreso Internaciónal de Hispanistas. Publicadas bajo la dirección de Frank Pierce y Cyril A. Jones. Oxford: Por la Asociación Internacional de Hispanistas: Dolphin Book Co. 1964, S. 443–446.

2006 – Nuevas consideraciones sobre la temática y estructura de las ‚Novelas Ejemplares'. In: Beiträge zur romanischen Philologie [Berlin (DDR)] Sonderheft 1967, S. 45–51.

2007 – Notes on Ronsard in the Netherlands. In: Studi Francesi [Torino] 13 [= Nr. 38] (1969), 281–284

2008 SHARROCK, Roger: Bunyan and the English emblem writers. In: Review of English Studies [London; Oxford] 21 (1945), 105–116.

2009 SIEVEKE, Franz Günter: Eloquentia sacra. Zur Predigttheorie des Nicolaus Caussinus S.J. In: Helmut Schanze (Hrsg.), Rhetorik. Beiträge zu ihrer Geschichte in Deutschland vom 16.–20. Jahrhundert. (Frankfurt a.M.:) Athenäum Fischer Taschenbuchverlag (1974), S. 43–68. (= Fischer Athenäum Taschenbücher. FAT 2095.) [Darin v.a. S. 49f. über Caussins Werke zur Emblematik und S. 63–66 über die emblematische Predigt.]

2010 SIMPSON, Percy: Two emblem books. Thomas Palmer's emblems in Ashmole MS. 767. In: The Bodleian Quarterly Record [Oxford] 6 (1929/1931), 172f.

2011 SMIT, W[isse] A[lfred] P[ierre]: De dichter Revius. Phil. Diss. Leiden 1928. – Amsterdam: Uitg.-Maatschappij Holland 1928.

2012 – Van Pascha tot Noah. Een verkenning van Vondels drama's naar continuiteit en ontwikkeling in hun grondmotief en structuur. Bd. 1–3. Zwolle: W. E. J. Tjeenk Willink 1956–1962. (= Zwolse Reeks van Taal- en Letterkundige Studies. Nr. 5 A. 5B. 5 C.)
Bd. 1: Het Pascha–Leeuwendalers. 1956.
Bd. 2: Salom. – Koning Edipus. 1959.
Bd. 3: Koning David-spelen–Noah. 1962.

2013 – The emblematic aspect of Vondel's tragedies as the key to their interpretation. In: MLR 52 (1957), 554–562.

2014 – De Deventer dichter Jan van der Veen, 1587-1659. In: Overijsselse Portretten. Jubileumbundel, uitgegeven ter gelegenheid van de viering van het honderdjarig bestaan van de Vereeniging tot beoefening van Overijsselsch regt en geschiedenis op 14 juli 1958. Zwolle: De Erven J. J. Thiel 1958, S. 13–58.

2015 SOONS, Alan: Calderón dramatizes an emblem: „No hay cosa como callar". In: Arcadia [Berlin] 6 (1971), 72–74.

2016 STÄHLIN, Traugott: Gottfried Arnolds geistliche Dichtung. Glaube und Mystik. Göttingen: Vandenhoeck & Ruprecht (1966). (= Veröffentlichungen der Evangelischen Gesellschaft für Liturgieforschung. 15.)

2017 STEADMAN, John M.: Una and the clergy: The ass symbol in the ‚Faerie Queene'. In: JWCI 21 (1958), 134–137.

2018 – Spenser's ‚House of Care': a reinterpretation. In: Studies in the Renaissance [New York] 7 (1960), 207–224.

2019 – The „Inharmonious blacksmith": Spenser and the Pythagoras legend. In: PMLA 79 (1964), 664–665.

2020 STOPP, Elisabeth: Brentano's „O Stern und Blume". Its poetic and emblematic context. In: MLR 67 (1972), 95–117.

2021 SUDHOF, Siegfried: Brentanos Gedicht „O schweig nur Herz! ..." Zur Tradition sprachlicher Formen und poetischer Bilder. In: ZfdPh 92 (1973), 211–231.

2022 THOMPSON, Elbert Nevius Sebring: Between the Shepheards calendar and the Seasons. In: Philological Quarterly [Iowa City] 1 (1923), 23–30. [Zu Edmund Spenser.]

2023 THORPE, L[ewis G. M.?]: Montaigne and the emblems of Jacob Cats. In: Modern Language Quarterly [Washington] 10 (1949), 419–428.

[808] TIEMANN, Barbara: Fabel und Emblem. Gilles Corrozet und die französische Renaissance-Fabel. München: W. Fink 1974. (= Humanistische Bibliothek. Reihe 1: Abhandlungen, Bd. 18.)

2024 TILLOTSON, Geoffrey: A manuscript of William Browne. In: Review of English Studies [London] 6 (1930), 187–191.

2025 TRAMER, Irma: Studien zu den Anfängen der puritanischen Emblemliteratur in England: Andrew Willet–George Wither. Phil. Diss. Basel [o. J.]. – Berlin: BL-Druck 1934.

2026 TRUNZ, Erich: Henrich Hudemann und Martin Ruarus, zwei holsteinische Dichter der Opitz-Zeit. In: Zeitschrift der Gesellschaft für schleswig-holsteinische Geschichte [Neumünster (Holst.)] 63 (1935), 162–213.

2027 TSCHIŽEWSKIJ, Dmitrij: Skovoroda-Studien. I.: Skovoroda und Angelus Silesius. In: Zeitschrift für slavische Philologie 7 (1930), 1–33. [Über emblematische Sinnbilder bei Skovoroda und Angelus Silesius.]

2028 – Literarische Lesefrüchte. Teil 2. 14: Zu ‚Skovoroda-Studien' I. In: Zeitschrift für slavische Philologie 10 (1933), 399–400. [Über M. Sandaeus als Quelle Skovorodas.]

2029 – [Dmitro Čiževśkij,] Dejaki džerela symvoliky [G. S.] Skovorody [ukrainisch: Einige Quellen der Symbolik Skovorodas]. In: Naukovyi Zbirnyk Ukrajins'kogo Visokogo Pedagogičnogo Instytutu im. Michajla Dragomanova v Prazi [Praha (ČSR)] 2 (1933), 405–423. – Auch als selbständige Ausgabe: eod. tit., Praga [= Prag]: [Verlag nicht feststellbar!] 1934. [21 S. mit 24 emblematischen Abb.]

2030 – [Dmitro Čiževśkij,] Filosofija H. S. Skovorody [ukrainisch: Die Philosophie G[rygorij] S[avyč] Skovorodas]. ([Nebentitel:] Dymitr Czyżewski, Filozofja H. S. Skoworody. – Démétre Tchyżevskij, La philosophie de Grégoire Skovorada.) Varšava: [Vyd. Ukrajinskogo Inst.] 1934. (= Praci Ukrajins'kogo Naukovogo Instytutu. 24. – Serija fil'osofična. 1.) [Mit 24 Abb. (aus verschiedenen Emblembüchern) auf 4 Taf.; besonders wichtig für die Emblematik: Kap. 4, S. 26–33 und Kap. 5, S. 34–49; S. 220–221: Index symbolorum et emblematum (126 Nrn.).]

2031 – Skovoroda-Studien. IV: Skovoroda und Valentin Weigel. In: Zeitschrift für slavische Philologie 12 (1935), 308–332. [Darin u. a. über Skovorodas „emblematische Mystik" und über die „Pflanze als Symbol der Welt".]

2032 – K Máchovu svetovému názoru [Zu [K. H.] Machas Weltanschauung]. In: Torso a tajemství Máchova díla. Sborník pojednání Pražského

2033 – Biblioteka Feofana Prokopovyča [ukrainisch: Die Bibliothek Feofan Prokopovyčs]. In: Naukovyi Zbirnyk (Symposium of Science; Ukrajinska Vil'na Akademija Nauk u SŠA [Ukrainian Academy of Arts and Sciences in the USA]) [New York] 2 (1953), 127–137.

2034 – Esenins „Lied vom Brot". In: D. Čiževśkij, Aus zwei Welten. Beiträge zur Geschichte der slavisch-westlichen Beziehungen. 's-Gravenhage: Mouton 1956, S. 319–336. (= Slavistische Drukken en Herdrukken. 10.) [1 Abb.]

2035 – Neue Lesefrüchte. IV, 29: Bibliothek von Jakov Brjus (Jacob Daniel Bruce). [V.a. S. 252/3 über emblematische Werke in Bruce's Bibliothek.] – IV, 30: Die Bibliothek der Familie Matvejev (S. 256–261). In: Zeitschrift für slavische Philologie 30 (1962), 249–261.

2036 – Skovoroda. Dichter, Denker, Mystiker. München: W. Fink (1974). (= Harvard Series in Ukrainian Studies. 18.)

2037 TUMASZ, Sister Mary Florence: Emblem literature and the characters of Joseph Hall. M.A.-Thesis Catholic University of America Washington 1953. [Masch.] [Nicht verifizierbar!]

2038 UHLIG, Claus: Ouroboros-Symbolik bei Spenser. „The Faerie Queene" IV, X. 40–41. In: GRM N.F. 19 [= 50 der Gesamtreihe] (1969), 1–23.

2039 – Der weinende Hirsch: „As you like it" II 1, 21–66, und der historische Kontext. In: Toposforschung. Eine Dokumentation. Hrsg. von Peter Jehn. (Frankfurt a.M.:) Athenäum (1972), S. 234–258. (= Respublica Literaria. 10.)

2040 VOSSKAMP, Wilhelm: Emblematisches Zitat und emblematische Struktur in Schillers Gedichten. In: Jahrbuch der Deutschen Schillergesellschaft [Stuttgart] 18: 1974 (1975), 388–406.

2041 WALLERSTEIN, Ruth Coons: Richard Crashaw. A study in style and poetic development. Madison (Wisc.): University of Wisconsin Press 1959. [Darin Kap. V: „Emblems and impresa: the maturing of Crashaw's imagery" (S. 84ff.).]

2042 WARD, Ellen Gunter: Spenser and the emblem writers. M.A. – Thesis Duke University Durham (N.C.) 1936. [Masch.] [Nicht verifizierbar!]

2043 WARREN, Austin: Richard Crashaw. A study in baroque sensibility. Baton Rouge (La.): Louisiana State University Press 1939. [Darin S. 63–76: „Interlude: Baroque art and the emblem". – Bibliographie S. 241–255.]

2044 WEINRICH, Harald: Baudelaire-Lektüre. V.: Ein Emblem der Melancholie. In: H. Weinrich. Literatur für Leser. Essays und Aufsätze zur Literaturwissenschaft. Stuttgart [etc.]: W. Kohlhammer (1971), S. 102–108. (= Sprache und Literatur. 68.)

2045 WELSH, David J.: Zbigniew Morsztyn's poetry of meditation. In: Études Slaves et Est-européennes (Slavic and East European Journal) [Montreal (Can.)] 9 (1965), 56–61.

[1107] WENTZLAFF-EGGEBERT, Friedrich-Wilhelm: Der triumphierende und der besiegte Tod in der Wort- und Bildkunst des Barock. Berlin, New York: W. de Gruyter 1975. [Passim zur Emblematik; v.a. Kap. 1, 1: „Cats' Beitrag zur Emblematik der Niederlande" (S. 31–35); 1, 2: „Todesbilder als Denkbilder bei Cats" (S. 37–49); 1, 4: „Der Tod in den emblematischen Bilderzählungen des Jacob Cats" (S. 55–69); Kap. 2: „Das Sinnbild des Todes als Denkbild bei Andreas Gryphius" (S. 70–106), bes. 2, 2: „Emblematische Ornamentierung der Todesgedanken..." (S. 81–90) und 2. 4: „Die Verwertung traditioneller Emblemata in den ,Kirchhoffs-Gedanken'" (S. 93–96); Kap. 3, 3: „Die Erklärungen in Gedichtform zu den Emblemata des Titelblattes" (S. 114–117) und Kap. 4: „Die von Andr. Gryphius bei der Trauerfeier für Mariane von Popschitz verwendeten Emblemata" (S. 122–145). – Mit 66 z. T. emblematischen Taf.]

2046 WICKERSHAM CRAWFORD, J.P.: Notes on the poetry of Don Diego de Mendoza. In: MLR 23 (1928), 346–351.

2047 WILBERG VIGNAU-SCHUURMAN, Theodora Alida Gerarda: Joris Hoefnagels Groteskenserie en de ,Amorum Emblemata' van Otto van Veen. In: Opstellen voor H[enri] van de Waal. Aangeboden door leerlingen en medewerkers, 3 maart 1970. [Voorw.: L.D. Couprie, R.H. Fuchs [u.a.]]. Amsterdam: Scheltema & Holkema; Leiden: Universitaire Pers (1970), S. 214–232. (= Leidse kunsthistorische reeks. Publikaties van het Prentenkabinet/Kunsthistorisch Instituut der Rijksuniversiteit te Leiden. 3.) [Mit 13 Abb.]

2048 WILKINS, Ernest Hatch: Studies in the life and works of Petrarch. Cambridge (Mass.): Mediaeval Academy of America 1955. (= Mediaeval Academy of America. Publications. 63.)

2048a WITSTEIN, S[onja] F[ortunette]: Bronnen en bewerkingswijze van de ontleende gedeelten in Rodenburghs ,Eglentiers Poëtens Borst-weringh' (1619). Het proza-betoog en de emblemata. In: Mededelingen der Koninklijke Nederlandse Akademie van Wetenschappen. Afd. Letterkunde [Amsterdam] N.R. 27 (1964) Nr. 6. [112 S.]

2049 WITTE-HEINEMANN, Birgit: Emblematische Aspekte im Gebrauch des freien Verses bei Andreas Gryphius. In: Jahrbuch der Deutschen Schillergesellschaft [Stuttgart] 17: 1973 (1974), 166–191.

2050 WOLFF, Samuel L.: Robert Greene and the Italian Renaissance. In: Englische Studien [Leipzig] 37 (1907), 321–374. [V. a. S. 369–372.]

2051 WOLTERS, Maria: Beziehungen zwischen Holzschnitt und Text bei Sebastian Brant und Thomas Murner. Mit einem Exkurs über die Illustrationen des Wälschen Gastes. Phil. Diss. Straßburg 1917.- Baden-Baden: Steinhauser 1917.

2052 YATES, Frances A[melia]: Giordano Bruno's conflict with Oxford. In: Journal of the Warburg Institute 2 (1938/39), 227–242.

2053 – The emblematic conceit in Giordano Bruno's „De gli Eroici Furori" and in the Elizabethan sonnet sequences. In: JWCI 6 (1943), 101–121.

2054 – Giordano Bruno and the hermetic tradition. London: Routledge & Kegan Paul; Chicago: Univ. of Chicago Press (1964). [Passim, v. a. Kap. 15.]

2055 ZELL, Carl-Alfred: Untersuchungen zum Problem der geistlichen Barocklyrik mit besonderer Berücksichtigung der Dichtung Johann Heermanns (1585–1647). Heidelberg: C. Winter 1971. (= Probleme der Dichtung. Studien zur deutschen Literaturgeschichte. 12.)

2056 ZIMMERMANN, Elisabeth: Falke und Taube in den beiden Sterbeszenen der „Chronika eines fahrenden Schülers" von Clemens Brentano und das Vogelmotiv in der Leichenpredigt von Johann Michael Dilherr († 1669). Ein Beispiel für die literarisch-emblematische Auswertung einer genealogischen Quelle. In: Der Herold. Vierteljahrsschrift für Heraldik, Genealogie und verwandte Wissenschaften [Berlin] N. F. 7 (1969/71), 233–254. [Mit 4 Abb.]

Vgl → Nr. 473. 557. 612. 613. 647. 648. 654. 898–1117. 1120a. 1130. 1149. 1169. 1241. 1253. 1264. 1321. 1368. 1374. 1386. 1600. 1642. 2252.

c) EPIGRAMMATIK

2057 AMOS, Andrew: Martial and the moderns. Cambridge: Deighton, Bell & Co.; London: Bell & Daldy 1858.

2058 ANGRESS, Ruth K[luger]: The development of the German epigram in the seventeenth century. Phil. Diss. Berkeley: University of California 1967. [Bibliographie Bl. 163–168.]

2059 – The early German epigram. A study in Baroque poetry. Lexington (Kent.): University of Kentucky Press 1971. (= Studies in the Germanic Languages and Literatures. 2.)

2060 BARWICK, Karl: Martial und die zeitgenössische Rhetorik. Berlin (DDR): Akademie-Verlag 1959. (= Berichte über die Verhandlungen der Sächsischen Akademie der Wissenschaften zu Leipzig. Bd. 104, 1.)

2061 BECKBY, Hermann: Einführung in die Griechische Anthologie. (Geschichte der Epigrammatik. Geschichte der Anthologia Graeca.) In: Anthologia Graeca Buch I–VI (= Bd. 1). Hrsg. von H. Beckby. 2., verb. Auflage. München: E. Heimeran [1965], S. 9–116. [Auswahlbibliographie S. 110–116.]

2062 BECKER, Philipp August: Zu Clément Marots Epigrammen. In: Romanische Forschungen 60 (1947), 316–362.

2063 BERNT, Günter: Das lateinische Epigramm im Übergang von der Spätantike zum frühen Mittelalter. München: Arbeo-Gesellschaft 1968. (= Münchener Beiträge zur Mediävistik und Renaissance-Forschung. 2.). – Zugleich Phil. Diss. München 1968.

2064 BEUTLER, Ernst: Vom griechischen Epigramm im 18. Jahrhundert. Leipzig: R. Voigtländer 1909. (= Probefahrten. Erstlingsarbeiten aus dem Deutschen Seminar in Leipzig. 15.). – Teildruck des 2. Teils der Originalausg. (= S. 48–109) u. d. T.: „Die Renaissance der Anthologie in Weimar" in: Das Epigramm. Zur Geschichte einer inschriftlichen und literarischen Gattung. Hrsg. von Gerhard Pfohl. Darmstadt: Wiss. Buchgesellschaft 1969, S. 352–415.

2065 BOAS, M[arcus]: De epigrammatis [!] Simonideis. Pars prior: Commentatio critica de epigrammatum traditione... Groningae: J. B. Wolters 1905. – Zugleich Phil. Diss. Amsterdam 1905.

2066 BRADNER, Leicester: The neo-latin epigram in Italy in the fifteenth century. In: Medievalia et Humanistica [Boulder (Colorado)] 8 (1954), 62–70. – Deutsche Übers. von Josefa Nünning u. d. T.: „Das neulateinische Epigramm des 15. Jahrhunderts in Italien" in: Das Epigramm. Hrsg. von Gerhard Pfohl. Darmstadt: Wiss. Buchgesellschaft 1969, S. 197–211.

2067 BRECHT, Franz Josef: Motiv- und Typengeschichte des griechischen Spottepigramms. Leipzig: Dieterich 1930. (= Philologus. Supplementbd. 22, 2.)

2068 BRINKMANN, Wiltrud: Logaus Epigramme als Gattungserscheinung. In: ZfdPh 93 (1974), 507–522.

2069 BRUNET, Louis: De l'épigramme tumulaire, amoureuse, satirique et boulevardière. In: Défense de la langue française [Paris] 44 (1968), 33–38.

2070 CAWLEY, Robert Ralston: The history of the early epigram. In: Journal of Historical Studies [Princeton (N.J.)] 1 (1968), 311–325.

[703] CURTIUS, Ernst Robert: Europäische Literatur und lateinisches Mittelalter. 5. Auflage. Bern, München: Francke 1965 [u. ö.]. [Darin S. 295–297: „Epigramm und Pointenstil".]

2071 DE-MAURI, L. [d. i. Ernesto SARASINO]: L'epigramma italiano dal risorgimento delle lettere ai tempi moderni. Milano: U. Hoepli 1918.

2072 DIETZE, Walter: Abriß einer Geschichte des deutschen Epigramms. In: W. Dietze, Erbe und Gegenwart. Aufsätze zur vergleichenden Literaturwissenschaft. Berlin, Weimar: Aufbau-Verlag 1972, S. 247–391.

2073 EICHNER, Siglinde: Die Prosafabel Lessings in seiner Theorie und Dichtung. Ein Beitrag zur Ästhetik des 18. Jahrhunderts. Bonn: Bouvier 1974. (= Bonner Arbeiten zur deutschen Literatur. 25.) [Darin v. a. Kap. 16: „Pointe und Pointierung" (S. 305–316).]

2074 ENCK, John J.: John Owen's „Epigrammata". In: Harvard Library Bulletin [Cambridge (Mass.)] 3 (1949), 431–434.

2075 ERB, Therese: Die Pointe in Epigramm, Fabel, Verserzählung und Lyrik vom Barock bis zur Aufklärung. Phil. Diss. Bonn 1928. – Erweiterte Buchfassung u. d. T.: Die Pointe in der Dichtung von Barock und Aufklärung. Bonn: L. Röhrscheid 1929.

2076 ERSCH, J[ohann] S[amuel]: Art. „Epigramm". In: J. S. Ersch und J. G. Gruber (Hrsgg.), Allgemeine Encyklopädie der Wissenschaften und Künste... 1. Section. Bd. 35, Leipzig: F. A. Brockhaus 1841, S. 433–443.

2077 FECHNER, Jörg-Ulrich: Permanente Mutation. Betrachtungen zu einer ‚offenen' Gattungspoetik. In: Horst Rüdiger (Hrsg.), Die Gattungen in der Vergleichenden Literaturwissenschaft. Berlin, New York: W. de Gruyter 1974, S. 1–31. (= Komparatistische Studien. Beihefte zu „arcadia". 4.) [Darin v. a. S. 16–17 über das Epigramm in der Gattungsdiskussion des 16. und 17. Jh.s]

2078 FUCHS, Friedrich: Beitrag zur Geschichte des französischen Epigramms 1520–1800. Phil. Diss. Würzburg 1924. [Masch.] – Auszug in: Das Epigramm. Zur Geschichte einer inschriftlichen und literarischen Gattung. Hrsg. von Gerhard Pfohl. Darmstadt: Wiss. Buchgesellschaft 1969, S. 235–283.

2079 FULDA, Ludwig: Einleitung [über das Epigramm; zu:] Das Buch der Epigramme. Eine Auswahl deutscher Sinngedichte aus vier Jahrhunderten. Berlin: Propyläen 1920, S. 1–19.

2080 GEFFCKEN, Johannes: Studien zum griechischen Epigramm. In: Neue Jahrbücher für das Klassische Altertum, Geschichte und deutsche Literatur und für Pädagogik 39 (1917), 88–117. – Gekürzt wieder in: Das Epigramm. Zur Geschichte einer inschriftlichen und literarischen Gattung. Hrsg. von Gerhard Pfohl. Darmstadt: Wiss. Buchgesellschaft 1969, S. 21–46.

2081 GEIBEL, Hedwig: Der Einfluß Marinos auf Christian Hofmann von Hofmannswaldau. Phil. Diss. Gießen 1938. – Gießen: v. Münchowsche Universitätsdruckerei 1938. (= Gießener Beiträge zur deutschen Philologie. 63.) [Darin v. a. 5. Kap.: Epigramm, Madrigal und Sonett (S. 45–57) und 7. Kap.: Das Scharfsinnige in den Gattungen des Epigramms und Sonetts (S. 71–85).]

2082 GERVINUS, Georg Gottfried: Geschichte der deutschen Dichtung. 5. Auflage. Hrsg. von Karl Bartsch. Bd. 3, Leipzig: Engelmann 1872. [Darin S. 396–423: „Epigramme und Satiren".]

2083 GIULIAN, Anthony Alphonse: Martial and the epigram in Spain in the 16th and 17th centuries. Philadelphia: University of Pennsylvania Press 1930. (= University of Pennsylvania. Publication of the Series in Romanic Languages and Literature. 22.)

2084 HARMS, Wolfgang: Der Fragmentcharakter emblematischer Auslegungen und die Rolle des Lesers. Gabriel Rollenhagens Epigramme. In: Deutsche Barocklyrik. Gedichtinterpretationen von Spee bis Haller. Hrsg. von Martin Bircher und Alois M. Haas. Bern, München: Francke (1973), S. 49–64.

2085 HERDER, Johann Gottfried: Anmerkungen über die Anthologie der Griechen, besonders über das griechische Epigramm. In: Herders Sämmtliche Werke. Hrsg. von Bernhard Suphan. Bd. 15, Berlin: Weidmann 1888, S. 203–221 und 335–392.

2086 HEZEL, Oskar: Catull und das griechische Epigramm. Phil. Diss. Tübingen 1933. – Stuttgart: W. Kohlhammer 1932. (= Tübinger Beiträge zur Altertumswissenschaft. 17.)

2087 HOMMEL, Hildebrecht: Der Ursprung des Epigramms. In: Rheinisches Museum für Philologie [Frankfurt a. M.] 88 (1939), 193–206.

2088 HUDSON, Hoyt Hopewell: The epigram in the English Renaissance. [Hrsg. und mit einem Vorwort versehen von Francis R. Johnson, Wilbur Samuel Howell, Everett L. Hunt.] Princeton (N.J.): Princeton University Press 1947. – Repr. New York: Octagon Books 1966. [V. a. Kap. 1: The nature of the epigram (S. 1–29); Kap. 2: The epigram of Sir Thomas More (S. 23–79); Kap. 3: Scholarly epigrammatists after More (S. 81–144); Kap. 4: The epigram in schools and colleges (S. 145–169).]

[1807] HUTTON, James: The Greek Anthology in Italy to the year 1800. Ithaca (N.Y.): Cornell University Pr. 1935. (= Cornell Studies in English. 23.)

[1808] – The Greek Anthology in France and in the Latin writers of the Netherlands to the year 1800. Ithaca (N.Y.): Cornell University Press 1946. (= Cornell Studies in Classical Philology. 28.). – Id. op., Repr., amended by the author. New York: Johnson Repr. Corp. (1967).

2089 KEYDELL, R[udolf]: Art. „Epigramm". In: Reallexikon für Antike und Christentum. Bd. 5, Stuttgart: A. Hiersemann 1962, Sp. 539–577.

2090 LESSING, Gotthold Ephraim: Zerstreute Anmerkungen über das Epigramm, und einige der vornehmsten Epigrammatisten. In: G. E. Lessing, Sämtliche Schriften. Hrsg. von Karl Lachmann. Dritte ... verm. Aufl., besorgt durch Franz Muncker, Bd. 11, Stuttgart: Göschen 1895, S. 211–315.

2091 LEVY, Richard: Martial und die deutsche Epigrammatik des 17. Jahrhunderts. Phil Diss. Heidelberg 1903. – Stuttgart: Levy & Müller 1903.

2092 LINDQVIST, Axel: Det tyska 1600-talsepigrammets motiv och tendenser, nagra konturer. In: Göteborgs Högskolas Arsskrift 55 (1949), 1–62. – Deutsche Übers. von Gert Kreutzer u. d. T.: „Die Motive und Tendenzen des deutschen Epigramms im 17. Jahrhundert. Einige Konturen". In: Das Epigramm. Zur Geschichte einer inschriftlichen und literarischen Gattung. Hrsg. von Gerhard Pfohl. Darmstadt: Wiss. Buchgesellschaft 1969, S. 287–351.

2093 LOOMIS, C. Grant: Martin Opitz and John Owen. In: MLQ 18 (1958), 331–334.

2094 MARKWARDT, Bruno: Geschichte der deutschen Poetik. Bd. 1: Barock und Frühaufklärung. Dritte, unveränderte Auflage. Berlin: W. de Gruyter 1964. (= Grundriß der germanischen Philologie. Bd. 13/I.) [Informativ zum Gesamtgebiet der dt. Barockpoetik; S. 275–301 über Epigrammtheorie.]

MAYER, C. A.: → s. SMITH, Pauline M. (= Nr. 2117).

2095 MEHNERT, Kurt-Henning: ‚Sal Romanus' und ‚Ésprit français'. Studien zur Martialrezeption im Frankreich des 16. und 17. Jahrhunderts. Phil. Diss. Bonn: Romanisches Seminar der Univ. Bonn 1970. (= Romanistische Versuche und Vorarbeiten. 33.)

2096 MUNARI, Franco: Die spätlateinische Epigrammatik. In: Philologus 102 (1958), 127–139.

2097 NEUMANN, Gerhard: Nachwort zu: Deutsche Epigramme. Auswahl und Nachwort v. G. Neumann. Stuttgart: Reclam (1969), S. 285–358. (= RUB. Nr. 8340–8343.)

2098 NIXON, Paul: Martial and the modern epigram. New York, London: Harrap (1927). – Repr. New York: Cooper 1963. (= Our debt to Greece and Rome.)

2099 NOWICKI, Jürgen: Die Epigrammtheorie in Spanien vom 16. bis 18. Jahrhundert. Eine Vorarbeit zur Geschichte der Epigrammatik. Wiesbaden: Fr. Steiner 1974. (= Untersuchungen zur Sprach- und Literaturgeschichte der romanischen Völker. 7.)

2100 PARGA Y PONDAL, Salvador: Marcial en la preceptiva de Baltasar Gracián. In: Revista de Archivos, Bibliotecas y Museos [Madrid]. Época III, Año 34 (1930), 219–247.

2101 PECHEL, Rudolf: Geschichte der Theorie des Epigramms von Scaliger bis zu Wernicke. In: Christian Wernickes Epigramme. Hrsg. und eingeleitet von R. Pechel. Berlin: Mayer & Müller 1909, S. 3–23. (= Palaestra. 71.)

2102 PFOHL, Gerhard (Hrsg.): Das Epigramm. Zur Geschichte einer inschriftlichen und literarischen Gattung. Darmstadt: Wiss. Buchgesellschaft 1969. [Mit 22 Beiträgen verschied. Vf. zur griechischen, latein., neulatein., italien., span., französ., deutschen, engl. und slavischen Epigrammatik. – Auswahlbibliographie S. 9–17.]

2103 PÖSCHEL, Hans: Typen aus der Anthologia Palatina und den Epigrammen Martials. Phil. Diss. München 1905. – München: Kastner & Callwey 1905.

[669] PRAZ, Mario: Studies in seventeenth-century imagery. Second edition considerably increased. Roma: Ed. di ‚Storia e Letteratura' 1964. (= Sussidi eruditi. 16.) [V. a. Kap. 1: Emblem, device, epigram, conceit (S. 11–54).]

2104 PREISENDANZ, Wolfgang: Die Spruchform in der Lyrik des alten Goethe und ihre Vorgeschichte seit Opitz. Heidelberg: C. Winter 1952. (= Heidelberger Forschungen. [1.]) [Darin v. a. Kap. 2, S. 29–61.]

2105 RABIZZANI, Giovanni: L'epigramma in Italia. Firenze 1918. [Nicht verifizierbar!]

2106 RAISER, Rolf: Über das Epigramm. Stuttgart: E.Klett 1950. (= Stuttgarter Privatstudiengesellschaft.)

2107 REITZENSTEIN, Richard: Epigramm und Scholion. Ein Beitrag zur Geschichte der alexandrinischen Dichtung. Gießen: J.Ricker 1893.

2108 – Art. „Epigramm". In: Pauly/Wissowa, Realencyclopädie der Classischen Altertumswissenschaft. Bd. 6. 1, Stuttgart: J.B.Metzler 1907, Sp. 71–111.

2109 RIMBACH, Günther C.: Das Epigramm und die Barockpoetik. Ansätze zu einer Wirkungsästhetik für das Zeitalter. In: Jahrbuch der Deutschen Schillergesellschaft [Stuttgart] 14 (1970), 100–130.

2110 ROTHBERG, Irving P.: Covarrubias, Gracián and the Greek Anthology. In: SP 53 (1956), 540–552.– Deutsche Übers. von Ernst Betz u. d. T.: Covarrubias, Gracián und die Griechische Anthologie. In: Das Epigramm. Zur Geschichte einer inschriftlichen und literarischen Gattung. Hrsg. von Gerhard Pfohl. Darmstadt: Wiss. Buchgesellschaft 1969, S. 217–232.

2111 RUBENSOHN, Max: Griechische Epigramme und andere kleinere Dichtungen in deutschen Übersetzungen des XVI. und XVII. Jahrhunderts. Weimar: E.Felber 1897. (= Bibliothek älterer deutscher Übersetzungen. Hrsg. von August Sauer. 2–5.)

2112 – Filiationen [zur Wirkungsgeschichte der Griechischen Anthologie und des Epigramms im allg.]. In: Euphorion 3 (1896), 93–100 und 464–466.

2113 SÁINZ DE ROBLES, Federico Carlos: El epigrama español (del siglo I al XX). Selección, estudio preliminar, retratos literarios y notas bibliográficas. 2. Auflage. Madrid: M.Aguilar 1946, S. 11–32.

2114 SAXL, Fritz: The classical inscription in Renaissance art and politics. Bartholomaeus Fontius: Liber monumentorum Romanae urbis et aliorum locorum. In: JWCI 4 (1941), 19–46. [Mit 21 Abb.]

2115 SCHNUR, Harry C.: The humanist epigram and its influence on the German epigram. In: Acta Conventus Neo-Latini Lovaniensis. Proceedings of the first international congress of neo-latin studies. Louvain 23–28 August 1971. Ed. by J(ozef) Ijsewijn and E(ckhard) Keßler. Leuven: University Press; München: W.Fink 1973, S. 557–576. (= Humanistische Bibliothek. Reihe 1: Abhandlungen, Bd. 20.)

2116 SETTI, G.: L'epigramma italiano e l'ultimo degli epigrammatisti. In: Nuova Antologia [Roma] 4. Ser., 107 (1889), 627–655.

2117 SMITH, Pauline M. und C.A.MAYER: La première épigramme française: Clément Marot, Jean Bouchet et Michel d'Amboise. Définition, sources, antériorité. In: BHR 32 (1970), 579–602.

2118 SPRENGER, Burkhard: Zahlenmotive in der Epigrammatik und in verwandten Literaturgattungen alter und neuer Zeit. Phil. Diss. Münster 1961. – Marburg: Fotodruck E.Mauersberger 1962.

2119 THOMPSON, D.F.S.: The Latin epigram in Scotland: the sixteenth century. In: Phoenix [Toronto (Can.)] 11 (1957), 63–78.

[808] TIEMANN, Barbara: Fabel und Emblem. Gilles Corrozet und die französische Renaissance-Fabel. München: W.Fink 1974. (= Humanistische Bibliothek. Reihe I: Abhandlungen, Bd. 18.) [V. a. S. 66–77: „Die Rolle der Epigrammatik".]

2120 TSCHIŽEWSKIJ, Dmitrij: Zur slavischen Epigrammatik. In: Festschrift für Margarete Woltner zum 70.Geburtstag am 4. Dezember 1967. Hrsg. von Peter Brang. Heidelberg: C.Winter 1967, S. 294–304.

2121 URBAN, Erich: Owenus und die deutschen Epigrammatiker des 17.Jahrhunderts. Berlin: E.Felber 1900. (= Literarhistorische Forschungen. 11.)

2122 VERWEYEN, Theodor: Apophthegma und Scherzrede. Die Geschichte einer einfachen Gattungsform und ihrer Entfaltung im 17.Jahrhundert. Bad Homburg v. d. H. [etc.]: Gehlen (1970). (= Linguistica et Litteraria. 5.)

2123 VOGEL, Hans: Euricius Cordus in seinen Epigrammen. Phil. Diss. Greifswald 1932. – Greifswald: Adler (1932).

2124 WEINREICH, Otto: Epigramm-Studien. 1. Epigramm und Pantomimus nebst einem Kapitel über einige nichtepigrammatische Texte und Denkmäler zur Geschichte des Pantomimus. Heidelberg: C.Winter [in Komm.] 1948. (= Sitzungsberichte der Heidelberger Akademie der Wissenschaften. Philos.-histor. Klasse, Jg. 1944/48, 1.)

2125 WEISZ, Jutta: Epigramm und Spruch in der deutschen Literatur. 1600–1650. Phil. Diss. München. [in Vorb.]

2126 WHIPPLE, Thomas King: Martial and the English epigram from Sir Thomas Wyatt to Ben Jonson. Berkeley: University of California Press 1925. (= Univ. of California Publications in Modern Philology. 10, 4.). – Repr. New York: Phaeton

Press 1970. [Bibliographie S. 407–411.] – Auszug in deutscher Übers. von Ernst Betz u. d. T.: „Das englische Epigramm vor 1590". In: Das Epigramm. Hrsg. von Gerhard Pfohl. Darmstadt: Wiss. Buchgesellschaft 1969, S. 435–463.

2127 WIEGAND, Julius: Art. „Epigramm". In: Reallexikon der deutschen Literaturgeschichte. 2. Auflage. Hrsg. von Werner Kohlschmidt und Wolfgang Mohr. Bd. 1, Berlin: W. de Gruyter [1955–] 1958, S. 374–379.

2128 WILLIAMS, David: Epigram and Salon literature. In: French literature and its background. Ed. by J. Cruickshank. Bd. 3: The eighteenth century. London: Oxford University Press 1968, S. 163–176. (= Oxford Paperbacks. 139.)

2129 ZEDLER, Johann Heinrich [Verleger]: Art. „Sinn-Gedichte". In: Grosses vollständiges Universal-Lexicon aller Wissenschafften und Künste ... Bd. 37, Leipzig und Halle: J. H. Zedler 1743, Sp. 1700–1702.

Vgl. → Nr. 130. 144. 149. 153. 172. 181. 193. 204. 216. 222. 223. 225. 686. 2002.

12. MOTIVSTUDIEN (BILDENDE KÜNSTE UND LITERATUR)

[717] BARNER, Wilfried: „Theatrum mundi" – der Mensch als Schauspieler. In: W. Barner, Barockrhetorik. Untersuchungen zu ihren geschichtlichen Grundlagen Tübingen: M. Niemeyer 1970, S. 86–131.

2130 BLUM, Irving D.: The paradox of money imagery in English Renaissance poetry. In: Studies in the Renaissance [New York; Austin (Tex.)] 8 (1961), 144–154.

2131 BRÜCKNER, Wolfgang: Hand und Heil im ‚Schatzbehalter' und auf volkstümlicher Graphik. In: Anzeiger des Germanischen Nationalmuseums [Nürnberg] 1965, S. 60–109. [Mit 30 Abb.]

2132 BUZÁS, László: Der Vergleich des Lebens mit dem Theater in der deutschen Barockliteratur. Pécs [Fünfkirchen] 1941. (= A német Intézet Értekezései. 22.). (= Specimina dissertationum Facultatis philos. Reg. Hung. Universitatis Elisabethinae Quinqueecclesiensis. 208.)

2133 CALMANN, Gerta: The picture of Nobody. An iconographical study. In: JWCI 23 (1960), 60–104. [Mit 36 Abb. auf 6 Taf.]

2134 CHEW, Samuel C[laggett]: Time and Fortune. In: English Literary History [Baltimore (Md.)] 6 (1939), 83–113.

2135 CLEMENTS, Robert J[ohn]: Pen and sword in Renaissance emblem literature. In: MLQ 5 (1944), 131–141.

2136 – Literary quarrels and cavils. A theme of Renaissance emblem books. In: MLN 70 (1955), 549–558.

2137 – Princes and literature. A theme of Renaissance emblem books. In: MLQ 16 (1955), 114–123.

2138 COLEMAN, Dorothy und Margaret M. McGOWAN: Cupid and the bees. An emblem in the Stirling-Maxwell Collection. In: The Bibliotheck [Glasgow] 3 [?] (1960), 3–14. [Nicht verifizierbar!]

2139 DEMETZ, Peter: The elm and the vine. Notes toward the history of a marriage topos. In: PMLA 73 (1958), 521–532.

2140 DENKINGER, Emma M[arshall]: The Arcadia and ‚The fish torpedo faire'. In: SP 28 (1931), 162–183.

2141 DEONNA, Waldemar: Notes archéologiques. [I] Eros jouant avec un masque de Silène. In: Revue archéologique [Paris]. Ve Série., 3 (1916), 74–97.

2142 – Notes archéologiques. VII. Aphrodite à la coquille. In: Revue archéologique [Paris]. Ve Série., 6 (1917), 392–416.

[1190] – Manus oculatae. In: Hommages à Leon Herrmann. Bruxelles–Berchem: Latomus 1960, S. 292–300. (= Collection Latomus. 44.) [Mit 8 Abb.]

[482] Frhrr. von ERFFA, Hans Martin: Grus vigilans. Bemerkungen zur Emblematik. In: Philobiblon [Hamburg] 1 (1957), 286–308.

2143 EYGUN, François: Ce qu'on peut savoir de Mélusine et de son iconographie. In: Bulletin de la Société des Antiquaires de l'Ouest et des Musées de Poitiers [Poitiers] 4. série, 1 (1949/51), 56–95.

2144 FEHRMANN, Carl: Diktaren och döden. Dödsbild och förgängselsetanke i litteraturen från antiken till 1700-talet. Stockholm: Bonnier 1952.

2145 FREYBE, Albert: Das Memento mori in deutscher Sitte, bildlicher Darstellung und Volksglauben, deutscher Sprache, Dichtung und Seelsorge. Gotha: F. A. Perthes 1909.

2146 FRÜHSORGE, Gotthardt: Privatklugheit. Zur Bedeutungsgeschichte des Politischen in der Hofliteratur des 17. Jahrhunderts in Deutschland und in den ‚politischen Romanen' Christian Weises. Phil. Diss. Heidelberg 1970. – Veränderte Buchausgabe u. d. T.: Der politische Körper. Zum Be-

2147 FUCILLA, Joseph G[uerin]: Materials for the history of a popular classical theme [Fleeing love]. In: Classical Philology [Chicago] 26 (1931), 135–152. [Über die Wirkungsgeschichte des Motivs aus der 1. Idylle des Moschos.]

2148 – De morte et amore. In: Philological Quarterly [Iowa City] 14 (1935), 97–104.

2149 HAMANN, Richard: Girl and the ram. In: The Burlington Magazine [London] 60 (1932), 91–97.

2150 HARMS, Wolfgang: Homo viator in bivio. Studien zur Bildlichkeit des Weges. München: W. Fink 1970. (= Medium Aevum. Philologische Studien. 21.) [Mit 49 Abb.]

2151 van HASSELT-von RONNEN, C.J.: Hercules en de Pygmeën bei Alciati, Dossi en Cranach. In: Simiolus. Kunsthistorisch Tijdschrift [Amsterdam] 4 (1970), 13–18. [Mit 5 Abb.]

2152 HECKSCHER, William S[ebastian]: Aphrodite as a nun. In: The Phoenix [Toronto] 7 (1953) Nr. 3, S. 105–117.

2153 – „Sturm und Drang". Conjectures on the origin of a phrase. In: Simiolus [Amsterdam] 1 (1966/1967), 94–105.

2154 HOFF, Ursula: Meditation in solitude. In: Journal of the Warburg Institute 1 (1937/38), 292–294. [Mit 5 Abb.]

2155 HOLLANDER, John: The untuning of the sky. Ideas of music in English poetry, 1500–1700. Princeton (N.J.): Princeton University Press 1961. [Bibliographie S. 437–456.]

2156 JANSON, Horst Woldemar: The putto with the death's head. In: The Art Bulletin [New York] 19 (1937), 423–449. [Mit 30 Abb. auf 6 Taf.] [Ergänzungen hierzu: → STECHOW, Wolfgang (= Nr. 2173).]

2157 – A „Memento mori" among early Italian prints. In: JWCI 3 (1939/40), 243–248. [Mit 5 Abb.]

[1210] KIRCHNER, Gottfried: Fortuna in Dichtung und Emblematik des Barock. Tradition und Bedeutungswandel eines Motivs. Stuttgart: J.B.Metzler 1970. (= Metzler Studienausgabe.)

2158 LANGEDIJK, Karla: Silentium. In: Nederlands Kunsthistorisch Jaarboek. Netherlands Yearbook for History of Art ['s-Gravenhage] 15 (1964), 3–18. [Mit 11 Abb.]

2159 LOHNER, Edgar: Das Bild des Schwans in der neueren Lyrik. In: Festschrift für Bernhard Blume. Aufsätze zur deutschen und europäischen Literatur. Hrsg. von Egon Schwarz [u.a.]. Göttingen: Vandenhoeck & Ruprecht (1967), S. 297–322.

MCGOWAN, Margaret M.: → s. COLEMAN, Dorothy (= Nr. 2138).

2160 MARTENS, Wolfgang: Über die Tabakspfeife und andere erbauliche Materien. Zum Verfall geistlicher Allegorese im frühen 18.Jahrhundert. In: Verbum et Signum. (Friedrich Ohly zum 60.Geburtstag überreicht 10. Januar 1974). Hrsg. von Hans Fromm, Wolfgang Harms, Uwe Ruberg. Bd. 1, München: W.Fink (1975), S. 517–538.

2161 MATTENKLOTT, Gert: Melancholie in der Dramatik des Sturm und Drang. Stuttgart: J.B.Metzler 1968. (= Studien zur Allgemeinen und Vergleichenden Literaturwissenschaft. 1.) [Passim.]

2162 MÖLLER, Lise Lotte: Anatomia. – Memento mori. In: Nederlands Kunsthistorisch Jaarboek. Netherlands Yearbook for History of Art ['s-Gravenhage] 10 (1959), 71–98.

2163 OHLY, Friedrich: Tau und Perle. In: Festschrift für Ingeborg Schröbler zum 65.Geburtstag. Hrsg. von Dietrich Schmidtke und Helga Schüppert. Tübingen: Niemeyer 1973, S. 406–423. (= Beiträge zur Geschichte der deutschen Sprache und Literatur [Tübinger Ausgabe]. Bd. 95, Sonderheft.)

2164 PANOFSKY, Erwin: Blind Cupid. In: E.Panofsky, Studies in iconology. Humanistic themes in the art of the Renaissance. (Third edition.) New York: Harper & Row (1967), S. 95–128 (mit Abb. 70-106 auf Taf. XLI-LVII). (= Harper Torchbooks. TB 1077. The Academy Library.)

2165 PRAZ, Mario: Motivi e figure. Torino: G.Einaudi 1945. (= Saggi. 61.) [Vgl. Index s.v. ‚Emblema'.]

2166 REICHENBERGER, Kurt: Das Schlangensymbol als Sinnbild von Zeit und Ewigkeit. Ein Beitrag zur Emblematik in der Literatur des 16.Jahrhunderts. In: Zeitschrift für romanische Philologie 81 (1965), 346–351.

2167 ROOKMAAKER, Hendrik Roelof: De bedreigde vrouw. Een motief in de 17de-eeuwse kunst. In: Miscellanea I.Q. van Regteren Altena, 16. V. 1969. [Hrsg. von Hessel Miedema [u.a.]]. Amsterdam: Scheltema & Holkema 1969, S. 130–132. [Mit 4 Abb. auf S. 325.]

2168 SCHALK, Fritz: Zum Topos „Theatrum mundi". In: ASNSL 183 (1943), 37–38.

2169 SCHUSTER [geb.WALLA], Marieluise: Der Vogel

Phoenix in der antiken Literatur und der Dichtung des Laktanz. Phil. Diss. Wien 1969. – Wien: Verl. Notring 1969. (= Dissertationen der Universität Wien. 29.)

2170 SNOEP, D. P.: Van Atlas tot last. Aspekten van de betekenis van het Atlasmotief. In: Simiolus. Kunsthistorisch Tijdschrift [Amsterdam] 2 (1967/1968), 6–22.

2171 STAMMLER, Wolfgang: Der Mann im Brunnen. In: W. Stammler, Wort und Bild. Studien zu den Wechselbeziehungen zwischen Schrifttum und Bildkunst im Mittelalter. (Berlin:) E. Schmidt (1962), S. 93–103.

2172 STEADMAN, John M.: Falstaff as Actaeon: a dramatic emblem. In: Shakespeare Quarterly [New York] 14 (1963), 231–244.

2173 STECHOW, Wolfgang: Homo bulla. In: The Art Bulletin [New York] 20 (1938), 227–228. [= Ergänzung zu → JANSON, Horst Woldemar (= Nr. 2156).]

2174 TENENTI, Alberto: Il senso della morte e l'amore della vita nel Rinascimento. (Francia e Italia.) (Torino:) G. Einaudi 1957. (= Studi e ricerche. 5.) [Mit 65 z. T. emblematischen Abb.]

2175 TRAPP, J. B.: The owl's ivy and the poet's bays. An enquiry into poetic garlands. In: JWCI 21 (1958), 227–255.

2176 VERSTEGEN, Hubertus Hendrikus: Het Phoenix-motief. Bijdrage tot de studie van de humanistische visie op de vorst. Phil. Diss. R. K. Universiteit Nijmegen 1950. – Nijmegen: Dekker & Van de Vegt 1950. [Bibliographie S. 145–155.]

[575] WANG, Andreas: Der ‚Miles Christianus' im 16. und 17. Jahrhundert und seine mittelalterliche Tradition. Ein Beitrag zum Verhältnis von sprachlicher und graphischer Bildlichkeit. Phil. Diss. Hamburg 1974. – Bern: Herb. Lang; Frankfurt a. M.: Peter Lang 1975. (= Mikrokosmos. Beiträge zur Literaturwissenschaft und Bedeutungsforschung. 1.) [Passim zur Emblematik, v. a. S. 11–13 und 57 f.]

2177 WYSS, Robert Ludwig: Die neun Helden. Eine ikonographische Studie. In: Zeitschrift für Schweizerische Archäologie und Kunstgeschichte [Basel] 17 (1957), 73–106. [Mit 40 Abb. auf 16 Taf.]

2178 YATES, Frances A[melia]: Queen Elizabeth as Astraea. In: JWCI 10 (1947), 27–82. [Mit 30 Abb.]

Vgl. → Nr. 530. 549–552. 614. 1042. 1107. 1172. 1177. 1178. 1185. 1189. 1204. 1205. 1207. 1218. 1219. 1225. 1237. 1238. 1247. 1260. 1273. 1301–1303. 1553. 1604. 1624. 1846. 1850. 1859. 1881. 1893. 1899. 1901. 1912. 1936. 1958. 1964. 1985. 1994. 2017. 2019. 2039. 2056. 2180. 2184. 2186. 2191–2193. 2199. 2200. 2202. 2223. 2224. 2236. 2239. 2241. 2243. 2247. 2265. 2267–2269. 2292. 2327. 2328.

13. NATUR UND NATURWISSENSCHAFTEN

a) FAUNA UND FLORA

2179 ADAMA van SCHELTEMA, Frederick: Das Ungeheuer in der Natur- und Geistesentwicklung. In: Merkur [Stuttgart] 10 (1956) H. 9, S. 843–853.

2180 AMEISENOWA, Zofja: The tree of life in Jewish iconography. In: Journal of the Warburg Institute 2 (1938/1939), 326–345.

2181 ANKER, Jean: Bird books and bird art. An outline of the literary history and iconography of descriptive ornithology based principally on the collection of books containing plates with figures of birds and their eggs now in the University Library at Copenhagen and including a catalogue of these works. Written and compiled by J. Anker. Copenhagen: Levin & Munksgaard 1938. [Bibliographie S. 217–228; mit 13 Taf.]

2182 ANKER, Jean und Svend DAHL: Fabeldyr og andre fabelvaesener i fortid og nutid. København: Branner 1938.

2183 ANTONUCCI, Giovanni: Proverbi figurati. In: Emporium [Bergamo] 74 (1931), 304–305. [Mit 5 Abb., v. a. über das Motiv des lautespielenden Esels, u. a. in den ‚Emblemata saecularia' von Th. de Bry.]

2184 ARNDT, Karl: „De gallo et iaspide". Ein Fabelmotiv bei Frans Snyders. In: Argo. Festschrift für Kurt Badt zu seinem 80. Geburtstag am 3. März 1970. Hrsg. von Martin Gosebruch und Lorenz Dittmann. (Köln:) DuMont Schauberg (1970), S. 290–296. [Mit 3 Abb.] – Ebenfalls in: Aachener Kunstblätter 40 (1971), 186–193. [Mit 7 Abb.]

2185 BALTRUŠAITIS, Jurgis: Monstres et emblèmes. Une survivance du moyen âge aux XVIe et XVIIe siècles. In: Médécine de France [Paris] 39 (1953), 17–30. [Mit 56 Abb.]

2186 BAUERREISS, Romuald: Arbor Vitae. Der ‚Lebensbaum' und seine Verwendung in Liturgie,

Kunst und Brauchtum des Abendlandes. München: Neuer Filser Verlag 1938. (= Abhandlungen der Bayerischen Benediktiner-Akademie. 3.) [Mit 8 Bll. Abb.]

2187 BAUM, Julius und Karl ARNDT: Art. „Elefant". In: RDK Bd. 4, Stuttgart [1955–]1958, Sp. 1221–1254. [V.a. Abschn. III: Mittelalter, B. 3. und 4. sowie C; und Abschn. IV: Neuzeit, Sp. 1238–1248 (Der Elefant in Hieroglyphik, Emblematik und Allegorik.).]

2188 BEER, Rüdiger Robert: Einhorn: Fabelwelt und Wirklichkeit. München: G. Callwey 1972.

2189 BEHLING, Lottlisa: Die Pflanze in der mittelalterlichen Tafelmalerei. Weimar: Böhlau 1957. – 2., durchges. Auflage Köln: Böhlau 1967. [Mit 130 Taf. und 48 Textabb.; Bibliographie S. 186–190.]

2190 – Die Pflanzenwelt der mittelalterlichen Kathedralen. Köln, Graz: Böhlau 1964. [160 Taf., 26 Textabb.; Bibliographie S. 192–200.]

2191 BENNETT, Mildred [?] R.: The legend of the green tree and the dry. In: Archaeological Journal [London] 83 (= Second Series. 33.) (1926), 21–32.

2192 BERGEMA, Hendrik: De boom des levens in schrift en historie. Bijdrage tot een onderzoek naar de verhouding van Schriftopenbaring en traditie betreffende den boom des levens, binnen het kader der Oud-Testamentische wetenschap. Phil. Diss. Vrije Universiteit Amsterdam. – Hilversum: J. Schipper jr. 1938.

2193 BERGSTRÖM, Ingvar: Den fågna fågeln [= Gefangene Vögel [als Motiv in der bildenden Kunst]]. In: Symbolister. Ikonologiska Studier 1 = Tidskrift för Konstvetenskap [Malmö] 30 (1957), 11–38. [Mit 17 Abb.]

2194 – Den symboliska nejlikan i senmedeltidens och Renässansens konst [= Die Symbolik der Nelke in der Kunst des Spätmittelalters und der Renaissance]. Malmö: Allhen 1958.

2195 von BLANKENBURG, Wera: Heilige und dämonische Tiere. Die Symbolsprache der deutschen Ornamentik im frühen Mittelalter. Leipzig: Koehler & Amelang 1943. [Mit 53 Textabb. und 180 Abb. auf Taf.]. – Id. opus, 2. Auflage [= Reprint!]. Köln: Wienand 1975.

2196 BLUNT, Anthony: Blake's „Brazen serpent". In: JWCI 6 (1943), 225–227.

[1272] van den BROEK, Roelof: The myth of the Phoenix. According to classical and early Christian traditions. Leiden: E.J. Brill 1972. (= Études préliminaires aux religions orientales dans l'Empire Romain. 24.) [Mit 40 Taf.]

2197 BRUYN, Josua und J[an] A[meling] EMMENS: De zonnebloem als embleem in een schilderijlijst. In: Bulletin van het Rijksmuseum [Amsterdam] 4 (1956), 3–9. [Mit 4 Abb.]

2198 – The sunflower again. In: The Burlington Magazin [London] 99 (1957), 96f.

2199 BULARD, Marcel: Le scorpion, symbole du peuple juif dans l'art religieux des XIVe, XVe, XVIe siècles, à propos de quatre peintures murales de la chapelle Saint-Sébastien, à Lanslevillard (Savoie). Avec cinquante planches hors texte comprenant 81 figures, dont 59 reproduisent des dessins de l'auteur. Paris: E. de Boccard 1935. (= Annales de l'Est. Publ. par la Faculté des lettres de Nancy. Mémoires. 6.)

2200 CALLISEN, Sterling Adolph: The iconography of the cock on the column. In: The Art Bulletin [New York] 21 (1939), 161–178.

2201 COHN, Carl: Zur literarischen Geschichte des Einhorns. Berlin: R. Gaertner 1896 (= Programm der Elften (Städt.) Realschule Berlin.).

2202 COOMARASWAMY, Ananda K.: The iconography of the cock on the column. In: The Art Bulletin [New York] 21 (1939), 402.

DAHL, Svend: → s. ANKER, Jean (= Nr. 2095).

[2139] DEMETZ, Peter: The elm and the vine. Notes toward the history of a marriage topos. In: PMLA 73 (1958), 521–532.

2203 DEONNA, Waldemar: Ouroboros. In: Artibus Asiae [Ascona] 15 (1952), 163–170.

2204 – The crab and the butterfly. A study in animal symbolism. In: JWCI 17 (1954), 47–86.

2205 – Le centaure conseil du gouvernement et gardien du secret. In: Genava [Genève] 7 (1959), 73–87. [Mit 9 Abb. – V.a. über Kentauren in Emblembüchern von A. Alciato, B. Aneau, N. Reusner und O. van Veen.]

2206 – Le murex et la médisance. In: Revue archéologique [Paris] 2 (1960), 141–153. [4 Abb.]

2207 DRUCE, George Claridge: The elephant in medieval legend and art. In: The Archaeological Journal [London] 76 [= Second series 26] (1919), 1–73.

2208 – The mediaeval bestiaries and their influence on ecclesiastical decorative art. In: Journal of the British Archaeological Association [London] N.S. 25 (1919), 41–82 und N.S. 26 (1920), 35–79.

2209 EINHORN, Jürgen Werinhard O.F.M.: Das Einhorn als Sinnzeichen des Todes: Die Parabel vom Mann im Abgrund. In: Frühmittelalterliche Studien 6 (1972), 381–417. [Dazu: Taf. XLII–IL.]

2210 – Spiritalis Unicornis. Das Einhorn als Bedeutungsträger in Literatur und Kunst des Mittelalters. München: W. Fink 1976. (= Münstersche Mittelalter-Schriften. 13.) [Mit 56 Taf. und 20 Strichätzungen.]

2211 ELLENIUS, Allan: Kungsfiskaren och Myterna. [= Eisvögel und Mythen.] In: Lychnos [Uppsala] 1963/64 (1965), 211–222. [Mit 3 Abb.]

EMMENS, J[an] A[meling]: → s. BRUYN, Josua (= Nr. 2197).

2212 Frhrr. von ERFFA, Hans Martin: Art. „Eiche", Abschn. III: „Eiche und Eichenlaub als Symbole". In: RDK Bd. 4, Stuttgart [1955-]1958, Sp. 913–921. [Sp. 916–918: E. in der Emblematik.]

2213 ERKES, Eduard: Der Pfau in Religion und Folklore. In: Jahrbuch des (Städtischen) Museums für Völkerkunde zu Leipzig 10: 1926/1951 (1952), S. 64–73.

2214 ETTINGHAUSEN, Richard: The unicorn. Washington (D.C.): Smithsonian Institution 1950. (= Smithsonian Institution. Freer Gallery of Art. Occasional Papers. 1, 3.). (= Studies in Muslim Iconography. 1.)

2215 FELDBUSCH, Hans: Art. „Christussymbolik". In: RDK Bd. 3, Stuttgart 1954, Sp. 720–732. [Passim; v.a. 3. Abschnitt: Tiersymbole (Lamm, Fisch, Löwe, Greif, Pelikan, Phönix, Adler [etc.]), Sp. 723–729; sowie 4. Abschn.: Pflanzensymbolik (Weinstock), Sp. 730–731.]

2216 FÖHL, Walther: Art. „Baum". In: RDK Bd. 2, Stuttgart-Waldsee 1948, Sp. 63–90. [Passim.]

2217 FRIEDMANN, Herbert: The symbolic goldfinch, its history and significance in european devotional art. Washington: Pantheon Books 1946. (= The Bollingen Series. 7.) [Mit 157 Abb.]

2218 FRITZ, Rolf: „Aquilegia". Die symbolische Bedeutung der Akelei. In: Wallraf-Richartz-Jahrbuch 14 (1952), 99–110.

[1893] FRÖBE, Hans A.: „Ulmbaum und Rebe". Naturwissenschaft, Alchymie und Emblematik in Goethes Aufsatz „Über die Spiraltendenz" (1830–1831). In: Jahrbuch des Freien Deutschen Hochstifts [Frankfurt a. M.] 1969, S. 164–193.

2219 GRAHAM, Victor Ernest: The pelican as image and symbol. In: Revue de littérature comparée [Paris] 36 (1962), 235–244.

2220 HAIG, Elizabeth: The floral symbolism of the great masters. London: Kegan Paul, Trench, Trübner & Co. 1913. – Parallelausg. New York: E. P. Dutton & Co. 1913.

2221 HARMS, Wolfgang: Der Eisvogel und die halkyonischen Tage. Zum Verhältnis von naturkundlicher Beschreibung und allegorischer Naturdeutung. In: Verbum et Signum. (Friedrich Ohly zum 60. Geburtstag überreicht.) Hrsg. von Hans Fromm, W. Harms, Uwe Ruberg. Bd. 1, München: W. Fink (1975), S. 477–515.

2222 HECKSCHER, William S[ebastian]: Bernini's elephant and obelisk. In: The Art Bulletin [New York] 29 (1947), 155–182. [Mit 41 Abb. auf 4 Taf.]

2223 HEHN, Johannes: Zur Paradiesschlange. In: Festschrift Sebastian Merkle zu seinem 60. Geburtstage gewidmet von Schülern und Freunden. Hrsg. ... von Wilhelm Schellberg. Düsseldorf: L. Schwann 1922, S. 137–151.

2224 HOFFMANN, Konrad: Zu van Goghs Sonnenblumenbildern. In: Zeitschrift für Kunstgeschichte [München] 31 (1968), 27–58.

2225 HOFMEIER, Heinrich Karl: Zur Geschichte des Symbols der Schlange, die sich in den Schwanz beißt [d.i. der Ouroboros]. In: Die Pille [Lahr (Schwarzwald)] Nr. 6 (1958) [Seitenzahlen nicht feststellbar!]

2226 HOLLÄNDER, Eugen: Wunder, Wundergeburt und Wundergestalt in Einblattdrucken des 15. bis 18. Jahrhunderts. Kulturhistorische Studie. Stuttgart: F. Enke 1921. [Mit 202 Textabb.; Bibliographie S. 372–375.] – Id. op., 2. Aufl. ibid. 1922.

2227 HUHN, Vital: Löwe und Hund als Symbole des Rechts. In: Mainfränkisches Jahrbuch für Geschichte und Kunst [Würzburg] 7 (1955), 1–63.

2228 HYLTÉN-CAVALLIUS, Gunnar Olof: Om draken eller lindormen. Vexiö: Ax. Quidings Bokh. 1884. – Id. opus, 2. Aufl. Stockholm: Z. Haeggströms Förlagsexp. 1885.

[490] JACOBY, Adolf und Wilhelm SPIEGELBERG: Der Frosch als Symbol der Auferstehung bei den Aegyptern. In: Sphinx [Uppsala] 7 (1903), 215–228. – Ibid. 8 (1904), 78–79 [= Nachschrift].

2229 JANSON, Horst Woldemar: Monkeys and monkey lore in medieval art. In: Art News [New York] 46 (1947) Nr. 5, S. 28–31 und 38–39.

2230 – Apes and ape lore in the Middle Ages and the Renaissance. London: Warburg Institute, University of London 1952. (= Studies of the Warburg Institute. 20).

2231 JESSE, Wilhelm: Beiträge zur Volkskunde und Ikonographie der Hasen. In: Volkskunde-Arbeit. Zielsetzung und Gehalte. (Otto Lauffer zum 60. Geburtstag.) Hrsg. von Ernst Bargheer und Herbert Freudenthal. Berlin, Leipzig: W. de Gruyter 1934, S. 158–175.

2232 – Eichhörnchen. In: Berliner Numismatische Zeitschrift 2 (1954) Nr. 18, S. 125–126.

2233 JUST, Klaus Günther: „Chamaeleonte mutabilior". Literarische Marginalien zu einem Reptil. In: Antaios [Stuttgart] 12 (1971), 381–400.

2234 KALLENBACH, Hans: Art. „Adler". In: RDK Bd. 1, Stuttgart 1937, Sp. 172–179.

2235 KELLER, Otto: Thiere des classischen Alterthums in culturgeschichtlicher Beziehung. Innsbruck: Wagner 1887. [Mit 56 Abb.]

2236 KIRNBAUER, Franz: Der Vogel Strauß mit dem Hufeisen im Schnabel. In: Biblos [Wien] 11 (1962), 115–122. [Mit 2 Abb.]

2237 KLAUNER, Friderike: Art. „Epheu". In: RDK Bd. 5, Stuttgart [1959–]1967, Sp. 858–869. [Sp. 865–867: E. in Allegorik, Emblematik und Ikonologie.]

2238 KNAPPE, Karl-Adolf und Ursula: Zur Tierdarstellung in der Kunst des 15. und 16. Jahrhunderts. In: Studium Generale [Berlin] 20 (1967), 263–293.

2239 KRISS-RETTENBECK, Lenz: Lebensbaum und Ährenkleid. Probleme der volkskundlichen Ikonographie. In: Bayerisches Jahrbuch für Volkskunde [Regensburg] 1956, S. 42–56.

2240 LADNER, Gerhart B.: Vegetation symbolism and the concept of Renaissance. In: De artibus opuscula XL. Essays in honor of Erwin Panofsky. Edited by Millard Meiss. Bd. 1, Zürich: Buehler Buchdruck 1960; (New York:) New York University Press 1961, S. 303–322. – Deutsche Übers. von Marie-Luise Gutbrodt u. d. T.: Pflanzensymbolik und der Renaissance-Begriff. In: Zu Begriff und Problem der Renaissance. Hrsg. von August Buck. Darmstadt: Wiss. Buchgesellschaft 1969, S. 336–394. (= Wege der Forschung. 204.)

2241 LAUFFER, Otto: Wunderbäume und Wunschbäume im Schrifttum und in der bildenden Kunst. In: Brauch und Sinnbild. Eugen Fehrle zum 60. Geburtstag gewidmet von seinen Schülern und Freunden. Hrsg. von Ferdinand Herrmann und Wolfgang Treutlein. Karlsruhe: Südwestdeutsche Druck- und Verlagsgesellschaft i. Komm. 1940, S. 161–178.

2242 LECHNER, Maria-Lioba: Art. „Ei". In: RDK Bd. 4, Stuttgart [1955–]1958, Sp. 893–903. [Sp. 899–902: Das Ei in der Emblematik.]

2243 LESKY, Grete: Vogel Strauß, der Eisenfresser. Ein Beitrag zur Ergänzung von Arbeiten über den Vogel Strauß als Leobener Stadtwappen. In: Der Leobener Strauß. Beiträge zur Geschichte, Kunstgeschichte und Volkskunde der Stadt und ihres Bezirkes [Leoben (Österreich)] 1 (1973), 9–20.

2244 LÜTZELER, Heinrich: Zur Ikonologie des Pferdes in der barocken Kunst. In: Festschrift für Karl Lohmeyer. Hrsg. von Karl Schwingel. Saarbrücken: Ost-West-Verlag (1954), S. 118–124.

2245 de MENIL, Dominique: Constant companions. An exhibition of mythological animals, demons and monsters, phantasmal creatures and various anatomical assemblages. – Art Department of the University of St. Thomas. Houston (Tex.) Oct. 28, 1964 – Febr. 7, 1965. Houston (Tex.) 1964.

2246 MÜLLER, Wilfried: Das Einhorn in der Kunst. In: Einhorn [Schwäbisch Gmünd] Nr. 16 (1956), 57–62 [3 Abb.]; Nr. 25 (1957), 194–197 [2 Abb.] und Nr. 26 (1957), 224–229 [3 Abb.].

2247 NICKEL, Johanna: Der Strauß mit dem Hufeisen im Schnabel. In: Hessische Blätter für Volkskunde [Giessen] 49/50 (1958/1959), 195–202.

2248 PHILIPPS, Henry [d. Ä.]: Floral emblems; or, a guide to the language of flowers. New edition. London: Saunders & Otley 1831. [Zuerst: London 1825.]

2249 PLAGEMANN, Volker und Max DENZLER (Mitarb.): Art. „Esel". In: RDK Bd. 5, Stuttgart [1959–] 1967, Sp. 1484–1528. [Passim; v.a. Sp. 1486–1489: Der E. in der Physiologus-Tradition bis zum Spätmittelalter; Sp. 1492–1520: Darstellungen des E. und ihre Voraussetzungen in Emblematik und Ikonologie.]

PLAGEMANN, Volker: → s. auch: SCHWARZ, Heinrich (= Nr. 2254).

[2166] REICHENBERGER, Kurt: Das Schlangensymbol als Sinnbild von Zeit und Ewigkeit. Ein Beitrag zur Emblematik in der Literatur des 16. Jahrhunderts. In: Zeitschrift für romanische Philologie 81 (1965), 346–351.

2250 ŘEZNÍČKOV, Lony und Emil: Van de slak op de tak [Die Schnecke auf dem Ast; mit engl. Zusammenfassung.]. In: Nederlands Kunsthistorisch Jaarboek. Netherlands Yearbook for History of Art ['s-Gravenhage] 15 (1964), 133–147. (= Mélanges W. S. Heckscher.) [Mit 7 Abb.]

2251 RIDDELL, William H[atton?]: Concerning unicorns. In: Antiquity [Newbury (Engl.)] 19 (1945), 194–202. [Mit 9 Abb.]

2252 ROSS, Lawrence J.: The meaning of strawberries in Shakespeare. In: Studies in the Renaissance [New York] 7 (1960), 225–240.

2253 SCHÄTZLER, R.: Tiersymbolik auf italienischen Renaissancemedaillen. In: Festschrift zu C[arl] F[riedrich] Lehmann-Haupts 60. Geburtstage. Hrsg. von K[urt] Regling und W. H[ermann] Reich. Wien: W. Braumüller 1921, S. 94-105. (= Janus. Arbeiten zur alten und byzantinischen Geschichte. 1.)

2254 SCHWARZ, Heinrich und Volker PLAGEMANN: Art. „Eule". In: RDK Bd. 6, München 1973, Sp. 267-322. [Passim; v. a. Sp. 293-299 (mit 6 emblemat. Abb.) und Sp. 313 f.: Sonderfälle der Emblematik.]

2255 SHEPARD, Odell: The lore of the unicorn. Boston, New York: Houghton Mifflin Comp. 1930; London: G. Allen & Unwin 1930. [Mit 23 Taf.]

2256 STAUCH, Liselotte: Art. „Ähre". In: RDK Bd. 1, Stuttgart 1937, Sp. 240-243.

2257 - Art. „Bär". In: RDK Bd. 1, Stuttgart 1937, Sp. 1442-1449.

2258 - Art. „Biene, Bienenkorb". In: RDK Bd. 2, Stuttgart-Waldsee 1948, Sp. 545-549.

2259 - Art. „Charadrius" [Goldregenpfeifer]. In: RDK Bd. 3, Stuttgart 1954, Sp. 417-424. [V. a. Sp. 418-423: Der Ch. in Symbolik und Ikonographie sowie im ‚Physiologus'.]

2260 - Art. „Delphin". In: RDK Bd. 3, Stuttgart 1954, Sp. 1233-1244. [Passim; v. a. Abschn. 5: Der D. in Hieroglyphik und Emblematik, Sp. 1241-1243.]

2261 - Art. „Drache". In: RDK Bd. 4, Stuttgart [1955-]1958, Sp. 342-366. [V. a. Abschn. V, 6: Darstellungen in der Allegorik, Hieroglyphik, Astrologie und Alchemie, Sp. 359-361.]

2262 - Art. „Eidechse". In: RDK Bd. 4, Stuttgart [1955-]1958, Sp. 931-939. [Über die E. als emblemat. Pictura: Sp. 937 f.]

2263 - Art. „Eisvogel". In: RDK Bd. 4, Stuttgart [1955-]1958, Sp. 1181-1188. [Über die emblemat. Verwendung des E., v. a. Sp. 1186-1188.]

- → s. auch: WEHRHAHN-STAUCH, Liselotte (= Nr. 2270).

2264 de TERVARENT, Guy: Les animaux symboliques dans les bordures des tapisseries bruxelloises au XVIe siècle. Bruxelles: Académie Royale de Belgique 1968. (= Mémoires de l'Académie Royale de Belgique. Classe des Beaux-Arts. 13, 5.) [40 S. mit 32 Abb.]

2265 TIMM, Werner: Der gestrandete Wal. Eine motivkundliche Studie. In: Forschungen und Berichte. Staatliche Museen zu Berlin [DDR] 3/4 (1961), 76-93.

2266 TÓTH-UBBENS, Magdi M.: Kijken naar een vogeltje. In: Miscellanea I. Q. van Regteren Altena, 16. V. 1969. [Onder red. van Hessel Miedema, R. W. Scheller en P. J. J. van Thiel.] Amsterdam: Scheltema & Holkema 1969, S. 155-159. [Mit 16 Abb. auf S. 346-349.]

2267 VERSTEGEN, H[ubertus] H[endrikus]: Het Phoenix-motief. Bijdrage tot de studie van de humanistische visie op de vorst. Phil. Diss. R. K. Universiteit Nijmegen 1950. – Nijmegen: Dekker & Van de Vegt (1950). [Bibliographie S. 145-155.]

2268 VETTER, Ewald Maria: Media Vita. In: Gesammelte Aufsätze zur Kulturgeschichte Spaniens [Münster] 16 (1960), 189-227. (= Spanische Forschungen der Görresgesellschaft. Reihe 1.) [Mit 27 Abb.; v. a. über den Lebensbaum.]

2269 - Die Maus auf dem Gebetbuch. In: Ruperto-Carola [Heidelberg] Jg. 16 (1964) Bd. 36, S. 99-108.

2270 WEHRHAHN-STAUCH, Liselotte: Art. „Einhorn" (Nachtrag). In: RDK Bd. 4, Stuttgart [1955-]1958, Sp. 1504-1544. [V. a. Abschn. III: Symbolik, Sp. 1511-1513 und Abschn. V. A, 1-10: Hieroglyphik und Emblematik, Sp. 1520-1536; Bibliographie Sp. 1543-1544 sowie 21 Abb.]

2271 WERTHEIM AYMÈS, Clément A[ntoine] und P[aul] van SCHILFGAARDE: De symboliek van haas en anjer. Vanaf de oudste beschavingen tot op heden. Wassenaar: Servire (1972).

2272 WILDHABER, Robert: Zum Symbolgehalt und zur Ikonographie des Eies. In: Zwischen Kunstgeschichte und Volkskunde. Festschrift für Wilhelm Fraenger. Hrsg. vom Institut für Deutsche Volkskunde durch Reinhard Peesch. Berlin [DDR]: Akademie-Verlag 1960, S. 77-84. (= Dt. Akademie der Wissenschaften zu Berlin. Veröffentlichungen des Inst. für Dt. Volkskunde. 27.)

2273 WIND, Edgar: The saint as monster. In: Journal of the Warburg Institute [London] 1 (1937/38), 183. [Mit 6 Abb.]

2274 WINNER, Matthias: Raffael malt einen Elefanten. In: Mitteilungen des Kunsthistorischen Institutes in Florenz [Düsseldorf] 10 (1961/63), 71-109.

2275 WIRTH, Karl-August: Art. „Erdbeere". In: RDK Bd. 5, Stuttgart [1959-]1967, Sp. 984-993. [Sp. 990-991: Die E. in Ikonologie und Emblematik.]

2276 WITTKOWER, Rudolf: Miraculous birds. 1. „Physiologus" in Beatus manuscripts. – 2. „Roc": an eastern prodigy in a Dutch engraving. In: Journal of the Warburg Institute [London] 1 (1937/1938), 253-257. [Mit 3 Abb.]

2277 – Eagle and serpent. A study in the migration of symbols. In: Journal of the Warburg Institute [London] 2 (1938/39), 293–325. [Mit 67 Abb. auf 6 Taf.]

2278 – Marvels of the East. A study in the history of monsters. In: JWCI 5 (1942), 159–197. [Mit 38 Abb. auf 8 Taf.]

2279 WOLFFHARDT, Elisabeth: Beiträge zur Pflanzensymbolik. Über die Pflanzen des Frankfurter „Paradiesgärtleins". In: Zeitschrift für Kunstwissenschaft [Berlin (DDR)] 8 (1954) H. 3/4, S. 177–196.

2280 ZAJADACZ-HASTENRATH, Salome: Art. „Fabelwesen". In: RDK Bd. 6, München 1973, Sp. 739–816. [Passim; mit 46 Abb.]

Vgl. → Nr. 474. 482. 490. 495. 509. 530. 548. 563. 564. 583–589. 622. 623. 1128. 1183. 1272. 1277. 1278. 1459. 1759–1761. 1875. 1893. 1909. 1912. 1948. 2031. 2038. 2039. 2056. 2169. 2175. 2176. 2301. 2306. 2309. 2315. 2316. 2320.

b) ALCHEMIE – CHEMIE – MEDIZIN – PHARMAZIE – PHYSIK

2281 BAYARD, Jean-Pierre: Le Caducée. In: Médecine de France [Paris] Nr. 225 (1971) [Seitenzahl nicht feststellbar!]

2282 BERGMAN, Emanuel: Medicinska emblem och symboler. [Stockholm:] Sveriges Läkarförbund 1941. [Bibliographie S. 102–104.]

2283 – De medicinska symbolerna och vår tid. [Eskilstuna: Lindahls Bokh.] 1947.

2284 BOLTEN, Johannes: Art. „Äskulap". In RDK Bd. 1, Stuttgart 1937, Sp. 1139–1142. [Passim.]

2285 BRINKMAN, Abraham Arthur Anne Marie: Chemie en kunst. VII: De „Atalanta fugiens" van Michael Maier. In: Chemie en Techniek [Zoetermeer (Niederlande)] 25 (1970) Nr. 1, S. 13–14.

2286 – Chemie en emblemata. In: Chemie en Techniek [Zoetermeer (Niederlande)] 25 (1970) Nr. 6, S. 228–232.

2287 BUCHWALD, Eberhard: Symbolische Physik. Berlin: Schiele & Schön 1949.

2288 BURGER, D[ionijs?]: Scheikundige emblemen. In: Natuur en Techniek [Deventer] 33 (1965), 197–200.

2289 CRAVEN, James Brown: Count Michael Maier, doctor of philosophy and of medicine, alchemist, rosicrucian, mystic, 1568–1622. Life and writings. Kirkwall: W. Peace 1910.

2290 DEONNA, Waldemar: Emblèmes médicaux des temps modernes. Du bâton serpentaire d'Asklepios au caducée d'Hermes. In: Revue Internationale de la Croix-Rouge [Genève] 15 (1933), 1–79.

2291 Frhrr. von ERFFA, Hans Martin: Art. „Caduceus" [Merkur-, Schlangenstab]. In: RDK Bd. 3, Stuttgart 1954, Sp. 303–308. [Passim; v.a. Sp. 307.]

2292 – Art. „Christus als Arzt". In: RDK Bd. 3, Stuttgart 1954, Sp. 639–644. [Sp. 641–643: Das Motiv in der Emblematik.]

2293 FROTHINGHAM, A. L.: Babylonian origin of Hermes the snake-god, and of the caduceus. In: American Journal of Archaeology. Second Series 20 (1916), 175–211. [41 Abb.].

2294 GRIBANOV, Edward: Läkekonstens emblem. In: Sydsvenska medicinhistoriska sällskapet Årsskrift [Malmö] 4 (1967), 39–50. [Mit 5 Abb.; über medizinische Embleme.]

2295 HARTLAUB, Gustav Friedrich: Arcana Artis. Spuren alchemistischer Symbolik in der Kunst des 16. Jahrhunderts. In: Zeitschrift für Kunstgeschichte [München] N.F. 6 (1937), 289–324. [V.a. über Michael Maier.]

2296 – Die Sonne in der Bildersprache der Alchemie. In: Graphis [Zürich] 18 (1962) Nr. 100, S. 138–145. [Mit 17 Abb.]

2297 – „Die fliehende Atalante". Aus Matthäus Merians Bilderbuch der Alchemie. In: Die BASF [Ludwigshafen] 13 (1963) H. 1, S. 3–7. [Mit 10 Abb. – Über die alchemistischen Embleme Michael Maiers.]

2298 HERRLINGER, Robert: Geschichte der medizinischen Abbildung. I: Von der Antike bis um 1600. München: H. Moos 1967.

2299 HOFMEIER, Heinrich Karl: Das Pentagramm. Ein vergessenes Symbol der Medizin. In: Materia Medica Nordmark [Uetersen (Holst.)] 8 (1956), 13–14.

2300 – Zur Geschichte der Milz und der Melancholie. In: Die Pille [Lahr (Schwarzwald)] Nr. 9 (1958) [Seitenzahlen nicht feststellbar!]

2301 – Der Ibis als „Erfinder" des Klistierens. In: Medizin heute [Hannover] 7 (1958), 485–487.

2302 – Die Podagra bei Jan Luyken und Abraham a Santa Clara. (Zum Gedenken an den 250jährigen Todestag des P. Abraham.) In: (Neue) Zeitschrift für ärztliche Fortbildung [Stuttgart] N.F. 3 [= 49 der Gesamtfolge] (1960), 625–628.

2303 – Eine wenig bekannte Gedenkmedaille des Antoni van Leeuwenhoek. In: (Neue) Zeitschrift für ärztliche Fortbildung [Stuttgart] N.F. 3 [= 49 der Gesamtfolge] (1960), 896-897.

2304 – „Varia senectae bona" oder „Das Alter hat vielerlei Nutzen". (Beitrag zur Geschichte der Geriatrie.) In: Cesra-Säule (Wissenschaftl. und therapeut. Mitteilungen der Cesra-Arzneimittelfabrik Julius Redel) [Baden-Baden] 7 (1960) H. 7-8, S. 218-219. [Mit 2 Abb.]

2305 – Die „Leberschädigung" des Prometheus auf Emblembildern. In: Materia Medica Nordmark [Uetersen (Holst.)] [13] (1961) Sonderheft 4, S. 3-10. [Mit 10 Abb.]

2306 – Das Sinnbild des ‚Speise tragenden Esels' von Marcus Geeraerts d. Ä. In: Materia Medica Nordmark [Uetersen (Holst.)] [13] (1961), 276-278.

2307 – Zu einem Sinnbild des Unterbauches in Johannes von Muralts „Anatomisches Collegium" (1687). In: Zeitschrift für ärztliche Fortbildung [Berlin] 50 (1961), S. 88.

2308 – Die Chirurgenkammer im „Gasthaus" zu Gouda. In: Materia Medica Nordmark [Uetersen (Holst.)] [14] (1962), 741-749.

2309 – Die „Eigenmedizin" der Tiere in der Fabel- und Emblemliteratur. In: Materia Medica Nordmark [Uetersen (Holst.)] [14] (1962), Sonderheft 3. [Mit 20 Abb.]

2310 – Schöne Titelseiten medizinischer Doktordissertationen aus Leiden zur Zeit Boerhaaves. In: Ärztliche Mitteilungen [Köln] 47-59 (1962), 1098-1102.

2311 – Ein „Aesculap trifrons" im Stammbuch des Johann Jacob Gasparo vom Jahr 1632 und seine Beziehungen zur Emblematik. In: Materia Medica Nordmark [Uetersen (Holst.)] [15] (1963), 642-654.

2312 – Das Bild des jungen Mannes mit dem Liebesknoten. In: Zeitschrift für ärztliche Fortbildung [Berlin (West) = Beilage zum „Berliner Ärzteblatt"] N.F. 6 [= 52 der Gesamtfolge] (1963) H. 5 [Seitenzahlen nicht feststellbar!]

2313 – Medicina in nummis. – Zur Erinnerung an die Hungersnot von 1816. In: Die Therapie des Monats [Mannheim] 13 (1963), 239-244.

2314 – Stammt die Türe mit den Emblemen im Braunschweigischen Landesmuseum aus einer Apotheke? In: Deutsche Apotheker-Zeitung. Beilage: Zur Geschichte der Pharmazie [Stuttgart] 15 (1963) H. 2, 14-15. [Mit 2 Abb. – Über Kerze und Sirene als Embleme.]

2315 – Der Vogel „Charadrios" als Zahnreiniger des Krokodils. In: Zahnärztliche Praxis [Gräfelfing b. München] 15 (1964) Nr. 14, S. 172f. [Nicht verifizierbar!]

2316 – Die Stammbucheintragung des M. Dresser zu dem Kraut Moly (1582). In: Pharmazeutische Zeitung [Frankfurt a.M.] 111 (1966), 473-474 (= Nr. 14, S. 3-6.).

2317 – Der Dortmunder Alchemist Michael Potier und die Rechenpfennige in der Emblematik. In: Der Märker. Heimatblatt für den Bereich der ehem. Grafschaft Mark [Altena (Westf.)] 16 (1967) H. 3, S. 61-62.

2318 – Der Engel Raphael in einer „Seelenapothek" des Jahres 1686. In: Materia Medica Nordmark [Hamburg; Uetersen (Holst.)] 19 (1967), 713-719.

2319 – Die Emblemata und ihre Beziehungen zur Medizingeschichte. In: Medicinae et artibus. Festschrift für Prof. Dr. phil. Dr. med. Wilhelm Katner zu seinem 65. Geburtstag. Düsseldorf: M. Triltsch (1968), S. 36-45. (= Düsseldorfer Arbeiten zur Geschichte der Medizin. Beiheft 1.) [Mit 6 Abb.]

2320 – Das neue Handbuch zur Sinnbildkunst [d.i. A. Henkel u. A. Schöne (Hrsgg.), Emblemata...] und das Kraut Moly. In: Pharmazeutische Zeitung [Frankfurt a.M.] 113 (1968) Nr. 34, S. 1218-1220. [Nicht verifizierbar!]

2321 – Die Göttin der Gesundheit mit dem Pentagramm. In: Pharmazeutische Zeitung [Frankfurt a.M.] 116 (1971) Nr. 40, S. 1484-1488.

2322 – Die emblematische Bedeutung des Fallhutes in der niederländischen Literatur. In: Medizinische Welt [Stuttgart] N.F. 23 (1972), 1614-1615.

2323 HOLLÄNDER, Eugen: Die Medizin in der klassischen Malerei. Stuttgart: F. Enke 1903. [Mit 165 Textabb.; Bibliographie S. 275-76.] – Id. op., 2. Aufl. ibid. 1913 [Mit 272 Textabb.] – 3. Aufl. ibid. 1923. [Mit 307 Textabb.] – 4. [unveränderte] Aufl. ibid. 1950.

2324 JUNG, C[arl] G[ustav]: Psychologie und Alchemie. [Zuerst: 1944.] Olten und Freiburg i.Br.: Walter (1972). (= C.G. Jung, Gesammelte Werke. 12.)

[1211] KLIBANSKY, Raymond; PANOFSKY, Erwin und Fritz SAXL: Saturn and melancholy. Studies in the history of natural philosophy, religion and art. (London, Cambridge:) Nelson (1964); New York: Basic Books [1964]. [Mit 43 Bll. Abb.]

KRIVATSY, Peter: → s. Medical symbolism in books of the Renaissance and Baroque (= Nr. 2325).

2325 **M**edical symbolism in books of the Renaissance and Baroque. An exhibit in the [U.S.] National Library of Medicine, June 23 – September 30, 1966. Introduction by Peter Krivatsy. [Washington, D.C.:] U.S. Public Health Service [1966]. [22 Abb.].

2326 MIERZECKI, Henryk: Zur Symbolik und Pathognomik der Hand. In: Ciba-Zeitschrift. Schweizer. Ausgabe [Basel] 7 (1939–1942), S. 2621–2625.

2327 MÖLLER, Lise Lotte: Anatomia. – Memento mori. In: Nederlands Kunsthistorisch Jaarboek. Netherlands Yearbook for History of Art ['s-Gravenhage] 10 (1959), 71–98.

2328 MÜLLER, Wolfgang J.: Art. „Christus als Apotheker". In: RDK Bd. 3, Stuttgart 1954, Sp. 636–639.

2329 NEUSSER-HROMATKA, Maria: Das kosmische Ei, ein alchimistisches Symbol. In: Festschrift Hans R. Hahnloser zum 60. Geburtstag 1959. Hrsg. von Ellen J. Beer, Paul Hofer, Luc Mojon. Basel, Stuttgart: Birkhauser 1961, S. 381–392. [Mit 4 Abb.]

2330 RAU, V.: Les emblèmes et l'histoire des techniques au Portugal au cours des XVe et XVIe siècles. In: Mélanges en l'honneur de Fernand Braudel. Bd. 1: Histoire économique du monde méditerranéen, 1450–1650. (Toulouse:) Privat (1973), S. 487–496. [Mit 5 Abb.]

2331 READ, John: The alchemist in life, literature and art. London: Th. Nelson & Sons 1947.

2332 ROHDE, Alfred: Geschichte der wissenschaftlichen Instrumente vom Beginn der Renaissance bis zum Ausgang des 18. Jahrhunderts. Leipzig: Klinkhardt & Biermann 1923. (= Monographien des Kunstgewerbes. 16.) [Mit 139 Abb.]

2333 SCHOUTEN, J[an]: Symboliek en een achttiende-eeuwse klosterapotheek. In: Album discipulorum. Aangeboden aan Prof. Dr. J. G. van Gelder ter gelegenheid van zijn zestigste verjaardag 27 februari 1963. [Hrsg. v. J(osua) Bruyn, J(an) A(meling) Emmens (u.a.)] Utrecht: Haentjens Dekker & Gumbert (1963), S. 137–141. (= Orbis artium. Utrechtse kunsthistorische studien. 7.)

2334 – De slangestaf van Asklepios als symbool van de geneeskunde. Utrecht: Schotanus & Jens 1963. – Zuvor Phil. Diss. Leiden 1963. – Engl. Ausgabe u. d. T.: The rod and serpent of Asklepios. Symbol of medicine. (Translated from the Dutch by M. E. Hollander.) Amsterdam: Elsevier Publ. Comp. 1967. [Mit 77 Abb.]

2335 – Het pentagram als medicinisch teken. Een iconologische studie. Lisse 1967. [Diese Orig.-ausg. nicht verifizierbar!] – Englische Ausgabe u. d. T.: The pentagram as a medical symbol. An iconological study. (Translated from the Dutch by M. E. Hollander.) Nieuwkoop: B. de Graaf 1968.

2336 SCHRADER, Hubert: Das Herz in Kunst und Geschichte. In: Das Herz. [4 Bde.] Bd. 2: Im Umkreis der Kunst. Biberach/Riss: Dr. K. Thomae GmbH. 1966, S. 9–62. [Nicht im Handel.]

2337 THOMÉ, J. R.: L'illustration dans les ouvrages de sorcellerie, de magie et d'alchimie. In: Courrier graphique [Paris] Nr. 27 (1946), 59–63; Nr. 30 (1947), 73–79 und Nr. 31 (1947), 65–69. [Mit 18 Abb. – U. a. über Michael Maiers ‚Atalanta Fugiens'.]

UNITED STATES NATIONAL LIBRARY OF MEDICINE: → s. Medical symbolism in books of the Renaissance and Baroque (= Nr. 2325).

2338 VLIEGENTHART, A[driaan] W[illem]: Galileo's sunspots. Their role in 17th-century allegorical thinking. In: Physis. Rivista di Storia della Scienza [Firenze] 7 (1966), 273–280.

Vgl. → Nr. 605. 1721. 1758.

KORREKTURNACHTRAG

Zu Abt. II. 2.:

213a STRAUSS, Walter L[eopold]: Clair – Obscur. Der Farbholzschnitt in Deutschland und den Niederlanden im 16. und 17. Jahrhundert. Vollständige Bilddokumentation und Gesamtkatalog. Nürnberg: H. Carl (1973).

213b – The German single-leaf woodcut, 1550-1600. A pictorial catalogue. Bd. 1-3. New York: Abaris Books 1976. [Mit 1400 Abb.]

Zu Abt. III:

225a [ACCADEMIA degli Occulti, Brescia:] Rime de gli Academici Occulti con le loro imprese et discorsi [von Bartolommeo Arnigio]. Brescia: ([Kolophon:] Appresso Vincenzo di Sabbio) 1568. 4⁰.

225b [ACCADEMIA dei Gelati, Bologna:] Prose de' Signori Accademici Gelati di Bologna distinte ne' seguenti trattati... Colle loro imprese anteposte a' discorsi. Pubblicate sotto il principato accademico del Sig. Co[nte] Valerio Zani [gen. „Il Ritardato".] [Hrsg. von Giovanni Battista Capponi.] Bologna: Li Manolessi 1671. 4⁰.

398a PALEOTTI, Gabriele [Kardinal]: Discorso intorno alle imagini sacre et profane, diviso in cinque libri, dove si scuoprono varii abusi loro... Raccolto... per commissione di Monsignore... Card. Paleotti... Bologna: A. Benacci 1582. 4⁰. [Enthält nur Buch 1 und 2.] –
Latein. Übersetzung u.d.T.: De imaginibus sacris et profanis ... Gabrielis Palaeoti [!] cardinalis, libri quinque, quibus multiplices earum abusus ... deteguntur ... nunc primum Latine editi. Ingolstadii: D. Sartorius 1594. 4⁰,

Zu Abt. IV. 2. a):

520a HARMS, Wolfgang: Das pythagoreische Y auf illustrierten Flugblättern des 17. Jahrhunderts. In: Antike und Abendland [Berlin, New York] 21 (1975), 97-110. [Mit 6 Abb. auf Taf.; passim zur Verwendung der „littera Pythagorae" in Hieroglyphik und Emblematik.]

Zu Abt. V. 10.:

1702a DELALAIN, Paul Adolphe: Inventaire des marques d'imprimeurs et de libraires. 2. éd., revue et augmentée. Paris: Cercle de la Librairie 1892. [3 Teile in 1 Bd.]

1763a PENKERT, Sibylle: Zur systematischen Untersuchung von Emblematik-Stammbüchern. Am Beispiel des Kölner Professors der Medizin Arnoldus Manlius, phil. et med. dr. (gest. 1607). In: Albrecht Schöne (Hrsg.), Stadt – Schule – Universität – Buchwesen und die deutsche Literatur im 17. Jahrhundert. München: C.H. Beck 1976, S. 424-431. (Mit Diskussionsbericht S. 450-454.)

Zu Abt. V. 11. b):

2020a STRASSER, Gerhard F.: Andreas Gryphius' „Leo Armenius". An emblematic interpretation. In: The Germanic Review [New York] 51 (1976), 5-12.

BESCHREIBUNG DER BENUTZTEN EMBLEMBÜCHER

UND STELLENVERZEICHNISSE

Das folgende Verzeichnis gibt Auskunft über die Werke, die den EMBLEMATA dieses Handbuchs zugrunde liegen, und ordnet deren Titel in alphabetischer Folge nach den Marginalien, die dann im folgenden neben den Emblemen erscheinen.

Dem Namen des Autors und seinen Lebensdaten, soweit sie ermittelt werden konnten, folgt der vollständige Titel des Werkes und gegebenenfalls das Kolophon. Groß- und Kleinschreibung wurden beibehalten; die Zeilengrenzen durch senkrechten Trennstrich | kenntlich gemacht; Vignetten, Signets, Zierleisten oder waagerechte Trennstriche des Originals durch das Zeichen | – | markiert. Angaben, die nicht dem Titelblatt, sondern der Dedicatio, dem Kolophon oder anderen Teilen des Werkes entnommen sind, erscheinen in runden Klammern, anderweitig Erschlossenes steht in eckigen Klammern.

Nach der Titelangabe wird in spitzen Klammern die Bibliothek angeführt, die das Original zur Verfügung stellte, und die Signatur, unter der sie es führt. Falls ein Faksimile- oder Neudruck vorliegt, wird ein entsprechender Hinweis gegeben.

Dem folgt die Beschreibung des benutzten Exemplars. Sie gibt den Umfang und Inhalt des Werkes an (ohne im selben Band enthaltene Texte zu erwähnen, die durch eigene Seitenzählung als selbständige Teile ausgewiesen sind), verzeichnet Anordnung und Aufbau der Embleme, teilt die Bildgrößen des Originals mit und nennt, wenn möglich, die Illustratoren mit ihren Lebensdaten, ggf. auch weitere Mitarbeiter. Falls es sich bei dem benutzten Exemplar nicht um die Editio princeps handelt, werden die wichtigsten Abweichungen gegenüber der Erstausgabe mitgeteilt. Wenn bei der Wiedergabe im Handbuch, etwa aus Gründen der Vereinheitlichung, das Emblem anders dargeboten wird, als es im Original erscheint, ist das hier mitgeteilt und begründet worden. Bei denjenigen Werken, welchen lediglich die (im Vergleich zum Original spätere) deutsche Übertragung entnommen wurde, ist auf eine eingehende Beschreibung verzichtet worden.

Jeder Werkbeschreibung folgt ein STELLENVERZEICHNIS. Darin wird für jedes aufgenommene Emblem (jeweils vor dem Doppelpunkt) die Seiten- bzw. Bogenzahl oder die Nummer im Original und (hinter dem Doppelpunkt) die entsprechende Spaltenzahl im Handbuch mitgeteilt.

Alc. (1531) **Alciatus, Andreas** *(1492 | Alzate b. Como – 1550 | Pavia)*

VIRI CLA|RISSIMI D. AN=|dreę Alciati Iurisconsul-|tiss. | Mediol. ad D. Chonra=|dum Peutingerum Augu=|stanum, Iurisconsul=|tum Emblema=|tum liber. | M. D. XXXI. (EXCVSVM AVGVSTAE VIN|delicorum, per Heynricum Steyne=|rum die 28. Februarij, | Anno M. D. | XXXI.) ⟨Staats- u. Stadtbibl. Augsburg: 8⁰ Kst. Alciatus 1531⟩ (Faks.druck: Manchester, London 1870 → Bibliographie zur Emblemforschung, Nr. 965)

Erstausgabe; kl. 8⁰, [44] Blätter, Bogenzählung.
Enthält: Vorrede an den Leser; Widmungsepigramm; 104 nicht numerierte Embleme, davon 5 ohne Bild (fortlaufend gesetzt, so daß noch nicht, wie später üblich, jeweils ein Emblem auf einer Buchseite erscheint) und Errata-Verzeichnis.
Jedes Emblem besteht aus lat. Motto, Bild (Holzschnitte nach Zeichnungen von Jörg Breu, um 1480–1537) und lat. Epigramm.
Die auf den Seiten E 4, (F 2b) und F 3 fehlenden fünf Emblembilder sind aus der Ausgabe Lugduni 1550 (→) ergänzt und finden sich dort auf den Seiten 61, 20, 42, 145 und 146. Da der Zeichner der Erstausgabe die Epigramme der Embleme B 2, C 5, (C 6b), (E 3b), (E 5b) und (E 8b) *mißverstanden hat und deshalb falsche oder unzureichende Bilder gibt, sind auch diese durch die entsprechenden Bilder von den Seiten 156, 90, 26, 102, 142 und 62 der Ausgabe von 1550 ersetzt worden. Größe der Bilder ohne Rahmen ca. 60 × 76 mm, der Bilder mit Rahmen ca. 60 × 60 mm. Sofern die Epigramme ganz oder teilweise Übersetzungen aus der ‚Anthologia Graeca' sind, ist eine entsprechende Quellenangabe (recte) hinzugefügt.*
Die deutsche Übertragung stammt von Jeremias Held (→). Aufgenommen sind alle 104 Embleme, davon 2 als Hinweise (zitiert nach der Bogenzählung):

A 2 : 627	A 6² : 259	B 2² : 990	B 6² : 887
A 2b :1297	A 6b :1558	B 2b : 623	B 6b :1462
A 3¹ :1823	A 7 :1811	B 3 : 192	B 7¹ : 512
A 3² : 386	A 7b¹: 985	B 3b¹: 722	B 7² : 419
A 3b : 827	A 7b²:1022	B 3b²: 375	B 7b :1692
A 4 : 882	A 8 :1809	B 4¹ :1013	B 8 :1686
A 4b¹: 385	A 8b : 517	B 4² :1657	B 8b : 179
A 4b²:1595	B :1779	B 4b : 716	C :1181
A 5 :1685	Bb¹ : 840	B 5 : 236	Cb :1795
A 5b : 659	Bb² :1653	B 5b : 743	C 2 :1732
A 6¹ :1608	B 2¹ : 683	B 6 :1726	C 2b :1491

C 3 : 861	D¹ : 1381	D 7¹ : 1761	E 4b : 1758
C 3 b¹: 1489	D² : 1039	D 7² : 878	E 5 : 1758
C 3 b²: 1789	D b : 707	D 7b : 684	E 5 b¹: 532
C 4b : 1120	D 2 : 966	D 8 : 1761	E 5 b²: 1791
C 5¹ : 454	D 2b : 1355	D 8 b¹: 1557	E 6 : 1651
C 5² : 712	D 3¹ : 374	D 8 b²: 1776	E 6 b¹: 1622
C 5b : 208	D 3² : 1614	E : 418	E 6 b²: 1559
C 6 : 511	D 3b : 1581	E b : 1767	E 7 : 1157
C 6b : 713	D 4 : 1825	E 2 : 757	E 7b : 1759
C 7 : 1056	D 5¹ : 331	E 2b : 1104	E 8 b¹: 1640
C 7 b¹: 763	D 5² : 1703	E 3¹ : 1087	E 8 b²: 872
C 7 b²: 1063	D 5b : 562	E 3² : 460	F b : 1749
C 8 : 220	D 6 : 1054	E 3b : 590	F 2 : 1634
C 8b : 397	D 6b : 1767	E 4 : 1633	

*

Alc. (1550) **Alciatus, Andreas** *(s. o.)*

EMBLEMATA | D. A. ALCIATI, | denuo ab ipso Autore | recognita, ac, quae desi-|derabantur, imagini-|bus locupletata. | Accesserunt noua aliquot ab | Autore Emblemata suis quoque | eiconibus insignita. | – | LVGD. APVD GVLIEL. | ROVILIVM. 1550. | CVM PRIVI-LEGIO. (Lugduni, | Excudebat Mathias Bonhomme) ⟨Staats- u. Stadtbibl. Augsburg: 8⁰ Kst. Alciatus 1550⟩ (Faks.druck der fast identischen Ausgabe Lyon 1551: Manchester, London 1871 → Bibliographie zur Emblemforschung, Nr. 967)

Erste vollständige Ausgabe mit 211 Emblemen; 8⁰, 226+ [IV] Seiten.
Enthält: Imprimatur; Vorrede an den Leser; Widmungsepigramm; 211 nicht numerierte Embleme und INDEX EMBLEMATVM.
Jedes Emblem nimmt eine Seite ein, ist von einem Zierrahmen umgeben und besteht aus lat. Motto, Bild und lat. Epigramm. Bildgröße ca. 63 × 60 mm. Die Embleme sind nach Bedeutungsgruppen (virtutes, vitia etc.) geordnet, nur am Schluß steht mit den 14 Arbores-Emblemen eine Sachgruppe.
Für die Anmerkungen und Quellenangaben wurde der Kommentar des Thuilius herangezogen: ANDREAE ALCIATI EMBLEMATA CVM COMMENTARIIS CLAVDII MINOIS I. C. FRANCISCI SANCTII BROCENSIS, & Notis LAVRENTII PIGNORII PATAVINI. …OPERA ET VIGILIIS IOANNIS THVILII MARIAEMONTANI TIROL. Phil. & Med. …Opus copiosa Sententiarum, Apophthegmatum… varietate instructum & exornatum: …Patauij apud Petrum Paulum Tozzium, …1621. ⟨Seminar für deutsche Philologie Göttingen: 78 X 2.⟩
Die deutsche Übertragung stammt von Jeremias Held (→). Aufgenommen sind alle 108 Embleme, die in der Erstausgabe von 1531 (→) nicht enthalten sind, eins von ihnen als Hinweis, sowie die 11 Bilder, die in der Erstausgabe (→) entweder fehlen oder dem Epigramm nicht entsprechen (ab S. 209 ist die Seitenfolge gestört; die Seiten 209–226 erscheinen in folgender Reihenfolge: 215/16, 213/14, 211/12, 209/10, 223/24, 221/22, 219/20, 217/18, 225/26. Da diese Seiten offensichtlich nur falsch eingebunden sind, werden die entsprechenden Embleme – wie die übrigen – nach der im Original angegebenen Seitenzahl zitiert):

8: 545	61: 664	95: 793	148: 1271	195: 315
9: 466	63: 1072	96: 1114	149: 1645	196: 1794
11: 1607	64: 373	98: 1125	151: 1642	197: 814
12: 1866	68: 869	103: 836	152: 780	198: 932
20: 1661	69: 899	104: 1054	153: 533	199: 1620
21: 1215	70: 900	106: 1832	154: 787	200: 1291
22: 1010	71: 374	107: 1796	159: 992	211: 1701
23: 818	73: 889	108: 1827	160: 1669	212: 1708
24: 1818	74: 458	109: 743	161: 918	213: 215
25: 890	75: 1656	110: 1401	162: 649	214: 219
29: 1828	76: 1699	125: 1691	163: 1499	215: 244
33: 1254	77: 1627	126: 1697	168: 1582	216: 254
38: 1354	78: 873	127: 891	169: 1248	217: 252
41: 526	79: 1570	128: 1292	170: 1777	218: 239
42: 1069	80: 1836	134: 1835	171: 1688	219: 275
44: 1190	81: 240	137: 788	175: 1782	220: 219
47: 1649	84: 1694	138: 462	177: 933	221: 238
48: 1687	85: 344	139: 936	178: 563	222: 251
53: 552	87: 464	140: 792	181: 1682	223: 249
55: 841	88: 1188	145: 1197	183: 715	224: 232
57: 662	91: 862	146: 1254	184: 1517	225: 202
58: 836	92: 1654	147: 1687	189: 1684	226: 246
59: 928	94: 1047			

*

Held **Held, Jeremias** *(Lebensdaten unbekannt)*

Die deutschen Übertragungen der Alciatustexte (→) stammen von Jeremias Held und wurden entnommen dem Erstdruck der deutsch-lat. Ausgabe:
LIBER EMBLEMATVM | D. ANDREAE AL= | CIATI, NVNC DENVO | COLLATIS EXEMPLARIBVS | multo castigatior quàm vnquam | antehac editus. | Kunstbuch | Andree Alciati von Meyland / bey | der Rechten Doctorn / allen liebhabern der | freyen Künst / auch Malern / Goldschmiden / Seiden= | stickern vnd Bildhauwern / jetzund zu sondern nutz vnd gebrauch verteutscht vnd an tag geben / durch Jere= | miam Held von Nördlingen / mit schönen / lieb= | lichen / neuwen / kunstreichen Figuren | geziert vnd gebessert. | – | Mit Röm. Keys. Mt. Freyheit in ze= | hen jaren nicht nachzudrucken. | Gedruckt zu Franckfurt am Mayn / | – | M. D. LXVI. (Gedruckt zu Franckfurt am | Mayn / bey Georg Raben / in ver= | legung Sigmund Feyrabends vnd | Simon Hüters. | – | M. D. LXVII.) ⟨Staatsbibl. München: 8⁰ L. eleg. m. 37⟩

Neben der Übertragung von Held gibt es eine ältere von Wolfgang Hunger (Nachdruck: Darmstadt 1967), die nicht benutzt wurde, weil sie vor der ersten vollständigen lateinischen Alciatus-Ausgabe von 1550 erschien (Paris 1542) und deshalb nur 115 Embleme enthält, außerdem von der 1536 erschienenen franz. Übersetzung durch Le Fèvre abhängig ist (vgl. dazu M. Rubensohn: Griechische Epigramme … in dt. Übersetzungen des XVI. und XVII. Jahrhunderts, 1897). – Die in dem benutzten Exemplar der Ausgabe von

Held fehlenden Embleme Nr. 42 und 99 wurden der Ausgabe Frankfurt 1580 ⟨Stadt- und Univ.bibl. Frankfurt: Ffm 1/409⟩ entnommen. Die Embleme sind numeriert; die jeweilige Nummer wird im Handbuch angegeben, da die Reihenfolge bei Held von der der beiden benutzten Alciatus-Ausgaben abweicht:

1: 627	44: 192	88: 869	131: 563	175: 889
2:1197	45:1069	89: 887	132: 933	176:1835
3: 545	46: 649	90: 344	133: 787	177: 873
4: 466	47: 990	91:1836	134: 533	178: 928
5: 236	48:1491	92: 464	135: 780	179: 899
6: 220	49: 259	93: 240	136:1181	180: 900
7: 757	50:1782	94:1697	137:1684	181: 662
8: 683	51:1620	95: 517	138: 373	182:1087
9: 918	52:1401	96:1759	139:1682	183: 792
10:1039	53:1794	97:1761	140:1656	184: 787
11:1354	54:1291	98:1761	141:1570	185: 331
12:1687	55:1054	99: 385	142: 374	186: 462
13:1254	56: 872	100:1054	143:1866	187:1809
14:1254	57:1832	101:1758	144:1607	188:1120
15:1271	58:1796	102:1758	145:1642	189:1791
16: 623	59:1827	103:1767	146: 454	190: 715
17:1645	60: 743	104:1767	147:1789	191: 936
18:1651	61:1292	105:1691	148:1627	192:1157
19: 315	62: 552	106:1657	149:1699	193: 460
20:1795	63:1190	107:1056	150: 512	194:1581
21: 814	64:1022	108:1104	151: 419	195:1582
22: 932	65:1779	109:1614	152: 418	196:1248
23:1297	66:1686	110:1653	154: 840	197: 397
24:1559	67:1634	111:1072	155:1499	198:1688
25:1013	68:1462	112:1640	156:1825	199:1777
26:1649	69:1557	113: 836	157:1654	200: 216
27:1687	70:1558	114:1669	158: 511	201: 216
28: 882	71:1811	115:1685	159:1608	202: 216
29:1595	72: 827	116: 532	160:1047	203: 202
30:1823	73:1703	117:1622	161: 722	204: 203
31: 374	74: 861	118:1114	162: 743	205: 220
32: 890	75:1732	119: 992	163: 743	206: 220
33:1818	76:1701	120:1355	164: 664	207: 239
34:1661	77: 841	121:1381	165:1633	208: 238
35: 713	78:1749	122: 684	166:1125	209: 251
36:1215	79: 659	123: 707	167: 836	210: 246
37:1010	80: 966	124: 386	168: 590	211: 232
38: 208	81: 179	125: 562	169: 793	212: 249
39:1828	82:1708	126:1063	170: 862	213: 254
40: 818	84: 891	127: 763	171:1188	214: 252
41:1776	85:1694	128:1517	172: 985	215: 244
42:1726	86: 716	129:1692	173: 712	216: 219
43: 526	87: 375	130: 878	174: 458	217: 275

*

An. **Anulus, Barptolemaeus** (Barthélemy Aneau; *1500? / Bourges – 1565 / Lyon*)

PICTA | POESIS. | VT PICTVRA POESIS ERIT. | – | LVGDVNI, | Apud Mathiam Bonhomme. | – | 1552 | CVM PRIVILEGIO. ⟨Staats- u. Univ.bibl. Göttingen: 8⁰ Poet. lat. rec. I 5720⟩

Erstausgabe; kl. 8⁰, 118 + [II] Seiten.
Enthält: Imprimatur; Widmung in Prosa; Vorwort; 104 nicht numerierte Embleme und 3 ΠΑΡΕΡΓΟΝ-Gedichte, davon das letzte mit Prosakommentar; Kolophon.
Jedes Emblem umfaßt in der Regel eine Seite (länger sind die Embleme S. 14f., 58f., 71f., 82f., 84f. und 97f.) und besteht aus lat. – seltener griech. oder griech.-lat. – Motto, Bild (Holzschnitte, dem Petit Bernard (Bernard Salomon, zwischen 1506/10 – um 1561) zugeschrieben) und lat. Epigramm. Da das Emblem S. 58f. drei Bilder umfaßt, beläuft sich die Gesamtzahl der Holzschnitte auf 106. Bildgröße ca. 50 × 37 mm.
Aufgenommen sind 101 Embleme, davon 8 als Hinweise (zitiert nach der Seitenzahl):

8:1706	30:1729	52: 789	75:1124	100: 244
9: 654	31:1729	53: 277	76:1730	101: 299
10:1665	32:1628	54: 515	77:1592	102: 437
11:1621	33:1521	55: 997	78:1065	103:1111
12:1621	35:1852	56:1711	79:1659	104:1735
13: 388	36:1770	57:1711	80: 607	105:1741
14:1631	37:1599	58:1034	81:1266	106: 507
16:1718	38: 21	60: 432	82:1700	107:1549
17:1672	39:1571	61: 846	84:1630	108:1655
18:1492	40: 369	62: 156	86:1181	109:1751
19:1833	41:1623	63:1673	87:1596	110:1660
20:1770	42:1620	64:1173	88:1664	111:1728
21: 109	43:1589	65:1677	89:1601	112: 100
22: 533	44:1560	66: 17	91:1605	113: 955
23:1050	45: 392	67:1641	92:1594	114:1753
24:1670	46:1741	68:1771	93: 794	115:1073
25:1075	47:1742	69:1098	94:1175	116:1197
26: 48	48:1628	70:1042	95: 197	
27:1834	49: 5	71: 452	96: 688	
28:1625	50:1843	73:1597	97: 924	
29:1658	51:1158	74:1857	99: 483	

*

Bez. **Beza, Theodorus** (Théodore de Bèze; *1519 / Vezelay in Burgund – 1605 / Genf*)

ICONES, | id est | VERAE IMAGINES | VIRORVM DOCTRINA SIMVL | ET PIETATE ILLVSTRIVM, QVORVM PRAE-|cipuè ministerio partim bonarum literarum studia | sunt restituta, partim vera Religio in variis orbis Chri|stiani regionibus, nostra patrúmque memoria fuit in-|staurata: additis eorundem vitae & operae descriptio-|nibus, quibus adiectae sunt nonnullae picturae quas | EMBLEMATA vocant. | Theodoro Beza Auctore. | – | GENEUAE, | APVD IOANNEM LAONIVM. | – | M. D. LXXX. ⟨Staats- u. Univ.bibl. Göttingen: H.lit.biogr. I 1067⟩

Erstausgabe; 4⁰, 167 Blätter.
Enthält: 38 Holzschnittporträts und 53 leere Porträtrahmen, jeweils mit Prosaerläuterungen von unterschiedlicher Länge; am Schluß 44 numerierte Embleme und ein Namenregister sowie ein Errataverzeichnis.

Jedes Emblem nimmt eine Seite ein und besteht aus Bild im Zierrahmen und lat. Epigramm; Motti fehlen. Bildgröße (einschließlich Rahmen) ca. 100 × 67 mm.
Aufgenommen sind alle Embleme, davon 7 als Hinweise (zitiert nach der Emblemnummer):

1: 5	10:1072	19: 111	28: 644	37:1052
2: 6	11:1321	20:1443	29: 474	38:1665
3: 7	12: 117	21: 88	30:1218	39:1567
4:1633	13:1397	22: 563	31:1386	40: 31
5:1410	14:1036	23: 975	32: 662	41: 32
6: 796	15: 993	24: 97	33: 298	42: 32
7:1321	16: 754	25:1211	34: 548	43:1466
8:1522	17:1467	26: 975	35: 92	44:1133
9:1204	18:1233	27:1078	36: 668	

*

Bocch. **Bocchius, Achilles** (Achille Bocchi; *1488 / Bologna – 1562 / ebd.*)

ACHILLIS BOCCHII | BONON. SYMBOLICARVM | QVAESTIONVM DE VNIVERSO | GENERE QVAS SERIO LVDEBAT | LIBRI QVINQVE. | CONDICTIO | ATTENDE LECTOR OPTIME, | SI FORTE QVID CONTRA PATRVM | DECRETA SANTORVM PIA | FACTVMVE DICTVMVE HIS LIBRIS, | INFECTVM ID, INDICTVMVE SIT. | SACROSANCTA IVLI. III. PON. MAX. | LEGE CAVTVM EST | NE QVIS HOC POEMA AVTORE INSCIO | INVITOVE DE CAETERO IMPRIMERE | NEVE VENALE HABERE | VSPIAM AVDEAT. | BONONIAE | IN AEDIB. NOVAE ACADEMIAE | BOCCHIANAE. | M. D. LV. ⟨*Herzog August Bibliothek Wolfenbüttel: UK Embleme*⟩

Erstausgabe; 4°, [XXX] + 348 Seiten.
Enthält: Widmungsgedicht an Papst Julius III.; dessen Vorwort; Autorenregister; Index der Embleme – nach vier Bedeutungsgruppen (THEOLOGICA, PHYSICA, MORALIA, PHILOLOGICA) geordnet; INDEX PERSONAR. ET RER.; Erratavereichnisse (Auslassungen, Druckfehler); Versvorrede an den Leser; Widmungsemblem an Bocchius; 149 numerierte Embleme in 5 Büchern (I = 3–32, II = 33–62, III = 63–93, IV = 94–124, V = 125–151; I 1 und 2 sind keine eigentlichen Embleme, sondern illustrierte Widmungsgedichte).
In dem benutzten Exemplar fehlen die Seiten 105–112 und 201–208 (= Embleme II 51–55 und IV 95–101), für diese Lücken wurde auf die zweite Ausgabe unter dem gleichen Titel Bononiae 1574 ⟨Staats- u. Univ.bibl. Göttingen: 8° Poet. lat. rec. I 3880⟩ zurückgegriffen. Die Emblemnumerierung wie auch die Seitenzählung sind mehrfach gestört: die Emblemnummern 62 und 63 werden zweimal nacheinander verwendet, so daß von da an bis zur zweiten Lücke die Zählung um zwei hinter der wirklichen Zahl der Embleme zurückbleibt; nach der Lücke stimmt die Zählung bis Emblem Nr. 105; danach setzt die Numerierung wieder mit 104 ein, so daß Zählung (104–146) und wirkliche Zahl der Embleme abermals um zwei differieren. Diese falschen Zählungen sind im Handbuch korrigiert.
Jedes Emblem nimmt in der Regel zwei einander gegenüberliegende Seiten ein (länger sind die Embleme Nr. 3, 32, 62, 124, 125, 127, 129, 130, 132, 133, 134, 136, 137, 139, 141 und 148); links: lat. Motto, gelegentlich Widmung, Emblemnummer und Bild (Kupferstiche von Giulio Bonasone di Antonio, um 1498 – um 1580, nach eigenen und zum Teil auch nach Entwürfen von Bocchius; beim Stechen arbeiteten ein Parmigiano und Prospero Fontana, 1512–1597, mit; viele der Motive sind Bildern von Michelangelo und Raffael, Bosch und Dürer entlehnt); rechts: zweites Motto oder Widmung (häufig auch beides), Emblemnummer und lat. Epigramm. (Im Handbuch sind beide Motti und die Widmung über das Bild gestellt.) Bildgröße ca. 85 × 115 mm.
Für die Wiedergabe der Bilder wurde die zweite Ausgabe (Bologna 1574) benutzt, weil sie dort (von Agostino Carracci, 1557–1602, retouchiert) deutlicher sind und sonst kein Unterschied besteht.
Aufgenommen sind 10 Embleme, davon II 53 und IV 99 nach der zweiten Ausgabe, und weitere 14 als Hinweise (zitiert nach der Buch- und Emblemnummer):

I 8:1720	II 55:1650	III 88: 871	IV 116:1143
I 23:1802	III 64:1772	III 90: 519	IV 117:1070
I 31:1177	III 67:1813	III 92:1647	IV 119:1151
II 43:1652	III 71:1811	III 93: 868	IV 124:1787
II 52:1103	III 78:1727	IV 99: 667	V 129: 316
II 53:1150	III 86:1182	IV 108:1553	V 137:1666

*

Boissardus, Ianus Iacobus (Jean Jacques Boissard; *1528/ Besançon – 1602 / Metz*) Boiss.

IANI IACOBI | BOISSARDI | VESVNTINI | Emblematum | liber. | Ipsa Emblemata ab Auctore | delineata: a Theodoro de Bry | sculpta, et nunc recens | in lucem edita. | Francofurti ad Moenum. | M D XCIII. ⟨*Staats- u. Univ.bibl. Göttingen: 8° Poet. lat. rec. I 5913*⟩

Erstausgabe (vgl. Harms → Bibliographie zur Emblemforschung, Nr. 973); 4°, [XIV] + 103 Seiten. Enthält: Prosawidmung; zwei Widmungsgedichte; Versvorrede an den Leser; EMBLEMATVM INDEX, ET ORDO; Errataverzeichnis; Kupferstich und 51 numerierte Embleme.
Jedes Emblem nimmt zwei einander gegenüberliegende Seiten ein; rechts: Nummer, Zierleiste, Widmung, Kupferstich mit lat. Motto und Bild (nach Zeichnungen von Boissard gestochen von Th. de Bry, 1528–1598), lat. Epigramm; links: Nummer, Zierleiste, Motto und lat. Prosakommentar. Bildgröße (einschließlich Motto) ca. 77 × 110 mm.
Das Buch enthält vor allem Illustrationen zu moralischen Lehren, die, den Auswahlprinzipien des Handbuches entsprechend, nicht aufgenommen wurden.
Die im gleichen Jahr erschienene deutsche Übertragung von T. A. Louicer: IANI IACOBI | BOISSARDI | VESVNTINI | Emblemata, | Auß dem Latein verteutscht | durch Teucrium Annaeum | Priuatum, C. | Mit Artlichen

Kunststücken | in Kupffer gestochen vnd von Neu= | wem an Tag geben / Durch Die=|terich Bry von Lüttich / jetzt | Burger zu Franckfurt. | 1593. *(von Praz auch in der zweiten Auflage seiner Bibliographie nicht angeführt) war nicht erreichbar. [Eines der inzwischen festgestellten Exemplare:* ⟨*Herzog August Bibliothek Wolfenbüttel: UK Sammelband 2 (2)*⟩]

Aufgenommen sind 6 Embleme, davon 4 als Hinweise (zitiert nach der Emblemnummer):

22: 614	28: 434	46:1797
27: 119	29:1144	51:1797

*

Bor. **Boria, Juan de** *(geboren 1553)*

EMPRESAS MORALES | A LA | S. C. R. M. DEL | REY DON PHELIPE | NVESTRO SEÑOR DI-|rigidas, por | DON IVAN DE BORIA DE SV | Consejo y su Embaxador cerca la M. | Caesarea del Emperador RV-|DOLPHO | II. | Praga por Iorge Nigrim 1581 ⟨*Univ.-bibl. Prag: L II B 39, Tres. R e 178*⟩

Einzig erreichbares Exemplar der Erstausgabe; 4°, [II] + 101 + [III] Blätter.
Enthält: Widmung; 100 Embleme; Nachwort an den Leser und Verzeichnis der Embleme. Die Embleme sind nicht numeriert.
Jedes Emblem nimmt zwei einander gegenüberliegende Seiten ein; rechts: lat. Motto und Bild; links: die dazu gehörende span. Prosasubscriptio.
Im benutzten Exemplar sind die Texte der Embleme S. 57 und 59 vertauscht; es fehlt Blatt 92. Da der Band schadhaft und brüchig ist und die Kupferstiche von Hand koloriert sind, wurden die Abbildungen eines Nachdrucks reproduziert:
EMPRESAS | MORALES, | COMPUESTAS | POR | EL EXCELLENTISSIMO SEÑOR, | DON JUAN DE BORJA, | ... SACALAS A LVZ | El Doctor Don FRANCISCO DE BORJA... | DEDICALAS | A La S. C. R. M. DEL REY DON CARLOS II. | NVESTRO SEÑOR. | - | EN BRVSSELAS, POR FRANCISCO FOPPENS, Mercader de Libros. 1680. ⟨*Staatsbibl. München: 4° L. eleg. m. 15*⟩. *Die Bilder sind den Originalen nachgestochen und weisen nur bei den Emblemen S. 3-6, 15, 16 und 97 leichte Abweichungen auf; Bildgröße (einschließlich Motto und Zierrahmen) ca. 100 × 115 mm. Der Nachdruck enthält noch eine* SEGUNDA PARTE *(laut Vorwort des Herausgebers, Francisco de Boria, aus dem handschriftlichen Nachlaß des Autors, seines Großvaters), die nicht berücksichtigt ist.*
Die deutsche Übersetzung stammt von Georg Friedrich Scharff:
JOANNES DE BORIA | Moralische | Sinn=Bilder/| Von Ihme vor diesem in Spanisch geschrie=|ben / nachmahls in Lateinisch / nunmehro aber wegen | seiner Vortrefflichkeit in die Hoch=Teutsche Sprache | übersetzet / von | Georg Friedrich Scharffen. | - | Berlin/| Verlegts Johann Michael Rüdiger / Buchhändler. | - | Druckts Ulrich Liebpert / Churfl. Brandenb. Hoff=Buchdr. 1698. ⟨*Staats- u. Univ.bibl. Göttingen: 8° Philosoph. VI 2153*⟩
In dieser Übersetzung sind die Embleme von 1–100 numeriert; jedes Emblem ist gegenüber dem Original um einen deutschen Vierzeiler erweitert, welcher den Distichen entspricht, die in einer gleichartigen, vom selben Verleger und Drucker in Berlin 1697 herausgebrachten lat. Version des Buches (von L. Camerarius) an gleicher Stelle, nämlich unter den Bildern, stehen. Als späterer Zusatz ist er nicht berücksichtigt.
Aufgenommen sind mit Bild, Motto und – meist gekürztem – Prosatext 75 Embleme, die übrigen 25 als Hinweise (zitiert nach der Blattzählung, der bei den Stellenangaben im Handbuch außerdem in Klammern die Emblemnummer der deutschen Übersetzung hinzugefügt wurde):

2: 206	22: 690	42: 608	62: 342	82: 804
3: 611	23: 229	43: 327	63: 604	83: 671
4:1715	24:1009	44:1389	64: 940	84: 132
5: 81	25:1469	45:1724	65: 263	85: 381
6:1845	26: 507	46:1223	66:1370	86: 653
7: 775	27: 43	47:1424	67:1206	87:1485
8:1269	28:1470	48: 8	68: 183	88:1369
9: 172	29: 184	49: 758	69:1444	89:1428
10: 780	30: 652	50: 799	70: 782	90: 806
11: 24	31: 121	51:1793	71: 9	91: 934
12: 152	32: 578	52:1415	72:1156	92:1298
13:1419	33:1432	53:1665	73:1270	93: 148
14:1384	34: 910	54:1281	74:1392	94: 414
15:1391	35: 63	55: 84	75:1289	95:1468
16:1327	36:1235	56:1457	76: 7	96:1212
17: 33	37:1410	57: 324	77:1808	97: 713
18: 67	38: 25	58: 259	78: 572	98: 996
19: 840	39:1492	59:1720	79: 207	99:1141
20:1008	40:1414	60:1508	80: 277	100:1655
21: 821	41: 262	61: 618	81: 332	101: 997

*

Bruck, Jacobus à (Jacob von Bruck, gen. Angermundt; *stammte vermutlich aus Breslau; Lebensdaten unbekannt*)   Bruck I

IACOBI â BRUCK | ANGERMUNDT | Cogn. Sil. | EMBLEMATA | MORALIA. | & | BELLICA. | Nunc recens in | Lucem edita. | - | Argentorati | Per | Iacobum ab Heÿden | Iconographum | Anno M D C XV. | - | M. Merian Incidebat. ⟨*Herzog August Bibliothek Wolfenbüttel: UK Bruck, Jacob 8°*⟩

Einzige Ausgabe; kl. 4°, [60] nur einseitig bedruckte Blätter und [31] angeheftete Seiten.
Enthält: Titelkupfer von Matthäus Merian, 1593–1650; Wappen des Autors; Widmungsemblem von Janus Gruterus; Widmungen und 56 Embleme. Die Embleme sind von 5–37 und b1–b23 numeriert, das Widmungsemblem von J. Gruterus trägt die Nummer 3.
Jedes Emblem besteht aus einem Kupferstich (wahrscheinlich von Jacob v. d. Heyden, 1573–1645), der eine Widmung (nur bei Emblem Nr. 5–10), ein kreisförmiges Bild mit lat.

BESCHREIBUNG DER BENUTZTEN EMBLEMBÜCHER

Motto als Umschrift, ein vierzeiliges lat. Epigramm (länger ist das Emblem Nr. 3 = Widmungsemblem von J. Gruterus) und in der rechten unteren Ecke die Emblemnummer enthält. Bilddurchmesser (mit Umschrift) ca. 77 mm.
Der zweite Teil (b 1–b 23) trägt auf dem ersten Blatt den Titel SEQVUNTUR EMBLEMATA BELLICA. *Die Ausgabe ist mit weißen Blättern von gleichem Papier durchschossen.*
Die 31 angehefteten Seiten enthalten neben einer franz. Übersetzung der Epigramme eine Kurtze Erklärung al=|ler dieser Emblematum, nach ihrer | zahl zu finden *in deutscher Sprache. Diese Übertragung, von den Herausgebern um die Übersetzung der Motti ergänzt, ist den Emblemen beigegeben. Aufgenommen sind 56 Embleme, davon 9 als Hinweise (zitiert nach der Emblemnummer):*

3:1277	11: 761	18: 164	25:1510	32: 449
5: 156	12: 902	19:1351	26: 563	33: 564
6:1030	13:1377	20: 859	27: 473	34: 709
7: 390	14:1270	21: 303	28: 885	35:1030
8:1559	15: 766	22: 971	29: 932	36:1021
9:1277	16:1251	23: 835	30:1387	37: 620
10:1294	17:1394	24:1369	31: 555	

b 1:1523	6: 151	11: 480	17:1017	22:1501
2: 847	7: 127	12: 885	18: 391	23:1061
3: 929	8: 127	13: 457	19: 486	
4: 447	9:1450	14: 747	20: 597	
5: 791	10: 906	16: 392	21:1260	

*

Bruck II **Bruck, Jacobus à** *(s. o.)*

Iacobi â Bruck | Angermunt cogn. | EMBLEMATA | POLITICA. | Quibus ea, quae ad princi=|patum spectant, breviter | demonstrantur, singulorum | verò explicatio fusius | proponitur. | OPUS NOVUM. | Prostant Argentinę apud | Iacobum ab Heÿden. | Et Coloniae apud Abrahamum | Hogenberg chalcographos. | A⁰. M. DC. XVIII. ⟨Staatsbibl. München: 4⁰ L. eleg. m. 18⟩

Einzige Ausgabe; kl.4⁰, [VIII] + 216 Seiten.
Enthält: Widmung an Kaiser Matthias I.; 6 Huldigungsgedichte und 54 numerierte Embleme.
Jedes Emblem umfaßt Widmung (nur bei Nr. 1–21), Nummer des Emblems, lat. Motto, kreisförmiges Bild (Kupferstiche von Matthäus Merian d. Ä., 1593–1650, – vielleicht auch von Abr. Hogenberg, vor 1608 – nach 1653, oder J. von der Heyden selbst – nach Zeichnungen von J. von der Heyden, 1573–1645) und lat. Epigramm; es folgt ein drei Seiten langer Prosakommentar. Bilddurchmesser (einschließlich Rahmen) ca. 77 mm.
Die Bilder zu den Emblemen Nr. 45 und 46 sind vertauscht.
Aufgenommen sind alle Embleme, davon 15 als Hinweise (zitiert nach der Emblemnummer):

1:1262	12: 23	23:1434	34: 130	45:1214
2: 205	13: 931	24:1271	35: 598	46: 322
3:1477	14:1290	25:1219	36:1284	47: 979
4: 68	15:1424	26:1205	37: 765	48:1452
5:1227	16: 381	27:1044	38:1378	49: 499
6:1417	17: 387	28: 646	39: 810	50: 588
7: 16	18:1264	29: 978	40: 621	51:1435
8:1504	19: 495	30: 977	41: 764	52: 972
9:1259	20:1381	31:1284	42:1513	53:1263
10:1725	21:1336	32: 643	43: 406	54: 226
11:1228	22:1268	33:1269	44: 87	

*

Camerarius, Joachim jun. *(1534 / Nürnberg – 1598 / ebd.)* Cam. I

SYMBOLORVM | & | EMBLEMATVM EX | RE HERBARIA | DESVMTORVM | CENTVRIA VNA | COLLECTA | A | IOACHIMO CAMERARIO | MEDICO NORIMBERG. | In quibus rariores Stirpium pro|prietates historiae ac Sententiae | memorabiles non paucae bre=|uiter exponuntur. | AN⁰ SALVT: M. D. XC.

SYMBOLORVM | & | EMBLEMATVM EX | ANIMALIBVS QVA=|DRVPEDIBVS | DESVMTORVM | CENTVRIA ALTERA | COLLECTA. | A | IOACHIMO CAMERARIO | MEDICO NORIMBERG. | Exponuntur in hoc libro rariores | tum animalium proprie=|[ta]tes tum | historiae ac sententiae memorabiles. | AN⁰ SALVT: M. D. XCV. Cam. II

SYMBOLORVM | & | EMBLEMATVM EX VO=|LATILIBVS ET INSECTIS | DESVMTORVM | CENTVRIA TERTIA | COLLECTA | A | IOACHIMO CAMERARIO | MEDICO NORIMBERG. | IN QVA MVLTAE RARIORES | PROPRIETATES AC HISTORIAE | ET SENTENTIAE MEMORA=|BILES EXPONVNTVR | AN⁰. SALVT. M. D. XCVI. Cam. III

SYMBOLORVM | ET EMBLEMATVM EX | AQVATILIBVS ET REPTILIBVS | Desumptorum | Centuria Quarta | A | Joachimo Camerario Medi: Nor: | coepta: absoluta post eius obitum | a | Ludouico Camerario JC.ᵗᵒ | Joach. Fil. | In qua itidem res memorabiles pluri=|mae exponuntur. | AN⁰. SALVT. M DCIV. Cam. IV
⟨Staats- u. Univ.bibl. Göttingen: 8⁰ Art. plast. III 3380⟩

Erste Gesamtausgabe der vier Centurien, 1605 in Nürnberg von Ludwig Camerarius (1578–1651), dem Sohn des Autors, herausgegeben. Das bei ²Praz S. 295 und bei Landwehr Nr. 166 angegebene Haupttitelblatt fehlt in diesem Exemplar (wohl seit es von einem Besitzer im 18. Jh. neu gebunden wurde). Die Gesamtausgabe behält die (oben angegebenen) Titelblätter der Erstausgaben der Centurien bei, enthält dagegen nicht deren Praefationes, Carmina und Indices. Sie bringt jedoch bei den Emblemen keinerlei Veränderung. Die Einzelausgaben erschienen erstmals 1590 (laut Vorwort 1593), 1595, 1596 (laut Kolophon 1597) und 1604 (laut Vorwort 1605), alle in Nürnberg. 4⁰, 102 + 104 + [II] + 102 + [IV] + 101 Blätter.

Enthält: I. *Centuria: Titelkupfer; lat. Vorrede an den Leser von Ludwig Camerarius; 100 numerierte Embleme; kurzes Erratavereichnis.* II. *Centuria: Titelkupfer; lat. Widmungsgedicht von Helias Putschius; 100 numerierte Embleme; kurzes Erratavereichnis.* III. *Centuria: Titelkupfer; lat. Widmungsgedicht von Putschius; 100 numerierte Embleme.* IV. *Centuria: Titelkupfer; Widmung an den Senat von Nürnberg in lat. Prosa von Ludwig Camerarius (der diese Centuria nach dem Tod seines Vaters herausgab); lat. Widmungsgedicht von Putschius; 100 numerierte Embleme; kurzes Erratavereichnis.*

Jedes Emblem nimmt zwei einander gegenüberliegende Seiten ein; links: Emblemnummer, lat. Prosakommentar mit Zitaten und Quellenangaben; rechts: Emblemnummer, Motto, kreisförmiges Bild, lat. Distichon (bei dem letzten Emblem der II. und III. Centuria folgt anschließend noch eine 3 bzw. 4 Seiten lange Fortsetzung des Kommentars). Die Kupferstiche der Embleme und Titelblätter sind von Hans Sibmacher, gest. 1611; Bilddurchmesser ca. 70 mm. In dieser Ausgabe wird irrtümlich beim Emblem II Nr. 54 das Bild von II Nr. 51 wiederholt; dieses und die Bilder der Embleme I Nr. 28, II Nr. 57, 58, 82, 94 und III Nr. 58, die im benutzten Exemplar undeutlich sind, wurden der Ausgabe Frankfurt 1654 entnommen.

Eine zeitgenössische Übertragung des Werkes mit deutschen Versen Vier Hundert | Wahl=Sprüche | Vnd | Sinnen=Bilder / | Durch welche beygebracht und außgelegt werden | Die angeborene Eigenschafften / | Wie auch | Lustige Historien / | Vnd Hochgelährter Männer | Weiße Sitten=Sprüch. | Vnd zwar | Im I. Hun=|dert: Von Bäumen und aller=|hand Pflantzen. | Im II. Von Vier=Füssigen Thieren. | Im III. Von Vögeln und allerley kleinen | so wol fliegenden als nit fliegenden Thierlein. | Im IV. Von Fischen und kriechenden Thieren. | Vormahls durch den Hochgelährten | Hn. Ioachimum Camerarium | In Lateinischer Sprach beschrieben: | Vnd nach ihm | Durch einen Liebhaber seiner Nation / | wegen dieses Buchs sonderbarer Nutzbarkeit; | Allen denen die in vorgemelter Sprach unerfahren seyn / | zum besten ins Teutsch versetzet. | MAINTZ / | In Verlegung Ludwig Bourgeat. | – | M. DC. LXXI. ⟨*Herzog August Bibliothek Wolfenbüttel: Li 1204*⟩, *von Praz erst in der zweiten Auflage seiner Bibliographie, S. 296, angeführt, wurde so spät zugänglich, daß sie nicht mehr verwendet werden konnte. Das Handbuch bietet stattdessen die übliche Prosaübersetzung.*

Aufgenommen sind alle 400 Embleme, davon 68 als Hinweise (zitiert nach Centurien- und Emblemnummer):

I	1:286	11:251	21:153	31:233	41: 354
	2:205	12:280	22:240	32:260	42: 293
	3:165	13:173	23:201	33:187	43: 258
	4:305	14:211	24:195	34:259	44: 237
	5:202	15:248	25:223	35:204	45: 332
	6:211	16:227	26:277	36:337	46: 303
	7:218	17:148	27:853	37:261	47: 274
	8:193	18:258	28:204	38:254	48: 290
	9:243	19:248	29:237	39:263	49: 311
	10:245	20:314	30:335	40:198	50:1256
	51:294	61: 348	71:309	81: 343	91: 326
	52:313	62: 305	72:312	82: 359	92: 338
	53:304	63:1222	73: 57	83: 340	93: 549
	54:279	64: 362	74:349	84:1096	94: 350
	55:283	65: 279	75:335	85: 346	95: 357
	56:319	66: 348	76:310	86: 337	96: 308
	57:324	67: 349	77:310	87: 338	97: 332
	58:342	68: 354	78:327	88: 311	98: 328
	59:329	69: 308	79:342	89: 306	99:1256
	60:347	70: 314	80:318	90: 631	100: 324
II	1:410	21: 442	41:473	61: 563	81: 465
	2:416	22: 446	42:470	62: 559	82: 465
	3:413	23: 445	43:468	63: 583	83: 485
	4:424	24: 529	44:476	64: 475	84: 485
	5:424	25: 532	45:475	65: 533	85: 488
	6:393	26: 522	46:467	66: 477	86: 486
	7:585	27: 529	47:479	67: 533	87: 492
	8:396	28: 497	48:478	68: 533	88: 491
	9:382	29: 494	49:554	69: 476	89: 595
	10:383	30: 499	50:549	70: 538	90: 665
	11:378	31: 498	51:407	71: 539	91: 609
	12:422	32: 508	52:449	72: 542	92: 612
	13:422	33: 459	53:408	73: 482	93: 460
	14:421	34: 459	54:459	74: 510	94: 490
	15:426	35: 402	55:457	75: 868	95: 466
	16:427	36: 403	56:457	76: 441	96: 461
	17:427	37: 405	57:461	77: 430	97: 669
	18:428	38: 405	58:440	78: 588	98: 672
	19:466	39: 406	59:580	79: 463	99: 670
	20:443	40: 470	60:579	80: 463	100: 759
III	1:759	21: 810	41:829	61: 857	81: 885
	2:760	22: 817	42:826	62: 862	82: 879
	3:768	23: 816	43:800	63: 859	83: 876
	4:778	24: 816	44:841	64: 860	84: 877
	5:766	25: 817	45:802	65: 800	85: 873
	6:779	26: 816	46:805	66: 863	86: 875
	7:770	27: 821	47:846	67: 865	87: 875
	8:769	28: 822	48:834	68: 844	88: 756
	9:774	29: 783	49:836	69: 844	89: 901
	10:767	30: 784	50:854	70: 872	90: 926
	11:773	31: 783	51:853	71: 876	91: 919
	12:822	32: 785	52:851	72: 889	92: 302
	13:780	33: 785	53:845	73: 864	93: 742
	14:779	34: 785	54:826	74: 863	94: 909
	15:768	35: 787	55:840	75: 869	95: 912
	16:777	36: 790	56:839	76: 867	96: 935
	17:807	37: 812	57:883	77: 891	97: 911
	18:807	38: 812	58:887	78: 896	98: 945
	19:807	39: 794	59:856	79: 880	99: 940
	20:809	40: 828	60:857	80: 880	100: 795
IV	1:714	6: 690	11:685	16: 698	21: 721
	2:680	7: 685	12:686	17: 704	22: 736
	3:681	8:1556	13:704	18: 704	23: 718
	4:716	9: 684	14:697	19: 705	24: 698
	5:681	10:1279	15:689	20: 705	25: 605

26:705	41: 692	56: 724	71: 602	86: 641
27:713	42: 692	57: 730	73: 604	87: 632
28:706	43: 699	58: 730	73: 603	88: 645
29:717	44: 699	59: 732	74: 735	89: 651
30:718	45:1115	60: 590	75: 628	90: 661
31:719	46: 707	61: 730	76: 625	91: 662
32:706	47: 703	62:1796	77: 768	92: 660
33:706	48: 612	63:1698	78: 624	93: 659
34:696	49: 733	64:1698	79: 627	94: 928
35:714	50: 734	65: 677	80: 645	95: 904
36:721	51: 724	66: 674	81:1223	96: 906
37:717	52: 725	67: 672	82: 635	97: 619
38:697	53: 723	68: 678	83: 653	98: 617
39:691	54: 727	69: 739	84: 644	99: 620
40:693	55: 723	70: 738	85: 641	100: 619

*

Cats, Embl.   **Cats, Jacob** *(1577 / Brouwershaven – 1660 / 's-Gravenhage)*

EMBLEMATA | MORALIA | ET | AECONOMICA. | Virgilius. | Omnia vertuntur, certè vertuntur amores. | [Rotterdam 1627] ⟨*Herzog August Bibliothek Wolfenbüttel: 2. 1 Ethica*⟩

Erstausgabe, angebunden an Cats, Prot. (→), *mit fortlaufender Bogen-, aber eigener Seitenzählung (entgegen den Angaben bei Praz und Landwehr handelt es sich um ein selbständiges Werk, nicht um einen Bestandteil des Proteus). 4°. 91 S.*

Enthält: Titel; 43 numerierte Embleme; niederl. und lat. Schlußgedicht.

Jedes Emblem nimmt zwei einander gegenüberliegende Seiten ein (nur das letzte fünf); links: Motto – meist lat., in neun Fällen (Nr. 7, 8, 12, 15–17, 28, 39, 42) niederl., je einmal franz. (Nr. 14) und griech. (Nr. 31), Emblem Nr. 30 hat kein Motto –, Emblemnummer, kreisförmiges Bild in viereckigem Rahmen, Zitate aus antiken und neueren Autoren oder (bei Nr. 8, 11, 32, 33, 36, 38, 39, 41, 43) lat. Epigramm; rechts: niederl. Epigramm, lat. Epigramm bzw. nur Zitate (Nr. 8, 11, 14, 22, 27, 39) oder beides, einige Male auch franz. (Nr. 7, 42), span. (Nr. 42) und ital. (Nr. 7, 25) Zitate, in zwei Fällen (Nr. 32 und 33) auch je zwei niederl. Epigramme. Bilddurchmesser ca. 125 mm.

Die Bilder erschienen zuerst – meist mit anderem Motto – in der Maechden-plicht ofte ampt der ionck-vrovwen (Middelburg 1618 u.ö.) des gleichen Autors, einem Dialog, bei dem zu jeder Rede ein Bild mit Motto gehört; das letzte Bild der Maechden-plicht (Nr. 44) ist in den Emblemata nicht enthalten; die Kupferstiche (von Jan Gerritsz. Swelinck, *geb. um 1601, nach* Adriaen van de Venne, *1589–1662) sind für die Emblemata seitenverkehrt nachgestochen und mit dem viereckigen Rahmen versehen; das Bild zu Emblem Nr. 18 steht auf dem Kopf.*

Die deutsche Übertragung wurde entnommen der Ausgabe: Des | Unvergleichlichen holländischen Poëten / | JACOB CATS, | Rittern / und Raht=Pensionarii | von Holland und West=Friesland etc. | Sinnreiche Wercke | und | Gedichte / | Aus dem Niederländischen übersetzet. | Erster Theil / | Bestehend in | Sinn= und Liebes=Bildern / | Monitis amoris Virginei, | Josephs Selbst=Streit / | Samt | Den dazu gehörigen Geschichten / und Sinn=|Bildern des Christlichen Selbst=Streits / | … Hamburg, gedruckt und verlegt im güldnen A, B, C. | … 1710. ⟨*Herzog August Bibliothek Wolfenbüttel: 82 Lp*⟩ *Sie steht dort auf den Seiten 106–128 unter dem Titel:* Sinnreicher und nachdencklicher | Sinn=Bilder | Anderer Theil *und stammt laut Vorrede des Übersetzers: „von einem / Nahmens Herrn Ernst Christoph Homburg (1605–1681) / und einem andern / Herrn E. A. von Raeßfeldt / benahmt." Die Numerierung weicht von der des Originals ab, ist deshalb im Handbuch unter dem Text in [ ] angegeben.*

Aufgenommen mit Motto, Bild, niederl. Epigramm (die in den Epigrammen häufige Schreibung vv für w ist im Handbuch zu w vereinheitlicht) und der deutschen Übertragung sind 37 Embleme (das Epigramm zu Nr. 43, das im Original 102 Verse umfaßt, allerdings gekürzt), die übrigen 6 als Hinweise (zitiert nach der Emblemnummer):

1: 199	10: 679	19: 979	28: 230	37: 83
2:1451	11: 292	20:1376	29:1324	38:1231
3: 838	12: 752	21: 330	30: 89	39: 719
4: 136	13:1483	22: 357	31: 726	40: 300
5:1344	14: 751	23: 622	32: 922	41: 277
6: 266	15: 457	24: 824	33: 540	42: 167
7: 682	16: 740	25:1109	34: 270	43: 255
8:1323	17: 235	26: 289	35: 227	
9: 751	18: 79	27: 269	36:1373	

*

Cats, Jacob *(s. o.)*   **Cats, Prot.**

PROTEUS | ofte | Minne-beelden | Verandert | IN | Sinne-beelden | Tot Rotterdam | Bij Pieter van Waesberge | boecvercooper An.° 1627 | Met Privilegie voor 15. Iaren. ⟨*Herzog August Bibliothek Wolfenbüttel: 2. 1 Ethica*⟩ (*Neudruck mit gekürzten Texten: Kampen 1960 → vgl. Bibliographie zur Emblemforschung, Nr. 915*)

Erstausgabe des Werkes unter diesem Titel; 4°, [VIII] + 35 + [II] + 315 Seiten.

Enthält: Vortitel, Titelkupfer (von Franciscus Schillemans, *geb. 1575) und dessen Erklärung; Privileg; Widmung an den Magistrat von Rotterdam; Vorwort zum Neudruck; Vorrede an den Leser – alles in niederl. Prosa; lat. Fassung der Vorrede; niederl. Gedicht* Aende Zeeusche Ionck-vrouwen; *Lobgedichte auf den Autor: 6 lat. (darunter eines von* Heinsius), 1 franz. *und* 7 niederl. (darunter 1 von Anna Roemers Visscher); *Zwischentitel; 52 numerierte Embleme mit je 3 Deutungen.*

Jedes Emblem nimmt 6 Seiten ein, das letzte (Nr. 52) 8; 1. Seite: lat. Motto, Emblemnummer, kreisförmiges Bild in viereckigem Rahmen (Kupferstiche von Jan Gerritsz. Swelinck ?, *geb. um 1601, nach* Adriaen van de Venne, *1589–1662), Zitate aus antiken und neueren Autoren; 2. Seite: niederl., lat. und franz. Motto und Epigramm (= 1. Deutung); 3. Seite: niederl., lat. und franz. Motto und Epigramm (= 2. Deutung); 4. Seite: lat. Motto, meist identisch mit dem der vorhergehenden Seite, lat. und niederl. Prosakommentare, Zitate; 5. Seite: niederl., lat. und franz. Motto (durchweg Bibelzitate) und Epigramm (= 3. Deutung); 6. Seite: lat. Motto, lat. und niederl. Prosakommentare, Zitate. Zum letzten Emblem folgt auf der 7. Seite noch eine 4. Deutung, auf der 8. weitere Zitate. Bilddurchmesser ca. 127 mm.*

Das Werk ist weitgehend identisch mit dem Silenus Alcibiadis, sive Proteus, vitae humanae ideam, Emblemata trifariam variato, oculis subjiciens *(Middelburg 1618 u. ö.) des gleichen Autors. Der* Silenus *besteht aus drei Teilen mit je 51 Emblemen, und zwar aus 1.:* Emblemata, Amores Moresque spectantia; *2.:* Emblemata, ... in Moralis Doctrinae sensum magis serium translata; *3.:* Emblemata ... in Sacras Meditationes transfusa; *in allen drei Teilen erscheinen die gleichen Bilder. – Im* Proteus *folgen dagegen auf jedes Bild alle drei Deutungen nacheinander; außerdem ist als Nr. 1 ein neues Emblem hinzugefügt, das Bild zu Nr. 2 (=* Silenus *Nr. 1) ist – wenn auch in der Res picta gleich – neu gestochen (beide Bilder von* Swelinck *nach* van de Venne*); alle anderen 50 Bilder sind gegenüber denen des* Silenus *seitenverkehrt und mit dem viereckigen Rahmen versehen. Außerdem ist der Text der niederl. Epigramme verändert.*

Auf diesen veränderten niederl. Epigrammen beruht die deutsche Übertragung von E. C. von Homburg und E. A. von Raeßfeldt, die derselben Ausgabe (Seite 1–105) wie bei Cats, Embl. *(→) entnommen wurde.*

Aufgenommen mit lat. und niederl. Motto, Bild, niederl. Epigramm (hier ist im Handbuch die häufige Schreibung vv für w zu w vereinheitlicht) und der deutschen Übertragung sind alle 156 Embleme, davon 18 als Hinweise (zitiert nach der Emblemnummer):

1, 1–3: 710	19, 1–3: 530	37, 1–3: 632
2, 1–3: 188	20, 1–3: 68	38, 1–3: 1081
3, 1–3: 69	21, 1–3: 749	39, 1–3: 570
4, 1–3: 430	22, 1–3: 694	40, 1–3: 941
5, 1–3: 1835	23, 1–3: 103	41, 1–3: 849
6, 1–3: 181	24, 1–3: 1131	42, 1–3: 437
7, 1–3: 865	25, 1–3: 731	43, 1–3: 1300
8, 1–3: 1497	26, 1–3: 1411	44, 1–3: 1244
9, 1–3: 1083	27, 1–3: 1319	45, 1–3: 166
10, 1–3: 384	28, 1–3: 333	46, 1–3: 674
11, 1–3: 179	29, 1–3: 1216	47, 1–3: 520
12, 1–3: 592	30, 1–3: 465	48, 1–3: 439
13, 1–3: 1126	31, 1–3: 606	49, 1–3: 1472
14, 1–3: 802	32, 1–3: 584	50, 1–3: 1224
15, 1–3: 609	33, 1–3: 294	51, 1–3: 1234
16, 1–3: 699	34, 1–3: 672	52, 1–4: 912
17, 1–3: 1373	35, 1–3: 596	
18, 1–3: 593	36, 1–3: 94	

*

Corr. **Corrozet, Gilles** *(1510 / Paris – 1568 / ebd.)*

Hecaton-|GRAPHIE. | C'est à dire les descriptions de cent | figures & hystoires, contenants | plusieurs appophthegmes, prouer-|bes, sentences & dictz tant des | anciens, que des modernes. Le tout | reueu par son autheur. | Auecq' Priuilege. | A Paris chez Denys Ianot Impri-|meur & Libraire. | 1543. ⟨Staats- u. Univ.bibl. Göttingen: 8° Poet. Gall. I 7580⟩ *(Neudruck: Paris 1905 →* Bibliographie zur Emblemforschung, *Nr. 1028)*

Nachdruck der (nicht erreichbaren) Originalausgabe von 1540; 8°, [208] Seiten, Bogenzählung.

Enthält: Imprimatur; Versvorrede an den Leser und 100 nicht numerierte Embleme.

Jedes Emblem nimmt zwei einander gegenüberliegende Seiten ein; links: Motto, Bild (die Holzschnitte werden Jean Cousin, *um 1522 – um 1594, zugeschrieben) und vierzeiliges franz. Epigramm, alles in einem Zierrahmen (dem gleichen wie bei* La Per. Th. →*); rechts: längeres kommentierendes franz. Gedicht (20–30 Verse). Bildgröße (ohne Zierrahmen) ca. 53 × 31 mm (mit Zierrahmen ca. 85 × 125 mm).*

Aufgenommen sind alle 100 Embleme, davon 11 als Hinweise (zitiert nach der Bogenzählung):

A iiij b : 1068	F ii b : 543	K iiij b : 1764
B b : 744	F iii b : 643	K v b : 1453
B ii b : 564	F iiij b : 1812	K vi b : 1057
B iii b : 874	F v b : 696	K vii b : 1362
B iiij b : 1192	F vi b : 695	K viii b : 1642
B v b : 277	F vii b : 1799	L b : 886
B vi b : 125	F viii b : 1543	L ii b : 910
B vii b : 1542	G b : 119	L iii b : 1799
B viii b : 1287	G ii b : 1762	L iiij b : 1542
C b : 1761	G iii b : 1328	L v b : 1346
C ii b : 742	G iiij b : 954	L vi b : 1573
C iii b : 1720	G v b : 73	L vii b : 748
C iiij b : 28	G vi b : 482	L viii b : 260
C v b : 1733	G vii b : 971	M b : 1276
C vi b : 135	G viii b : 1806	M ii b : 1810
C vii b : 991	H b : 1762	M iii b : 541
C viii b : 486	H ii b : 451	M iiij b : 1682
D b : 1577	H iii b : 763	M v b : 380
D ii b : 1162	H iiij b : 1603	M vi b : 1467
D iii b : 616	H v b : 455	M vii b : 1798
D iiij b : 1306	H vi b : 411	M viii b : 1577
D v b : 1123	H vii b : 1560	N b : 1765
D vi b : 669	H viii b : 1363	N ii b : 1813
D vii b : 1258	I b : 45	N iii b : 1345
D viii b : 712	I ii b : 1383	N iiij b : 745
E b : 1326	I iii b : 903	N v b : 1419
E ii b : 137	I iiij b : 1364	N vi b : 500
E iii b : 1255	I v b : 1385	N vii b : 1663
E iiij b : 1761	I vi b : 1363	N viii b : 1173
E v b : 839	I vii b : 1364	O b : 196
E vi b : 1578	I viii b : 1647	O ii b : 1315
E vii b : 471	K b : 1617	O iii b : 1307
E viii b : 1512	K ii b : 490	
F b : 832	K iii b : 1604	

*

Costalius, Petrus (Coustau, Pierre; *Lebensdaten unbekannt*)   Cost.

PETRI COSTALII | PEGMA, | Cum narrationibus philosophicis. | – | LVGDVNI, | Apud Matthiam Bonhomme. | - | 1555 | CVM PRIVILEGIO REGIS. ⟨Staats- u. Univ.bibl. Göttingen: 8⁰ Poet. lat. rec. I 5690⟩

Erstausgabe; 8⁰ [XVI] + 336 + [VIII] Seiten.
Enthält: Imprimatur; Brief des Autors an seinen Bruder Antonius; 95 Embleme mit Bild, 27 Embleme ohne Bild; INDEX EPIGRAMMATΩN. Die Embleme sind nicht numeriert.
Jedes der illustrierten Embleme umfaßt lat. Bildstichwort, lat. (selten griech.) Motto, Bild (Holzschnitte nach P. Vase, d. i. Pierre Eskrich, um 1515/20 – nach 1590) und lat. Epigramm auf einer von einem Zierrahmen umgebenen Seite; es folgt jeweils eine NARRATIO PHILOSOPHICA in lat. Prosa von unterschiedlicher Länge (2–4 S.). Die Embleme ohne Bild bestehen nur aus Bildstichwort, Motto und Epigramm (außer dem Bild fehlt auch die Narratio Philosophica). Bildgröße (ohne Rahmen) ca. 60 × 45 mm (mit Rahmen ca. 95 × 135 mm).
Aufgenommen sind alle 95 bebilderten Embleme, davon 15 als Hinweise, und 7 aus der Gruppe der Embleme ohne Bild (zitiert nach der Seitenzahl; römische Zahlen bezeichnen die nicht paginierten Seiten am Anfang des Werkes):

V: 1555	89: 1432	171: 1803	267: 1099
IX: 1556	92: 1643	176: 1695	271: 1176
XIII: 1046	95: 736	178: 95	274: 1189
4: 218	98: 501	183: 1756	278: 1163
9: 1194	102: 1829	187: 1158	282: 1783
12: 1722	106: 1342	191: 1093	286: 1784
15: 1670	109: 1822	194: 651	289: 1143
20: 961	112: 1118	197: 1062	292: 968
24: 1746	116: 1383	200: 636	296: 1154
30: 1179	119: 1013	203: 1168	302: 509
33: 1230	122: 336	206: 1079	305: 1737
37: 1721	126: 1675	209: 1148	308: 1194
40: 241	129: 1026	212: 966	312: 1613
43: 939	132: 1736	215: 1281	315: 1609
47: 1193	135: 1168	219: 1150	318: 1045
51: 1276	138: 378	222: 1159	323: 426
55: 1403	140: 1834	225: 892	325: 1573
58: 1689	146: 735	229: 1164	329^1: 815
61: 1674	149: 66	232: 502	329^2: 1715
65: 1722	151: 1702	241: 1562	331: 1812
69: 1220	154: 417	245: 316	332: 1294
71: 1418	157: 1071	247: 1817	333: 1171
75: 1244	160: 1118	251: 1070	334^1: 407
79: 341	162: 1681	255: 652	334^2: 860
83: 1148	165: 1180	259: 1192	
86: 511	168: 994	263: 1189	

*

Cov. **Covarrubias Orozco, Sebastián de** *(1539 / Toledo – 1613 / ebd.)*
EMBLEMAS MORALES | DE DON SEBASTIAN DE | Couarrubias Orozco, Capellan del Rey N. S. Maestrescuela, | y Canonigo de Cuenca, Consultor del | santo Oficio. | DIRIGIDAS A DON FRANCISCO GOMEZ DE | Sandoual y Roxas, Duque de Lerma, Marq̃s de Denia, Sumiller de Corps | Cauallerizo mayor del Rey N. S. Comendador mayor de Castilla, | Capitan General de la cauallería de España. | - | CON PRIVILEGIO, | En Madrid, Por Luis Sanchez: Año 1610. ⟨Österreich. Nationalbibl. Wien: 74. G 106⟩

Einzige Ausgabe; 4⁰, [IV] + 300 + [VIII] Blätter.
Enthält: staatliches Imprimatur; Erratavezeichnis; kirchliches Imprimatur; königliches Privileg; Widmung; 3 Bücher zu je 100 numerierten Emblemen; alphabetisches Mottoregister; Kolophon.
Jedes Emblem nimmt Vorder- und Rückseite eines Blattes ein; Vorderseite: Bild mit eingeschriebenem span. Spruchband-Motto, Emblemnummer und span. Epigramm (Stanze); Rückseite: span. Prosakommentar; alle Emblemseiten sind von einem Zierrahmen umgeben. Bildgröße ca. 73 × 52 mm. Da die Spruchband-Motti nicht selten unvollständig oder fehlerhaft sind, wurden sie nach der Schreibung, in der sie am Ende der Kommentare wiederholt werden, ergänzt bzw. berichtigt. Die Kommentare teilen auch die Quellen der Motti mit (häufig nur: Sprichwort); diese stehen im Handbuch jeweils am Anfang der Quellenangaben.
Aufgenommen sind 298 Embleme, davon 90 als Hinweise (zitiert nach Buch- und Emblemnummer):

I	1: 11	21: 566	41: 362	61: 102	81: 1618
	2: 1863	22: 41	42: 1306	62: 861	82: 1669
	3: 302	23: 1306	43: 626	63: 1835	83: 1252
	4: 1335	24: 1024	44: 613	64: 1070	84: 371
	5: 306	25: 1239	45: 1765	65: 1552	85: 881
	6: 252	26: 1250	46: 475	66: 551	86: 1407
	7: 999	27: 558	47: 605	67: 1416	87: 1371
	8: 26	28: 175	48: 549	68: 1201	88: 678
	9: 99	29: 1390	49: 1058	69: 1279	89: 173
	10: 858	30: 1523	50: 665	70: 1028	90: 470
	11: 577	31: 1201	51: 736	71: 1187	91: 981
	12: 1413	32: 224	52: 1690	72: 1114	92: 568
	13: 323	33: 1091	53: 340	73: 378	93: 512
	14: 1100	34: 1199	54: 449	74: 629	94: 1698
	15: 770	35: 745	55: 1449	75: 1525	95: 1851
	16: 1262	37: 279	56: 1173	76: 1743	96: 432
	17: 756	38: 1436	57: 990	77: 224	97: 10
	18: 1425	39: 489	58: 394	78: 804	98: 1145
	19: 1002	40: 442	59: 193	79: 774	99: 379
	20: 1286		60: 1517	80: 1442	100: 1239
II	1: 1725	13: 1242	25: 498	37: 121	49: 1224
	2: 1258	14: 78	26: 529	38: 123	50: 1317
	3: 654	15: 1387	27: 1123	39: 1794	51: 125
	4: 1407	16: 504	28: 1522	40: 1037	52: 956
	5: 1213	17: 128	29: 1174	41: 34	53: 1350
	6: 1283	18: 60	30: 1000	42: 1340	54: 1298
	7: 1274	19: 1411	31: 1303	43: 613	55: 1136
	8: 818	20: 1567	32: 1460	44: 580	56: 1849
	9: 1780	21: 332	33: 1850	45: 410	57: 153
	10: 1487	22: 1290	34: 1800	46: 1439	58: 1214
	11: 1526	23: 57	35: 1489	47: 1544	59: 876
	12: 313	24: 1856	36: 22	48: 1511	60: 1604

61: 418	69:1073	77:1094	85: 249	93: 635
62: 405	70:1144	78: 619	86: 733	94:1283
63:1399	71:1440	79:1459	87: 429	95: 647
64: 977	72:1504	80: 101	88:1819	96: 543
65:1488	73:1850	81: 126	89: 828	97:1849
66: 598	74:1674	82:1349	90:1422	98: 534
67: 217	75:1644	83: 858	91: 960	99: 860
68:1476	76:1313	84:1333	92: 821	100: 881

III	2:1006	22: 130	42:1405	62:1067	82:1043
	3: 115	23: 399	43:1232	63:1406	83: 308
	4:1451	24:1614	44: 91	64: 133	84: 339
	5: 223	25: 222	45:1072	65:1101	85:1616
	6: 351	26:1823	46:1776	66:1007	86:1331
	7:1039	27:1510	47: 891	67:1806	87: 68
	8:1815	28:1655	48:1355	68: 110	88: 830
	9:1821	29: 134	49:1855	69:1352	89:1637
	10: 835	30:1183	50: 72	70:1101	90: 796
	11:1670	31:1856	51:1275	71: 921	91: 453
	12:1540	32:1468	52: 155	72: 800	92: 124
	13: 522	33:1091	53: 224	73:1504	93:1648
	14: 942	34:1740	54: 626	74:1343	94:1175
	15:1557	35:1685	55:1429	75:1581	95:1400
	16: 474	36: 358	56: 398	76: 959	96: 760
	17: 461	37:1358	57: 248	77:1129	97:1050
	18:1303	38:1508	58: 525	78:1410	98:1705
	19:1658	39: 472	59: 917	79: 370	99:1465
	20: 882	40:1700	60:1376	80:1640	100:1208
	21:1185	41: 200	61:1106	81:1805	

*

Cust. I **Custos, Raphael** *(um 1590 / Augsburg – 1651 / Frankfurt)*

EMBLEMATA AMO=|RIS, | CONSECRATA | Nobil^mo: & Clariss^mo: viro, Dño: | PHILIPPO | HEINHOFERO, | Avgustano Vindelico: Serenissimi. | DVC: Pomer: Consiliario: Subtil. & | eleg. artium Admiratori, Maecenati | magnifico | Studio & opera | RAPHAëLIS CVSTODIS, | Ciuis et chalcographi Augustani | AVGVSTAE VINDELICORVM | Anno depulsae per Christum seruitutis, | MDCXXII (Gedruckt zu Augsburg / durch Johann | Schulthes / In Verlegung Raphaelis Custodis Kupfferstechers. | – | Im Jahr / M. DC. XXII.) ⟨Herzog August Bibliothek Wolfenbüttel: 202, 6 Quod. 4⁰⟩

Einzige Ausgabe; kl. 4⁰, [56] Blätter, Bogenzählung.
Enthält: Titel; lat. und deutsche Vorrede an den Leser; deutsche und lat. Widmung an Philipp Heinhofer; 50 numerierte Embleme; Kolophon.
Jedes Emblem nimmt die Vorderseite eines Blattes ein und besteht aus Emblemnummer, lat. Motto (häufig mit Quellenangabe), ovalem Bild in viereckigem Rahmen, lat. Epigramm und dessen deutscher Übertragung.
Motti, Bilder und lat. Epigramme sind von Vaenius (→) übernommen; dabei wurden die Bilder der Vorlage seitenverkehrt (bis auf Nr. 18 = Vaen. S. 35) nachgestochen und mit dem Rahmen umgeben. Bildgröße (mit Rahmen) ca. 120 × 88 mm.

SECVNDA PARS | EMBLEMATVM | AMORIS, | CONSECRATA | Nobil^mo: et Clariss^mo: Viro Dño: | PHILIPPO HEINHOFERO. | Augustano Vindelico, Serenissimis Ducib, | Pomeranorum et Lunenburgensium | à Consiliis | et inclyti Iudicii Augustani Assessori dignis⁰: | Subtil: et eleg. artium Admiratori | et Maecenati magnifico. | Studio et opera | RAPH[A]ëLIS CVSTODIS, CIVIS ET CHALG, | Augustani Augustae Vindelicorum. Anno | depulsae per Christum seruit. | MDCXXXI ⟨Staats- u. Univ.bibl. Göttingen: 2⁰ Bibl. Uff. 406⟩ Cust. II

Einzige Ausgabe; 4⁰, [24] Blätter, keine Zählung.
Enthält: Titel und 23 nicht numerierte Embleme.
Jedes Emblem nimmt die Vorderseite eines Blattes ein und besteht aus einem Kupferstich mit deutschem Motto, Bild, lat. Distichon und dessen deutscher Übertragung in Vierzeilern. Auch die Bilder dieses Bandes sind denen von Vaenius (→) seitenverkehrt und mit dem viereckigen Rahmen nachgestochen; die Distichen aber weichen vom Wortlaut der Epigramme des Vaenius erheblich ab. Bildgröße (mit Rahmen) ca. 105 × 90 mm.
Insgesamt enthalten die beiden genannten Bände also 73 der 124 Embleme von Vaenius; Custos' deutsche Versionen der Epigramme und (beim II. Teil) der Motti wurden den aufgenommenen Vaenius-Emblemen hinzugefügt.
Aufgenommen sind 31 Embleme, davon 6 als Hinweise (Cust. I zitiert nach der Emblemnummer, Cust. II nach eigener Zählung):

I	1: 656	11:1742	18: 47	26: 150	45:1763
	3: 169	13: 582	19: 48	27:1653	47:1394
	4:1349	14:1439	20:1471	28:1279	48: 616
	6: 201	15: 962	22:1617	38: 312	49: 484
	10:1779	17: 517	23:1280	44: 615	50: 911

II	2: 810	7:1801	13:1365	17: 222	19: 299
	4:1377				

*

Embl. Nor. **Is(s)elburg, Peter** *(1568? oder um 1580 / Köln – 1630 /?)*

EMBLEMATA | POLITICA | In aula magna Curiae Noribergensis de=|picta. | Quae sacra VIRTVTVM | suggerunt MONITA | PRVDENTER administrandi | FORTITERQVE defendendi | Rempublicam. 1640. | Nürnberg, in Verlegung Wolff Endters. ⟨Staats- u. Univ.bibl. Göttingen: 4⁰ Bibl. Uff. 498⟩

Zweite Ausgabe (die Erstausgabe – die nicht rechtzeitig erreichbar war – erschien 1617) [Exemplar der Erstausgabe: ⟨Staats- u. Univ.bibl. Göttingen: 8⁰ Art. plast. III 3415⟩]; kl. 4⁰, [36] Blätter, Bogenzählung.
Enthält: Titelkupfer; Vorwort in lat. Prosa; 32 numerierte Embleme und (am Schluß des Bandes) ein Widmungskupfer mit deutschem Epigramm.
Diese Ausgabe benutzt die Druckstöcke der Erstausgabe und weist ihr gegenüber nur geringe Abweichungen auf: im Titelkupfer sind Erscheinungsort und -jahr und der Verlegername

eingefügt; die Angabe Petrus Iselburg. Excudit. *ist gelöscht; das Widmungskupfer steht in der Erstausgabe ohne deutsches Epigramm vor dem Vorwort; die deutschen Versionen der Epigramme sind geschlossen den Emblemkupfern unter der Überschrift* Kurtze erklärung nachfolgender Emblematum *vorangestellt. Der Text zeigt nur geringe orthographische Abweichungen.*

Jedes Emblem nimmt zwei einander gegenüberliegende Seiten ein; rechts: Kupferstich mit lat. Motto, Bild (nach Vorlage der Gemälde von Gabriel Weyer, 1576–1632, u.a. im Großen Saal des Nürnberger Rathauses) und lat. Epigramm; links: Emblemnummer, lat. Motto und die deutsche Version des Epigramms, am Rand Quellenangaben. Über dem ersten deutschen Epigramm steht noch die ursprüngliche Überschrift zu allen deutschen Epigrammen: Kurtze erklärung nachfolgender Emblematum. *Unten im Kupfer des Emblems Nr. 10 erscheint der Name des Verfassers der lat. Epigramme:* Georg Remus D. *(1561–1625) (im Emblem Nr. 32: G.R.I.C.). Das anonyme Werk wird jedoch in den Bibliographien unter dem Namen des Kupferstechers* Petrus Is(s)elburg *zitiert. – Durchmesser der ovalen Bilder ca. 80 und 85 mm; der Kupferstich einschließlich Motto und Epigramm mißt ca. 85 × 130 mm. Die in den Kupferstichen schwer lesbaren lat. Epigramme sind für den Abdruck im Handbuch gelöscht und neu gesetzt worden.*

Aufgenommen sind alle 32 Embleme, davon 17 als Hinweise (zitiert nach der Emblemnummer):

1:1143	8: 615	15: 851	22: 381	29:1050
2: 481	9:1454	16: 806	23: 829	30:1503
3: 809	10: 160	17: 116	24: 926	31:1436
4:1351	11: 536	18:1341	25:1152	32: 215
5:1846	12: 679	19:1504	26:1178	
6:1171	13: 195	20:1849	27:1029	
7: 727	14:1490	21: 821	28:1151	

∗

Haecht. **Haechtanus, Laurentius** (Lorenz van Haecht-Goidtsenhouen; *1527 / Mecheln – 1603 / Antwerpen*)

Μικροκόσμος | PARVVS MVNDVS (Extant Antwerpiae apud Gerardum de Iode cuius | impensis in lucem prodierunt. 1579.) ⟨Staats- u. Univ.bibl. Göttingen: 8° Poet. lat. rec. II 5281⟩

Erstausgabe; 4°, [79] Blätter, Bogenzählung.

Enthält: Titelblatt; Expositio tituli huius libelli; *Widmungsbrief; Vorrede an den Leser; 74 numerierte Embleme; Versnachwort an den Leser und niederl. Gedicht von G. de Jode.*

Jedes Emblem nimmt zwei einander gegenüberliegende Seiten ein; links: lat. Motto, Emblemnummer, Bild (Kupferstiche von Gerard de Jode, 1509 oder 1517–1591) und Bibelzitat; rechts: lat. Epigramm. Bildgröße ca. 115 × 90 mm.

Der größte Teil des Werkes bringt reine Exempla, bebilderte Erzählungen, Fabeln und mythologische Szenen, die, den Auswahlprinzipien des Handbuches entsprechend, nicht aufgenommen wurden.

Zetter *Die deutsche Übertragung stammt von* **Jacob de Zet(t)er** (*gest. 1616 / Frankfurt*): Speculum virtutum | & vitiorum, | Heller Tugend vnd | Laster Spiegel / | | Darinnen nicht allein Tugend | vnd Erbarkeit / Zucht vnd gute Sit=|ten / Wie auch Laster / vnd Vntugend / | sondern auch der Welt mores, artig vnd | anmühtig / Beydes durch Kunstreiche | Kupffer / als auch artige Teutsche Histo=|rische vnd Moralische Reimen | werden abgemahlet vnd | fürgebildet. | Durch | Iacobum de Zeter. | – | FRANCOFVRTI | Apud Iacobum de Zeter | M. DC. XLIIII. (Erstausgabe Frankfurt 1619) ⟨*Herzog August Bibliothek Wolfenbüttel: Lo 8314*⟩

Aufgenommen sind 28 Embleme, davon 16 als Hinweise (zitiert nach der Emblemnummer):

10:1827	20:1733	28:1144	49:1643	65:1278
11:1561	21:1800	29:1156	50:1388	66: 712
12:1747	22:1803	37:1160	53:1695	68: 884
13:1582	23:1600	38:1160	61:1171	69:1636
14:1576	25:1703	40: 273	62:1655	
17:1564	27:1139	43:1652	64:1608	

∗

Heins. **Heinsius, Daniel** (*1580 / Gent – 1655 / Leyden*)

HET AMBACHT | Van | CVPIDO, | Op een nieuw ouersien ende verbetert | Door THEOCRITVM à GANDA. | – | TOT LEYDEN, | By IACOB MARCVSSOON Boeckvercooper. | ANNO M.D.CXV. ⟨*Herzog August Bibliothek Wolfenbüttel: 100. 4 Ethica*⟩

Geringfügig veränderter Nachdruck der Ausgabe Afbeeldingen van Minne. Emblemata Amatoria. Emblemes D'amour. … *Leyden 1613, welcher 1613 beim gleichen Verleger eine Ausgabe mit dem Titel* Emblemata Amatoria Nova … *vorausgeht. Diese Ausgaben enthalten zum erstenmal Heinsius' Embleme* Het Ambacht van Cvpido *neben den* Emblemata Amatoria *eines Theocritus à Ganda (den Landwehr → Bibliographie zur Emblemforschung, Nr. 999, vgl. auch Nr. 922 und 1069, als Jacob Viverius (1572–1636) identifizieren will, hinter dem aber Sellin → Bibliographie zur Emblemforschung, Nr. 1069, wie bisher angenommen, Heinsius selbst vermutet). Dessen Embleme erschienen zuvor mehrfach separat unter dem Titel* Emblemata Amatoria …, *erstmals o.O. und J. (Amsterdam um 1607) unter dem Titel* Quaeris quid sit Amor … *und übernahmen Bilder und Motti aus* Théâtre d'amour *(o.O., um 1606) (zur Bibliographie vgl. de Vries Nr. 21–34, ²Praz S. 96 und S. 364f., Monroy/Erffa S. 55 und insbesondere Landwehr, S. XI–XIV, Nr. 191ff. und 655ff.); qu. 4°, [V] + 48 + [V] Blätter.*

Enthält: Vor- und Haupttitelblatt; Versvorrede Aen de Joncvrovwen van Hollandt *von Viverius; 24 Embleme unter dem Zwischentitel* HET AMBACHT VAN CVPIDO *und 24 Embleme unter dem Zwischentitel* EMBLEMATA AMATORIA, *durchnumeriert von 1 bis 48; 4 niederl. Gedichte, 3 davon von Heinsius.*

Jedes Emblem nimmt zwei einander gegenüberliegende Seiten ein; rechts: ovales Bild in viereckigem Rahmen; links: lat., selten ital. oder franz. Motto, lat. Distichon von Petrus

Scriverius (Schrijver, *1576–1660*), *niederl. und franz. Epigramm. Bilddurchmesser ca. 125 und 100 mm.*

Aufgenommen sind mit Motto und niederl. Epigramm 7 Embleme, außerdem 20 als Hinweise (zitiert nach der Emblemnummer):

1: 48	14:1312	28:1366	38:1223	45:1439
2:1398	21:1316	29:1365	39: 472	46: 756
4:1122	22:1573	30: 740	40: 471	48: 891
7:1097	25: 386	32: 910	41: 169	
9:1314	26:1395	33:1242	43: 260	
12: 6	27:1407	35: 748	44: 591	

*

Held **Held, Jeremias** → Seite CLXXVIII

*

Holtzw. **Holtzwart, Mathias** (*um 1540 / Horburg im Oberelsaß – nach 1589 / Rappoltsweiler*)

EMBLEMATVM | Tyrocinia: Sive | PICTA POESIS LATI=|NOGERMANICA. | Das ist. | Eingeblümete Zierwerck / | oder Gemälpoesy. | Innhaltend | Allerhand GeheymnußLehren / | durch Kunstfündige Gemäl angepracht / | vnd Poetisch erkläret. Jedermänniglichen / | beydes zu Sittlicher Besserung des | Lebens / vnd Künstlicher Ar-|beyt vorständig vnd ergetzlich. | Durch M. Mathiam Holtzwart. | Sampt eyner Vorred von Vrsprung / Ge=|brauch vnd Nutz der Emblematen. | Nun erstmals inn Truck kommen. | Zu Straßburg bei Bernhard Jobin. M. D. LXXXI. | Mit Keys. May. Befreiung. ⟨*Herzog August Bibliothek Wolfenbüttel: Eth. 81*⟩ (*Neudruck: Stuttgart 1968* → *Bibliographie zur Emblemforschung, Nr. 942*)

Einzige Ausgabe; kl. 8°, [104] Blätter, Bogenzählung.
Enthält: Titelblatt, Wappen mit Widmungsepigramm; Widmung; Kurtzer vnd Woldienlicher Vorbericht / von Vrsprung / Namen vnd Gebrauch der Emblematen ... I. Fischart G. Mentzer. D. (d. h.: Johann Fischart, genannt Mentzer, Doktor); 71 numerierte Embleme; es folgen noch 14 EIKONES oder Bildnussen ... der XII Ersten Alten Teutschen König vnd Fürsten.
Jedes Emblem nimmt ein Blatt ein; Vorderseite: Emblemnummer, lat. Motto, Bild (Holzschnitte nach Zeichnungen von Tobias Stimmer, 1539–1584) und lat. Epigramm; Rückseite: deutsche Fassung des Epigramms; die Seiten sind von einem Zierrahmen umgeben. Bildgröße ca. 60 × 55 mm. Alle Bilder kehren bei Reusn. Aur. (→) wieder (außerdem verwendet sie der Verleger B. Jobin 1597 in der 3. Auflage von Fischarts Ehezuchtbüchlein. Der im Handbuch bei dem Holtzwart-Emblem Nr. 27 stehengebliebene Hinweis: 'Bild zuerst bei Fischart ...' muß also richtig lauten: Bild später bei Fischart ...). Das im vorliegenden Exemplar fehlende Blatt B 2 (= Embl. Nr. 2) wurde dem Exemplar der Staatsbibl. München ⟨L. eleg. m. 540ᵗ⟩ entnommen.

Aufgenommen sind 28 Embleme, davon 4 als Hinweise (zitiert nach der Emblemnummer):

2: 153	20:1227	36:1625	45: 468	62: 708
3: 576	21: 238	37:1662	46: 520	63:1499
4:1104	26:1696	38:1449	49: 936	64: 703
5:1322	27: 618	40: 80	51: 919	70: 601
17:1402	28: 754	41: 904	57:1755	
19: 802	34:1614	42: 560	59: 579	

*

Hooft **Hooft, Pieter Corneliszoon** (*1581 / Amsterdam – 1647 / 's-Gravenhage*)

EMBLEMATA AMATORIA. | AFBEELDINGHEN VAN MINNE. | EMBLEMES D'AMOVR. | – | Ghedruckt t'Amsterdam by Willem Ianszoon inde vergulde Zonnewyser 1611. ⟨*Herzog August Bibliothek Wolfenbüttel: 100. 4 Ethica*⟩

Erstausgabe; qu. 8°, 144 Seiten.
Enthält: Titelblatt (Kupferstich von Simon Frisius, d. i. Simon Wynhoutsz. Vries, um 1580–1629, oder von P. Serwouters, s. u.); Versvorrede an die Jugend; 30 numerierte Embleme; SOMMIGHE NIEVVE GHESANGHEN, LIEDEKENS EN SONNETTEN.
Jedes Emblem nimmt zwei einander gegenüberliegende Seiten ein; links: Emblemnummer, Motto und Distichon, beide jeweils in niederl., lat. (von Cornelis Giselbertsz. Plemp, 1574–1638) und franz. (von Richard Jean de Nérée, 1579 – vor 1635) Sprache; rechts: Kupferstich (wahrscheinlich von Pieter Serwouters, 1586–1657, oder von Cri. Blon) mit den drei Motti am oberen und unteren Bildrand. Bildgröße (mit Rahmen) ca. 135 × 105 mm.
Das Buch erschien anonym, die Verfasserschaft Hoofts ist jedoch durch die Aufnahme in seine Gedichten (Amsterdam 1636) und Werken (Amsterdam 1671) gesichert.

Aufgenommen sind mit Bild und niederl. Epigramm 7 Embleme und weitere 5 als Hinweise (zitiert nach der Emblemnummer):

3:1472	9: 300	15: 136	22:1320
5:1509	10: 82	19:1335	24: 34
7:1343	12:1363	21: 492	29:1450

*

Hor. **Horozco y Covarrubias, Juan de** (*um 1550 / Toledo – 1608? / Granada*)

EMBLEMAS | MORALES DE DON IVAN | de Horozco y Couarruuias Arcediano de | Cuellar en la santa Yglesia de | Segouia. | DEDICADAS A LA BVENA | memoria del Presidente Don Diego de Co-|uarruuias y Leyua su tio. | – | CON PRIVILEGIO. | En Segouia. | Impresso por Iuan de la Cuesta. | Año de. 1589. ⟨*Staatsbibl. Berlin: Nv 7687*⟩

Erstausgabe; 8°, 311 + [XXXII] Blätter, außerdem die nicht gezählten Titelblätter zu Buch I und Buch II.
Das Werk ist in drei Bücher eingeteilt und enthält: Buch I (Blatt 1–102): Titelblatt mit Vignette; Imprimatur; Widmungsemblem; Prolog an den Leser; kirchliches Imprimatur; Inhaltsverzeichnis zu Buch I; Textos de Canones y leyes

que en los tres libros de las Emblemas Morales se declaran; *35 Kapitel theoretischer Ausführungen zur Emblematik. Buch II (Blatt 103–210): Titelblatt; Prolog an den Leser; Summa de lo que se trata en cada Emblema del secundo libro; das gleiche dort auch für Buch III; 50 numerierte Embleme. Buch III (Blatt 211–311): Titelblatt; Prolog an den Leser und 50 numerierte Embleme. Nach Buch III folgen noch (auf den 32 nicht numerierten Blättern) mehrere Register: Anfänge der Epigramme; Bibelzitate; Zitate antiker Autoren; Herkunft aller Epigramme, die anderen (antiken oder emblematischen) Autoren entnommen sind; ausführliches Inhaltsverzeichnis.*

Jedes Emblem umfaßt auf einer von einem Zierrahmen umgebenen Seite Bild mit lat. (selten griech. oder span.) Motto als Spruchband (39 Embleme jedoch ohne Motto) und span. Epigramm. Darauf folgt jeweils ein drei Seiten langer span. Prosakommentar mit Quellenangaben. Bildgröße ca. 70 × 50 mm.

Aufgenommen sind 100 Embleme, davon 20 als Hinweise (zitiert nach Buch- und Emblemnummer, das Widmungsemblem nach der Blattnummer):

I	3:	37			

II	1:	62	11:1723	21:1722	31:1296	41: 917
	2:1365	12: 472	22:1853	32:1271	42:1745
	3:1808	13:1771	23:1048	33:1261	43:1001
	4:1259	14: 639	24:1161	34:1156	44: 146
	5:1580	15: 148	25: 920	35: 938	45: 265
	6: 24	16:1260	26:1203	36:1371	46:1486
	7:1854	17:1663	27: 27	37:1825	47:1724
	8: 42	18:1844	28: 155	38:1789	48:1505
	9: 998	19:1182	29:1238	39:1095	49:1672
	10:1149	20:1199	30:1698	40:1815	50:1495

III	1:1027	11:1703	21: 999	31: 969	41: 832
	2:1393	12:1862	22:1207	32:1251	42: 149
	3:1241	13: 426	23:1178	33:1835	43:1757
	4:1023	14:1555	24:1159	34:1861	44:1858
	5:1852	15: 36	25:1727	35:1016	45: 316
	6: 64	16:1656	26:1169	36:1047	46: 676
	7:1660	17:1847	27: 42	37:1249	47:1520
	8:1027	18: 277	28:1085	38:1169	48: 648
	9:1538	19:1139	29:1814	39:1492	49:1672
	10: 520	20: 71	30: 233	40: 383	50:1713

*

Huls. **Hulsius, Bartholomaeus** (*1601 / Frankfurt – nach 1642 / ?*)

EMBLEMATA SACRA, | Dat is, | Eenighe Geestelicke Sin-|nebeelden, met nievve Ghe-|dichten, Schrifftuer-|lycke Spreu-|cken, ende Bedenckinghen, | Daerin | Verscheydene Leerstucken cortelyck | tot Stichtinghe van alle Menschen, met | aenghenaem vermaeck vvorden, | verhandelt, | Door B. H. | Matth. 13. 52. | Een yghelyck Schrifftghelerde, die tot het | Coninckryck der Hemelen gheleert is, is ghelyck | een Huysshere, die uyt synen Schat nievv | en out voort brenght. | – | Ghedruckt int' Jaer 1631. ⟨Staats- u. Univ. bibl. Göttingen: 4° Bibl. Uff. 454⟩

Einzige Ausgabe; 4°, [VIII] + 155 Seiten.

Enthält: Titelkupfer; Prosawidmung; Lobgedicht auf den Autor; 40 numerierte Embleme.

Jedes Emblem nimmt mehrere Seiten ein und besteht aus Emblemnummer, Bibelzitaten, epigrammatischem Motto, kreisförmigem Bild (Kupferstiche von Matthäus Merian, 1593–1650), längerem Gedicht (4–11 Strophen) als Subscriptio und Prosakommentar (Aenmerckinghen), alles in niederl. Sprache. Die Bilder sind den Emblemata Zincgreffs (→) entnommen; Bilddurchmesser ca. 81 mm.

Aufgenommen (den entsprechenden Emblemen Zincgreffs nachgestellt) sind alle Embleme, jedoch nur mit dem Motto und dessen Übersetzung; in den vier Fällen (Nr. 22, 25, 26 und 30), wo ein Motto fehlt, ist ein Abschnitt des Gedichts abgedruckt (zitiert nach der Emblemnummer):

1:1258	9: 688	17: 163	25:1507	33:1011
2: 19	10: 939	18:1142	26: 537	34:1421
3:1344	11: 37	19:1465	27: 542	35:1399
4: 312	12:1516	20:1501	28: 400	36: 538
5:1808	13: 250	21: 118	29:1020	37: 581
6: 241	14: 12	22: 133	30: 926	38: 709
7: 414	15: 559	23: 128	31: 63	39: 542
8:1475	16: 436	24:1494	32: 75	40: 20

*

Jun. **Junius, Hadrianus** (Adriaan de Jonge; *1511 / Hoorn – 1575 / Middelburg*)

HADRIANI | IVNII MEDICI | EMBLEMATA, | AD | D. ARNOLDVM COBELIVM. | EIVSDEM | AENIGMATVM LIBELLVS, | AD | D. ARNOLDVM ROSENBERGVM. | – | ANTVERPIAE, | Ex officina Christophori Plantini. | – | M. D. LXV. | CVM PRIVILEGIO. ⟨Landesbibl. Stuttgart: Allg. Gesch. 8° 3285⟩ (Neudruck: Antwerpen 1901 → Bibliographie zur Emblemforschung, Nr. 1047 und 1048)

Erstausgabe; kl. 8°, 149 + [XIX] Seiten.

Enthält: Titel; Verbot des Nachdrucks; Prosawidmung; Brief des Sambucus an Junius; 58 numerierte Embleme; Prosanachwort an den Leser; Prosakommentar zu den Emblemen und Quellenverzeichnis; es folgt Hadriani IVNII MEDICI AENIGMATVM LIBELLVS... .

Jedes Emblem nimmt eine von einem Zierrahmen umgebene Seite ein und besteht aus Emblemnummer, lat. Motto, häufig Widmung, Bild (Holzschnitte von Geeraard van Kampen, nachweisbar 1564–1592, und Arnaud Nicolai, nachweisbar 1550–1596, nach Zeichnungen von Geoffroy Ballain und Pieter Huys, 1519?–1581?) und lat. Epigramm. Bildgröße (ohne Rahmen) ca. 55 × 55 mm (mit Rahmen 62 × 62 mm).

Aufgenommen sind alle Embleme, ferner die 4 zusätzlichen Embleme (Nr. 59–62) der erweiterten Ausgabe HADRIANI | IVNII MEDICI | EMBLEMATA. | EIVSDEM | AENIGMATVM LIBELLVS. | – | ANTVERPIAE, Apud Christophorum Plantinum, | M. D. LXXXV. ⟨Staats- u. Univ.bibl. Göttingen: 8° Poet. lat. rec. II 5218⟩, *davon 6 als Hinweise (zitiert nach der Emblemnummer):*

1:1575	14:1222	27: 237	40:1365	53:1816
2: 416	15: 888	28: 221	41:1157	54:1579
3: 655	16:1315	29:1051	42:1790	55: 919
4: 595	17: 677	30:1438	43: 150	56: 871
5:1366	18: 462	31: 346	44:1643	57: 914
6:1561	19: 668	32:1023	45:1293	58:1417
7: 811	20: 934	33: 302	46: 381	59: 67
8: 691	21: 819	34:1827	47: 471	60:1536
9: 195	22: 395	35: 962	48:1726	61:1823
10: 566	23: 191	36:1752	49: 910	62:1824
11:1563	24:1750	37: 255	50:1543	
12:1751	25:1785	38: 661	51: 87	
13:1772	26:1800	39: 854	52:1565	

✳

La Perrière, Guillaume de *(1499/Toulouse – 1565/ebd.)*   La Per. Mor.

LA | MOROSOPHIE | de Guillaume de la | Perriere To-|losain, | Contenant Cent Emblemes | moraux, illustrez de Cent | Tetrastiques Latins, re-|duitz en autant de Qua-|trains Françoys. | A LYON, | Par Macé Bonhomme. | – | 1553 | Auec Priuilege pour dix ans. ⟨*Landesbibl. Hannover: IV 9 C, 2295ᵃ–14*⟩

Erstausgabe; kl. 8⁰, [113] Blätter, Bogenzählung.
Enthält: Titel; königliches Privileg; Porträt mit lat. und franz. Epigramm; Widmungsbrief und -gedicht des Autors an den Prinzen Antoine de Bourbon; Holzschnitt und 3 Huldigungsgedichte an den Autor; 100 numerierte Embleme; Kolophon.
Jedes Emblem nimmt zwei einander gegenüberliegende, von einem Zierrahmen (gestochen von Jean Monnier und Jacques Peresin) umgebene Seiten ein; links: Emblemnummer und Bild; rechts: Emblemnummer, lat. Tetrastichon (im Handbuch nicht berücksichtigt) und franz. Quatrain. Keine Motti. Bildgröße ca. 55 × 73 mm.
Aufgenommen sind alle 100 Embleme, davon 4 als Hinweise (zitiert nach der Emblemnummer):

1:1745	21:1117	41: 264	61: 723	81: 217
2:1769	22:1536	42:1533	62:1475	82: 170
3:1751	23:1202	43: 221	63: 14	83: 193
4:1745	24:1626	44: 972	64:1571	84: 903
5:1738	25: 557	45:1041	65: 661	85:1091
6:1721	26:1709	46:1658	66: 600	86:1051
7:1813	27: 380	47: 272	67:1219	87: 290
8:1583	28: 165	48:1816	68:1802	88:1821
9:1549	29:1259	49: 515	69: 474	89:1740
10: 501	30:1155	50:1734	70:1730	90:1734
11:1635	31:1160	51: 40	71: 283	91:1802
12:1690	32: 272	52: 11	72: 97	92:1178
13:1485	33: 243	53: 80	73: 66	93: 965
14:1162	34: 477	54: 267	74: 120	94:1732
15:1147	35: 893	55: 893	75:1060	95: 599
16:1156	36:1129	56: 147	76: 209	96:1467
17:1550	37: 713	57: 175	77: 927	97: 145
18:1731	38:1466	58:1098	78:1116	98:1735
19:1128	39:1280	59:1042	79:1231	99:1431
20:1070	40:1207	60: 120	80: 717	100:1533

✳

La Perrière, Guillaume de *(s.o.)*   La Per. Th.

Le Thea-|TRE DES BONS EN-|gins, auquel sont contenuz cent Em-|blemes moraulx. Composé par Guil-|laume de la Perriere Tolosain, | Et nouuellement par ice-|luy limé, reueu & corrigé. | Auec Priuilege. | De l'Imprimerie de Denys Ianot | Imprimeur & libraire. (1539. | Imprimé à Paris par Denys Ia-|not Imprimeur & libraire, de-|mourant en la rue neufue no-|stre Dame, à l'enseigne | sainct Iehan Baptiste | pres saincte Gene-|uiefue des Ar-|dens.) ⟨*Staatsbibl. München: 8⁰ Rar. 1686*⟩ (Faks.druck: Gainesville/Florida 1964 → *Bibliographie zur Emblemforschung, Nr. 938*)

Überarbeitete Fassung der ersten illustrierten Ausgabe (Paris 1539), der 1536 eine Ausgabe ohne Bilder voranging; kl. 8⁰, [107] Blätter, Bogenzählung.
Enthält: Titel im Zierrahmen; Privileg; Widmungsbrief an Marguerite, Königin von Navarra; Huldigungsgedicht an den Autor; 100 numerierte Embleme; 2 Devisen und Kolophon. Es fehlt das Emblem Nr. 99 der ersten illustrierten Ausgabe, das deshalb dem Exemplar der Staats- u. Univ.bibl. Göttingen ⟨8⁰ Poet. Gall. I 7027⟩ entnommen wurde und im Handbuch die Nummer 99¹ trägt.
Jedes Emblem nimmt zwei einander gegenüberliegende, von einem Zierrahmen (dem gleichen wie bei Corrozet →) umgebene Seiten ein; links: Bild; rechts: Emblemnummer und franz. Epigramm. Keine Motti. Bildgröße ca. 53 × 53 mm.
Aufgenommen sind alle 101 Embleme, davon 4 als Hinweise (zitiert nach der Emblemnummer):

1:1819	22: 392	43:1460	64:1003	85:1240
2:1733	23:1111	44:1115	65: 216	86:1362
3: 377	24: 546	45: 879	66:1011	87: 267
4: 943	25:1507	46: 514	67:1409	88: 708
5:1124	26:1065	47: 428	68:1535	89: 21
6:1318	27:1305	48:1828	69: 425	90: 747
7: 119	28: 611	49: 939	70: 989	91: 506
8:1025	29:1798	50: 274	71:1339	92: 555
9:1275	30: 298	51: 982	72: 177	93: 964
10:1431	31:1408	52: 779	73:1047	94: 946
11:1013	32: 764	53: 970	74:1383	95:1103
12: 961	33:1357	54:1107	75: 377	96: 685
13: 510	34: 870	55: 508	76:1122	97: 335
14:1430	35:1200	56: 878	77:1445	98: 441
15:1167	36:1451	57:1719	78:1453	99:1646
16:1541	37:1346	58: 387	79:1406	99¹:1739
17: 545	38: 753	59:1120	80: 173	100:1563
18:1749	39: 393	60: 376	81: 168	
19: 295	40:1355	61: 481	82: 276	
20:1797	41:1308	62: 516	83: 654	
21:1494	42: 513	63:1810	84: 786	

✳

Lebeus-Batillius, Dionysius *(Denis Lebey de Batilly; Lebensdaten unbekannt)*   Leb.

DIONYSII | LEBEI-BATILLII | REGII MEDIOMA-TRICVM | PRAESIDIS | EMBLEMATA. | Emblemata a Iano Iac. | Boissardo Vesuntino | delineata sunt. | Et a

Theodoro de Bry | sculpta, et nunc recens | in lucem edita. | Francofurti ad Moenum | A⁰. M. D. XCVI ⟨*Herzog August Bibliothek Wolfenbüttel: Lebey de Batilly*⟩

Spätere, illustrierte Ausgabe. Die bei Landwehr, German Emblem Books, Nr. 399 erwähnte nicht illustrierte Erstausgabe, Heidelberg 1579, war an westdeutschen Bibliotheken nicht nachweisbar, ebenso die bei ²Praz, S. 279 genannten illustrierten Ausgaben Heidelberg 1587 und 1594, wohl aber eine illustrierte Ausgabe o.O. (Nürnberg) 1587 ⟨Staatsbibl. München: 4⁰ L. eleg. m. 115⟩, die gegenüber der benutzten Ausgabe nur unwesentliche Unterschiede bei den Kommentaren und im Erratavezeichnis aufweist. 4⁰, [71] Blätter, Bogenzählung.

Enthält: Titelkupfer; Porträt des Autors mit Epigramm und Huldigungsgedicht von Janus Jacobus Boissardus; Prosawidmungen des Autors an Philippe de Mornay und Petrus Neveletus-Doschius; 63 numerierte Embleme; Schlußgedicht; Kommentar und Erratavezeichnis für die Embleme Nr. 1–44.

Jedes Emblem besteht aus Emblemnummer, meistens Widmung, Bild (Kupferstiche von Th. de Bry, 1528–1598, nach Zeichnungen von J. J. Boissard, 1528–1602) mit lat. Motto und lat. Epigramm und nimmt die jeweils rechte Seite ein; die gegenüberliegende linke Seite gibt neben Nummer und Motto einen lat. Prosakommentar. Bildgröße ca. 77 × 61 mm. Das Motto ist Teil des Kupferstichs und steht entweder am oberen oder am unteren Rand des Bildes. Da dieser Sachverhalt bei der Reproduktion im Handbuch nicht deutlich gemacht werden konnte, wurden die Klischees bestoßen und die Motti über Bild (und ggf. Widmung) neu gesetzt. Sowohl die Motti als auch die Epigramme sind im Original überaus fehlerhaft; offensichtliche Druckfehler wurden – wie üblich – stillschweigend berichtigt, dafür ist das bis Emblem Nr. 44 reichende Erratavezeichnis berücksichtigt worden.

Aufgenommen sind 53 Embleme, davon 15 als Hinweise (zitiert nach der Emblemnummer):

2: 101	13: 138	25:1382	39: 586	54:1166
3:1343	14: 931	27: 210	40: 755	55:1553
4:1201	15:1103	28: 213	41: 516	56: 113
5: 232	16:1092	29: 85	43: 442	58: 617
6:1372	17:1201	30:1798	44: 198	59: 894
7:1778	18:1173	31:1153	46:1651	60: 147
8:1165	19: 855	32:1553	47: 561	61:1318
9: 709	20:1667	33: 383	48: 132	62: 726
10: 234	21:1712	34: 509	49:1668	63:1568
11: 501	22:1135	36: 580	50: 207	
12:1121	23: 738	38:1170	53:1612	

✳

Mannich, Johann (*1580 / Nürnberg – nach 1637 / ebd.*)

SACRA | EMBLEMATA | LXXVI IN QUIBUS SUMMA | UNIUSCUIUSQUE EVANGELII RO=|TUNDE ADUMBRATUR | Das ist | Sechsvndsiebentzig Geistliche | Figürlein, in welchen eines ieden | Evangelij Summa Kürtz=|lichen wird abge=|bildet, | Inventirt vnd Geprediget | Durch | M: Johann Mannich Diaconum | zum H. Geist vnd Prediger | zu St. Walburg. in | Nürnberg Anno Christj 1624. (NORIMBERGAE Ex Officina Typographica Joan-|nis Friderici Sartorii. | – | Anno M DC XXV.) ⟨*Herzog August Bibliothek Wolfenbüttel: 389. 1 Th.*⟩

Einzige Ausgabe; 4⁰, [VIII] + 86 + [I] Blätter. Enthält: Titelkupfer (Michel Herr figuravit. Petr. Isselburg sculps.); Prosawidmung an Georg Volckhamer und Andreas Imhoff in deutscher Sprache; 7 lat. Huldigungsgedichte; 77 Embleme zu den Festtagen des Kirchenjahres und – unter dem Zwischentitel Distributio Strenarum secundum Ordines (Ausztheilung der Newen Jahr / nach allen Ständen) – 9 Embleme zu verschiedenen Ständen und Tätigkeiten; lat. Schlußgedicht und Kolophon.

Jedes Emblem nimmt zwei einander gegenüberliegende Seiten ein; rechts: Angabe des jeweiligen Sonn- oder Feiertages mit der dazu gehörenden Evangelienstelle (außer bei den letzten 9 Emblemen), kreisförmiges Bild (Kupferstiche von Petrus Isselburg, 1568? oder um 1580–1630?, nach Michael Herr, 1591–1661, häufig nach Vorlage der Gemälde Herrs im Nürnberger Heiliggeist-Spital) mit lat. Motto und Bibelstelle als Umschrift und lat. Epigramm; links: längere deutsche Version des lat. Mottos und Epigramms, Quellenangaben (in der Mehrzahl Bibelstellen) am Rand (Wiedergabe im Handbuch nach der Reihenfolge des Originals). Bilddurchmesser ca. 85 mm.

Aufgenommen sind alle 86 Embleme, davon 17 als Hinweise (zitiert nach der Blattzählung):

1:1859	19:1031	37:1435	55:1514	73: 45
2: 569	20:1580	38:1397	56:1446	74:1455
3:1086	21:1487	39:1570	57: 987	75: 796
4:1860	22:1379	40: 937	58:1115	76:1210
5:1546	23: 108	41: 171	59:1110	77:1033
6:1817	24:1547	42: 343	60:1817	78:1300
7: 29	25: 13	43:1548	61: 985	79:1102
8:1357	26:1360	44:1081	62: 359	80:1854
9:1024	27:1422	45:1396	63: 154	81:1436
10:1862	28:1865	46:1031	64: 852	82:1092
11:1339	29:1093	47:1033	65:1864	83: 861
12:1032	30: 980	48:1033	66: 995	84: 307
13:1032	31:1019	49:1247	67: 957	85: 969
14: 544	32:1092	50:1444	68:1841	86:1583
15:1032	33:1546	51:1395	69: 161	
16:1359	34:1285	52:1019	70:1239	
17:1033	35:1860	53:1447	71: 524	
18:1338	36:1208	54: 174	72:1033	

✳

Montanea, Georgia (*Georgette de Montenay; 1540 / Toulouse – 1571 / ebd.*)

MONVMENTA | EMBLEMA-|TVM CHRISTIANO-|RVM VIRTVTVM TVM | Politicarum, tum Oeconomicarum chorum | CENTVRIA VNA | adumbrantia. | RHYTHMIS GALLICIS ELE-|gantissimis primùm con-|

scripta, Fi-|guris aeneis incisa, & ad instar ALBI | AMI-CORVM exhibita, à GEORGIA MONTANEA | Nobil. Gall. | ET NVNC INTERPRETATIO-|ne Metrica, Latina, Hispanica, Italica, | Germanica, Anglica & Belgica, | donata. | Curâ & impensis | IOANNIS-CAROLI VNCKELII, | Bibliop. Francofurt. ad Moenum, | ANNO M D C X I X. ⟨Staats- u. Univ.bibl. Göttingen: 8⁰ Bibl. Uff. 806⟩

Siebensprachige Ausgabe (franz., lat., span., ital., deutsch, engl., niederl.; Erstausgabe in franz. Sprache Lyon 1571); 8⁰, 447 Seiten.

Enthält: Titelkupfer (von Peter Rollos, *nachweisbar 1619–1639); Widmungen; lat. Vorwort des Verlegers; Porträt der Autorin mit programmatischem Epigramm; Huldigungsgedicht an die Autorin; Widmungsgedicht an Jeanne d'Albret, Königin von Navarra; Versvorwort an den Leser – alles in franz. Sprache; 4 lat. Huldigungsgedichte; span., ital., deutsche, engl. und niederl. gekürzte Fassungen der Versvorrede; 100 numerierte Embleme; 3 Huldigungsgedichte an die Königin von Navarra; 7 Gedichte an Monseigneur de la Caze;* EPISTRE SVR LA CONSERVATION DV PRESENT LIVRE; AENIGME.

Jedes Emblem nimmt die Rückseite eines Blattes ein und besteht aus Emblemnummer, Bild (Kupferstiche von Pierre Woeiriot, *1532 – nach 1596) mit eingeschriebenem Motto und franz. Epigramm. Es folgen auf einem beidseitig bedruckten Blatt jeweils zwei lat. Versionen und je eine span., ital., deutsche, engl. und niederl. des Epigramms. Zwischen dem Originalemblem und dessen Übersetzungen befindet sich jeweils ein leeres, nicht gezähltes Blatt. Bildgröße ca. 100 × 90 mm.*

Aufgenommen sind 73 Embleme mit franz. und deutschem Epigramm und weitere 4 Embleme als Hinweise (zitiert nach der Emblemnummer):

1:1077	17:1327	38:1092	55: 22	83:1015
2: 994	19:1427	39: 305	57:1367	84: 850
3:1245	20:1043	40: 640	58: 151	85:1108
4:1438	21: 898	41: 634	59:1566	88: 527
5: 82	22:1579	42:1386	60:1550	91: 212
6: 44	23:1845	43:1218	61:1413	92: 122
7: 450	24: 496	44: 789	62: 183	93:1368
8:1226	25:1545	45:1764	65:1843	94: 983
9: 285	26:1509	46: 986	66: 296	96: 137
10:1227	27:1026	48: 389	68:1866	97: 242
11:1462	28: 388	49:1368	74:1384	98:1099
12: 983	31:1807	50: 265	75:1347	99:1867
13:1416	32:1014	51: 963	76:1245	100: 353
14:1408	33:1514	52: 131	78:1086	
15:1384	35:1113	53:1035	80: 90	
16: 229	36: 991	54:1364	82:1420	

*

Pers **Pers, Dirck Pieterszoon** *(1579 | Emden – 1650 | Amsterdam)*

BELLEROPHON, | Of | LUST tot WIISHEIT: | Door | Sinne-|Beelden leerlijck vertoont. | Waer by zijn ge-boeght | De Vrolijcke Stemmen: Of, Stichtige en ver-|maecklijcke Liedekens en Dichten, genomen uyt de | geoorlofde Vrolijckheyd, tot opweckinge der goede zeden. | Waer by oock URANIA of HEMELSANGH, | zijnde het tweede-deel van de Lust tot Wijs-|heyt, kan werden gevoeght. | Van nieuws vermeerdert / en met de alderschoonste Voysen | op Musijck-nooten gepast / en met Konst-platen geciert. | – | t'AMSTELREDAM, | – | Voor Dirck Pietersz: Boeckverkooper in de witte Persse / | op't Water / recht over de Koren-Marckt. (Gedruckt by Nicolaes van Ravesteyn.) ⟨Landesbibl. Stuttgart: fr. D. 8⁰ 6651⟩

Spätere, im Text gegenüber der Erstausgabe erheblich veränderte Ausgabe (lt. Landwehr Nr. 479: Erstausgabe Amsterdam 1614 mit 31 Emblemen; das benutzte Exemplar scheint mit keiner der 13 bei Landwehr beschriebenen Ausgaben identisch zu sein, am ehesten entspricht es der 7. Auflage = Landwehr Nr. 485, erschienen nach 1641); kl. 8⁰, [XV] + 240 + [IV] Seiten (da jedoch die Zahlen 1–29 jeweils auf zwei einander gegenüberliegenden Seiten erscheinen (= Nummer der Embleme) und fortlaufende Paginierung erst mit S. 30 einsetzt, ergibt sich als tatsächliche Seitenzahl [XV] + 269 + [IV] = 288).

Enthält: Titel mit Vignette; Widmungsbrief an Cats; Vorrede an den Leser (beides in Prosa); Zueignung in Versen; Prosaeinleitung; 29 Embleme; geistliche Lieder unter dem Titel Hemels-Triumph; *Register der Liedanfänge – alles in niederl. Sprache.*

Jedes Emblem nimmt zwei einander gegenüberliegende Seiten ein; links: niederl. Motto, Kupferstich (von Joos de Bosscher) *mit Bild und lat. (einmal – S. 10 – griech.) Motto am unteren Bildrand, niederl. Prosatext; rechts: Fortsetzung des Prosatextes, darüber längeres niederl. Gedicht, darunter das eigentliche Epigramm in niederl. Versen. Größe der querformatigen Bilder ca. 80 × 60 mm, der hochformatigen ca. 50 × 65 mm.*

Aus Gründen der Einheitlichkeit ist die Anordnung der Motti im Handbuch derart geändert, daß das lat. Motto über dem Bild, das niederl. über dem Epigramm steht.

Aufgenommen sind 19 Embleme, davon 13 als Hinweise (zitiert nach der Seitenzahl):

1:1662	10: 796	15: 828	20: 374	25:770
2:1142	11: 823	16:1144	21: 323	27:657
7:1562	12: 774	17: 427	22:1306	28: 63
9: 498	14:1712	18:1336	24: 921	

*

Reusner, Nicolas *(1545 | Lemberg – 1602 | Jena)* Reusn. Aur.

NICOLAI REVSNERI LEORINI | AVREOLO-|RVM EMBLEMATVM | LIBER SINGVLARIS. | THOBIAE STIMMERI | ICONIBVS AFFABRE EF-|fictis exornatus. | AD SERENISSIMVM PRINCI-|PEM D. HVL-DRICVM NORVE-|giae Haeredem, Friderici II. Reg. | Dan. Filium. | – | Cum Priuilegio Caesareo, | Argentorati apud Bern. Iobinum. | – | M. D. XCI. ⟨Staats- u. Univ.bibl. Göttingen: 8⁰ Cod. Ms. hist. lit. 47ᵐ⟩

Zweite (gegenüber der Erstausgabe nur in den nicht-emblematischen Teilen erweiterte) Ausgabe (die Erstausgabe – die nicht erreichbar war – erschien 1587) [eines der inzwischen festgestellten Exemplare der Erstausgabe: ⟨Landesbibl. Stuttgart: HB 1726⟩]; 8°, [144] S., Bogenzählung, durchschossen mit 73 weißen Blättern, die im benutzten Exemplar Stammbucheintragungen enthalten.

Enthält: Titel im Zierrahmen; lat. Prosawidmung des Autors an Huldrichus, Norvegiae Haeredem ...; dessen Wappen mit lat. Epigramm; 5 lat. Huldigungsgedichte Reusners an Huldrich und dessen Vater, Friedrich II. von Dänemark; Wappen Friedrichs II. mit lat. Epigramm; 127 nicht numerierte Embleme. Es folgen NICOLAI REVSNERI AGALMATVM AVREOLORVM LIBER SINGVLARIS ... *(allegorisch, im Handbuch deshalb nicht berücksichtigt).*

Jedes Emblem nimmt eine Seite ein und besteht aus lat., selten griech. Motto, Bild (Holzschnitte nach Zeichnungen von Tobias Stimmer, 1539–1584), lat. Distichon und deutschem Zweizeiler, alles umgeben von einem Zierrahmen. Bildgröße ca. 60 × 55 mm.

Das Werk enthält sämtliche Bilder des 1581 ebenfalls bei Jobin erschienenen Emblembuchs von Holtzwart (→) und deutet sie zudem im gleichen Sinne; hinzu kommen eine Reihe weiterer Holzschnitte Stimmers, die zum großen Teil vorher in einigen bei Jobin verlegten Werken Fischarts verwendet wurden. Einige Male wird das gleiche Bild für mehrere Embleme benutzt.

Aufgenommen sind 22 Embleme, davon 11 als Hinweise (zitiert nach der Bogenzählung):

A iiij (a) :1737	D iiij (b) : 518	F ii (a) : 399
A v (a) :1444	D v (a) : 889	G v (a) :1755
A v (b) :1643	D v (b) : 375	G viij (a): 935
A vi (b) : 208	D vi (a) :1177	G viii (b): 908
C viii (a) :1603	E iiij (a) :1653	H (a) :1088
C vii (b) :1751	E iiij (b) : 670	H v (a) : 823
C iiij (b) :1789	E v (a) :1693	
D (a) :1592	E viij (b) : 557	

*

Reusn. Embl. **Reusner, Nicolas** *(s. o.)*

EMBLEMATA | NICOLAI REVS-|NERI IC. PARTIM ETHI-|CA, ET PHYSICA: PARTIM | verò Historica, & Hieroglyphica, sed ad virtutis, mo-|rumque doctrinam omnia ingeniosè traducta: & in | quatuor libros digesta, cum Symbolis & inscri-|ptionibus illustrium & clarorum virorum. | QVIBVS AGALMATVM, SIVE EM-|blematum sacrorum Liber vnus super-|additus. | EX RECENSIONE | Ieremiae Reusneri Leorini. | 15 FRANCOFORTI. 81. (IMPRESSVM FRAN-|COFORTI AD MOENVM, | PER IOANNEM FEYER-|abendt, Impensis Sigismundi | Feyerabendij. | - | M. D. LXXXI.) ⟨Univ.bibl. Heidelberg: G 9506⟩

Einzige Ausgabe; kl. 4°, [XXVI] + 372 Seiten.

Enthält: Titel; Huldigungsgedicht von Ioannes Fichardus; Widmungsbrief von Jeremias Reusner, dem Bruder des Autors, an Adam von Dietrichstein; Brief des Autors an seinen Bruder Jeremias; Huldigungsgedicht an Ioannes Fichardus; 13 Huldigungsgedichte (darunter je eins von Paulus Schede-Melissus, Ioannes Fichardus, Nicodemus Frischlin, Sambucus und Jeremias Reusner); Porträt des Autors mit Epigramm; 4 Bücher mit je 40 numerierten Emblemen; darauf folgen 40 EMBLEMATA SACRA *(eingeleitet durch einen Widmungsbrief des Autors, beschlossen durch ein Huldigungsgedicht an den Autor) und (der im Haupttitel nicht aufgeführte Teil)* STEMMATVM, SIVE ARMORVM GENTILITIORVM LIBRI TRES; *ferner weitere 5 Huldigungsgedichte (davon wieder je eins von P. Melissus und N. Frischlin); 2 Auslegungen einer Cicerostelle (von Hieronymus Wolfius und Paulus Manutius); 12 Briefe an den Autor (u. a. je einer von Camerarius und Sambucus) mit einer einleitenden Vorbemerkung an den Leser; Verzeichnis sämtlicher Werke Reusners mit einer einleitenden Vorbemerkung des Herausgebers; Kolophon.*

Jedes Emblem der ersten 3 Bücher umfaßt: Nummer des Emblems, lat. (selten griech.) Motto, fast immer Widmung, Bild (Holzschnitte von Virgil Solis, 1514–1562, und Jost Amman, 1539–1591) und lat. Epigramm. Die Embleme des vierten Buches haben keine Bilder, setzen sie jedoch voraus. Bildgrößen sehr unterschiedlich, variieren zwischen ca. 74 × 81 mm, 80 × 58 mm, 67 × 48 mm.

Zahlreiche Bilder – und gelegentlich auch einige Verse – stammen aus dem früheren Werk PICTA POESIS OVIDIANA, *Francoforti 1580 ⟨Herzog August Bibliothek Wolfenbüttel: 8° 136. 1 Poet.⟩ des gleichen Autors (und passen deshalb oft nicht zum Epigramm); auf diese Herkunft wird jeweils verwiesen (= P. P. O. Nr. ....).*

Im Handbuch sind nicht berücksichtigt die EMBLEMATA SACRA *und die* STEMMATA; *aufgenommen sind 132 Embleme, davon 26 als Hinweise (zitiert nach Buch- und Emblemnummer):*

I	2:1722	10:1561	18:1650	26:1458	34:1675
	3:1781	11:1064	19:1828	27:1658	35:1463
	4:1791	12:1598	20:1649	28:1639	36:1857
	5:1040	13: 975	21: 208	29:1867	37: 997
	6:1717	14:1842	22:1781	30: 539	38:1463
	7: 17	15:1540	23: 984	31:1091	40: 390
	8: 773	16:1073	24:1775	32: 228	
	9:1568	17:1667	25:1773	33: 347	
II	1: 370	9: 382	17: 843	26:1100	34: 820
	2: 495	10: 853	18: 420	27: 398	35: 797
	3: 668	11: 514	20: 404	28: 518	36: 796
	4: 421	12: 429	21: 548	29: 930	37: 874
	5: 842	13: 408	22: 639	30: 856	38: 776
	6: 425	14: 812	23: 567	31: 814	39:1599
	7: 870	15: 827	24: 469	32: 840	40: 409
	8: 582	16: 845	25: 535	33:1246	
III	2:1090	10:1792	18:1678	27:1744	37:1201
	3:1713	11:1636	20:1684	28:1617	38:1611
	4:1589	12:1572	21:1610	30:1623	39:1727
	5:1590	13:1593	22:1062	31:1126	40:1624
	6:1667	14:1596	23:1593	32:1615	
	7:1742	15: 900	24:1695	33:1605	
	8: 650	16: 895	25:1629	35:1710	
	9:1647	17:1638	26:1628	36:1619	

IV	1:1708	11: 277	15: 792	21: 984	29: 247
	4: 61	12: 105	16: 311	22: 412	30:1305
	7:1095	13:1714	17:1312	23: 191	34: 396
	8:1513	14: 484	19: 315	24: 726	

*

Roll. I **Rollenhagen, Gabriel** *(1583 / Magdeburg – 1619 ? / ebd.)*

NVCLEVS | EMBLEMATVM SE=|LECTISSIMO-RVM, QVAE | ITALI VVLGO IMPRESAS | vocant priuata in=|dustria studio sin=|gulari, vndique | conquisitus, | non paucis venustis in=|uentionibus auctus, | additis carminib., | illustratus | A | GABRIELE ROLLENHA-GIO | MAGDEBVRGENSE. | – | E Musaeo coelatorio | CRISPIANI PASSAEI. | Zeelando | Excussori [*Arnheim 1611*]

Roll. II GABRIELIS | ROLLENHAGII | selectorum | Emblematum | CENTURIA | SECUNDA. | A⁰ MDCXIII. | – | Ultraiecti ex officina Crispiani Passaei, | Prostant apud Joan. Janssonium Bibli: Arnh.
⟨Herzog August Bibliothek Wolfenbüttel: 21. 2 Ethica⟩

Beide Teile Erstausgaben, in einem Band vereinigt (vgl. ²Praz, S. 476; 1611 erschien auch eine in allen gestochenen Teilen identische Ausgabe der 1. Centuria in Köln, die um 2 lat. Widmungsgedichte und eine lat. Vorrede an den Leser vermehrt ist und auf dem Titel den Zusatz COLONIAE (…) PROSTANT | Apud Ioannem Iansonium | Bibliopolam Arnhemiensem *trägt* ⟨Staatsbibl. Bamberg: A. symb. q. 27⟩; *die Datierung ergibt sich aus dem zusätzlichen Titelblatt in franz. Sprache, das manche Exemplare enthalten; vgl. Landwehr, Nr. 573). 4⁰, je [II] + 100 Blätter.*
Enthält: Titelkupfer; Porträt des Autors mit Epigramm (in beiden Teilen identisch); 100 numerierte Embleme. Angebunden sind jedem Teil dieses Exemplars niederl. Versionen der Epigramme (Arnheim 1615 und 1617) von Zacharias Heyns (1570 – um 1640).
Jedes Emblem ist in der rechten oberen Ecke numeriert und umfaßt ein kreisförmiges Bild (Kupferstiche von Cr. de Passe, 1564-1637, und Söhnen) mit einem Motto als Umschrift und ein zwei- oder vierzeiliges Epigramm, alles als Kupferstich. Die Sprache ist meist lat., selten griech. oder ital. Die Rückseiten der Blätter sind leer.
Die Reihenfolge der Emblemnummern ist mehrfach gestört: in Teil I innerhalb der Folgen 45-48, 69-72, 93-96; in Teil II erscheinen die Nummern 1-45 in der Reihenfolge: 43, 44, 41, 42, 31, 32, 29, 30, 33-36, 39, 40, 37, 38, 3, 4, 1, 2, 5-16, 19, 20, 17, 18, 23, 24, 21, 22, 25-28, 45. Bilddurchmesser (einschließlich Umschrift) ca. 100 mm.
Aufgenommen sind alle 200 Embleme, davon aus dem ersten Teil 40 und aus dem zweiten 44 als Hinweise (zitiert nach der Emblemnummer des Originals):

I	1:1055	5: 656	9:1775	13:1460	17: 93
	2:1053	6:1552	10:1609	14:1643	18: 728
	3:1848	7: 963	11: 620	15: 187	19:1660
	4:1810	8:1002	12:1264	16:1309	20:1446
	21: 325,	37:1454	53:1119	70:1299	87:1016
	1000	38: 76	54:1502	71: 967	88:1434
	22:1003	39:1028	55: 884	72:1010	89: 761
	23: 445	40: 910	56:1377	73: 46	90: 654
	24:1748	41:1052	57:1659	74: 609	91:1673
	25:1069	42:1007	58: 285	75: 982	92: 286
	26: 493	43:1029	59: 847	76:1780	93: 498
	27:1074	44: 327	60: 713	77:1053	94:1559
	28: 193	45: 653,	61:1336	78:1490	95: 284
	29: 186	998	62: 657	79:1029	96:1097
	30: 739	46: 156	63:1017	80: 656	97: 657
	31:1058	47: 648	64: 910	81:1359	98:1106
	32:1503	48:1000	65:1029	82:1367	99: 38
	33:1591	49:1342	66:1264	83:1434	100: 675
	34: 187	50: 326	67: 897	84: 855	
	35: 160	51: 895	68:1739	85: 64	
	36: 808	52: 880	69:1569	86:1263	
II	1:1256	21: 677	41: 81	61: 727	81:1441
	2: 491	22:1727	42:1023	62:1513	82: 25
	3:1020	23: 653	43:1513	63:1480	83:1501
	4:1820	24:1295	44:1378	64: 609	84:1387
	5: 626	25: 286	45:1649	65:1267	85: 149
	6: 291	26:1443	46:1029	66: 547	86:1021
	7:1559	27:1778	47:1367	67:1130	87:1502
	8: 647	28: 967	48: 38	68:1222	88:1398
	9:1420	29:1503	49: 417	69:1761	89: 642
	10:1443	30:1419	50: 998	70: 8	90:1809
	11:1053	31:1363	51: 311	71:1320	91:1350
	12:1565	32:1016	52: 47	72:1016	92: 925
	13: 151	33:1137	53:1130	73:1546	93: 41
	14:1078	34: 892	54:1343	74: 352	94: 536
	15: 821	35:1361	55: 46	75: 85	95: 896
	16:1559	36:1848	56: 472	76:1743	96:1564
	17: 649	37: 86	57: 595	77:1000	97: 569
	18: 998	38: 193	58: 997	78: 841	98: 328
	19: 112	39: 528	59: 314	79:1017	99:1343
	20: 811	40:1800	60: 86	80:1502	100:1257

*

Saavedra Fajardo, Diego de *(1584 / Algezares – 1648 / Madrid)* — Saav.

IDEA | DE UN PRINCIPE POLITICO | CHRISTIANO, | Representada en cien empresas. | POR | DON DIEGO DE SAAVEDRA FAXARDO | Cavallero &c. | – | AMSTELODAMI, | Apud Ioh. Ianßonium Iuniorem. 1659. ⟨Staats- u. Univ.bibl. Göttingen: 8⁰ Polit. II 5895⟩ (Neudruck in: Obras completas. Madrid 1946; außerdem → Bibliographie zur Emblemforschung, Nr. 957)

Nachdruck der zweiten Ausgabe (Mailand 1642), die gegenüber der Erstausgabe (München 1640) in Text, Bildern und Anordnung geändert wurde und für die zahlreichen späteren Nachdrucke und Übersetzungen maßgebend ist; kl. 12⁰, [XXXVI] + 983 Seiten.
Enthält: Titelkupfer; Widmung AL PRINCIPE; *emblemartige Vorrede an den Leser (mit Kupferstich); systematisches*

BESCHREIBUNG DER BENUTZTEN EMBLEMBÜCHER

Inhaltsverzeichnis; Briefe von Erycus Puteanus an G. de Blitterswyck und an den Autor und Antwortbrief des Autors; 101 numerierte Embleme; Schlußemblem.
Jedes Emblem besteht aus Nummer, einem mehrere Seiten langen span. Prosatext und Bild (vielleicht von J. Sadeler) mit eingeschriebenem Motto (in den Text eingerückt). Bildgröße (mit Rahmen) ca. 57 × 86 mm.
Die deutsche Übertragung (Landwehr, Nr. 585: „Translation by Philip von Zesen?") wurde entnommen der auf die lat. Fassung von J. Mulman (Brüssel 1649) zurückgehenden Ausgabe: EIN ABRISS | Eines Christlich-Politischen | PRINTZENS / | In CI. Sinn-bildern vnd mercklichen | Symbolischen Sprüchen / | gestelt von / | A. DIDACO SAAVEDRA FAXARDO | Spanischen Ritter & c. | Zu vor auss dem Spanischen ins Latei-|nisch: nun ins Deutsch versetzt. | - | Zu AMSTERDAM, | Bey Johann Janßonio, dem Jüngern. | - | Anno M DC LV. ⟨*Staats- u. Univ.bibl. Göttingen: 8⁰ Polit. II 5906*⟩.
Aufgenommen sind alle 101 Embleme (aus der Prosa-Subscriptio jedoch nur derjenige Teil des Textes, der das Bild betrifft und seine Auslegung gibt), davon 14 als Hinweise (zitiert nach der Emblemnummer):

1:1642	22: 762	43: 394	64:1519	85: 446
2:1296	23:1272	44: 629	65: 76	86: 43
3: 362	24:1472	45: 401	66: 159	87:1506
4:1520	25: 831	46:1475	67: 163	88: 84
5:1243	26:1862	47: 886	68:1456	89:1210
6: 325	27:1690	48: 664	69:1504	90: 105
7:1426	28: 646	49: 39	70: 185	91:1498
8: 423	29:1452	50: 59	71:1524	92: 772
9: 561	30:1478	51:1012	72:1248	93: 65
10: 783	31:1229	52: 907	73: 923	94:1253
11:1219	32: 733	53:1776	74: 261	95: 72
12: 15	33:1351	54: 157	75:1068	96: 194
13: 35	34: 297	55:1267	76:1353	97:1644
14:1329	35:1516	56:1420	77: 31	98: 214
15: 118	36:1461	57:1341	78:1698	99: 401
16:1330	37:1468	58:1375	79: 805	100:1265
17:1486	38: 504	59: 487	80: 524	101: 20
18:1268	39:1273	60:1511	81:1437	
19:1379	40: 58	61:1302	82: 487	
20:1259	41: 321	62: 927	83:1212	
21:1361	42: 923	63:1477	84:1242	

*

Samb. **Sambucus, Joannes** *(1531 / Tyrnau – 1584 / Wien)*
EMBLEMATA, | ET ALIQVOT | NVMMI ANTIQVI | OPERIS, IOAN. SAM-|BVCI TIRNAVIEN-|SIS PANNONII. | ALTERA EDITIO. | Cum emendatione & auctario copio=|so ipsius auctoris. | - | ANTVERPIAE, | EX OFFICINA CHR. | PLANTINI. M. D. LXVI. | CVM PRIVILEGIO. ⟨*Landesbibl. Stuttgart: Allg. Gesch. 8⁰ 3205*⟩

Zweite erweiterte Ausgabe (Erstausgabe Antwerpen 1564 mit nur 166 Emblemen und 46 Münzabbildungen); kl. 8⁰, 288 Seiten, die Seitenzählung reicht jedoch nur bis 272, da nach S. 256 die Zählung irrtümlich wieder mit S. 241 beginnt.
Enthält: Titel im Zierrahmen; Porträt des Autors mit seinem Hund Bembo; Prosavorrede DE EMBLEMATE; Widmungsbild und -gedicht an Kaiser Maximilian II.; 222 Embleme; Briefe des Autors an Johannes Grolierus; 90 Münzdarstellungen; EPIGRAMMATA ALIQVOT.
Jedes Emblem beginnt auf einer neuen Seite und besteht aus Motto, gelegentlich Widmung, Bild im Zierrahmen (Holzschnitte von A. Nicolai, nachweisbar 1550–1596, C. Muller, G. van Kampen, nachweisbar 1564–1592, nach P. Huys, 1519?–1581?, und Lukas de Heere, 1534–1584; die zusätzlichen Bilder der zweiten Ausgabe sind von Pierre van der Borcht, 1545–1608), Epigramm. Bildgröße mit Rahmen ca. 64 × 64 mm, ohne Rahmen 55 × 55 mm.
Aufgenommen sind 197 Embleme, davon 11 als Hinweise (zitiert nach der Seitenzahl):

11:1518	55: 547	109:1623	158: 416	214: 489
12: 203	56:1288	110:1321	159:1059	215: 89
13:1013	57:1113	111:1768	160: 916	216:1014
14: 554	58:1000	113: 798	162:1117	217:1820
15: 793	59: 944	114:1125	163:1679	218: 411
16: 455	60: 693	115:1309	165: 396	220: 494
17:1753	61:1237	116:1410	166:1166	222: 491
19: 669	62: 98	117: 635	169: 287	223: 894
20:1814	64:1060	118: 212	170:1236	224:1005
21: 929	65:1534	119:1647	171: 974	225:1824
22:1333	67: 702	120: 278	172:1089	226: 958
23:1267	69: 350	121:1537	173: 819	227: 525
24:1057	70: 848	123:1544	174:1346	228: 566
26: 847	71:1680	125: 586	175: 572	229: 486
27:1076	72:1471	126:1707	176:1146	230: 74
28: 775	73: 360	127:1666	177: 401	231:1307
29:1152	74:1448	129:1535	178: 712	232:1221
30:1287	75:1786	130:1508	179:1133	233: 833
32:1153	77:1088	131:1677	180:1132	234:1049
33: 621	79: 771	133: 225	181:1136	235: 639
34: 777	80:1766	135: 189	182: 190	237:1426
35: 972	82: 660	136: 915	184: 247	238: 505
36:1565	83: 456	137:1191	185:1703	239: 631
37: 565	85: 808	138:1184	187:1693	240:1202
38: 604	86: 801	139:1074	189: 781	241: 253
39:1683	87: 973	140: 448	190:1005	242:1274
40: 113	88:1004	142: 729	193:1551	243: 842
41:1691	89: 268	143: 556	194:1355	244:1716
42: 114	90:1076	144: 420	196: 992	245:1070
43: 630	91:1217	145:1807	199:1112	246:1035
44: 550	92:1241	146:1705	200:1804	247:1079
45: 527	93: 926	147:1391	201: 898	248: 88
46:1539	94: 433	148:1577	202: 361	249: 638
47: 434	95:1281	150: 10	203:1787	251: 209
48: 246	97:1433	152:1304	204:1830	252: 965
50:1610	99: 999	153:1301	206: 91	254: 988
51:1602	100: 345	154:1044	207: 637	255: 602
52:1774	101: 953	155:1718	209: 600	
53:1771	102: 954	156: 129	210:1134	
54:1186	104: 478	157: 575	211: 701	

Schoonh **Schoonhovius, Florentius** (Schoonhoven; *1594 / Gouda – 1648 / ebd.?*)

Emblemata | FLORENTII SCHOON-|HOVII I. C. Goudani, | Partim Moralia | partim etiam Civilia. | Cum latiori eorundem ejusdem | Auctoris interpretatione. | Accedunt et alia quaedam | Poëmatia in alijs Poëma-|tum suorum libris non | contenta. | – | GOUDAE, | Apud Andream Burier. | M. D. C. XVIII. ⟨*Herzog August Bibliothek Wolfenbüttel: 171 Quodl. 4°*⟩ (*Nachdruck: Hildesheim 1975 → Bibliographie zur Emblemforschung, Nr. 1090*)

Erstausgabe; kl. 4° [XII] + 251 Seiten.
Enthält: Titelkupfer; lat. Prosawidmung des Verfassers an den Rat der Stadt Gouda; Vorrede an den Leser; Huldigungsgedicht an den Autor; Porträt des Autors mit Huldigungsepigramm; 74 numerierte Embleme; es folgen Florentij Schoonhovij I. C. Poëmata aliquot *und ein kurzes Erratenverzeichnis.*
Jedes Emblem besteht aus Motto, Emblemnummer, Bild (Kupferstiche von Cr. de Passe II., 1597/98–1670), lat. Epigramm und längerem lat. Prosakommentar mit Quellenangaben. Bildgröße ca. 100 × 70 mm. Aufgenommen sind außer Nr. 20 alle Embleme, davon 43 als Hinweise (zitiert nach der Emblemnummer):

1: 953	16: 392	32: 631	47: 661	62: 867
2:1804	17: 581	33:1038	48:1060	63:1510
3:1616	18: 897	34: 790	49: 841	64: 943
4: 790	19:1827	35:1643	50: 813	65: 522
5:1801	21: 126	36:1733	51: 662	66:1024
6:1038	22: 821	37: 347	52: 620	67:1388
7:1341	23: 21	38:1145	53: 901	68: 940
8:1140	24: 165	39: 673	54: 533	69:1513
9:1166	25: 831	40: 119	55:1723	70: 550
10: 589	26:1156	41:1161	56: 908	71:1694
11:1831	27: 960	42: 554	57: 642	72: 442
12: 971	28: 489	43:1628	58: 499	73: 322
13: 29	29: 658	44: 796	59:1119	74: 198
14: 277	30: 403	45: 673	60:1143	
15: 394	31:1748	46: 154	61: 431	

✽

Soto **Soto, Hernando de** *(Lebensdaten unbekannt)*

EMBLEMAS. | MORALIZADAS | por Hernando de Soto, Con|tador y Veedor de la casa | de Castilla de su | Magestad. | Dirigidas a don Francisco Gomez de | Sandoual, Duque de Lerma, Mar-|ques de Denia, &c. | CON PRIVILEGIO. | – | EN MADRID. | Por los herederos de Iuan Iñiguez | de Lequerica. | 1.5.9.9. (EN MADRID, | – | En casa del Licencia-|do Varez de Castro, | Año de M. D. | XC. IX.) ⟨*Österreich. Nationalbibl. Wien: 74. Y. 19.*⟩

Einzig bekannte Ausgabe; kl. 8°, [XVI] + 134 + [VI] Blätter.
Enthält: Titel im Zierrahmen; kirchliches Imprimatur; Erratenverzeichnis; königliches Imprimatur; span. Prosawidmung an Don Francisco Gomez de Sandoual, Grafen von Lerma; Prosavorrede an den Leser; Verbot des Nachdrucks; Porträt (des Autors?); Lobrede auf den Autor von Alonso de Barros, fünf span. Huldigungsgedichte und ein lat. auf den Autor; Lobrede auf den Autor von Francisco de Vereterra Guemes; 60 nicht numerierte Embleme; Tercetos auf die Jungfrau Maria in span. Sprache nach lat. Bibelstellen; Kolophon und alphabetischer Index.
Jedes Emblem besteht aus lat. Motto, dessen span. Übersetzung, Bild, span. Epigramm und span. Prosakommentar mit Quellenangaben und Hinweisen auf Parallelstellen. Bildgröße ca. 58 × 52 mm.
Aufgenommen sind 58 Embleme, davon 16 als Hinweise (zitiert nach der Blattzählung):

1 :1668	34 b:1372	69 : 750	104 b: 451
3 :1233	36 b:1678	71 :1155	106 b:1179
5 b: 662	38 b: 624	73 : 109	108 b:1771
7 b:1440	40 b:1199	77 : 774	110 :1149
9 b:1690	43 :1187	79 b: 67	112 :1174
13 b:1836	45 :1495	82 : 233	114 : 663
15 b:1681	49 :1701	84 :1706	116 : 252
17 b:1743	51 : 636	86 :1606	118 :1183
19 b: 816	53 b: 435	88 : 342	120 : 956
22 : 833	56 : 357	90 : 99	122 :1705
24 :1066	58 : 799	92 : 435	123 b: 828
26 b: 60	60 b:1618	94 b:1186	125 :1847
28 b:1183	63 :1762	97 :1282	127 : 15
30 b:1147	65 : 339	99 b:1146	
32 b:1108	67 :1537	102 :1738	

✽

Sperling, Hieronymus *(1695 / Augsburg – 1777 / ebd.)* Sperl.

Trojano | regio Principi | PARIDI | delatum Praerogativae Iudicium inter | IUNONEM, VENEREM et MINERVAM, | sive Divitias, Amorem et Sapientiam, | ad utilem Oblectationem LII. Emblematibus Moralibus, | quae delineata et aeri affabre incisa ab Hieronymo Sperling, | et Germanis et Latinis versibus explicata à M. Phil. Iacobo Crophio, P. L. C. | Gymnasii Augustani Rectore et Bibliothecario P. exhibitum, | quorum hac prima parte XX. icones ob oculos ponuntur. | Die dem Trojanischen Prinzen | PARIS | Aufgetragene Entscheidung dess Vorzug=Streits zwischen der | IUNO, VENUS und MINERVA, | oder dem Reichthum, der Liebe und der Weißheit | Zu erbaulicher Belustigung in 52. Moralischen Sinnbildern, | welche auf das netteste gezeichnet u. in Kupfer gestochen von Hieronymo Sperling; | u. mit Teutsch u. Lateinische Versen erkläret von M. Phil. Jacob Crophio, P. L. C. | Gymnasii August. Rectore u. Bibliothec. P. vorgestellet | davon in diesem Ersthen Theil | XX. stucke zufinden. [Augsburg o. J.] (Hieronymus Sperling delineavit et sculpsit | cum Privil. Sac. Caes. Maj. | Haered. Jer. Wolffij excudit Aug. Vind.) ⟨*Staatsbibl. München: 2° L. eleg. m. 105ᵗ*⟩

Offenbar ist nur dieser erste Teil erschienen, wahrscheinlich um 1740 (vgl. ²Praz S. 500f.); eine vollständige Ausgabe der im Titel genannten 52 Sinnbilder ist nicht nachweisbar, wohl aber eine Ausgabe mit 30 Emblemen, undatiert (Ex. im Besitz der Biblioteca Apostolica Vaticana ⟨Fondo Cicognara 1941⟩). 2°, [21] Blätter.
Enthält: Titelkupfer und 20 numerierte Embleme; die Rückseiten der Blätter sind unbedruckt.
Jedes Emblem nimmt eine Seite ein und besteht aus Nummer, lat. Motto (meist mit Quellenangabe), deutschem Motto, Kupferstich mit Bild und dem lat. Motto in reichem Zierrahmen, lat. und deutschem Epigramm. Bildgröße (ohne Rahmen) zwischen ca. 100 × 80 mm und ca. 105 × 90 mm. Obgleich der Textdichter Jacob Crophius (Croph, 1666–1742) im Titel genannt wird, ist es üblich, das Werk unter dem Namen des Zeichners und Stechers Sperling zu zitieren.
Aufgenommen sind 6 Embleme (zitiert nach der Emblemnummer):

3:1634   8: 728   9:1606   10:1314   12:1654   20:1317

A	: 723	D 6: 196	H 3:1369	L 8:1323
A 2	: 356	D 7: 312	H 4: 989	M : 124
A 3	: 625	D 8:1370	H 5: 18	M 2: 445
A 4	: 563	E :1375	H 6:1105	M 3: 110
A 5	: 321	E 2: 976	H 7: 984	M 4: 414
A 6	: 231	E 3:1310	H 8: 173	M 5: 915
A 7	: 488	E 4: 443	I : 177	M 6: 503
A 8	: 574	E 5:1414	I 2: 746	M 7: 329
B	:1205	E 6: 176	I 3: 261	M 8: 158
B 2	: 480	E 7: 291	I 4:1106	N : 162
B 3	:1434	E 8:1398	I 5: 111	N 3: 165
B 4	:1096	F : 107	I 6: 568	N 4:1049
B 5	: 108	F 2: 328	I 7: 145	N 5:1085
B 6	: 131	F 3: 186	I 8: 414	N 6:1335
B 7	: 452	F 4:1481	K :1363	N 7: 106
B 8	: 754	F 5: 74	K 2: 287	N 8:1348
C	: 169	F 6: 77	K 3: 847	O : 78
C 2	: 39	F 7:1402	K 4: 319	O 2:1430
C 3	:1464	F 8:1325	K 5: 479	O 3:1334
C 4	: 905	G :1326	K 6: 27	O 4:1522
C 5	: 284	G 2: 112	K 7: 106	O 5:1354
C 6	: 28	G 3: 509	K 8: 497	O 6: 158
C 7	: 170	G 4: 588	L : 104	O 7: 170
C 8	: 275	G 5: 245	L 2: 122	O 8: 166
D	:1417	G 6: 87	L 3:1365	P :1309
D 2	: 280	G 7: 320	L 4:1091	P 2: 573
D 3	: 306	G 8:1080	L 5: 172	P 3: 130
D 4	:1428	H : 587	L 6: 551	P 4:1450
D 5	: 93	H 2:1329	L 7: 746	

*

Taur.   **Taurellus, Nicolaus** (Oechslin; *1547 / Mömpelgard – 1606 / Altdorf*)

EMBLEMATA | PHYSICO-|ETHICA, | hoc est, | NATVRAE MORVM | moderatricis picta | praecepta, | à NICOLAO TAURELLO | Montbelgardensi, Physices & Medic. | in Altdorfens. Noric. Academia Pro-|fessore observata, & vario con-|scripta carmine. | Editio secunda. | NORIBERGAE | Typis Christophori Lochneri. | – | M. D C I I ⟨*Staats- u. Univ. bibl. Göttingen: 8° Poet. lat. rec. II 2421*⟩

Zweite, erweiterte Ausgabe (Erstausgabe Nürnberg 1595 mit nur 84 illustrierten Emblemen); kl. 8°, [163] Blätter, Bogenzählung.
Enthält: Titel im Zierrahmen; Wappen; Prosawidmung an Procopius und Petrus Pienascius; Vorrede an den Leser mit theoretischen Ausführungen zum Emblem; 3 Huldigungsgedichte an den Autor; 116 nicht numerierte Embleme und 20 gezählte EMBLEMATA NVDA (Embleme ohne Bild, die im Handbuch nicht berücksichtigt sind); Errataverzeichnis; es folgen noch die CARMINA FUNEBRIA, QVAE MAGNORVM ALIQUOT, CLARORUMque virorum felici memoriae dicavit. Nic. Taur.
Die illustrierten Embleme stehen jeweils auf der Vorderseite der Blätter (während die Rückseiten leer sind) und bestehen aus lat. Motto, Widmung (fehlt bei 11 Emblemen), Bild und lat. Epigramm. Häufig sind in die Bilder Wappen eingezeichnet, die z. T. aus Jost Amman, Stam vnd Wapenbuch ... Frankfurt 1579 u. ö. entnommen sind. Bildgröße ca. 70 × 55 mm.
Aufgenommen sind alle illustrierten Embleme mit Ausnahme des Emblems N 2, das eine Invektive gegen Scaliger enthält und ohne emblematischen Wert ist, davon 19 als Hinweise. (Zitiert wird nach der Bogenzählung):

*

Passe II, Crispyn de (*1597/98 / Köln – 1670 / Amsterdam*)   Thron. Cup

P. T. L. | THRONVS | CVPIDINIS. | Editio tertia; | Prioribus emendatior, & multo auctior. | AMSTERODAMI, | – | Apud Wilhelmum Iansonium. | 1620. ⟨*Herzog August Bibliothek Wolfenbüttel: 167. 3 Ethica*⟩ (*Faks.druck: Amsterdam 1968*)
Zweite, nur typographisch geringfügig veränderte Ausgabe (deren Angabe Editio tertia ist irreführend; bereits die – nicht erreichbare – Erstausgabe des sehr seltenen Werkes erschien als Editio altera Amsterdam 1618 [eines der inzwischen festgestellten Exemplare der Erstausgabe: ⟨Landesbibl. Stuttgart: Allg. G. 8° 3240⟩]; zur Publikationsgeschichte und Bibliographie vgl. Landwehr, S. XIV und Nr. 662–666). Qu. 16°, [96] Blätter, Bogenzählung.
Enthält: Vortitel; Titelkupfer der Erstausgabe (P.T.L. = Petrus Theodorus Librarius, d. i. Dirk Pietersz Pers); franz. Widmungsgedicht (an Louys de Mongommery); zwei lat. Gedichte; Kupferstich; franz. Gedicht (Cupidon a la Ieunesse, weitgehend identisch mit der Versvorrede gleichen Titels bei Vaenius →); niederl. Widmungsgedicht (Aen de Ionckvrouwen van Nederlandt) von Vondel; Versvorrede (AUX DAMES DE FRANCE, eine franz. Version der niederl. Vorrede von (→ Heins.) HET AMBACHT van CVPIDO); 5 franz. und 2 niederl. Gedichte, darunter ein längeres niederl. (DE IACHT van CVPIDO) von Vondel;

Zwischentitel (EMBLEMATA AMATORIA); *32 Embleme, davon das 20.–27. nach dem Zwischentitel* DES FIDELES & INFIDELES amans, *das 28.–32. nach dem Zwischentitel* DE CEVX QVI ONT FALLIS en AMOVR; *niederl. Schlußepigramm. Es folgen 23 Gedichte in franz. und niederl. Sprache (davon 3 in beiden Sprachen) unter dem Titel* SOMMIGHE EPITHALAMIEN ELEGIEN, en SONNETTEN; *darunter 2 Gedichte von G. A. Bredero und 2 franz. Versionen von Gedichten des Heinsius.*

Jedes Emblem nimmt zwei einander gegenüberliegende Seiten ein, die beide die gleiche Nummer tragen (1–34, dabei sind die Zwischentitel mitgezählt); links: lat., niederl. und franz. Motto und Epigramm; rechts: Bild. Bildgröße ca. 64 × 47 mm.

Viele der Bilder sind denen aus Vaenius (→) – *gewöhnlich seitenverkehrt und unter Hinzufügung einiger Details – nachgestochen, wobei auch die lat. und franz. Motti und Epigramme meist übernommen wurden; die niederl. Epigramme stammen von Gerbrand Adriaensz. Bredero (1585–1618). Einflüsse von* Heinsius (→) *lassen sich ebenfalls nachweisen (vgl. ²Praz, S. 118ff. und Landwehr, a.a.O.). Zitiert wird das Werk häufig unter dem Namen des Kupferstechers C. de Passe II.*

Aufgenommen sind 7 Embleme als Hinweise (zitiert nach der Emblemnummer):

2:757	27:1629	30:1623	31:1628	32:1616
9:575	28:1610			

✳

Vaen. **Vaenius, Otho** (Otto van Veen; *1556 / Leiden – 1629 / Brüssel*)

AMORVM | EMBLEMATA, | FIGVRIS AENEIS INCISA | STVDIO OTHONIS VAENI | BATAVO-LVGDVNENSIS. | – | ANTVERPIAE, | Venalia apud Auctorem, | Prostant apud Hieronymum | Verdussen. | M. DC. IIX. (Typis Henrici Swingenij.) ⟨*Staats- u. Univ.bibl. Göttingen: Bibl. Uff. 507*⟩ (*Nachdruck: Hildesheim 1970* → *Bibliographie zur Emblemforschung, Nr. 1088*)

Erstausgabe (benutzt wurde die lat.-franz.-ital. Ausgabe des gleichzeitig in 4 verschiedenen polyglotten Fassungen erschienenen Werkes); qu. 4°, [XVI] + 248 Seiten.

Enthält: Titel; lat. Prosawidmung an Guilielmus Bavarus; *lat. Huldigungsgedichte von* Hugo Grotius, Daniel Heinsius, Max. Vrientius, Ph. Rubenius *und ein ital. von* Petro Benedetti; *Titelkupfer mit der Überschrift* PROH QVANTA POTENTIA REGNI EST VENVS ALMA TVI *und lat. Epigramm aus* Seneca; *ital. und franz. Versvorrede* Cupidine alla giouentu *und* Cupidon à la Ieunesse; *ital. und franz. Sonett; 124 nicht numerierte Embleme; kirchliches Imprimatur; Nachdruckverbot und Kolophon.*

Jedes Emblem nimmt zwei einander gegenüberliegende Seiten ein; rechts: ovales Bild (Kupferstiche von Cornelius Boel, *um 1576 – nach 1614, nach den Zeichnungen von* Vaenius*); links: lat. Motto, häufig mit Quellenangabe (meist* Ovid*), lat. Epigramm, großenteils antiken oder neueren Schriftstellern entnommen, manchmal werden auch zwei Zitate oder Zitat und eigener Vers zusammengesetzt; den Autor der Zitate gibt* Vaenius *jeweils am Rande an. Es folgen noch eine ital. und franz. Version des Mottos und des Epigramms. Bilddurchmesser (mit Rahmen) ca. 150 × 115 mm.*

Die deutschen Versionen sind, soweit dort vorhanden, der Ausgabe von Custos (→) *entnommen.*

Aufgenommen sind die 51 Embleme, die außer der Amorfigur noch eine emblematisch bedeutsame Res enthalten, davon 11 als Hinweise (zitiert nach der Emblemnummer):

1: 656	42f.:1617	96f.:1394	172f.: 309
4f.: 169	44f.:1280	98f.: 616	174f.:1811
6f.:1349	48f.:1763	100f.: 484	186f.: 485
10f.: 201	50f.:1572	102f.: 911	188f.:1406
18f.:1779	52f.:1653	110f.:1023	190f.:1365
20f.:1742	54f.:1279	114f.: 517	194f.: 810
24f.: 582	56f.: 442	116f.: 150	210f.: 222
26f.:1439	62f.: 666	136f.:1377	216f.: 673
28f.: 962	70f.: 833	146f.: 135	220f.:1319
32f.:1648	74f.: 312	154f.: 473	228f.: 739
34f.: 47	76f.:1423	156f.:1801	236f.:1815
36f.: 48	90f.: 615	158f.: 81	244f.: 260
38f.:1471	92f.:1763	160f.: 299	

✳

Visscher, Anna Roemers (*1583 / Amsterdam – 1651 / Alkmaar*) Vissch.

Roemer Visschers | ZINNE-POPPEN; | Alle verciert met Rijmen, en sommighe | met Proze: | Door zijn Dochter | ANNA ROEMERS. | – | T'AMSTERDAM | By willem Iansz. op t'water inde Sonne | wyser met privillegie voor vyf Iaren. [*o. J., ca. 1620*] ⟨*Herzog August Bibliothek Wolfenbüttel: 145. 1 Ethica*⟩ (*Neudruck der Erstausgabe: 's-Gravenhage 1949* → *Bibliographie zur Emblemforschung, Nr. 923*)

Dritte, erweiterte Ausgabe (Erstausgabe Amsterdam 1614 mit nur 183 Emblemen ohne Verse; 2. Ausgabe, o. J., nur geringfügig verändert); kl. 8°, [XVII] + 392 + [V] Seiten.

Enthält: Titelkupfer; Prosavorrede an den Leser; Kupferstich, einen Narren darstellend; Huldigungsgedichte von Cats *und* Vondel; *193 Embleme, eingeteilt in 3 Schock zu je 60* Sinnepoppen *mit je einer weiteren als Beslach und 10* Minnepoppen; *Register der Motti; Grabschrift auf* Roemer Visscher. *(Die Unterschiede zwischen dieser und den ersten Ausgaben beschreibt ausführlich de Vries Nr. 55.)*

Jedes Emblem nimmt zwei einander gegenüberliegende Seiten ein; rechts: Kupferstich mit Motto (lat., franz. oder niederl.) und Bild von Claes Jansz. Visscher, *1578? oder 1587–1660, niederl. zweizeiliges Epigramm (von* Anna Roemers*); links: Emblemnummer, mit jedem Schock und mit den Minnepoppen neu einsetzend, und niederl. Prosakommentar, häufig mit einem Spruch endend (bis auf die A.R. signierten Kommentare stammen diese Texte von* Roemer Visscher, *1547–1620, dem Vater der* Anna Roemers, *und entsprechen denen der Erstausgabe). Bildgröße ca. 62 × 75 mm.*

Aufgenommen sind 29 Embleme, davon 5 als Hinweise (zitiert nach Schock- und Emblemzahl):

I	2:1405	8:1311	19:1204	30:1290	36:1238
	3:1442	9:1356	20:1314	31:1481	49:1203
	6:1472	14:1480	27: 178	33:1399	
II	15: 491	19: 578	33: 936	37: 609	59: 288
	16:1011	31: 591	36: 796	58:1481	
III	12: 162	22:1311	43:1313	57:1380	58: 81

Minnepoppen 4:1382

*

Whitney

Whitney, Geoffrey *(1548 / Cool Pilate – 1601 / Royals Green)*
A CHOICE | OF EMBLEMES, | AND OTHER DEVISES, | For the moste parte gathered out of sundrie writers, | Englished and Moralized. | AND DIVERS NEWLY DEVISED, | by Geffrey Whitney. | A worke adorned with varietie of matter, both pleasant and pro-fitable: whe-|rein those that please, maye finde to fit their fancies: Bicause herein, by the | office of the eie, and the eare, the minde maye reape dooble delighte throu-|ghe holsome preceptes, shadowed with pleasant deuises: both fit for the | vertuous, to their incoraging: and for the wicked, for their admonishing | and amendment. | To the Reader. | Peruse with heede, then frendlie iudge, and blaming rashe refraine: | So maist thou reade vnto thy good, and shalt requite my paine. |-| Imprinted at LEYDEN, | In the house of Christopher Plantyn, | by Francis Raphelengius. | M. D. LXXXVI. ⟨*Univ.bibl. Heidelberg: G 9519*⟩
Einzige Ausgabe; da ein Original dieses sehr seltenen Werkes nicht erreichbar war, wurde der von Henry Green *herausgegebene Faksimile-Nachdruck* (Whitney's "Choice of Emblemes", London 1866; *Neudrucke:* New York 1967; Hildesheim 1971 → Bibliographie zur Emblemforschung, Nr. 964) *benutzt.* 4°, [XX] + 230 S.
Enthält: Titel im Zierrahmen; Wappen des Earl of Leycester und Widmungsbrief des Autors in engl. Prosa an denselben; Vorrede des Autors an den Leser in engl. Sprache; 4 lat. Huldigungsgedichte an den Autor und ein engl. Gedicht an den Leser; engl. Gedicht des Autors, überschrieben D. O. M. (= Deo Optimo Maximo); kurzes Erratavzerzeichnis; 112 nicht numerierte Embleme im ersten Teil; Zwischentitel: THE SECOND PARTE OF EMBLEMS, AND OTHER DEVISES, …; *3 engl. Huldigungsgedichte an die Earls of Warwick und Leycester; 135 nicht numerierte Embleme (zwischen das 1. und 2. Emblem dieses Teils ist ein Huldigungsgedicht an Philipp Sidney eingeschoben); am Schluß steht ein Holzschnitt, der in ähnlicher Form als Signet auf dem Titel erscheint, mit dem Spruchband-Motto:* LABORE ET CONSTANTIA. *(Der Nachdruck enthält außerdem ausführliche biographische, bibliographische und erläuternde Einführungen, Anmerkungen und Register.)*
Jedes Emblem nimmt gewöhnlich eine Seite ein (nur wenige sind länger; häufig aber auch 2 Embleme auf einer Seite) und besteht aus lat. Motto, häufig Widmung, Bild im Zierrahmen, engl. Epigramm unterschiedlicher Länge; einige Male folgt zum gleichen Bild eine zweite Deutung mit neuem Motto; am Ende der Epigramme stehen meist einige lat. Verse antiker oder emblematischer Autoren; am Rand werden immer ausführliche Quellenangaben gegeben. Bildgröße (ohne Rahmen) ca. 55×55 *mm.*
Das Werk übernimmt fast ausschließlich Embleme anderer Autoren, vor allem solcher, die früher bei Plantin verlegt worden waren, und benutzt in mehr als 200 Fällen sogar die gleichen Druckstöcke. Eigene Zutat Whitney's sind die an seine Vorlagen angelehnten engl. Epigramme, in einigen Fällen die Motti und höchstens 20 neue Embleme.
162 Embleme sind deshalb nur in Form von Hinweisen den entsprechenden Emblemen von Alciatus, Beza, Bocchius, Junius, Montanea *und* Sambucus *hinzugefügt (zitiert nach der Seitenzahl):*

2 :1776	51 : 302	96 : 67	174 : 179
3 : 669	52^1: 526	97 : 703	175 :1536
4 :1816	52^2: 716	99 :1709	176 :1121
5 : 873	53^1: 553	100 :1305	178 : 402
6 :1073	53^2: 240	101 : 872	179 : 989
7 :1134	54^1:1064	103 : 213	180 : 748
8 : 513	54^2: 744	108 :1819	181 :1810
9 :1058	55^1: 743	118 : 195	182^1:1761
10 :1697	55^2:1316	119 : 788	182^2:1544
11 : 115	56 : 562	120 :1215	187 :1827
13 :1656	57 :1087	121 : 729	188^1: 428
15 :1623	58 : 434	122 : 5	188^2: 713
16 :1653	59 : 254	124 : 975	189^1: 639
18 : 512	60 :1823	125 : 565	189^2: 533
19 :1812	62 : 259	126 : 814	190 : 433
20 : 114	63 : 386	127 : 398	191 :1824
22 : 457	64 : 847	128 : 590	192 :1408
25 :1185	65 : 991	130 :1292	193 :1687
26 :1241	67 : 204	132 :1583	194 :1517
27 : 837	69 :1238	134 :1293	196f.:1537
28 :1057	70 :1181	135 :1054	199 :1814
29 : 862	71 :1112	136 :1355	200 : 919
30 :1686	72 : 99	137 :1462	202 :1047
31 :1135	73 : 827	138 :1490	204 :1237
33 :1640	74 :1655	139 :1558	205 : 216,
34 : 332	75 :1657	140 : 576	217
36 : 801	76^1:1013	141 :1492	206 : 269
37 :1683	76^2: 631	142 : 456	207 : 781
38 :1070	77^1: 708	144 :1608	208 :1120
40 :1643	77^2: 226	147 :1759	211 :1592
41 :1137	78 :1105	149 :1627	212 :1785
42 :1565	81 : 959	150 : 417	213 : 563
43 :1471	82 :1695	151 :1355	214 :1633
44 : 566	83 :1678	152 :1023	215 :1660
45 : 374	84 :1187	163 :1703	218 :1035
46 :1001	85 : 986	164 :1382	219 : 910
47 :1688	87 : 811	165 : 298	220 : 151
48 : 518	89 : 799	170 : 792	221 : 296
49 : 533	90 : 685	171 :1289	222^1: 278
50^1: 874	93 :1543	172 :1367	222^2: 595
50^2: 962	94 :1571	173 : 345	229 : 997

*

Zincgr. **Zincgreff, Julius Wilhelm** *(1591 / Heidelberg – 1635 / St. Goar)*

EMBLEMATVM | ETHICO-POLITICORVM | CENTVRIA | IVLII GVILIELMI | ZINCGREFII. | Coelo Matth: Meriani. | MDCXIX. | Prostat | Apud Iohann | Theodor de Bry *[Heidelberg]* ⟨Univ.bibl. Heidelberg: G 9506¹⟩

Erstausgabe; 4°, [238] Seiten, Bogenzählung.
Enthält: Titelkupfer; lat. Prosawidmung an Friedrich Pfalzgraf zu Rhein; lat. PRAEFATIO DE ORIGINE ET USU EMBLEMATUM; 6 Huldigungsgedichte an den Autor (davon 1 von Janus Gruterus); 100 numerierte Embleme.
Jedes Emblem nimmt zwei einander gegenüberliegende Seiten ein; links: Emblemnummer, lat. Motto (gelegentlich mit Quellenangabe am Rand), kreisförmiges Bild (Kupferstiche von Matthäus Merian, 1593–1650; im Hintergrund zeigen die meisten Bilder Ansichten von Heidelberg) und vierzeiliges franz. Epigramm (bei der Abfassung der Epigramme halfen Jacob Grandhomme und Johann Lancellot dem Autor); rechts: lat. Prosakommentar mit Quellenangaben und Zitaten (der Kommentar zum letzten Emblem nimmt 4 Seiten ein). Bilddurchmesser (mit Rahmen) ca. 85 mm.
Die im Handbuch abgedruckten deutschen Versionen der franz. Epigramme stammen wahrscheinlich von Zincgreff selbst (vgl. Jöns → Bibliographie zur Emblemforschung, Nr. 1938, S. 391); sie sind entnommen der Ausgabe: Fahnenbilder / | Das ist / | Sinnreiche Figuren | vnd Sprüch / von Tu-|genden und Tapfferkeit He-|roischer Personen / in Fah-|nen / Cornetten / Libereyen / | Trompeten / vnd derglei-|chen zugebrau-|chen: | Genommen auß D. Iu-|lii Wilhelmi Zinggräffen | Emblematibus. | – | Franckfurt / bey Johann | Ammon / 1633. ⟨Staats- u. Univ.bibl. Göttingen: H. Subs. 4268⟩
Aufgenommen sind alle Embleme, davon 20 als Hinweise (zitiert nach der Emblemnummer):

1: 400	21:1496	41: 36	61: 352	81: 234
2: 559	22: 382	42:1378	62:1641	82: 958
3: 766	23:1221	43:1482	63: 523	83:1458
4: 503	24: 841	44:1465	64:1474	84: 75
5: 372	25: 909	45:1399	65:1455	85:1018
6: 668	26: 613	46: 63	66:1500	86: 558
7: 581	27: 509	47: 436	67: 372	87:1421
8: 709	28: 128	48:1229	68:1673	88:1010
9:1496	29: 542	49:1257	69:1507	89:1344
10: 395	30: 221	50: 117	70: 536	90: 61
11: 133	31: 575	51:1610	71:1262	91: 353
12: 374	32: 824	52:1493	72: 30	92: 12
13:1493	33: 837	53: 312	73: 495	93:1141
14: 444	34: 536	54:1490	74: 493	94:1808
15:1209	35: 574	55: 537	75: 270	95: 241
16: 379	36: 12	56: 538	76: 250	96: 688
17: 458	37: 938	57:1423	77: 163	97:1299
18: 687	38: 14	58: 541	78: 686	98:1020
19:1460	39: 18	59:1474	79: 770	99:1515
20:1122	40: 19	60: 413	80:1337	100: 926

✶

ABKÜRZUNGSVERZEICHNIS

A. T.	=	Altes Testament
Acc. Brut.	=	Accius Brutus
Ach. Tat.	=	Achilles Tatius, De Clitophontis et Leucippes amoribus
Adamant. physiogn.	=	Adamantius, Physiognomica (ed. Förster)
Aelian.	=	Claudius Aelianus
de an.		De natura animalium
hist. var.		Varia historia
Aen. Silv. Comm.		Aeneas Sylvius de' Piccolomini (Pius II.), Commentarii rerum memorabilium
Aeneas Tact.	=	Aeneas Tacticus, Hypomnemata
Aesch.	=	Aeschines, Orationes
Aesop. fab.	=	Aesopus, Corpus fabularum Aesopicarum
Agapet. paraen. ad Justin. Imp.	=	Agapetus Diaconus, Paraenesis alias scheda regia sive de officio regis ad Justinianum Imperatorem
Aisch.	=	Aeschylus
Ag.		Agamemnon
Choeph.		Choephori
Eum.		Eumenides
fr.		Fragmenta
Hik.		Hiketides
Prom.		Prometheus vinctus
Albert. Magn.	=	Albertus Magnus
de an.		De animalibus
de veget.		De vegetabilibus
Alberti	=	Leone Battista Alberti, De pictura. Basel 1540
Alc.	=	Alciatus → Beschreibung der benutzten Emblembücher
Alc. Parerg.	=	Andreas Alciatus, Παρεργων juris libri III. Basel 1538
Alex. Aphrod.	=	Alexander Aphrodisiensis, Quaestiones naturales
Alexis Comic.	=	Alexis Comicus, Fragmenta
Alpers	=	Johannes Alpers, Hercules in bivio. Phil. Diss. Göttingen 1912
Alpinus	=	Prosper Alpinus
de plant. Aeg.		De plantis Aegypti. Venedig 1592
dial. de bals.		Dialogus de balsamo. Venedig 1592
Althusen, Politica	=	Johannes Althusen, Politica methodice digesta. Herborn 1603
Am.	=	Amos (A. T.)
Ambr.	=	Ambrosius
de off.		De officiis clericorum
de trin.		De trinitate
ep.		Epistulae
hex. (oder: in Gen.)		Hexaëmeron (In Genesin)
spir. sanct.		De spiritu sancto ad Gratianum Augustum
Amm. Marc.	=	Ammianus Marcellinus, Rerum gestarum libri
Ammirato	=	Scipione Ammirato → Bibliographie zur Emblemforschung Nr. 233.
An.	=	Anulus → Beschreibung der benutzten Emblembücher
Anguillara	=	Luigi Anguillara, Sempliciliquali
Ant. Car. hist. mir.	=	Antigonus Carystius, Historiarum mirabilium collectanea
Ant. Lib.	=	Antonius Liberalis
Anth. Graec.	=	Anthologia Graeca
Anth. Lat.	=	Anthologia Latina
Antisth.	=	Antisthenes, Fragmenta
Apg.	=	Apostelgeschichte (N. T.)
Apok.	=	Apokalypse (Offenbarung des Johannes, N. T.)
Apoll. Bibl.	=	Apollodor, Bibliotheca
Apoll. Rhod.	=	Apollonius Rhodius, Argonautica
Apost.	=	Michael Apostolius, Paroemiae
App.	=	Appianus
b. c.		Bellum civile
Mithr.		Mithridates
Apul.	=	Apuleius
apol.		Apologia
de deo Socr.		De deo Socratis
met.		Metamorphoseon libri XI sive De asino aureo
Arat.	=	Aratus, Phaenomena
Arist.	=	Aristoteles
Eth. Nik.		Ethica Nicomachea
fr.		Fragmenta
gen. an.		De generatione animalium
hist. an.		De historia animalium
mir. ausc.; mirab.		→ Ps.-Arist.
part. an.		De partibus animalium
pol.		Politica
probl.		Problemata
rhet.		Rhetorica
Aristid.	=	Aelius Aristides

Aristoph.	= Aristophanes		Basil.	= Basilius
av.	Aves		de mor. serm.	De moribus sermones
eccl.	Ecclesiazusae		hex.	Hexaëmeron
equit.	Equites		hom. de invid.	Homilia de invidia
Lysistr.	Lysistrata		in Ps.	Homiliae in Psalmos
ran.	Ranae		libr. gent.	De legendis gentilium libris oratio
vesp.	Vespae			
Arrian.	= Arrianus		Batrach.	= Batrachomyomachia
anab.	Anabasis		Baumeister, Denkm.	= A. Baumeister, Denkmäler des klassischen Alterthums. Bd.1–3, München 1885–88
de ven.	De venatione			
Artem. oneir.	= Artemidorus, Oneirocritica			
Athen. dipn.	= Athenaeus, Deipnosophisticarum libri XV		Bekker, Anecd.	= August Immanuel Bekker, Anecdota Graeca. Berlin 1814–21
Auct. ad Her.	= Auctor ad Herennium		Bellonius, Observat.	= Petrus Bellonius (Pierre Belon), Les observations de plusieurs singularitez et choses memorables en Grèce, Asie, Judée, Egypte, Aratie etc.. Paris 1554
Auct. de vir. ill.	= Auctor de viris illustribus			
Aug. Justinian.	→ Giustiniani			
Augustin.	= Aurelius Augustinus			
ad frat. sermo	Ad fratres in eremo sermo			
ad Ps. → enarr. in Ps.			Bembus, hist. Venet.	= Petrus Bembus (Pietro Bembo), Historia Venetae libri XII
c. d.	De civitate dei			
c. Faust.	Contra Faustum Manichaeum		Bennett	= M. R. Bennett → Bibliographie zur Emblemforschung Nr. 2191.
conf.	Confessiones		Bernh.	= Bernhard von Clairvaux
contra ep. Parm.	Contra epistulam Parmeniani		de adv. Dom. serm.	Sermones de adventu Domini
de doctr. Chr.	De doctrina Christiana		ep.	Epistulae
de trin.	De trinitate		serm. in cantica	Sermones in cantica canticorum
enarr. in Ps. (oder: ad Ps.)	Enarrationes in Psalmos		serm. in Ps.	Sermo in Psalmum
ep. ad Mac.	Epistulae ad Macedonium Comitem		Bez.	= Beza → Beschreibung der benutzten Emblembücher
serm.	Sermones		Boccaccio, Decam.	= Giovanni Boccaccio, Il Decamerone
serm. de temp.	Sermones de tempore			
spec. pecc.	Speculum peccatoris		Bocch.	= Bocchius → Beschreibung der benutzten Emblembücher
tract. in Joh.	Tractatus in Evangelium Johannis			
			Boch. hieroz. (oder: Bochart)	= Samuel Bochart, Hierozoikon. London 1663
Aur. Vict. epit.	= Aurelius Victor, De Romanae gentis origine, viris illustribus, imperatoribus et Epitome		Boeth. cons.	= Boethius, De consolatione philosophiae
Auson.	= Ausonius		Boiss.	= Boissardus → Beschreibung der benutzten Emblembücher
epigr.	Epigrammata			
id.	Idyllia		Bor.	= Boria → Beschreibung der benutzten Emblembücher
Mos.	Mosella			
prof.	Commemoratio Professorum Burdigalensium		Brant	= Sebastian Brant, Narren Schyff. Basel 1494
Aventin.	= Aventinus (Johannes Turmair), Annales Boiorum		Bruck	= Bruck → Beschreibung der benutzten Emblembücher
Avian. fab.	= Avianus, Fabulae		Burck	= Erich Burck, Der Korykische Greis in Vergils Georgica. In: Navicula Chiloniensis. Leiden 1956, S. 156 ff.
Babr. fab.	= Babrius, Fabulae			
Bacchyl.	= Bacchylides, Fragmenta			
Bapt. Mantuano → Mantuano				
Bar.	= Baruch (A. T., apokryph)			
Bargaeus, cyneg.	= Petrus Angelius Bargaeus, Cynegetica		Cael. Rhod.	= Ludovicus Caelius Rhodiginus, Antiquarum lectionum libri
Bargagli, Impr.	= Scipione Bargagli → Bibliographie zur Emblemforschung Nr. 241.		Caes.	= Caesar
			b.c.	De bello civili
			b.g.	De bello Gallico

Cam.	= Camerarius → Beschreibung der benutzten Emblembücher	Qu. fr.	Epistulae ad Quintum fratrem
Camilli, Impr.	= Camillo Camilli → Bibliographie zur Emblemforschung Nr. 268.	r. p.	De republica
		Sest.	Orationes pro Sestio
		Tusc.	Tusculanae disputationes
Capaccio, Impr.	= Giulio Cesare Capaccio → Bibliographie zur Emblemforschung Nr. 269.	Verr.	In Verrem
		Claudian.	= Claudius Claudianus
		carm.	Carmina
Cardanus, de subtil.	= Hieronymus Cardanus, De subtilitate	carm. min.	Carmina minores
		ep. in Sirenas	Epigramma in Sirenas
Cass. Dio	= Cassius Dio, Historiae Romanae quae supersunt	epigr.	Epigrammata
		Gigantom.	Gigantomachia
		in Eutr.	In Eutropium
Cassiod.	= Cassiodorus	paneg. de cons. Hon.	Panegyricus de IV. consulatu Honorii
Cato	= M. Porcius Cato		
agric.	De agricultura	paneg. in Prob. et Olybr.	In Probini et Olybrii fratrum consulatum panegyris
or. fr.	Orationum fragmenta		
Cats	= Cats → Beschreibung der benutzten Emblembücher	Phoen.	Phoenix Idyllium
		rapt. Pros.	Raptus Proserpinae
Catull.	= C. Valerius Catullus, Carmina	Stil.	De consulatu Stilichonis
Cels.	= Aulus Cornelius Celsus, De medicina	Clem. Alex.	= Clemens Alexandrinus
		paid.	Paedagogus
Choiril. Sam.	= Choerilus Samius, Fragmenta	protr.	Protrepticus ad Graecos
Chron.	= Chroniken (A. T.)	Strom.	Stromatorum libri
Chrysipp.	= Chrysippus	Clements	= Robert J. Clements → Bibliographie zur Emblemforschung Nr. 829.
Chrysost.	= Johannes Chrysostomus		
hom. in Matth.	Homiliae in Matthaeum		
in gen.	In Genesin sermones	Clusius → Garcia ab Horto; → Monardes	
in Pent. serm.	De Pentecoste homiliae	Cochlaeus, Hist. Hussit.	= Johannes Cochlaeus, Historiae Hussitarum libri XII
orat.	Orationes		
Chytr.	= Nathan Chytraeus, Fastorum ecclesiasticorum libri XII	Colonna, Hypnerotomachia	= Francesco Colonna, Hypnerotomachia Poliphili. Venedig 1499
Cic.	= Marcus Tullius Cicero	Colum.	= Columella, De re rustica
acad. prior.	Academica priora	Contilis, Impr.	= Luca Contile → Bibliographie zur Emblemforschung Nr. 285.
ad Att.	Epistulae ad Atticum		
ad fam.	Epistulae ad familiares	Cornut. → Phornutus	
Brut.	Brutus sive De claris oratoribus	Corr.	= Corrozet → Beschreibung der benutzten Emblembücher
Cato	Cato maior sive De senectute	Cost.	= Costalius → Beschreibung der benutzten Emblembücher
de div.	De divinatione		
de fat.	De fato	Costaeus, de univ. stirp. nat.	= Joannes Costaeus, De universali stirpium natura
de Harusp. resp.	De Haruspicum responso		
de Imp. Pomp.	De Imperio C. Pompeii oratio	Cov.	= Covarrubias → Beschreibung der benutzten Emblembücher
de inv.	De inventione rhetorica		
de leg. agr.	De lege agraria	Crin. hon. discipl.	= Crinitus, De honesta disciplina
de off.	De officiis	Cronica del Rey Don Rodrigo	= La Crónica del Rey Don Rodrigo y de la destruycion de España. Valladolid 1527
de or.	De oratore		
de sen.	De senectute		
fin.	De finibus bonorum et malorum	Curt.	= Curtius Rufus, De rebus gestis Alexandri Magni libri
in Pis.	In Pisonem		
Lael.	Laelius sive De amicitia dialogus	Cust.	= Custos → Beschreibung der benutzten Emblembücher
nat. deor.	De natura deorum	Cyprian. lib. de mort.	= Cyprianus Carthaginensis, Liber de mortalitate
parad.	Paradoxa		
Philipp.	Orationes Philippicae	Dan.	= Daniel (A. T.)
pro Arch.	Pro Archia oratio	Dante, div. com. Purg.	= Dante Alighieri, Divina commedia, Purgatorio
pro Deiot.	Pro rege Deiotaro oratio		
pro Mil.	Pro Milone		

Demosth. de cor.	= Demosthenes, De corona
Deonna	= W. Deonna → Bibliographie zur Emblemforschung Nr. 514, 2142 und 2204.
Diels, Fragm. d. Vorsokratiker	= Hermann Diels, Die Fragmente der Vorsokratiker
Dio Cass. → Cass. Dio	
Dio Chrys. orat.	= Dio Chrysostomus, Orationes
Diod.	= Diodorus Siculus, Bibliotheca historica
Diog. Laert.	= Diogenes Laertius, De clarorum philosophorum vitis
vita Crat.	Vita Cratis
vita Pyth.	Vita Pythagorae
Diog. Sinop.	= Diogenes Sinopensis
Dion. Hal.	= Dionysius Halicarnassensis, Antiquitatum Romanarum libri
Diosc.	= Dioscurides Pedanius, De materia medica
Diphil.	= Diphilus
Domenichi (Domenicus) → Giovio	
Donat. vita Verg.	= Donatus, Vita Vergilii
Doren	= A. Doren → Bibliographie zur Emblemforschung Nr. 1191.
Droysen, Hell.	= Johann Gustav Droysen, Geschichte des Hellenismus. Bd. 1–3, Gotha 1877–78
Druce	= G.C. Druce → Bibliographie zur Emblemforschung Nr. 2207.
Dubravius, de pisc.	= Joannes Dubravius, De piscinis
DWtb.	= J. u. W. Grimm, Deutsches Wörterbuch
Embl. Nor.	= Isselburg → Beschreibung der benutzten Emblembücher
Emped.	= Empedocles, Sphaera
Encicl. Ital.	= Enciclopedia Italiana di scienze, lettere ed arti. Mailand–Rom 1931–39
Enn.	= Ennius
ann.	Annales
fr.	Fragmenta
Eph.	= Epheser-Brief (N.T.)
Epicharm.	= Epicharmus, Fragmenta
Epict. Enchir.	= Epictetus, Enchiridion
Epiph. ad Physiol.	= Epiphanius Constantiniensis, Ad Physiologum
Epiph. Panar. Haer.	= Epiphanius, Panarium sive Arcula adversus octoginta haereses
Erasmus v. R.	= Erasmus von Rotterdam
Adag.	Adagiorum Chiliades tres, ac centuriae fere totidem. Venedig 1508
epist.	Opus epistularum
Erat. Erigone	= Eratosthenes, Erigone
Erffa	= Hans Martin von Erffa → Bibliographie zur Emblemforschung Nr. 482.
Esdr.	= Esdra (Esra; A.T., Buch 3 und 4 apokryph)
Eucher. form. spir. int.	= Eucherius Lugdunensis, Formulae spiritalis intelligentiae
Eucheria	= Eucheria, Carmen (Poet. lat. min. V 361)
Eugypp. Thes.	= Eugyppius, Thesaurus ex S. Augustini operibus
Eumenius, pro rest. schol.	= Eumenius, Pro restaurandis scholis oratio
Euphorion fr.	= Euphorion Chalcidensis, Fragmenta
Eur.	= Euripides
Andr.	Andromache
Bacch.	Bacchae
Heracl.	Heraclidae
Iph. Aul.	Iphigenia Aulidensis
Med.	Medea
Phoen.	Phoenissae
Troad.	Troades
Euseb.	= Eusebius Caesariensis
eccl. hist.	Historia ecclesiastica
praep. ev.	Praeparatio evangelica
vita Constant.	De vita Constantini
Eustath.	= Eustathius
comm. Dionys.	Commentarii in Dionysium Periegetem
hex. met.	In hexaëmeron S. Basilii metaphrasis
Il.; Od.	Commentarii ad Homeri Iliadem et Odysseam
Eutrop.	= Flavius Eutropius, Breviarium ab urbe condita
Fest. epit.	= Pompeius Festus, Epitome (De significatione verborum)
Flav. Jos. → Jos. Flav.	
Flor. epit.	= Iulius Florus, Epitome rerum Romanarum
Forcellini	= Egidio Forcellini, Totius latinitatis lexicon. Padua 1771
Förster	= Richard Förster, Die Verläumdung des Apelles in der Renaissance; in: Jahrbuch der königl. preuß. Kunstsammlungen [Berlin] 8 (1887), 29–56 u. 89–113
fr.	= Fragmenta
Franc. Tertius → Tertius	
Franck, Chron.	= Sebastian Franck, Germaniae Chronicon
Friedrich II., de ven. c. av.	= (Kaiser) Friedrich II., De arte venandi cum avibus
Frontin. strat.	= Frontinus, Strategemata
Fulgent.	= Fulgentius, Mitologiarum libri tres
Gal.	= Galater-Brief (N.T.)
Galen	= Galenus

protrept.	Protrepticus	Hes.	= Hesiodus
de ther.	De theriaca	Erga	Opera et dies
Garcia ab Horto	= Garcia ab Horto (lat. von C. Clusius), Aromatum et simplicium historia. Antwerpen 1593	fr.	Fragmenta
		theog.	Theogonia
		Hesek.	= Hesekiel (A.T.)
Gartner	= Andreas Gartner, Proverbialia dicteria. 1566	Hieron.	= Hieronymus
		ad Praesid.	Epistula ad Praesidium
Gell. noct.	= Aulus Gellius, Noctes Atticae	adv. Pel.	Dialogi adversus Pelagianos
Geop.	= Geoponica	ep.	Epistulae
Georg. Pisid. hex.	= Georgius Pisida, Hexaëmeron	in Jer.	In Jeremiam prophetam
Germ.	= Germanicus, Aratea	Jes. comm.	Commentarii in Jesaiam
Gesner, hist. an.	= Konrad Gesner, Historia animalium	Opp. omnia	Opera omnia. Paris 1706
		Vita Sti. Pauli	Vita Sancti Pauli primi Eremitae
Giehlow	= Karl Giehlow → Bibliographie zur Emblemforschung Nr. 484.	Hiob	= Hiob (A.T.)
		Hist. Aug.	= Scriptores Historiae Augustae
Giovio, Dial.	= Paolo Giovio → Bibliographie zur Emblemforschung Nr. 311.	Aurel.	Aurelian
		Hel.	Heliogabalus
Giustiniani	= Agostino Giustiniani, Annali della Republica de Genova. Genua 1557	H.L.	= Hohes Lied (A.T.)
		Holtzw.	= Holtzwart → Beschreibung der benutzten Emblembücher
Gloss. Labb.	= Chr. Car. Labbäus, Glossaria Cyrilli, Philoxeni … latino-graeca et graeco-latina. Paris 1679	Hom.	= Homer
		Il.	Ilias
		Od.	Odyssea
		Hon. August. exp. in cant.	= Honorius Augustodunensis, Expositio in Cantica canticorum
Gordon	= Donald Gordon → Bibliographie zur Emblemforschung Nr. 962.	Hooft	= Hooft → Beschreibung der benutzten Emblembücher
Goropius	= Joh. Goropius Becanus → Bibliographie zur Emblemforschung Nr. 312.	Hor.	= Horatius
		ars poet.	Ars poetica
hierogl.	Hieroglyphica	carm.	Carmina
Vertumn.	Vertumnus	epist.	Epistulae
Grat. cyn.	= Gratius Faliscus, Cynegeticon	epod.	Epodi
Gregor.	= Gregorius Magnus	serm.	Sermones (Satirae)
ep.	Epistulae	Hor.	= Horozco → Beschreibung der benutzten Emblembücher
moral. (oder: in Iob)	Moralia sive Expositio in Iob	Horapoll. hierogl.	= Horapollo, Hieroglyphica (ed. Franc. Sbordone). Neapel 1940
Gregor. Naz.	= Gregorius Nazianzenus	Hos.	= Hosea (A.T.)
orat.	Orationes	Hrab. Maur. de univ.	= Hrabanus Maurus, De rerum naturis seu De universo
poem. mor.	Poemata moralia		
Guicciardinus, hist.	= Francesco Guicciardini, La historia di Italia	Hugo St. Vict. de best.	= Hugo de S. Victore, De bestiis
Hab.	= Habakuk (A.T.)	Huls.	= Hulsius → Beschreibung der benutzten Emblembücher
Haecht.	= Haechtanus → Beschreibung der benutzten Emblembücher	Hunger	= Herbert Hunger → Bibliographie zur Emblemforschung Nr. 163.
Hag.	= Haggai (A.T.)		
Harpocr.	= Harpocration		
Hebr.	= Hebräer-Brief (N.T.)	Hutton	= James Hutton → Bibliographie zur Emblemforschung Nr. 1807.
Heckscher	= William S. Heckscher → Bibliographie zur Emblemforschung Nr. 840, 1340, 1400, 1401, 1920, 2152 und 2222.	Hygin.	= Hyginus
		fab.	Fabulae
		poet. astron.	Poetica astronomica
Hegesipp.	= Hegesippus	Illescas → Yllescas	
Heins.	= Heinsius → Beschreibung der benutzten Emblembücher	Ion	= Ion von Chios
		Isid.	= Isidor von Sevilla
Heraclit. Hom. all.	= Heraclitus, Allegoriae Homericae	diff.	Differentiae
Herod.	= Herodotus, Historiae		

orig.	Origines (Etymologiae)
quaestion.	Quaestiones in vetus testamentum
sent.	Sententiae
Isocr. Hel.	= Isocrates, Helenae laudatio
Jak.	= Jakobus-Brief (N.T.)
Jambl. vita Pyth.	= Jamblichus Chalcidensis, De vita Pythagorica
Janson	= Horst W. Janson → Bibliographie zur Emblemforschung Nr. 2156, 2229 und 2230.
Jer.	= Jeremias (A.T.)
Jes.	= Jesaias (A.T.)
Jes. Sir.	= Jesus Sirach (A.T., apokryph)
Joh.	= Johannes-Evangelium (N.T.)
1., 2. Joh.	= Johannes-Briefe (N.T.)
Joh. Patr. vita Dam.	= Vita S. Joannis Damasceni a Joanne patriarcha Hierosolymitano conscripta
Johann. Chrysost. → Chrysost.	
Jon.	= Jonas (A.T.)
Jos.	= Josua (A.T.)
Jos. Flav.	= Flavius Josephus
ant. Jud.	Antiquitates Judaicae
bell. Jud.	Bellum Judaicum
Judith	= Judith (A.T., apokryph)
Jul. Pollux → Pollux	
Julian. epist.	= Julianus Apostata Imperator, Epistulae
Jun.	= Junius → Beschreibung der benutzten Emblembücher
Justin. epit.	= Marcus Junianus Justinus, Epitome (Historiae Philippicae)
Justinian. → Giustiniani	
Juv. sat.	= Juvenalis, Satirae
Kallim.	= Callimachus
hymn.	Hymni
jamb.	Jambi
Kallisth. fr.	= Callisthenes, Fragmenta
Kge	= Könige (A.T.)
Keller, Ant. Tierwelt	= Otto Keller, Die antike Tierwelt. Bd. 1. 2. Leipzig 1909–13
Klage	= Klagelieder des Jeremias (A.T.)
Kol.	= Kolosser-Brief (N.T.)
Konon	= Conon Mythographus, Narrationes
Konr. v. Megenberg	= Konrad von Megenberg, Das Buch der Natur (Ed. Pfeiffer). Stuttgart 1861
Kor.	= Korinther-Brief (N.T.)
Ktes.	= Ctesias
ecl.	Eclogae
oper. reliqu.	Operum reliquiae
Lact. Plac. ad Stat. Theb.	= Lactantius Placidus Commentarii in Statii Thebaida
narr. fab.	Narrationes fabularum Ovidianarum
Lactant. div. inst.	= Lactantius Firmianus, Divinae institutiones
Lampr.	= Aelius Lampridius
Al. Sever.	Alexander Severus
Heliog.	Heliogabalus
Lamps.	= Domenicus Lampsonius, S. Lombardi vita
Landus, Select. Numism. Expos.	= Constantius Landus, Selectiorum Numismatum Expositiones. Leyden 1695
Landwehr	= John Landwehr → Bibliographie zur Emblemforschung Nr. 38.
La Per.	= La Perrière → Beschreibung der benutzten Emblembücher
Lauchert	= F. Lauchert → Bibliographie zur Emblemforschung Nr. 585.
Lavin	= Irving Lavin → Bibliographie zur Emblemforschung Nr. 1298.
Leb.	= Lebeius-Batillius → Beschreibung der benutzten Emblembücher
Levitine	= George Levitine → Bibliographie zur Emblemforschung Nr. 1424.
Lipsius, de milit. Rom.	= Justus Lipsius, De militia Romana
Liv.	= Titus Livius, Historiarum ab urbe condita libri
Long.	= Longus, Pastoralia de Daphnide et Chloe
Lopez, Hist. Indica	= Fernão Lopez de Castanheda, Historia do Descobrimento e Conquista da India
Lucan.	= Lucanus, Pharsalia sive De bello civili
Lucian.	= Lucianus
adv. ind.	Adversus indoctum
calumn.	Calumniae non temere credendum
de somnio	De somnio sive Vita Luciani
deor. conc.	Deorum concilium
dial. deor.	Dialogi deorum
dial. mar.	Dialogi marini
dial. mort.	Dialogi mortuorum
dipsad.	De dipsadibus
Halc.	Halcyone sive De transformatione
Hermot.	Hermotimus
Icarom.	Icaromenippus
pisc.	Piscator sive reviviscentes
tox.	Toxaria
vit. auct.	Vitarum auctio
Zeux.	Zeuxis sive Antiochus
Lucil.	= Caius Lucilius, Saturarum reliquiae

Lucr.	= Lucretius, De rerum natura	N.T.	= Neues Testament
Luk.	= Lukas-Evangelium (N.T.)	Naev. B.P. fr.	= Naevius, De bello Poenico fragmenta
Lycophr.	= Lycophron, Alexandra	Nah.	= Nahum (A.T.)
Macar.	= Macarius Aegyptius, Opera	Nath. Chytr. fast. → Chytr.	
Mach. Princ.	= Niccolò Machiavelli, Il Principe	Nem. (Schol.)	= Olympius Nemesianus, Cynegetica (Scholia)
Macrob.	= Macrobius, Saturnalia	Nep.	= Cornelius Nepos, De viris illustribus
in somn. Scip.	Commentarii in Ciceronis somnium Scipionis	Nic. Theoph.	= Nicaenus Theophanes, Epistulae
Makk.	= Makkabäer (A.T.)	Nicand.	= Nicander Colophonius
Mal.	= Maleachi (A.T.)	alex.	Alexipharmaca
Man.	= Gebet Manasses (A.T., apokryph)	ther.	Theriaca
Manil.	= Marcus Manilius, Astronomica	Nigidius	= Nigidius Figulus, Fragmenta
Mann.	= Mannich → Beschreibung der benutzten Emblembücher	Nilsson	= Martin Nilsson, Griechische Feste von religiöser Bedeutung mit Ausschluß der attischen. Leipzig 1906
Mantuano, ecl.	= Joannes Baptista Mantuanus, Eclogae (Bucolica)		
Mark.	= Markus-Evangelium (N.T.)	Non.	= Nonius Marcellus, De compendiosa doctrina
Mart.	= Martialis, Epigrammata		
spect.	Spectacula	Nonn. Dionys.	= Nonnus Panopolitanus, Dionysiaca
Mart. Cap.	= Martianus Capella, De nuptiis Mercurii et Philologiae		
Marullus, epigr.	= Mich. Marullus, Epigrammata	Off.	= Offenbarung des Johannes (Apokalypse, N.T.)
Matth.	= Matthäus-Evangelium (N.T.)		
Matthews	= W.H. Matthews → Bibliographie zur Emblemforschung Nr. 1347.	Olaus Magnus, de gent. sept.	= Olaus Magnus, De gentibus septentrionalibus. Antwerpen 1558–1559
Maxim. de carit.	= Maximus Confessor, De caritate	Oppian.	= Oppianus
Maximus, hom.	= Maximus Taurinensis, Homiliae	cyn.	Cynegetica
Menand. monost.	= Menander, Monostichae	hal.	Halieutica
Mich.	= Micha (A.T.)	Origen. in Matth.	= Origenes, Commentaria in evangelium secundum Matthaeum
Migne PG	= Migne, Patrologiae Cursus completus, Series Graeca		
Migne PL	= Migne, Patrologiae Cursus completus, Series Latina	Oros. hist.	= Paulus Orosius, Historiae adversus paganos
Minos, Komm. zu Alc.	= Claudius Minos (Claude Mignault) → Bibliographie zur Emblemforschung Nr. 386.	Orph. hymn.	= Orpheus, Hymni
		Otto	= A. Otto, Die Sprichwörter und sprichwörtlichen Redensarten der Römer. Leipzig 1890
Mizaldo	= Antonius Mizaldo	Ov.	= Ovidius Naso
arcan.	Memorabilium aliquot naturae arcanorum sylvula	amor.	Amores
memorab.	Memorabilium centuriae IX	ars am.	Ars amatoria
Monardes	= Nic. Monardes (lat. von C. Clusius), Simplicium historia. Antwerpen 1593	epist.	Epistulae
		fast.	Fasti
		hal.	Halieutica
Monroy/Erffa	= E.F. von Monroy → Bibliographie zur Emblemforschung Nr. 852.	her.	Heroides
		Ib.	Ibis
		met.	Metamorphoseon libri XV
Mont.	= Montanea → Beschreibung der benutzten Emblembücher	Pont.	Epistulae ex Ponto
		rem.	Remedia amoris
Mose	= Bücher Mose (A.T.)	trist.	Tristia
Münster, Cosmographia	= Sebastian Münster (Munsterus), Cosmographia universalis. Basel 1559	P.P.O. → Reusn.	
		Pacuv.	= Pacuvius, Fragmenta
Mus.	= Musaeus Grammaticus, Carmen de Herone et Leandro	Pancirollus	= Guido Pancirollus, Nova reperta sive rerum memorabilium libri
myth. Vat.	= Mythographi Vaticani	Panofsky → Bibliographie zur Emblemforschung Nr.	

	785, 786, 1211, 1224, 1225, 1302 und 1303.
Panofsky, D. und E.	→ Bibliographie zur Emblemforschung Nr. 1304.
Paradin. Symb.	= M. Claudius Paradinus → Bibliographie zur Emblemforschung Nr. 399.
Paroem. gr.	= Paroemiographi Graeci
Patch	= H. R. Patch → Bibliographie zur Emblemforschung Nr. 546.
Paul. Diac. epit. ex Fest.	= Paulus Diaconus, Epitome Sexti Pompeii Festi
hist. Rom.	Historia romana
Paus.	= Pausanias Periegeta, Graeciae descriptio
Pers	= Pers → Beschreibung der benutzten Emblembücher
Pers. sat.	= Persius Flaccus, Saturae
Pervigil. Ven.	= Pervigilium Veneris
Petr.	= Petrus-Brief (N. T.)
Petrarca, Canz.	= Francesco Petrarca, Canzoniere
Petron.	= Petronius Arbiter
epigr.	Epigrammata
sat.	Satyricon
Phaedr. fab.	= Phaedrus, Fabularum Aesopiarum libri
fab. app.	Fabularum appendix
Phil.	= Philipper-Brief (N. T.)
Philes, prop. an.	= Manuel Philes, De proprietate animalium
Philo	= Philo Judaeus
de aet. mund.	De aeternitate mundi
de prov.	De providentia
Philostr.	= Philostratus
heroic.	Heroicus
icon.	Icones (Imagines)
vit. Ap.	Vita Apollonii
vit. Soph.	Vitae Sophistarum
Philum.	= Philumenus, De venenatis animalibus
Phornutus, de nat. deor.	= Phornutus, De natura deorum
Photius, biblioth.	= Photius, Bibliotheca (Myriobiblion)
Physiol.	= Physiologus Graecus (ed. Franc. Sbordone). Mailand 1936
Picinelli	= Philippus Picinellus → Bibliographie zur Emblemforschung Nr. 406.
Pind.	= Pindar
fr.	Fragmenta
Isth.	Isthmia
Nem.	Nemea
Ol.	Olympia
Pyth.	Pythia
Pittoni, Impr.	= Battista Pittoni, Imprese. Buch 1. 2. Venedig 1562 und 1566
Plat.	= Plato
Alc.	Alcibiades
ap.	Apologia Socratis
Axioch.	Axiochus
epist.	Epistulae
Krat.	Cratylus
leg.	De legibus
Men.	Meno
Phaedr.	Phaedrus
Phaid.	Phaedo
r. p.	Res publica
symp.	Symposium
Plaut.	= Plautus
Asin.	Asinaria
Au. (oder: Aul.)	Aulularia
Bacch.	Bacchides
Capt.	Captivi
Cas.	Casina
Cu. (oder: Curc.)	Curculio
Ep.	Epidicus
Merc.	Mercator
Pers.	Persa
Poen.	Poenulus
Trin.	Trinummus
Truc.	Truculentus
Plin. nat. hist.	= Plinius, Naturalis historia
Plin. min.	= Plinius minor
ep.	Epistulae
paneg.	Panegyricus
Plut.	= Plutarch
aet. phys.	Aetia physica
Alc.	Alcibiades
Alex.	Alexander
am. prol.	De amore prolis
amat.	Amatorius
Ant.	Antonius
Brut.	Brutus
bruta rat. ut.	Bruta animalia ratione uti
comp. Sull. et Lys.	Comparatio Sullae et Lysandri
coni. praec.	Coniugalia praecepta
cup. div.	De cupiditate divitiarum
de adul. et am.	De adulatore et amico
de amic. multit.	De amicorum multitudine
de aud.	De audiendo
de cap. ut.	De capienda ex inimicis utilitate
de comm. not.	De communibus notitionibus contra Stoicos
de curios.	De curiositate
de fort. Al.	De Alexandri Magni fortuna aut virtute
de sera num.	De sera numinis vindicta
de stoic. rep.	De repugnantiis Stoicis
de tu. san.	De tuenda sanitate praecepta
Demetr.	Demetrius
educ.	De liberis educandis
Fab. Max.	Fabius Maximus
fort. Rom.	De fortuna Romanorum

gen. Socr.	De genio Socratis	Prob.	= M. Valerius Probus
garr.	De garrulitate	myth. vat.	Grammaticus Vaticanus in → myth. Vat.
Is.	De Iside et Osiride		
Lac. apophth.	Apophthegmata Laconica	Verg. ecl., Verg. georg.	Commentarius in Vergilii Bucolica et Georgica
Lyc.	Lycurgus		
Mar.	Marius	Prop.	= Propertius, Elegiae
Marc.	Marcellus	Prosp. Alpinus → Alpinus	
mor.	Moralia	Prudent. hamart.	= Prudentius, Hamartigenia
mul. virt.	De mulierum virtutibus	Ps.	= Psalmen (A.T.)
mus.	De musica	Ps.-Aeschin. ep.	= Pseudo-Aeschines, Epistulae
orac. Pyth.	De Pythiae oraculis	Ps.-Apul. herb.	= Pseudo-Apuleius, Herbarius
parall. min.	Parallela minora	Ps.-Arist. mir. ausc. (oder: mirab.)	= Pseudo-Aristoteles, De mirabilius auscultationibus
Pericl.	Pericles		
Phoc.	Phocion	Ps.-Ascon.	= Pseudo-Asconius
Pomp.	Pompeius	Ps.-Diosc. pharm.	= Pseudo-Dioscurides, Pharmacorum simplicium libri
Popl.	Poplicola		
prof. virt.	De profectu in virtute	Ps.-Eratosth. katast.	= Pseudo-Eratosthenes, Catasterismi
praec. ger. reip.	Praecepta gerendae rei publicae		
		Ps.-Hippocr. epidem.	= Pseudo-Hippocrates, Epidemia sive De morbis popularibus
princ. iner.	Ad principem ineruditum		
quaest. gr.	Quaestiones Graecae	Ps.-Lucan. ad Pis.	= Pseudo-Lucanus, Carmen ad Pisonem
quaest. nat.	Quaestiones naturales		
quaest. Rom.	Quaestiones Romanae	Ps.-Plat. Axioch.	= Pseudo-Plato, Axiochus
reg. et imp. ap.	Regum et imperatorum apophthegmata	Ps.-Verg. Aetna	= Pseudo-Vergil, Aetna
		Pyth.	= Pythagoras
Rom.	Romulus	aur. carm.	Aurea carmina
sen. ger. r.p.	An seni sit gerenda res publica	fragm.	Fragmenta
		symb.	Symbola
sept. sav. conv.	Septem sapientium convivium		
		Quint. inst.	= Quintilian, Institutio oratoria
Sert.	Sertorius		
soll. an.	De sollertia animalium		
symp. quaest.	Quaestionum convivalium libri IX	RDK	= Reallexikon zur deutschen Kunstgeschichte, ed. Otto Schmitt. Stuttgart 1937 ff.
Them.	Themistocles		
Thes.	Theseus	RE	= Pauly/Wissowa, Real-Encyclopädie der klassischen Altertumswissenschaft
T. Quinctius Flam.	T. Quinctius Flaminius		
tranqu. an.	De tranquillitate animi		
virt. mor.	De virtute morali		
Poet. lat. min.	= Poetae latini minores	Raggio, Prom.	= Olga Raggio → Bibliographie zur Emblemforschung Nr. 1305.
Polemon, physiogn.	= Polemon, Physiognomonica		
Politian. misc.	= Politianus (Angiolo Poliziano), Miscellanea	Rahner, Griech. Mythen	= Hugo Rahner → Bibliographie zur Emblemforschung Nr. 553.
Pollux	= Julius Pollux, Onomasticum	Reusn.	= Reusner → Beschreibung der benutzten Emblembücher
Polyb.	= Polybius, Historiae		
Pomp. dig.	= Sextus Pomponius, Digesta	Richter	= Buch der Richter (A.T.)
Pomp. Mela	= Pomponius Mela, De situ orbis	Roll.	= Rollenhagen → Beschreibung der benutzten Emblembücher
Porph. Hor. epist., serm.	= Pomponius Porphyrius, Commentarii in Horatium Flaccum (→ Hor. epist. und serm.)		
		Röm.	= Römer-Brief (N.T.)
		Roscher	= W.H. Roscher → Bibliographie zur Emblemforschung Nr. 208.
Praz, Studies	= Mario Praz → Bibliographie zur Emblemforschung Nr. 49 und 864.		
		Ruscelli, Impr.	= Girolamo Ruscelli → Bibliographie zur Emblemforschung Nr. 417.
Pred.	— Prediger (A.T.)		
Preller GM, RM	= Ludwig Preller, Griechische Mythologie. Berlin ⁴1894 ff.; und: Römische Mythologie. Berlin ³1881 ff.	Rut. Nam.	= Rutilius Namatianus, De reditu suo (Itinerarium)

ABKÜRZUNGSVERZEICHNIS

Sach.	= Sacharia (A.T.)
Sall.	= Sallust
epist. ad Caes.	Epistulae ad Caesarem
Jug.	Bellum Jugurthinum
Sam.	= Bücher Samuelis (A.T.)
Samb.	= Sambucus → Beschreibung der benutzten Emblembücher
Sappho fr.	= Sappho, Fragmenta (ed. Diehl)
Saxl, Veritas	= Fritz Saxl → Bibliographie zur Emblemforschung Nr. 1237.
Scal. exercit. ad Card.	= Julius Caesar Scaliger, Exotericarum exercitationum liber de subtilitate ad Cardanum. Paris 1575
Scève, Délie	= Maurice Scève, Délie
Schol. Apoll. Rhod.	= Scholia in → Apoll. Rhod.
Schol. Aristoph. av.	= Scholia in → Aristoph. av.
Schol. Dionys.	= Scholia in Dionysii Thracis artem grammaticam
Schol. Eur. Phoen.	= Scholia in → Eur. Phoen.
Schol. Germ.	= Scholia in → Germ.
Schol. Hom.	= Scholia in → Hom.
Schol. Pers.	= Scholia in → Pers. sat.
Schol. Verg. georg.	= Scholia in → Verg. georg.
Schoonh.	= Schoonhovius → Beschreibung der benutzten Emblembücher
Script. Hist. Aug.	→ Hist. Aug.
Sen. contr.	= Lucius Annaeus Seneca maior, Controversiae
Sen.	= Lucius Annaeus Seneca minor
ad Helv.	Ad Helviam
apoc.	Apocolocyntosis
clem.	De clementia
de ben.	De beneficiis
de prov.	De providentia
dial.	Dialogi
ep.	Epistulae morales
Herc.	Hercules furens
ira	De ira
Med.	Medea
nat. qu.	Naturales quaestiones
Phaedr.	Phaedra
Thyest.	Thyestes
Serv.	= Servius, In Vergilii carmina commentarii
Sext. Emp. Pyrrh.	= Sextus Empiricus, Pyrrhoniarum institutionum libri
Seznec	= Jean Seznec → Bibliographie zur Emblemforschung Nr. 1604.
Sil. Ital.	= Silius Italicus, De bello Punico
Silvestre	= L.-C. Silvestre → Bibliographie zur Emblemforschung Nr. 1775.
Simon	= Erika Simon, Die Typen der Medeadarstellung in der antiken Kunst; in: Gymnasium [Heidelberg] 61 (1954), 203 ff.
Simeoni, Impr.	= Gabriele Simeoni → Bibliographie zur Emblemforschung Nr. 429.
Simpl.	= Simplicius, Commentarius in Epicteti Enchiridion
Solin. mem.	= Solinus, Collectanea rerum memorabilium
Soph.	= Sophocles
Inach. fr.	Inachos
Iph. fr.	Iphigenia
Oid. Tyr.	Oedipus Tyrannus
Trach.	Trachiniae
Soto	= Soto → Beschreibung der benutzten Emblembücher
Sperl.	= Sperling → Beschreibung der benutzten Emblembücher
Spr.	= Sprüche Salomonis (A.T.)
Stat.	= Statius
Ach.	Achilleis
silv.	Silvae
Theb.	Thebais
Stobaeus, flor., serm.	= Stobaeus, Florilegium (Sermones)
Strab.	= Strabo, Geographia
Suet.	= Suetonius Tranquillus
Aug.	Divus Augustus
Caes.	Julius Caesar
Cal.	Gaius Caligula
Dom.	Domitianus
Tib.	Tiberius
Vesp.	Vespasian
Suidas	= Suidae Lexicon (Ed. Ada Adler.) Leipzig, Berlin 1928–1938. (= Lexicographi Graeci. 1.)
Sus. u. Dan.	= Susanna und Daniel (A.T., apokryph)
Symeoni	→ Simeoni
Synesius, de regno admin.	= Synesius Cyrenaeus, De regno ad Arcadium Imperatorem
Tac.	= Tacitus
agr.	Agricola
ann.	Annales
dial.	Dialogus de oratoribus
Germ.	Germania
hist.	Historiae
Tatian. or. ad Graec.	= Tatianus, Oratio ad Graecos
Taur.	= Taurellus → Beschreibung der benutzten Emblembücher
Terent.	= Terentius Afer
Adelph.	Adelphoe
Andr.	Andria
Eun.	Eunuchus
Heaut.	Heautontimorumenos
Phorm.	Phormio
Tertius	= Franc. Tertius, Austriacae gentis imagines, 1573
Tertull.	= Tertullian
ad nat.	Ad nationes

apol.	Apologeticus		Bolzani → Bibliographie zur Emblemforschung Nr. 450.
coron. mil.	De corona militis		
monog.	De monogamia	Varro	
Tervarent, Attributs	= Guy de Tervarent → Bibliographie zur Emblemforschung Nr. 215.	de l.l.	De lingua latina libri XXV
		origo gent. Rom.	De origine gentium Romanorum
Theocr.	= Theocritus, Idyllia	r. div.	Antiquitatum rerum humanarum et divinarum libri XLI
Theoph. Sim. quaest. nat.	= Theophylactus Simocatta, Naturales quaestiones	r. r.	Rerum rusticarum libri III
		Veget. de re milit.	= Vegetius Renatus, Epitoma institutionum rei militaris
Theophr.	= Theophrastus	Vell. Pat.	= Velleius Paterculus, Historiae Romanae
c. pl.	De causis plantarum		
char.	Characteres	Verg.	= Vergil
de gemm.	De lapidibus	Aen.	Aeneis
de od.	De odoribus	cul.	Culex
fr.	Fragmenta	ecl.	Eclogae
h. pl.	Historia plantarum	georg.	Georgica
Thes. L. Gr.	= Thesaurus Linguae Graecae	Vida	= Marcus Hieronymus Vida, De bombyce. Basel 1534
Thes. L. Lat.	= Thesaurus Linguae Latinae		
Thess.	= Thessalonicher-Briefe (N. T.)	Vissch.	= Visscher → Beschreibung der benutzten Emblembücher
Thron. Cup.	= Thronus Cupidinis → Beschreibung der benutzten Emblembücher		
		vita Aesch.	= Vita Aeschyli
		Vitr. arch.	= Vitruvius, De architectura
Thuilius	= Johannes Thuilius → Bibliographie zur Emblemforschung Nr. 443.	Vives	= Juan Luis Vives, Satellitium animi vel Symbola. Basel 1555
		Vondel, Den gulden Winckel	= Joost van den Vondel, Den gulden Winckel der kunstlievende Nederlanders. Amsterdam 1613
Thuk.	= Thucydides, De bello Peloponnesiaco		
Thylesius, de coron. gen.	= Ant. Thylesius, De coronarum generibus commentarius. Köln 1531	de Vries	= A.G.C. de Vries → Bibliographie zur Emblemforschung Nr. 69.
Tib.	= Tibullus, Elegiae		
Tim.	= Timotheus-Briefe (N. T.)	Weish.	= Weisheit Salomonis (A.T., apokryph)
Tim. Gaz.	= Timotheus Gazaeus		
Timaeus, fr.	= Timaeus, Fragmenta	Wellmann	= Max Wellmann → Bibliographie zur Emblemforschung Nr. 589.
Tit.	= Titus-Brief (N. T.)		
Titinn.	= Titinnius, Fragmenta		
Tob.	= Tobias (A. T., apokryph)	Whitney	= Whitney → Beschreibung der benutzten Emblembücher
Trapp	= I.B. Trapp → Bibliographie zur Emblemforschung Nr. 2175.		
		Wind, Aenigma Termini	= Edgar Wind → Bibliographie zur Emblemforschung Nr. 1253.
Trevisani, Impr.	= Cesare Trevisani → Bibliographie zur Emblemforschung Nr. 445.		
		– Charity	= Edgar Wind → Bibliographie zur Emblemforschung Nr. 1255.
Typot. Symb.	= Jacobus Typotius → Bibiographie zur Emblemforschung Nr. 446.		
		Wissowa, Rel. u. Kult.	= Georg Wissowa, Religion und Kultus der Römer. München 1902
Tzetz.	= Johannes Tzetzes		
ep.	Epistulae	Wittkower	= Rudolf Wittkower → Bibliographie zur Emblemforschung Nr. 1261, 1262, 1323 und 2277.
hist.	Historiarum variarum chiliades		
Lyc.	Ad Lycophronem. Basel 1546		
Vaen.	= Vaenius → Beschreibung der benutzten Emblembücher	Xenoph.	= Xenophon
		Anab.	Anabasis
Val. Flacc.	= Valerius Flaccus, Argonautica	Cyrop.	Cyropaedia
Val. Max.	= Valerius Maximus, Factorum et dictorum memorabilium libri IX	mem.	Memorabilia
		symp.	Symposium
Valerian. hierogl.	= Giovanni Pierio Valeriano	ven.	De venatione (Cynegeticus)

ABKÜRZUNGSVERZEICHNIS

Yllescas	= Gonçalo de Yllescas (Illescas), Historia Pontifical y Catholica	Zenob.	ste. Bd. 1–64. Leipzig, Halle 1732 bis 1750 = Zenobius, Proverbia
Zedler	= Joh. Heinrich Zedler, Großes vollständiges Universal Lexikon aller Wissenschafften und Kün-	Zincgr. Zonar.	= Zincgreff → Beschreibung der benutzten Emblembücher = Johannes Zonaras, Chronicon (Annales)

ERRATAVERZEICHNIS

Spalte

8 Roll. II Nr. 70 *Verweis: vgl.* Sapientia *auf einem vierkantigen Sockel* (Leb. Nr. 55) *Sp. 1553*

11 Cov. I Nr. 1 *Bildstichwort ergänzen: (Monstranz-Glorie)*

35 Saav. Nr. 13 *deutsche Inscriptio richtig: Er unterliegt der Kritik*

46 Mann. S. 73 *Quellen ergänzen: Mart. I 16*

46 Roll. I Nr. 73 *Quelle: Hor. carm. IV 7, 16*

85 Roll. II Nr. 75 *deutsche Subscriptio richtig: ..., so auch muß man die Treue in gefährlicher Lage erproben.*

113 Leb. Nr. 56 *Quelle: Hor. carm. III 3, 8 (Motto)*

131 Mont. Nr. 52 *deutsche Inscriptio richtig: Wenn nun [der Erdkreis] schon entzündet ist*

138 Leb. Nr. 13 *Verweis: vgl.* Mann, der dem Wind wehren will (Bez. Nr. 23) *Sp. 975*

151 Mont. Nr. 58 *Inscriptio richtig:* DEPOSVIT POTENT[ES] ...

164 Bruck I Nr. 18 *Subscriptio Zeile 2:* pereat *(statt* percat*)*

178 Taur. I *deutsche Inscriptio richtig: Das Bild stellt nur vor Augen, aber ...; deutsche Subscriptio Zeile 4 richtig: Was helfen gemalte Birnen, was ...*

208 Leb. Nr. 50 *deutsche Inscriptio richtig: Was ist für die geheiligten Dichter erstrebenswert, wenn nicht der Ruhm allein*

208 Leb. Nr. 50 *deutsche Subscriptio Zeile 1 richtig: grünt*

211 Cam. I Nr. 14 *Bildstichwort ergänzen: Axt und Hacke*

212 Samb. S. 118 *Bildstichwort richtig: ...; wachende und ruhende Minerva*

221 Alc. (1531) (C 8) *Anmerkung ergänzen: ... oder Anfang des Türkenkrieges 1526 oder Eroberung Budapests 1521*

226 Samb. S. 133f. *deutsche Subscriptio Zeile 13:* unserem Wagen *(statt* unserem Bemühen*)*

238 Holtzw. Nr. 21 *Subscriptio Zeile 2:* peior et angue *(Konjektur für* prior et angre*)*

239 Holtzw. Nr. 21 *deutsche Subscriptio Zeile 6:* nenst *(Konjektur für* nemst*)*

254 Samb. S. 241 *Quelle: Sach. 11, 1f.*

255 Jun. Nr. 37 *Bildstichwort richtig: Pinienzapfen*

309 Vaen. S. 172/173 *Subscriptio Zeile 2 richtig:* Andromeda *(Konjektur)*

322 Taur. A 5 *Quelle: Plut. prof. virt. X 81 B*

341 Cost. S. 79 *Anmerkung 2 richtig:* τάνατος

357 Cam. I Nr. 95 *Pictura: Hierhin gehört das Bild Spalte 359* (Cam. I Nr. 82).

359 Cam. I Nr. 82 *Pictura: Hierhin gehört das Bild Spalte 357* (Cam. I Nr. 95).

428 La Per. Th. Nr. 47 *deutsche Subscriptio Zeile 3/4 richtig: Liebe | töricht*

434 Samb. S. 47 *Bedeutungsstichwort richtig: törichter Vorwitz; deutsche Inscriptio richtig: Vorwitz; deutsche Subscriptio Zeile 4 richtig: sein Vorwitz*

435 Samb. S. 47 *Quellen ergänzen: Plut. de curios. 515 D*

460 Alc. (1531) E 3 *Quellen ergänzen: Aesop. fab. 154 (Chambry)*

477 Cam. II Nr. 44 *Quelle: Scal. exercit. ad Card. 206, 9 (f. 277ᵛ : Snak)*

495 Bruck II Nr. 19 *Bildstichwort ergänzen: ...; junger Baum wird gerade gebunden*

511 La Per. Th. Nr. 13 *deutsche Subscriptio Zeile 5 richtig: Mitra und Bischofsstab*

520 Bocch. III Nr. 90 *Quellen ergänzen: Pind. Ol. II 86ff.; Theocr. VII 47f.*

554 Samb. S. 14 *Subscriptio Zeile 3:* projiciendum *(statt* proijciendum*)*

563 Alc. (1550) S. 178 *Subscriptio Zeile 2/4:* alium | cursus *(statt* altum | cursas; *Konjektur)*

570 Mann. S. 2 *Quellen: Tob. 6, 1 (statt 5, 17)*

583 Reusn. Embl. II Nr. 8 *deutsche Inscriptio richtig: Werde, der du bist; Quellen ergänzen: Pind. Pyth. II 72*

619 Holtzw. Nr. 27 *Anmerkung richtig: Bild später bei Fischart ...*

625 Taur. A 3 *Subscriptio Zeile 4 richtig:* ilia rupta

647 Cov. II Nr. 95 *deutsche Inscriptio richtig: Wir trachten nach dem Verbotenen*

654 An. S. 9 *Inscriptio Zeile 1 richtig: ...,* ΣΦΡΑ-ΓΙΔΙΟΝ.

683 Alc. (1531) B 2 *Anmerkung 1 ergänzen: Der Delphin mit dem liegenden Anker findet sich dagegen bei Colonna, Hypnerotomachia, Blatt 34ʳ (Semper festina tarde).*

686 Cam. IV Nr. 12 *deutsche Subscriptio Zeile 2f. richtig: ... Delphinmutter, die für die Freiheit ihrer Kinder stirbt.*

778 Samb. S. 34 *deutsche Subscriptio Zeile 3f. richtig: ..., bald fliegt er auf mittlerer Bahn zum Horizont, und als der Vogel erscheint er, der Jupiters Herrschaft würdig ist.*

779 Cam. III Nr. 6 *Bedeutungsstichwort ergänzen (nach dem Camerarius-Kommentar): Plagiator*

798 Reusn. Embl. II Nr. 35 *deutsche Inscriptio rich-*

ERRATAVERZEICHNIS

Spalte

tig: Die edelste Gesinnung [zeigt sich] an Geschenken

802 Holtzw. Nr. 19 *deutsche Subscriptio Zeile 14:* gach *(statt* gath; *Konjektur)*

853 Reusn. Embl. II Nr. 10 *deutsche Inscriptio richtig:* Wo Christus angenommen ist, bleibt nichts Trauriges

975 Bez. Nr. 23 *Verweis: vgl.* Wind, gegen den ein Mann zurückbläst *(Leb. Nr. 13) Spalte 138*

1004f. Samb. S. 88 *deutsche Subscriptio Zeile 3f. richtig:* ..., und der belebende Geist wird vom leeren Gipfel [des Hauptes] gespendet.

1017 Roll. I Nr. 63 *Subscriptio Zeile 2 richtig:* super orbem *(Konjektur)*

1074 Roll. I Nr. 27 *Subscriptio Zeile 1/2 richtig:* ... puella est, ... turba suis *(Anmerkung 1 entfällt)*

1079 Cost. S. 206 *Bildstichwort richtig:* Maurer beschmutzt sich beim Verputzen

1101 Cov. III Nr. 70 *Quelle:* Verg. ecl. V 61

1104 Holtzw. Nr. 4 *Subscriptio Zeile 10 und 12 eingezogen*

1160 Haecht./Zett. Nr. 37 *Inscriptio:* SORTE *(statt* FORTE*)*

1203 Vissch. I Nr. 49 *Quelle:* Ov. rem. 91, 2 *(Motto)*

1204 Bez. Nr. 9 *Bildstichwort ergänzen:* (das zwölftorige Jerusalem)

1205 Taur. B *Bildstichwort richtig:* Stadt mit Burg

1206 Bruck II Nr. 26 *deutsche Subscriptio Zeile 9f.:* Sind die Verhältnisse so geordnet, wird sein Werk auf die Dauer bestehen. *(statt* So wird ... blühen.*)*

1207 Hor. III Nr. 22 *Inscriptio:* AHENEVS *(statt* ALIENEVS*); deutsche Inscriptio:* ehern *(statt* unbekannt*)*

1223 Bor. S. 46 *Quelle:* Verg. Aen. IX 641 *(Motto)*

1224 Cam. IV Nr. 81 *Quellen ergänzen:* Ov. met XIV 113 *(Motto)*

1232 Cov. III Nr. 43 *deutsche Inscriptio richtig:* Was für die Herren geschaffen wird, ...

1242 Saav. Nr. 84 *Bildstichwort richtig:* Schmiede, in der eine Rüstung zerschlagen wird

1253 Saav. Nr. 94 *deutsche Inscriptio richtig:* Im Gleichmaß befindlich, leuchtet sie

1263 Bruck II Nr. 1 *deutsche Subscriptio Zeile 1 richtig:* Ordnung

1264 Roll. I Nr. 86 *Quelle:* Hor. carm. IV 7, 16

1296 Saav. Nr. 2 *Bildstichwort richtig:* Staffelei mit weißer Leinwand – Pinsel ...

1305 Samb. S. 152 *Hinweis:* Übernommen durch Whitney S. 100

1328 Bor. S. 16 *Quelle:* Jes. 36, 6

1330 Saav. Nr. 14 *deutsche Inscriptio richtig:* Sie nimmt weg und verschönt

1336 Roll. I Nr. 61 *Bildstichwort ergänzen:* ..., der sich auf einen Anker stützt

Spalte

1338 Mann. S. 18 *Bildstichwort richtig:* Schlüssel über einem Betenden; *Subscriptio Zeile 1:* precantis *(statt* presantis*)*

1344 Zincgr. Nr. 89 *Anmerkung richtig:* Motto nach der Devise Kaiser Lothars I.: Tempora mutantur, nos et mutamur in illis.

1351 Saav. Nr. 33 *Inscriptio richtig:* SIEMPRE EL MISMO.

1395 Vaen. S. 96/97 *deutsche Inscriptio richtig:* Sie nährt die Wunde im Innern und wird von blinder Glut verzehrt

1406 La Per. Th. Nr. 79 *Anmerkung richtig: vgl.* ²Praz S. 88ff.

1420 Roll. II Nr. 9 *Anmerkung:* Bild und Motto entsprechen dem Signet des Druckers und Verlegers Plantin.

1443 Roll. II Nr. 26 *Bildstichwort:* Zugtier *(statt* Deichsel*)*

1450 Cov. I Nr. 55 *deutsche Inscriptio richtig:* ... den Angelhaken

1471 Samb. S. 72 *Anmerkung richtig:* Übernommen durch Whitney S. 43

1499 Saav. Nr. 91 *deutsche Inscriptio:* löten *(statt* töten*)*

1513 Roll. II Nr. 62 *deutsche Inscriptio richtig:* Eine unüberwindbare Kraft

1553 Leb. Nr. 55 *Verweis: vgl.* Cubus *(Roll. II Nr. 70) Sp. 8*

1567 Mont. Nr. 59 *deutsche Inscriptio richtig:* Sie ist nicht dünkelhaft

1608 Alc. (1550) S. 11 *Quelle:* 1. Kor. 3, 19 *(Motto)*

1614 Holtzw. Nr. 34 *Subscriptio Zeile 1:* flamine *(Konjektur für* femine*)*

1625 Holtzw. Nr. 36 *Subscriptio Zeile 1:* pererrat *(Konjektur für* pererat*)*

1633 Alc. (1531) E 4 *Hinweis richtig:* (In divitem indoctum)

1646 Alc. (1550) S. 149/150 *Quellen richtig:* Anth. Graec. XVI 92; *ergänzen:* Serv. I 741 – VI 395

1649 Alc. (1550) S. 47 *Quellen ergänzen:* Diod. IV 17, 18

1650 Reusn. Embl. I Nr. 18 *Bildstichwort streichen:* Lernäische Schlange

1651 Leb. Nr. 46 *deutsche Subscriptio Zeile 4:* ihre Kunst *(statt* ihr Saitenspiel*)*

1652 Alc. (1531) E 6 *Quellen ergänzen:* Lucian, Praefatio sive Hercules

1662 Holtzw. Nr. 37 *Subscriptio Zeile 5:* Sic te *(Konjektur für* Sic tu*)*

1665 An. S. 10 *Inscriptio richtig:* ΕΚ ΤΟΥ ...

1668 Soto (S. 1) *Inscriptio richtig:* JNEST ...

1703 Samb. S. 185f. *Inscriptio richtig:* ΕΣΤΙ

1718 Samb. S. 155 *deutsche Subscriptio Zeile 7f.:* Es wäre eher möglich, das Göttliche und die Mächte der Unterwelt zu vergleichen, denn ... *(statt* Es ist richtiger ...*)*

ERRATAVERZEICHNIS

Spalte
- 1732 Alc. (1531) C 2 *Subscriptio Zeile 3/4 richtig:* custodia rerum, ... templa colit.
- 1756 Reusn. Aur. G v (a) *Anmerkung:* Holtzw. Nr. 56 *im selben Sinne mit gleichem Bild*
- 1766 Samb. S. 80f. *deutsche Subscriptio Zeile 7f.:* Sie verhält sich wie der Blasebalg hinsichtlich des Windes, gibt nicht ... *(statt* Sie ist wie ...*)*
- 1784 Cost. S. 282/283 *1. deutsche Subscriptio Zeile 4f. richtig:* Es ist ruhmvoll, nicht am Bösen festgehalten zu haben.
- 1792 Alc. (1531) (E 5 b) *Anmerkung 1:* berichtigt *(statt* berücksichtigt*)*
- 1796 Alc. (1550) S. 107 *Subscriptio Zeile 1:* spherae *(statt* spirae*)*
- 1804 Samb. S. 200 *Bildstichwort richtig:* Fortuna *pflanzt den Türkenhut aufs Schwert*
- 1807 Samb. S. 145 *deutsche Inscriptio richtig:* Die Wappen ...
- 1810 Roll. I Nr. 4 *Quelle:* Auson. epigr. 33, 8
- 1811 Corr. (M ii b) *Quelle:* Boiardo, Orlando innamorato, II 9, 5ff.
- 1851 Cov. I Nr. 95 *deutsche Inscriptio:* Er war ... *(statt* Er ist ...*)*
- 1852 Hor. III Nr. 5 *Inscriptio richtig:* HAECCINE IEZABEL.
- 1857 Cov. III Nr. 31 *deutsche Subscriptio Zeile 4 richtig: entflammte*
- 1859 Mann. S. 1 *Bildstichwort richtig:* Mann mit der Bibel ...
- 1863 Cov. I Nr. 2 *Bildstichwort ergänzen:* ... in einer Monstranz-Glorie
- 1874 *Zeile 7 richtig:* ΟΥΚ ΕΣΤΙ ...
- 1884 *Zeile 28 richtig:* DEPOSUIT POTENT[ES] ...
- 1885 *Zeile 18 richtig:* DIVES SUA SORTE ...
- 1891 *Zeile 37 richtig:* HAECCINE IEZABEL.
- 1892 *Zeile 10 richtig:* HIC MURUS AHENEUS ESTO.
- 1946 ANKER *Zeile 7 ergänzen:* Schloß verschließt Mund eines Mönches, der sich auf A. stützt 1336
- 1946 *streichen:* ANSTREICHER ... 1079
- 1948 AXT *Zeile 5 ergänzen:* Ölbaum, A. und Hacke, Taube 211
- 1950 BAUM *Zeile 11 ergänzen (nach* Erdkugel ...*):* Fohlen und Stute, junger B. gerade gebunden 495
- 1951 BIBEL *Zeile 1 richtig:* Mann mit B. 1859
- 1953 *nach* BUCHSBAUM *ergänzen:* BURG Stadt mit B. 1205
- 1954 CHRISTUS *Zeile 3 streichen:* C. mit Bibel, ... 1859
- 1957 *streichen:* DORF ... 1205

Spalte
- 1957 EGGE *Zeile 2 richtig:* E. mit Ypsilon als Zugtier 1443
- 1965 FORTUNA *Zeile 21f. richtig:* F. pflanzt den Türkenhut aufs Schwert 1804
- 1970 HACKE *ergänzen:* Ölbaum, Axt und H., Taube 211
- 1973 HERCULES *Zeile 13 streichen:* Lernäische Schlange
- 1978 JERUSALEM *ergänzen:* Stadt von Hand Gottes gehalten (das zwölftorige J.) 1204
- 1986 *nach* LEIMRUTEN *ergänzen:* LEINWAND Staffelei mit weißer L. 1296
- 1989 MANN *Zeile 14 ergänzen:* M. mit Bibel, Schlange am Fuß, in Regen und Sturm 1859
- 1990 MAURER *ergänzen:* M. beschmutzt sich beim Verputzen 1079
- 1990 MEDEA *streichen;* → Gorgo; *danach ergänzen:* MEDUSA 1665–1667: Perseus mit dem Haupt der M. 1665–1667 → Gorgo
- 1992 MONSTRANZ *ergänzen:* Abendmahlskelch in M.-Glorie 1863; Sonne, M.-Glorie mit Initialen Christi 11
- 1996 PALETTE *richtig:* Staffelei mit weißer Leinwand, Pinsel und P. 1296
- 2000 *nach* PINIEN *ergänzen:* PINIENZAPFEN 255
- 2000 PINSEL *richtig:* Staffelei mit weißer Leinwand, P. und Palette 1296
- 2002 REGEN *Zeile 1 richtig:* Mann mit Bibel, ... 1859
- 2004 RÜSTUNG *Zeile 7 richtig:* Schmiede, in der R. zerschlagen wird 1242
- 2007 SCHLANGE *Zeile 36f. richtig:* Mann mit Bibel, S. am Fuß 1859
- 2008 SCHLANGE *Zeile 4 streichen:* 1650
- 2009 SCHMIEDE *richtig:* S. in der Rüstung zerschlagen wird 1242
- 2009 SCHMUTZ *ergänzen:* Maurer beschmutzt sich beim Verputzen 1079
- 2010 SCHWERT *Zeile 20f. richtig:* Fortuna pflanzt Türkenhut aufs S. 1804
- 2015 STADT *Zeile 1f. ergänzen:* S. ... gehalten (das zwölftorige Jerusalem) 1204
- 2015 *vor* STAHL *ergänzen:* STAFFELEI 1296: S. mit weißer Leinwand, Pinsel und Palette 1296
- 2017 TAFEL *streichen:* 1296 *und:* weiße T., ... 1296
- 2020 TÜRKENHUT *richtig:* Fortuna pflanzt T. aufs Schwert 1804
- 2027 YPSILON *Zeile 4 richtig:* Egge mit Y. als Zugtier 1443
- 2051 LACHEND *ergänzen:* l. Dritter 575, 788
- 2059 *nach* PINDAR *ergänzen:* PLAGIATOR 779
- 2074 *streichen:* VIELGESCHÄFTIGKEIT ... 434
- 2075 VORWITZ *ergänzen:* törichter V. 434